21世纪经济管理精品教材

金融学系列

Investments

Second Edition

投资学

（第二版）

周佰成 等◎编著

清華大學出版社

北京

内容简介

近几年，国内外宏观经济形势发生很大变化，我国证券市场也历经洗礼，日臻成熟。在此背景下，第二版《投资学》开始修订。本版与第一版相比更新了相关数据内容的时效性，并对第一版进行了系统的修订、校正。本书内容丰富、体系完整、结构清晰，在设计上力争做到由浅入深、突出案例、涵盖历史，以国际视野讲授投资学理论与实务。全书共分六个部分，主要内容包括导论、均衡资本市场与资产定价理论、固定收益证券投资分析、股票市场投资分析、金融衍生市场投资分析、应用投资组合管理。本书可作为经济类、管理类、商学类各专业本科生、研究生、MBA以及各种专业硕士学位的投资学基础教材。

图书在版编目(CIP)数据

投资学/周佰成等编著. —2版. —北京：清华大学出版社，2017（2022.3重印）
（21世纪经济管理精品教材·金融学系列）
ISBN 978-7-302-47308-4

Ⅰ. ①投… Ⅱ. ①周… Ⅲ. ①投资经济学－高等学校－教材 Ⅳ. ①F830.59

中国版本图书馆CIP数据核字(2017)第120101号

责任编辑：陆浥晨
封面设计：李召霞
责任校对：宋玉莲
责任印制：杨 艳

出版发行：清华大学出版社
网 址：http://www.tup.com.cn，http://www.wqbook.com
地 址：北京清华大学学研大厦A座 **邮 编**：100084
社 总 机：010-83470000 **邮 购**：010-62786544
投稿与读者服务：010-62776969，c-service@tup.tsinghua.edu.cn
质量反馈：010-62772015，zhiliang@tup.tsinghua.edu.cn
课件下载：http://www.tup.com.cn，010-83470332
印 装 者：北京富博印刷有限公司
经 销：全国新华书店
开 本：185mm×260mm **印 张**：26 **字 数**：598千字
版 次：2012年9月第1版 2017年6月第2版 **印 次**：2022年3月第4次印刷
定 价：65.00元

产品编号：074868-02

第二版前言

《投资学》教材第一版自出版发行以来，已经过去了五年时间，在这五年当中，国内外宏观经济环境发生了很大变化。与此同时，我国金融市场也在不断发展壮大，并逐步走向法制化、市场化、规范化、国际化。特别是最近几年，在国际形势动荡不安、我国经济步入新常态的背景下，我国证券市场历经洗礼，日臻成熟，对投资活动产生了深刻的影响。在此金融背景下，第一版《投资学》教材的一些内容已缺乏时效性，部分数据资料略显陈旧。因此，在2017年伊始，我们团队开始对该教材进行系统的修改与完善。

为保证授课与学习的连续性，第二版教材在主要内容与结构上并没有做大量改动，主要工作是将第一版教材中过时的数据、图表进行了更新，同时有些不合时宜的表述以及一些笔误也都进行了修订、校正。此外，在第一版教材出版后，承蒙读者厚爱，不吝赐教，指出书中存在的一些错误和修改建议，为本次编写工作提供了很大的帮助，在此深表感谢。

本书第二版得以顺利完成，得益于团队每一位成员的不懈努力，他们立报国之志，怀感恩之心，精诚合作，力求至善，他们是(按姓氏笔画排序)王姝、王晗、叶昊、安明玉、冯浩伦、白梦迪、刘乃夫、孙文奕、阴庆书、闫吉祥、刘芳璐、汤海伦、孙硕珩、刘毅男、李玘璇、陈佳宁、陈治多、张君冉、张贺、邵振文、迟雪丹、邹雪婷、周俊禹、周阔、林嘉新、侯丹、姜美吉、班艺婷、郭诗卉、曹媛媛，在此，对他们的辛勤付出表示感谢。

感谢吉林大学经济学院李晓院长、王倩教授的鼎力支持。此外还要感谢清华大学出版社对本团队的信任，以及陆浥晨编辑等编审人员的辛勤努力和宝贵意见。

对于编写教材，本团队深知责任重大，受编者水平所限，虽尽力为之，不当之处亦在所难免，敬请广大读者一如既往，批评指正。

周佰成

2017年3月于吉林大学

第一版前言

随着我国金融市场规范化、市场化、国际化的进程不断深入，多层次资本市场已日趋成熟，现代投资学理论与实践在我国得以飞速发展，并逐步占据现代金融学体系中的核心地位。尤其是美国的次贷危机以及由此引起的全球金融危机，使人们开始重新审视证券市场投资。在这种特殊的环境下，投资风险与理性投资更凸显其重要性。基于上述种种原因，国内各高校开始逐步将投资学列入金融学、金融工程等专业必修的基础课程。

笔者从事投资学的教学、科研与实践活动已近十年，基于对现代投资学范畴的理解，参考了大量的国内外教材，主持编写了这本适合目前中国现状的投资学教材，主要内容包括资产组合理论、资本市场均衡理论、证券投资分析、金融衍生市场投资分析、基金投资管理与绩效评价等。在本书的设计上力求做到由浅入深、突出案例、涵盖历史，以国际视野讲授投资学理论与实务的发展动态。

本书内容丰富、体系完整、结构清晰。全书共分 6 个部分。第一部分：导论（第 1 章和第 2 章），作为投资学的基础部分，本部分以学习和理解投资学这门课程的起源、发展和应用环境为主，主要内容包括介绍投资环境、金融市场与投资工具等。第二部分：均衡资本市场与资产定价理论（第 3～6 章），主要内容包括资产组合理论、资本资产定价理论、套利定价理论与风险效益的多因素模型及有效市场理论等。第三部分：固定收益证券投资分析（第 7～9 章），主要内容包括债券的价格与收益、利率的期限结构及债券资产组合的管理等。第四部分：股票市场投资分析（第 10～13 章），主要内容包括宏观经济分析及行业分析、公司财务报表分析、股票估值模型、行为金融学与股票投资技术分析等。第五部分：金融衍生市场投资分析（第 14～16 章），主要内容包括期权合约投资分析、远期合约与期货合约以及期货与互换实务等。第六部分：应用投资组合管理（第 17 章和第 18 章），主要包括投资基金理论与实务、投资组合业绩评价等。本书适合作为经济类、管理类、商学类各专业本科生、研究生、MBA 以及各种专业硕士学位的投资学基础教材。本书要依据学生的基础知识来确定课时配置，一般而言，本科生需要 64 学时左右，研究生需要 36 学时左右。

本书之所以能够按照既定的目标顺利完成,是因为我们有一个拥有共同理想的团队以及大家的精诚合作与共同努力,他们分别是(按姓氏笔画顺序)马可为、王一恒、王建飞、王硕鹏、白云、白雪、朱孝祯、孙吉喆、李文凯、李建、何建军、张梦娇、周有慧、洪吉顺、郑巧姗、程九思,在此,对他们脚踏实地、努力进取的工作态度和辛勤劳动表示感谢。

感谢吉林大学经济学院的李俊江院长、王倩老师、马春文老师、丁肇勇老师以及吉林大学商学院的丁志国老师,因为是在他们的鼎力支持下,本书才得以顺利完成。此外还要感谢清华大学出版社对于本团队的信任,以及陆浥晨编辑等编审人员的辛勤努力和宝贵意见。

本书受到“吉林大学985工程”项目资助,在此表示感谢。

在本书的编写过程中,广泛参考了国内外有关投资学的教材、专著和论文,在这里也向有关作者和译者一并致谢。

在本书编写完成之际,感慨颇多。多年来笔者虽然在教学、科研方面严于律己、孜孜不倦、持之以恒,但总觉得一个有真正学问的人应该是既有坚实的理论知识,同时又有丰富的社会实践经验,所以殷切希望读者在学习投资理论知识的同时,切莫忘记积极参与投资实践活动,并借南宋著名诗人陆游的一首诗,以求共勉。

冬夜读书示子聿

(南宋)陆游

古人学问无遗力,
少壮工夫老始成。
纸上得来终觉浅,
绝知此事要躬行。

由于编者水平有限,且时间仓促,不当和错漏之处在所难免,还敬请广大读者批评指正,笔者的电子邮箱为:zhoubaicheng@jlu.edu.cn。同时若有读者需要本书的教学课件(PPT)及课后习题答案,请发送需求信息到上述邮箱,笔者会及时回复。

周佰成

2012年5月19日于吉林大学

目录

第一部分　导　　论

第二部分　均衡资本市场与资产定价理论

第三部分 固定收益证券投资分析

第四部分 股票市场投资分析

第六部分 应用投资组合管理

第一部分

导　　论

第1章 投资环境

本章为投资环境概述，以介绍现代投资学的基本框架为主旨，主要内容分为现代投资学的发展、投资过程两部分。

1.1节：现代投资学的发展。主要介绍投资学在现代金融学中的地位以及自20世纪50年代以来现代投资学的发展历程。

1.2节：投资过程。对投资的范畴进行定义，以区分实物投资与金融投资，然后介绍投资的目的及其两个重要特征，并将在此基础上引入投资流程的5个部分，为投资者展示一个动态性、连续性和系统性的投资决策过程。

1.1 现代投资学的发展

在认识现代投资学的发展之前，有必要先了解现代金融学，并了解现代投资学在金融学中的地位以及投资学与其他金融学科之间的内在联系和区别。

1.1.1 金融学与投资学

从广义上讲，金融学(finance)就是研究社会发展过程中的全部金融活动的学科领域。但由于各种原因，关于金融学的具体定义国内与国外存在巨大差异，因此金融学的具体研究内涵和研究范围在国内外也存在巨大差异。

国内传统观点认为，金融学是从经济学中分化出来的一门应用经济学科，是一门以融通货币和货币资金的经济活动为研究对象，具体研究个人、机构和政府如何获取、支出以及管理资金和其他金融资产的学科。就传统金融学理论的内涵而言，在国内具有明显转轨经济背景下的典型特征，通常包括基于货币、信用、银行、货币供求、货币政策、国际收支、汇率等专题的传统金融学内容。对于"金融学"一词国内的代表性定义是"货币流通和信用活动以及与之相联系的经济活动的总称"(刘鸿儒，1995)。显然传统观点对于金融学内涵的理解并不突出反映资本市场的地位，而是以货币银行学(money and banking)和国际金融学(international finance)两大代表性科目为主线。这种范式的形成主要是由于在将资本和证券放在次要地位的历史环境下，政府作为主导，商业银行只作为金融中介的间接融资，这也是当时金融实践的核心内容。因此，针对银行体系的货币金融研究在传统金融学中占据着主导地位。

而事实上，随着国内外经济的发展，国内传统观点基于货币银行学和国际金融学两大学科领域界定的金融学内涵早已不是目前国际学术界强调的现代金融学的核心内容。由斯蒂芬 A. 罗斯(Stephen A. Ross)为《新帕尔格雷夫货币金融大辞典》(*The New Palgrave Dictionary of Money and Finance*)撰写的finance词条称："金融以其不同的中心点和方法论而成为经济学的一个分支，其中心点是资本市场的运营、资本资产的供给和定价。其方法论是使用相近的替代物给金融契约和工具定价。”罗斯还概括了金融学的4大课题：有效率的市场、收益和风险、期权定价理论和公司金融。1997年度诺贝尔经济学奖得主之一默顿（R. C. Merton）对现代金融学给出了一种全新的解释：金融学研究的是如何在不确定的条件下对稀缺资源进行跨时期分配。默顿强调金融理论的核心是研究在不确定的环境下，经济行为人在配置和利用其资源方面的行为，既包括跨越空间又包括跨越时间的情况。现代金融学载入史册的伟大成就包括莫迪利安尼—米勒理论（Modigliani-Miller theory，MM定理）、均值—方差理论、资本资产定价模型（CAPM）、套利定价理论（APT）、布莱克—斯科尔斯期权定价理论（Black-Scholes）等，而建立这些学说和模型的学者中大多数人都因此而荣获了诺贝尔经济学奖。

而围绕着现代金融学的全新解释和研究命题，也产生了一系列金融学科，如投资学（investments）、公司金融学（corporate finance）、金融工程学（financial engineering）、金融市场学（financial market）、金融经济学（financial economics）、货币银行学（money, banking and economics）、国际金融学（international finance）、数理金融学（mathematical finance）、金融计量学（financial econometrics）等。现代金融学的这些分支学科所考察的金融现象发生在不同的层次上，并存在一定的分工，学术界通常将其划分为微观金融学（micro finance）和宏观金融学（macro finance）。

微观金融学即国际学术界通常理解的finance，主要包含投资学、公司金融学和金融市场学三大研究方向。在此微观金融层面上，投资学研究的重点是资本市场的资产定价与资产配置，即如何把经济主体（个人、机构）的有限财富或者资源分配到诸如股票、债券、金融衍生品等各种（金融）资产上，以获得合理的现金流量和风险—收益特征。它的核心内容就是以效用最大化准则为指导原则获得个人财富的最优均衡配置。公司金融学是以公司财务、公司融资和公司治理为核心内容，重点研究公司如何有效地利用各种融资渠道获得最低成本的资金来源，并形成合适的资本结构（capital structure）。它会涉及现代公司制度中的一些诸如委托—代理结构的金融安排等深层次的问题。金融市场学分析市场的组织形式、结构以及微观结构（micro structure），同时考察不同的金融产品及其特征，以及它们在实现资源跨期配置过程中的作用。它们的合理价格体系是该领域中的重点研究内容。

宏观金融学，传统学术界通常把与货币相关的宏观问题研究称为宏观金融学，包括“货币银行学”和“国际金融学”两个主要方向，涵盖有关货币、银行、国际收支、汇率、金融体系稳定性等内容。

尽管金融学科划分为宏观金融学和微观金融学两大层次，但随着金融体系的发展，现代金融理论则越来越呈现出微观化的发展趋势，金融理论微观化的基本原因就是处于现代经济体系中心的资本市场的不确定性，尤其是在金融体系中资本市场成为核心部分的情况下，金融风险则更多地来自金融微观结构的设计和安排，来自市场的不确定性或者与市场不确定性有关的各种风险，这也是金融理论微观化的根本原因。由于处于微观金融学核心地位的投资学的研究对象是资本市场的资产定价与资产配置，这自然决定了这门学科在现代金融学中具有相当重要的地位。因此，投资学与金融市场学、公司金融学一起构成了现代金融学的三大基本学科。

【1-1】 金融领域的诺贝尔经济学奖

1990年，诺贝尔经济学奖被授予三位学者——哈里·马柯维茨(H. Markowitz)、默顿·米勒(Merton Miller)和威廉·夏普(W. Sharpe)，以表彰他们对金融理论和实践做出的有影响力的学术贡献。下面简要地阐释一下他们的贡献。

哈里·马柯维茨是现代资产组合管理之父。资产组合理论是在风险投资进行选择的过程中，对风险和收益进行权衡取舍的科学研究。他于1952年发表在《金融杂志》(Journal of Finance)上的影响深远的《资产组合选择》(Portfolio Selection)一文中，建立了一个数学模型，该模型能够说明就任何给定的目标收益率而言，投资者怎样实现最低的可能风险。马柯维茨模型已经被吸纳进了基础金融理论之中，而且正在被勇于实践的投资经理们广泛使用。

威廉·夏普将马柯维茨的结果作为出发点，完善了该结果对资产价格的可能影响。通过加入在所有时间里为了使每一项风险资产的需求与供给相等，资产价格均会进行调整的假设，威廉·夏普证明了在风险资产的预期收益率中必然存在一项极其特殊的结构《资本资产价格：风险条件下的一项市场均衡理论》(Capital Asset Prices: A Theory of Market Equilibrium under Conditions of Risk, Journal of Finance, 1964)。在金融理论和实践的众多领域里，夏普理论所提出的结构如今被广泛地作为风险调整的基础使用。

默顿·米勒主要对公司金融理论做出了贡献。他和弗朗哥·莫迪利安尼(一位更早的诺贝尔经济学奖获得者)在一系列文章中论证了企业的分红和信贷政策，这开始于《资本成本、公司金融与投资理论》(The Cost of Capital, Corporation Finance, and the Theory of Investment, American Economic Reviews, 1958)。他们的基础性贡献是使金融理论家与实践者的注意力开始集中于公司的股利和融资政策及其对企业价值的影响。他们联合写作的论文中所完善的MM定理是现代公司金融理论的基本支柱之一。

1997年，诺贝尔经济学奖再次被授予金融经济学家，获得者为罗伯特C.默顿和麦伦·斯科尔斯。评奖委员会还提到了另一位经济学家费雪·布莱克，但不幸的是他于1995年在57岁时猝然辞世使他无法分享这一奖项。之所以获奖是因为他们发现了对期权和其他衍生证券进行定价的数学方程，且该数学方程已经对金融理论和实践产生了显著的影响，通常被称为布莱克—斯科尔斯期权定价方程(B-S公式)。

2002年，诺贝尔经济学奖被授予了美国普林斯顿大学的行为金融学家丹尼尔·卡恩曼和美国乔治·梅森大学的弗农·史密斯以表彰他们两人在行为金融学方面的研究工作。

行为金融学(behavior finance)是结合经济学和心理学理论，尤其是将行为科学理论融入金融学来研究人们的决策行为的一门科学。它主要是探求人类心理有哪些共同的规律性特征，并且用这些人类基础的客观心理特征来分析和解释金融市场的现象。近年来行为金融学发展较为迅猛，并正在成为现代金融学研究的热点和前沿。

1.1.2 现代投资学理论体系的发展

从上述投资学与金融学的内在联系中可以看出,现代投资理论的起源可以追溯到1952年马柯维茨发表的经典论文《资产组合选择》。在这篇论文中作者阐述了如何构造一个投资组合的边界以使在给定的风险水平下组合证券的预期收益率实现最大化(或者就任意给定的目标收益率而言,投资者怎样实现最低的可能风险)。在此基础上夏普(1964)、林特纳(Lintner,1965)和莫森(1966)提出了著名的资本资产定价模型(CAPM)。这一模型在其后的十多年间一直在金融领域中占据着统治地位,它不仅被写入了金融专业的教科书,还被广泛地运用于投资实践中资产组合表现的衡量、证券的估值、资本预算的决策等。然而,罗尔(R. Roll)却在1977年对这一模型提出了重大质疑,认为这一模型根本无法进行实证检验,因此应将其抛弃。与此同时,罗斯(S. Ross,1976)则提出了另一个定价模型,即套利定价理论(arbitrage pricing theory,APT)。这一理论认为预期收益率和风险密切相关,按照"无套利均衡原则"利用套利概念定义均衡市场,以资产回报率形成的多因素模型为基础,从而推导出风险—回报率的关系,即没有任何一个投资者可以通过套利创造无限财富。相对资本资产定价模型而言,这一理论的基本假设较少,大大放松了CAPM的前提假设,而且罗尔和罗斯(Roll&Ross,1980)也都认为,至少从原理上APT理论是可以被检验的。但是,尽管对CAPM模型的可检验性至今存在很大争议,但它在实践中的应用还是远远超出了APT理论。

期权合约的定价问题一直困扰着金融学领域的众多学者。巴士利耶(Bachelier,1900)在《投机理论》中最早提出了期权定价的雏形,但直到1973年布莱克—斯科尔斯共同发表了一篇关于期权定价的论文——《期权和公司债务定价》(The Pricing of Options and Corporate Liability),即著名的布莱克—斯科尔斯期权定价模型(Black-Scholes Option Pricing Model,BSOPM),才使这一问题的解决有了突破性的进展。这篇论文认为,通过同时持有期权和标的股票的头寸就可以创建一个无风险的套期保值组合。同年,默顿(Merton)发表了《合理的期权定价理论》(Theory of Rational Option Pricing)论文,也发现了同样的公式及许多其他有关期权的结论。1997年,斯科尔斯、默顿因开创性地提出了金融衍生产品的定价方式而获得诺贝尔经济学奖。遗憾的是,布莱克在1995年不幸去世,未能分享这一殊荣。

与资产定价密切联系的是现代投资学发展的另一条主线,即证券市场的有效性问题。这也是证券市场理论中的一个极具有争议的领域。1965年,法玛(E. Fama)的博士论文在《商业周刊》上发表,在这篇论文中极有说服力地提出了一个鲜明的观点:市场上存在众多理性的且拥有充分信息的投资者在不断地寻找被低估的证券。一旦投资者找到这类证券,他们就会进行相应的交易并谋取投机利润。而这一不断搜寻和交易的过程将不可避免地对该证券的价格产生影响。因此,可以说某时刻任何一种证券的价格实际上都反映了所有投资者的集体决策。如果信息可以有效地反映在证券价格中,那么通过任何形式的证券分析都不可能"战胜"市场,这就是著名的有效市场假说(EMH)。在该理论提出后的十几年中,大量的实证检验也显示出了市场是高度有效的,这也直接导致了大量的证券投资基金不再试图击败市场——它们认为这是在浪费宝贵的时间和金钱——而是试图模仿与跟踪市场的表现，从而指数基金顺势而起。

然而自 20 世纪 80 年代以来的大量研究却对有效市场理论提出了质疑。因为有效市场理论不能解释的"金融异象"越来越多，如规模效应、月末效应、羊群效应、股权溢价之谜等。针对这些金融异象，基于心理学基础的行为金融学放弃了传统预期效用的假设，不再从完美市场、投资者理性的角度出发，而是从心理学的角度研究投资者的决策黑箱，以此对风险—收益关系进行分析，并从投资者的心理角度对上述金融异象(anomalies)进行解释。其中最经典的论文是 1979 年心理学家卡尼曼(D. Kahneman)和特维斯基(A. Tversky)发表的《期望理论：风险状态下的决策分析》，其中提出了人类风险决策过程的心理学理论，也被称为期望理论。2002 年，诺贝尔经济学奖被授予了在行为金融学领域具有突出贡献的卡尼曼和史密斯(V. Smith)，以表彰他们把心理学的研究成果与经济学融合到一起，尤其是在当人处于不确定情况下的判断和决策方面做出的突出贡献。由于特维斯基已于 1996 年去世，否则他也会共同分享这一奖项。

1.2 投资过程

1.2.1 投资的定义

上一节已经介绍了现代投资学的发展。但在正式学习投资学这门课程之前，还有必要先了解一下投资(investment)这一概念。

从广义上讲，投资是经济主体让渡现行的货币使用权，以期在未来获得一定的货币收入的经济行为。

1. 实物投资与金融投资

投资具体包括实物投资(real investment)和金融投资(financial investment)两大类。其中，实物投资是与实际资产相关的，如厂房、机器、土地等生产要素，通过这类投资活动可以获得用于生产或创造的资源，即资本形成；而金融投资则是与种类繁多的金融工具相关，如股票、债券、基金、金融衍生品等，通过在金融市场上交易金融工具获取一定数量的收益。在过去的经济运行中，大多数投资主要表现为第一类，即实物投资；而在现代经济中，大多数投资则是表现为金融投资，这种趋势与金融市场深化及金融投资机构的发展密切相关。当然，尽管在经济生活中可以区分这两类投资方式，但是这两种投资方式并非相互排斥而是相互补充的，实物投资可以为金融投资奠定重要的基础，金融投资又可以大大促进实物投资的发展，这也就是通常所说的虚拟经济与实体经济的良性互动问题。在此需要强调的是，投资学中所涉及的投资是特指金融投资，具体表现为家庭或企业部门买卖有价证券的投资活动，因此投资学又可以称为证券投资学。

2. 投资的目的

对于投资者来讲，进行金融投资主要出于以下几方面的目的。

① 获得收益。投资者希望通过投资在未来获得一系列的收入。

② 资本保值，即为了保持原始价值而进行的投资。投资者通过一些保守的投资方式使资金在未来某一时点在购买力上不遭受损失。保值是真实购买力的价值被保值，因此

名义价值的增长率应该等于通货膨胀率。

③ 资本增值。投资者通过投资可以实现资金升值、价值增长的目标。为实现这一目标,投资的货币价值增长率应该高于通货膨胀率,在排除了税收和通胀等因素后,真实的收益率应该为正。

④ 获得对相关企业的控制权。投资者尤其是具有雄厚资金的投资者往往出于获得相关企业控制权的目的,而持有该企业的金融资产(如股票)。

3. 投资的重要特征

投资者在投资过程中让渡现行货币使用权获取未来收益,其实就是延期消费来进行投资,期望在将来能够获得比期初的投入更多的资金。这种延期消费的行为特点,就使投资活动具有两个重要特征:时间和风险。

在跨期消费—投资决策的过程中,时间和风险这两个因素是投资者所必须考虑的。由于延期消费,投资者期望在将来能够获得比期初的投入更多的钱。未来消费额(终值)和当期消费额(现值)之间的差额的交换率就是纯利率(pure rate of interest)。在金融市场上,借贷双方的供求均衡就产生了利率,即货币的净时间价值(pure time value of money)。这种净时间价值来源于货币的时间因素,它是由贷款人让渡货币使用权所带来的收益。例如,投资者现在投资 100 元,1 年后可获得 104 元的收入,那么无风险投资的收益率就是 4%(货币的时间价值)。

然而让渡现行货币使用权是当前发生的而且是确定的,但未来回报则是不确定的,而不确定性本身就是风险。这就使跨期消费的投资活动必须考虑另一个重要因素,即风险因素。由于投资者放弃当前消费进行投资,首先面对的就是在延期消费期间的物价变动风险。在上例中,投资者放弃当期的 100 元消费,期望在将来能够获得 104 元的商品和服务。这是以经济的总物价水平不变为前提的。如果投资者预期未来物价将上升,那么将会要求一个更高的收益率作为补偿。例如,投资者预期未来 1 年的通货膨胀率为 2%,那么他所要求的利率水平也要相应提高 2%。在上例中,投资者会要求在期末获得 106 元作为在通胀期内延迟 100 元消费的代价。

而且,由于投资的未来收益是不确定的,所以投资者会要求一个比货币的净时间价值与通货膨胀率之和更高的利率。投资收益的不确定性被称为投资风险,而名义利率以外的额外收益率则被称为风险溢价(risk premium)。在前例中,由于投资者考虑了投资收益的不确定性,所以会要求在 1 年后获得超过 106 元的回报作为这种不确定性风险的补偿。若投资者要求的回报是 110 元,则其中的 4 元(或 4%)就是风险溢价。

可见,在投资过程中,投资者当期投入一定数额的资金期望在未来获得一定数量的回报。其中,其所得回报能够补偿:①投资资金被占用的时间价值;②预期的通货膨胀率;③未来收益的不确定性。前两部分之和可以看作正常的投资报酬率,即市场基准的报酬率,具有相对的确定性,并且影响所有投资项目的收益率。在投资分析时,无风险的实际利率通常是根据市场上的名义利率减去预期的通货膨胀率计算得出的。而名义利率主要取决于资金的机会成本,而资金的机会成本通常以政府发行的国库券利率或银行利率作为参照依据,所以又称为无风险报酬率。

根据投资者在跨期消费决策时考虑的以上因素,可以将投资收益率表达为

投资收益率＝无风险的实际利率＋预期的通货膨胀率＋投资的风险报酬率　（1.1）

当利用投资收益贴现法进行投资决策分析时，可以根据式（1.1）得出的投资收益率（作为贴现率），对未来预期的投资收益率进行贴现。所以投资收益率作为折现率，也可以看作对延期消费的补偿。

综上所述，投资者通过延迟即时消费来获取收益，其获得的收益率要能够补偿投资的时间价值、预期通货膨胀率和未来收益的不确定性。对这种收益率而言，实质上是投资者的必要收益率，关于必要收益率分析将贯穿本书始终。投资学的一个中心问题就是投资者如何选择投资工具以获得必要的收益率。

【1-2】 风险收益权衡

投资者投资是为了获得期望收益，而未来收益通常很难预测，因此任何投资都存在风险。实际或实现的收益通常会偏离决策时的期望收益。譬如，2015 年中国上证股票上半年上涨 63％，而到了下半年上证股票却损失了 30％的市值。投资者在 2015 年年初肯定无法预测到股市的这种股灾的极端表现。

在其他情况等同的条件下，投资者都乐意选择期望最高的投资方案，这是很自然的，但是要获得较高的期望收益，就必须承担较高的风险。如果在不承担额外风险的条件下就能够获得较高的期望收益，那么投资者就会疯狂抢购高收益资产，结果会使这些资产的价格大幅攀升，在这种情况下，投资者会认为这类资产的价格过高，其吸引力也就随之降低了。如果以较高的价格购买，那么其期望收益就会降低，此时该资产可能仍然有吸引力，而且其价格会继续上涨，直到其期望收益不再与其风险相适应。在这个均衡点上，投资者可以预期一个与风险相适应的收益率，但不会更高。同样如果收益与风险相互独立，那么投资者会纷纷抛售高风险资产，这类资产的价格也就会随之下跌，而且会跌到有足够的吸引力再次被纳入投资组合中为止。因此，可以得出这样一个结论：证券市场存在风险和收益权衡的规律，高风险资产的预期收益高于低风险资产的预期收益。

1.2.2 投资流程

投资是动态的、连续的过程，这一过程主要包括 5 个基本部分：设定投资目标、投资工具分析、制定投资策略、投资实施和监控评价（图 1-1）。

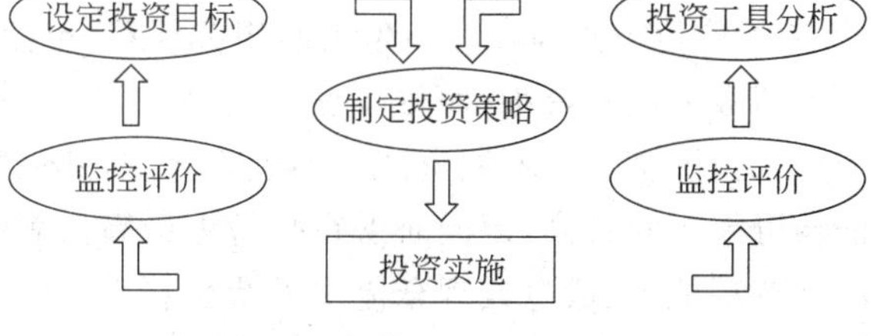

图 1-1　投资的 5 个基本部分

1. 设定投资目标

投资过程的首要步骤，就是投资目标(objectives)的设定。在这里，投资者可以是个人投资者(individual investors)，也可以是机构投资者(institute investors)，其中机构投资者包括证券公司、共同基金、养老基金等。投资者应首先制订投资计划(investment policy)，投资计划中应包含投资者的风险收益的具体目标及限制条件。

投资计划的制订，必须包括有关收益要求和风险承受能力的具体目标。对于风险容忍度高的投资者，投资收益目标可以设定得较高；而对于一个风险规避型的投资者，投资收益目标应该设定得相对较低。

投资计划也应当是日常资金管理的限制条件，具体包括任何流动性需求、投资比重、投资方式、投资时间、融资需求以及法律法规中的一些特别要求。若存在好的投资机会，而投资者的闲置资金不足时，可运用适度的融资来满足投资需求。

【1-3】 不同风险偏好投资者的投资目标

不同的投资者有不同的风险偏好，有的投资者愿意通过承担高风险来获得更高的收益，他们的容忍度是相对较高的。例如，某些高收入者对投资损失的承受能力要高于其他投资者，他们投资的目的就是获取高额的收益，因而投资导致的部分损失不会对他们的正常生活造成严重影响。而有些投资者更愿意获得稳定的投资回报，他们的风险容忍度相对较低，相应地，他们能获得的收益也就受到了限制。离退休人员的养老金投资就是这样的例子，由高风险导致的损失会对他们的生活造成严重的影响，所以他们只能选择风险小、收益稳定但相对较低的投资目标。

2. 投资工具分析

设定投资目标后，为选择合适的投资对象，就必须对投资工具(investment instruments)进行分析，即证券分析(securities analysis)。要做证券分析就必须了解各种证券的特性与影响这些证券价值的因素以及选择适当的评价模型来对证券进行估值。

通常，投资工具主要有以下4类。

① 股票，它是证明投资者的股东身份和权益并据此获取股息的凭证。

② 债券，它是表示债务人和债权人之间关系的金融资产，是一个公司的负债凭证。

③ 基金，即共同基金(mutual funds)，它是在投资信托制度下，由专业的证券投资信托公司发行的受益凭证，并将募集资金投资于金融工具。

④ 衍生证券，它是指其价值由其他资产衍生出的相关证券，包括远期、期权、期货等。

在以上4类资产中，债券的风险最小，而收益也最低；相对而言，股票的收益较高但风险较大；由于共同基金是将投资资金在不同资产之间进行分配，其风险—收益关系介于股票和债券之间；衍生证券可能风险最高，但同时潜在收益也最高。表1-1描述了这4类基本投资工具的风险收益、变现能力、股息或现金流量等特性。

表 1-1　主要投资工具的特征比较

投资工具	潜在风险	潜在收益	变现能力	股息或利息现金流量
债券*	低	低	低	高
股票	中/高	中/高	良好	低
基金	低/中	低/中	良好	低
衍生证券	很高	高	低	无

注：这里债券为中短期债券，长期债券的特征介于短期债券和股票之间。

投资工具分析中的一个重要环节，就是要针对不同类别的资产进行估值(valuation)。证券的估值过程，就是通过证券定价的程序对证券的真实价值或内在价值(intrinsic value)进行估计。在证券的定价过程中，首先考虑各种证券的特性及影响这些证券的因素，其次是选择适当的定价模型来对证券价值进行估算。经估计的证券价值与目前的市场价格相比较，确认"有哪些证券的价格被高估或低估"。若某种证券的真实价值低于现行市场价格，即代表目前该证券的价格被高估了，且对已持有该证券的投资者而言应该选择卖出决策；相反，如果某种证券的真实价值高于现行市场价格，就代表该证券的价格被低估了，未持有该类证券的投资者可采取买入策略，因此进行证券分析和评估证券价值是投资过程的一项非常重要的工作。

3. 制定投资策略

根据投资目标在证券分析的基础上选择与投资者风险承受能力相适应的投资工具或者证券组合(portfolio)，这一过程被称为投资策略的制定(formulating an investment strategy)。它包括确认拟投资的资产类型以及每种资产投入的资金数额。在此，必须要注意资产配置策略、资产选择、资产多元化等问题。

资产配置(asset allocation)要求在投资组合中确定不同资产所占的比例。典型的资产包括现金、股票、债券等。在资产配置中，投资者可以"自上而下"(top-down)构建投资组合。对于一个当前所有现金都集中在银行账户的投资者而言，首先要做的就是决定股票、债券以及其他诸类的金融资产在其投资组合中的比重。通过这种方法形成符合其风险—收益特征的投资组合。只有在完成了资产分配之后，投资者才有可能决定持有哪种特定的证券，与"自上而下"相对应的是"自下而上"(bottom-up)策略。在这个过程中，投资组合的构建需要更多地关注那些最具有吸引力的投资机会，尤其是那些被严重低估的证券，而不是为了投资组合的构建这个结果而进行资产分配。

资产选择(asset selection)是一种投资决策过程，用于确定各类资产中最适合投资者需要的证券。

资产多元化是指通过资产选择多元化降低资产之间的相关系数，分散证券投资的风险。对于各类证券(如股票)来说，由于属性相同其价格也趋于共同波动，这种趋同运动变化就是相关性(correlation)，因此资产配置策略的关键之一，就是进行资产多元化，有效减少资产价格波动的总风险水平。

【1-4】 两种资产配置的策略

"自上而下"投资组合构建法从资产配置开始。例如,某人目前所有的钱都存于一个银行账户,那么首先要确定整个股票和债券的投资比例。这样,广义投资组合的特征就形成了。举例说明,自1926年以来,大型公司普通股票和债券等资产收益率为12%,而美国短期国库券的年收益率却低于4%,此外股票风险相对较大,其年收益率从最低46%到最高55%不等。相比之下,美国短期国库券实际上是无风险的(知道购买的国债可以获得的利率)。因此,如何将投资分配到股市和国债交易的债市,依据资产风险和收益的不同可以构建多种组合。一个自上而下的投资者在选择每类资产的特殊证券之前首先会就这方面进行考虑并做出其他重要的资产配置决策。

与"自上而下"的投资组合管理相对的是"自下而上"法。"自下而上"法的投资组合由价格看上去有吸引力的证券组合,而不会过多关注总的资产配置。这种方法无形中会受到这样的或那样的经济部门的牵制。譬如,投资组合最终会突出代表来自某一地区的某一产业的企业,或风险集中体现在某一类资产的不确定性上。但"自下而上"的投资组合集中于投资机会最具有吸引力的资产上。

4. 投资实施

在投资流程的这一步骤中,实际上是在实施资产配置的决定和选择具体的证券。

在投资的实施过程中,一般有两种管理策略可以选择,即消极管理和积极管理。消极管理(passive management)主张持有极度多样化的投资组合,无须花费任何精力和其他资源来分析证券以提高投资的绩效。在资产下跌时,或者不采取行动,或者按照原先制定的投资策略应对市场变化。积极管理(active management)则要求投资者按照对市场的预测定期更新组合,或者根据市场条件的变化而改变投资目标,投资策略也要进行相应调整,资产重新进行配置,进行投资组合的再平衡(rebalancing)。基于这种情况,投资者需要卖出部分证券,并买进组合中所没有的证券以取代现有的投资组合,不同证券的比重也会发生相应的改变。但是,这种投资组合的调整还得考虑调整过程中所产生的交易成本及调整后投资组合的风险变化。

5. 监控评价

进行投资的目的是要达到投资者期初设定的投资目标,而投资目标是否能达到,则有赖于投资者对自己投资的表现加以检测、评估和衡量,即投资决策过程的最后一个步骤——投资业绩评价(performance evaluation)。为此,投资者有必要定期检查投资策略和评价投资方案。当现有的投资组合表现不如预期时,则需依据前述步骤调整投资组合的内容。在进行投资绩效评价时,除了检测投资组合的报酬率外,还需衡量投资风险,因此投资者必须同时具备衡量报酬率和风险的能力。

【1-5】 投资与投机、赌博的区别在哪里?

在证券市场买卖有价证券,经常会遇到这样的问题:这种行为是投资、投机还是赌博游戏?它们三者有什么差别呢?其实,很多时候三者并没有严格的区分界限,如果非要对三者进行区分,那么可以从行为特征上加以区别。若期望承担适当的风险,未来能够赚取长期、稳定的报酬,其行为可称为投资。相反,投机则注重短期追求高额回报,且需承担较高的风险。至于赌博,则是在公平游戏(fair game)的前提下,其行为结果完全取决于运气的好坏。在此,表 1-2 对投资与投机、赌博的行为特征进行了比较分析。

表 1-2 投资与投机、赌博的行为特征比较

	投 资	投 机	赌 博
持有期的长短	长	短	最短
风险的大小	小	大	最大
报酬的来源	着眼长期股利或利息收入	追求短期资本利得	追求短期暴利
投资分析的重点	着重基本分析和价值投资	着重技术分析	盲目投资
所需资料的多少	全面、系统的数据与资料	少且不完全	侥幸心理或凭谣言
投资者的操作特征	相对保守	积极	胆大妄为

本章小结

本章主要论述了投资学在现代金融学中的地位、现代投资学的发展,并介绍了投资的内涵、目的、特征以及投资决策的流程。

(1) 投资学在现代金融学中处于相当重要的位置,其与金融市场学、公司金融学一起,构成了现代金融学的三大基本学科。

(2) 自马柯维茨开创了现代投资学之后,现代投资学的理论就不断发展,并逐渐形成了一个较为完整的体系。

(3) 从广义上讲,投资是经济主体让渡现行的货币使用权,以期在未来获得一定的货币收入的经济行为。

(4) 投资具体包括实物投资与金融投资,两者既存在明显区别但又相互补充。

(5) 投资的两个重要特征是时间和风险。投资者通过延迟即时消费来获取收益,其获得的收益率应该能够补偿投资的时间价值、预期通货膨胀率和未来收益的不确定性。

(6) 投资决策的流程包括投资目标设定、投资工具分析、投资策略制定、投资实施和监控评价 5 个部分。

基本概念

投资　实物投资　金融投资　证券估值

本章习题

1. 谈谈实物投资与金融投资的关系。
2. 投资者进行投资的目的是什么?
3. 投资流程主要由哪几部分构成?
4. 证券市场的主要投资工具包括哪些?它们的主要特征和差别是什么?

第2章

金融市场与投资工具

本章是学习和理解投资学这门课程的基础，在系统学习投资学之前有必要了解金融市场体系及主要的金融投资工具。金融市场是资金供给者和需求者进行资金融通的场所，金融市场的两个重要子市场是货币市场和资本市场，本章将重点介绍这两个市场的特征和构成。

2.1节：货币市场。将着重介绍金融市场体系及货币市场的基本结构。

2.2节：债券市场。主要介绍中长期国债、市政债券、金融债券、公司债券和国际债券等。

2.3节：股票市场。主要介绍股票的分类、特征及股票价格指数等内容。

2.4节：衍生品市场。主要介绍衍生品的特征及包括远期、期货、期权和互换在内的主要衍生工具等。

2.5节：金融投资工具。重点介绍权益证券、固定收益证券、共同基金和衍生证券这四种主要的投资工具，并针对不同投资工具的特性进行比较分析。

2.1 货币市场

2.1.1 金融市场体系

金融市场(financial markets)是进行资金融通的市场，是指资金的盈余单位与短缺单位通过交易金融工具而融通资金的活动和关系的总称。广义的金融市场泛指资金供求双方运用各种金融工具，通过各种形式进行的全部金融性交易活动，包括金融机构与客户之间、各金融机构之间、资金供求双方之间所有以货币资金为交易对象的金融活动。狭义的金融市场则是一般限定在有价证券买卖等范围内。

按照资金配置渠道的不同，金融市场可按图2-1进行分类。其中，货币市场与资本市场是金融市场体系中最重要的两个子市场，同时也是与证券投资密切联系的市场。货币市场(money market)是以期限在1年以内的金融工具为媒介进行短期资金融通的市场，该市场由短期的(1年之内)可转让、具有高流动的低风险证券组成，具体包括短期国库券、商业票据、银行承兑汇票、回购协议、定期存款、储蓄存款、货币市场基金等。而资本市场(capital market)是以1年期以上的中长期金融工具为交易媒介进行资金融通的市场。资本市场由长期的(1年以上)、风险更高的证券组成，资本市场可以进一步细分为长期债券市场、股票市场以及衍生品市场。

接下来，将对货币市场和资本市场分别予以介绍。其中，货币市场方面的内容将在本节余下的部分进行阐述，债券市场、股票市场和衍生品市场将安排在2.2节至2.4节进行介绍。

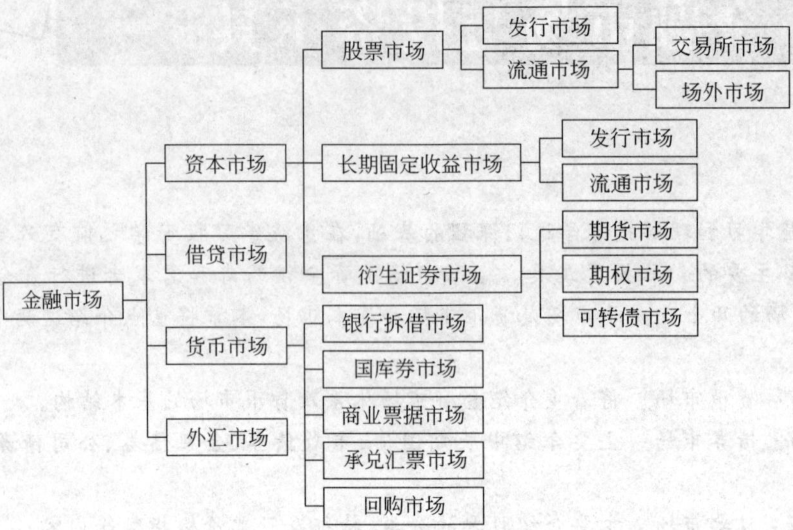

图 2-1 金融市场结构

【2-1】 金融市场的其他分类方式

金融市场除了按之前提到的资金配置渠道进行分类外,还可以按其他标准进行分类。

首先,按市场职能分类,可划分为证券发行市场和证券流通市场。发行市场又称"一级市场"(primary market)或"初级市场",是发行人以筹集资金为目的,按照一定的法律规定和发行程序,向投资者出售新证券所形成的市场。流通市场又称"二级市场"(secondary market)或"次级市场",是已发行的证券通过买卖交易实现流通转让的场所。

其次,按交易组织形式的不同,分为交易所市场和柜台交易市场。交易所市场是众多交易主体在有组织、有固定场所的交易所内,以拍卖形式即公开竞价的方式定价的市场。场外交易市场(over-the-counter market,OTC)又称柜台交易市场、店头交易市场,是指证券交易所以外的证券交易场所。柜台交易一般通过证券经营机构进行,采用协议价格成交,交易方式仅限于现货交易。

最后,按证券的性质不同,分为股票市场、债券市场、基金市场和衍生市场。股票市场是股票发行和买卖交易的场所。世界上主要的股票市场包括美国的纽交所股票市场(NYSE)和纳斯达克市场(NASDAQ)、日本的东京股票交易所(TSE)市场、欧洲的欧洲交易所(Euronext)市场和伦敦交易所市场等。债券市场是债券发行和买卖交易的场所。基金市场是证券投资基金发行和流通的市场。基金市场是现代金融发展中的重要组成部分,共同基金的诞生是金融结构发展中重要的一环。衍生市场是发行和交易衍生产品的市场,具体包括远期市场、期货市场、期权市场、互换市场等,金融衍生市场的迅速发展与成熟是现代金融大发展的产物。

2.1.2 货币市场结构

货币市场是期限在一年期以内的短期金融工具交易所形成的供求关系及其运行机制的总和。货币市场的活动主要是为了保持和增强资金的流动性,以便随时可以获得现实的资金。在货币市场上交易的金融工具期限都较短,可随时变现,具有很强的货币性,所以,货币市场工具又有"准货币"之称,被视为现金等价物,或简称现金。

货币市场就其结构而言可分为短期政府债券市场、大额可转让定期存单市场、商业票据市场、银行承兑汇票市场、回购市场、同业拆借市场及货币市场共同基金市场等。

1. 短期政府债券市场

短期政府债券是政府部门以债务人身份承担到期偿付本息责任的期限在一年以内的债务凭证。短期政府债券以贴现的形式发行,即投资者以面值的一定折扣购买短期政府债券,政府在债券到期日向债券持有人支付等于债券面值的金额。投资者的收益是证券的购买价与证券面值之间的差额。

短期政府债券是货币市场所有金融工具中变现能力最强的一种,我国短期政府债券的期限一般为 3 个月、6 个月、9 个月及 12 个月(美国短期国库券的期限为 28 天、91 天或 182 天)。短期政府债券与其他货币市场工具相比具有以下显著特征。

(1) 违约风险小。由于短期政府债券是国家的债务,因此它被认为是没有违约风险的。相反,即使是信用等级最高的其他货币市场工具,如商业票据、可转让存单等,都存在一定的风险,尤其是在经济衰退的时期。短期政府债券违约风险小的特征增加了对投资者的吸引力。

(2) 流动性强。这一特征使得短期政府债券能在交易成本较低及价格风险较低的情况下迅速变现。短期政府债券之所以具备这一特征,是因为它是一种在高组织性、高效率和竞争市场上交易的短期同质工具。

(3) 面额小。多数货币市场工具出售的最低面值为 10 万(美)元,而短期政府债券的最低面值是 1 万(美)元,因此相对于其他货币市场工具来说,短期政府债券的面额较小。这对许多小投资者来说,短期政府债券通常是能直接在货币市场上购买的唯一有价证券。

(4) 收入免税。免税主要是免除州及地方所得税。州及地方的税率越高,短期政府债券的吸引力越高,同时市场利率水平越高,短期政府债券的吸引力也越高。

【2-2】 我国短期政府债券市场概况

我国政府于 1994 年首次发行了期限短于一年的国库券,1996 年短期国债发行额 649 亿元,占当年国债发行的 32.99%,1997 年停止了短期国债的发行,直至最近几年才重新启动发行。因此,在我国目前的货币市场体系中,短期政府债券子市场相对缺失。

2. 大额可转让定期存单市场

大额可转让定期存单(negotiable certificates of deposits,CDs)是银行发行的到期之

前可转让的定期存款凭证。大额可转让定期存单具有以下几方面的特点。

① 通常不记名,不能提前支取,但存单持有者可以在二级市场上将其转让出售。

② 面额固定,按标准单位发行,而且面额较大,在美国,最低面额为10万美元。

③ 存单的发行者多是较大的商业银行。

④ 在一些国家,普通的定期存款利率受到管制,大额存单则可以按市场利率对持有者支付利息。

大额可转让定期存单对投资者来说,既有定期存款的较高利息收入特征,又同时有活期存款的可随时兑现的优点,是追求稳定收益的投资者的一种较好选择。对银行来说,发行存单可以增加资金来源而且由于这部分资金可视为定期存款而能用于中期放款。然而,发行存单的意义不仅在于增加银行存款,更主要的是由发行存单所带来的银行经营管理方面的作用。存单发行使银行在调整资产的流动性及实施资产负债管理上具有了更灵活的手段。

【2-3】 CDs的产生及在我国的发展情况

大额可转让定期存单的最先发明应归功于美国花旗银行。

20世纪50年代后期,美国货币市场利率不断上升,而银行存款利率却受到美联储Q条例的限制,无法采用竞争性存款利率,这使银行的筹资能力受到很大的制约。为规避管制,花旗银行于1961年开始发行可转让定期存单,期望借此能增加存款,并使资金来源多元化。

中国银行业发行大额存单始于1986年,1989年中国人民银行出台《大额可转让定期存单管理办法》,对其发行和流通转让等做了具体规定。2015年6月,人民银行公布《大额存单管理暂行办法》,正式宣布面向机构及个人推出大额存单。9家商业银行于同年发行首批大额存单,为存款利率市场化破冰。

3. 商业票据市场

商业票据(commercial paper,CP)是大公司为了筹措资金,以贴现方式出售给投资者的一种短期无担保承诺凭证。由于商业票据没有担保,仅以信用作保证,因此能够发行商业票据的一般都是规模巨大、信誉卓越的大公司。

商业票据是货币市场上历史最悠久的工具,最早可追溯到19世纪初。早期商业票据的发行和运用几乎都集中在美国。在美国的商业票据市场上,大多数商业票据的发行面额为10万美元的倍数,二级市场上商业票据的最低交易规模为10万美元。商业票据的期限较短,一般不超过270天。通常情况下发行的商业票据的期限都在1个月或2个月以内,市场上未到期的商业票据的平均期限在30天以内。

发行商业票据需要进行信用评估。美国主要有4家机构对商业票据进行评级,分别是穆迪投资服务公司、标准普尔公司、德莱·费尔普斯信用评级公司和费奇投资公司。商业票据的发行人至少要获得其中的一个评级,其实大部分都可以获得两个。

4. 银行承兑汇票市场

银行承兑汇票(banker acceptance)是由在承兑银行开立存款账户的存款人出票,向开户银行申请并经银行审查同意承兑的，且保证在制定日期无条件支付确定的金额给收款人或持票人的票据。由于银行承兑汇票由银行承诺承担最后的付款责任，因而银行承兑汇票是一种十分安全的金融资产。银行承兑汇票也可以像其他任何对银行的债权一样在二级市场上交易。我国银行承兑汇票每张票面金额最高为 1 000 万元（实务中遇到过的票面金额为 1 亿元）。银行承兑汇票实际上是银行将其信用借给企业，因此企业必须缴纳一定的手续费。手续费按票面金额的万分之五向承兑申请人收取，不足 10 元的按 10 元计。承兑期限最长不超过 6 个月。承兑申请人在银行承兑汇票到期未付款的，按规定计收逾期罚息。

【2-4】 银行承兑汇票的产生

银行承兑汇票是为方便商业交易活动而创造出的一种工具，在对外贸易中运用较多。当一笔国际贸易发生时：①由于出口商对进口商的信用不了解，加之没有其他的信用协议，出口方担心对方不付款或不按时付款；②进口方担心对方不发货或不能按时发货，这样交易就很难进行了。这时就需要银行信用从中作保证。一般来说，进口商首先要求本国银行开立信用证，作为向国外出口商的保证。银行承兑汇票由出票和承兑两个环节构成，出票是指出票人签发票据并将其交付给收款人的票据行为；承兑是指汇票付款人承诺在汇票到期日支付汇票金额的票据行为，二者缺一不可。

5. 回购市场

回购市场是指通过回购协议进行短期资金融通交易的市场。所谓回购协议（repurchase agreement），指的是在出售证券的同时，和证券的购买商签订协议，约定在一定期限后按约定价格购回所卖证券，从而获取即时可用资金的一种交易行为。从本质上来说，回购协议是一种抵押贷款，其抵押品为证券。回购协议的逆进行就是逆回购协议，在该协议中买入证券的一方同意按约定期限以约定价格出售其所买入的证券。通常回购协议中的证券为政府债券。回购按期限可分为隔夜回购和定期回购。隔夜回购以隔夜为周期，交易商在头天将其出售给投资者，并协议约定第二天以稍高的价格赎回，价格的增幅就是隔夜利率。交易商因此从投资者处借款一天，而证券则充当了抵押物的角色。定期回购与普通回购一样，只是其所暗含的借款期限为 30 天或更长。

回购协议的交易双方主要面临两方面的风险：①当证券的市价上升时，回购协议的买方到期可能不愿出售证券；②当证券的市价下跌时，卖方到期可能不愿回购。

为了减少交易双方面临的风险，可以采取的做法是：①设置保证金；②要求证券市值大于借款金额；③当证券的市场价格涨落到某一水平时，应相应调整回购协议。

6. 同业拆借市场

同业拆借市场，也可以称为同业拆放市场，是指金融机构之间以货币借贷方式进行短期资金融通活动的市场。同业拆借的资金主要用于弥补短期资金的不足、票据清算的差额以及解决临时性的资金短缺需要。同业拆借市场交易量大，能敏感地反映资金供求关系和货币政策意图，从而影响货币市场利率，因此，它是货币市场体系的重要组成部分。

同业拆借市场的主要参与者为商业银行，商业银行既是主要的资金供应者，又是主要的资金需求者。非银行金融机构如券商、保险公司、基金等也是金融市场上的重要参与者。在我国，国有商业银行主要是资金的拆出者，其他机构是资金的拆入者。

同业拆借市场的拆借期限通常以 1～2 天为限，短至隔夜，多则 1～2 周，一般不超过 1 个月，当然也有少数同业拆借交易的期限接近或达到一年的。同业拆借的拆款按日计息，拆息额占拆借本金的比例为“拆息率”。在国际货币市场上，比较典型的有代表性的同业拆借利率有三种，即伦敦银行同业拆借利率（LIBOR），新加坡银行同业拆借利率和香港银行同业拆借利率，其中，伦敦银行同业拆借利率已经成为欧洲货币市场上最重要的短期借款参照利率，也已经成为许多金融交易的参考利率。例如，一家公司可能以等于伦敦同业拆借利率上浮 2%的浮动利率借款。我国主要的同业拆借利率是上海银行间同业拆借利率（SHIBOR）。

【2-5】 我国同业拆借市场的发展

我国的同业拆借始于 1984 年，允许各专业银行互相拆借资金。新的信贷资金管理体制实施后不久，各专业银行之间及同一专业银行各分支机构之间即开办了同业拆借业务。到了 1987 年 6 月底，除了西藏外，全国其余各省、市、自治区都建立了不同形式的拆借市场，初步形成了一个以大中城市为依托的、多层次的、纵横交错的同业拆借网络。

1996 年 1 月 3 日，经过中国人民银行长时间的筹备，全国统一的银行间同业拆借市场正式建立。2007 年 1 月 4 日，上海银行间同业拆借利率正式运行，标志着中国货币市场基准利率培育工作全面启动。2015 年银行间市场同业拆借成交额已达到 64.2 万亿元，同比增长 70.5%。

目前同业拆借市场积极促进各类金融机构进行短期资金拆借活动，其信号功能也不断完善。同业拆借市场已成为货币市场的主要组成部分，备受金融机构及货币当局的重视。

7. 货币市场共同基金市场

货币市场共同基金是美国 20 世纪 70 年代以来出现的一种新型投资理财工具。共同基金是将众多的小额投资者的资金集合起来，由专门的经理人进行市场运作，赚取收益后按一定的期限及持有的份额进行分配的一种金融组织形式。而货币市场基金是指投资于货币市场上短期有价证券的一种投资基金。

货币市场共同基金的特征如下。

① 货币市场基金投资于货币市场中高质量的证券组合。

② 货币市场共同基金提供了一种有限制的存款账户。

③ 货币市场共同基金所受到的法规限制相对较少。

④ 均为开放式基金。

⑤ 衡量基金业绩的标准是收益率，与其他基金以净资产价值增值为标准不同。

⑥ 投资风险低、收益稳定，投资者可随时转让资金，流动性较好。

【2-6】 货币市场概况

货币市场共同基金最早出现于1972年。当时，由于美国政府出台了限制银行存款利率的Q项条例，所以银行存款对许多投资者的吸引力下降了，而投资者又急于为自己的资金寻找到新的能够获得货币市场现行利率水平的收益途径。货币市场共同基金正是在这种情况下应运而生的。它能将许多投资者的小额资金集合起来，由专家操作。货币市场共同基金出现后，其发展速度是很快的。目前，在市场经济发达的国家，货币市场共同基金在全部基金中所占的比重最大。

2.2 债券市场

上一节学习了货币市场的有关内容，从这一节起将开始介绍金融市场的另一个子市场——资本市场。资本市场由长期债券市场、股票市场以及衍生品市场组成，对资本市场的学习应从债券市场开始。

债券是指政府、金融机构、工商企业等金融市场主体为筹集资金而向投资者发行的、承诺按一定期限和利率水平支付利息并按约定期限偿还本金的债权、债务凭证。资本市场中的债券市场由除货币市场交易工具之外的长期借款和债务工具组成，主要包括中长期国债、市政债券、金融债券、公司债券和国际债券等。

2.2.1 中长期国债

资本市场中的政府债券的期限都在1年以上，其中，中期国债(treasury notes)的期限是1～10年，长期国债(treasury bonds)的期限则长达10～30年。通过发行中长期国债，政府可以筹集较长期限的资金，投资者可以定期获得利息收入(在美国这两类债券都是每半年支付一次利息)并在到期时收回本金。

表2-1是2015年、2016年两年我国储蓄国债的利率表，该表显示了每一期不同期限的国债所对应的收益率。例如2016年凭证式国债第三期对应的三年期(2019年到期)的利率为3.80%，也就是说，如果投资者投资该种国债，那么该投资者每年可以获得面值的3.80%的利息收入。

国债市场中还包含两种特殊的债券，分别是通货膨胀指数型国债和本息剥离债券。前者也可称为通胀保值债券，是各国政府发行的与通胀指数(如消费者物价指数CPI)相关联的国债，目的是为该国投资者提供一个有效规避通货膨胀风险的投资工具。后者是指将政府债券(息票债券)的各期利息支付和到期日的本金偿还完全剥离，对应称为息票剥离和本金剥离，独立作为一种无利息支付的债券进行销售。

表 2-1 国债利率表

年份		收益率(%)	
		三年期	五年期
2015	一期	4.92	5.32
	二期	4.92	5.32
	三期	4.25	4.67
	四期	4.25	4.67
2016	一期	4.00	4.42
	二期	3.90	4.32
	三期	3.80	4.17
	四期	3.80	4.17

2.2.2 市政债券

市政债券(municipal bonds)又称地方债券,是一个与中央政府债券(国债)相对应的概念,亦称地方公债。它是地方政府根据本地区的社会经济发展状况和资金短缺程度,在承担还本付息责任的基础上,向社会公众发行的债务凭证。发债所筹集的资金和还本付息均列入地方预算。筹集的资金一般用于解决地方财政资金的不足或用来兴建大型项目。地方债券的期限一般是根据所需资金的用途长短来确定的,利率则依据筹资所建项目的收益并参考国债利率来确定(一般比同期国债利率略高)。

从美国的经验来看,市政债券通常分为两种:一般责任债券和收益债券。其中一般责任债券完全受发行者的信用支撑(如缴税能力);而收益债券则是为特定项目筹资而发行的,并由该项目的收入或由指定运作项目的市政代理机构担保。收益债券的主要发行者有机场、医院、收费公路和港口管理局等。很明显,收益债券的违约风险大于一般责任债券。

市政债券的突出特征是它的免税功能。市政债券的利息收入可以免征联邦所得税。市政债券在发行地也可免除州与当地政府税。但当债券到期或将其以高于投资者的购买价销售时,则必须缴纳资本所得税。

2.2.3 金融债券

金融债券是银行等金融机构作为筹资主体为筹措资金而面向个人发行的一种有价证券,是表明债权债务关系的一种凭证。债券按法定手续发行,承诺按约定利率定期支付利息并到期偿还本金。它属于银行等金融机构的主动负债。

金融债券是由银行和非银行金融机构发行的债券。在欧美国家,金融机构发行的债券被归类于公司债券。而在我国及日本等国家,金融机构发行的债券称为金融债券。中国境内发行金融债券始于1985年,随着金融债券的发展,种类日益增多,主要有以下几类。

(1) 政策性金融债券,是政策性银行在银行间债券市场上发行的金融债券。我国的政策性银行包括国家开发银行、中国进出口银行、中国农业发展银行。

(2) 商业银行债券，这主要包括商业银行金融债券、商业银行次级债务、混合资本债券。商业银行金融债券是商业银行在全国银行间债券市场上发行的债券。商业银行次级债务是指由商业银行发行的、本金和利息的清偿顺序列于商业银行其他负债之后但先于商业银行股权资本的债券。混合资本债券是指商业银行为补充附属资本发行的、清偿顺序位于股权资本之前但列于一般债务和次级债务之后，期限在15年以上且发行之日起10年内不可赎回的债券。

(3) 证券公司债券，是指证券公司依法发行的、约定在一定期限内还本付息的有价证券。

(4) 保险公司次级债券，是指保险公司经批准定向募集的、期限在5年以上(含5年)、本金和利息的清偿顺序列于保单责任和其他负债之后但先于保险公司的股权资本的债券。

(5) 财务公司债券，是财务公司在银行间债券市场上发行的债券。

【2-7】 首只汽车金融债券出炉——上汽通用融资15亿元

2010年10月15日，上汽通用汽车金融有限责任公司(以下简称上汽通用金融公司)宣布，将发行总量为15亿元的金融债券，这是国内首单汽车金融公司金融债券。本次债券发行的主承销商为中信证券(600030.SH)、中国银行(601988.SH)，债券期限为三年。此次债券的顺利发行或将开启汽车金融公司融资渠道多元化的时代。

2004年8月，上汽通用金融公司通过银监会批准成立了我国第一家汽车金融公司。其中，美国通用汽车金融服务公司(GMAC)占60%的股份，上汽财务有限责任公司(SAIC)占40%的股份。

2008年年底，随着GMAC在美国的重组，GMAC-SAIC的股权结构也发生了变化，其中联合汽车金融公司(原GMAC)占40%，上海汽车集团财务有限责任公司占40%，上海通用汽车公司占20%。

随着上汽通用金融公司的成立，丰田、大众、福特等各大外资品牌旗下的金融公司分别以独资或合资方式进入中国市场。据了解，目前我国主要从事汽车金融公司的企业共有10家，主要为汽车经销商、汽车厂商提供资金支持，同时也为购车者提供贷款服务，这10家公司的资产总额近500亿元。

不过，整体上汽车信贷市场并没有随着汽车金融公司的大举涌入而发生实质性的变化。我国贷款购车的比例一直处于较低的水平。据行业统计数据显示，目前我国使用贷款购车的比例仅为10%左右，远低于欧美等发达国家。

长期以来，融资渠道过于狭窄是我国汽车金融行业发展的一个制约因素。不过，随着国家政策的逐步松绑，将为汽车金融公司创造良好的条件。

2007年，上汽通用金融公司作为第一家非银行业金融机构，参加了国务院批准的信贷资产证券化试点，在银行间债券市场可以发行总额为20亿元的资产支持证券。而在2008年，又被央行上海总部批准进入银行间同业拆借市场。

本次发行15亿元金融债券，将是上汽通用金融公司扩大融资渠道的又一重大突破。

2.2.4 公司债券

公司债券是指公司依照法定程序发行的,约定在一定期限还本付息的有价证券。公司债券是公司债的表现形式,基于公司债券的发行,在债券的持有人和发行人之间形成了以还本付息为内容的债权债务法律关系。因此,公司债券是公司向债券持有人出具的债务凭证。

就风险程度而言,公司债券的风险性较高,所以违约风险是购买公司债券时必须考虑的因素。相应地,由于投资者承担了较高的风险,所以公司债券提供给投资者的收益也是较高的。

公司债券的类型主要有以下几种。

① 担保债券。是在企业破产时有指定担保的债券。

② 无担保债券或信用债券。是一种不以公司任何资产作担保而发行的债券。

③ 次级无担保债券是在企业破产时对企业资产的索偿权低于其他债券的债券。

④ 不动产抵押公司债券。是以公司的不动产(如房屋、土地等)作抵押而发行的债券,是抵押证券的一种。

⑤ 可转换公司债券。是指发行人依照法定程序发行的并在一定期限内依据约定的条件可以转换成发行人股份的公司债券。

⑥ 附认股权证的公司债券。是公司发行的一种附有认购该公司股票权利的债券。这种债券的购买者可以按预先规定的条件在公司发行股票时享有优先购买权。

⑦ 可交换债券。是指上市公司的股东依法发行的并在一定期限内依据约定的条件可以交换成该股东所持有的上市公司股份的公司债券。

2.2.5 国际债券

国际债券(international bonds)是一国政府、金融机构、工商企业或国家组织为筹措和融通资金,在国际金融市场上发行的以外国货币为面值的债券融资凭证。国际债券的重要特征是发行者和投资者属于不同的国家,筹集的资金来源于国外金融市场。可见,资本市场的范围不仅局限于国内,资金的需求者还可以在国外金融市场融通资金,也可在国际金融市场上寻找投资工具,国际资本市场已成为资本市场及金融市场的重要组成部分。

国际债券根据债券的面值货币和发行地的不同,可以分为外国债券、欧洲债券和全球债券。

外国债券是指借款人在本国以外的某一个国家发行的、以发行地所在国的货币为面值的债券。这种债券涉及两个国家,发行人在一个国家,而发行市场和面值货币在另外一个国家。由外国债券的发行和交易形成的市场被称为外国债券市场。

【2-8】 外国债券在各国的命名

外国筹资者在美国发行的以美元为面值的债券被称为"扬基债券";外国筹资者在日本发行的以日元为面值的债券称为"武士债券";外国筹资者在英国发行的以英镑为面值的债券被称为"哈巴狗债券"。

2005年10月,国际金融公司和亚洲开发银行在全国银行间债券市场发行人民币债券,这是中国首次引入外资机构发行主体,这种债券属于外国债券,被称为"熊猫债券"。

欧洲债券是指借款人在本国境外市场发行的、不以发行市场所在国货币为面值的国际债券。欧洲债券的特点是债券的发行者、债券发行地点和债券面值所使用的货币分别属于不同的国家，也称无国籍债券。欧洲债券面值所使用的货币一般为可自由兑换的货币，如美元、欧元、英镑、日元和特别提款权等。

全球债券是20世纪80年代末产生的新型金融工具，是指在世界各地的金融中心同步发行的且具有高流动性的国际债券。世界银行于1989年首次发行了这种债券，并一直在该领域占有主导地位，其发行面值为美元、日元、马克等。

2.3 股票市场

本节将介绍资本市场的另一个重要的子市场——股票市场。股票是一种有价证券，是股份公司在筹集资本时向出资人发行的，用以证明出资人身份的股东权利和义务，并根据持有人所持有的股份数享有收益和承担义务的书面证明。股票可以按多种标准进行分类，其中最主要也是最基本的分类标准是股东权利，按照股东权利股票可以划分为普通股和优先股，本节将首先对这两种股票进行重点介绍，之后再介绍股票价格指数的相关内容。

2.3.1 普通股和优先股

1. 普通股

普通股(common stock)是指在公司的经营管理和盈利及财产的分配上享有普通权利的股份，代表了满足所有债权偿付要求及优先股东的收益权与求偿权要求后对企业盈利和剩余财产的索取权，它构成了公司资本的基础，是股票的一种基本形式，也是发行量最大、最为重要的股票。普通股一般都能在一个或几个股票市场中流通交易。

普通股具有以下几方面的特点。

(1) 公司盈余分配权。持有普通股的股东有权获得股利，但必须是在公司支付了债息和优先股的股息之后才能分得。普通股的股利是不固定的，一般视公司净利润的多少而定。公司的经营业绩好，普通股的收益就高；反之，若经营业绩差，普通股的收益就低。

(2) 剩余资产分配权。当公司因破产或结业而进行清算时，在公司资产满足了债权人的清偿权以及优先股股东剩余财产分配权后，普通股股东有权参与公司剩余资产的分配。

(3) 经营决策投票权。普通股东一般都拥有发言权和表决权，即有权就公司的重大问题进行发言和投票表决。这种权利是通过股东大会来行使的，普通股股东有权出席或委托代理人出席股东大会，并根据所持股票份额对公司的重大事务进行投票表决。

(4) 优先认股权。即当公司增发新普通股时，现有股东有权优先购买新发行的股票，以保持其对企业所有权的原比重不变，从而维持其在公司中的权益。

(5) 有限责任。有限责任是指普通股股东以其认购的股份为限对公司承担责任，也就是说，如果公司经营失败，股东最多损失初始的投资额。

2. 优先股

优先股(preferred stock)是相对于普通股而言的,是指在盈余分配上或剩余财产分配上的权利优先于普通股的股份。

优先股主要有以下三个特点。

(1) 通常有固定的股息收益率。由于优先股的股息收益率是事先确定的,所以股息一般不随公司盈利增减而变化,而且一般也不参与公司的分红,但优先股股东优先于普通股股东领取股息。

(2) 权利范围小。优先股股东不享有选举权和被选举权,对公司的重大经营无投票权。

(3) 有优先索偿权。即当公司破产清算时,优先股的索偿权先于普通股,但次于债权人。

从优先股的定义和特点可以发现,优先股具有股权与债务的双重特征。首先,优先股作为公司发行的股份,具备股权特征,同时,它与债券又存在相似之处,即承诺每年付给它的持有者一笔固定的收入。在这种意义上,优先股与无限期债券即永久债券相似。另一个与债券相似的特征是优先股不具有对公司的投票权。

优先股存在多种分类方式。按是否允许赎回股票,可以分为可赎回优先股和不可赎回优先股;按能否转换成普通股,可以分为可转换优先股和不可转换优先股;按优先股股东能否参与利润分配,可以分为参与优先股和非参与优先股;按盈利能否累积分配,可分为累积优先股和非累积优先股。最近的一项有关优先股的金融创新是浮动利率优先股,它与浮动利率债券类似,将股利与当期的市场利率紧密相连。

3. 普通股与优先股的区别

(1) 公司盈余的分配方面。优先股的股息是固定的,而普通股的股利则与公司经营相关,且公司红利须首先分派给优先股,再分派给普通股。

(2) 剩余财产的分配方面。当公司破产或解散时,应首先对优先股分配,如果还有剩余才向普通股分配。

(3) 对企业经营的参与方面。普通股的股东一般有出席股东大会、参与表决和选举董事等权利,从而对公司的经营管理有一定的发言权,而优先股则不存在这方面的权利。

(4) 公司增资扩股方面。普通股股东享有优先认股权和新股转让权,使现有股东有权保持对公司所有权的占有比例,优先股股东则无此种权利。

(5) 流通性方面。普通股可上市流通,而优先股一般不能上市流通。

2.3.2 股票价格指数

1. 股票价格指数的含义

股票价格指数是运用统计学中的指数方法编制而成的用以反映整个股票市场上各种股票市场价格的总体水平及其变动情况的指标,简称为股票指数。股票价格指数是用报告期股价水平除以基期股价水平再乘以基期指数值得到的。

2. 我国主要的股票价格指数

(1) 上证综合指数

上证综合指数(上海证券交易所综合股价指数)是国内外普遍采用的反映上海股市总

体走势的统计指标，也称为沪指。该指数由上海证券交易所编制，于1991年7月15日公开发布，上证指数以"点"为单位，基日定为1990年12月19日，当时基期指数定为100点。上海证券交易所股票价格综合指数是以全部的上市股票为样本，以股票发行量为权数进行编制。

其计算公式为

$$本日股价指数 = 本日股票市价总值 \div 基期股票市价总值 \times 100$$

$$本日股票市价总值 = \sum 本日收盘价 \times 发行股数$$

$$基期股票市价总值 = \sum 基期收盘价 \times 发行股数$$

如果上市股票增资扩股或新增(删除)时，则需进行相应修正，其计算公式调整为

$$修正后本日股价指数 = 本日股票市价总值 \div 新基准股票市价总值 \times 100 \tag{2.1}$$

式(2.1)中，新基准股票市价总值＝修正前基准股票市价总值×(修正前股票市价总值＋市价总值变化额)÷修正前股票市价总值。

随着上市股票品种的不断增加，上海证券交易所在这一综合指数的基础上，从1992年2月起分别公布A股指数和B股指数，从1993年5月3日起正式公布工业、商业、地产业、公用事业和综合5大类分类股价指数。至此，上证指数已发展成为包括综合股价指数、A股指数、B股指数和分类指数在内的股价指数系列。

(2) 上证30指数，上证180指数，上证50指数

上证30指数是由上海证券交易所编制，以在上海证券交易所上市的所有A股股票中选取最具市场代表性的30种样本股票为计算对象，并以流通股数为权数的加权综合股价指数，且取1996年1月至1996年3月的平均流通市值为指数的基期。基期指数定为1 000点。

上海证券交易所于2002年7月1日正式对外发布上证180指数用以取代原来的上证30指数。新编制的上证180指数的样本数量扩大到180种，入选的个股均是一些规模大、流动性好、行业代表性强的股票。该指数不仅在编制方法的科学性、成分选择的代表性和成分的公开性上有所突破，而且也恢复和提升了成分指数的市场代表性，从而能更全面地反映股价的走势。

上证50指数是由上海证券交易所编制的，于2004年1月2日正式发布的股价指数，该指数根据科学客观的方法挑选上海证券市场中规模大、流动性好的且最具代表性的50只股票组成样本股，以综合反映上海证券市场最具市场影响力的一批优质大盘企业的整体状况。基日为2003年12月31日，基点为1 000点。

(3) 上证红利指数

上证红利指数是挑选在上海证券交易所上市的现金股息率高、分红比较稳定、具有一定规模及流动性的50只股票作为样本，以反映上海证券市场高红利股票的整体状况和走势。上证红利指数以2004年12月31日为基日，以该日所有样本股的调整市值为基期，基期指数定为1 000点，该指数于2005年1月4日发布。

(4) 深证综合指数

深圳证券交易所综合指数包括深证综合指数、深证A股指数和深证B股指数。它们分别以在深圳证券交易所上市的全部股票、全部A股和全部B股为样本股，以1991年

4 月 3 日为综合指数和 A 股指数的基期,以 1992 年 2 月 28 日为 B 股指数的基期。基期指数定为 100。

(5) 深证成分股指数

深证成份股指数是由深圳证券交易所编制的一种成分股指数,是从上市的所有股票中抽取最具有市场代表性的 40 家上市公司的股票作为计算对象,并以流通股为权数计算得出的加权股价指数,该指数能够综合反映在深交所上市的 A、B 股的股价走势。成分股指数于 1995 年 1 月 23 日开始试发布,并于 1995 年 5 月 5 日正式启用。该指数以1994 年 7 月 20 日为基期,基点为 1 000 点。

40 家上市公司的 A 股用于计算成分 A 股指数及行业分类指数,40 家上市公司中有 B 股的公司,其 B 股用于计算成分 B 股指数。深证成分股指数,还有 A 股编制分类指数,包括工业分类指数、商业分类指数、金融分类指数、地产分类指数、公用事业分类指数、综合企业分类指数。

(6) 沪深 300 指数

沪深 300 指数是由上海证券交易所和深圳证券交易所携手联合编制的第一只反映沪深两市 A 股综合表现的跨市场成分指数,以 2004 年 12 月 31 日为基日,以该日 300 只成分股的调整市值为基期,基期指数定为 1 000 点,自 2005 年 4 月 8 日起正式发布。

(7) 央视财经 50 指数

央视财经 50 指数是由深圳证券信息有限公司和中央电视台财经频道宣布的指数,于 2012 年 6 月 6 日发布,指数代码为 399550,简称"央视 50"。指数基日为 2010 年 6 月 30 日,基点为 2 563.07 点。央视财经 50 指数从成长、创新、回报、公司治理、社会责任 5 个维度对上市公司进行评价,每个维度选出 10 家、合计 50 家 A 股公司构成样本股。在指数中,5 个维度具有相同的初始权重,均为 20%。在维度内,单只样本股的权重不超过 30%。

3. 国际主要股票价格指数

(1) 道·琼斯股价指数

道·琼斯股价指数,是反映美国纽约股票市场总体行情变动的股票价格平均数。1884 年 7 月 3 日,道·琼斯公司的创始人查尔斯·亨利·道和爱德华·琼斯根据当时美国有代表性的 11 种股票编制了股票价格平均数,并发表于该公司编辑出版的《每日通信》上。以后道·琼斯股价平均数的样本股逐渐扩大,在 1929 年其所包含的股票达到 65 种,并一直延续至今。编制方法也由最初的简单算术平均法改进为修正平均法,《每日通信》也于 1889 年改为《华尔街日报》。

道·琼斯股价指数是世界上最有影响力、使用最广泛的股价指数,它由 5 种股价平均指数构成,分别是:

① 以 30 家著名的工业公司股票为编制对象的道·琼斯工业股价平均指数。

② 以 20 家著名的交通运输业公司股票为编制对象的道·琼斯运输业股价平均指数。

③ 以 15 家著名的公用事业公司股票为编制对象的道·琼斯公用事业股价平均指数。

④ 以上述三种股价平均指数所涉及的65家公司股票为编制对象的道·琼斯股价综合平均指数。

⑤ 道·琼斯公正市价指数，以700种不同规模或实力的公司股票为对象编制，于1988年10月首次发布。由于该指数所选的股票行业分布广泛，并且兼顾了不同规模和实力的公司，因而具有相当的代表性。

在5种道·琼斯股价指数中，以道·琼斯工业股价平均指数最为著名，它被大众传媒广泛地报道，并作为道·琼斯指数的代表加以引用。

(2) 标准·普尔股票价格指数

标准·普尔股票价格指数在美国也颇具影响，它是美国最大的证券研究机构即标准·普尔公司编制的股票价格指数。该公司于1923年开始编制和发表股票价格指数。最初采选了230种股票，并编制成两种股票价格指数。到1957年，这一股票价格指数的范围扩大到了500种股票，分成95种组合。其中最重要的4种组合是工业股票组、铁路股票组、公用事业股票组和500种股票混合组。通过对这500种采样股票加权平均、综合计算得出指数，并在开市时间每半小时公布一次。该指数发布在该公司主办的《展望》刊物上。

标准·普尔公司股票价格指数以1941年至1943年抽样股票的平均市价为基期，以上市股票数为权数，按基期进行加权计算，其基点数为10。以目前的股票市场价格乘以股票市场上发行的股票数量为分子，用基期的股票市场价格乘以基期股票数为分母，相除之数再乘以10就是股票价格指数。

由于该指数是根据纽约证券交易所上市股票的绝大多数普通股票的价格计算而得，能够灵活地对认购新股权、股份分红和股票分割等引起的价格变动做出调节，指数数值较精确，并且具有很好的连续性，所以往往比道·琼斯指数具有更好的代表性。

(3) 英国金融时报股价指数

英国金融时报股价指数是“伦敦《金融时报》工商业普通股票平均价格指数”的简称。由英国最著名的报纸《金融时报》编制和公布，用以反映英国伦敦证券交易所的行情变动。

该指数分为三种：①由30种股票组成的价格指数；②由100种股票组成的价格指数；③由500种股票组成的价格指数。

通常所讲的英国金融时报股价指数是指第一种，即由30种有代表性的工商业股票组成并采用加权算术平均法计算出来的价格指数。该指数以1935年7月1日为基期日，基期指数定为100点，以后各期股价与基期日平均股价比较，所得数值即各期指数。

(4) 日经股价指数

原被称为“日本经济新闻社道·琼斯股票平均价格指数”，该指数是由日本经济新闻社编制并公布用以反映日本东京证券交易所股票价格变动的股票价格平均指数。

该指数的前身为1950年9月开始编制的“东证修正平均股价”，1975年5月1日，日本经济新闻社向美国道·琼斯公司买进商标，采用修正的美国道·琼斯公司股票价格平均数的计算方法计算，并将其所编制的股票价格指数定为“日本经济新闻社道·琼斯股票平均价格指数”，1985年5月1日在合同满10年时，经两家协商，将名称改为“日经平均股价指数”(简称日经指数)。

日经指数按其计算对象的采样数目不同，分为以下两种。

① 日经225种平均股价指数,它是从1950年9月开始编制的;该指数因连续时间较长,具有很好的可比性,所以成为考察日本股票市场股价的长期演变及最新变动的最常用和最可靠的指标,传媒日常引用的日经指数就是指这个指数。

② 日经500种平均股价指数,它是从1982年1月开始编制的。

(5) 香港恒生指数

香港恒生指数由香港恒生银行全资附属的恒生指数服务有限公司编制,于1969年11月24日首次公开发布。该指数现在是以香港股票市场中的50家上市股票为成分股样本,以其发行量为权数的加权平均股价指数,基期为1964年7月31日,基期指数定为100点。它是反映香港股市价格变化趋势最有影响的一种股价指数。

2.4 衍生品市场

本节将介绍资本市场的第三个子市场——衍生品市场。这个市场是在金融创新的基础上产生的,近年来得到了迅速的发展。

2.4.1 衍生品概述

金融衍生品是在金融原生工具(股票、债券、货币等)的基础上派生出来的新的、较复杂的金融工具,这些金融工具所提供的收益依赖于原生工具的价值,且价值随着原生工具价值的变化而变化。

与金融原生工具相比,金融衍生工具具有以下显著特点。

(1) 派生性。所有的衍生品都是在一定的金融原生工具的基础上产生的。

(2) 杠杆性。衍生品的交易采用保证金(margin)制度,即金融衍生工具的交易通常无须支付标的资产的全部价值,交易所需的最低资金只需满足基础资产价值的某个百分比。

(3) 虚拟性。当金融衍生工具的原生品是实物或货币时,投资于金融衍生工具的收益并非来自于相应的原生品的增值,而是得自于这些产品价格的变化;当原生品是股票、债券等虚拟资本时,相应的衍生工具就具有双重虚拟性。这些特征使得金融衍生工具的交易具有脱离原生品而独立发展的趋势,其市场规模可能大大超过原生市场的规模。

(4) 复杂性。工具特性复杂,但风险控制或投机的效果明显。与金融基础工具不同,金融衍生工具交易的对象主要是外汇、国债、股票等金融资产买卖的合约,金融资产买卖的选择权或期权,以及某种基础价格的变动等。这些工具不仅具有极强的虚拟性,而且组合结构也比较复杂,因此特性也特别复杂。

与金融基础工具相比,金融衍生工具可以根据客户的需求量身定做,不仅可以锁定价格、规避和控制风险,还可以进行金融投机。所以,这类工具的功能更强。

(5) 高风险性。金融衍生工具及其交易,不仅存在一般金融工具的风险,而且还面临着明显的运作风险、交割风险和法律风险。

2.4.2 主要衍生工具介绍

衍生品市场上的主要衍生工具包括远期、期货、期权和互换等。

1. 远期合约

远期合约是交易双方约定在未来某一确定的时间按照确定的价格买卖一定数量的某种金融资产的合约。远期合约在场外进行交易；可分为远期利率协议、远期外汇合约和远期股票合约。

由于远期合约不是标准化的合约，因而存在违约风险高、交易成本高、流动性差、缺乏价格发现功能等缺点。

2. 期货合约

期货合约是指在约定的交割日以某一商定的价格(期货价格)对某项资产进行交割的合约。持有多头头寸的交易者承诺在交割日购买资产，而持有空头头寸的交易者则承诺在合同到期日交付资产。期货合约主要包括利率期货、股指期货、债券期货、外汇期货等。

3. 期权

金融期权是指买卖双方订立合约并在合约中规定由买方向卖方支付一定数额的期权费的金融活动，即赋予买方在规定的时间内按协议价格(执行价格)购买或出售一定数量的某种金融资产的权利。期权主要包括利率期权、外汇期权、股票期权、股指期权和期货期权等。

期权主要分为以下两种方式。

(1) 按照履约时间的不同可以分为美式期权和欧式期权。前者是指期权的购买者可以在期权到期日以及到期日之前的任何时间执行权利的期权；后者只能在期权到期日执行期权。

(2) 按购买者的权利来划分期权可以为看涨期权(买入期权)和看跌期权(卖出期权)。前者赋予其持有者在到期日或到期日之前以某一特定价格[即行权价格(exercise price)或执行价格(strike price)]购买某种资产的权利。当市场价格超过执行价格，期权持有者会以执行价格买入资产，获得的收益等于股票价格与执行价格之差。否则，可以放弃行权。如果在期权合约到期之前没有行权，那么期权到期就没有任何价值了。看涨期权在股价上涨期间提供的利润较高，因此，它也是一种牛市投资工具。看跌期权赋予其持有者在到期日或到期日之前，以某一特定价格出售某资产的权利。当标的资产价值降低时，看跌期权的利润就会增加。所以看跌期权的持有者只有在能够将价值低于执行价格的资产以执行价格出售的条件下才会行权。

4. 互换

金融互换是指两个或两个以上的当事人按照商定的价格在约定时间内交换一系列现金流的金融交易。

互换主要包括货币互换和利率互换。

货币互换是指将一种货币的本金和固定利息与另一种货币的等值本金和固定利息进行的交换。公认的世界上第一笔正式的货币互换是 1981 年所罗门兄弟公司为 WB 和 IBM 公司安排的欧洲美元兑 DM 的互换。

利率互换是指交易双方在约定的一段时间内，根据双方签订的合同，在一笔象征性本金的基础上互相交换具有不同利率性质的利率款项。在利率互换中,本金无须交收,仅互换利率,本金只是用作计算利息的基础。

2.5 金融投资工具

本章的前四节介绍了金融市场体系,并着重阐述了货币市场和资本市场的相关内容。作为本章的最后一节,将介绍金融市场上可供选择的投资工具,从而为投资者决策提供理论基础。

在金融市场上,投资工具一般有以下 4 种: 权益证券、固定收益证券、证券投资基金和衍生证券。

2.5.1 权益证券

权益证券即股票,是股份有限公司发行的用以证明投资者的股东身份和权益,并据以获取股息和红利的凭证。股票一经发行,购买股票的投资者即成为公司的股东。股票实质上代表了股东对股份公司的所有权,股东凭借股票可以获得公司的股息和红利,可以参加股东大会并行使自己的权利,但同时也要承担相应的责任与风险。

1. 股票的性质

(1) 股票是有价证券

有价证券是财产价值和财产权利的统一表现形式。持有有价证券,一方面表示拥有一定价值量的财产,另一方面也表明有价证券持有人可以行使该证券所代表的权利。股票具有有价证券的上述特征: 第一,虽然股票本身没有价值,但股票是一种代表财产权的有价证券,其包含着股东可以依其持有的股票要求股份公司按规定分配股息和红利的权利;第二,股票持有人要想行使股票所代表的财产权必须以拥有股票为前提。两者的存在互为前提,不可分割。换言之,股东购买股票是因为股票代表一定的财产要求权,而股票持有人要行使股票所代表的财产权,就必须以持有股票为条件,所以股东权利的转让应与股票占有的转移同时进行,股票的转让就是股东权的转让。

(2) 股票是要式证券

股票应记载一定的事项,其内容应全面真实,这些事项往往通过法律形式加以规定。在我国,股票应具备《中华人民共和国公司法》规定的有关内容,如果缺少规定的要件,股票就失去了法律效力。而且,股票的制作和发行需经证券主管机关的审核和批准,任何个人或者团体不得擅自制作和发行股票。

(3) 股票是资本证券

股份公司发行股票是一种吸引认购者投资以筹措公司自有资本的手段,对于认购股票的人来说,购买股票就是一种投资行为。因此,股票是投入股份公司资本份额的证券化,属于资本证券。

(4) 股票是综合权利证券

当公司股东将出资交给公司后,股东对其出资财产的所有权就转化为股东权了。股东权是一种综合权利,包括资产交易权、重大决策权、选举管理权等。

2. 股票的特征

(1) 收益性

收益性是股票最基本的特征,它是指持有股票可以为持有人带来收益的特性。持有股票的目的在于获取收益。股票的收益来源可以分成两类：一类是股息红利,认购股票后,持有者即对发行公司享有经济权益,这种经济权益的实现形式是从公司领取股息和分享公司的红利。股息红利的多少取决于股份公司的经营能力和盈利水平。另一类是资本利得,股票持有者可以持股票到市场上进行交易,当股票的市场价格高于买入价格时,卖出股票就可以赚取差价收益。这种差价收益称为资本利得。

(2) 风险性

风险性是指持有股票可能存在经济利益蒙受损失的可能性。股票风险的内涵是预期收益的不确定性。股票虽然能够给股票持有者带来收益,但这种收益是不确定的,股东能否获得预期的股息红利收益,完全取决于公司的盈利情况;股票的市场价格也会随着公司的盈利水平、市场利率、宏观经济状况、政治局势等各种因素的变化而变化,如果股份下跌,则股票持有者会因股票贬值而蒙受损失。

(3) 流动性

股票虽然是一种无限期的有价证券,但是投资者可随时在二级市场上出售股票收回现金(可能大于或小于原出资额)。股票是流动性很强的证券。

(4) 永久性

永久性是指股票所载有权利的有效性是始终不变的,因为它是一种无期限的法律凭证。股票的有效期与股份公司的存续期相联系,两者是并存的关系。这种关系实质上反映了股东与股份公司之间稳定的经济关系。股票代表着股东的永久性投资,当然股票持有者可以出售股票而转让其股东身份,而对于股份公司而言,由于股东不会要求公司退股,所以通过发行股票筹集到的资金,在公司存续期间是一笔稳定的自有资本。

(5) 参与性

参与性是指股票持有人有权参与公司重大决策的特性。股票持有人作为股份公司的股东,有权出席股东大会,通过选举公司董事来实现其参与权。不过,股东参与公司重大决策的权利大小取决于其持有股票数额的多少,如果某股东持有的股票数额达到决策所需的有效多数时,就能实质性地影响公司的经营方针了。

3. 股票的价值与价格

(1) 股票的价值

有关股票的价值有多种提法,它们在不同场合有不同含义。

① 票面价值。股票的票面价值又称面值,即在股票票面上标明的金额。该种股票被称为有面额股票。股票的票面价值在初次发行时有一定的参考意义。如果以面值作为发行价,则称为平价发行,此时公司发行股票募集的资金等于股本的总和,也等于面值。如果发行价格高于面值则称为溢价发行,募集的资金中等于面值总和的部分记入股本账户,超额部分记入资本公积账户。随着时间的推移,公司的资产会发生变化,股票面值与每股

净资产逐渐背离,其与股票的投资价值之间也没有必然的联系。

② 账面价值。股票的账面价值又称股票净值或每股净资产,是每股股票所代表的实际资产的价值。在没有优先股的条件下,每股账面价值是以公司净资产除以发行在外的普通股票的股数求得的。在盈利水平相同的前提下,账面价值越高,股票的收益越高,股票就越有投资价值。因此,账面价值是股票投资价值分析的重要指标,在计算公司的净资产收益率时也有重要的作用。

③ 清算价值。股票的清算价值是指公司清算时每一股份所代表的实际价值。从理论上讲,股票的清算价值应与账面价值一致,但实际上并非如此。只有当清算时的资产实际出售额与财务报表上反映的账面价值一致时,每一股的清算价值才会和账面价值一致。但在公司清算时,其资产往往只能压低价格出售,再加上必要的清算费用,所以,大多数公司的实际清算价值都低于其账面价值。

④ 内在价值。股票的内在价值即理论价值,是指股票未来收益的现值。股票的内在价值决定了股票的市场价格,股票的市场价格总是围绕其内在价值波动。研究和发现股票的内在价值,并将内在价值与市场价格相比较进而决定投资策略是证券分析家的主要任务。但由于未来收益及市场利率的不确定性,所以各种价值模型计算出的"内在价值"只是股票真实的内在价值的估值。经济形势的变化、宏观经济政策的调整、供求关系的变化等都会影响股票未来的收益,从而引起内在价值的变化。

(2) 股票的价格

① 股票的理论价格。股票及其他有价证券的理论价格是根据现值理论而来的。现值理论认为,人们之所以愿意购买股票和其他证券,是因为它能够为其持有人带来预期收益,因此,它的"价值"取决于未来收益的大小。可以认为,股票的未来股息收入、资本利得收入是股票的未来收益,亦可称之为期值。将股票的期值按市场利率和有效期限折算成今天的价值,即为股票的现值。可见,股票及其他有价证券的理论价格就是以一定利率计算出来的未来收入的现值。

② 股票的市场价格。股票的市场价格一般是指股票在二级市场上买卖的价格。股票的市场价格由股票的价值决定,但同时受许多其他因素的影响。其中,供求关系是最直接的影响因素,其他因素都是通过作用于供求关系而影响股票价格的。由于影响股票价格的因素复杂多变,所以股票的市场价格呈现出高低起伏的波动性特征。

2.5.2 固定收益证券

固定收益证券即债券,是发行人依照法定程序发行,并约定在一定期限还本付息的有价证券,是债权债务关系的凭证。

1. 债券的性质

(1) 债券属于有价证券

首先,债券反映和代表一定的价值。债券本身有一定的面值,通常是债券投资者投入资金的量化表现;其次,持有债券可按期取得利息,利息也是债券投资者收益的价值表现。最后,债券与其代表的权利是联系在一起的,拥有债券也就拥有了债券所代表的权利,转让债券也就将债券代表的权利一并转移了。

(2) 债券是一种虚拟资本

债券尽管有面值,代表了一定的财产价值,但也只是一种虚拟资本,而非真实资本。因为债券的本质是证券债权债务关系的证书,在债权债务关系建立时所投入的资金已被债务人占用,所以债券只是实际使用的真实资本的证书。债券的流动并不意味着它所代表的实际资本也同样流动,债券独立于实际资本之外。

(3) 债券是债权的表现

债券代表债券投资者的权利,这种权利不是直接支配财产权,也不以资产所有权表现,而是一种债权。所以债权人不同于财产所有人,债权人除了按期取得本息外,对债务人不能做其他干预。

2. 债券的特征

(1) 偿还性

偿还性是指债券有规定的偿还期限,债务人必须按期向债权人支付利息和偿还本金。债券的偿还性使资金筹措者不能无限期地占用债券购买者的资金,换言之,他们之间的借贷经济关系将随偿还期结束、还本付息手续完毕而消失。这一特征与股票的永久性有很大的区别。

(2) 流动性

流动性是指债券持有人可按自己的需要和市场的实际状况灵活地转让债券,以提前收回本金和实现投资收益。流动性首先取决于市场对转让所提供的便利程度;其次还表现为债券在迅速转变为货币时,是否在货币计算的价值上蒙受损失。

(3) 安全性

安全性是指债券持有人的收益相对固定,不随发行者经营收益的变动而变动,并且可按期收回本金。一般来说,具有高度流动性的债券同时也是较安全的,因为它不但可以迅速地转换为货币,而且还可以按一个较稳定的价格转换。债券投资不能收回有以下两种情况。

① 债务人不履行债务,即债务人不能充分和按时履行按约定的利息支付或者偿还本金。

② 流通市场风险,即债券在市场上转让时因价格下跌而承受损失。许多因素都会影响债券的转让价格,但其中较重要的是市场利率水平。

(4) 收益性

收益性是指债券能为投资者带来一定的收入,即债权投资的报酬。在实际经济生活中,债券收益可以表现为两种形式:一种是利息收入,即债权人在持有债券期间按约定的条件分期、分次取得利息或者到期一次取得利息;另一种是资本损益,即债权人到期收回的本金与买入债券的价差收入或中途卖出债券与买入债券之间的价差收入。

3. 债券的分类

债券的种类有很多,在债券的历史发展过程中,曾经出现过很多不同品种的债券,各种债券共同构成了一个完整的债券体系。债券可以依据不同的标准分为以下几类。

(1) 按发行主体分类,可分为政府债券、金融债券和公司债券。

政府债券一般称为"公债",它是政府为筹集资金而向投资者出具并承诺在一定时期支付利息和偿还本金的债务凭证。金融债券是由银行和其他金融机构经特别批准而发行的债券。公司债券是企业为筹集长期资金而发行的债务凭证。一般期限较长,大多为5～10年。公司债券风险也相对较大,因而其利率一般高于政府债券和金融债券。

(2) 按偿还期限的长短,可分为短期债券、中期债券和长期债券。

对具体年限的划分,不同的国家有不同的标准。短期债券,一般而言,其偿还期在1年以下。例如,美国的短期国库券的期限通常为3个月或6个月。中期债券的偿还期一般为1～10年。而长期债券的偿还期一般为10年以上。

(3) 按计息与付息方式分类,可分为息票债券和贴现债券。

息票债券是指债券发行时规定在债券存续期内在约定的时间以约定的利息率向债券持有人支付利息的中、长期债券。债券的持有人于息票到期日,凭债券附带的息票领取本期的利息并同时领取债券的本金。与此相对应,贴现债券则是无息票债券或零息债券,这种债券在发行时不规定利息率,券面也不附票息,发行人以低于债券票面额的价格出售债券,即折价发行,债券到期时发行人按债券面额兑付。

(4) 按债券持有人的收益方式分类,可分为固定利率债券、浮动利率债券、累进利率债券和免税债券等。

固定利率债券是指在发行时就规定了固定收益利息率的债券,一般每半年或一年支付一次利息。浮动利率债券则是为避免利率风险而设计的一种债券,其利息率随着市场利率的变化而变动。累进利率债券是指按投资者持有同一债券期限长短计息的债券,一般债券期限超长,利率相应较高。免税债券则是债券持有人免交债券利息的个人所得税的债券,这类债券一般是政府公债。

4. 债券与股票的比较

(1) 二者的相同点

① 二者都属于有价证券。尽管股票和债券都有各自的特点,但它们都属于有价证券,都是虚拟资本,本身无价值,但又都是真实资本的代表。持有债券或股票,都有可能获取一定的收益,并能行使各自的权利和流通转让。债券和股票都在证券市场上交易,并构成了证券市场的两大支柱。

② 二者都是筹措资金的手段。债券和股票都是有关经济主体为筹资需要而发行的有价证券。经济主体在社会经济活动中必然会产生对资金的需求,从资金融通角度来看,债券和股票都是筹资手段。与向银行贷款等间接融资相比,发行债券和股票筹资的数额大、时间长、成本低,且不受贷款银行的限制。

③ 二者的收益率相互影响。从单个债券和股票来看,它们的收益率经常会发生差异,而且有时差距还很大。但是,总体而言,如果市场是有效的,则债券的平均利率和股票的平均收益率会大体保持相对稳定的关系,其差异反映了两者风险程度的差别。这是因为,在市场规律的作用下,证券市场上一种融资手段收益率的变动往往会引起另一种融资手段收益率发生同向变动。

(2) 二者的区别

① 二者的权利不同。债券是债权凭证,债券持有者与债券发行人之间的经济关系是债权债务关系,债券持有者只可按期获取利息及到期收回本金,但无权参与公司的经营决

策。股票则不同，股票是所有权凭证，股票所有者是发行股票公司的股东，股东一般拥有表决权，可以通过参加股东大会选举董事、参与公司重大事项的审议和表决，并行使对公司的经营决策权和监督权。

② 二者的目的不同。发行债券是公司追加资金的需要，属于公司的负债，不是资本金。发行股票则是股份公司创办企业和增加资本的需要，筹措的资金列入公司资本。而且，发行债券的经济主体有很多，中央政府、地方政府、金融机构、公司企业等一般都可以发行债券，但能发行股票的经济主体只能是股份有限公司。

③ 二者的期限不同。债券一般有规定的偿还期，期满时债务人必须按时归还本金，因此债券是一种有期投资。而股票通常是不能偿还的，一旦投资入股，股东便不能从股份公司抽回本金，因此股票是一种无期投资或称永久投资。但是，股票持有者可以通过市场转让收回投资资金。

④ 二者的收益不同。债券通常有规定的收益，可以获得固定的利息。股票的股息红利不固定，一般视公司的经营情况而定。

⑤ 二者的风险不同。股票风险较大，债券风险相对较小。这是因为：第一，债券利息是公司的固定支出，属于费用范围，股票的股息红利是公司利润的一部分，公司有盈利才能支付，而且支付顺序列在债券利息支付和纳税之后；第二，公司破产清算时，债券偿付在前，股票偿付在后；第三，在二级市场上，债券因其利率固定，期限固定，市场价格也较稳定，而股票无固定的期限和利率，受各种宏观因素和微观因素的影响，市场价格波动频繁，涨跌幅度较大。

2.5.3 证券投资基金

证券投资基金是指证券投资基金组织为募集资金而投资于证券市场以实现证券投资的目的，向社会公开或向特定投资者发行的、证明持有人按其持有份额享有资产所有权、收益分配权和剩余资产分配权及其他权益的一种证券类凭证。证券投资基金在组织体系上是由基金持有人、基金组织、基金管理人、基金托管人等通过信托关系构成的。

证券投资基金也存在多种分类方式，具体如下。

(1) 按基金的组织形式，可分为公司型基金和契约型基金。

公司型基金，在组织上是指按照公司法(或商法)规定设立的、具有独立法人资格，并以盈利为目的的证券投资基金或类似法人机构，在证券上是指由证券投资基金公司发行的证券投资基金证券。契约型基金，在组织上是指按照信托契约原则，通过发行带有受益凭证性质的基金证券而形成的证券投资基金组织，在证券上是指由证券投资基金管理公司作为基金发起人所发行的证券投资基金证券。

(2) 按基金证券的规模是否变动，可分为封闭式基金和开放式基金。

封闭式基金(closed-end fund)是指基金的发起人在设立基金时，限定了基金单位的发行总额，筹集到这个总额后，基金即宣告成立，并进行封闭，在一定时期内不再接受新的投资。又称为固定型投资基金。基金单位的流通采取在证券交易所上市的办法，投资者日后买卖基金单位都必须通过证券经纪商在二级市场上进行竞价交易。

相比较而言，开放式基金(open-end fund)的基金证券数量、基金份额、发行数量并不固定,投资人可随时向基金公司申购或要求赎回基金,基金的发行数量随投资者的买卖而变动。流动性风险是开放式基金的主要风险之一,因此开放式基金强调流动性管理。在投资策略中,保持一定持仓结构或流动性较强的资产。其具有股权性、存款性及灵活性的特点。

封闭式基金和开放式基金最大的区别在于变现方式的不同。对于开放式基金,投资者可以直接向基金公司按净值赎回基金份额。表 2-2 是开放式基金和封闭式基金的比较。

表 2-2 开放式基金与封闭式基金的比较

	开放式基金	封闭式基金
受益凭证的发行数量	不固定,随投资人申购或赎回基金而变动	在存续期内固定不变
基金交易价格的确定	根据资产净值(NAV)而定	根据市场供求而定
基金的买卖方式	投资人可随时向基金公司申购或赎回	如同买卖股票一样进行基金交易
基金的主要风险	面临流动性风险和投资风险	面临投资风险
基金的投资收益	为应对投资人的赎回需求,基金经理的投资仓位受到限制	投资经理充分利用资金进行投资操作
适合市场	适合开放的金融市场	适合保守和正在起步的金融市场

(3) 按投资对象不同,可分为股票基金、债券基金、货币市场基金、指数基金等。

股票基金是以股票为主要投资对象的投资基金,是投资基金的主要种类。在我国,随着 2015 年 8 月 8 日股票型基金仓位新规的生效,股票型基金的股票仓位不能低于 80%。(60%以上的基金资产投资于股票的基金规定已成为历史。)而基金资产投资于股票、债券和货币市场工具,并且股票投资和债券投资的比例不符合《证券投资基金运作管理办法》对股票基金、债券基金规定的,则为混合基金。

债券基金是指全部或大部分投资于债券市场的基金。假如全部投资于债券,可以称其为纯债券基金;假如大部分基金资产投资于债券,小部分投资于股票,可以称其为债券型基金。债券基金具有低风险且收益稳定的特点,利息收入是债券基金的主要收益来源。

货币市场基金是指投资于货币市场上短期有价证券的一种基金。在我国,根据《证券投资基金运作管理办法》的规定,基金资产仅投资于货币市场工具的,为货币市场基金。货币市场基金投资的货币市场工具包括国库券、商业票据、银行定期存单、政府短期债券、企业债券等短期有价证券。

指数型基金是指采取指数化的投资方式,以跟踪目标指数的变化,拟合目标指数为投资目标的基金产品。即按照某种指数构成的标准购买该指数包含的证券市场中的全部或者一部分证券的基金,其目的在于达到与基础指数同样的收益水平。如交易型开放式指数基金(ETF)则是基金市场上最重要的指数基金。

(4) 按投资风险与收益的不同,可分为成长型基金、收入型基金和平衡型基金。

成长型基金主要投资于资本和收益的增长均高于平均速度的公司股票,基金经理人强调的是谋求最大资本增值,而不是股利收入,根据投资的进取态度,还可分为"积极成长型基金”“成长收益型基金”等。例如,“积极成长型基金”的投资目标在于追求本金最大的增长,因此股利和利息的收入不是投资的重点;但“成长收益型基金”则因为要兼顾本金成长和年度的股息,因此会选择股息、红利较高的股票来投资。

收入型基金主要投资于可带来现金收入的有价证券,以获取当期的最大收入为目的。收入型基金资产成长的潜力较小,损失本金的风险也相对较低,一般可分为固定收入型基金和权益收入型基金。

平衡型基金的投资目标是既要获得当期收入,又要追求资本的长期增值,通常是把资金分散投资于股票和债券,以实现资金安全性和盈利性的统一。

【2-9】 “封闭式基金折价”之谜

“封闭式基金折价”是国内外封闭式基金市场的普遍现象,并一直是理论和实务界关注的焦点问题。由封闭式基金(closed-end fund)(以下简称基金)的特点决定了:基金存续期间内,投资人不能自由地赎回所持有的基金股份,只能在二级市场上变现从而实现投资收益。因而,封闭式基金的变现能力就受到了一定的限制,这往往表现在基金的市场价格与其单位资产净值(NAV)之间存在不一致性。

通常将两者的比率定义为基金的折价率(或者溢价率,即负的折价率):

$$D_{it} = \frac{\text{price}_{it} - \text{NAV}_{it}}{\text{NVA}_{it}} \times 100\%$$

这一现象被 Lee、Shleifer 和 Thaler(1991)称为“封闭式基金之谜”。要解释这一现象,就必须深入分析带有基础性特征的各种因素如何对封闭式基金的交易价格产生影响及影响的程度,从而找出基金折价交易的内在机制。在国外,几十年来金融学家对封闭式基金的折价这一难解之谜提出了各种解释。然而,由于问题本身的复杂性,至今还没有形成统一的观点。这些研究大致地可以分为以下 4 种思路。

一是从基金的市场流动性(liquidity)的角度解释。一般而言,基金投资组合中股票的流动性与变现能力直接决定着基金的流动性。

二是从基金管理人的投资才能理论(managerial performance theory)的角度解释,认为基金管理人的投资才能具体来说,包括证券选择(Stock Selection)能力和时机选择(market timing)能力两个方面。国外相关研究表明,基金折价率的变动反映了资金管理人的投资能力。

三是从投资者的主观情感理论(investor sentiment theory)或理性预期理论(rational expectation theory)的角度解释,认为基金的折价主要受投资者的情绪影响。

四是从证券市场摩擦(market frictions)成本的角度解释,认为如果市场是完全有效的、无摩擦的、国际一体化的,基金市场价值应该与其资产净值完全一致,即不存在套利机会。而事实上由于代理成本、交易成本、未实现资本利得的递延税、资产的不完全流动性、汇率波动以及全球市场分割性等因素的存在,市场是有摩擦的,因而存在折价现象。但这种理论只能解释基金折价现象的普遍存在,而无法解释同种基金之间的不同折价率的现象。

2.5.4 衍生工具

衍生工具,又称金融衍生工具或金融衍生产品,是与基础金融产品相对应的一个概念,指建立在基础产品或基础变量之上,其价格取决于后者价格或指数变动的派生金融产品。近年来,金融市场最重要的发展就是期货、期权以及相关衍生工具市场的成长。这些工具提供了取决于其他各类资产价值的支付手段,这些资产价值由商品价格、债券与股票价格或市场指数值所派生。由于这一原因,这类工具有时称为衍生资产(derivative assets)或潜在要求权(contingent claims)。

远期、期货、期权和互换是最基本的衍生工具,各种各样的合成衍生工具都可以通过这4种基本工具以及某些基础资产的组合创造出来。

1. 远期

远期合约是20世纪80年代初兴起的一种保值工具,它是一种交易双方约定在未来的某一确定时间以确定的价格买卖一定数量的某种资产的合约。在远期合约中,规定的将来交易的资产称为标的,将来买入标的的一方称为多方(long position),而在将来卖出标的的一方称为空方(short position)。合约中所规定的未来买卖标的的价格称为交割价格(delivery price)。

远期合约是在OTC(场外交易市场)中由交易双方直接通过商谈达成协议。在远期交易中,典型的参与者是充当市商的商业银行或投资银行,客户直接与这些商业银行或投资银行联系(虽然客户之间也可以联系并进行远期交易)。远期合约规定了将来交易的资产、交易的日期、交易的价格和数量,合约条款因合约双方需要的不同而不同,可以充分满足不同客户的需要,具有极大的灵活性,这是远期合约的主要优点。

但远期合约也存在较明显的缺点。首先,远期合约没有固定的、集中的交易场所,不利于信息的交流与传递,不利于形成统一的市场价格,市场效率相对较低。其次,由于远期合约因人而异的灵活性,所以导致了远期合约持有者在欲转让时发生困难,故其流动性较差。最后,远期合约的履约受到将来价格变动的影响,有可能导致一方无力履约或有意违约,从而导致较高的违约风险。

2. 期货

期货合约(futures contract)是交易双方按照事先约定的价格,在约定的交割日或到期日对某项资产(有时是该项资产的现金)进行交割的合约。同意在交割日按约定条件购买资产的交易者称为多头;相反,同意在交割日出售资产的交易者称为空头。持有多头的交易者将从价格上涨中获利;相反,持有空头的交易者将从价格下跌中获利。

按照交易标的的不同,期货合约可划分为商品期货和金融期货。商品期货是以商品为标的物,如原油期货、金属期货、粮食期货等;而金融期货则是以金融产品为标的物包括股指期货、利率期货等。

期货交易具有如下几大特征。

① 期货合约均在交易所进行,交易双方并不直接接触,而是与各自交易所的清算部或专设的清算公司进行结算。清算公司充当所有期货买者的卖方和卖者的买方,因此双方无须担心对方违约,而且所有买方和卖方都集中在交易所交易,这就克服了远期交易中

所存在的信息不对称和较高的违约风险等问题。

② 期货合约的买方和卖方可在交割日之前采取对冲交易以结束其期货头寸(即平仓),而无须进行最后的实物交割。由于期货主要是作为一种套期保值工具,而且通过平仓来结束期货头寸比实物交割更方便、快捷,所以大多数的期货合约都是以平仓方式来结清头寸的。

③ 期货合约的合约规模、交割日期、交割地点等内容都是标准化的,双方无须再行商定,交易双方所需要做的就是选择适合自己的合约,并通过交易所竞价确定成交价格。

④ 期货合约的交易采取保证金交易方式,具有一定的杠杆性。

⑤ 期货合约采取"逐日盯市"制度,买卖双方在交易前都必须要在经纪公司开立专门的保证金账户。其交易清算是每天都要进行的,根据当天期货价格的波动来确定浮动盈亏。浮动盈亏记入保证金账户,并对保证金账户的余额进行调整,当保证金的余额比例达不到要求时,会要求重新补足保证金或被强制平仓。

期货合约和远期合约虽然都是在交易时约定在将来的某一时间按约定的条件交易一定数量的某种资产的合约,但它们之间也存在许多区别,这主要包括以下几个方面。

① 合约的标准化程度不同。期货合约是标准化的,具有高度的一致性;而远期则因各个投资者的不同需要而异,具有高度的多样性。这一特点决定了两者在流通性方面的差异。

② 两者的交易场所不同。期货合约在交易所内进行,遵循许多严格的交易规则。而远期交易则在场外交易市场中进行,主要由市商做主导。

③ 违约风险不同。远期合约存在违约风险,而期货合约不存在这一风险。

④ 价格决定方式不同。期货交易的价格是在交易场内由众多的投资者竞价完成的,而远期主要是由做市商根据市场上的交易情况来确定或由交易双方协商确定。

⑤ 履约方式不同。期货合约在交易所内进行交易,主要以平仓的方式进行结算。而远期合约由于是非标准化的,流通性受到较大的限制,所以其最终大多以实物方式进行交割。

⑥ 结算方式不同。期货交易采取逐日盯市制度,每天都会进行结算,从而产生浮动盈亏,当投资者平仓结束自己的合约头寸时,浮动盈亏就会转化为真实账户上的盈亏;而若投资者在规定的日期前不平仓,则会转入实物交割程序。远期合约签订后则只有到期时才进行交割清算,到期前不进行结算。

3. 期权

期权(options)是契约的买方在付出权利金后,即享有权利在特定的期间向契约的卖方以履约价格买入或卖出一定资产的合约。

在此,以看涨期权和看跌期权为例进行说明。其中,看涨期权(call option)是赋予持有者在到期日(或之前)按特定价格购买一项资产的权利,这种特定价格称为行权价(exercise price)或执行价(strike price)。当市场价格超过行权价时,期权持有者可能会"提前赎回"资产,并获得股价与行权价两者之间差额相等的支付额。否则,不会发生期权的实施。如在到期前不发生期权的实施,则期权过期作废,不再具有价值。因此,当股票价格上升时,期权可提供更多的盈利,因此被视为一种看涨的投资工具。与此相反,看跌期权(put option)是赋予持有者在到期日(或之前)按特定价格售出一项资产的权利。即使股价下跌,持有者仍可按照事前约定的价格出售资产。

4. 互换

互换合约是交易双方签订的在未来某一时期内交换他们认为具有相等经济价值的现金流的合约。互换合约的产生是建立在比较优势理论的基础上的。交易双方对另一方的某种资产或负债均有需求,并且双方在这种资产和负债上存在比较优势。

利率互换和货币互换是较为常见的互换形式。利率互换(interest rate swaps)的交易双方约定在未来的一定期限内根据同种货币、同等数量的名义本金交换现金流,其中一方的现金流以固定利率计算,另一方则以浮动利率计算。此时交易双方分别在固定利率和浮动利率市场上具有比较优势。货币互换(currency swaps)则是将一种货币的本金和固定利息与另一种货币的等价本金和固定利息进行交换。此时交易双方分别对某一种货币拥有比较优势。

本章小结

本章主要介绍了金融市场体系中两个重要的子市场——货币市场和资本市场,并为投资者提供了可供选择的金融投资工具。

(1) 金融市场是进行资金融通的市场,是指资金的盈余单位与短缺单位通过交易金融工具而融通资金的活动和关系的总称。货币市场与资本市场是金融市场体系中最重要的两个子市场,同时也是与证券投资密切联系的市场。

(2) 货币市场上交易的是期限在一年以内的短期金融工具。货币市场就其结构而言可分为短期政府债券市场、大额可转让定期存单市场、商业票据市场、银行承兑汇票市场、回购市场、同业拆借市场及货币市场共同基金市场等。

(3) 资本市场是以 1 年期以上的中长期金融工具为交易媒介进行资金融通的市场。资本市场由长期债券市场、股票市场以及衍生品市场组成。

(4) 资本市场中的债券市场是由除货币市场交易之外的长期借款和债务工具组成,它主要包括中长期国债、市政债券、金融债券、公司债券和国际债券等。

(5) 股票是一种有价证券,是股份公司在筹集资本时向出资人发行的,用以证明出资人身份的股东权利和义务,并根据持有人所持有的股份数享有收益和承担义务的书面证明。按照股东权利股票可以划分为普通股和优先股。

(6) 金融衍生品是在金融原生工具(股票、债券、货币等)的基础上派生出来的新的、较复杂的金融工具,这些金融工具所提供的收益依赖于原生工具的价值,且价值随着原生工具价值的变化而变化。衍生品市场上主要的衍生工具包括远期、期货、期权和互换等。

(7) 在金融市场上,投资工具一般有以下 4 种:权益证券、固定收益证券、证券投资基金和衍生证券。

基本概念

金融市场　货币市场　资本市场　商业票据　回购协议　债券　市政债券　金融债券　公司债券　外国债券　欧洲债券　股票　普通股　优先股　金融衍生品　远期合约　期货合约　金融期权　金融互换　证券投资基金

本章习题

简答题

1. 什么是货币市场？主要包括哪些子市场？
2. 什么是金融债券？主要的金融债券有哪些？
3. 简述公司债券的定义及其类型。
4. 谈谈普通股与优先股的区别。
5. 阐述衍生工具的特点。
6. 股票具有哪些特征？
7. 债券具有哪些特征？
8. 论述债券与股票的异同点。
9. 期货合约与远期合约有哪些不同？

第二部分

均衡资本市场与资产定价理论

第3章 资产组合理论

风险和收益是投资学乃至整个金融学中最基本的两个概念，投资者需要在了解证券的风险和收益特征的基础上，结合自身的风险偏好进行投资决策。因此，掌握度量证券风险和收益的方法就显得尤为重要。同时，在金融市场上，投资决策涉及风险与收益的权衡，厌恶风险和追求收益最大化是经典经济理论中理性投资者最基本的行为特征，所以在决策前有必要了解投资标的风险—收益状况。本章将从投资风险和风险偏好入手，介绍风险的度量方法，最后将考虑两种类型的资产组合的风险—收益情况并讨论这些投资组合的风险分散效果，为下一章学习马柯维茨的投资组合模型打下基础。

3.1 节：投资风险与风险偏好。介绍投资风险的经济内涵、风险的种类以及投资者的风险偏好。

3.2 节：无风险资产。解释无风险资产的定义和特征，并介绍实际投资中的无风险资产的类型。

3.3 节：风险度量。介绍度量风险的方法。

3.4 节：风险资产与无风险资产的投资组合。分析该种组合的风险—收益关系及对应的可行集。

3.5 节：两种风险资产的投资组合。分析由两种风险资产组成的投资组合的风险—收益关系及其可行集。

3.1 投资风险与风险偏好

风险，是事件未来可能结果的不确定性，尤其是指事件出错的可能性或损失的概率。风险的存在不仅影响事件结果的好与坏，还影响结果的好坏程度。在证券投资中，风险也是投资者需要考虑的一个重要因素，因为它关系到投资者能否获得收益以及收益的多少。

3.1.1 投资风险的经济内涵

在投资领域中的风险是指金融资产价格波动给投资者收益率带来的不确定性，也就是说，风险的存在意味着尽管投资者的一项投资（事后）的最终结果是唯一的，但在事前看来，由于各种影响因素的不确定性，投资者的投资可能会产生一个以上的结果。一般来讲，金融领域关注的风险既包括损失发生的可能，也包括盈利发生的可能，而并不只是单纯考虑损失的情况。

投资风险具体来说，主要包括以下几方面的内容。

① 投资盈利和损失的概率，即盈利和损失各自发生的可能性。

② 盈利和损失的程度，即盈利或损失发生后，各自的数量和幅度有多大。

③ 盈利和损失的易变形性,即在盈利和损失的范围内各自的易变程度。

【3-1】 概念理解

假设投资者甲的初始财富为30万元,若其将全部财富投资于与宏观经济状况正相关的股票A,可能会产生的结果有两种:当宏观经济处于繁荣期,A股价上涨甲的最终财富增加至38万元;当宏观经济处于衰退期,A股价下跌甲最终财富为20万元。显然对于甲来说,这种投资的最终结果只能是一个(经济繁荣,38万元;经济衰退,20万元),但就事先来讲,由于不清楚经济是如何运行的,投资者甲事前就无法确定哪一种结果会出现,从而导致其最终财富或投资收益存在不确定性。这种不确定性就是证券投资风险。

3.1.2 金融投资风险的种类

金融投资风险有多种分类方法,按风险来源可分为市场风险、通货膨胀风险、利率风险、汇率风险、信用风险、流动性风险、经营风险和政治风险;按能否分散可以分为系统性风险和非系统性风险。

1. 按风险来源分类

(1) 市场风险

市场风险是金融投资中最普遍、最常见的风险,其来源是能够影响金融市场中所有资产或投资工具收益率的事件,包括政治局势、经济周期等。这种风险对金融市场的冲击是全面性的,所有资产都会受到影响,只是受影响的程度随资产性质的不同而有所不同。如1997年的亚洲金融风暴、2001年美国的"9·11"恐怖事件、2008年的次贷危机、2009年的欧洲主权债务危机,以及2016年英国公投"脱欧",都对全球金融市场造成了巨大冲击。

(2) 通货膨胀风险

通货膨胀风险又称购买力风险,是指由于通货膨胀使货币贬值而给投资者带来的实际收益率水平的下降。当经济中出现通货膨胀时,物价上涨导致货币的购买力下降,这样投资者以同样的货币收入所能达到的福利水平会下降。因此,在投资过程中要尤其注意评估通货膨胀对投资报酬的侵蚀。

(3) 利率风险

利率风险是利率波动造成资产价格波动的风险。一般而言,利率的变动对资产价格的影响是反方向的,在其他条件不变的情况下,利率上升会使资产价格下降,反之则相反。利率变动主要从三个方面影响资产的价格:首先,当利率上升时,企业的融资成本相应增加,对企业的获利将产生负面影响;其次,利率的上升会导致部分资金流出证券市场,证券市场供求关系的变化也会促使资产价格下降;最后,有些投资者是需要借入资金进行投资的,利率的上升增加了这部分投资者的机会成本,降低了其投资于风险资产的意愿,从而对资产价格产生不利影响。当然,利率的波动会因各种资产的性质而产生不同程度的影响,一般来讲,债券受利率的影响要大于股票,长期债券要大于短期债券,无息债券要大于有息债券。

【3-2】 历史回顾

2008年美国金融危机爆发后，为了降低危机对我国的影响，2008年9月至12月，央行曾多次下调基准利率，其中，10月30日和11月26日分别下调0.27和1.08个百分点，股市相应分别上涨2.55和1.05个百分点。2010年，国内出现了明显的通胀预期，央行及时调控提高存贷款基准利率，2010年12月25日，上调利率0.25个百分点，股市随之下跌1.9个百分点。

2015年，在中国经济发展新常态以及人民银行继续实行稳健的货币政策的背景下，央行五次降息降准。2015年10月24日，下调商业贷款利率0.25个百分点，股市随之上涨1.1个百分点，并迎来小幅上扬趋势。

(4) 汇率风险

汇率风险是指由于汇率的波动造成资产价格发生变化的风险。当投资者投资于以外币为面值发行的有价证券时，除了要承担与其他证券相同的风险外，还要承担将外币兑换成本币的额外风险。20世纪80年代，日元升值曾经给本地区的证券市场造成了剧烈波动；同时，近期美元的升值也带动了国际金融市场的波动。

(5) 信用风险

信用风险又称违约风险，是指企业在债务到期时无力还本付息而产生的风险。对于持有债券等固定收入有价证券的投资者来说，发行者在发行证券时承诺在未来一段时间内支付确定金额的收入，但在支付日之前可能由于周转不灵或财务危机等问题，发行者无法兑现事先的承诺，债券投资者因此承担了信用风险。而对于股票投资者所承担的信用风险，一个是企业债务过重，不能还本付息而对企业所造成的恶劣影响间接导致股价的波动，另一个就是企业信用上的危机而带来的不能或减少分红对股价的直接影响，更为严重的是企业因债务问题而破产，那么股票将一钱不值。

(6) 流动性风险

流动性是金融资产的一个重要特征，是指一种金融资产在不发生损失或尽可能小的损失的情况下迅速变现的能力。流动性风险有两层含义：一是资产变现的速度；二是资产在变现过程中价值的减少程度。如果一种资产无法快速变现或为了实现在短期内变现的目的导致资产价值出现较大损失，那么这种资产的流动性就较差或流动性风险较高。

(7) 经营风险

经营风险是指由于企业经营方面的问题造成盈利水平的不确定性而给投资者带来的风险。企业经营方面的问题包括经营方针、管理状况、营销能力等因素，这些因素的变化会直接影响企业的销售收入和经营费用，从而导致利润的变化，进而给投资者带来风险。

(8) 政治及政策风险

金融市场中的政治风险是指由于一国的主权行为所引起的投资损失的可能性，各国的金融市场都与该国家的政治局面、财政状况等紧密相关，因此投资于外国证券的投资者会面临这种投资风险。政策风险是指由于国家政策变动而给投资者带来的风险。国家在一定时期内的财政政策、投资政策、金融政策、产业政策等都有可能影响证券市场。

【3-3】 时事跟踪

从年初的“二孩政策”“降首付”到年末部分省市的“限购限贷政策”,2016年中国的楼市就像坐上过山车。时任央行行长周小川在出席第四次G20财长和央行行长会议时表示,近期中国部分城市房价上涨较快,会对中国信贷市场增长有所调控。目前(2017年),我国的房地产股票投资正面临着政策风险。

2. 按能否分散分类

(1) 系统性风险

系统性风险是由影响整个金融市场的风险因素所引起的,这类风险与市场的整体运动相关联,往往使整个一类或一组证券产生价格波动。系统性风险因其来源于宏观因素变化对市场整体的影响,所以也称为“宏观风险”,同时,这种风险无法通过分散投资相互抵消或削弱,故又称为“不可分散风险”。

【3-4】 历史回顾

2008年美国出现次贷危机,房地产泡沫破灭。同年3月,随着贝尔斯登被摩根大通以低价收购,这场次贷危机进一步加剧,尽管各国政府积极救市,仍无法扭转颓势,全球范围内的金融海啸爆发了。

这场危机的爆发直接造成了全球股市的暴跌。美国股市从14 000点跌到6 400点,跌幅55%,日经指数周五单日跌幅高达9%,欧洲股市中的英国在一周的时间内跌幅高达20%以上,包括经济两位数增长、金融体系基本完好安全的中国股市,更是从6 124点一路狂跌到1 664点,跌幅高达73%,为全球之最,在这次危机中,世界各国的股市几乎无一幸免。

这场百年一遇的金融海啸对全球股票市场的重创,正凸显了系统性风险对整个金融市场的影响,这种系统性风险是无法分散和规避的,凡是参与金融市场的主体,都将受制于风险。

资料来源:金融界网和财经资讯网

(2) 非系统性风险

非系统性风险是指与特定的公司或行业相关的风险,这种风险来源于企业内部的微观因素,因而也称作“微观风险”。非系统性风险可以通过分散投资降低,如果分散投资是充分有效的,这种风险还能被消除,因此,它又可以称为“可分散风险”。

3.1.3 风险偏好与效用函数

经典经济理论中假设投资者是风险厌恶的,但在实际的投资活动中,也存在风险偏好型和风险中性型的投资者。投资者对待风险的态度将直接影响投资决策,面对相同的投资机会集,不同风险偏好的投资者会选择不同的投资策略。因此,了解风险偏好的类型以及各种类型具备的特征是十分必要的。

1. 风险偏好类型

在金融市场中，投资者对待风险的态度可以分为三类：风险厌恶型、风险中性型和风险偏好型。

(1) 风险厌恶型

风险厌恶型的投资者在面对相同的预期收益时，总是偏好用风险(标准差)较小的进行交易。对于这类投资者来说，如果想使之接受交易中的风险，就必须在价格上给予足够的补偿，有风险交易的收益从结构上看应该是无风险交易的收益加上一个风险补偿额，而且风险补偿额与风险成正比。

(2) 风险中性型

风险中性型投资者并不关心风险的高低，只根据预期收益率的高低来进行决策，这意味着对这种投资者来说，风险并不是影响决策的障碍。风险中性的投资者对自己承担的风险不要求风险补偿。

(3) 风险偏好型

此类型的投资者投资决策的原则是：当预期收益相同时，会偏好风险更大的资产，因为这会给他们带来更大的效用。

【3-5】 概念理解

假设有两种投资方式 A 和 B，A 到期可以得到确定的 100 元收入，B 到期有两种可能，一种是得到 500 元，概率是 1/3，另一种是损失 100 元，概率是 2/3。可以发现，A 和 B 的预期投资收益都是 100 元，面对上述情况，不同风险偏好类型的投资者会做如下选择。

(1) 风险厌恶型投资者会选择 A，这类投资者不喜欢风险，承担风险必须有相应的风险补偿。对于相等期望收益，则选择风险较小的资产；如果风险相同，则选择收益最大的资产。

(2) 对于风险中性型的投资者来说，A 与 B 没有差别，因为他们不关心风险的大小，只是根据最大预期收益率准则进行资产选择，购买风险资产不要求风险补偿。

(3) 风险偏好型会选择 B。这类投资者喜欢冒险，为获取高收益甘愿承担高风险。尽管可能会遭受 100 元的损失，但也有可能获得 500 元的收益，因此风险高一些也值得。

2. 效用函数

在金融投资中，描述风险偏好的工具是效用函数，它刻画的是收益给投资者带来的满足程度。投资者的风险偏好不同，收益给投资者带来的满足程度也不同。

金融投资中的效用函数用 $U(X)$ 表示，其中 X 是投资者追求的期末财富(或收益)。当投资者投资风险资产时，其期末财富(或投资结果)是一个随机变量。如果期末存在 n 种投资结果，其中第 i 种情况下的财富为 X_i，发生的概率为 $p_i(0 \leqslant p_i \leqslant 1)$，那么就可以建立效用的期望值公式：

$$E[U(X)] = \sum_{i=1}^{n} p_i U(X_i) \tag{3.1}$$

式(3.1)中,$U(X_i)$表示财富 X_i 的效用值;$E[U(X)]$表示 n 种可能效用值的加权平均值。结合效用函数,对风险偏好的分析如下。

① 对于风险厌恶者,随着收益的增加效用提高,即边际效用为正,但这类投资者厌恶风险,因而效用提高的程度呈递减趋势。这表明投资者希望收益越多越好,但考虑到风险因素,收益增加给投资者带来的边际效用递减,即这种效用函数对收益的一阶导数为正,二阶导数为负,$U'(X_i)>0$,$U''(X_i)<0$。因此,风险厌恶者的效用函数是凹函数,即期望的效用大于效用的期望,表示为$U[E(X)]>E[U(X)]$,如图 3-1(a)所示,直线 AB 位于曲线 AB 的下方。就风险厌恶的投资者来说,总会于 C 点处在 F 点的右侧时从事投资活动,这时投资者的获利概率较大,因而也称风险厌恶型为稳健型。

② 风险中性者只根据预期收益率进行投资决策而不考虑风险,因此收益增加为投资者带来的边际效用是一个常数,即这种效用函数对收益的一阶导数为正,二阶导数为零,即 $U'(X_i)>0$,$U''(X_i)=0$。因此,这种类型投资者的效用函数是线性的,即期望的效用等于效用的期望,表示为$U[E(X)]=E[U(X)]$。

③ 对于风险偏好者来说,由于其喜欢追逐高风险,因此收益的增加不仅使投资者的效用增加,而且边际效用也是随着增加的,也就是说,效用函数对收益的一阶导数和二阶导数都是正的,即 $U'(X_i)>0$,$U''(X_i)>0$,对应的效用函数是凸函数,即期望的效用小于效用的期望,表示为$U[E(X)]<E[U(X)]$,如图 3-1(c)所示,直线 AB 位于曲线 AB 的上方。就风险偏好的投资者来说,总会于 C 点处在 F 点的左侧时从事投资活动,这时投资者的获利概率较低,因而也称风险偏好型为冒险型。

因此,当投资者的效用函数是严格凹的,则该投资者是风险厌恶者[图 3-1(a)];如果效用函数是线性的,则该投资者是风险中性者[图 3-1(b)];而如果效用函数是严格凸的,则该投资者是风险偏好者[图 3-1(c)]。

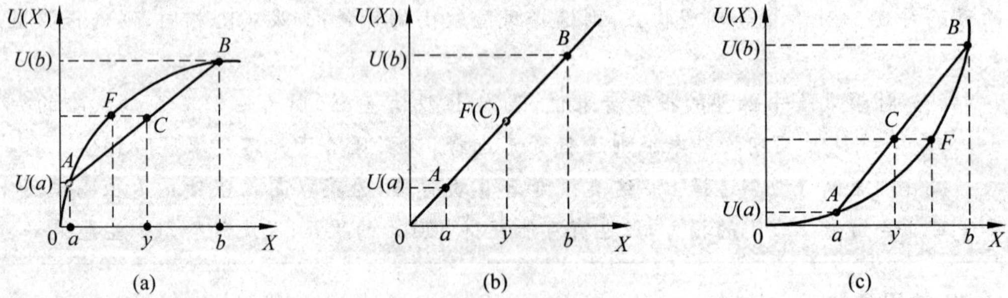

图 3-1 不同风险偏好

【3-6】 效用函数的具体形式

目前,一个被许多金融理论者和 CFA 广泛接受和采用的定义效用函数具体形式的方法如下:

$$U=E(r)-\frac{1}{2}A\sigma^2 \tag{3.2}$$

其中，U 表示效用值，$E(r)$ 是一种资产或资产组合的期望收益，σ^2 为收益方差，A 为投资者的风险厌恶系数(数值越大，越厌恶风险)，式(3.2)中的系数 $\frac{1}{2}$ 只是一个约定俗成的分数项。

从式(3.2)中得知效用随着期望收益的增加和风险的减少而增长，投资者对风险的厌恶程度越大(A 值越大)，对风险投资越谨慎。投资者将选择投资组合中效用水平最高的组合进行投资。

下面通过一个例子来理解这个效用函数。

假设一个投资组合的期望收益率为 20%，标准差为 30%，同时国债能提供的无风险收益率为 7%。对于一个风险规避系数 $A=4$ 的投资者更愿意投资国债还是风险投资组合呢？如果 $A=2$，投资者又会如何选择？

对于 $A=4$ 的投资者，利用式(3.2)可以计算其风险投资组合的效用为

$$U = 0.20 - \frac{1}{2} \times 4 \times 0.3^2 = 0.02$$

而国债的效用为

$$U = 0.07 - \frac{1}{2} \times 4 \times 0 = 0.07$$

由于国债的效用要高于风险组合，因此该投资者更愿意持有无风险资产国债。

对于 $A=2$ 的投资者而言，风险投资组合的效用为

$$U = 0.20 - \frac{1}{2} \times 2 \times 0.3^2 = 0.11$$

国债的效用仍为 0.07，风险组合的效用高于国债，因此该投资者会选择风险组合。

可见，越厌恶风险的投资者($A=4$)越会倾向于持有无风险资产。

3.2 无风险资产

在 3.1 节了解到风险厌恶程度较高的投资者更倾向于选择无风险资产，那么具体而言什么是无风险资产？这种资产又具备何种特征呢？这一节将重点介绍这些内容。

3.2.1 无风险资产的内涵

无风险资产是指具有确定的收益率，并且不存在违约风险的资产。也就是说，在投资者进行初始投资时，这种资产持有至到期日时的收益率就已经能够确定了，并且在到期前该资产的发行者不会出现违约的情况。但在这里有一点需要明确，即这种资产成为无风险资产的一个重要前提是投资者的持有期限与资产的到期期限必须是一致的。如果投资者没有将自己手中的资产持有到期，而是在到期之前就出售了，那么在这种情况下该资产就存在风险了。因为在资产到期前利率的变化是不可预测的，而利率的变化会对资产的价格产生影响，所以提前出售该资产会面临利率风险(或称价格风险)，这时该资产就不能

被视为无风险资产了。因此,如果一种资产是无风险资产,那么必须具备三个特征,即收益率确定、无违约风险且持有期限与到期期限一致。

从数理统计的角度来看,无风险资产投资收益的方差或标准差为零,同时,无风险资产的收益率变动情况与任何风险资产的收益率变动无关,即无风险资产的预期收益率与任何风险资产的预期收益率之间的协方差为零。如果 i 为无风险资产,j 为一种风险资产,则 $\sigma_i=0$,$\sigma_{ij}=0$。

3.2.2 无风险资产的类型

在金融市场中,最满足无风险资产条件的应该是由国家发行的政府债券。因为这种债券在发行时就已确定了到期可获得的收益,而且又由政府发行,所以几乎不存在违约风险,只要投资者持有到期,就符合无风险资产的条件。考虑到通货膨胀可能会侵蚀投资者的到期收益,因此,政府债券中的短期债券收益更能得到保证,因为通货膨胀在较短的时间内不会造成名义收益与实际收益的较大偏差,所以一般情况下,把短期政府债券看作无风险资产。

金融市场上有很多投资者将更广泛的货币市场工具看作无风险资产。这是因为货币市场工具的偿还期都很短,这就使其不易受利率风险的影响,并且这类资产在违约或信用风险方面也是非常安全的。

虽然与短期政府债券相比,货币市场工具还存在一定的风险,但是与其他资产如公司债券、普通股等相比,货币市场工具的风险还是相当小的。目前,很多货币市场基金除了选择短期政府债券,还将银行可转让定期存单、商业票据等货币市场工具加入其投资组合中,可见,货币市场工具已经作为无风险资产被大多数投资者所接受。

【3-7】 全球“无风险”资产的缺失

提到无风险资产,人们首先想到的就是短期政府债券,在国际投资方面,像美国或欧元区发行的国债也被纳入安全资产的范畴,然而,这些都只是传统意义上的“安全”,现在正渐渐地发生着改变。

2008 年金融危机以来,市场就已经觉察到美国国债及一些 AAA 评级的主权债务的风险其实远远比看上去要大。2009 年随着惠誉下调希腊信贷评级,欧洲主权债务危机爆发,欧洲国债纷纷遭到投资者的抛售,国债收益率急速飙升。在欧债危机尚未得到解决之时,世界最大的经济体美国也卷入了债务危机的旋涡,美国国债和欧洲国债一样,陷入了违约风险。

曾经被视为无风险资产的国债现在也面临着违约风险,再加上流行性降低,全球范围内的安全资产大大减少了。于是全球经济出现了缺乏“无风险”资产的局面,没有哪种资产能够让投资者免于对违约风险的担心,所以投资者在选择资产时变得更加谨慎了。

3.3 风险度量

3.2 节了解了无风险资产，但在金融市场中更多的资产是以风险的形式存在的，风险的大小直接影响不同风险投资者的投资决策，因此了解风险的度量方式是十分必要的，而对风险的度量首先需要掌握收益的度量方法，因此本节将从讨论“收益”开始，之后重点介绍资产风险的数学度量。

3.3.1 资产收益的测度

1. 资产收益率的计算方法

在对资产收益进行测度时，主要有三种计算方法，分别是持有期收益率、算数平均收益率和几何收益率。

(1) 持有期收益率

对于一项资产 i 来说，设定其投资期末的价格为 P_1，购买时的期初价格为 P_0，在投资期间投资者得到的现金收入(现金股利或利息收入)为 I，那么该项资产的持有期收益率为

$$r_i=\frac{P_1-P_0+I}{P_0} \tag{3.3}$$

对式(3.3)右侧进行拆分，可以得到

$$r_i=\frac{P_1-P_0}{P_0}+\frac{I}{P_0} \tag{3.4}$$

式(3.4)右侧的第一部分是资本利得与初始投资额的比率，第二部分是现金收入(现金股利或利息收入)与初始投资额的比率。可见，持有期收益率＝资本利得收益率＋现金收入收益率。在这里需要注意的是，假定 I 为投资期末获得的现金收入。如果公司在期中发放了股息，那么投资者则可以用这些股息进行再投资获得更多的收益。在这种情况下，持有期收益率的计算方法就忽略了收入实现的日期问题，即忽略了期中实现的收入的时间价值。

(2) 算数平均收益率

算数平均收益率是一种资产各历史时期已经实现的收益率的算数平均值，即

$$\bar{r}=\frac{\sum_{t=1}^{n}r_t}{n} \tag{3.5}$$

其中，$\bar{r}$ 表示算数平均收益率，r_t 为资产在 t 期的收益率，n 为投资者投资的时期数。这一收益率也叫作平均值或均值。

(3) 几何收益率

几何收益率的计算方法是一种使用复利思想的计算方法，即考虑了资金的时间价值。投资者在起初投入的 1 元钱，到第一期期末它的价值是 $(1+r_1)$ 元，考虑到投资者会将 $(1+r_1)$ 元进行再投资，这样它在第二期末的价值是 $(1+r_1)(1+r_2)$ 元。重复这种投资过程，那么初始投入的 1 元钱到第 n 期末的价值是 $(1+r_1)(1+r_2)\cdots(1+r_n)$ 元，因此几何收

益率的表达式为

$$\bar{r} = \left[\prod_{t=1}^{n}(1+r_t)\right]^{\frac{1}{n}} - 1 \tag{3.6}$$

2. 期望收益率

以上介绍的资产收益率的测度方法主要是针对资产的历史收益进行计算的,而在投资学中,更多的是利用收益率的期望值来刻画收益率,期望收益率的引入将有助于投资者事前在不同资产中进行选择。

(1) 单个资产的期望收益率

当投资者在购买资产时,资产的未来收益率具有不确定性,往往呈现随机特征,这时就可以用期望收益率作为对未来收益率的最佳估计。投资者通过估计投资期内可能出现的各种收益状况及每一种收益状况发生的概率,以此来计算期望收益率

$$E(r) = \sum_{i=1}^{n} p_i r_i \tag{3.7}$$

其中,$E(r)$是资产的期望收益率,r_i 是第 i 种可能的收益状况,p_i 是第 i 种收益出现的概率。

【例 3-1】 某投资者投资于一种股票,估计其在投资期间有三种可能的投资收益,分别是 5%,8%,10%,相应的概率是 0.50,0.30,0.20,那么该股票的期望收益率为

$$E(r) = 5\% \times 0.50 + 8\% \times 0.30 + 10\% \times 0.20 = 6.9\%$$

(2) 资产组合的期望收益率

资产组合的期望收益率是组成该组合的各种资产的期望收益率的加权平均数,权数是各资产投资占总投资的比重:

$$E(r_p) = \sum_{i=1}^{n} \omega_i E(r_i) \tag{3.8}$$

其中,$E(r_p)$为投资组合的期望收益率,$E(r_i)$是组合中第 i 种资产的期望收益率,ω_i 是在第 i 种资产上的投资额占总投资额的比重,$\sum_{i=1}^{n} \omega_i = 1$。

【例 3-2】 某投资者将其资产分别投资于国债和股票,各自所占的比重分别为 60% 和 40%。两种资产在不同市场状况下的收益率的情况如表 3-1 所示。

表 3-1 不同市场状况下国债与股票的收益率

项 目	国 债		股 票	
	牛市	熊市	牛市	熊市
估计收益率/%	5	8	12	4
收益率发生的概率	0.5	0.5	0.5	0.5
期望收益率/%	5×0.5+8×0.5=6.5		12×0.5+4×0.5=8	

该投资者资产组合的期望收益率 $E(r_p)=60\%\times 6.5\%+40\%\times 8\%=7.1\%$。

3.3.2 风险的度量

风险度量是以某种方式估计实际收益率与期望收益率之间可能的偏离程度。方差(或标准差)就是估计资产收益率与期望收益率之间可能偏离程度的度量方法。也就是说,收益率的方差(或标准差)是一种衡量资产的各种可能收益率相对期望收益率分散化程度的指标。马柯维茨关于资产组合选择的重要一点就是把收益率的方差或标准差作为资产风险的度量标准。

1. 单个资产风险的度量

通常用一种资产收益的方差来衡量风险,其计算公式如下:

$$\sigma^2 = \sum_{i=1}^{n} p_i[r_i - E(r)]^2 \tag{3.9}$$

有时也使用方差的平方根即标准差衡量风险,其计算公式为

$$\sigma = \left[\sum_{i=1}^{n} p_i(r_i - E(r))^2\right]^{\frac{1}{2}} \tag{3.10}$$

其中,r_i 表示第 i 种资产可能的收益率,p_i 是 r_i 发生的概率,$E(r)$是资产的期望收益率。

【例 3-3】 沿用例 3-1 中的数据计算该股票的风险:

$$\begin{aligned}\sigma^2 &= 0.50 \times (5\% - 6.9\%)^2 + 0.30 \times (8\% - 6.9\%)^2 + \\ &\quad 0.20 \times (10\% - 6.9\%)^2 \\ &= 0.000\,409 \\ \sigma &= \sqrt{0.000\,409} = 0.020\,22\end{aligned}$$

通过计算,得到用方差衡量的该股票的风险是 0.000 409,标准差衡量的风险是 0.020 22。

2. 资产组合风险的度量

资产组合风险的度量并不是简单地将单个资产的风险以投资比重为权重进行加权平均,这是因为资产组合中不同资产之间的风险可能会存在相互抵消的特征,所以,度量资产组合的风险需要引入协方差和相关系数这两个概念。

(1) 协方差

两种资产的协方差可以用 σ_{ij} 表示,其表达式为

$$\sigma_{ij} = E[(r_i - E(r_i))(r_j - E(r_j))] \tag{3.11}$$

在金融投资中,协方差反映的是两种资产的收益率共同变化的方向。当协方差为正时,说明两种资产的收益同方向变动,则称这两种资产的收益率之间呈正相关关系;如果协方差为负,那么说明两种资产的收益率反方向变动,二者的收益率呈负相关关系;若协方差为零,称二者的收益率不相关。

从协方差的符号上仅能看出两种资产的收益率相关的方向,为了了解二者的相关程度,接下来介绍相关系数。

(2) 相关系数

根据协方差与相关系数之间的关系,两种资产收益率之间的相关系数表示为

$$\rho_{ij} = \frac{\sigma_{ij}}{\sigma_i \sigma_j} \tag{3.12}$$

其中,σ_i 与 σ_j 分别是资产 i 和资产 j 的收益率的标准差。

相关系数可以刻画两种资产的收益率相关程度的大小,其取值在-1到1,即$|\rho|\leqslant 1$。如果$-1<\rho<0$,说明两种资产收益率负相关;如果$0<\rho<1$,则说明两种资产的收益率正相关。极端的情况是当$\rho=-1$,表示两种资产的收益率的变动完全负相关;$\rho=1$,表示变动完全正相关;而$\rho=0$,则表示两种资产的变动完全不相关。

(3) 包含两种资产的组合风险的度量

由两种资产构成的资产组合的风险依然由该组合收益率的方差或标准差来衡量。资产组合的方差可利用单个资产的方差和资产间的协方差计算得来:

$$\sigma_p{}^2 = \omega_1{}^2\sigma_1{}^2 + \omega_2{}^2\sigma_2{}^2 + 2\omega_1\omega_2\sigma_{1,2} \tag{3.13}$$

再根据 $\sigma_{12}=\rho_{12}\sigma_1\sigma_2$ 的等式关系,组合的方差还可以表示成

$$\sigma_p{}^2 = \omega_1{}^2\sigma_1{}^2 + \omega_2{}^2\sigma_2{}^2 + 2\omega_1\omega_2\rho_{12}\sigma_1\sigma_2 \tag{3.14}$$

从式(3.14)中可以发现,资产组合方差的大小同时受到单个资产自身的风险、资产之间的相关系数以及投资比重的影响。

【例 3-4】 沿用例 3-2 的有关资料,计算由国债(用 A 表示)和股票(用 B 表示)组成的资产组合的风险。

首先计算单个资产的方差:

$$\begin{aligned}\sigma_A{}^2 &= \sum_{i=1}^{2} p_i[r_i - E(r)]^2 \\ &= 0.5\times(5\% - 6.5\%)^2 + 0.5\times(8\% - 6.5\%)^2 \\ &= 0.000\,225\end{aligned}$$

$$\begin{aligned}\sigma_B{}^2 &= \sum_{i=1}^{2} p_i[r_i - E(r)]^2 \\ &= 0.5\times(12\% - 8\%)^2 + 0.5\times(4\% - 8\%)^2 \\ &= 0.001\,6\end{aligned}$$

其次计算组合中两项资产的协方差:

$$\sigma_{AB} = E[(r_A - E(r_A))(r_B - E(r_B))] = \frac{1}{n}\sum_{i=1}^{2}[r_{Ai} - E(r_A)][r_{Bi} - E(r_B)]$$

$$\begin{aligned}&= \frac{1}{2}\times[(5\% - 6.5\%)(12\% - 8\%) + (8\% - 6.5\%)(4\% - 8\%)] \\ &= -0.000\,6\end{aligned}$$

最后得到该组合的方差和标准差:

$$\begin{aligned}\sigma_p{}^2 &= \omega_A{}^2\sigma_A{}^2 + \omega_B{}^2\sigma_B{}^2 + 2\omega_A\omega_B\sigma_{AB} \\ &= 0.6^2\times 0.000\,225 + 0.4^2\times 0.001\,6 + 2\times 0.6\times 0.4\times(-0.000\,6) \\ &= 0.000\,049\end{aligned}$$

$$\sigma_p = 0.007$$

【3-8】 相关系数对资产组合的影响

从本节的学习中知道两种资产的相关系数会影响组合的风险，那么，这种相关系数到底是以何种方式影响风险的呢？接下来用一个例子来发掘这种影响。

假设有一个组合中包括两种资产，这两种资产的期望收益率和标准差分别是 $E(r_1)=20\%$，$\sigma_1=10\%$，$E(r_2)=25\%$，$\sigma_2=20\%$。表 3-2 是在不同的相关系数和投资比重下得到的资产组合$[E(r_p),\sigma_p]$的不同值。

表 3-2 不同相关系数和投资比重下的资产组合的$[E(r_p),\sigma_p]$值

$(\omega_1,\omega_2)\rho_{12}$	1	0.5	0	−0.5	−1
(1,0)	(0.20,0.10)	(0.20,0.10)	(0.20,0.10)	(0.20,0.10)	(0.20,0.10)
(0.8,0.2)	(0.21,0.12)	(0.21,0.106)	(0.21,0.894)	(0.21,0.0693)	(0.21,0.040)
(2/3,1/3)	(0.217,0.133)	(0.217,0.115)	(0.217,0.094)	(0.217,0.067)	(0.217,0)
(0.5,0.5)	(0.225,0.15)	(0.225,0.132)	(0.225,0.112)	(0.225,0.087)	(0.225,0.05)
(1/3,2/3)	(0.233,0.167)	(0.233,0.153)	(0.233,0.141)	(0.233,0.12)	(0.233,0.10)
(0.2,0.8)	(0.24,0.18)	(0.24,0.17)	(0.24,0.16)	(0.24,0.15)	(0.24,0.14)
(0,1)	(0.25,0.20)	(0.25,0.20)	(0.25,0.20)	(0.25,0.20)	(0.25,0.20)

把这些点绘制在图 3-2 中，可以发现当 $p=1$ 时，表示资产组合的期望收益率和风险关系的点会落在 AB 直线上(而 AB 直线具体的位置取决于投资比重 ω_1 和 ω_2)；当 $-1<\rho<1$ 时，代表组合收益率和风险的所有点的集合是一条向后弯的曲线，且 ρ 越小，向后弯的程度越大，表明在同等风险水平下的收益更大，或者说在同等收益水平下的风险更小，即资产的相关性越小，风险越容易被分散；而当 $\rho=-1$ 时，所有点的集合是一条向后弯的折线，即在完全负相关的情况下，风险可以大大降低，甚至可以通过调整投资比重 ω_1 和 ω_2 的值，完全消除风险使其为零。

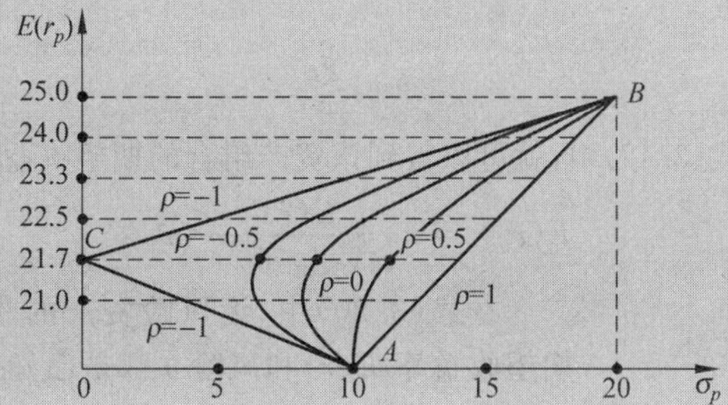

图 3-2 两种资产的投资组合的收益、风险与相关系数的关系

(4) 包含多种资产的组合风险的度量

在上一部分了解了度量两种资产的组合风险的度量方式，在这里可以把式(3.13)进行整理，得到

$$\sigma_p{}^2 = \sum_{i=1}^{2}\sum_{j=1}^{2}\omega_i\omega_j\sigma_{i,j} \tag{3.15}$$

那么,就可以将式(3.15)推广到 n 种资产构成的组合的方差:

$$\sigma_p{}^2 = \sum_{i=1}^{n}\sum_{j=1}^{n}\omega_i\omega_j\sigma_{ij} \tag{3.16}$$

3.4 风险资产与无风险资产的投资组合

通过前几节的介绍,已经对风险的基本概念及度量方式有所了解,这些将为在金融市场中进行投资提供初步的依据,不过在进行投资决策之前,投资者还必须弄清楚市场中有哪些资产组合可供选择以及这些组合的风险—收益特征。

金融市场中金融资产的种类千差万别,但从风险—收益的角度看,可以将这些资产分为两类:风险资产和无风险资产。接下来将分别研究对这两种类型的资产进行组合所得到的收益—风险特征。

这一节将介绍风险资产与无风险资产的投资组合;在下一节介绍两种风险资产的投资组合。

3.4.1 风险资产与无风险资产的投资组合

考虑一种投资组合中,包含一个风险资产与一个无风险资产。风险资产的期望收益率为 $E(r)$,风险为 σ,无风险资产的收益率为 r_f。假设投资者在该资产组合中投资到风险资产上的比例为 ω,则投资于无风险资产的比例为 $1-\omega$。根据3.3节收益率与风险的量度方式,可以得到该投资组合的期望收益 $E(r_p)$ 和风险 σ_p 分别为

$$E(r_p) = \omega E(r) + (1-\omega)r_f \tag{3.17}$$

无风险资产的方差为零,其与任何风险资产之间的协方差也为零,因此该投资组合的风险为

$$\sigma_p = \omega\sigma \tag{3.18}$$

即

$$\omega = \frac{\sigma_p}{\sigma} \tag{3.19}$$

将式(3.19)代入式(3.17)中,就可以得到该资产组合的期望收益率与风险之间的关系:

$$E(r_p) = r_f + \frac{E(r) - r_f}{\sigma}\sigma_p \tag{3.20}$$

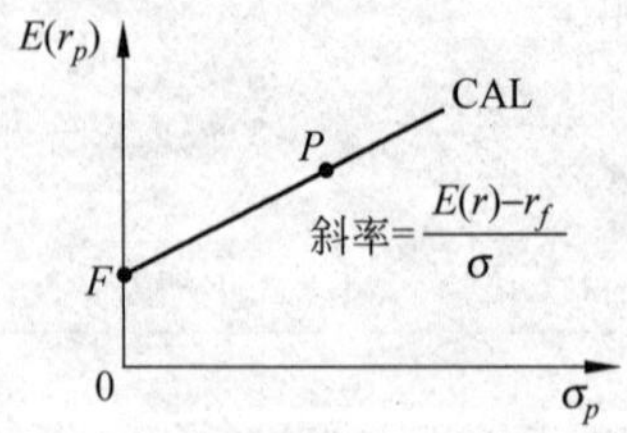

图 3-3 风险资产与无风险资产的可行投资组合

在式(3.20)中,无风险资产的收益率 r_f、风险资产的期望收益率 $E(r)$ 和风险 σ 都是已知的,所以由风险资产和无风险资产组成的投资组合的期望收益率 $E(r_p)$ 是组合风险 σ_p 的线性函数。如果投资者的资产组合中只包含一个无风险资产和一个风险资产,那么式(3.20)就是资产组合所有可能的风险—收益集合。

式(3.20)在"期望收益—标准差"平面中是一条直线(图3-3),称这条直线为资本配置线(capital allocation line)。其中,F 点是投资者将全部资产投资于无风险资产的点,P 点是全部投资于风险资产的点,该资产配置线的斜率等于$[E(r)-r_f]/\sigma$,该斜率表示的是每增加一单位标准差整个投资组合增加的期望收益。换句话说,就是每增加一单位的风险所增加的收益。因此,斜率也被称为报酬—风险比率(reward-to-variability ratio)或者夏普比率。

【例 3-5】 市场上存在一种风险资产和一种无风险资产,风险资产的期望收益率 $E(r)=16\%$,方差 $\sigma^2=0.0144$,无风险资产的收益率 $r_f=4\%$。如果投资者只投资于这两种资产,那么其投资组合的期望收益率和风险会随着选择的投资比重的不同而有所变化,表 3-3 列出了几种投资比重下的收益—风险情况:

表 3-3 不同投资比重的收益—风险状况

	组合 1	组合 2	组合 3	组合 4	组合 5
ω	0	25%	50%	75%	1
$1-\omega$	1	75%	50%	25%	0
$E(r_p)$	4%	7%	10%	13%	16%
σ_p	0	3%	6%	9%	12%

关于投资组合期望收益和风险的计算过程,这里仅以组合 3 为例加以说明。

组合 3 中风险资产和无风险资产各占 50%,据此可以得到

$$E(r_p)=50\%\times16\%+50\%\times4\%=10\%$$

$$\sigma_p=50\%\times\sqrt{0.0144}=6\%$$

将如表 3-3 所示的不同投资比重对应的收益—风险状况描点作图,就得到图 3-4,其中 F 点对应组合 1,M 点对应组合 3,P 点对应组合 5。

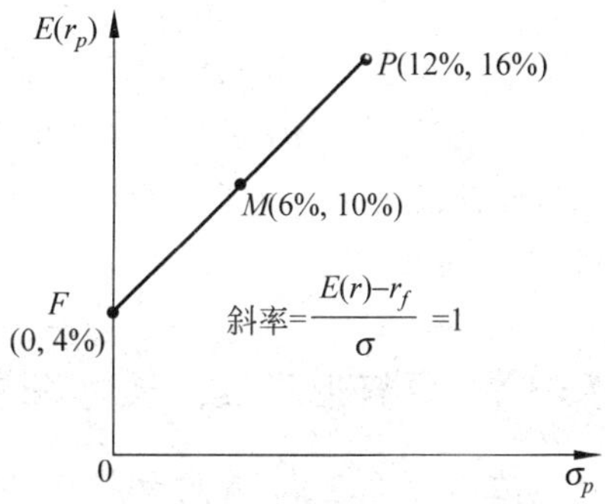

图 3-4 投资组合的收益—风险关系

从图 3-4 中,不难发现,包含一种风险资产与一种无风险资产的资本配置线在平面中的位置以及斜率取决于风险资产与无风险资产的特征(各自的期望收益率和方差),随着选择的投资组合资产的不同,该资本配置线的位置和斜率都会跟着发生变化。而在投资组合中的资产在已经确定的情况下,投资组合在资本配置线上的具体位置就取决于风险资产与无风险资产的投资比重。如当只投资于无风险资产时,投资组合位于点 F 处;两者各投资一半时,位于点 M 处;如果全部投资在风险资产上,那么投资组合处在点 P 处。

因此,最后得出的结论是:对于任意一个由某种无风险资产和风险资产构成的投资组合,表示其相应的预期收益率和标准差的点都落在一条线段上(资本配置线),这条线段在收益—风险平面上的位置以及斜率取决于所选择的无风险资产和风险资产的特征(期望收益率和方差),而特定的资产对应的投资组合在该线段上的具体位置则取决于投资在无风险资产与风险资产上的相对比重。

3.4.2 资本配置线的扩展

在 3.4.1 节研究了的资本配置线是完全投资于无风险资产的点(F 点)与完全投资于风险资产的点(P 点)之间的线段部分,位于这部分的投资组合表示的是投资在两种资产上的财富都是正值的情况,也就是说,ω 的取值在 0 到 1。那么点 P(完全投资于风险资产)右侧的资本配置线表示的是什么呢?其实,在实际投资中,投资者除了使用自身具备的财富进行投资外,还可以通过借入资金的方式投资。当投资者将其全部财富和借入的资金一起投资于风险资产时,投资组合就会位于 P 点的右侧,此时,ω 的值大于 1。

【例 3-6】 杠杆作用。

假设投资者的投资预算是 100 000 元,额外又借入 25 000 元,投资者将全部可用资金投入于风险资产中。这是一个风险资产的杠杆头寸,部分资金来源于借款。在这个例子中,投资者投入风险资产的比重:

$$\omega = \frac{125\,000}{100\,000} = 1.25$$

此时,投资于无风险资产的比重为

$$1-\omega = 1-1.25 = -0.25$$

投资者在无风险资产上的投资比重为负,反映了在无风险资产上的一个空头头寸,实际上投资者并不是投资于无风险资产,而是以无风险利率借入资金。不过,该投资组合仍可以用式(3.17)和式(3.18)来计算期望收益率和风险,使用例 3-5 中的数据,可以得到

$$E(r_p) = 1.25 \times 16\% + (-0.25) \times 4\% = 19\%$$

$$\sigma_p = 1.25 \times \sqrt{0.0144} = 15\%$$

该投资组合点仍位于图 3-4 的资本配置线上,只是此点在 P 点的右侧。也正如所预计的,杠杆投资组合比非杠杆投资组合在风险资产中具有更大的标准差,同时所期望获得的收益率也更大。

【3-9】 更接近真实的资本配置线

在 3.4.2 节中,考虑杠杆作用时,假设投资者是以无风险利率借入资金的,但其实这是一种理想化的方式,在实际投资中,考虑到投资者的违约风险等因素,投资者一般无法以无风险利率借款,更多的情况下是以高于无风险的利率借款。当考虑到这一点时,资本配置线就会发生变化。

假设投资者以 $r'_f(r'_f>r_f)$ 借入资金,然后与自有资金一起投资于风险资产。在这种情况下,资本配置线的斜率就应该等于$[E(r)-r'_f]/\sigma$,该斜率小于$[E(r)-r_f]/\sigma$。此时,资本配置线在 P 点处被"扭曲"(图 3-5),P 点的左侧,投资者以利率 r_f 借出资金(投资于收益为 r_f 的无风险资产),在 P 点左侧资本配置线的斜率为$[E(r)-r_f]/\sigma$;而在 P 点的右侧,$\omega>1$,投资者以利率 r'_f 借入资金投资于风险资产,此时,资本配置线的斜率为$[E(r)-r'_f]/\sigma$。

所以，当投资者以高于无风险利率的成本借入资金投资风险资产时，资本配置线就变成了一条折线，在风险资产右侧部分的斜率要低于其左侧部分。而这种应该是投资中更接近真实的资本配置线。

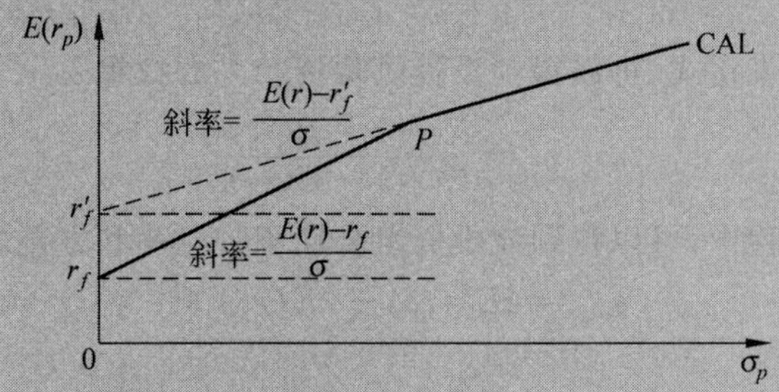

图 3-5　更接近真实的资本配置线

3.4.3　投资组合的有效性

有效的投资组合是指在既定的风险程度下，为投资者提供最高的预期收益率的投资组合。研究风险资产与无风险资产的投资组合的有效性可以通过在例 3-5 中引入另外一个风险资产 2 来实现，而将例 3-5 中原有的风险资产定义为风险资产 1。假定风险资产 2 的期望收益率为 7%，标准差为 0.09。如果投资者想获得 7%的收益率，那么可以将所有资金投资于风险资产 2，即图 3-6 中的 R 点。但是这一点并不是有效的。所以如果要想实现 7%的收益，投资者可以分别以 25%和 75%的比重投资于风险资产 1 和无风险资产，该组合对应 G 点，而此时的风险只有 3%。事实上，与 R 点相比，资本配置线上 G 点到 J 点之间的所有点都是更好的选择，因为它们的收益都不低于 R 点，但风险都不高于 R 点。

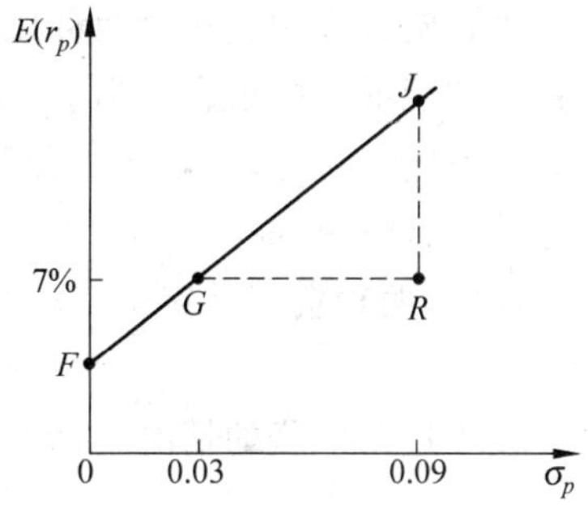

图　3-6

所以，可以得到结论，与选择单独的资产进行投资相比，投资组合更能在既定的收益下分散风险，因此更有效。

3.5　两种风险资产的投资组合

在上一节得出风险资产与无风险资产的组合能够分散风险，单个风险资产是无效的，那么两种风险资产进行组合能否分散风险呢？这一节，将通过研究两种风险资产的组合的收益—风险状况来回答这一问题。

构造两种风险资产的投资组合与上节中构造一种风险资产与无风险资产的投资组合类似。设定两种风险资产的期望收益率分别为 $E(r_1)$、$E(r_2)$，方差分别为 σ_1^2，σ_2^2，两资产收益的协方差为 $\sigma_{1,2}$，相关系数为 $\rho_{1,2}$，投资于风险资产 1 的比重为 ω，则投资于风险资产 2 的比重为 $1-\omega$。据此得到由风险资产 1 和风险资产 2 组成的投资组合的期望收益率和

方差分别为

$$E(r_p)=\omega E(r_1)+(1-\omega)E(r_2)$$

$$\begin{aligned}\sigma_p{}^2&=\omega^2\sigma_1{}^2+(1-\omega)^2\sigma_2{}^2+2\omega(1-\omega)\sigma_{1,2}\\&=\omega^2\sigma_1{}^2+(1-\omega)^2\sigma_2{}^2+2\omega(1-\omega)\rho_{1,2}\sigma_1\sigma_2\end{aligned}$$

根据期望收益的表达式,可以得到投资风险资产 1 的权重 ω:

$$\omega=\frac{E(r_p)-E(r_2)}{E(r_1)-E(r_2)}$$

将其代入方差方程中,可以得到该投资组合期望收益率和方差之间的关系:

$$\sigma_p{}^2=aE^2(r_p)-bE(r_p)+c \tag{3.21}$$

其中

$$a=\frac{\sigma_1{}^2+\sigma_2{}^2-2\rho_{1,2}\sigma_1\sigma_2}{[E(r_1)-E(r_2)]}$$

$$b=\frac{2E(r_2)\sigma_1{}^2+2E(r_1)\sigma_2^2-2[E(r_1)+E(r_2)]\rho_1,{}_2\sigma_1\sigma_2}{[E(r_1)-E(r_2)]^2}$$

$$c=\frac{E^2(r_2)\sigma_1{}^2+E^2(r_1)\sigma_2^2-E(r_1)E(r_2)\rho_{1,2}\sigma_1\sigma_2}{[E(r_1)-E(r_2)]^2}$$

当投资组合中只包含两种风险资产时,式(3.21)描述了投资组合中所有可能的期望收益率和标准差的组合。当 $\rho_{1,2}$ 取不同的值时,该式在期望收益—标准差平面中的形状也有所不同。对此,分以下三种情况进行分析。

第一种情况,$\rho_{1,2}=1$。

此时,两种资产是完全正相关的,方差方程变为

$$\sigma_p{}^2=[\omega\sigma_1+(1-\omega)\sigma_2]^2$$

在不进行借贷的情况下($0<\omega<1$),可得到标准差方程:

$$\sigma_p=\omega\sigma_1+(1-\omega)\sigma_2$$

结合期望收益率的表达式,可以得到期望收益率与标准差的关系:

$$E(r_p)=\frac{E(r_1)-E(r_2)}{\sigma_1-\sigma_2}\times(\sigma_p-\sigma_2)+E(r_2) \tag{3.22}$$

式(3.22)是两种风险资产完全正相关时,投资组合的期望收益率与标准差的关系。该关系式在期望收益—标准差平面中是一条通过 S 点和 B 点的线段(见图 3-7,其中 S 点和 B 点分别是完全投资于风险资产 1 和风险资产 2 对应的点)。

第二种情况,$\rho_{1,2}=-1$。

这时两种风险资产是完全负相关的,方差方程变为

$$\sigma_p{}^2=[\omega\sigma_1-(1-\omega)\sigma_2]^2$$

相应的标准差方程为

$$\sigma_p=\begin{cases}\omega\sigma_1-(1-\omega)\sigma_2 & \omega\geqslant\dfrac{\sigma_2}{\sigma_1+\sigma_2}\\[2ex](1-\omega)\sigma_2-\omega\sigma_1 & \omega<\dfrac{\sigma_2}{\sigma_1+\sigma_2}\end{cases}$$

再结合期望收益率的表达式,可以得到期望收益率与标准差之间的关系:

$$E(r_p)=\begin{cases}\dfrac{E(r_1)-E(r_2)}{\sigma_1+\sigma_2}\times(\sigma_p+\sigma_2)+E(r_2) & \omega\geqslant\dfrac{\sigma_2}{\sigma_1+\sigma_2}\\ \dfrac{E(r_1)-E(r_2)}{\sigma_1+\sigma_2}\times(\sigma_p-\sigma_2)+E(r_2) & \omega<\dfrac{\sigma_2}{\sigma_1+\sigma_2}\end{cases}\tag{3.23}$$

式(3.23)在期望收益—标准差平面中对应两条斜率相反的折线(图 3-7),折线的一部分通过 S 点和 E_1 点;另一部分通过 B 点和 E_1 点。其中,E_1 点是 $\rho_{1,2}=-1$ 时投资组合可行集内方差最小点。

第三种情况,$-1<\rho_{1,2}<1$。

此时,式(3.21)在期望收益—标准差平面中对应的是经过点 S 和 B 的曲线(事实上,共有两条曲线,但考虑到经济含义,只保留曲线在第一象限的部分,见图 3-7)。曲线的曲度取决于两种资产的相关系数,相关系数越小,尤其是相关系数为负,就越向左弯曲。也就是说,对同一种期望收益下,相关系数越小,投资组合的风险越小。双曲线上的定点 E_2 是 $-1<\rho_{1,2}<1$ 情况下资产组合可行集内方差最小点。

从图 3-6 中可以发现,在第二种情况和第三种情况下,可以根据最小方差点(分别是 E_1 点和 E_2 点)将投资组合的可行集分为两个部分:位于最小方差点上方的(SE_1 和 SE_2)及位于最小方差点下方的部分(BE_1 和 BE_2)。由于最小方差点下方的部分在相同的风险下期望收益率低于最小方差点上方的部分,这对于风险规避的投资者来说,这部分的资产组合显然是无效率的,投资者会选择最小方差点上方的组合,称这部分投资组合为效率边界,在下一章将会具体介绍效率边界的有关内容。

接下来再来分析一下投资组合在风险分散方面所起的作用。对于单独的风险资产 1 和风险资产 2 来说,它们对应的是 S 点和 B 点,在图 3-7 中可以发现,通过组合,所有可行集上的点对应的风险都低于 S 点本身,而 B 点左侧的可行集上的风险也低于 B 点本身,而且两种资产的相关系数越小,组成的投资组合的风险也越小,甚至当两者完全负相关时,调整投资比重还可以达到完全消除风险的效果。因此,可以得出结论,通过将资产进行有效的组合,可以达到分散风险的作用。

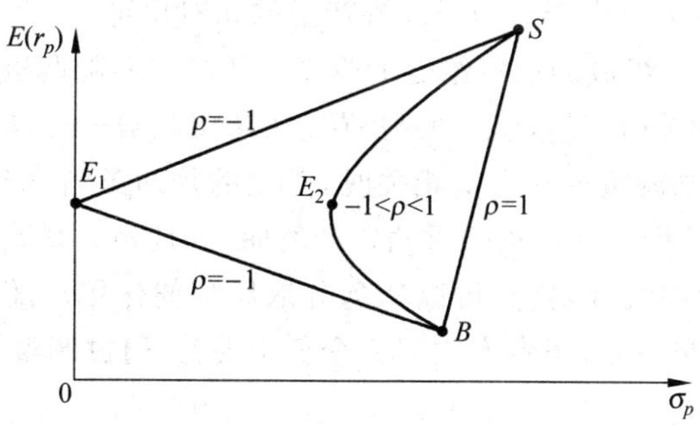

图 3-7

最后提出一个问题,对于不同相关系数下的投资可行集,投资者具体会选择可行集上的哪个点?这其实要看投资者的自身特点以及风险偏好程度,关于这个问题,在下一章将会做具体的讲解。

本章小结

本章主要介绍了投资风险的经济内涵以及风险的度量方式,并研究了两种类型的投资组合的收益—风险关系。

(1) 投资风险是指金融资产价格波动给投资者收益率带来的不确定性,一般来讲,金融领域关注的风险既包括损失发生的可能,也包括盈利发生的可能,而并不只是单纯考虑损失的情况。

(2) 投资风险按风险来源可分为市场风险、通货膨胀风险、利率风险、汇率风险、信用风险、流动性风险、经营风险和政治风险;按能否分散可以分为系统性风险和非系统性风险。

(3) 在投资活动中,根据投资者对风险的偏好程度可以将投资者分为三类:风险厌恶型、风险中性型、风险偏好型。一般认为理性投资者属于风险厌恶型,这也是经典经济理论中投资者的行为特征。

(4) 描述风险偏好的工具是效用函数,用$U(X)$表示,X代表投资者的财富或收益。风险厌恶者的效用函数是凹函数;风险中性者的效用函数是线性函数;风险偏好者的效用函数是凸函数。

(5) 无风险资产具备三个特征,收益率确定、无违约风险和投资者的持有期限与资产的到期期限一致。

(6) 单个资产的风险用其收益的方差或标准差表示;资产组合风险的大小同时受到单个资产自身的风险、资产之间的相关系数以及投资比重的影响。

(7) 由一种风险资产和另一种无风险资产组成的投资组合的风险收益关系用资本配置线表示,资本配置线在收益—风险平面上的位置以及斜率取决于所选择的无风险资产和风险资产的特征(期望收益率和方差),而特定的资产对应的投资组合在该线段上的具体位置则取决于投资在无风险资产与风险资产上的相对比重。

(8) 由两种风险资产组成的投资组合的收益—风险关系随两资产相关性的不同而变化。当两资产完全正相关时,投资组合的可行集在期望收益—标准差平面上对应的是一条经过两资产的线段;当两资产完全负相关时,对应的是两条斜率相反的折线;当相关系数在-1和1之间时,可行集是一条经过两资产的曲线,且相关系数越小,越向左弯曲。

(9) 通过建立有效的投资组合,可以达到分散风险的作用。随着资产间的相关系数的降低,风险分散的效果越好,当资产之间完全负相关时,通过调整投资比重,甚至可以完全消除风险。

基本概念

投资风险　通货膨胀风险　利率风险　汇率风险　信用风险　流动性风险　系统性风险　非系统性风险　无风险资产

本章习题

1. 金融投资风险的经济内涵是什么？具体包括哪几方面的内容？

2. 金融市场上投资者面临的主要风险有哪些？

3. 投资者的风险态度有哪几种？不同风险态度的效用函数如何表达？

4. 假设存在一个有两种资产组成的投资组合，两个资产的期望收益率分别为 6%和 10%，标准差分别为 0.11 和 0.15，投资者在这两种资产上的投资比重分别是 55%和 45%。请计算在下面不同的相关系数下，该投资组合的期望收益率和方差：

(1)$\rho=0.5$；(2)$\rho=0$；(3)$\rho=-0.5$。

5. 请简述由一种风险资产和另一种无风险资产组成的投资组合的可行集。

6. 请简述在两种资产组成的投资组合中，相关系数如何影响组合的可行集。

第4章 资本资产定价理论

理性投资者的投资目标是在获得确定收益的同时,尽可能地降低风险。1952年马柯维茨发表的经典论文《投资组合选择》为实现这一目标提供了方法,这篇具有里程碑性质的论文标志着现代资产组合理论的诞生。随后众多学者又对资产组合理论进行了扩展和推广。威廉·夏普等提出了资本资产定价模型,提供了确定资产风险及其期望收益率之间关系的精确预测方法;针对传统的投资组合理论存在计算烦琐的缺陷,夏普又提出了指数模型,极大地简化了资产组合选择模型的计算负担,使马柯维茨的资产组合理论朝现实世界的应用迈进了一大步,从而奠定了资产组合理论成为现代金融学理论基础的地位。

4.1节:资产组合的效率边界。介绍金融市场客观存在的可供投资者进行选择的投资组合的风险—收益状况。

4.2节:最优资产组合选择。介绍在确定效率边界的情况下,投资者如何根据自身的风险—收益偏好选择最优的投资组合。

4.3节:马柯维茨的投资组合模型。具体介绍投资组合模型的具体内容和思想。

4.4节:均衡资本市场。主要介绍资本市场处于均衡状态时价格的决定机制,主要内容包括资本资产定价理论和套利定价理论等。

4.5节:CAPM的实证检验。介绍资本资产定价模型内容、该模型的实证检验以及对其的扩展。

4.6节:指数模型。介绍夏普的指数模型的内容、性质及其与CAPM的区别。

在第3章了解到通过建立投资组合可以有效地分散风险,事实上,在现代金融理论出现之前,分散化投资的概念就已经深入人心了,用一句为人熟知的谚语来表述分散化投资就是“不要把所有的鸡蛋都放在一个篮子中”。但传统投资风险理论没有考虑到资产之间的相互影响,只是单一的强调组合中资产的数量越多,风险分散就越大。马柯维茨发表的投资组合选择模型开创了真正意义上的投资组合理论。

【4-1】 投资组合风险分散化

在前一章研究了由两种资产组成的投资组合,这里将投资组合中的资产扩展到多个,来考察这样的组合的风险分散状况。

设定一个投资组合中资产的个数为N,这样的投资组合的方差为

$$\sigma_p^{\ 2} = \sum_{i=1}^{N}\sum_{j=1}^{N}\omega_i\omega_j\sigma_{ij} \tag{4.1}$$

调整式(4.1)得到

$$\sigma_p^{\ 2} = \sum_{i=1}^{N}\omega_i^{\ 2}\sigma_i^{\ 2} + \sum_{i=1}^{N}\sum_{j\neq i}^{N}\omega_i\omega_j\sigma_{ij} \tag{4.2}$$

式(4.2)表明，资产组合的风险可以分为两部分：每个资产的方差和不同资产间的协方差。前者反映的是每个资产自身的风险状况对资产组合风险的贡献；后者表示不同资产相关性对组合风险的影响。

对于有 N 个资产的组合来说，方差的部分有 N 项，协方差的部分有 $N(N-1)$ 项，随着 N 值的增大，协方差项的数目将远远超过方差项，而资产自身的风险水平可以忽略不计。

举一个例子来认识这一点。假设 N 项资产以相同的比例构成资产组合，即每项资产的权重 $\omega_i=\frac{1}{N}$，而且每个资产的方差都等于 σ^2，不同资产间的相关系数都等于 ρ。此时，资产组合的方差可以表示为

$$\begin{aligned}\sigma_p{}^2&=\sum_{i=1}^{N}\frac{1}{N^2}\times\sigma^2+\sum_{i=1}^{N}\sum_{j\neq i}^{N}\frac{1}{N^2}\times\rho\sigma^2\\&=\frac{1}{N}\times\sigma^2+\frac{N(N-1)}{N^2}\times\rho\sigma^2\end{aligned}$$

当 N 趋近于无穷大时，方差部分趋近于零，协方差部分趋于一个常数。组合方差与资产数量之间的关系可以用图 4-1 表示：

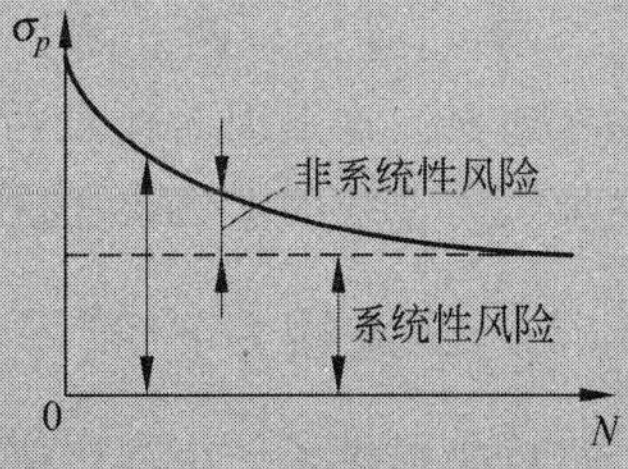

图 4-1 投资组合风险与资产数量的关系

如图 4-1 所示，随着资产数量的增加，组合的总风险不断下降，单个资产的风险对组合风险的影响逐渐减弱，这部分可以分散的风险称为非系统性风险；当资产数量达到一定程度时，投资组合的风险无法再继续下降，这是因为资产间会受到市场等相同因素的影响而具备一定的相关性，因此而存在的这部分风险不可分散，称为系统性风险。

可见，现代投资组合理论揭开了分散化投资的真正面纱。通过增加投资组合中的资产数量，可以降低组合中的非系统性风险，但组合的风险不会一直降低下去，当资产数量达到一定程度时，组合的风险将维持不变，即系统性风险无法得到分散。

资料来源：陈雨露. 投资学. 北京：中国人民大学出版社

4.1 资产组合的效率边界

经过上一章的学习，已经对包含两种资产的(分别是包含风险资产和无风险资产的组合和包含两种风险资产的组合)投资组合的效率边界有所了解，这部分将考虑更为一般情况下的投资组合的效率边界问题。

4.1.1 投资组合的可行集

投资组合的可行集是指由若干个资产所构成的所有投资组合的集合，它是确定效率

边界的基础。对于一组资产来说,所有可能的组合位于可行集的边界上或内部。一般而言,可行集的形状呈伞状(图 4-2),具体形状依赖于其所包含的特定资产,它可能更左或更右、更高或更低、更胖或更瘦。

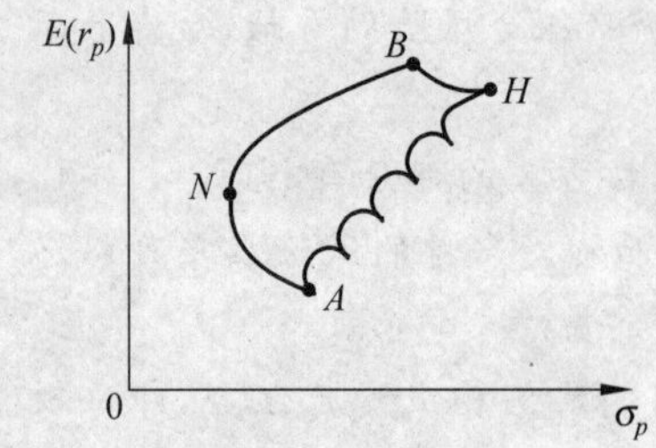

图 4-2 可行集

通常,可行集满足以下两个特征。

(1) 如果在投资组合中,至少存在三种资产(非完全相关且均值不同),则可行集是一个二维的实心区域。用图 4-3 解释其原因。在此假定存在三种资产:A、B 和 C,由于任意两种资产构成的投资组合的可行集是经过这两种资产的曲线,将 A、B 和 C 两两组合,可得到图 4-3 中的三条曲线。如果 D 是 B 和 C 构成的组合中的一个,则 D 可以与 A 进行组合得到一条连接 A 和 D 的曲线,那么当 D 在 B 和 C 之间移动时,连接 A 和 D 的曲线轨迹就是一个实心区域。

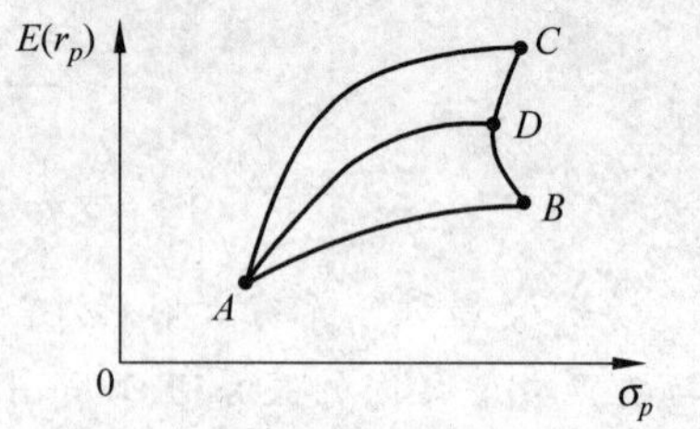

图 4-3 可行集满足的第一个特征的图示

(2) 可行域凸向左边。在可行区域内,任选区域内的两点,连接着两点的直线不会穿过可行区域的左边界。这是因为任意两项资产的轨迹总是在两项资产连线的左边或在这两项资产的连线上。

4.1.2 投资组合的效率边界

可行集提供了一组资产构成的投资组合的所有可能结果,但对于理性投资者来说,可行集上只有一部分组合是有效的。理性投资者按照以下原则选择投资组合。

① 在风险水平确定的条件下,选择提供最大期望收益率的组合。

② 在期望收益率确定的条件下,选择风险水平最低的投资组合。

满足上述两个条件的组合集就是投资组合的效率边界,也称为有效集或有效前沿。

1. 效率边界的位置

根据理性投资者选择效率边界的原则,针对图 4-2 分析效率边界的位置。就第一条原则来说,对于各种风险水平而言能提供最大期望收益的组合集是可行集 N 点和 H 点之间上方边界的部分;就第二条准则来说,对于各种期望收益率水平而言,能提供最小风险的组合集是可行集介于 A 和 B 之间的左边界部分。同时满足两个准则的是 N、B 两点之间可行集上方边界的组合集,这部分就是效率边界。与此相对应,可行集中其他组合集就是无效组合,对于无效组合投资者可以忽略。

因此,效率边界是可行集的一个子集,位于可行集的左上方边界上。

2. 效率边界的特点

(1) 效率边界是一条向右上方倾斜的曲线。这一特点源于证券投资中的"高收益、高风险"的原则,能够提供较高期望收益的投资组合必然也伴随着较高的风险,因此,效率边界是整体向右上方倾斜的。

(2)效率边界是一条上凸的曲线。效率边界是可行集的子集,那么有效集上的任意两点再构成组合仍然是可行的,如果效率边界存在凹陷的部分,那么这一凹陷处将不再是有效的。可以用图 4-4 来解释其原因。图中 V、W 两点之间存在凹陷,这两点的连线仍然是投资组合的可行集,对于同一风险水平而言,V、W 连线上的组合集的期望收益要高于凹陷处的期望收益,在这种情况下,凹陷处将不再是投资组合的效率边界。因此,效率边界必须是上凸的。

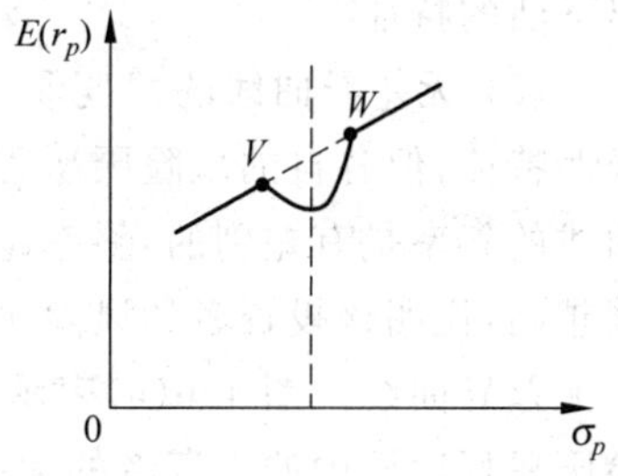

图 4-4　效率边界是上凸曲线的图示

4.2　最优资产组合选择

效率边界反映了金融市场中客观存在的可供投资者选择的资产组合的风险—收益状况,它为投资者选择资产组合提供了范围,那么如何确定投资者最优的资产组合呢?还需要了解投资者主观的风险—收益偏好,这里,用无差异曲线来刻画这种偏好。在效率边界已经确定的情况下,投资者就可以根据自身的无差异曲线簇来选择能使投资效用最大化的最优资产组合。

4.2.1　无差异曲线

投资者的一条无差异曲线是指能够给投资者带来相同满足程度的期望收益率和风险的所有组合。在同一条无差异曲线上,不同的收益—风险组合给投资者带来的满足程度都是相同的。投资者的各种满足程度都相应地存在一条无差异曲线,由此组成了一个无差异曲线簇。

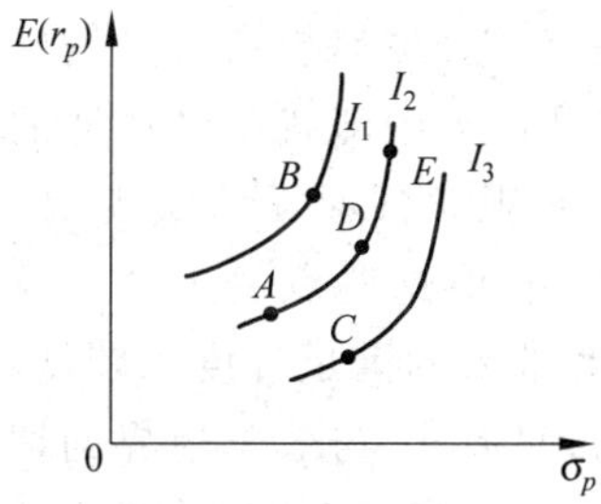

图 4-5　无差异曲线

图 4-5 给出了一组无差异曲线,分别是 I_1、I_2 和 I_3。由于点 A、D、E 位于同一条无差异曲线上,因而这三种组合为投资者提供了相同的满足程度,即效用是无差异的;与这三点相比,B 点对应的投资组合能为投资者带来更大的满足程度,应为 B 点处于更高的无差异曲线上;而 C 点因为位于较低的无差异曲线上,因此效用也较低。

对于理性投资者(风险厌恶者)来说,无差异曲线簇具有如下特征。

(1) 无差异曲线的一个基本特征就是无差异曲线不能相交。落在不同的无差异曲线上的投资组合将为投资者带来不同的满足程度,因而一个组合不可能同时落在不同的无差异曲线上,这也就是说不同的无差异曲线不能相交。

(2) 投资者都拥有正斜率、下凸的无差异曲线。这是因为投资者是风险厌恶的,承担较高的风险必须要有相应的高收益进行补偿,因此无差异曲线斜率为正;当投资者已经承担了较高的风险,要进一步增加风险,就要求获得更多的收益补偿,所以无差异曲线呈现出下凸的特征。

(3) 无差异曲线的弯度取决于投资者对于风险的态度。虽然理性投资者都具有风险厌恶特征,但各自的风险厌恶程度却会有所不同。不同风险厌恶程度的投资者的无差异曲线的斜率是有差别的,斜率越大,表明为了让投资者多承担相同的风险所提供的风险补偿越高,说明该投资者的风险厌恶程度越高。图 4-6 给出了不同风险厌恶程度的投资者的无差异曲线。图 4-6(a)表示风险厌恶程度强的投资者的无差异曲线;图 4-6(b)表示风险厌恶程度居中的投资者的无差异曲线;图 4-6(c)表示风险厌恶程度弱的投资者的无差异曲线。

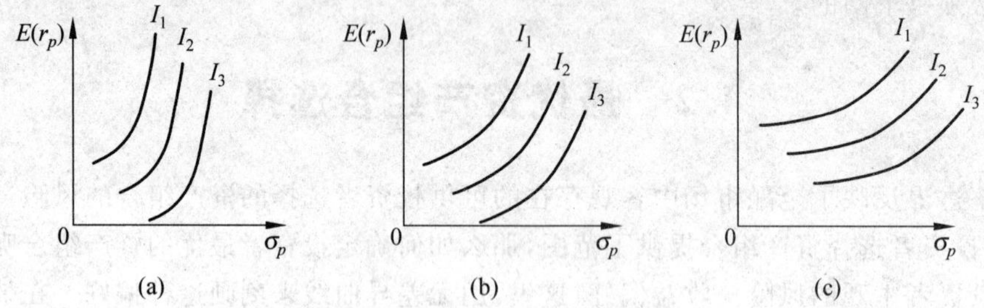

图 4-6 不同风险厌恶程度的投资者的无差异曲线

4.2.2 最优资产组合选择

目前,已经了解了市场上客观存在的投资组合集和投资者的主观风险—收益偏好,接下来就可以据此分析投资者的最优资产组合问题了。对于每一个投资者来说,都会选择效率边界与自身无差异曲线的切点作为最优资产组合。

将效率边界和投资者的无差异曲线同时纳入期望收益—标准差平面(图 4-7),对应的最优资产组合就应该是点 O。虽然投资者更偏好无差异曲线 I_1 上的点,但在可行集中却找不到这样的组合,因此 I_1 上的点受限于客观条件而无法实现;I_3 上存在着很多点与可行集相交,但这些点由于处在较低的无差异曲线上,给投资者带来的满足程度也较低,因此这些组合并不是最优的;只有 I_2 与效率边界的切点 O 才是最优的资产组合,对于投资者而言,效率边界是客观存在的,由证券市场决定,而无差异曲线则是主观的,由投资者的风险—收益偏好决定,当两者相切时,就找到了现实中存在的可以满足投资者最大效用的投资组合。

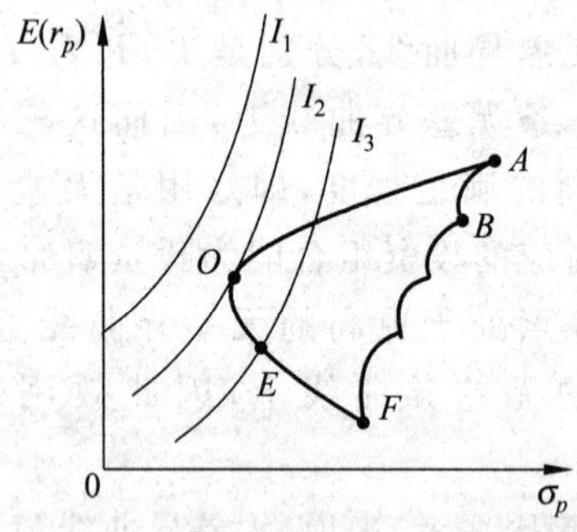

图 4-7 最优资产组合的确定

由于效率边界上凸的特征和无差异曲线下凸的特征,对于特定的风险偏好投资者来说,二者的切点即最优资产组合只有一个。但对于风险偏好程度不同的投资者者来说,其无差异曲线的斜率不同,因此对于相同的效率边界投资者所选择的最优资产组合也是不同的。图 4-8 是两种不同风险厌恶程度的投资者的最优资产组合选择。图 4-8(a)中投资者的风险厌恶程度较高，这样的投资者会选择更接近效率边界上最小风险点的组合；图 4-8(b)中投资者的风险厌恶程度要较弱些，这种投资者会选择更接近效率边界上最高收益点的组合。

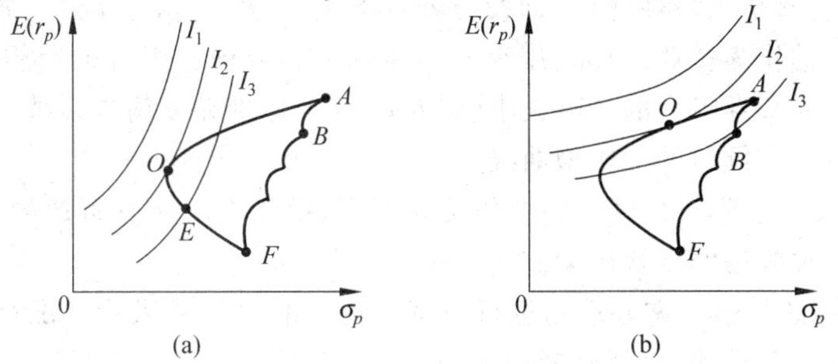

图 4-8　不同风险厌恶程度投资者的最优资产组合选择

4.3　马柯维茨的投资组合模型

马柯维茨的投资组合模型是现代资产组合理论的基本模型，被认为是历史上首次对投资领域中收益和风险运用现代微观经济学和数理统计的规范方法进行的全面研究，并为现代资产组合理论及现代金融理论的发展奠定了基础。

【4-2】　人物介绍——哈里·马柯维茨

哈里·马柯维茨(Harry Markowitz)，1927 年 8 月 24 日生于美国伊利诺伊州。于 1950 年、1952 年在芝加哥大学连续获得了经济学硕士、博士学位。1952 年，马柯维茨在《金融杂志》上发表《资产组合选择——投资的有效分散化》一文，马柯维茨第一次给出了风险和收益的精确定义，并从数学上明确地定义了投资者偏好。通过把收益和风险用均值和方差衡量，马柯维茨将强有力的数理统计方法引入了资产组合选择的研究中。

马柯维茨的主要贡献是，发展了一个概念明确的可操作的在不确定条件下选择投资组合的理论——这个理论进一步演变成为现代金融投资理论的基础，他的理论被誉为“华尔街的第一次革命”！他本人也因创立了投资组合理论而成为现代金融理论的创始人。

马柯维茨一生著作颇丰，有专著及合著 7 本，重要理论文章 30 余篇，研究范围涉及金融微观分析及数学、计算机在金融经济学方面的应用。他的理论也曾影响了他的同时代学者。由于其出色的、开创性的工作，马柯维茨与威廉·夏普及默顿·米勒分享了 1990 年的诺贝尔经济学奖。

4.3.1 基本模型

1. 模型假设

① 投资者全部是风险规避者,即投资者每承担一定的风险,就必然要求与其所承担的风险相应的收益作为补偿。如果用纵坐标表示证券或证券组合的期望收益率 $E(r_p)$,横坐标表示证券或证券组合的风险大小(用方差 σ^2 或标准差 σ 衡量),那么该投资者的无差异曲线为向右上方倾斜的二次型曲线。

② 投资者投资于公开金融市场上的交易资产,投资者对所有资产的持有期相同,该理论实质上是一种静态的投资决策。

③ 投资者按照均值—方差准则进行投资。资产的收益和风险状况都可以通过资产收益率的均值和方差反映,对投资者而言,同一均值水平上方差小的投资组合优于方差大的组合(风险规避),同一方差水平上均值大的投资组合优于均值小的投资组合(非饱和性)。

④ 不允许风险资产的卖空交易(在马柯维茨最初的研究中假定风险资产不允许卖空,后来 Black 引入了卖空假设)。

⑤ 不考虑无风险资产(所有的资产均为风险资产),投资者不可以按无风险利率进行资金的借贷(后来 Tobin 修正了这一假设,在模型中引入了无风险借贷假设)。

⑥ 不考虑税收、交易成本等因素,即市场环境是无摩擦的。

2. 投资组合选择的过程

根据马柯维茨的投资组合模型,投资者的投资组合选择被分为以下两个主要步骤。

(1) 找到包括所有资产的可行集和有效集(效率边界)

这一步骤是确定投资者可行的风险—收益机会,它们用风险投资组合的最小方差边界来表示。根据理性投资者的风险规避假设,投资者只需在既定的期望收益的约束条件下,找到最小方差点,从而确定最小方差集,即最小方差边界,再去掉无效的组合,就可以得到效率边界了。

【4-3】 确定效率边界的过程

在 4.1.2 节只是给出了效率边界的基本形状和特征,这部分将详细介绍马柯维茨的投资组合模型中效率边界的确定过程。

首先是估计证券的风险—收益和协方差矩阵的值。如果一个投资组合中包含 n 个证券,那么需要估算 n 个期望收益率、n 个方差以及 $n(n-1)/2$ 个协方差。

在完成估算工作后,任意一个每种证券权重为 ω_i 的风险投资组合的期望收益和方差都可以通过以下公式计算得到

$$E(r_p) = \sum_{i=1}^{n}\omega_i E(r_i)$$

$$\sigma_p^{\ 2} = \sum_{i=1}^{n}\sum_{j=1}^{n}\omega_i\omega_j\sigma_{i,j}$$

接下来可以通过两种方法确定效率边界。

一种方法是在收益率确定的条件下寻找最小方差点。如图4-9所示，先画出确定条件，即水平线代表必要的期望收益水平。然后寻找每条水平线上最小的标准差对应的点(图中的方形点)。针对不同水平的期望收益率重复这一工作，最小方差间接的形状就显现出来了，最后去掉底部虚线的部分(因为它们是无效的)，就得到了效率边界。

另一种方法是在标准差确定的条件下寻找收益最大点。先画一条垂直线代表标准差的限制，然后找到该线上的最高收益对应的点(图4-9中的圆点)。重复这一工作，也能得到效率边界。

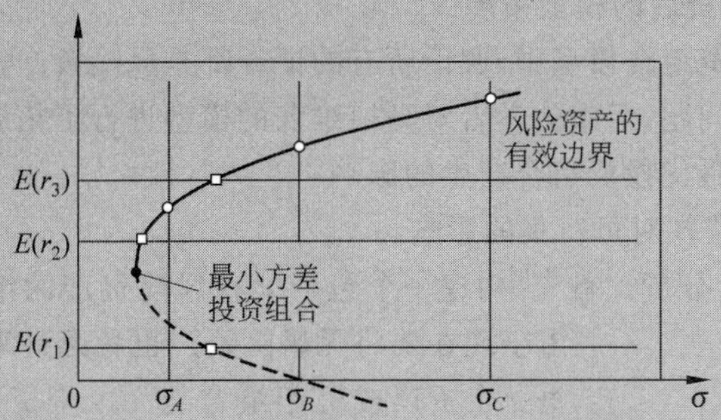

图 4-9　有效投资组合集

(2) 单个投资者根据自身风险偏好、效用函数和无差异曲线找到最优投资组合

在确定了投资组合的效率边界的条件下，引入投资者风险规避假设后即可确定特定投资者的最优风险资产组合。该组合必然是投资者自身的无差异曲线与效率边界的切点。

3. 理论评价

(1) 马柯维茨投资组合模型的贡献

① 马柯维茨的投资组合模型建立了一系列的基本概念。运用统计学的均值和方差等概念为金融资产的风险与收益分析提供了科学的依据，使以均值衡量收益、方差衡量风险的现代风险分析基本框架在金融理论中得到确立。

② 该模型提出的有效投资组合概念和投资组合分析方法大大简化了投资分析的难度。

③ 该理论证明了投资者投资于多样化的风险资产就能够降低非系统性风险(如本章开头所述)。因此，可以逻辑地推理出，只要投资组合设计得足够好，那么投资组合不应该含有任何非系统性风险，一个隐含的推论就是市场不会对非系统性风险进行风险补偿，而只对系统性风险进行补偿。

④ 该理论在金融学理论发展史上是至关重要的，为后续的CAPM等理论发展奠定了基础。

(2) 投资组合模型的局限性

① 马柯维茨的投资组合模型的假设过于严格，与现实相去甚远。

② 该理论没有考虑到西方金融市场中现实存在的可以卖空风险资产的情况(当引入风险资产卖空假设后，效率边界会发生轻微的变化，在4.3.2节将介绍布莱克就这一问题对模型的拓展)。

③ 该理论没有考虑到现实中存在的无风险资产情况。在该理论中,假设所有的证券均是有风险的,而没有考虑无风险资产的情况(在引入了无风险借贷后,效率边界将发生重大变化,在4.3.2节中将介绍就这一问题对模型的拓展)。

④ 马柯维茨的投资组合模型的主要问题是,他所提供的方法对个体投资者而言应用难度太大,只有一些大型的机构投资者才能运用,并且该理论在实际运用中还面临计算烦琐等问题。

4.3.2 基本模型的拓展

1. 引入无风险借贷后的模型拓展

在马柯维茨的投资组合模型中,假设所有的证券都是风险资产,而没有考虑无风险资产的情况。针对这一问题,后来的学者对马柯维茨的模型进行了拓展,分析将无风险资产引入后对效率边界和最优投资组合产生的影响。

(1) 引入无风险资产对可行集的影响

用图4-10来进行分析。首先,构建一个包括 n 种风险资产的组合的可行集。其次,由于现在要将无风险资产也考虑进来,所以将可行集中的每一个资产或资产组合与无风险资产进行组合。在重新组合的过程中,允许借入或贷出无风险资产,且借入的无风险资产全部用于购买风险资产。这些新的组合在期望收益—标准差平面上是以无风险资产点 F 为起点,经过风险资产的一条射线(无风险资产与风险资产构成的组合的可行集是一条经过这两种资产的直线)。对于初始可行集内的每一个组合都存在一条类似的射线,这些射线的集合形成了一个三角形的可行集。这样就可以得出一个重要结论:当资产组合中包含一项无风险资产时,可行集就变成了一个向右扩展的无限三角形(图4-10)。

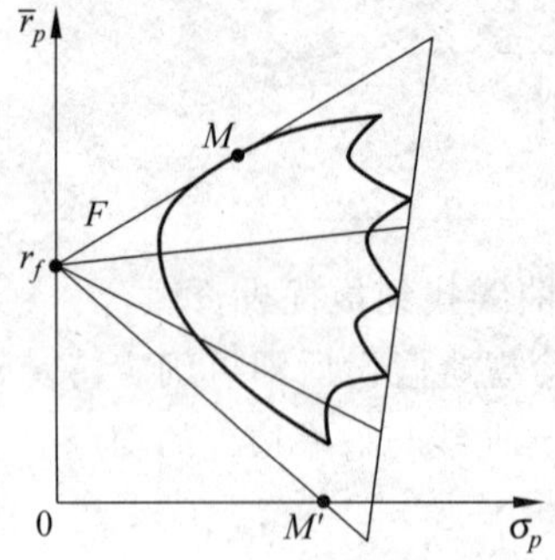

图4-10 引入无风险资产对可行集的影响

(2) 引入无风险资产对效率边界的影响

这里分三种情况:只允许贷出无风险资产、只允许借入无风险资产和既允许贷出又借入无风险资产。

首先,看只允许贷出无风险资产的情况。图4-11(a)中的 AC 为未加入无风险贷出时的效率边界,允许投资无风险资产将导致效率边界发生重大改变,此时弧 CM 将不再是效率边界,引入无风险贷出后的新的效率边界是线段 FM 和弧 MA。

其次,看只允许借入无风险资产的情况。图4-11(b)中的 AC 仍然是初始的效率边界,允许无风险资产借入也会导致效率边界的重大改变,此时弧 MA 不再是效率边界,引入无风险借入后的新的效率边界是弧 CM 和射线 MD。

最后,考虑既允许无风险资产贷出也允许无风险资产借入的情况。如图4-11(c)所示,效率边界将变成过点 F 且与初始效率边界相切的射线 FM。

(3) 引入无风险借贷对最优投资组合的影响

在得到新的效率边界后,根据不同风险偏好程度投资者的无差异曲线与新的效率边

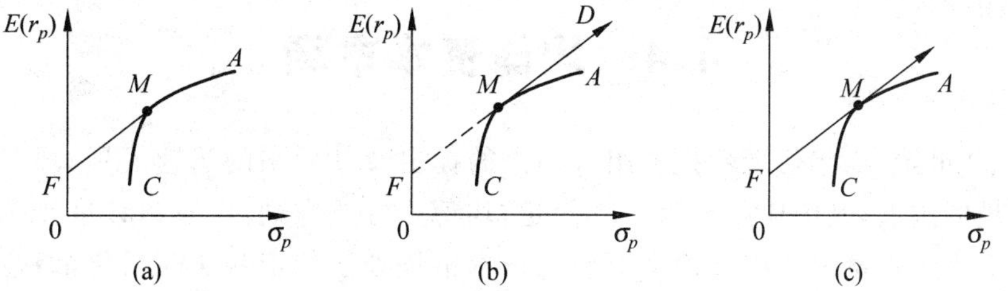

图 4-11　引入无风险资产对效率边界的影响

界的切点，就可以得到引入无风险借贷后投资者的最优投资组合。在这里，只给出同时允许无风险资产贷出和借入的情况，其他两种情况由读者自行完成。如图 4-12 所示，当无差异曲线与新的效率边界相切于点 F 时，表示投资者追求风险极小化，投资于无风险资产的比重 $\omega_F=1$；当二者相切于点 F 和点 M 之间时，投资于无风险资产的比重 $0<\omega_F<1$，此时的投资组合也称"放款证券组合"；若切于点 M，投资于无风险资产的比重 $\omega_F=0$，投资者将全部资产投资于风险资产；如果切点在 M 之外，那么投资者就会借入无风险资产，因而投资于无风险资产的比重 $\omega_F<0$，此时的投资组合也称"借款证券组合"。

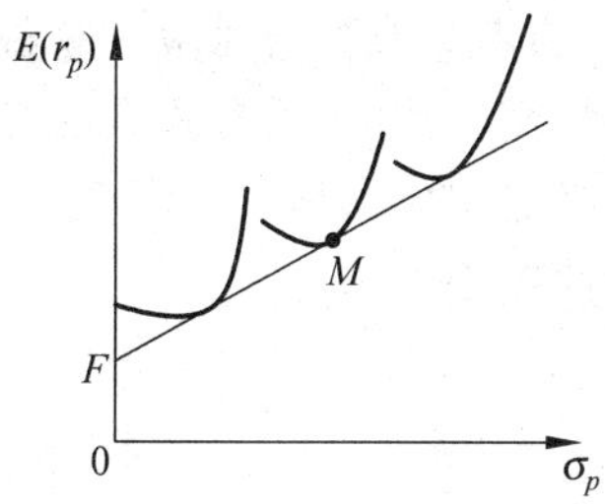

图 4-12　引入无风险借贷对最优投资组合的影响

引入无风险借贷后，投资组合理论的基本模型就得到了有效的拓展，为后来资本资产定价模型的产生和发展奠定了基础。

2. 允许卖空风险资产条件下的模型拓展

最初马柯维茨提出的投资组合模型中，没有考虑允许卖空风险资产对最优投资组合选择的影响。在后来的研究中，布莱克将卖空行为纳入投资组合模型中从而进一步拓展了马柯维茨的理论。

在投资组合理论中，卖空某资产的行为就表现为投资该资产的比例为负值，允许卖空风险资产将使投资者借入一种资产卖出而后投资于其他资产成为可能，这将大大拓宽投资者投资组合的选择范围。随着卖空量的增加，投资组合的期望收益和风险同时增加，但风险增加的速度更快。

图 4-13 给出了允许卖空风险资产对两种风险资产组成的投资组合的影响，虚线部分是允许卖空导致有效边界的变化，如果投资者从事卖空行为，那么他们的投资组合将位于虚线上。从图 4-13 中可以看出，效率边界在原来的基础上不断地向右延伸，卖空大大扩展了高风险、高收益的投资组合的选择范围，而对风险相对较低的投资组合没有影响(如果投资者不从事卖空行为那么他们的投资组合依然位于原始的效率边界上)。允许投资者的卖空行为，对风险偏好者的影响较大，而对于风险厌恶者影响较小。

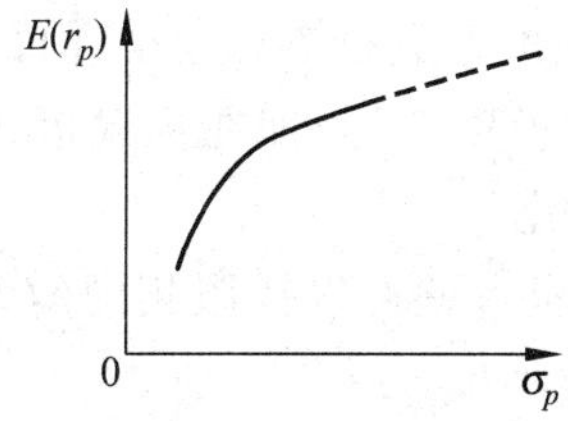

图 4-13　允许卖空风险资产对投资组合的影响：两种资产的情况

4.4 均衡资本市场

随着20世纪50年代现代投资组合理论的提出及其后来的迅速发展,风险收益模型取得了长足的进展,其中应用最为广泛的是“均值—方差准则”以及以该准则为基础发展起来的资本市场理论。这些理论主要研究资本市场处于均衡状态时价格的决定机制,即当所有投资者均按照“均值—方差准则”选择投资组合时,市场价格如何确定以及何种因素影响了均衡价格的决定。当市场均衡时,证券的价格以及证券的风险—收益关系都将达到均衡状态。资本市场理论中最重要的两个理论是资本资产定价理论和套利定价理论,前者是典型的风险—收益均衡关系主导的市场均衡,是由市场上众多投资者行为结果的均衡所致的;后者强调的是无套利均衡原则,即若市场上出现非均衡机会,市场套利力量必然重建均衡。二者都是表达证券价格的均衡模型。在接下来的内容里,将分别介绍这些理论。

4.5 CAPM理论及实证检验

资本资产定价模型(the capital asset pricing model,CAPM)是现代金融学的重要基石,它是在马柯维茨的投资组合理论的基础上产生和发展起来的。马柯维茨的理论通过数学规划的原则系统地阐述了如何通过有效分散化来选择最优的投资组合。不过这一理论偏重于规范化研究,缺乏实证分析。从20世纪60年代开始经济学家们开始研究马柯维茨模型如何影响资产的市场定价,这导致了资本资产定价模型的产生,该模型分别由夏普(1964)、林特纳(1965)、莫森(1966)独立导出。资本资产定价模型刻画了均衡状态下资产的期望收益率和相对市场风险之间的关系,为投资实践提供了理论基础。

4.5.1 资本资产定价模型

1. 资本资产定价模型的假设

资本资产定价模型是建立在严格的假设基础之上的,这样设定的原因在于实际的经济环境过于复杂,为了比较成功地建立一个模型,需要使用假设条件进行简化。在简化的条件下得到基础结论后,可以再为模型添加复杂的条件逐步地修正结果,这将有利于建立一个现实的、合理的并且容易理解的模型。

① 投资者以资产组合在某段时期内的预期收益率和标准差进行资产组合评价。

② 投资者都是风险厌恶的,按照均值—方差原则进行投资选择,即在风险既定的条件下选择收益最大化或在收益既定的条件下选择风险最小化。

③ 所有资产持有者处于同一单一投资期,市场上的投资者就可以按照相同的无风险利率进行无限制的借入和贷出。

④ 资本市场是一个完全市场,不存在信息流阻碍,无税收和无交易成本。

⑤ 资产无限可分,投资者可以按照任何比例分配其投资。

⑥ 投资者具有相同预期,即均质期望,对预期收益率、标准差、资产之间的协方差均有相同的理解。

⑦ 投资者的投资期限相同,无风险利率相同。

根据以上假设,可以得出以下结论。

(1) 所有投资者的效率边界和最佳风险证券组合相同

资本资产定价模型是以引入无风险资产的投资组合理论为基础进行分析的。由于投资者对证券的预期收益率、标准差、资产之间的协方差以及无风险利率都有相同的预期,所以投资者面临的效率边界都是相同的。又由于在引入无风险借贷的投资组合模型中,新的效率边界是从无风险资产出发与风险组合初始效率边界相切的一条射线,那么对于投资者来说,该射线与风险组合初始效率边界的切点也是相同的,这一点就是投资者的最佳风险资产组合。所有投资者都将使用该组合与无风险资产建立最终的投资组合。

【4-4】 分离定理

在 CAPM 假设下,投资者都会面临相同的效率边界,但是他们最终会选择不同投资组合的唯一原因就是由于风险偏好不同而拥有不同的无差异曲线,如图 4-14 所示,无差异曲线为 I_1 的投资者会选择切点 O_1 进行投资;无差异曲线为 I_2 的投资者选择在 O_2 投资。O_1 和 O_2 都是效率边界上的点,都是无风险资产和最佳风险资产组合按照一点比例搭配组合而成的,所不同的是,无风险资产和最佳风险资产组合在 O_1、O_2 中的比例不同,这一比例取决于投资者的风险偏好。风险厌恶程度越高,持有最佳风险组合的比例越低,持有无风险资产的比例越高(O_2);反之,风险厌恶程度越低,最佳风险组合的比重越高,无风险资产的比重越低(O_1)。但不论投资者的风险偏好如何,他们都持有相同的风险组合,无风险资产的增减只是满足投资者个人的收益—风险偏好。资本资产定价模型中的这一特征被称为“分离定理”:所有投资者都持有相同的风险证券组合,投资者的风险偏好与风险证券构成的选择无关,即一个投资者的最佳风险证券组合在并不知晓投资者风险偏好的情况下就可以确定。

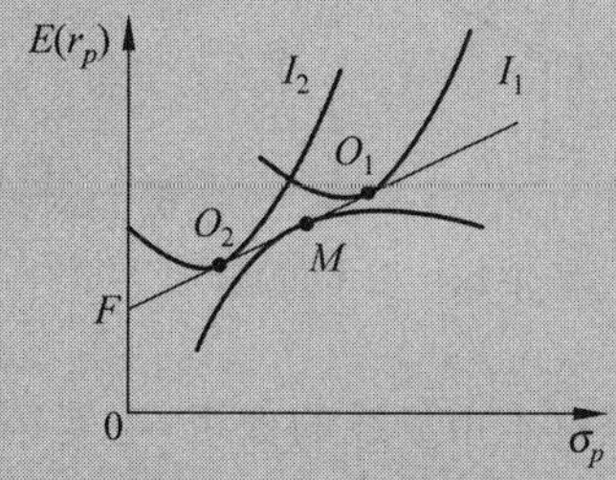

图 4-14 分离定理

分离定理在投资中是非常重要的。个体投资者的投资决策可据此分为两部分:一部分是决定一个最优的风险证券组合;另一部分是决定由无风险资产与这个证券组合按照何种比例来构造自己的最优组合。而这两个过程是可以分离的,只有第二个决策依赖于无差异曲线。

(2) 每一种风险证券在最佳风险组合的构成中都占有非零的比例

每个投资者持有的风险组合都是切点组合,即最佳风险资产组合,如果市场上存在某种证券未包含在最佳风险组合中,那么整个金融市场就没有投资者对它进行投资,这时该证券在市场上是供过于求的,这就必然导致它的价格下降,从而该证券的期望收益率上升,此时该证券在最佳风险组合的比重将上升直到供求平衡为止。当所有风险证券的价格调整都停止时,市场就达到了一种均衡状态。

处于均衡状态的市场具有如下特征:首先,所有的风险证券都包含在最佳风险资产组合中;其次,每种风险证券供求平衡且价格都处于均衡水平;最后,无风险利率的水平正好使得借入资金的总量等于贷出资金的总量。结果在最佳风险资产组合中,投资于每一种证券的比重都等于该资产的相对市值,也就是该风险证券的总市值占所有风险证券市值总和的比例。

通常,把最佳风险资产组合成为市场组合(market portfolio)。

2. 资本市场线与证券市场线

(1) 资本市场线

在资本资产定价模型中,投资者都面临相同的效率边界。在前面的章节中,已经知道这一效率边界是最优的资本配置线,在这里,称它为资本市场线。

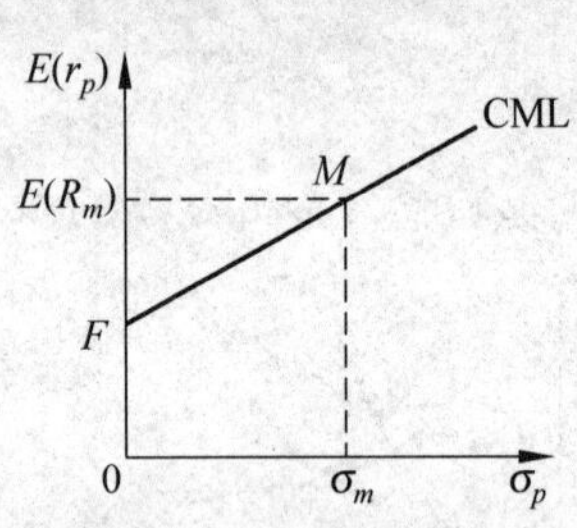

图 4-15 资本市场线

如图 4-15 所示,资本市场线(CML)是从无风险利率出发通过市场投资组合 M 的延伸线,其函数表达式为

$$E(r_p)=r_f+\frac{E(r_m)-r_f}{\sigma_m}\times\sigma_p \tag{4.3}$$

其中,$E(r_p)$是任意有效投资组合的期望收益率;$E(r_m)$是市场组合的期望收益率;σ_m 为市场组合收益率的标准差;σ_p 为有效投资组合收益率的标准差。

资本市场线的特征可以用两个关键的数字来刻画:一个是资本市场线的截距,也就是无风险利率,称为时间价格;另一个是资本市场线的斜率,称为单位风险的价格,表示有效组合收益率的标准差每增加一单位期望收益率应该增加的数量。

资本市场线上的组合都是有效投资组合,非有效投资组合都在资本市场线的下方。

(2) 证券市场线

资本市场线代表有效组合预期回报率和标准差之间的关系,它说明了有效投资组合风险和回报率之间的关系及衡量其风险的适当方法,但没有指出对于非有效投资组合及单个风险证券的相应情况。为了更进一步探究均衡条件下非有效投资组合及单个风险证券的风险和回报关系,需要进行更深入的分析。

首先来考察单个风险证券对市场组合的风险贡献度。市场组合 M 收益率的方差可以表示为

$$\sigma_m{}^2=\sum_{i=1}^{n}\sum_{j=1}^{n}\omega_{im}\omega_{jm}\sigma_{ij} \tag{4.4}$$

其中,ω_{im} 和 ω_{jm} 分别表示风险证券 i 和 j 在市场组合中所占的比例;σ_{ij} 为风险证券 i 和 j 的协方差。

可以将式(4.4)改写成

$$\sigma_m{}^2=\omega_{1m}\sum_{j=1}^{n}\omega_{jm}\sigma_{1j}+\omega_{2m}\sum_{j=1}^{n}\omega_{jm}\sigma_{2j}+\cdots+\omega_{nm}\sum_{j=1}^{n}\omega_{jm}\sigma_{nj} \tag{4.5}$$

根据协方差的性质：证券 i 与市场组合的协方差 σ_{im} 可以表示为它与组合中每个证券协方差的加权平均，即

$$\sigma_{im}=\sum_{j=1}^{n}\omega_{jm}\sigma_{ij} \tag{4.6}$$

将式(4.6)应用于式(4.5)中，可以得到

$$\sigma_m{}^2=\omega_{1m}\sigma_{1m}+\omega_{2m}\sigma_{2m}+\cdots+\omega_{nm}\sigma_{nm} \tag{4.7}$$

其中，σ_{1m} 是风险证券 1 与市场组合的协方差；σ_{2m} 是风险证券 2 与市场组合的协方差；依此类推。

从式(4.7)可以得出，市场组合收益率的方差等于市场组合中所有风险资产与组合的协方差的加权平均数，权重是各个风险证券在组合中所占的比重，单个证券与组合协方差代表了这个证券对整个组合风险的贡献度。

在这种情况下，当市场达到均衡状态时，必然要求组合中风险证券的期望收益率与其风险贡献率成比例，也就是说市场为风险贡献度高的证券提供较高的期望收益率。如果某一证券在给市场组合带来风险的同时却没有提供相应的收益率，那么就意味着如果将该风险证券从组合中去除，将会导致市场组合的期望收益率相对于其风险上升；同理，如果某一风险证券给市场带来风险的同时提供了更高的收益率，那么如果增加该证券在组合中的比重，也会使市场组合的期望收益率相对于其风险上升。这样，原有的市场组合将不再是有效的投资组合。因此，当市场达到均衡状态时，单个风险证券的期望收益率与它对市场风险的贡献度应该具有如下的均衡关系：

$$\frac{E(r_i)-r_f}{\sigma_{im}}=\frac{E(r_m)-r_f}{\sigma_m{}^2} \tag{4.8}$$

式(4.8)所表达的就是证券市场线，它的另一种表达方式为

$$E(r_i)=r_f+\beta_{im}[E(r_m)-r_f] \tag{4.9}$$

这就是 CAPM 的最普通形式——“期望收益—贝塔关系”其中，$\beta_{im}=\frac{\sigma_{im}}{\sigma_m{}^2}$。$\beta_{im}$ 就是通常所说的 β 系数，它是风险资产对组合风险的贡献度与组合风险的比率，它衡量了资产的市场风险，其实也就是系统性风险。使用 β 表示的证券市场线(SML)的形式如图 4-16 所示。

CAPM 的主要成果被总结为式(4.9)的 SML 线性关系。SML 理论认为，资产的期望收益率等于无风险利率和风险报酬之和，风险报酬又可以分解为两部分，即市场组合的风险报酬和特定证券的风险 β 系数。这样，风险报酬就等于市场风险报酬$[E(r_m)-r_f]$乘以这种资产的 β 系数。对于所有的资产来说，$[E(r_m)-r_f]$都是相同的，因此 β 系数是决定资产的必要风险报酬大小的唯一因素。同时，该理论也表明，并非风险资产承担的所有风险市场都会予以补偿，给予补偿的只是系统风险，这是因为非系统风险是可以通过建立投资组合分散掉的，而系统风险则无法分散，所以对于投资者承担的系统风险市场会提供相应的补偿。

不同类型的资产对应不同的 β 系数。如图 4-17 所示对于无风险资产来说，β 系数为零。当 $\beta=1$ 时，说明这种资产与市场组合的风险相同，其价格与市场同等变动。若 $\beta<1$，

说明这种资产是防御资产，其期望收益率将小于市场组合收益率，如基础设施类等股票属于此种资产；若 $\beta>1$，说明此资产是激进型资产，其期望收益率将大于市场组合收益率，如科技类等股票。

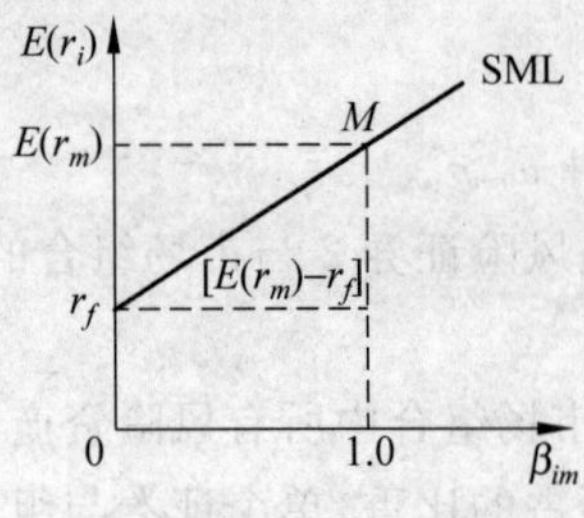

图 4-16 证券市场线(SML)

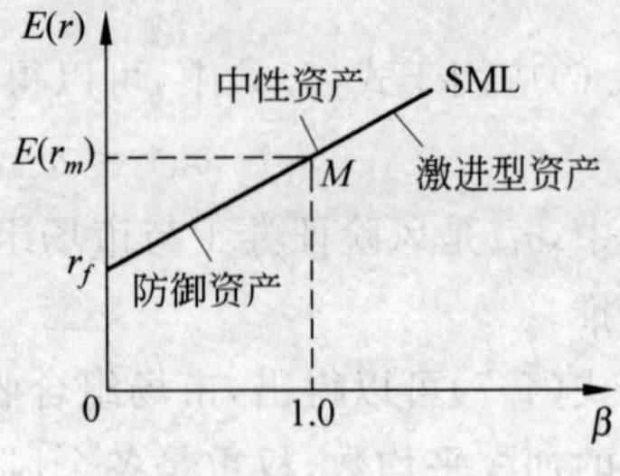

图 4-17 β 系统与投资风格

现在已经清楚了如何衡量单个风险证券的风险和回报率之间的关系，在此基础上也能容易地得到证券组合的衡量方式。β 系数的一个重要特征是线性可加性，即一个证券组合的 β 值等于该组合中各个证券 β 值的加权平均数，权重为各个证券在该组合中所占的比重。

$$\beta_{pm} = \sum_{i=1}^{n} \omega_i \beta_{im} \tag{4.10}$$

投资组合的期望收益率表达式为

$$E(r_p) = r_f + \beta_p [E(r_m) - r_f] \tag{4.11}$$

CML 与 SML 的关系如下。

CAPM 实际上体现的是证券的风险—收益关系，证券市场线和资本资产定价模型在本质上是一样的，证券市场线是资本资产定价模型的几何表示。CML 和 SML 之间的关系可以归纳为以下几点，其具体图形如图 4-18 所示。

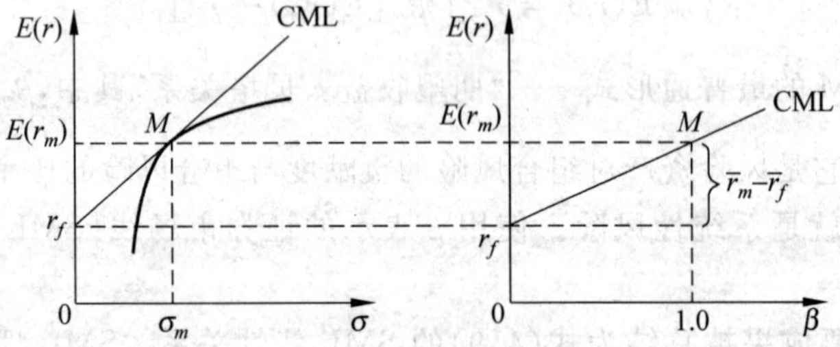

图 4-18 CML 与 SML 之间的关系

第一，资本市场线用标准差衡量风险，反映有效证券组合的总风险与期望收益率的关系；证券市场线用协方差或 β 系数衡量风险，反映证券的市场风险与期望收益率之间的关系。

第二，对于资本市场线，有效组合落在线上，非有效组合落在线下；对于证券市场线，无论是有效组合还是非有效组合及单个证券，都落在线上。

第三，资本市场线实际上是证券市场线的一个特例，当单个资产或组合有效率时，该项资产与市场组合的相关系数为 1，此时证券市场线与资本市场线是相同的。

【4-5】 人物介绍——威廉·夏普

威廉·夏普(William F. Sharpe),1934 年 6 月 16 日出生于美国马萨诸塞州的坎布里奇市。他是资本资产定价模型的奠基者。由于其在金融经济学方面的贡献,与默顿·米勒和哈里·马柯维茨共同获得了 1990 年第十三届诺贝尔经济学奖。

夏普在 20 世纪 60 年代将马柯维茨的分析方法进一步发展为著名的"资本资产定价模型",用来说明在金融市场上如何确立反映风险和潜在收益的证券价格。在模型中,夏普把马柯维茨的选择理论中的资产风险进一步分为资产的"系统"(市场)风险和"非系统"风险两部分。夏普的资本资产定价模型是现代金融市场价格理论的主要部分。现在投资公司广泛应用该模型来预测某一种股票在股票市场上的运作情况。该模型有助于计算与投资和兼并有关的资本消耗,并能够对有关没收公司财产的法律案件产生影响。它还被广泛用于经济分析,从而系统地、有效地编排统计数据。这一模式对金融经济学的贡献是有口皆碑的。

4.5.2 衡量投资风险的指标——β 系数

1. 标准差与 β 系数

虽然标准差和 β 系数都是度量风险的指标,但是两者的性质却存在着很大的差异。标准差风险度量方法是以马柯维茨的模型为理论基础的,它度量证券本身在某一时期收益变动的程度,即证券实际收益与期望收益的偏离程度,其比较的基准是证券本身的不同时期数学期望的均值。β 系数计量方法是以 CAPM 模型为理论基础的,是以证券收益率与全市场证券组合的收益率的协方差作为资产风险的度量,它是度量某种证券(或一组证券)在某一时期的收益相对于同一时期内市场适宜的平均波动。尽管标准差衡量风险能够较好地刻画证券的风险—收益特征,但并不能对证券的风险构成进行分析。因此,在分析证券市场风险结构的过程中,主要还是应用 β 系数对投资风险的结构进行度量,以此对过去难以估计的证券资产风险价格进行定价。

2. β 系数的应用

β 系数被作为度量某种投资风险的指标,表示证券或证券组合的收益随市场收益率变动而变动的程度。作为风险衡量指标,证券或证券组合的 β 系数越大,系统风险就越大。

在证券投资管理中,β 系数被广泛应用于证券分析和投资决策,β 系数的应用主要有以下 5 方面。

(1) 证券类型的分类

根据 β 的大小可以将证券或证券组合分为以下几种类型:当 $\beta<0$ 时,说明资产的收益率与市场组合收益率呈反方向变动,即逆势运行;当 $\beta>0$ 时,说明资产的收益率与市场组合收益率呈同方向变动,即普涨共跌;当 $0<\beta<1$ 时,属于防御型资产,如公用事业;当 $\beta=1$ 时,是一种典型的中性投资策略的资产;当 $1<\beta<1.5$ 时,这是一种激进型或攻击型的资产,如高科技行业;当 $\beta>1.5$ 时,这是一种高风险的投资策略选择,如网络行业或传媒行业。

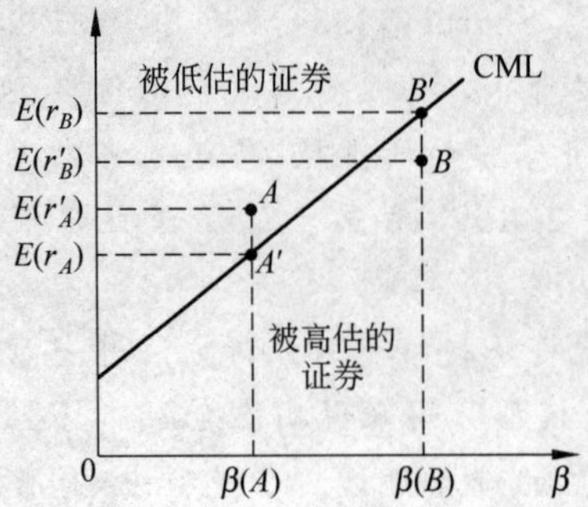

图 4-19 β 系数在风险报酬测度中的应用

(2) 测度风险报酬与证券评估

这方面的应用用一个例子来阐述。如图 4-19 所示,首先考虑资产 A,由于 A 和 A' 的 β 系数相同,即两资产的风险相同,但是前者比后者具有更高的期望收益,因此投资者会买入 A 而卖出 A',这样 A 的价格上升,A' 的价格下降,直到到达中间的均衡位置为止。可见证券 A 位于证券线的上方,意味着它的价值被低估了;相反,证券 B 位于证券市场线的下方,这意味着它的价值被高估了。

(3) 作为证券投资组合的重要参数

在进行投资组合的选择时,如果根据马柯维茨的现代资产配置理论,直接用证券的协方差作为输入参数,计算量大且复杂,会给计算带来困难。而在夏普提出的市场模型中,协方差用 β 系数代替,大大简化了计算过程,并得到了广泛应用,从而使 β 系数成为投资组合决策的重要参数。

(4) 衡量证券投资组合的特性

考虑到投资者风险偏好的不同,市场上的投资基金会具备不同的风格,如激进型、稳健型。不同投资风格的基金,β 系数差异会很大,这为投资策略选择和策略调整提供了依据。这样,对于中小投资者而言,可以根据自身的风险承受能力选择不同投资风格和风险水平的共同基金进行投资;对于基金经理而言,可以根据投资组合的 β 系数调整组合结构。

(5) 根据市场走势,选择不同 β 系数的证券或证券组合可获得超额收益

由于 β 系数是证券或证券组合与市场组合的敏感性指标,这样,投资者可根据不同的市场走势选择不同 β 系数的证券或组合。具体而言,在牛市时,投资和选择高 β 值的资产,从而成倍放大市场收益率,取得高额收益;在熊市时,投资者选择低 β 值(甚至负 β 值)的证券,抵御市场下跌的风险。通过这种操作,投资者的组合表现就要优于市场组合的表现,达到"战胜市场"的效果。

4.5.3 CAPM 的实证检验

CAPM 用一个简明的公式描述了金融资产期望收益与风险之间的关系。然而,这一关系是在一系列假设前提的基础上得到的,市场的真实状况与模型结论是否吻合还需要进一步的检验。20 世纪 70 年代以后,众多学者开展了对 CAPM 的实证检验工作。对该模型的检验主要是考察资产期望收益率与 β 值之间是否线性相关、β 值是否是解释资产回报率的唯一风险指标、回归的截距项是否与无风险资产的回报率相近、β 值的估计系数

是否为正等。

1. BJS 检验

布莱克、詹森和舒尔斯(Black-Jensen-Schols,1972)以 1926—1965 年 NYSE 交易的所有股票为样本,对证券市场线的性质进行了检验。在实证检验的过程中,BJS 采取分段的两步回归法,从 1926 年开始每 5 年构建一个子区间,然后根据贝塔因子对股票进行排序,构建 10 个组合。以此类推一直到 1965 年,不断构造 10 个组合,计算 10 个组合的一系列的月收益率。BJS 试图通过从收益率中取出样本估计值来估计每一个组合的期望收益率和贝塔因子,它将组合收益率对市场指数进行回归得到各组合的贝塔因子。

如图 4-20 所示是 BJS 检验的贝塔因子和平均收益率之间的关系。该图与横截面关系拟合效果很好,可以解释为对整个区间证券市场线的估计。

BJS 的检验结果为 CAPM 提供了强有力的经验支持。在估计的证券市场线中几乎不存在非线性的,斜率显著为正。此外,几乎 100%组合平均收益率的横截面差异都可以用 β 系数的差异来解释。至少从检验结果来看,几乎不存在解释预期收益率差异的其他变量。在 CAPM 模型中,贝塔因子是预期收益率差异的唯一决定因素。

2. FM 检验

法玛—麦克贝斯(Fama-MacBeth,1974)研究了证券市场线的性质。与 BJS 不同的是,FM 试图根据前期估计的风险变量来预测组合的未来收益率。

FM 所用的数据和 BJS 相同,对于每一个月,FM 将组合的月收益对贝塔因子进行回归得到证券市场线的月估计值。如图 4-21 所示是 1935 年 1 月(J35)的证券市场线,图中的每个观测值表示 20 个组合中的一个。根据由这些观测值组成的证券市场线,组合收益率的公式可以表示为

$$r_{P,J35} = a_0 + a_1\hat{\beta}_P + \varepsilon_{P,J35} \tag{4.12}$$

式(4.12)中,左边表示组合 P 在 1935 年 1 月的收益率,$\hat{\beta}_P$ 表示 1930—1934 年组合 β 因子的估计值,$\varepsilon_{P,J35}$ 为该月与每一个组合相关的误差项。

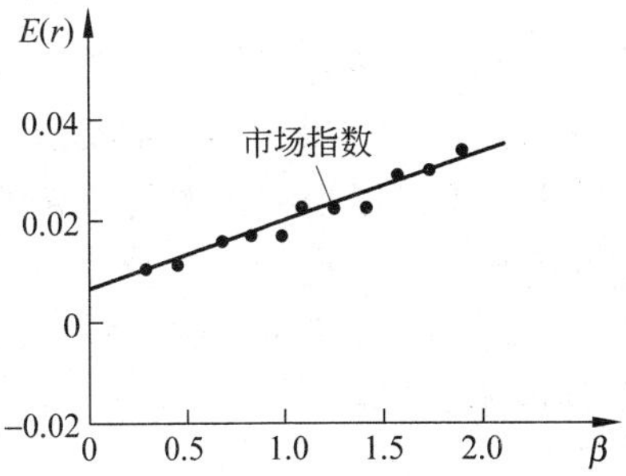

图 4-20　BJS 对证券市场线的估计

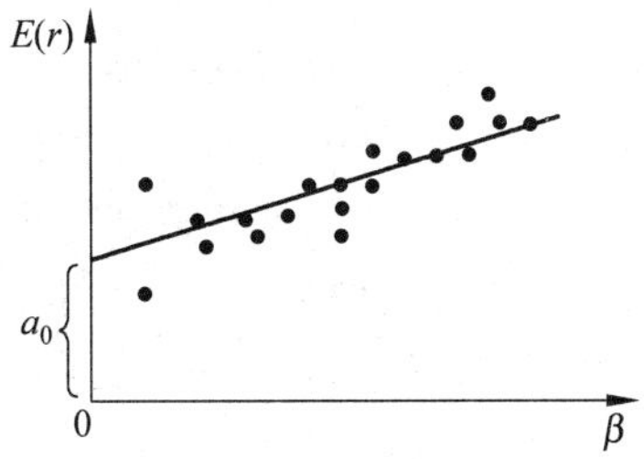

图 4-21　β 因子和预期收益的关系

为检验证券市场线是否存在非线性的,FM 在式(4.12)中再加入了一个贝塔因子的平方。这样,这 20 个观测值的最优拟合线的组合收益率等式为

$$r_{P,J35} = a_0 + a_1\hat{\beta}_P + a_2\hat{\beta}_P{}^2 + \varepsilon_{P,J35} \tag{4.13}$$

检验表明系数 a_2 并不显著异于零,并且加入贝塔平方后该式并不能更好地解释组合收益率的变动。为进一步检验残差方差是否影响个股价格及其所构成的组合的预期收益率,*FM* 在关系式中又加入了一个每一个组合中股票的平均残差方差项,该变量通过式(4.14)计算:

$$RV_P = \frac{\sum_{J=1}^{M} \sigma^2(\varepsilon_J)}{M} \tag{4.14}$$

式(4.14)中,M 是组合中股票的数量;$\sigma^2(\varepsilon_J)$是股票 J 的残差方差。

这样,用三个变量解释这 20 个组合月收益率的差异,关系式为

$$r_{P,J35} = a_0 + a_1\hat{\beta}_P + a_2\hat{\beta}_P^2 + a_3 RV_P + \varepsilon_{P,J35} \tag{4.15}$$

根据式(4.12)至式(4.15)三个方程对区间内的 a_0,a_1,a_2 和 a_3 进行估计。FM 的检验结果与理论的假设高度一致,它表明当用高于平均的贝塔因子进行预测时,在下一期将得到高于平均的收益率。贝塔因子和收益率之间几乎不存在非线性关系。此外,不可能根据组合中股票的残差方差来预测未来的收益。这些检验结论对 CAPM 都是有力的支持。

3. 罗尔对资本资产定价模型检验的批评

在早期多数人对 CAPM 的实证检验得出了几乎都是正面的结果后,罗尔(Roll)却对 CAPM 的实证检验方法提出了质疑,这就是著名的“罗尔批评”。罗尔主要对以下观点提出了质疑:①CAPM 的实证检验;②将 β 作为风险度量;③将证券市场线作为衡量组合业绩的标准。

罗尔对 CAPM 检验的批评分两部分内容:①认为 BJS 和 FM 的结果是同义反复的,即不管现实中的股票是如何通过风险进行定价的,都可能得到上述结果,如果这是真的,意味着 CAPM 并没有被真正检验;②认为 CAPM 中唯一真正的假设是市场组合是有效的,而该假设才是应被检验的,但是现实世界的市场组合不可能判别这个假设是否有效,相应的 CAPM 就无法被检验。

4. 三因素模型

在法玛(Fama)和弗伦奇(French)的研究中,发现了其他因素对股票的收益率有很大的解释作用,他们希望将这些因素进一步分离,从而在 1993 年提出了三因素模型。该模型使用了 1962—1989 年的历史数据对美国股票市场决定不同股票回报率的差异因素进行了研究,发现这些能解释股票回报率差异的因素具有很强的相关性,可以建立一个三因子模型来解释股票回报率。模型认为,一个投资组合的超额回报率可由它对三个因子的暴露来解释,这三个因子是:市场资产组合风险溢价因子、市值因子、账面市值比因子。该三因子回归模型是

$$r_{it} - r_{ft} = \alpha_i + b_i(r_{mt} - r_{ft}) + s_i \mathrm{SMB}_t + h_i \mathrm{HML}_t + \varepsilon_{it} \tag{4.16}$$

式(4.16)中,SMB 为小规模公司的收益率与大规模公司的收益率之差;HML 是市净率高的公司收益率和市净率较低的公司收益率的差。

法玛和弗伦奇的实证检验用许多反映公司特征的因素成功地预测了股票的未来收益率。而对风险的衡量,包括贝塔因子,则是对未来收益率预测能力最差的因素。相反地,

低估因素的衡量，比如每股收益除以股票价格，则是预测能力最强的。这些研究结论沉重地打击了CAPM模型。法玛和弗伦奇的研究表明，一旦投资者了解了公司的主要特征，如公司规模、账面市值比等重要指标，该公司的β系数就没有多大意义了。这无疑对传统的资本资产定价模型提出了严峻的挑战。

4.6 指数模型

在4.3节曾经指出过马柯维茨的投资组合理论的一个主要缺陷在于计算过于烦琐，这成为其在现实应用中的巨大障碍。本节引入由夏普提出的指数模型，这一模型将大大简化传统投资组合理论的复杂计算问题。

【4-6】 庞大的计算工作

在马柯维茨的模型中，确定最优投资组合的过程伴随着极其庞大的计算工作。对于一个包含n个股票的投资组合来说，需要计算出它的方差—协方差矩阵就要估计n个期望收益、n个方差和$n(n-1)/2$个协方差。当n取50时，需要的估计量为1 325个；而如果投资组合中包含更多的资产，如1 800个(大约相当于中国目前证券市场上的股票个数)，那么估计的值将达到160多万个，显然这样的计算量对于普通投资者来说是相当大的，因此建立一个能够简化计算工作的模型是非常必要的。

4.6.1 单因素模型

经验表明，资产收益之间的协方差一般是正的，也就是说存在着共同因素同时影响众多的资产，这一因素是诸如GDP指数、物价指数等宏观经济因素，当它发生某种非预期的变化时，市场中的所有证券的收益都会受到不同程度的影响；另外还有一些资产特有的因素，只对资产本身造成影响，这些因素与其他资产的收益状况不相关。如果资产收益只受以上两种因素的影响，那么就可以将资产的收益率写成如下形式：

$$r_i = E(r_i) + m + e_i \tag{4.17}$$

$E(r_i)$是该资产在持有期开始时的期望收益率；m(它是影响所有资产的共同因素，没有下标)是持有期非预期的宏观经济事件对资产收益率的影响；e_i是非预期的资产特有事件对收益率的影响。

由于m和e_i都是非预期的事件对收益率的影响，所以它们的均值都为零。考虑到不同资产对宏观经济变化的敏感度不同，因此，如果用β_i来表示资产i的敏感度，那么式(4.17)就可以写成以下形式：

$$r_i = E(r_i) + \beta_i m + e_i \tag{4.18}$$

这就是资产收益的单因素模型。这个模型是用宏观经济因素和资产特有因素来刻画资产的收益率变动的。由于e_i是资产特有因素，因此e_i和m是相互独立的；且对于不同的资产，它们各自的特有因素也是不相关的，所以可以得到资产收益的方差：

$$\sigma_i^2 = \beta_i^2 \sigma_m^2 + \sigma^2(e_i)$$

即资产的总风险来源于系统风险($\beta_i^2 \sigma_m^2$)和非系统风险($\sigma^2(e_i)$)。

同时,还能得到资产收益间的协方差:

$$\mathrm{Cov}(r_i, r_j) = \mathrm{Cov}(\beta_{im} + e_i, \beta_{jm} + e_j) = \beta_i \beta_j \sigma_m^2$$

资产收益的协方差大小由各自的敏感系数与宏观因素波动共同影响。

4.6.2 指数模型

1. 指数模型的回归方程

在单因素模型中只是设定宏观经济因素共同影响资产的收益率,而没有给出具体的测度宏观经济因素的指标,这使得该模型的应用存在很大的局限性。夏普(1963)通过用股票指数的收益率(如标准普尔 500)代替单因素模型中的宏观经济因素解决了这个问题。夏普的模型给出了与单因素模型类似的方程:

$$r_i = E(r_i) + \beta_i r_m + e_i \tag{4.19}$$

式(4.19)就是夏普的指数模型。将该式写成风险溢价或者超额收益的形式,可得

$$r_i - r_f = \alpha_i + \beta_i (r_m - r_f) + e_i \tag{4.20}$$

或写成

$$R_i = \alpha_i + \beta_i R_m + e_i \tag{4.21}$$

其中,R_i 和 R_m 分别是资产 i 和市场指数超过无风险收益的超额收益;α_i 是市场指数的超额收益等于零时资产超额收益率的期望值。

2. 指数模型的两个重要性质

(1) 大大简化了均值—方差中的计算量。在前面论述过,马柯维茨模型在选择最优投资组合时,需要对所有证券的期望收益率、方差和协方差进行估计,因此面临巨大的计算量,而指数模型的引入可以大大降低计算负担。

由于 $E(e_i)=0$,对式(4.21)取期望值,可以得到

$$E(R_i) = \alpha_i + \beta_i E(R_m) \tag{4.22}$$

同时根据式(4.21)还可以得到资产收益的方差:

$$\sigma_i^2 = \beta_i^2 \sigma_m^2 + \sigma^2(e_i) \tag{4.23}$$

式(4.23)说明资产的总风险由系统风险和非系统风险组成。最后还可以得到资产间收益的协方差:

$$\mathrm{Cov}(r_i, r_j) = \beta_i \beta_j \sigma_m^2 \tag{4.24}$$

根据式(4.22)至式(4.24),如果要得到最优的投资组合,只需要计算 n 个 α_i、n 个 β_i、n 个非系统风险 $\sigma^2(e_i)$ 以及市场溢价 $E(R_m)$ 和系统风险 σ_m^2,共计 $3n+2$ 个数值,对于 $n=1\,800$ 只有 5 402 而不是之前的 160 万的计算量,这说明指数模型确实能简化均值—方差中的计算。

(2) 实现投资风险的分散化。在之前的研究中,曾经证明,分散化投资能够降低组合的非系统风险,对于指数模型来说,分散投资同样可以降低组合非系统风险。指数模型中,投资组合的方差为

$$\sigma_p^2 = \beta_p^2 \sigma_m^2 + \sigma^2(e_p) \tag{4.25}$$

其中，$\beta_p = \sum_{i=1}^{n} \omega_i \beta_i$，$\sigma^2(e_p) = \sum_{i=1}^{n} \omega_i{}^2 \sigma^2(e_i)$。投资组合的系统风险 $\beta_p{}^2 \sigma_m{}^2$ 取决于投资组合的 β 值和 $\sigma_m{}^2$，而不受投资组合分散化的影响。相反，对于投资组合的非系统风险 $\sigma^2(e_p)$ 而言，分散化投资可以使其风险值显著下降，为了便于证明，假定投资于每一种证券的比例相等，即 $\omega = 1/n$，则非系统风险可以表示为

$$\sigma^2(e_p) = \sum_{i=1}^{n} \frac{1}{n^2} \sigma^2(e_i) = \frac{1}{n} \left[\frac{\sigma^1(e_1) + \sigma^2(e_2) + \cdots + \sigma^2(e_n)}{n} \right] \tag{4.26}$$

在括号中的数值是组合中所有证券非系统风险的平均值，而组合的非系统风险仅仅是这一数值的 $1/n$。随着组合中证券数量的增加，非系统风险必然会显著降低。

3. 指数模型与 CAPM

在介绍了指数模型后，会很自然地想到指数模型与资本资产定价模型的关系。在两个模型中，都有 β 系数，系数大小决定了资产风险溢价水平的高低，同时，两个模型都包含了市场因素，然而两者之间也存在明显的区别。

首先，指数模型是用一个指数来代替市场因素的，CAPM 包含的是一个市场组合。市场组合是市场中所有证券的集合，而市场指数实际上是基于市场中的一个样本（例如上证 180 指数只是 180 个样本股，而市场组合则由一千多个样本组成）。因此，从这个角度而言，指数模型中的 β 和 CAPM 中的 β 是不同的，因为前者是相对市场指数来测定的，而后者是相对市场组合测定的。在实际操作中，不能确切地知道市场组合的构成，因而经常使用市场指数来代替市场组合。

其次，CAPM 是资产定价的均衡模型，而指数模型却是非均衡模型。比较指数模型和 CAPM 模型中的证券期望收益率：

$$E(R_i) = \alpha_i + \beta_i E(R_m)$$

$$E(r_i) = r_f + \beta_{im}[E(r_m) - r_f]$$

两个公式都表明，证券的期望收益率与证券的 β 值相联系。假设 $E(R_m)$ 和 $E(r_m) - r_f$ 均为正，则 β 值越大，证券的期望收益就越大。从这一点来看，两个公式几乎没有区别。但关键在于两个公式的右侧的第一项，即 α_i 和 r_f。根据 CAPM 决定证券期望收益的唯一特征是 β，而与无风险利率 r_f 无关，所以对于所有证券而言，r_f 都取相同的值。然而在指数模型中，决定证券期望收益率的因素不仅与 β 相关，而且与零因子 α_i 相关，正是因为一种证券与另一种证券 αi 的大小不同，因而决定了指数模型并不是一种均衡模型。

本章小结

本章主要介绍了马柯维茨的投资组合模型以及在此基础上产生和发展的资产定价模型。

(1) 可行集是指由 n 种证券所构成的所有组合的集合，包括了现实生活中的所有可能的组合，且可行集呈伞状。

(2) 效率边界是可行集的一个子集，位于可行集的左上方边界。效率边界的特点是：

效率边界是一条向右上方倾斜的曲线;效率边界是一条上凸的曲线,不可能存在凹陷的地方。

(3) 投资者的一条无差异曲线表示能够给投资者带来相同满足程度的期望收益率与风险的不同组合。对于投资组合理论基本模型假设下的厌恶风险的投资者来说,拥有正斜率的、下凸的无差异曲线,而且同一投资者拥有无限多条平行的无差异曲线,位置越靠上的无差异曲线所代表的投资者的满足程度越高。

(4) 能使投资者效用最大化的最优投资组合位于无差异曲线与效率边界的切点上。最优投资组合是唯一的,但其具体位置根据投资者的风险厌恶程度的不同而不同。

(5) 均值—方差准则是投资者在期望收益和风险之间的权衡法则。马柯维茨对效率边界的求解,实质上是应用均值—方差分析方法讨论最优证券组合选择的问题。

(6) 在马柯维茨投资组合模型中引入无风险借贷后,效率边界将发生重大的变化:它是一条由风险资产出发与风险资产效率边界相切的射线。新的最优投资组合就是无差异曲线与新的效率边界的切点。

(7) 资本资产定价模型建立在一组关于投资者行为的特殊假设和存在完全证券市场的假设基础上。基于这些假设,所有投资者都持有相同的风险证券投资组合,即切点组合,也称为市场组合。市场组合包含所有的证券,其中每个证券所占的比例等于它在整个市场中的市值比例。

(8) 对于单个证券来说,其风险溢价是市场组合的风险溢价与该证券 β 值的乘积。

(9) 对 CAPM 的实证检验中,有些为该模型提供了有力的支持,也存在对该模型提出严峻挑战的检验结果。自 CAPM 提出后,相关的拓展模型相继出现,主要有零 β 模型、跨期 CAPM 和基于消费的 CAPM 等。

(10) 单因素模型将不确定性的来源分解为对所有资产都有影响的宏观经济因素和单个资产的特有因素,而指数模型则进一步用市场指数来度量宏观经济因素。指数模型大大降低了马柯维茨投资组合模型在实际应用过程中的计算量。

(11) 指数模型中资产的风险由系统风险和非系统风险组成。该模型不是均衡的资产定价模型。

基本概念

无差异曲线　分离定理　市场组合　资本市场线　证券市场线　β系数

本章习题

1. 简述效率边界的特点。
2. 简述无差异曲线的特征。
3. 分析无风险借贷对效率边界的影响。
4. 简述资本资产定价模型的假设条件。

5. 假设市场组合由两个证券 X 和 Y 组成，它们的期望收益分别为 10%和 15%，标准差分别是 20%和 28%，权重分别为 40%和 60%。如果 M 和 N 的相关系数为 0.3，无风险利率为 5%，求资本市场线方程。

6. 请简述分离定理的内容。

7. 简述 CML 和 SML 的关系。

8. 什么是指数模型？

9. 分析指数模型与 CAPM 的区别。

第5章 套利定价理论与风险收益的多因素模型

本章将介绍另外一个重要的资本市场均衡理论——套利定价理论。该模型以因素模型为基础,利用套利的概念来定义均衡。与资本资产定价模型相比,套利定价理论的假设条件更少,对资产定价过程的描述更接近于投资实践。

5.1节:多因素模型,将通过引入多因素来拓展资产收益率的单因素模型。

5.2节:套利定价理论,将介绍另一种线性定价模型。

5.3节:单一资产与套利定价理论,将分析只考虑一种资产的情况下,套利定价理论是否仍然适用。

5.4节:多因素套利定价理论及APT实证检验,将以多因素模型为基础,对套利定价理论进行拓展,并介绍套利定价理论的实证检验情况。

5.5节:多因素资本资产定价模型与套利定价理论,将在多因素模型的设定下将传统的CAPM拓展为多因素形式,并与套利定价理论进行比较分析。

5.1 多因素模型

在4.6节介绍的单因素模型,提供了一种分解资产风险的方法,即将风险分解为宏观经济因素风险(系统或市场风险)和资产特有风险。这里面的宏观经济因素是一系列因素的综合,如经济周期、通货膨胀、利率和汇率等因素正是宏观经济因素的具体表现。然而事实上,在度量风险时,如果不使用宏观经济因素风险这一综合的指标,而是直接关注风险的基本来源或许更有用。多因素模型正是用这些具体的风险来源取代前面抽象的、综合的宏观经济因素,然后再对资产的收益进行解释。本节将从双因素模型开始,然后引入更为一般的多因素模型。

【5-1】 多因素模型的好处

与单因素模型相比,多因素模型能更好地描述不同风险对资产的不同影响,从而提高模型的精确度。

在这里举个例子,假设市场上存在两家企业:一家是对宏观经济周期非常敏感但对市场利率敏感度较低的石油生产企业;另一家是对宏观经济周期不敏感,但对利率非常敏感的食品加工企业。如果经济进入繁荣期同时利率处于上升阶段,那么对于石油生产企业来说是个好消息，而对食品加工企业却是个坏消息，此时，两家企业受单因素的影响是反向的；但是如果经济处于繁荣期同时利率趋于下降，那么这对石油生产企业和食品加工企业而言都是好消息，在这种情况下，两家企业受单因素的影响是同向的。可见，很难给出两家企业对单因素的敏感度，而多因素模型则能很好地捕捉不同公司对单个因素反应的差异。

5.1.1 双因素模型

双因素模型假定资产收益率受两个因素的影响，该模型可以表示为

$$r_i = E(r_i) + \beta_{i1} F_1 + \beta_{i2} F_2 + e_i \tag{5.1}$$

经济中的系统风险由式(5.1)右边的两个因素组成，F_1 和 F_2 表示这两种因素非预期变化对资产收益率的影响，F_1 和 F_2 的期望值均为零。β_{i1} 和 β_{i2} 度量的是资产收益率对两个因素的敏感程度，与单因素模型相同，e_i 表示的是特定风险因素的影响。在双因素模型中，同样假设随机误差项 e_i 与两个因素 F_1、F_2 不相关，资产之间的误差项不相关。

根据双因素模型，证券收益率的方差为

$$\sigma_i^2 = \beta_{i1}^2 \sigma_{F_1}^2 + \beta_{i2}^2 \sigma_{F_2}^2 + 2\beta_{i1}\beta_{i2}\mathrm{Cov}(F_1, F_2) + \sigma_{e_i}^2 \tag{5.2}$$

任意两个资产之间的协方差可以表示为

$$\sigma_{ij} = \beta_{i1}\beta_{j1}\sigma_{F_1}^2 + \beta_{i2}\beta_{j2}\sigma_{F_2}^2 + (\beta_{i1}\beta_{j2} + \beta_{i2}\beta_{j1}) \cdot \mathrm{Cov}(F_1, F_2) \tag{5.3}$$

同单因素模型一样，在双因素模型中，一个组合对某一因素的敏感度是对所含证券敏感度的加权平均，权数为投资于各证券的比例。

如果一个投资组合由 n 个证券组成，它们的权重分别是 $\omega_i (i=1,2,\cdots,n)$，则该投资组合的双因素模型为

$$r_p = E(r_p) + \beta_{p1} F_1 + \beta_{p2} F_2 + e_p \tag{5.4}$$

其中，$\beta_{p1} = \sum_{i=1}^{n} \omega_i \beta_{i1}$，$\beta_{p2} = \sum_{i=1}^{n} \omega_i \beta_{i2}$。由式(5.4)可得

$$\sigma_p^2 = \beta_{p1}^2 \sigma_{F_1}^2 + \beta_{p2}^2 \sigma_{F_2}^2 + 2\beta_{p1}\beta_{p2}\mathrm{Cov}(F_1, F_2) + \sigma_{e_p}^2 \tag{5.5}$$

在式(5.5)中，$\beta_{p1}^2 \sigma_{F_1}^2 + \beta_{p2}^2 \sigma_{F_2}^2 + 2\beta_{p1}\beta_{p2}\mathrm{Cov}(F_1, F_2)$ 是系统风险，$\sigma_{e_p}^2 = \sum_{i=1}^{n} \omega_i^2 \sigma_{e_i}^2$ 是非系统风险。与单因素模型相同，充分的多样化也可以使非系统风险降到很小。

【例 5-1】 双因素模型。

假设一个航空公司同时受 GDP 的增长率和利率变化两个因素的影响，该公司的双因素模型的估计结果如下：

$$r = 0.133 + 1.2(\mathrm{GDP}) - 0.3(IR) + e$$

这说明基于现有的信息，该公司的期望收益率为 13.3%，但是如果 GDP 在预期的基础上每增加一个百分点，该公司的每股股价收益率将增加 1.2%，对于非预期变化的利率每增加一个百分点，该公司的股票收益率平均下降 0.3%。

5.1.2 多因素模型

考虑到多种因素对资产收益率的影响，可以进一步将因素模型进行拓展，从而形成多

因素模型。如果有 k 个因素影响资产收益率,则模型可以表示为

$$r_i = E(r_i) + \beta_{i1}F_1 + \beta_{i2}F_2 + \cdots + \beta_{ik}F_k + e_i \tag{5.6}$$

式(5.6)中,$F_1, F_2, \cdots, F_k$ 是各个因素非预期变化对资产收益率的影响;$\beta_{i1}, \beta_{i2}, \cdots, \beta_{ik}$ 是资产收益率对各个因素的敏感程度;e_i 表示的是特定风险因素的影响。

5.2 套利定价理论

上一章已经介绍了一个重要的资产定价均衡模型——资本资产定价模型,它刻画了均衡状态下资产的期望收益率和相对市场风险测量 β 之间的关系,不同资产的 β 值决定了它们不同的期望收益率。但是,资本资产定价模型是建立在大量假设基础之上的,且进入 20 世纪 70 年代后,资本资产定价模型正面临着重大挑战,越来越多的学者认为投资组合理论不符合现实,无法解释资本资产定价,罗尔也称真实的市场组合永不可考察,资本资产定价模型永不可检验,因此它不应被视为资产定价的完美模型,这就激发了人们寻找其他资产定价模型的兴趣。1976 年,罗斯(Ross)提出了套利定价理论(arbitrage pricing theory,APT),这一理论比资本资产定价模型所要求的假设要少得多,逻辑上也更加简单。该模型以收益率生成的因素模型为基础,用套利的概念来定义均衡。

【5-2】 人物介绍——斯蒂芬·罗斯

斯蒂芬·罗斯(生于 1944 年),当今世界上最具影响力的金融学家之一,因其创立了套利定价理论(arbitrage pricing theory,APT)而举世闻名。

1976 年,罗斯在《经济理论杂志》上发表了经典论文《资本资产定价的套利理论》,提出了一种新的资产定价模型,此即套利定价理论(APT 理论)。套利定价理论用套利概念定义均衡,不需要市场组合的存在性,而且所需的假设比资本资产定价模型(CAPM 模型)更少、更合理。

罗斯还和罗尔合作创办了罗尔—罗斯资产管理公司。这是一家基于定量分析的投资管理公司,采用 APT 理论作为投资理念。罗尔—罗斯公司运用它强大的软件资源来管理多样化的客户、客户的目的和技术要求所涉及的范围,从基金操作到动态投资组合项目,包括流通障碍和前景定位,内容非常多。作为公司的总裁,罗斯认为"理论与实践"的互相激励和相互论证是非常重要的,两者缺一不可。

5.2.1 套利机会与套利行为

套利是利用同一种资产的不同价格来赚取无风险利润的行为。如果市场上同一种资产或可以复制的两种资产的价格不同,即一价定律被违反时,套利机会就出现了。套利作为一种广泛使用的投资策略,最具代表性的做法是以较高的价格出售资产并同时以较低

的价格购进相同的资产(或功能上等价的资产)。

利用同一资产违反一价定律的机会进行的套利,其特征是很清楚的。但是,套利机会并不经常表现为相同资产的不同价格,套利机会也可能包含"相似"的证券或组合,如受共同因素影响而使价格同步变化的证券或组合。

【例 5-2】 市场上存在 4 种股票,它们的预期收益率同时受利率变化和通货膨胀的影响,4 种股票在不同状态下的预期收益率如表 5-1 所示。4 种股票的当前价格和收益率等相关统计指标如表 5-2 所示。

直接观察 4 种股票的预期收益率、现价、期望收益率、标准差、相关系数等数据,似乎无法发现明显的套利机会,但是可以构造一个由 A、B、C 股票组成的等权重组合 P 来考察是否存在套利机会,组合 P 的预期收益率见表 5-1。将组合 P 的预期收益率与股票 D 的预期收益率进行对比后可以发现,组合 P 在所有状态下的预期收益率都高于股票 D 的预期收益率。同样,由已知数据也可以计算出组合 P 的期望收益率、标准差以及组合 P 与股票 D 的相关系数,如表 5-2 所示。

表 5-1 4 种股票的预期收益率

	高实际利率		低实际利率	
	高通货膨胀率	低通货膨胀率	高通货膨胀率	低通货膨胀率
概率	0.25	0.25	0.25	0.25
股票或组合				
A	−20	20	40	60
B	0	70	30	−20
C	90	−20	−10	70
D	15	23	15	36
A,B,C 等权重组合 P	23.33	23.33	20	36.67

表 5-2 4 种股票的相关统计指标

股　票	现价	期望收益率	标准差	相关系数			
				A	B	C	D
A	10	25	29.58	1	−0.15	−0.29	0.68
B	10	20	33.91	−0.15	1	−0.87	−0.38
C	10	32.5	48.15	−0.29	−0.87	1	0.22
D	10	22.25	8.58	0.68	−0.38	0.22	1
A,B,C 等权重组合 P	10	25.83	6.40				0.94

由于组合 P 在未来任何一个状态下的表现都优于股票 D,所以理性的投资者都会通过卖空股票 D 而买入等权重组合 P 来进行套利。套利的结果将是股票 D 的价格下降,预期收益率上升,同时股票 A、股票 B、股票 C 的价格上升,预期收益率下降,这种套利过程

将一直持续,直到股票 D 和组合 P 的收益率调整至套利机会消失。

在本例中,等权重组合 P 与股票 D 并不是完全相关的,这两种资产不是可以完全相互复制的,因此这里没有违反一价定律。尽管如此,它们之间还是存在很强的相关性,这种相关性可以由影响 4 种股票收益率的共同因素揭示。

5.2.2 套利定价理论的基本假设和基本思想

1. 基本假设

套利定价理论的基本假设包括以下几个方面。

① 市场是完全竞争的,无摩擦的。

② 因素模型能够描述证券收益:

$$r_i = E(r_i) + \beta_{i1}F_1 + \beta_{i2}F_2 + \cdots + \beta_{ik}F_k + e_i \tag{5.7}$$

其中,r_i 为证券 i 的收益率;β_{ij} 是证券 i 对第 j 个因素的敏感度,$j=1,2,\cdots,k$;F_j 是第 j 个因素的非预期变化对资产收益率的影响,$E(F_j)=0$,这里 $j=1,2,\cdots,k$;e_i 为证券 i 的随机误差项,衡量的是非系统风险对证券的影响。对于每一个证券,$\mathrm{Cov}(e_i,F_j)=0$,$\mathrm{Cov}(e_i,e_j)=0(i\neq j)$,也就是每个证券的随机误差项与因素不相关,任意两个证券的随机误差项不相关。

③ 市场上有足够多的证券来分散非系统风险,证券的个数远远大于因素的个数。

④ 市场上不存在套利机会。

⑤ 投资者是不满足的:当投资者发现套利机会时,就会构造套利组合来增加自己的财富。

2. 套利定价理论的基本思想

根据因素模型,具有相同因素敏感度的证券或组合,如果忽略非系统风险,它们的变化将是相同的。通过充分的分散化可以将非系统风险降到最低,因此,具有相同的因素敏感度的证券或组合必然要求相同的期望收益率,否则就会出现"准套利"机会,如果投资者可以找到这样一个投资组合,其初始净投资为零而又能赚到一定的正收益,那么所有的投资者都将会去投资这类具有吸引力的证券,即进行套利行为。结果,这种投资组合的价格将发生变化,直到正的收益率降至为零,套利机会在市场上消失为止。实际上,当投资者失去套利机会时,市场达到均衡状态,就能得到一种与资本资产定价模型非常类似的风险—收益关系。

5.2.3 套利证券组合

1. 套利组合实现的条件

根据套利定价理论,投资者将在市场上努力寻找套利组合,以便在不增加风险的前提下,增加投资组合的期望收益率。套利组合应满足以下三个条件:不追加任何额外的投资;不增加组合风险;套利组合的期望收益大于零。

(1) 不追加投资

套利组合应该是一个不需要投资者投入任何额外资金的组合,如果 ω_i 表示投资者投资证券中证券 i 占其总投资比例的变化值,套利者不追加投资是在总投资额不变的条件

下，通过改变证券 i 的比重来实现某些证券的买进或卖出，这在数学上表达为

$$\sum_{i=1}^{n}\omega_i = 0 \tag{5.8}$$

式(5.8)中，n 为投资者持有证券种类的数目。

(2) 不增加风险

套利组合不增加风险，即套利组合对任何因素都无敏感度。因为组合对因素的敏感度是组合中各个证券因素敏感度的加权平均，因此套利组合的这一性质可以表示为

$$\sum_{i=1}^{n}\beta_i\omega_i = 0 \tag{5.9}$$

式(5.9)中，β_i 为证券 i 对因素的敏感度。

(3) 套利组合的期望收益大于零

投资组合的期望收益为正，则

$$\sum_{i=1}^{n}\omega_i E(r_i) > 0 \tag{5.10}$$

2. 套利组合的构造

套利组合应根据上述的三个条件进行构造，对于这部分将举例说明套利组合的构造过程。

【例 5-3】 假定证券的收益率由单因素模型生成，某一投资者持有由三种证券构成的证券组合，其基本证券的特征如表 5-3 所示(该表来源于《投资学》，张元萍，中国金融出版社)。

表 5-3 投资组合证券期望收益率和因素敏感度

	$E(r_i)/\%$	β_i
证券 1	15	0.9
证券 2	21	3.0
证券 3	12	1.8

首先，根据套利组合的第一个条件，不需要新增投资资金，那么可以得到

$$\omega_1 + \omega_2 + \omega_3 = 0$$

其次，套利组合对任何因素都没有敏感性，也就是说，组合中各证券对因素的敏感性加权平均为零，即

$$0.9\omega_1 + 3\omega_2 + 1.8\omega_3 = 0$$

最后，投资者套利的目的是获得无风险收益，因此套利组合应该有正的收益率，即

$$0.15\omega_1 + 0.21\omega_2 + 0.12\omega_3 > 0$$

满足这三个条件的解有无穷多个，因此可以考虑首先给 ω_1 随意赋予一个值，如 0.1，根据前两个条件这样就可以得到另外两个解：$\omega_2=0.075$，$\omega_3=-0.175$。将 ω_1、ω_2、ω_3 代入最后一个条件中，可以得到

$$0.15\times 0.1 + 0.21\times 0.075 + 0.12\times(-0.175) = 0.00975 > 0$$

可见，该组合是一个套利组合。

由于存在这样的套利机会，那么根据假设，投资者都是不满足的，每个投资者都会利用这种套利机会进行套利。因此，每个投资者都会购买证券 1 和证券 2，卖空证券 3。所

有的投资者都采用这样的策略,必然会影响证券的价格,相应地也会影响证券的收益率。由于购买压力的增加,证券 1 和证券 2 的价格将上升,导致这两个证券的收益率下降;相反,由于卖出压力的增加,证券 3 的价格将下降,使证券 3 的收益率上升。价格和收益率的调整过程一直持续到所有的套利机会全部消失为止,市场最终达到均衡状态。

5.2.4 套利定价理论模型

这里首先分析单因素的套利定价模型。在前面的分析中,了解到当市场中存在套利机会时,投资者会争相构造套利组合来获取收益,而这一行为的结果是套利机会消失,证券市场达到均衡的状态。也就是说,所有不需要初始投资、风险因素为零的证券组合,其期望收益率也必然为零。这时,投资组合将满足以下条件:

$$\sum_{i=1}^{n}\omega_i = 0 \quad 且 \quad \sum_{i=1}^{n}\beta_i\omega_i = 0$$

同时,还要求 n 要足够大,能够充分分散非系统风险:

$$\sum_{i=1}^{n}\omega_i e_i = 0$$

组合的期望收益等于零:

$$\sum_{i=1}^{n}\omega_i E(r_i) = 0$$

为证明单因素的套利定价理论,用严格的数学知识进行推理。由于 $\sum_{i=1}^{n}\omega_i = 0$,说明该组合投资比例向量 $\boldsymbol{W}=(\omega_1,\omega_2,\cdots,\omega_n)$ 和 n 维单位向量 $\boldsymbol{E}=(1,1,\cdots,1)^{\mathrm{T}}$ 正交,即

$$\boldsymbol{W}\cdot\boldsymbol{E} = (\omega_1,\omega_2,\cdots,\omega_n)\begin{bmatrix}1\\1\\\vdots\\1\end{bmatrix} = 0$$

不增加风险,即 $\sum_{i=1}^{n}\beta_i\omega_i = 0$,说明向量 $\boldsymbol{W}$ 与因素敏感度向量 $\boldsymbol{\beta}=(\beta_1,\beta_2,\cdots,\beta_n)^{\mathrm{T}}$ 正交,即

$$\boldsymbol{W}\cdot\boldsymbol{\beta} = (\omega_1,\omega_2,\cdots,\omega_n)\begin{bmatrix}\beta_1\\\beta_2\\\vdots\\\beta_n\end{bmatrix} = 0$$

$\sum_{i=1}^{n}\omega_i E(r_i) = 0$,说明向量 $\boldsymbol{W}$ 与期望收益率向量 $\bar{\boldsymbol{r}}=(E(r_1),E(r_2),\cdots,E(r_n))^{\mathrm{T}}$ 正交,即

$$\boldsymbol{W}\cdot\bar{\boldsymbol{r}} = (\omega_1,\omega_2,\cdots,\omega_n)\begin{bmatrix}E(r_1)\\E(r_2)\\\vdots\\E(r_n)\end{bmatrix} = 0$$

因此,在三维空间中,单位向量、因素敏感度向量和期望收益率向量在一个平面内,有线性代数的知识可知,必定存在常数 λ_0 和 λ_1,使下面的式子成立:

$$E(r_i) = \lambda_0 + \lambda_1\beta_i, \quad i = 1,2,\cdots,n \tag{5.11}$$

这就是由无套利均衡得出的定价关系，称为套利定价线。它表示在均衡状态下的期望收益率与因素敏感度之间的关系。

在式(5.11)中，λ_0 和 λ_1 的经济含义是非常直观的。首先考虑一个因素敏感度为零的组合，即无风险资产组合，它的期望收益率为无风险利率，代入式(5.11)可得 $\lambda_0 = r_f$。因此，式(5.11)可以写成

$$E(r_i) = r_f + \lambda_1\beta_i \tag{5.12}$$

对于 λ_1，可以考虑因素敏感度为 1 的证券组合 P，即

$$E(r_p) = r_f + \lambda_1\beta_p$$

其中，$\beta_p = 1$，所以

$$\lambda_1 = E(r_p) - r_f$$

因此，λ_1 是因素敏感度为 1 的投资组合的预期超额收益——期望收益率超过无风险利率的部分，称为因素的风险溢价。令 $\delta_1 = E(r_p)$，则

$$\lambda_1 = \delta_1 - r_f$$

代入式(5.12)中，得到

$$E(r_i) = r_f + \beta_i(\delta_1 - r_f) \tag{5.13}$$

图 5-1 就是套利定价线。当不存在套利机会市场达到均衡时，证券都应落在套利定价线上。对任意证券而言，如果它不落在这条直线上，投资者就有构造套利组合的机会。图 5-1 中证券 U 在套利定价线上方，表示证券价值被低估，期望收益率比与它具有相同风险敏感度的证券 A 要高，投资者可以通过卖出证券 A 而买进证券 U 来构造套利组合。同样，证券 O 在套利定价线下方，表明其价值被高估了，投资者就可以通过卖出证券 O 并买进证券 B 来构造套利组合。这样的套利组合不需要投资者使用任何新的资金，同时，由于证券 U 与证券 A、证券 O 与证券 B 都具有相同的因素敏感度，这使构造的套利组合因素敏感度为零，而且套利组合都具有正的期望收益率。对于证券 U 来说，购买压力的增加将导致其价格上升，收益率下降；而就证券 O 而言，卖出压力增加将使其价格下降，收益率上升。这样的过程将持续到 U 和 O 分别到达 A 和 B 点，从而套利机会消失，市场重归均衡。

对于例 5-2，如果选取刻画均衡状态的常数 λ_0 和 λ_1 的一组数值为：$\lambda_0 = 8\%$，$\lambda_1 = 4\%$，即无风险利率为 8%，因素组合的期望收益率为 12%，因素的风险报酬为 4%。则三个证券的均衡收益率分别为

$$E(r_1) = 0.08 + 0.04 \times 0.9 = 11.6\%$$

$$E(r_2) = 0.08 + 0.04 \times 3.0 = 20\%$$

$$E(r_3) = 0.08 + 0.04 \times 1.8 = 15.2\%$$

可以看出，套利的结果使证券 1、证券 2 的期望收益 15%、21%分别下降到 11.6%、20%，而证券 3 的期望收益率从 12%上升到 15.2%。在初始状态下，三种证券都不在套利定价线上，投资者的套利行为使三个证券逐渐向套利定价线靠近，当市场达到均衡时，三个证券都回到套利定价线上，如图 5-2 所示。

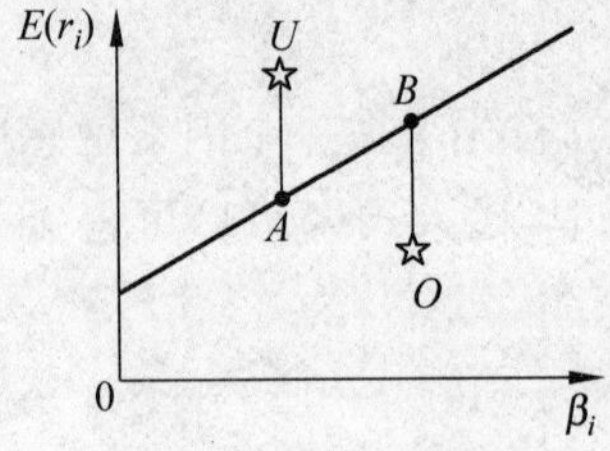

图 5-1 套利定价线

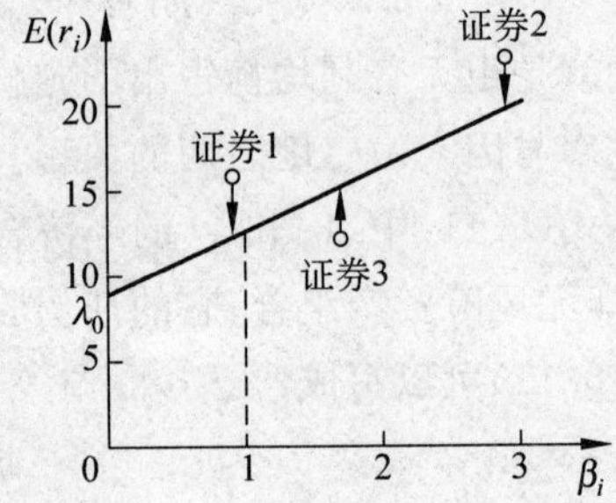

图 5-2 APT 无套利机会的例证

5.3 单一资产与套利定价理论

上一节已经得到了套利定价理论,在该理论中无套利均衡定价是通过充分分散化的投资组合的分析实现的,也就是说,套利定价理论是使用了一个充分分散的投资组合来产生上述的期望收益—贝塔关系的。那么这种关系是否也同样适用于单个资产的定价呢?对于这一问题,难以找到推断的证据,但是仍然可以用非正式的方式来说明。

如果存在单个资产违背套利定价理论的定价结论,那么由这种资产组成的投资组合还能否满足之前得到的期望收益—贝塔关系呢?答案是可能会。因为会出现这种情况:组合中单个资产定价失衡,但对整个投资组合而言由于失衡的相互抵消而并未失衡。因此,可能会存在单个资产不满足期望收益—贝塔关系的情况。

如果只有一个或几个资产失衡,那么这对一个充分分散的投资组合而言,其对实际应用的影响是无足轻重的,而且在这种情况下也不会发生真正意义上的套利。但是如果许多资产都违背了这种关系,那么充分分散的投资组合就不再满足这种期望收益—贝塔关系了,套利机会也会随之出现。因此,在市场处于均衡时,无套利定价可能对于某些单个资产并不成立,但需要指出的是,这样的资产一定是少量的,对于绝大多数资产而言,都是满足期望收益—贝塔关系的。

5.4 多因素套利定价理论及 APT 实证检验

5.4.1 多因素的套利定价理论

在 5.2 节,得到了以单因素模型为基础的套利定价理论,考虑到存在多个因素同时影响资产收益率,因此这一节将其拓展到多因素模型的形式,得到多因素的套利定价理论。

假设每个证券的收益率满足式(5.7)的多因素模型。当市场上存在套利机会时,投资者就会构造套利组合。设定 $\omega_i(i=1,2,\cdots,n)$是投资者投资证券中证券 i 占其总投资比例的变化值,则

$$\sum_{i=1}^{n}\omega_i = 0 \tag{5.14}$$

套利组合没有因素风险，所以

$$\sum_{i=1}^{n}\omega_i\beta_{ij}=0\quad(j=1,2,\cdots,k)\tag{5.15}$$

当市场达到均衡时，套利组合的收益率为零，即

$$\sum_{i=1}^{n}\omega_i E(r_i)=0\tag{5.16}$$

根据线性代数的知识，式(5.14)和式(5.15)表示一组正交关系，而式(5.16)又产生了 ω_i 应满足的另一个正交条件。由于 ω_i 已经满足式(5.14)和式(5.15)，所以只需 $E(r_i)$ 向量是这 $k+1$ 个向量的线性组合就可以了，也就是说，存在 $k+1$ 个常数($\lambda_0,\lambda_1,\cdots,\lambda_k$)，使得

$$E(r_i)=\lambda_0+\lambda_1\beta_{i1}+\cdots+\lambda_k\beta_{ik}\tag{5.17}$$

同单因素模型类似，λ_0 是所有因素敏感度都等于零的投资组合的期望收益率，即无风险利率 r_f，λ_j 是第 j 个因素的风险溢酬。令

$$\lambda_j=\delta_j-r_f\quad(j=1,2,\cdots,k)\tag{5.18}$$

其中，δ_j 是对因素 j 的敏感度为 1，对其他因素的敏感度为 0 的证券投资组合的期望收益率。因此，式(5.17)可以改写成

$$E(r_i)=r_f+(\delta_1-r_f)\beta_{i1}+(\delta_2-r_f)\beta_{i2}+\cdots+(\delta_k-r_f)\beta_{ik}\tag{5.19}$$

这就是多因素的套利定价理论。

5.4.2 APT 的实证检验

同资本资产定价模型一样，套利定价理论也面临实证检验的问题。对该理论的实证检验，主要包括以下两方面的内容：一是验证决定证券收益的因素是否仅仅是一个；二是验证 APT 模型对股票收益率预测的有效程度如何。

经典的 APT 实证检验是由罗尔(Roll)和罗斯(Ross)提出来的(RR，1980)，他们的"关于套利定价的实证研究"首次从实证的角度验证了套利定价理论。他们的方法在某种程度上与布莱克、詹森和舒尔斯检验 CAPM 的方法很相似：首先估计证券的因素 β，然后估计因素 β 和平均收益率之间的横截面关系。

罗尔和罗斯检验使用一种叫作因素分析法的统计方法来估计因素 β。因素分析法需要先输入样本中证券收益率之间的协方差矩阵。

罗尔和罗斯检验分两个步骤：

① 从单个资产收益率的时间序列数据估计预期收益率和各因素系数。

② 使用这些估计值检验 APT 隐含的基本定价结论，具体而言就是分析这些资产的收益率是否与步骤①中得到的共同因素相一致。

罗尔和罗斯检验了下列定价关系：

$$E_1-E_0=\lambda_1\beta_{i1}+\lambda_2\beta_{i2}+\cdots+\lambda_k\beta_{ik}$$

特殊系数 β 是用因素分析法估计出来的，研究者指出该估计程序通常适用于该模型，但其对小样本结果的性质却知之甚少。因此，他们强调结论具有不确定性。

在罗尔和罗斯的检验中，所选取的数据是从 1962 年 7 月到 1972 年 12 月的日收益

率。将1 260种股票分成42个组合。指数模型估计值表明最大的合理因素数量是5,继而将得到的因素应用到42个组合,对组合中的定价因素进行分析。

在该方法的检验过程中,是把收益率和证券自身的标准差联系在一起的。如果APT有效,标准差就不会影响预期收益率,因为一种证券的可分散风险会在分散过程中消除,而不可分散风险可由因素负荷量来解释。该检验分析了收益率和5个因素再加上证券自身的标准差。最初的结果表明证券自身的标准差在统计上显著,它是反对APT的证据。随后调整了偏态的结果,发现证券自身的标准差并不显著,这支持了APT。最后,实证结果表明,至少有3个重要的共同因素对证券评价具有重要影响,但这一研究没有告诉我们哪3个因素是重要的评价因素。

为对APT理论进行实证以决定真正影响证券评价的重要因素,陈、罗尔和罗斯(Chen,Roll and Ross,1983)采取假设存在一系列具体的因素来解释证券之间协方差的方法,使用大样本估计因素β和因素价格,并发现用下列4个具体因素的未来预期变化可以解释大部分证券之间的协方差。

① 利率期限结构的意外变化(用长期和短期政府债券的到期收益率的差值衡量)。

② 非预期通货膨胀。

③ 违约风险溢价的变化(用AAA级公司债券与BBB级公司债券到期收益率的差值衡量)。

④ 行业产业指数。

之后,陈、罗尔和罗斯(Chen,Roll and Ross,1986)通过先辨认哪些宏观经济因素对公司股票价值造成了广泛或系统性的影响,然后构建模型对APT进行实证的方法,对证券评价的影响因素进行了估计。由股利贴现模型的股票价值的评估可知,任何对折现率及未来期望现金流造成广泛影响的宏观经济因素都是重要的共同因素。这7种因素分别是:

① 工业生产;

② 通货膨胀;

③ 风险报酬与贴水(risk premium);

④ 利率期限结构(the term structure of interest rates);

⑤ 证券市场指数;

⑥ 实质消费(real consumption);

⑦ 原油价格(crude oil prices)。

其中,前4种因素应是APT模型内对证券进行价值评估的重要影响因素。

陈、罗尔和罗斯所采用的是多变量回归分析法,对APT的实证相当简便。但采用7个经济因素回归时,会产生统计学上的多重共线性问题,从而使回归系数的估计值误差较大,而且估计值的标准误差也较大,这就降低了研究结论的可靠性。同时,他们所辨认的4种经济因素未符合APT理论的一个重要假设前提,即若以此4种因素作为报酬率产生的重要因素,则所有股票的误差项e(非因素回报)必须相互独立并不相关,但陈、罗尔和罗斯并没有提供这方面的检验。

5.5 多因素资本资产定价模型与套利定价理论

多因素模型提供了资产收益率影响因素多元化的视角，本节将介绍多因素框架下的资本资产定价模型，之后对两个重要的均衡定价理论——CAPM 和 APT 进行比较分析。

5.5.1 多因素的资本资产定价模型

资本资产定价模型假设只有一个风险因素引起证券收益的变化，并用有代表性的市场组合来涵盖全部的风险。因此，单个资产的风险可以通过其对投资组合的整体风险的贡献来定义，单个资产的风险溢价仅由其相对市场组合的 β 来决定。但这种设定在考虑投资者自身的风险规避需求时就显得有些片面了。

假设考虑一个相对年轻的投资者，其未来的财富大部分由工资收入来决定，但其未来工资收入流也是存在风险的，这可能与投资者工作公司的未来前景有关。由于投资者面临工资收入方面的风险，因此他可能选择有助于分散其工资收入风险的组合。为达到这个目标，投资者会偏好与其未来工资收入的关联度低于市场平均水平的股票，即这类股票在其个人投资组合中所占的比重比在市场组合中的权重要高。

如果具有不同规避风险需求的投资者均匀地分布在证券的不同行业，那么市场组合间权重的偏差会互相抵消，在这种情况下资本资产定价模型的基本原理可能仍然成立。但是如果许多投资者具有共同的风险规避需求，那么具有风险规避特征的证券价格将会上升，其期望收益会相应下降，这就导致了资本资产定价模型中的期望收益—贝塔关系的无效。例如，能源类的股票价格会被那些购买这类股票的投资者抬高，因为他们可以规避能源消费价格的风险。那些高价股的期望收益率比通过 CAPM 中期望收益—贝塔关系所推算的要低。若要解释这些市场外的各种风险规避需求对均衡收益率的影响，就需要对初始的模型进行拓展。

如第 4 章所述，默顿指出，这些风险规避的需求会产生扩展或多因素的资本资产定价模型，这种模型能够认识到风险的多维性，因此该模型被称为多因素资本资产定价模型或跨期资本资产定价模型(ICAPM)。例如，在能源价格风险的例子中，默顿的模型可以把单因素的资本资产定价模型的期望收益—贝塔关系概括成下面的两因素关系：

$$E(r_i) = r_f + \beta_{im}[E(r_m) - r_f] + \beta_{ie}[E(r_e) - r_f]$$

式中，β_{im} 表示证券 i 对市场组合的 β，β_{ie} 是对能源价格风险的 β，$E(r_e) - r_f$ 是对能源价格不确定性的风险溢价。规避能源这个不确定性的最优投资组合的收益率为 r_e，因此该表达式是一个两因素的资本资产定价模型。就一般化而言，这种模型包含了一个 β 和投资者试图规避的每一个重要风险要求的风险溢价。

这个扩展的资本资产定价模型提供了一个与多因素套利定价理论不一样的证券收益的预测。因此，关于风险溢价的这两种理论之间不存在矛盾。套利定价理论不能记录相应的系统风险，而资本资产定价理论能找到这些因素，这些风险因素恰是大量投资者试图通过构建对冲资产组合来抵消。人们通过明确说明主体投资者试图规避最可能的风险来识别资本资产定价模型需要概括出来的维度。

当某一风险源影响期望收益时,这说明该风险"被定价"。单因素资本资产定价模型预言只有市场风险被定价,而多因素资本资产定价模型则预测其他风险也可能被定价。默顿列出了各种可能影响期望收益的共同不确定性风险源,如工资收入的不确定性、重要消费品的价格(如能源价格)或未来投资机会的变化(如不同资产类风险的变化)。但是,对于这些影响收益的不确定性风险,则很难判断是否存在足够的风险规避需求。

5.5.2 CAPM 和 APT 的比较

到现在为止,已经介绍了两个重要的均衡资产定价模型——CAPM 和 APT,接下来将对二者进行比较分析。

作为均衡定价理论,二者的相同点是:首先,两个模型的理念很相似,都主张在市场达到均衡时,资产的期望收益率可由无风险报酬和风险溢价决定;其次,二者都说明了风险与报酬之间的理性原则——承担更多的风险,要求更高的期望报酬;最后,当只有一个共同因素(如市场收益率)能影响证券的收益时,且该因素的影响可用市场资产组合收益的变动进行衡量,则这两个理论是一致的。

尽管 CAPM 与 APT 存在以上的相同点,但二者的区别也是很明显的,主要包括以下几个方面。

(1) APT 强调的是无套利均衡原则,当市场上出现非均衡时,套利行为必然重建均衡,从而使无套利均衡分析成为现代金融学的基本研究方法,为金融资产定价提供了一种基本思想;而 CAPM 是典型的风险—收益均衡关系主导的市场均衡,是市场上众多投资者行为均衡的结果。这是两者最根本的区别。

(2) CAPM 是建立在一系列假设之上的非常理想化的模型,这些假设包括马柯维茨建立均值—方差模型时所做的假设,其中最关键的假设是,所有投资者的无差异曲线都是建立在证券组合回报率的期望和标准差之上的。相对 CAPM,APT 的前提假设则简单得多,从而使 APT 不仅大大减少了 CAPM 效率边界的计算量,而且使 APT 更符合金融市场运行的实际。

(3) APT 强调的无套利均衡定价是通过充分分散化的投资组合的分析得到的,对单项资产的定价结论不一定成立。因为会出现这种情况:组合中单个资产定价失衡,但对整个资产组合由于失衡的相互抵消而并未失衡。而 CAPM 强调的是市场均衡原则,当单项资产在市场上失衡时,在 CAPM 条件下所有的投资者都会同时调整自己的投资头寸重建均衡。

(4) CAPM 纯粹从市场投资组合的观点来探讨风险与报酬的关系,认为经济体系中的全面性变动(即市场风险)才是影响个别证券期望收益率的主要且唯一的因素;而 APT 则认为不止一个经济因素会对个别证券的报酬产生影响,这对证券收益率的解释性较强。不过,尽管 APT 在内涵和应用方面都具有很大的吸引力,但在理论的严密性上却相对不足,因此,APT 并不能取代 CAPM,而被认为是对 CAPM 的一种补充和修正。

(5) APT 还有一个弱点是,没有一个既定的理论来说明影响资产收益率的因素具体有哪些。在使用过程中,对这些因素的选择并没有一个统一的标准,这给 APT 的应用带来了一定的不利影响。

本章小结

本章介绍了资产收益的多因素模型以及以因素模型为基础的套利定价理论(APT)，APT 是 CAPM 产生以后又一重要的均衡定价理论。

(1) 多因素模型是对单因素模型的扩展形式，它将资产收益与多个共同因素的变化相联系。根据因素模型，证券的风险由因素风险和非因素风险构成，分散化导致因素风险的平均化，同时降低非因素风险。因素模型并不是均衡的模型。

(2) 套利组合同时符合三个条件，即不追加投资、不增加风险和收益为正。

(3) 套利定价理论与资本资产定价理论一样，都是均衡资产定价理论。套利定价理论比资本资产定价理论需要更少的假设条件。套利定价理论的思想是当市场上存在套利机会时，投资者将构造套利组合进行套利，这一行为将导致价格向均衡状态回归，套利机会消失。

(4) 证券的均衡收益率包括两部分：无风险利率和风险溢价，证券的风险溢价等于该证券的因素敏感度与因素风险溢价的乘积。因素风险溢价是因素组合的期望收益率超过无风险利率的部分。

(5) 在多因素框架下，可以将套利定价理论进行拓展，得到多因素的套利定价理论。罗尔、罗斯等人对 APT 进行了实证检验，并提出了影响收益率的 7 种主要因素。

(6) 作为均衡资产定价理论，CAPM 和 APT 模型在理念等方面存在相同之处，但也有显著的区别，APT 模型强调无套利原则，认为套利行为将使市场重回均衡，而 CAPM 模型是由风险—收益均衡关系主导的市场均衡，这是二者最根本的区别。

基本概念

因素模型　套利　套利机会

本章习题

1. 什么是多因素模型?
2. 套利定价理论的基本假设包括哪些?
3. 套利定价理论的基本思想是什么?
4. 简述套利组合应满足的条件。
5. 比较 CAPM 与 APT 的异同。

第6章 有效市场理论

有效市场假说(EMH)是现代投资理论的重要基石。许多经典的现代投资理论如马柯维茨的均值—方差理论、资本资产定价理论(CAPM)、套利定价理论(APT)都是在其基础上发展起来或与之密切联系的。在有效市场上,资产的价格能够反映所获得的全部信息。自有效市场假说提出以来,在有效市场方面的研究成果就层出不穷、检验有效市场的方法不断推陈出新,对有效市场的争论也日益激烈。自20世纪80年代之后,有效市场假说就受到越来越多的挑战。

6.1节:随机漫步与有效市场假说。将介绍有效市场假说的形成过程和发展情况。

6.2节:有效市场的含义和形式。将重点介绍有效市场的内涵及其三种形式。

6.3节:有效市场实证检验。主要针对有效市场的三种形式——弱式有效、半强式有效和强式有效展开的实证检验。

6.4节:关于有效市场的争议。将主要介绍由金融异象引发的对有效市场的争议。

6.5节:分形市场假说。由于在EMH理论框架下越来越多的现象无法得到解释,所以引入建立在非线性动力系统之上的分形市场假说(FMH),该理论能够很好地解释有效市场假说无法解释的各种市场现象。

6.1 随机漫步与有效市场假说

早期的有效市场假说是建立在随机漫步理论基础之上的。通常认为随机漫步的概念起源于20世纪初法国著名数学家路易斯·巴舍利耶的论述,他认为市场就是由社会投机者构成的一个整体,市场的规则就是“随机漫步”(random walk),市场价格的变动也呈现随机漫步的特点。巴舍利耶把统计分析的方法应用于股票收益率的分析,发现其波动的数学期望总是为零。同时,他还从数学角度深入研究了股票价格的变化,发现了市场在信息方面的有效性:过去、现在或预期到的将来事件已经反映在证券市场价格中了。

随机漫步最简单的模型是“二叉树”模型,这一模型可被设想为一个在一条直线上横行的醉汉的运动轨迹,他在每一时刻都可能向右走或向左走。在N时刻,存在2^N种可能。将这种思想刻画成数学表达,就可将随机漫步看作一个随机序列,随机序列的每一项对应醉汉达到的目标。该序列具有这样的特点,即序列增量所对应的随机序列的每一项都是独立同分布的随机变量。

在巴舍利耶之后的几十年中,除1930—1940年间的沃金(Working)、琼斯(Jones)和考尔斯(Cowles)的相关研究之外,在有效市场研究方面都没有重大突破。直到计算机出现,这一研究才又重新开展起来。1953年,英国统计学家莫里斯·肯德尔(Maurice Kendall)在其《经济时间序列分析:价格》一文中研究了19种英国工业股票的价格指数和纽约、芝加哥商品交易所的棉花、小麦的即期价格周变化规律。这篇论文的初衷是想借助问世不久的电子计算机追寻股票价格波动的模式，但在做了大量序列的相关分析后发现，这些序列就像在随机漫步一样，下一周的价格是由前一周的价格加上一个随机数构成的。1964 年奥斯本(Osborn)提出了“随机漫步理论”，他认为股票价格的变化类似于化学中的分子“布朗运动”(悬浮在液体或气体中的微粒所做的永不休止的、无秩序的运动)，具有“随机漫步”的特点，也就是说，它变动的路径是不可预期的。

1965 年，萨缪尔森(Samuelson)发表了《恰当预期价格随机涨落的证明》一文，再次强调了价格的随机性，这里的“恰当预期”(Properly Anticipated)被理解为价格真正融合了所有市场参与者的期望和信息，从而正式提出了有效市场假说(efficient markets Hypothesis，EMH)。这标志着市场价格行为研究的范式实现了从随机漫步向 EMH 的转变，此后随机漫步理论被看作符合 EMH 的一组经验观察。EMH 首先将市场的有效性和信息联系起来，并区分了市场的有效性、(资源)配置的有效性和帕累托有效这三种不同的概念。并且指出，在一个信息有效的市场上，所有市场参与者的信息都可以进入价格决定的过程，从而价格的变化是不可预测的。

法玛是有效市场理论的集大成者，他为该理论的最终形成和完善做出了卓越的贡献。1965 年，法玛(Fama)发表了《股市价格的随机游走》(random walk in stock market prices)论文(在正式发表时改名为“股市价格的形态”)，将萨缪尔森的证券市场模型定名为“有效市场”，并首次提出了“效率市场”和“市场效率”的概念。1970 年，法玛关于 EMH 的一篇经典论文《有效资本市场：理论和实证研究回归》不仅对过去有关 EMH 的研究做了系统的总结，还提出了研究 EMH 的一个完整的理论框架。在此之后，EMH 蓬勃发展，其内涵不断加深、外延不断扩大，最终成为现代金融经济学的支柱理论之一。

【6-1】 有效市场理论背后的故事

有效市场理论的历史可追溯到股票价格的随机漫步模型，这是一个合理的设想，它认为任何系统化的精确方式都不可能预测股票价格的运动。该模型最早出现在 1900 年，由法国数学家路易斯·巴舍利耶(Louis Bachelier)在一篇博士论文中做了阐述，刚发表时，巴舍利耶的论文并没有引来广泛关注，在 20 世纪 50 年代初之前，没有任何研究引用过巴舍利耶的工作或提及金融市场价格随机运动的理论。20 世纪 50 年代初随机漫步模型终于引起了经济学家的关注，人们经常把功劳归到莫里斯·肯德尔(Maurice Kendall)身上。然而，经济学家却直到 20 世纪 50 年代中期才在误打误撞中“发现”了巴舍利耶的研究。

当时，芝加哥大学的伦纳德·萨维奇(Leonard Savage)在图书馆里翻翻拣拣，偶然翻出了巴舍利耶于 1914 年出版的一本小书。保罗·萨缪尔森在麻省理工学院的图书馆里没找到那本书，但找到并阅读了巴舍利耶的博士论文。到 1959 年萨缪尔森发现之后,随机漫步模型总算成了一个热门的研究领域。

巴舍利耶长期默默无闻,还有另一个原因:1937 年,著名经济学家阿尔弗雷德·考尔斯(Alfred Cowles)在研究中得出结论,说股票价格是按可预测的方式运动的,并且媒体大事报道了这份研究。所以对随机漫步模型的研究也就因此停止了,直到 1960 年斯坦福大学的教授霍尔布鲁克·沃金(Holbrook Working)发现了其中的错误。随后,考尔斯纠正了该处错误,并且修正后的研究支持随机漫步模型。

6.2 有效市场的含义和形式

上一节已经介绍了有效市场理论的形成过程,这一节将重点介绍有效市场理论的具体内容,包括 EMH 的条件、有效市场的含义及有效市场的三种形式。

6.2.1 有效市场理论的条件

1. 假设条件

① 完全竞争市场。

② 理性投资者主导市场。

③ 信息发布渠道畅通。

④ 交易无费用,市场不存在摩擦。

⑤ 资金可以在资本市场中自由流动。

2. 充分条件

① 股票市场没有交易成本。

② 所有投资者无成本地平等地获得所有可获得的信息。

③ 所有投资者对当前价格和未来价格的变化趋势认识相同,即同质预期。

3. 必要条件

① 股票价格随机游走。

② 不可能存在持续获得超额利润的交易规则(扣除风险因素)。

③ 价格迅速准确反映信息。

④ 一般投资者和专业投资者的投资业绩无显著差别。

6.2.2 有效市场的含义

1. 有效市场假说

1965 年,法玛在《商业期刊》(*Journal of Business*)上发表的论文提出了著名的有效市场假说(efficient market hypothesis,EMH)。该假说认为,在一个充满信息交流和信息竞争的社会里,一组特定的信息能够在证券市场上迅速被投资者知晓,随后,股票市场的竞争将会驱使证券价格充分且及时反映该组信息,从而使投资者根据该组信息所进行的交易不存在非正常报酬,而只能赚取风险调整的平均市场报酬率。

【6-2】 人物介绍——尤金·法玛

尤金·法玛(Eugene F. Fama)1939 年 2 月 14 日出生于美国马萨诸塞州波士顿,1964 年获得博士学位,其博士论文为《股票市场价格走势》,在该论文中,法玛提出了有效市场的定义。他曾在芝加哥大学担任教授,并在多家杂志社出任编辑。

法玛是全世界论文引用率最高的经济学家之一,被称为"金融经济学领域的思想家"。法玛教授的研究兴趣十分广泛,包括投资学理论与经验分析、资本市场中的价格形成、公司财务、组织形式生存的经济学。他在经济学科的若干领域都做出了重要的贡献,其中最主要的贡献是提出了著名的"有效市场假说"(efficient market hypothesis,EMH)。该假说认为,相关的信息如果不受扭曲且在证券价格中得到充分反映,那么市场就是有效的。有效市场假说的一个最主要的推论就是,任何战胜市场的企图都是徒劳的,因为股票的价格已经充分反映了所有可能的信息,包括所有公开的公共信息和未公开的私人信息,在股票价格对信息的迅速反应下,不可能存在任何高出正常收益的机会。

2. 有效市场的含义

对于有效市场的内涵,法玛在其论文中进行了明确的定义。他指出,如果市场上存在大量理性的利润最大化投资者,他们每个人都积极地预测每只有价证券的未来价值,通过激烈的竞争,市场达到均衡时的结果是关于每一只证券的过去信息以及到目前时点为止的可以预期到的事件都已经反映在现时的证券价格中。这样的市场就是有效市场。

【6-3】 有效市场假说下的结论

在一个有效市场上,可以得出这样的结论:不要以为你发现了股票价格的变动规则或盈利的简单手段,也许你什么都没有发现。如果有如此简单的赚钱方法,别人早就发现了。进而,如果每个人都在挖掘信息的价值,那么他们的努力实际上会成为"击败自己"的行动,并且股票变动的规则将会消失。

6.2.3 有效市场的形式

对有效市场形式的划分最早由罗伯茨(Roberts)在 1967 年提出,法玛(1970、1976)做了大量的研究,使资本市场有效的概念更具可操作性。按照"所有价格充分地反映了所有相关信息",他根据相关信息的不同类型定义了以下三种形式的有效市场。

(1) 弱式有效(weak-form market efficiency)

如果一个市场是弱式有效的,那么该市场的股票价格反映了一切可以从过去的市场交易数据中获得的信息,如过去的成交价格和成交量等。弱式有效假说正是著名的随机游走理论。

如果市场是弱式有效的,那么股票的技术分析将失去作用。在市场上广为流行的技术分析认为,过去的市场价格包含了未来股票价格走势的信息,通过研究过去市场的历史价格所形成的图形和形态,技术分析者宣称自己可以判断市场的下一步走势。然而,可以预见,即使真的存在通过历史价格来判断将来价格的方法,随着投资者之间的模仿,甚至就是技术分析者自己的交易行为,也会把价格修正到符合弱式有效假定的正确价格上来。因此,如果弱式有效的市场假说成立,那么依赖于历史交易价格和成交量的技术分析都将是徒劳的。

(2) 半强式有效(semi-strong form market efficiency)

如果一个市场是半强式有效的,那么该市场的股票价格不仅反映了历史价格信息,还反映了其他一切公开信息。在这种情况下,没有投资者可以通过任何公开可获得的信息推测出股价变动,进而获得超额收益。所谓公开信息包括公司的生产状况、财务状况或者公告的重大事件等。在半强式有效的假定下,任何一个和公司价值有关的事件并不需要真正发生,而是预期这个事件会发生的消息一旦公布,股价就会相应地发生变化。例如,股利发放、并购等重大事件,消息宣布当天的股价就迅速反映了这些事件对公司价值的影响,而不用等到事件真正发生时才反映。

如果市场是半强式有效的,那么不仅技术分析失去作用,基本面分析也将显得无效。基本面分析是利用公司的盈利和红利前景、未来利率的预期以及公司风险的评估来决定适当的股票价格。然而,在市场上类似的信息越来越容易收集的情况下,由于投资者之间的竞争,也会使消息快速融入股票价格之中,因此通过对公司的基本面进行分析也很难在市场上获得超额利润。

(3) 强式有效(strong-form market efficiency)

如果市场是强式有效的,则股票价格反映了所有信息,即历史价格信息、其他公开信息和私人信息。除了半强式有效假设中的价格所反映的信息外,甚至公司内部的信息也被反映到股票的价格中去。虽然并不能肯定价格是如何反映出公司的内部信息的,但是有两点可以证明价格包含内部信息的可能性:首先,外部的分析人员可以通过分析、打探消息等形式了解到公司的内部信息,而且有时公司内部信息和公开信息的区分也是模糊的。其次,虽然在大多数国家,内部人利用内幕消息进行交易都是违反法律的,但仍然不能完全阻止内部人的交易,而公司内部消息会从这些内部人的交易中反映出来。在市场的微观结构理论中,有很多模型都是描述内幕消息是如何融入价格中的过程。

在强式有效的假设下,由于价格已经反映了所有信息,因此市场上没有任何投资者可以通过搜集信息并交易来获得超额收益,即使是有内幕消息的人也一样。

从有效市场的三种形式中可以发现,弱式有效对应的信息集最小,其次是半强式有效,强式有效的信息集最大。三者的信息集范围依次变大,是后者包括前者的关系,如图 6-1 所示。同时,这三种形式的有效性暗示了三种投资策略的无效性(无法获得超额利润):弱式有效市场上的技术分析是无效的;半强式有效市场上的基本面分析是无效的;在强式有效市场上,内幕交易也是无利可图的。

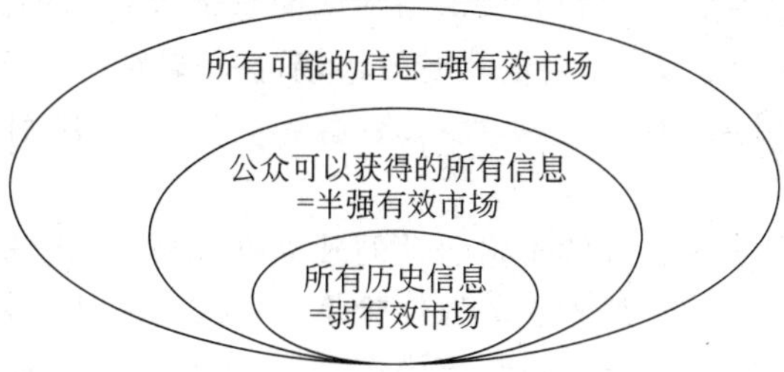

图 6-1　有效市场的三个层次

6.2.4　有效市场假说对资本市场投资的启示

有效资本市场假说对投资者的证券投资活动具有如下重要意义。

① 市场有效意味着投资者不能得到超额回报。因为在有效市场的条件下，相关信息能够立刻在证券价格中体现出来，投资者不应该期望得到超额回报。

② 如果市场有效，则技术分析和基本面分析都是无用的。

③ 在证券市场上没有永远的赢家，某些投资业绩表现突出的投资者仅仅是运气而已。在有效市场中，总存在输家和赢家。仅仅因为投资者或基金经理在一定时期“战胜市场”(Beating the market)，并不意味着市场不是有效的。要么他们具备别人不具备的才能，要么他们比别人幸运。问题是确认谁在未来“战胜市场”，这可用一个简单的模型进行说明。在有效市场中，在任何一年大约有一半的投资者的预测是正确的，而另一半的预测则是错误的。这样经过第 2 年，第 3 年，直到第 T 年，会发现，只有$(1/2)^T$ 的投资者在 T 年均正确。

④ 投资指数基金是一种理想的投资决策。由于在市场有效的条件下，大众已知的投资策略并不能产生超额利润。所以投资者宁可长期持有分散化的投资组合，而不是企图挑选赢家或输家以及频繁地交易股票。同时，因为指数基金是一种充分分散化的资产组合，因而这种被动式的投资将是一种理想的投资决策。

⑤ 投资组合管理的功能在于分散风险，而并非“战胜市场”。由于有效市场中的投资者不可能总是赢家，因此投资组合管理的功能是满足组合管理的分散风险需要或根据不同投资者未来的现金流状况构建资产组合，而不是“战胜市场”。

6.3　有效市场的实证检验

关于有效市场的检验都围绕一个主题——证券价格是否完全反映了信息。实证检验分别针对有效市场的三种形式——弱式有效、半强式有效和强式有效进行。本节将依次予以介绍。

6.3.1　弱式有效市场检验

有效市场的检验工作首先是从弱式有效市场开始的，即关注历史价格(收益率)是否能够预测将来价格(收益率)。弱式有效市场强调的是证券价格的随机游走,即不存在任何可以识别和利用的规律。因此,对弱式有效市场的检验主要侧重于对证券价格事件序列的相关性研究方面,主要包括自相关性检验、游程检验、过滤法则检验等。

1. 相关性检验

由于随机游走主要表现在连续价格运动的独立性问题上,那么应用相关性检验就可以验证市场是否为弱式有效。序列相关性检验是判断在未来某个时期价格的变化是否相关。如果股票价格(收益率)符合随机游走模型,即市场是弱式有效的,那么其序列的相关系数应为零。

为消除股价变动对股价水平的影响,令 $R_t=\ln P_t-\ln P_{t-1}=\ln(P_t/P_{t-1})$,其中 P_t 第 t 日的股价指数,时间序列 $\{R_t|t>0\}$ 反映了股价变动的收益率。

如果股票价格变动表现为随机游走,则 $R_t=(1+r)R_{t-1}+\varepsilon_t$($r$ 为时间变数),且误差项 ε_t 不存在序列相关,即 $E(\varepsilon_t)=0,E(\varepsilon_t,\varepsilon_{t+k})=0\ (k>0)$。

这样,就可以观察 $t+1$ 期的价格变化是否与 t 期的价格变化存在相关性。

【6-4】 法玛的序列相关性检验(1965)

法玛(1965)对纽约股票交易所股票价格变化率的序列相关系数进行了检验,他选取了 1957 年年底至 1962 年 9 月 26 日间道琼斯工业指数 30 只股票的日度数据作为样本,每只股票大约有 1 200～1 700 个观测值。相关的价格变化率被定义为

$$u_{t+1}=\ln(p_{t+1})-\ln(p_t)$$

相关系数序列之间的间隔被设定为 1 天、4 天、9 天和 16 天,结果如表 6-1 所示。结果表明,显著的序列相关系数居然是存在的!有 11 只股票的日度数据之间的相关系数是标准误差的两倍,并且日度数据 30 个系数中有 22 个是正的。同时,以 4 天为间隔的系数中有 21 个是负的。但法玛认为,这个证据不足以拒绝有效市场的随机漫步模型,因为表中相关系数的标准误差是用 $1/\sqrt{N-1}$($N=1\,200$～$1\,700$)来估计的。对于日度数据来说,其系数只要达到 0.06 以上就可以超过 $1/\sqrt{N-1}$ 的两倍。但 0.06 的系数说明,过去的价格变动只能解释现在价格变动的 0.36%,这在统计上显然是不显著的。

表 6-1 1 天、4 天、9 天和 16 天价格对数值变动率的一阶序列相关系数

股票	不同日期间隔			
	1 天	4 天	9 天	16 天
Allied Chemical	0.017	0.029	−0.091	−0.118
Alcoa	0.118 *	0.095	−0.112	−0.044
American Can	−0.087 *	−0.124 *	−0.060	−0.031
A.T.& T.	−0.039	−0.010	−0.009	−0.003
American Tobacco	0.111 *	−0.175 *	0.033	0.007
Anaconda	0.067 *	−0.068	−0.125	0.202

续表

股　票	不同日期间隔			
	1天	4天	9天	16天
Bethlehem Steel	0.013	−0.122	−0.148	0.112
Chrysler	0.012	0.060	−0.026	0.040
Du Pont	0.013	0.069	−0.043	−0.055
Eastman Kodak	0.025	−0.006	−0.053	−0.023
General Electric	0.011	0.020	−0.004	0.000
General Foods	0.061 *	−0.005	−0.140	−0.098
General Motors	−0.004	−0.128 *	0.009	−0.028
Goodyear	−0.123 *	0.001	−0.037	0.033
International Harvester	−0.017	−0.068	−0.244 *	0.116
International Nickel	0.096 *	0.038	0.124	0.041
International Paper	0.046	0.060	−0.004	−0.010
Johns Manville	0.006	−0.068	−0.002	0.002
Owens Illinois	−0.021	−0.006	0.003	−0.022
Procter & Gamble	0.099 *	−0.006	0.098	0.076
Sears	0.097 *	−0.070	−0.113	0.041
Standard Oil(Calif.)	0.025	−0.143 *	−0.046	0.040
Standard Oil(N.J.)	0.008	−0.109	−0.082	−0.121
Swift & Co.	−0.004	−0.072	0.118	−0.197
Texaco	0.094 *	−0.053	−0.047	−0.178
Union Carbide	0.107 *	0.049	−0.101	0.124
United Aircraft	0.014	−0.190 *	−0.192 *	−0.040
U.S. Steel	0.040	−0.006	−0.056	0.236 *
Westinghouse	−0.027	−0.097	−0.137	0.067
Woolworth	0.028	−0.033	−0.112	0.040

资料来源：Fama, Eugene, 1969, "Efficient Capital Markets: A Review of Theory and Empirical Work". Journal of Finance, 25: 393.

2. 游程检验

考察股票价格是否遵循"随机游走"，还可以进行游程检验。游程检验是一种非参数检验，适用于非正态分布的样本。所谓游程，就是连续若干个具有符号的股价差值 $\Delta P_t = P_t - P_{t-1}$。当 $\Delta P_t > 0$ 时，称为正游程；当 $\Delta P_t < 0$ 时，称为负游程；当 $\Delta P_t = 0$ 时，称为零

游程。一般而言，零游程很少出现，所以可以忽略不计。若将正游程记为“＋”，负游程记为“－”，则连续相同的符号段代表一个游程。如价格变化＋＋－－－＋＋＋＋－－，则共有4个游程。游程数目反映了价格变化序列的情况，若游程太少，表明价格序列存在某种恒定倾向；若游程过多，则序列具有混合倾向。因此，游程过多或过少都具有非随机性的特征。根据证券价格变化的游程序列，可建立检验统计量 U（游程总数目）。

当观测总数 $N>25$ 时，检验统计量近似服从正态分布，这时游程总数的均值为

$$E(U)=1+\frac{2mn}{N} \tag{6.1}$$

式(6.1)中，N 为证券价格观测天数，m 为正游程数，n 为负游程数。

游程总数的标准差为

$$\sigma_U=\sqrt{\frac{2mn(2mn-N)}{N^2(N-1)}} \tag{6.2}$$

则

$$Z=\frac{U-E(U)}{\sigma_U} \tag{6.3}$$

根据式(6.3)计算 Z 值后，查表可得到相应的概率值。当显著水平为 α 时，若检验双侧概率值 $P<\alpha$，则不能认为价格序列为纯随机序列。

3. 过滤法则检验

过滤法则(Filter Rulers)是美国学者亚历山大(D. S. Alexander，1961)提出的一种检验证券市场是否达到弱式有效的方法。过滤法则又称为百分比穿越法则，是指当某只股票的价格变化突破事先设置的百分比时，投资者就交易这种股票。过滤法则是技术分析常用的策略之一，它的基本逻辑是：只要没有新的消息进入市场，股票价格就应该在其“正常价格”的一定范围内随机波动。如果某只股票的市场价格大大偏离其“正常价格”，那么市场上的投资者就会买入或卖出该股票，使其回归到合理的价格，这样股票的价格就有一个上下限。然而，若某一新消息出现，那么一个新的均衡也将出现。如果该消息是利好消息，则均衡价格上升，围绕它的上下限也将随之上升。投资者在股票价格超过上限后就可以判断这样的上升不是随机的，因此就可以在股价突破原上限后立即购买，并获得超额收益。反之则相反。

运用过滤法则的投资策略所基于的假设是：股票价格是序列正相关的。也就是说，过去价格攀升的股票，价格继续上扬而不是下跌的可能性高。在过滤法则的实际应用中，常设定买入点或卖出点。例如，股价上升 $X\%$，则投资者就买入股票，并持有该股票直到其价格比最高价下跌 $X\%$ 再卖出。当然，涨跌幅 $X\%$ 的设定取决于不同投资者的风险偏好。涨跌幅设定得越小，则每一期间发生的交易次数就越多，交易成本也就越高。

根据以上检验的方法，有效市场理论的研究者做了大量的实验。如：①利用相关性检验方法，摩尔(Moore，1962)发现股票价格的前后期变动序列之间的相关系数平均为－0.06，表示股价变动的前后期之间不存在序列相关关系；②法玛(Fama，1965)以1957年至1962年期间道琼斯工业指数的30只股票作为样本，计算出价格序列残差的相关系数为0.03，表明各期股价不存在相关性。③格兰杰和摩根斯坦(Granger and Morgenstern，

1963)采用一种谱分析方法对股票价格的波动进行了研究，发现股票价格的运动没有依赖性。

总的来说，20 世纪 80 年代以前对西方多数证券市场的大量经验研究都表明证券市场是弱态有效的。

6.3.2 半强式有效市场检验

在对弱式有效市场进行了大量检验之后，有效市场的实证研究开始转向了对半强式有效市场的检验。半强式有效市场的检验要回答的问题的是：证券价格能以多快的速度反映公开信息。半强式有效市场的检验最常用的方法是事件研究法，该方法是通过检验股票价格对某一特殊事件(如年报公布、股票分割、公司控制权转移等)前后的反映程度，来检验某一信息对证券价格的影响。只要事件的内容和时间被准确定义，便可以准确地给出市场价格对信息作出反映的速度。下面，将重点介绍事件研究法。

事件研究法的第一步是寻找确定的事件，如股票分拆、增发新股或者并购，同时还需设定要考察的被该事件影响的证券价格序列的时间长度，即事件窗口。例如，在以日度数据研究上市公司增发新股对股票价格影响的事件研究中，定义的事件就是增发新股方案的公布，事件窗口可以定义为报告公布的当天和后一天。这样的窗口设置可以反映增发新股后的变化，因为现实中的交易市场是不连续的交易。事件发生的前一段时间也会被作为考察对象，因为事件包含的信息很可能在信息公布前的一段时间里已被包含到证券价格中了。

如图 6-2 所示，设 τ 表示时间，$\tau=0$ 表示事件当天，$\tau=T_0+1$ 到 $\tau=T_1$ 构成估计窗口。令 $W_1=T_1-T_0$ 和 $W_2=T_2-T_1$，分别表示估计窗口和事件窗口的长度。如果所研究的事件是某天的信息公布，那么 $T_2=T_1+1$，$W_2=1$。如果有必要，还可以定义事后窗口 $\tau=T_2+1$ 和 $\tau=T_3$，窗口长度为 $W_3=T_3-T_2$。

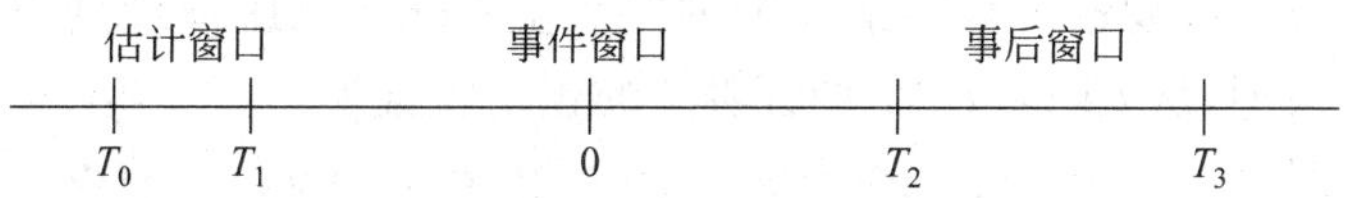

图 6-2　事件窗口

事件被定义后，要选择一定的分类标准对所要研究的股票进行分类。如果研究的是不同市场对事件的反应，那么可以把市场作为分类的标准；如果研究不同行业的反应，可以使用行业代码进行分类。确定分类标准后，就可以对上市公司的特征进行描述了，如公司的资本结构、行业特征、事件发生的概率分布。

事件对证券价格(或者收益)的影响用超额收益来衡量，超额收益是事件窗口上证券收益减去正常收益的预测值。正常收益因选用不同的资产定价模型(如指数模型、三因素模型和四因素模型)而不同。为了正确估计出超额收益，也就是事件对证券价格的真实影响，应尽可能准确地估计出正常收益的模型。

选定正常收益的模型之后，就要对模型中的参数进行估计了。通常选择事件发生之前的一段时间作为估计窗口，然后选择估计窗口上的样本数据对模型参数进行估计。一般来讲,事件窗口和估计窗口是不能重合的,以免事件窗口的样本数据影响正常收益的参数估计。

使用正常收益模型中估计的参数,就事件对证券超额收益的影响进行实证检验,根据检验结果得出结论。若结论符合假设,如市场超额收益对增发新股的反映是显著的,那么说明市场能够反映可得信息,市场是半强式有效的。反之,则市场不是半强式有效的。

使用事件研究法的检验结果如下:波尔和布朗(Ball & Brown,1968)运用累计超常收益分析法对年度会计盈余信息的公布对公司股价的影响进行了研究,认为美国的股票市场满足半强式有效市场。科文和平克顿(Keown&Pinkerton,1981)对公司接管前后的收益率进行的研究发现,在消息公布之前目标公司的股价开始上升,这表示信息进入价格;在消息公布的当天股价发生向上阶跃,反映出目标公司的股东所获得的接管溢价;而在消息公布以后价格没有继续上升或者发生反转,说明价格对信息的反映是正确的。这个结论与半强式有效的假设一致。

6.3.3 强式有效市场检验

检验市场是否强式有效,可以系统地检验某些拥有内幕信息的投资者是否可以获得超额收益。一般认为存在两类投资者拥有内幕信息:一类是机构投资者,如基金经理;另一类是证券监管法规列举的内幕人,如上市公司董事、CEO、CFO等可以接触到市场上尚未公开信息且买卖相关股票的投资者。前者是通过调研分析获得信息或者说是通过对信息进行投资而获得的资讯;而后者是因为自身位置的特殊优势获得内幕信息,因而属于内幕交易法严格限制的。下面,分别就这两类内幕信息是否产生超额收益进行分析。

1. 共同基金绩效

早期的强式有效市场的检验通常把基金经理作为研究对象,研究他们主要出于两个目的:第一,基金经理是否利用私人信息获得超额利润;第二,某些基金是否可以向市场提供这些私人信息。在夏普—林特纳模型的基础上,Jensen(1968)发展了以检验以上目标为背景的理论模型,从 t 期到 $t+1$ 期证券 j 的预期收益为:

$$E(\tilde{r}_{j,t+1} \mid \Phi_t, \tilde{r}_{m,t+1}) = r_{f,t+1}[1-\beta_j(\Phi_t)] + \tilde{r}_{m,t+1}\beta_j(\Phi_t) \tag{6.4}$$

其中,$\tilde{r}_{j,t+1}$ 为证券 j 在 $t+1$ 月的收益率;$\tilde{r}_{m,t+1}$ 为 $t+1$ 月市场组合的收益率;Φ_t 为 t 期的信息集。不同的是,该式是一个对 $\tilde{r}_{j,t+1}$ 事前(Ex nate)的预测,但对 $E(\tilde{r}_{m,t+1} \mid \Phi_t)$ 的确定却需要一个 t 期的事后(Ex post)标准。解决这个问题的办法是把 t 期实现的市场证券组合的收益代入式(6.4)中,即

$$E(\tilde{r}_{j,t+1} \mid \Phi_t) = r_{f,t+1}[1-\beta_j(\Phi_t)] + E(\tilde{r}_{m,t+1} \mid \Phi_t)\beta_j(\Phi_t) \tag{6.5}$$

式(6.5)说明了 $\tilde{r}_{j,t+1}$ 的预期值是其风险的线性函数,即市场线。给定 $\beta_j(\Phi_t) = \mathrm{Cov}(\tilde{r}_{j,t+1}, \tilde{r}_{m,t+1} \mid \Phi_t)/\sigma^2(\tilde{r}_{m,t+1} \mid \Phi_t)$,则基金的 $t+1$ 期收益率可以用式(6.5)描述。如果事后的收益率落在市场线上面,说明基金的业绩比相应风险下的预期收益率低。

Jensen(1968)用1955—1964年的数据,使用以上方法检验了115种共同基金的超常业绩。如果调整风险与市场波动之后的超额收益为正,那么投资组合的业绩为正,詹森用以上简化模型估计了基金的超额收益 $\tilde{\alpha}_j$:

$$\tilde{r}_{j,t} - r_{f,t} = \alpha_j + \beta_j(\tilde{r}_{m,t} - R_{f,t}) + \tilde{u}_{j,t} \tag{6.6}$$

检验结果令人惊讶，扣除研究成本、管理费用和佣金等交易成本后，十年中超额收益$\tilde{\alpha}_j$的平均值为－1.1%，这表明基金不可能很好地预测未来证券的价格。若用扣除总费用(除了经纪费用)之前的收益来计算，则平均每年为－0.4%。很明显，总收益甚至不能弥补经纪费用。詹森的研究结果说明，共同基金既不能很好地预测证券价格，也不能击败市场，共同基金的超额收益机会都是随机产生的。即使用扣除管理费用和经纪费用之前的总费用来衡量收益，这一结论依然成立。因此，詹森的检验拒绝了共同基金管理者拥有私人信息的假说。

2. 内幕交易

那么内幕交易法中界定的内幕人交易能否战胜市场呢？这是在内幕交易数据可得的情况下，用内幕交易者能否获得超额收益来判断强式有效市场是否成立的更直观方法。贾菲(Jaffe)(1974)从证券交易委员会发布的《证券交易与持有的摘要》中收集了许多有关内幕交易的数据，并用市场线计算出累计平均超额收益。在20世纪60年代的861个观测值中，超额收益在集中交易后8个月的时间内大约为5%，而其中3%的收益发生在最后的6个月中，这表明内幕交易能够帮助内幕人获得超额收益。

贾菲同时分析了监管法规变化对内幕交易的影响，并找到了导致证券交易法规发生变化的两个重要时间点：①1961年11月的凯迪—罗伯茨决策。因为在这次决策中，内幕交易首次被列为受惩罚的行为。②1966年8月的Texas Gulf Sulphur案件，法院在该案件中支持较早前美国证监会对高级职员掩盖矿工大罢工的不利信息进行股票交易的起诉。通过分析上述事件发生前后内幕交易人集中交易样本的超额收益，贾菲得到了有意思的结论：数据结果并不能拒绝原假设，即美国证监会对上述事件的管制没有影响内幕交易行为。

Finnerty(1976)的研究支持了贾菲的上述结论，但他的数据样本并不限于某一个集中的证券交易群体，其中包括了从1969年1月到1972年12月发生的超过3万次的内幕交易。市场模型调整后的超额收益表明：不管出售还是购买股票，内幕交易都可以获得超额收益，从而战胜市场。

6.4 关于有效市场的争议

6.4.1 关于市场特性的争论

传统经济学家的基本信条是长期的变化趋势有其深刻的经济原因，而短期不规则涨落的原因则是外在的随机因素。结果，与之相应的经济数学模型通常是线性(或对数线性)方程加上随机项。关于EMH的大多数实证研究都是建立在线性模型的基础上的，探测金融数据的“线性”结构—线性可预测性是焦点。

20世纪60年代以来，人们对有序和随机的认识发生了革命性的变化，长期以来关于自然界中确定性的作用和随机性起源的观念从根基上发生了动摇。有些系统，特别是非线性系统会表现出一种非常复杂、类似随机的行为，无法根据给定的初始条件确定系统将来的状态，于是就把这种行为称为混沌。如果经济现象的不规则波动被证明是属于混沌现象的,那么,传统的经济理论关于随机性来源的假定对于该类经济现象可能就不适用,也就要求对这类经济现象的认识得从经济系统内部着手,寻求其内在原因。

Campbell、Lo、Mackinlay 在 1997 年指出:经济行为的许多方面可能并不是线性的,包括投资者对待风险和期望收益的态度和证券价格对信息的反应过程。因此,金融计量的前沿就是对非线性现象的建模。但现在还不能检测经济系统结构中的混沌,并且在相当长的一段时间内这类检验出现的可能性也很小。

早在 EMH 完全形成之前,人们就已经发现了市场收益率不符合正态分布的假定,收益率之间也非独立。部分实证研究表明,股票收益分布明显偏离正态分布,具有狭峰和厚尾。股票收益的厚尾特性说明不能用方差来度量股市的风险程度,传统投资理论方差度量风险失效。因此必须重新探讨市场的特性,从而不必依赖于独立、正态或方差有限的假设。有人建议用稳态分布来代替正态分布,但基于对正态分布的特性、研究方法的熟悉而不愿放弃正态分布。

6.4.2 金融异象对有效市场的挑战

1. 与 EMH 相悖的金融异象

EMH 指出,如果证券价格能够充分反映所有有关证券价格的信息,那么投资者就不可能利用某些分析模式和相关信息始终如一地在证券市场上获取超额收益。大量的实证检验结果基本支持有效市场理论,但是 20 世纪 80 年代以来,随着大型金融数据库的建立和计算技术的发展,经济学家通过大样本的实证研究发现了很多与有效市场理论相悖的现象,即金融异象。这些异象对 EMH 提出了有力挑战。其中,比较著名的有以下一些。

(1) 规模效应(小公司效应)

是指股票收益率与公司大小有关。Banz 是第一个发现规模效应的经济学家,他在 1981 年发现,在美国的股票市场上,无论是总收益率还是风险调整收益率都与规模大小呈负相关。在班茨(Banz)之后,经济学家对各主要发达国家的市场进行了广泛检验,其中包括比利时、加拿大、日本、西班牙、法国等,除了加拿大和法国外,其他国家均存在规模效应。

(2) 季节效应

指股票收益率与时间有关。Rozeff 和 Kinney 在 1976 年发现 1904—1974 年纽约股票交易所的股价指数一月份的收益率明显高于其他 11 个月的收益率。Gultekin(1983)等研究了 17 个国家 1959—1979 年的股票收益率,其中 13 个国家一月份的股票收益率高于其他月份。这一现象称为"一月效应"或"元月效应"。

除了元月效应以外,季节效应还包括周一效应或周末效应(monday effect),即周五收盘到周一收盘的平均股票收益率为负(French,1980);月末效应(turn-of-month effect)是指月末股票收益较其他日的平均收益高(Ariel,1987)。

(3) 账面市值比(B/M)效应

即高 B/M 股票的风险低,低 B/M 的股票风险大。Fama 和 French(1992),Lakonishok(1994)发现,从历史表现上看,那些市场价值与账面价值之比(B/M)大的公司,其收益明显低于 B/M 小的公司,而且在股市低迷和经济衰退时其业绩也比较差。

(4) 收益扭转

股票收益表现出序列相关性。短期(如日、周、月)和长期(3～5 年)的股票收益表现为负相关,这被称为收益逆转(return reversals)。洛(Lo)和麦金利(Mackinlay)在他们出版的《华尔街上非随机漫步》中对短期收益预测性进行了较完整的回顾。邦特(De Bondt)和塞勒(Thaler)的《股票市场过度反应了吗?》于 1985 年发表于《金融杂志》。该文发现,在美国的股票市场上,投资者对过去的历史弱势股(即过去 3～5 年收益率较低的公司)过分悲观,对过去的历史强势股(即过去 3～5 年收益率较高的公司)过分乐观,从而导致了股价偏离其基础价值,因此历史弱势股的未来收益会高于整个市场,历史强势股的未来收益表现则比整个市场差。如果根据股票过去 3～5 年的收益表现,构造一个买入历史弱势股同时卖出历史强势股的逆向投资组合并持有 3～5 年将会获得超额收益。

(5) 收益动能现象

中期(3～12 个月)收益表现出正的相关性,这就是著名的收益动能现象(return momentum)。Jegadeesh and Titman 于 1993 年发表第一篇系统研究动能投资策略的文章,他们分析了 1965 年 1 月至 1989 年 12 月美国股票市场月收益的数据,自 1965 年 1 月开始的每月初,构造动能组合(买入 1 单位过去 3～12 个月的强势股,同时卖出 1 单位的同期弱势股)。持有这些证券组合 3～12 个月后,计算动能组合的平均收益,包括极端收益等级子样本 K 月持有期的月均收益以及强势股和弱势股之间的月均收益差额。他们的结果表明,这些零投资的动能投资策略获得了显著的收益。图 6-3 显示了 Jegadeesh and Titman(1993)中的对称型(形成期等于持有期)投资策略的结果。

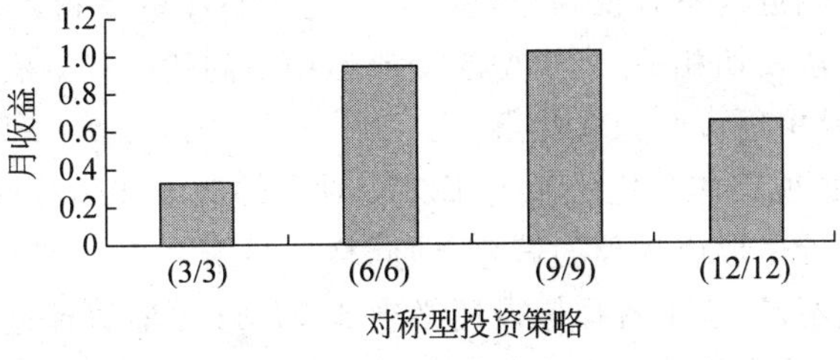

图 6-3 美国市场对称型动能投资策略的月均收益

除了以上现象,金融异象还包括流动性效应、被忽略的公司效应、新股谜团等,这些现象的存在引发了对有效市场理论以及单因素定价模型有效性的争论,对 EMH 发起了挑战和冲击。

2. 对金融异象的解释——行为金融理论

各种异象的存在使 EMH 受到了严峻挑战。在 EMH 之下是不会出现这些股票收益的规律性的,原因是投资者可以利用这些投机规律赢得超额回报,如果所有的投资者都这样做,则会使收益率间的不平衡仅供补偿其风险,由此根除各种异象。

然而实证研究表明,这些异象在世界上许多国家的股票市场上都普遍存在。经济学家们为此搜寻了许多解释,如被遗忘效应、纳税效应等,但这些理性的解释都不能令人满意。

因此经济学家开始对金融经济学的理性基石——"理性经济人"假设提出质疑。大量事实也已证明,当事人的行为方式及其中深层次的相关心理特质对金融活动的结果具有直接的、重要的影响。在研究复杂的金融市场行为时必须考虑到人类行为本身所具有的复杂多变的特性。于是,一个极富挑战性的研究新领域——行为金融学应运而生。

行为金融理论是从人们决策时的实际心理活动入手讨论投资者的投资决策行为的。投资者在进行投资决策时常表现出过分自信、损失回避、避免后悔等心理。投资者往往过分相信自己对股票价值判断的准确性,过分偏爱自己掌握的信息;对于收益和损失,投资者更注重损失带来的不利影响;委托他人投资以减少因自身决策失误而后悔及仿效多数投资者的投资行为进行投资等。

因而他们的实际决策过程并非如现代金融理论所描述的最优决策过程,进而导致证券市场上证券价格的变化偏离建立在最优决策模型等现代金融理论假设基础上的 EMH。

3. EMH 对行为金融理论的反驳

尽管行为金融理论较好地解释了许多金融异象,但 EMH 的支持者仍然对行为金融理论是否真正解释了市场异象、是否与 EMH 更接近证券市场运行的实际提出了疑问,主要观点如下。

① 在有效市场中将会有各种各样的情形存在,既会有价格对信息的过度反应也会有反应不足的情况。如果过度反应出现的频率与反应不足出现的频率大致接近,则该市场仍为有效的。而实证研究证实了这两种情形出现的概率非常相近。

② 行为金融认为当长期收益异象非常之大而不可归为偶然事件时,即使过度反应与反应不足出现的概率相近也不可视为市场有效。但 EMH 的支持者认为,这种长期收益异象的存在与度量方法密切相关,当模型改变或运用不同的统计方法时,长期收益异象甚至会消失,因此这些异象仍可归为偶然事件。

③ 推翻 EMH,必须具体规定一个与 EMH 对立的假设作为检验的基础。一个具体的备择假设必须指明价格形成过程的偏差,即同样的投资者对一些事件会过度反应而对另一些事件则会反应不足,这个备择假设还必须比 EMH 更能解释这样的事实,即异常收益的期望值为零,但偶然事件使异常现象会朝正负两个方向发展。显然,行为金融理论很难做到这一点,因此不能推翻 EMH。这些论断都坚定了 EMH 在现代金融理论中的统治地位。

6.5 分形市场假说

6.4 节分析发现有效市场假说存在一定的不足,就此学者提出了各种改进的方法,理论界也出现了多种新的市场假说。关于市场有效理论的一个争议是关于市场特性统计方面的。如在 6.4.1 中讨论的,有效市场假定市场收益率是独立同分布、方差有限的正态分布,但大量的实证研究表明,证券收益率分布具有尖峰与厚尾特征,样本方差增大,不服从正态分布。因此,基于正态分布的资产定价模型就会产生预测的偏差,而且也不能采用方差来度量证券的风险程度。所以就必须重新探讨市场特性,从而不依赖于独立同分布、方差有限的正态分布假设。

针对有效市场假设理论在市场特性设定的缺陷和不足，彼得斯（Edgar E. Peters，1994）在曼德尔布罗特（Benoit Mandelbort）的分形理论基础上提出了分形市场假说（Fractal Market Hypothesis，FMH）作为有效市场假设的替代，并提出用分形分布来代替正态分布。分形分布不仅能够较好地描述资产回报及前后期回报间的内在联系，而且可以很好地描述资产回报历史数据的尖峰厚尾的特性。

【6-5】 人物介绍——埃德加·E.彼得斯

埃德加·E.彼得斯（Edgar E. Peters）是金融市场混沌理论方面的首要权威。作为PanAgora资产管理公司的系统资产分配的高级管理者，他经营的资产超过45亿美元，而且对混沌和分形的理论与应用进行了广泛的研究。彼得斯的代表作品是《资本市场的混沌与秩序》和《分形市场分析》。

6.5.1 分形市场假说的主要内容

分形市场假说认为，证券的收益率是分形分布的。分形分布具有自相似性、厚尾性、不连续性、长期记忆性。自相似性是指某种结构或过程的特征从不同的空间尺度或时间尺度来看都是相似的，或者某系统或结构的局域性或局域结构与整体相似。在金融市场上的表现就是，资产价格如果不标注 X 轴、Y 轴的刻度，那么就无法从波动形状上分出哪个是日价时间序列、哪个是周价时间序列、哪个是月价时间序列，呈现图形分布上的自相似性，同时这种分布在频数分布图上还表现出尖峰厚尾的形态。不连续性表明缺乏平滑且不可微分。长记忆性表现为波动的时间序列在时间上具有自相关性。

分形市场假说主要包括以下几方面的内容。

① 当覆盖大量投资起点的投资者共存时，市场是稳定的。这确保了对于交易者存在充分流动性。

② 信息集在短期内比在长期内更多地涉及市场敏感性和技术性。只要投资起点存在，较长期的基础信息就占主导地位。随着投资期限的增大，更长期的基本面分析更加重要。因此，价格的变化可能只反映了信息对相应投资期限的影响。

③ 假如一个事件发生，使基础信息的正确性发生问题，那么长期投资者在市场中就可能停止交易或开始依照短期信息集进行交易。当市场的所有投资起点都收缩为一个水平，市场就开始变得不稳定了。长期投资者不再对短期投资者提供流动性以稳定市场。

④ 价格反映了短期技术交易和长期基础评价的结合。这样一来，短期价格的变化似乎比长期价格的变化更具易变性或者更具有一定程度的噪声。市场的潜在趋势反映了基于经济环境变化而变化的预期收益。短期倾向更像是群体（Crowd）行为的结果。没有理由相信短期倾向的长度涉及长期经济倾向。

⑤ 假如证券与经济循环无关，那么，就不会有长期倾向。交易、流动性和短期信息将

占主导地位。

6.5.2 分形市场假说的实证研究

对分形市场的实证研究办法主要有相关维、李雅普诺夫指数、Kolmogrov 熵、Hurst 指数和长程相关记忆周期这样一些定量指标。其中 R/S 分析方法(重标极差方法)是用来研究分形时间序列的一种常用方法,它最早是在 1951 年由英国水文学家赫斯特(Hurst)在研究尼罗河水坝工程时提出的。后来,它被广泛应用于分析各种事件序列以便区分完全随机时间序列和分形时间序列。其基本思路是:对于某一时间序列 $X_i(i=1 \wedge M)$,其总的观测次数为 M,把它分成 m 个长度为 N 的子区间,为比较不同类型的时间序列,对每个子区间赫斯特利用这 N 个观测值的标准差去除极差,来建立一个无量纲比率重标极差:

$$\mathrm{R/S} = a \cdot (N)^H \tag{6.7}$$

其中,R/S 为重标极差,N 为观测次数,a 为常数,H 为 Hurst 指数。

通过对式(6.7)取对数得到

$$\log(\mathrm{R/S}) = \log(a) + H \times \log(N) \tag{6.8}$$

对于不同的 N,可以得到不同的 R/S,以 log(R/S)和 log(N)为观测值,利用最小二乘法求回归系数便得 Hurst 指数 H。

再通过下列公式把 Hurst 指数与分形维数联系起来:$D=2-H$(其中,D 为分形维数,H 为 Hurst 指数)。此时有以下三种可能。

① 当 $H=0.5$ 时,$D=1.5$,说明序列是随机的,变量遵循随机游动且是相互独立的,即现在不影响未来,此时,它可能是高斯正态分布,也可能是 t 分布或其他非高斯独立过程分布。如果是高斯正态发布,那么此时市场是有效市场。

② 当 $0 \leqslant H < 0.5$ 时,$D > 1.5$,说明序列是反持续性的或遍历性的,也称为均值回复,变量表现为负相关。H 越接近 0,负相关程度就越强,如果在某一时刻,序列向上(下)变化,那么在下一时刻将反转向下(上)变化,这种时间序列有比随机序列更强的突变性或易变性。

③ 当 $0.5 < H \leqslant 1$ 时,$1 \leqslant D < 1.5$,说明序列是持久性的或趋势增强的,它经常被称为分形时间序列。即如果在某一时刻,序列向上(下)变化,那么在下一时刻将继续向上(下)变化,变量为正相关。且 H 越接近 1,正相关程度就越强,H 越接近 0.5,其噪声就越大,趋势也越不确定。正是这种正相关性,使市场具有长期记忆结构,并使时间序列在时间方面具有自相似性。

本章小结

有效市场假说(EMH)是现代投资理论的重要基石,也是理论界长期以来争议的焦点之一。本章介绍了有效市场假说的形成和发展过程、有效市场的内涵和形式、对有效市场的实证检验及在理论界引发的争议。最后鉴于有效市场假说存在的若干缺陷,引入分形市场假说并对其进行修正和进一步拓展。

(1) 早期的有效市场假说是建立在随机漫步理论基础之上的。巴舍利耶指出,他认为市场就是由社会投机者构成的一个整体，市场的规则就是“随机漫步”(Random Walk)，市场价格的变动也呈现随机漫步的特点。

(2) 1965 年，法玛提出了有效市场假说(EMH)。该假说认为，在一个充满信息交流和信息竞争的社会里，一组特定的信息能够在证券市场上迅速被投资者知晓，随后，股票市场的竞争将会驱使证券价格充分且及时反映该组信息，从而使投资者根据该组信息所进行的交易不存在非正常报酬，而只能赚取风险调整的平均市场报酬率。

(3) 如果市场上存在大量理性的利润最大化投资者，他们每个人都积极地预测每只有价证券的未来价值，通过激烈的竞争，市场达到均衡时的结果是关于每一只证券的过去信息以及到目前时点为止的可以预期到的事件都已经反映在现时的证券价格中了。这样的市场就是有效市场。

(4) 根据信息集的不同，有效市场分为弱式有效、半强式有效和强式有效。这三种市场分别以历史信息、公开信息和一切信息作为信息集。

(5) 对有效市场的检验主要围绕一个主题——证券价格是否完全反映了信息。对弱式有效市场的检验主要侧重于对证券价格事件序列的相关性研究方面，主要包括自相关检验、游程检验和过滤法则等；半强式有效市场的检验最常用的方法是事件研究法；对强式有效市场的检验，主要是通过检验那些拥有内幕信息的投资者是否可以获得超额收益。

(6) 对有效市场的争论主要是关于市场特性的争论以及基于市场中存在的金融异象进行的争论。其中，金融异象包括规模效应、季节效应、账面市值比效应、收益扭转和收益动能现象。

(7) 行为金融理论能够较好地解释许多金融异象，对有效市场假说提出了巨大的挑战。但并不能因此推翻有效市场假说，EMH 在现代金融理论中仍处于统治地位。

(8) 分形市场假说是在市场特性统计方面对有效市场假说的修正和拓展理论，分形分布能够较好地描述资产回报及前后期回报间的内在联系，同时也可以很好地描述资产回报历史数据的尖峰厚尾的特性。

基本概念

有效市场假说　有效市场　弱式有效市场　半强式有效市场　强式有效市场

本章习题

1. 简述有效市场假说的条件。
2. 什么是有效市场？简述有效市场假说的内容。
3. 论述有效市场的三种形式。
4. 请列举几种主要的金融异象。
5. 有效市场假说对投资者有哪些启示？
6. 论述分形市场假说的主要内容。

第三部分

固定收益证券投资分析

第7章 债券的价格与收益

债券是一种非常重要的金融产品，也是一种重要的投资工具。政府债券能够为投资者提供安全性和流动性，公司债券能为投资者提供可观的回报率。债券市场也在金融市场中居于重要地位，能为资产定价和资产组合管理提供基准收益率。因此，了解债券和债券投资管理的基本知识非常重要。本章将对债券的特征、定价、收益率及其时间价值进行详细介绍。

7.1节：债券的特征，将介绍债券的基本特征及各类债券，包括政府债券、公司债券、国际债券以及一些创新型债券。

7.2节：债券的定价，将详细介绍债券定价原理及定价公式。

7.3节：债券的收益率，将介绍不同类别的收益率及计算。

7.4节：债券的时间价值，将介绍债券怎样随时间而演化，同时将探讨应用于债务证券的某些税收规则。

债券(bond)是以借贷协议形式发行的证券。借者为获取一定量的现金而向贷者发行(如出售)债券，债券是借者的“借据”。这张借据使发行者有法律责任，需在指定日期向债券持有人支付特定款额。典型的息票债券使发行者有义务在债券有效期内向持有人每半年付息一次，这叫作息票支付，因为在计算机发明之前，大多数债券带有息票，投资者将其剪下并寄给发行者索求利息。债券到期时，发行者再付清面值(par value，face value)。债券的息票率(coupon rate)决定了所需支付的利息：每年的支付按息票率乘以债券面值计算。息票率、到期日和面值是债券契约(bond indenture)的各个组成部分，债券契约是债券发行者与持有者之间的合约。

7.1 债券的特征

债券本身为一种债权债务凭证，其特点是把债务债权转化为有价证券，具有转让性或流通性。债券以法律和信用为基础，具有法律的约束力，并受法律保护和信用制约。债券的发行、上市流通、付息和归还本金都要按法定的程序和信用合同办理。债券作为一种特定的法律和信用的经济权益关系，债务人根据法律或合同的规定，在取得借款使用权的同时，对债权人负有义务，即按规定付息和还本。债权人根据法律或合同有权要求债务人履行义务，在债务人不履行义务时，债权人有权向法院起诉，要求赔偿其所蒙受的物质损失。债券的特征表现在以下4个方面。

1. 偿还性

债券的偿还性是指债权人在一定条件下，有要求债券发行单位偿还债券本金的权利。一般来讲，债券发行单位在发行债券时，都明确规定了债券本金的偿还期和偿还方法。在符合上述要求的条件下,债权人就有权要求债券发行单位偿还债券本金,债券发行单位不得任意拖延,也不得违背债权人的利益随时偿还。

2. 安全性

债券与其他有价证券相比,安全性较高。这是由于债券的利率是固定的,筹资人必须按预定的期限和利率向投资人支付利息,直到期满为止。债券利率不受银行利率变动的影响,而且债券本金的偿还和利息的支付都有法律保障,一些国家的商业法、公司法、财政法、信托法等都有确保债券还本付息的明确规定。许多公司债券还有担保,因此投资风险是比较低的。

3. 流动性

债券具有较强的变现能力。这是由于债券是一种有价证券,期满后即可得到本金和利息;债券的利率固定,便于计算投资收益率。就此而言,投资人购买债券后,并不一定一直持有到期,当投资者需用现金时,既可以到证券交易市场上将债券卖出,也可以到银行等金融机构将债券作为抵押品而取得一笔抵押贷款。债券的流动性对于筹资人来说,并不影响其所筹资金的长期稳定,而对于投资人来说,则是为其提供了可以随时转卖、变换现金的投资商品。

4. 收益性

债券的收益性体现在两个方面:其一,债券可以获得固定的、高于储蓄存款利率的利息;其二,债券可以通过在证券交易市场上进行买卖获得比一直持有到偿还期更高的收益。债券的交易价格是随着市场利率的升降波动而变化的,当市场利率下降时,债券价格就会上涨;当市场利率上升时,债券价格就会下跌。投资人只要根据债券市场的行情,于价格较高时卖出债券,于价格较低时买进债券,就会得到比一直持有到期更高的收益。

7.1.1 政府债券

政府债券的发行主体是政府。政府债券是政府主体为筹措财政资金,以政府信用为基础向社会发行的,承诺到期还本付息的一种债券凭证。政府债券又分为中央政府债券和地方政府债券。中央政府债券又称为国债。

国债发行的目的多种多样,主要包括:弥补财政赤字、平衡财政收支;扩大政府的公共投资;解决临时性的资金需要;归还到期债券的本息等。国债是以国家信用为基础发行的,正常情况下,国债的风险较小,收益稳定。因此,国债又被称为“金边债券”。地方政府债券的发行主体是地方政府,其还本付息的保证来自地方政府的税收。由于流动性限于某一地区,相对于国债而言,其风险要高一些,但利率也比同期限的国债高。发行地方政府债券主要是为促进当地的公共设施建设及文教、卫生事业的发展。

除了政府部门直接发行的债券外,有些国家把政府担保的债券也划归政府债券体系,称为政府保证债券,这种债券由一些与政府有直接关系的公司或金融机构发行,并由政府提供担保。

【7-1】 我国的地方政府债券的发展历程

事实上，新中国成立后不久我国就允许地方政府发行债券，如东北生产建设折实公债、地方经济建设折实公债等。1958 年 4 月，中共中央发布了《关于发行地方公债的决定》，决定自 1959 年起，在必要时允许发行地方建设公债，并规定了发债的条件；但在 1985 年，在各地方政府怀有强烈的投资冲动的情况下，为了控制投资规模，决定暂停发行地方债。此后，地方债的发行一直受《中华人民共和国预算法》第 28 条规定的限制。该条指出："地方各级预算按照量入为出、收支平衡的原则编制，不列赤字。除法规和国务院规定的以外，地方政府不得发行地方政府债券。"可以看出，该规定本身含有"例外条款"。2008 年国际金融危机对我国经济造成严重冲击，中央政府推出 4 万亿元经济刺激计划。2009 年至今，我国地方政府债券发行大致经历了三个阶段：一是"代发代还"阶段。由于当时地方政府债券的发行渠道尚未建立，2009 年和 2010 年地方政府债券全部由财政部"代发代还"。二是"自发代还"试点阶段。2011—2013 年，国务院先后批准上海、江苏等 6 个省市在限额内实施地方政府债券"自发代还"。三是"自发自还"试点阶段。2014 年，国务院批准浙江、上海等 10 个省市试点地方政府债券"自发自还"，规模为 1 092 亿元。2015 年 1 月 1 日起实施的新预算法赋予地方政府发行政府债券举借债务的权利，地方政府债券由此进入"自发自还"新阶段。

截至 2015 年 11 月 30 日，全国 34 个省市（省、自治区、直辖市、计划单列市）已完成公开和定向发行地方政府债券，已发行债券合计 311 支，发行金额合计 3.70 万亿元。其中，公开发行地方政府债券金额合计 2.91 万亿元，定向发行地方政府债券金额合计 7 921.48 亿元。在已发行债券各省市中，发行总额排名前五位的分别为江苏省、贵州省、浙江省、山东省和四川省，上述 5 个省市发行地方政府债券总额分别为 3 194.00 亿元、2 320.00 亿元、2 243.60 亿元、1 993.90 亿元和 1 790.00 亿元。虽然目前我国地方政府在自主发行债券方面仍存在不少限制，但是我国地方政府独立发行债券将是必然趋势。

从长期而言，我国地方政府债券的发展需要财政金融体制改革的保驾护航。如完善做市商制度、提高二级市场流动性、建立和完善地方政府信用评级体系等。同时，要加快推进政府间财政关系改革，特别是中央和地方事权和支出责任的划分、收入的调整，理顺政府间财政关系。

资料来源：搜狐财经，2016-09-07.

7.1.2 公司债券

公司债券是公司按照法定程序发行的，约定在一定期限内还本付息的债权债务凭证。公司债券代表着发债的公司和投资者之间的一种债权债务关系。债券持有人是公司的债权人，不是所有者，无权参与或干涉公司的经营管理，但债券持有人有权按期收回本息。公司债券与股票一样，同属于有价证券，可以自由转让。

公司发行债券,是现代商品经济条件下的普遍现象,成为公司资本的重要组成部分。现代企业,特别是股份公司的资本主要由两部分组成:一是自有资本,即由股东股本的原始投入、资本盈余、累计留存组成;二是外来资本,即短期借贷和长期负债(包括各种债券)。公司发行债券有利于建立合理的资本结构,同时由于债券利息一般低于公司平均利润率,有利于提高资本利润率,还有利于降低资本成本和增加公司财务弹性。由于公司主要以本身的经营作为还本付息的保证,因此公司债券风险与公司本身的经营状况直接相关。如果公司发行债券后,经营状况不好,连续出现亏损,可能无力支付投资者本息,投资者就面临损失的风险。从这个意义上来说,公司债券是一种风险较大的债券。所以,在公司发行债券时,一般要对发债公司进行严格的资格审查或要求发行公司有财产抵押,以保护投资者的利益。另外,在一定限度内,证券市场上的风险与收益呈正相关关系,高风险伴随高收益。公司债券由于具有较大风险,所以它们的利率通常也高于国债和地方政府债券。

7.1.3 金融债券

金融债券是指银行及非银行金融机构依照法定程序发行并约定在一定期限内还本付息的有价证券。在欧美许多国家,由于商业银行和其他金融机构多属于股份公司组织,所以这些金融机构发行的债券与公司债券一样,受相同的法规管理。日本则有所不同,金融债券的管理受制于特别法规。发行金融债券的目的主要有:①增强负债的稳定性,一般金融债券的偿还期限较长,有些甚至达几十年,金融债券这种长期负债比金融机构吸收的存款具有更高的稳定性。②扩大资产业务,金融机构可根据需要,灵活地发行金融债券,改变金融机构根据负债结构和负债规模确定资产结构与规模的传统业务特征。由于金融债券是凭借发行主体的信用发行的,因此,一般只有那些规模大、资信状况优良的金融机构才能获准发行。

7.1.4 国际债券

国际债券一般分为两类:外国债券与欧洲债券。外国债券是由债券销售所在国之外的另一国的筹资者发行的债券。债券以出售国货币为单位。如一家德国公司在美国出售以美元为单位的债券,就被认为是外国债券。这些债券的名称种类繁多,但都以出售国所在地为基础。如外国债券在美国销售被称为扬基债券。与其他在美国出售的债券一样,这些债券都要在美国证券交易委员会登记。以日元为单位在日本由非日本公司发行的债券叫作武士债券,以英镑为单位在英国发行的债券叫猛犬债券。与外国债券不同,欧洲债券是以一国货币发行但在另一国市场出售的债券。例如,欧洲美元市场指的是在美国境外(不仅在欧洲)出售的以美元为单位的债券,伦敦是最大的欧洲美元债券市场。由于欧洲美元市场在美国的管辖范围之外,所以这些债券不受美国联邦机构的控制。类似地,欧洲日元债券是以日元为单位在日本境外销售的债券,欧洲英镑债券是以英镑为单位而在英国以外地区销售的债券等。

7.1.5 创新型债券

1. 逆向浮动利率债券

与浮动利率债券类似，但这类债券的票息会随着利率平均水平的上升而下降。当利率上升时，这类债券的投资者要承担双倍的损失。随着贴现率上升，不但债券产生的每一单位现金流的现值下降，而且现金流本身也在下降。当然，当利率下降时，投资者也将获得双倍的回报。

2. 资产支持债券

迪士尼公司发行了票息与公司几部电影的收益相挂钩的债券。类似地，“David Bowie 债券”的收益与其某些专辑的版税相关联。这些都是资产支持证券的实例。某些特定资产的收益用于支付债务。更为常见的资产支持证券有按揭证券以及汽车和信用卡贷款支持证券。

3. 巨灾债券

管理东京迪士尼的东方乐园株式会社在 1999 年发行过一只债券，这只债券的最终支付额取决于在迪士尼附近是否发生过地震。一家名为 Winterthur 的瑞士保险公司发行了一只债券，如果在瑞典发生了严重的冰雹灾害导致公司过度赔付，则该债券的收益会被削减。这类债券是将公司承担的“巨灾风险”向资本市场转移的一种手段。债券投资者由于承担了风险而获得了高票息的补偿。但是在灾难事件中，债权人会放弃全部或部分投资。“灾难”可以用全部保险损失或者飓风的风速和地震的里氏震级之类的指标表示。随着投保人寻求将自身的风险转移到更广阔的资本市场中去，巨灾保险在近些年发展十分迅猛。

4. 指数债券

指数债券的收益与一般价格指数或者是某些大宗商品的价格相联系。例如，墨西哥发行了一只收益取决于石油价格的债券。某些债券与一般物价水平相联系。美国财政部从 1997 年 11 月开始发行名为通货膨胀保值债券(TIPS)的通货膨胀指数债券。通过将债券面值与一般价格水平相联系，债券的票息收益和最终的面值偿还会直接依据消费者价格指数升高而提高。因而，这类债券的利率是无风险的实际利率。

7.2 债券的定价

债券的付息和本金偿还都发生在未来的若干月和若干年。因此，投资者对未来的收益权所愿意支付的价格取决于将来所获得的货币价值与现在所持有的现金价值的比较，而现值的计算则取决于市场利率。

7.2.1 影响债券定价的因素

影响债券定价的因素有很多，但大致可以分为内部因素和外部因素。

1. 债券定价的内部因素

① 期限。债券的期限越长，其市场变动的可能性就越大，其价格的易变性也就越大。

② 票面利率。债券的票面利率越低,债券价格的易变性也就越大。

③ 提前赎回条款。提前赎回条款是债券发行人所拥有的一种选择权,它允许债券发行人在债券发行一段时间后,按约定的赎回价在债券到期前部分或全部偿还债务。

④ 税收待遇。免税债券的到期收益率比类似的应纳税债券的到期收益率低。

⑤ 市场性。市场性是指债券可以迅速出售而不会发生实际价格损失的能力。市场性较好的债券与市场性较差的债券相比,具有较低的到期收益率和较高的内在价值。

⑥ 违约风险。违约风险是指债券发行人不能按期履行合约规定的义务,无力支付利息和本金的潜在可能性。违约风险越大的债券其到期收益率就越高,其债券的内在价值也就越低。

2. 债券定价的外部因素

① 银行利率。银行利率是债券定价过程中必须考虑的一个重要因素。一般来说,政府债券由于没有风险,收益率要低于银行利率,而一般公司债券的收益率要高于银行利率。

② 市场利率。利率风险是各种债券都面临的风险。当市场总体利率水平上升时,债券的收益率水平也应该上升,从而使债券的内在价值降低;反之,当市场总体利率水平下降时,债券的收益率水平也应下降,从而使债券的内在价值增加。并且,市场利率风险与债券的期限相关。债券的期限越长,其价格的利率敏感性也就越大。

③ 其他因素。影响债券定价的外部因素还有通货膨胀水平以及外汇汇率风险等。通货膨胀的存在会使投资者从债券投资中实现的收益不足以抵补由于通货膨胀而造成的购买力损失。当投资者投资于某种外币债券时,汇率的变化会使投资者的未来本币收入受到贬值损失。这些损失的可能性将在债券的定价中得到体现,使债券的到期收益率增加,债券的内在价值降低。

7.2.2 债券定价原理

1962 年,麦尔齐(Malkiel,B. G.)最早系统地提出了债券定价的 5 个原理,至今仍被视为债券定价理论的经典。

定理 7-1 债券的价格与债券的收益率呈反向运动关系。换句话说,当债券价格上升时,债券的收益率下降;反之,当债券价格下降时,债券的收益率上升。

图 7-1 正反映了债券价格和债券收益率的反向关系。图中债券面值为 1 000 美元,20 年到期,半年付息,年息票率为 10%。图中的曲线因到期收益率的变化而呈凸形,明显看出债券的价格与债券的收益率呈反向运动关系。

定理 7-2 在给定的利率水平下,债券价格的变化直接与期限相关。期限越长,债券价格对到期收益率变动的敏感程度就越高。

图 7-2 反映的是期限分别为 10 年、20 年、30 年的债券价格变化的情况($n=10,20,30$)。在该图中,当到期收益率为 10%,票面利率为 10%时,三种债券都以面值进行交易。假定息票率不变,只考虑到期收益率的变动对期限不同的债券价格的影响。无论到期收益率向哪个方向变动,30 年期($n=30$)债券价格的变动最明显。

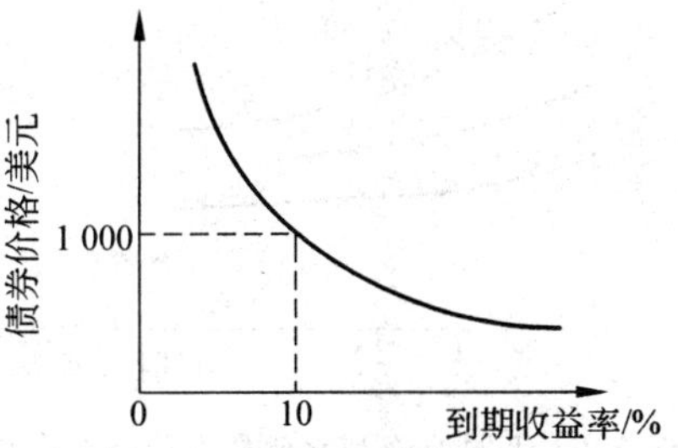

图 7-1　债券价格和到期收益率之间的关系

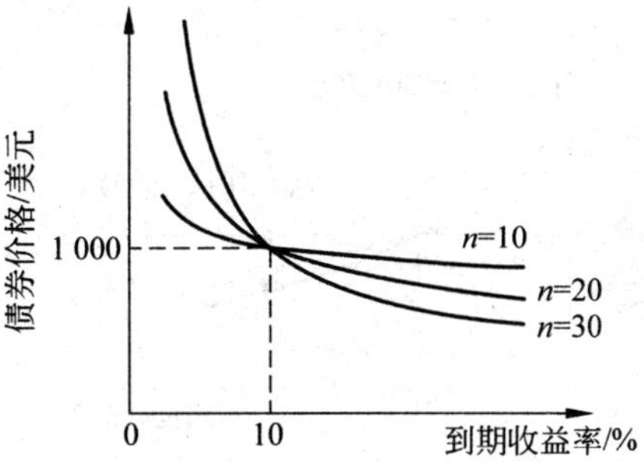

图 7-2　期限不同的债券价格和到期收益率之间的关系

定理 7-3　随着债券到期时间的临近，债券价格的波动幅度减小，并且是以递减的速度减小；反之，到期时间越长，债券价格的波动幅度增大，并且是以递减的速度增大。这个定理同样适用于不同债券之间的价格波动的比较以及同一债券的价格波动与到期时间的关系。

在图 7-3 中，对 5 年期债券和 10 年期债券的价格差异与 25 年期债券和 30 年期债券的价格差异进行比较。两种债券息票率都是 10%。根据定理 7-1 和定理 7-2，当收益率小于 10%时，$p(n=10)-p(n=5)>0$，$p(n=30)-p(n=25)>0$；当收益率大于 10%时，$p(n=10)-p(n=5)<0$，$p(n=30)-p(n=25)<0$。但是，从图 7-3 中可以看出，曲线 $p(n=10)-p(n=5)$ 比曲线 $p(n=30)-p(n=25)$ 更陡峭，这说明对短期债券而言，其价格差异对到期收益率变化的敏感性更高。

定理 7-4　对于期限既定的债券，由于收益率下降导致的债券价格上升的幅度大于同等幅度的收益率上升导致的债券价格的下降的幅度。换言之，对于同等幅度的收益率变动，收益率下降给投资者带来的利润大于收益率上升给投资者带来的损失。

定理 7-5　对于给定的收益率变动的幅度，债券的票面利率与债券价格的波动幅度反向变动。票面利率越高，债券价格的波动幅度越小。

图 7-4 中，对于 20 年到期，到期收益率为 10%，面值为 1 000 美元，息票利率分别为 5%，10%，15%（或 $c=25,50,75$，半年付息）的债券价格变化情况进行了比较。该图表示，当到期收益率上升时，票面利率高的债券下降幅度小于票面利率低的债券；相反，当到期收益率下降时，票面利率高的债券上升幅度小于票面利率低的债券。这表明，息票利率低的债券，其价格对利率变化的敏感程度反而高。而息票率高的债券，则债券价格变动相对平缓。

7.2.3　债券定价公式

为了给债券定价，先用适当的贴现率对预期现金流贴现。债券现金流由有效期内息票支付和到期面值支付构成。因此，债券价值＝息票的现值＋面值的现值。

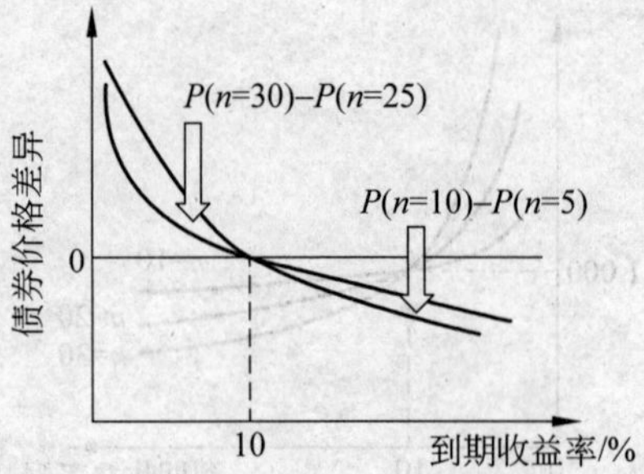

图 7-3 期限不同的债券在到期收益率不同时的价格差异

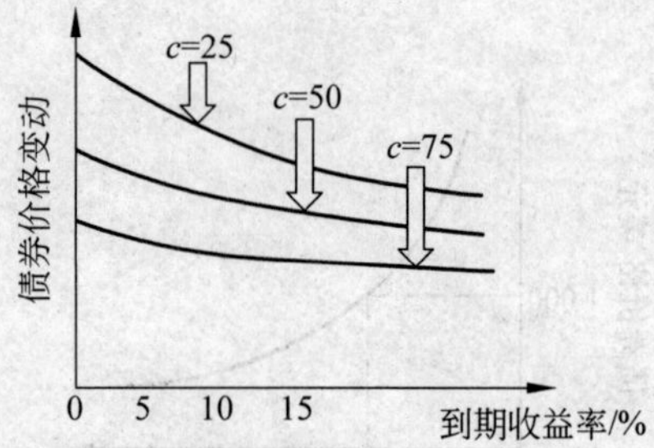

图 7-4 不同票面利率债券的价格对到期收益率变化的敏感程度

如果债券到期日为 T,利率为 r,那么债券价值能用式(7.1)表示:

$$债券价值 = \sum_{T=1}^{T} \frac{息票}{(1+r)^T} + \frac{面值}{(1+r)^T} \tag{7.1}$$

从式(7.1)中的累积求和公式可知,需要把每次息票支付的现值相加,每次息票的贴现都基于其被支付的时间。

当利率为 r 时,存续期为 T 的1美元年金现值为$\frac{1}{r}\left[1-\frac{1}{(1+r)^T}\right]$。该表达式被称作利率为 r 的 T 期年金因子。类似地,$\frac{1}{(1+r)^T}$则可被称作面值因子,即在 T 期时1美元的单一支付的现值。因此,债券的价格能被表述为

$$价格 = 息票 \times \frac{1}{r}\left[1-\frac{1}{(1+r)^T}\right] + 面值 \times \frac{1}{(1+r)^T} \tag{7.2}$$

不同类型的债券,其定价公式根据其特点也各不相同。以下简单介绍关于贴现债券、附息债券及统一债券的定价公式。

1. 贴现债券

贴现债券(pure discount bond),又称零息票债券(zero-coupon bond),是一种以低于面值的贴现方式发行的,不支付利息的,到期按债券面值偿还的债券。债券发行价格与面值之间的差额就是投资者的利息收入。由于面值是投资者未来唯一的现金流,所以贴现债券的内在价值由以下公式决定:

$$V = \frac{A}{(1+r)^T} \tag{7.3}$$

式(7.3)中,V 代表内在价值,A 代表面值,r 是市场利率,T 是债券到期时间。假定某种贴现债券的面值为100万美元,期限为20年,利率为10%,那么它的内在价值应该是:$V=100/(1+0.1)^{20}=14.8644$ 万(美元)。换言之,该贴现债券的内在价值仅为其面值的15%左右。

2. 附息债券

附息债券(level-coupon bond),又称直接债券,或称固定利息债券,按照票面金额计算利息,票面上可附有作为定期支付利息凭证的息票,也可不附息票。投资者不仅可以在债券期满时收回本金(面值),而且还可定期获得固定的利息收入。所以,投资者的未来

的现金流包括两部分，即本金与利息。直接债券的内在价值公式如下

$$V=\frac{c}{(1+r)}+\frac{c}{(1+r)^2}+\frac{c}{(1+r)^3}+\cdots+\frac{c}{(1+r)^T}+\frac{A}{(1+r)^T} \tag{7.4}$$

式(7.4)中，c 是债券每期支付的利息，其他变量与式(7.4)相同。

3. 统一公债

统一公债(consols)是一种没有到期日的特殊的定息债券。最典型的统一公债是英格兰银行在 18 世纪发行的英国统一公债(British Consols)，英格兰银行保证对该公债的投资者永久期地支付固定的利息。直至今日，在伦敦的证券市场上仍然可以买卖这种公债。历史上美国政府为巴拿马运河融资也曾发行过类似的统一公债。但是，由于在该种债券发行时含有赎回条款，所以美国的统一公债已经退出了流通。因为优先股的股东可以无限期地获得固定的股息，所以在优先股的股东无限期地获取固定股息的条件得到满足的条件下，优先股实际上也是一种统一公债。统一公债的内在价值的计算公式如下

$$V=\frac{c}{(1+r)}+\frac{c}{(1+r)^2}+\frac{c}{(1+r)^3}+\cdots=\frac{c}{r} \tag{7.5}$$

例如，某种统一公债每年的固定利息是 50 美元，假定市场利率水平为 10%，那么，该债券的内在价值为 500 美元，即 $V=\frac{50}{10\%}=500$。

7.3 债券的收益率

债券的收益包括两个部分：一部分是未来定期收到的票面利息的数量及其再投资收益；另一部分是由于债券价格变动所产生的资本收益。影响票面利息的数量和债券价格的因素有很多，主要包括债券的面值、票面利率、期限等。债券的票面利率不同，期限各异，投资者仅根据债券价格和利息数量的绝对值来判断债券收益是不全面的。债券的收益率是度量单位时间内单位面值的债券的收益，因此债券的收益率是用于衡量债券收益高低的合适的指标。

7.3.1 当期收益率

当期收益率也称直接收益率，是当年利息收入占购买价格的比率。当期收益率只考虑当期利息收入而不考虑其他收入来源。由于浮动利率债券的未来现金流的不确定性，通常只考虑当期的利息，因此当期收益率适合于衡量浮动利率债券的收益水平。其公式为

$$y=\frac{c}{p} \tag{7.6}$$

其中，y 为当期收益率，c 为债券当年利息，p 为债券的购买价格。

7.3.2 单利最终收益率

单利最终收益率是固定利率附息债券每年支付的利息额加持有期间平均资本损益之和与购买价格的比率。对于新发行债券，也称为认购收益率。与当期收益率不同，单利最

终收益率除了考虑债券的利息收入外,还考虑了购买价格与卖出价格所产生的资本盈利或损失。但是,和当期收益率一样,单利最终收益率也没有考虑资金的时间价值。计算公式为

$$y=\frac{c+(p_1-p)/n}{p}\times 100\% \tag{7.7}$$

其中,y 为单利最终收益率,c 为票面利息,p 为购买价格,p_1 为卖出价格或偿还价格,n 为债券剩余年期。

【例 7-1】 一张 20 年期附息债券,面值为 1 000 美元,票面利率为 9% ,发行时投资者购买的价格为 1 034 美元,并打算持有到期,由于投资者持有到期,所以 $p_1=1\ 000$ 美元,投资者获得的单利最终收益率为

$$y=\frac{c+(p_1-p)/n}{p}\times 100\%=\frac{90+(1\ 000-1\ 034)/20}{1\ 034}\times 100\%=8.5\%$$

7.3.3 到期收益率

投资者是否购买债券不是根据允诺回报率来考虑的,而是综合考虑债券的价格、到期日、息票收入,以此来推断债券在整个生命期内可提供的回报。到期收益率也被称为内部收益率,即使得未来所有利息和本金的现值之和等于债券市场价格的贴现率。到期收益率是投资者自债券购买日保持至到期还本为止所获得的平均报酬率的测度,是投资者最关心的债券收益率,是被广泛接受的一般回报的代表值。到期收益率不仅考虑了债券未来的现金流,而且考虑了现金流的时间价值。为了计算到期收益率,在给定债券价格的条件下,求解关于利率的债务按价格方程进行。到期收益率的计算有如下几种方法。

1. 基本公式

到期收益率可以由式(7.8)求得

$$p=\sum_{i=1}^{n}\frac{c}{(1+y)^i}+\frac{F}{(1+y)^n} \tag{7.8}$$

其中,p 为债券当前价格,c 为利息,F 为面值,n 为距到期日的年数,y 为每年的到期收益率。

【例 7-2】 有一种 10 年后到期的债券,每年付息一次,下一次付息正好在一年后,面值为 100 美元,票面利率为 8%,市场价格为 107.02 元,则它的到期收益率为

$$107.02=\sum_{i=1}^{10}\frac{8}{(1+y)^i}+\frac{100}{(1+y)^{10}}$$

可以直接求出,$y=7\%$。

到期收益率假设债券不存在违约风险和利率风险,投资者将债券持有至到期日,并且每次获得的利息按计算出来的到期收益率进行再投资,直至到期日。到期收益率不仅反映了利息收入,还考虑了债券购买价格和到期价格之间的资本利得。

2. 零息债券的到期收益率

零息债券收益率的计算方法非常简单,可由之前的内在价值公式得出。

【例 7-3】 假设欧洲国债市场中有 A,B,C 三种债券,面值都是 1 000 元。债券 A 是 1 年期零息债券,目前的市场价格为 934.58 元;债券 B 为 2 年期的零息债券,目前的市场价格为 857.34 元;债券 C 为 2 年期附息债券,票面利率为 5%,一年付息一次,下一次付息在一年之后,目前的市场价格为 946.93 元。分别计算三种债券的到期收益率为

$$934.58 = \frac{100}{(1 + y_A)}$$

$$857.34 = \frac{100}{(1 + y_B)^2}$$

$$946.93 = \frac{50}{(1 + y_C)} + \frac{100}{(1 + y_C)^2}$$

可以求出,债券 A 的到期收益率为 7%,债券 B 的到期收益率为 8%,债券 C 的到期收益率为 7.97%。

3. 半年支付一次利息债券的到期收益率的计算

很多债券是半年支付一次利息的,那么应该如何计算这类债券的年到期收益率呢?根据债券市场的习惯做法,首先计算债券每半年的到期收益率,然后将半年收益率乘以 2,就得到该债券年到期收益率,即

$$p = \sum_{i=1}^{2n} \frac{c}{(1 + y/2)^i} + \frac{F}{(1 + y/2)^{2n}} \tag{7.9}$$

其中,p 为债券当前的市场价格,c 为每次支付的利息,f 为债券面值,$2n$ 为距到期日的期数,y 为到期收益率。

4. 在两个利息支付日之间购买的债券的到期收益率

此种情况下,到期收益率是使未来现金流的现值与债券市场价格相等的贴现率,其计算公式为

$$P = \sum_{i=1}^{N} \frac{c}{(1 + y)^n + (1 + y)^{t-1}} + \frac{F}{(1 + y)^n + (1 + y)^{M-1}} \tag{7.10}$$

其中,y 为每期到期收益率,c 为支付的利息,F 为债券面值,M 为距到期日的年数,n 为清算日距下一次利息支付日之间的天数除以利息支付期的天数。

【例 7-4】 一种附息债券,面值为 1 000 元,票面利率为 10%,每年的 3 月 1 日和 9 月 1 日分别付息一次,2005 年 3 月 1 日到期,2003 年 9 月 12 日的完整市场价格为 1 045 元,求它的到期收益率。

由于下一次付息是在 2004 年 3 月 1 日,清算日距下一次利息支付日之间的天数为 2003 年 9 月 12 日到 2004 年 3 月 1 日之间的天数,共 169 天;利息支付期是半年,即 180 天。因此,有

$$V = 169/180 = 0.938\,9(V \text{ 表示期数,见表 7-1})$$

其计算过程如表 7-1 所示。

表 7-1 例 7-4 的计算过程

期 数	现金流入/元	现金流现值/元
0.938 9	50	$\frac{50}{(1+y)^{0.9389}}$
1.938 9	50	$\frac{50}{(1+y)^{1.9389}}$
2.938 9	1 050	$\frac{1050}{(1+y)^{2.9389}}$
总计		1 045

所以,可以求得该债券的年到期收益率 y 为 13.9%。

到期收益率主要取决于购买价格和剩余的期限年数。如果购买价格高出面值,则到期收益率必然低于债券的名义利率;如果想使到期收益率高于名义收益率,则首先必须使购买价低于面值。在其他条件既定的情况下,购买价压得越低,则到期收益率越高。另外,还有剩余期限因素,在同等条件下,剩余期限越短,则其到期收益率也越高。故剩余期限越短,即越接近于债券的到期日,其购买价格越接近面值,剩余期限也越长,则其购买价就越低。

7.3.4 持有期收益率

即使将债券持有到期,投资者获得的实际回报率与事先计算出来的到期收益率也可能不相等。在投资期结束后,为了准确计算债券的事后收益率,人们经常计算债券的持有期回报率。持有期回报率是债券在一定持有期内的收益(包括利息收入和资本利得或损失)相对于债券期初价格的比率,它是衡量债券事后实际收益率的准确指标。根据定义,计算公式为

$$\begin{aligned}\text{持有期收益率} &= \frac{\text{期末财富}-\text{期初财富}}{\text{期初财富}}\times 100\% \\ &= \frac{\text{利息收入}+(\text{期末价格}-\text{期初价格})}{\text{期初价格}}\times 100\% \\ &= \frac{\text{利息收入}}{\text{期初价格}}\times 100\% + \frac{\text{期末价格}-\text{期初价格}}{\text{期初价格}}\times 100\% \\ &= \text{当期收益率}+\text{资本利得(损失)收益率}\end{aligned}$$

1. 一期的持有期回报率

根据持有其回报率的定义,投资者持有债券一期时,其持有期回报率为

$$y=\frac{c+(p_1-p_0)}{p_0}\times 100\%$$

其中,y 为一期持有回报率,c 为利息,p_1 为第一期期末的价格,p_0 为期初价格。

【例 7-5】 投资者支付 1 000 美元购买一种半年付息的债券,票面利率是 8%。6 个月后该债券的市场价格上升为 1 068.55 美元,则这半年内投资者的持有期回报率为

$$y=\frac{40+(1\,068.55-1\,000)}{1\,000}\times 100\% = 10.86\%$$

2. 多期的持有期回报率

在介绍到期收益率时，假设所有利息将以到期收益率相等的利率进行再投资，因而到期收益率就是债券在整个生命期内实现的回报率。例如，有一种两年期的债券，一年付息一次，票面利率为10%，面值为1 000美元，平价出售。那么，其到期收益率与票面利率相等，也为10%。投资者第一年获得100美元利息，如果这100美元利息能以10%的利率进行再投资，第二年将会升值为110美元。第二年投资者共能获得1 210美元，包括1 000美元的本金，第一年利息在投资获得110美元以及第二年的利息100美元。在这里，考虑了利息的再投资，如果把利息的再投资收益计入债券收益，据此计算出来的收益率就被称为复利收益率。把复利收益率记作 y，那么

$$1\,000(1+y)^2 = 1\,210, \quad y = 10\%$$

可以看到，如果再投资利率等于到期收益率(10%)，那么复利收益率就等于到期收益率。如果再投资利率高于10%，那么两年后投资者获得的资金将超过1 210美元，复利收益率会高于10%；当再投资利率低于10%时，两年后投资者获得的资金将不足1 210美元，复利收益率也会低于10%。例如，假设第一年的利息按8%的利率再投资，那么财富终值为

$$FV = 1\,000 + 100 + 100 \times 1.08 = 1\,208(\text{美元})$$

由于 $1\,000(1+y)^2 = 1\,208$(美元)，所以 $y = 9.91\%$。

由此，可以总结出多期的持有期回报率 y，也就是复利收益率的计算方法。期末财富 FV 是债券的期末价格与利息的未来价值之和，即

$$FV = \frac{P_n + C[(1+r)^n - 1]}{r}$$

其中，P_n 为期末价格，C 为利息，r 为利息再投资利率，n 为持有期数。设债券的期初价格是 P_0，因为 $P_0 \times (1+y)^n = FV$，所以 $y = \sqrt[n]{\frac{FV}{P_0}} - 1$。

实际上，债券经过 n 期后的终值(期末财富)包括三个部分：债券在第 n 期的销售价格、发行者支付的利息和在此期间各次利息产生的利息。注意，每次利息都将按照不同的利息进行再投资。例如，第一次支付的利息将按照当时的利率再投资 $n-1$ 期，第二次支付的利息也将按照当时的利率水平再投资 $n-2$ 期，以此类推。

在实际的经济生活中，每次利息的再投资利率事先是未知的，到期前债券的销售价格也是未知的。只有持有到期，债券价格才是已知的，等于债券面值。因此，复利收益率只有在投资期结束以后才能计算出来，因而复利收益率是多期的持有期回报率，衡量的是债券的事后收益率。

7.3.5 赎回收益率

到期收益率假设债券是在持有至到期日的情况下计算的。然而，如果债券是可赎回的，或者在到期日之前终结，此时应该用赎回收益率来度量赎回条款下债券的平均收益率。

图7-5说明了可赎回债券持有者的风险。图中上方曲线表示面值1 000美元，息票

率 8%,有效期 30 年的普通债券(即不可赎回债券)在不同市场利率条件下的价值。如果利率下降,与承诺支付的现值相等的债券价格就会随之上升。

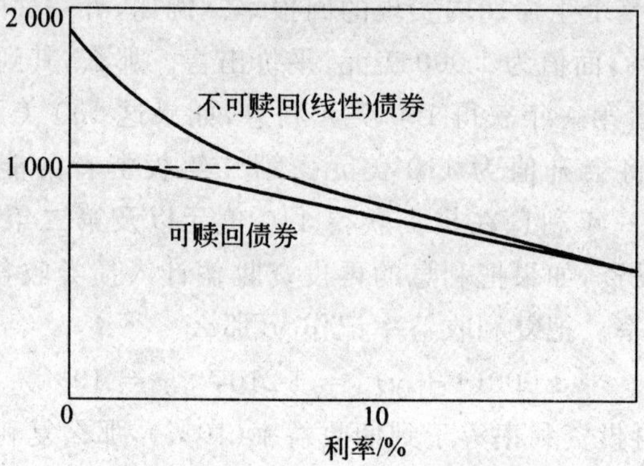

图 7-5 债券价格:可赎回与不可赎回债券

现在考虑一种具有相同息票率和到期日但可赎回的债券,债券价格为面值的 110%,即 1 100 美元。当利率下降时,预订支付的现值就要上升,但赎回条款允许债券发行人以赎回价格回购债券。如果赎回价格低于预订支付的现值,发行人可能会从债券持有人手中赎回债券。

图 7-5 中的下方实线表示可赎回债券的价值。当利率较高时,由于预订支付的现值低于赎回价格,故赎回风险可忽略不计。因此,不可赎回债券与可赎回债券的价值趋于一致。然而,在低利率的条件下,两种债券的价格就不同,其差异反映了能以赎回价格回购公司债券的期权价值。在利率很低的情况下,预订支付的现值超过了赎回价格,债券被赎回,该点的值就是赎回价格,为 1 100 美元。

这一分析表明,如果债券极有可能被赎回,那么相对于到期收益率而言,债券市场分析家们可能对赎回收益率更感兴趣。赎回收益率的计算与到期收益率的计算基本相同,只是要以赎回日替代到期日,以赎回价格代替面值。这种计算方法有时被称作首次赎回收益率,因为假设赎回发生在债券首次可赎回的时间。

【例 7-6】 假设息票率为 8%,30 年到期的债券售价为 1 150 美元,并且该债券可在 10 年后以 1 100 美元的价格被赎回。使用如表 7-2 所示的值可计算到期收益率和赎回收益率。

表 7-2 例 7-6 的计算用值

	赎回收益	到期收益
息票支付	40 美元	40 美元
半年期次数	20 次	60 次
最后偿付	1 100 美元	1 000 美元
价格	1 150 美元	1 150 美元

可以直接求出,$y=6.64\%$。

我们注意到,大多数可赎回债券在发行时都有一个最初的赎回保护期。此外,还存在隐含形式的赎回保护，即债券以赎回价为基础进行高折价的销售。即使利率下降了一点，高折价的债券仍以低于赎回价格的价格出售，这样也就不需要赎回了。

如果利率进一步降低，以接近赎回价格出售的溢价债券特别容易被赎回。如果利率下降，一种可赎回的溢价债券所提供的收益率可能低于折扣债券的收益率，因为后者潜在的价格升值不会受到赎回可能性的限制。相对于到期收益率而言，溢价债券的投资者通常对债券的赎回收益率更感兴趣，因为债券在赎回日可能被赎回。

7.4 债券的时间价值

在学习债券投资分析时，债券的时间价值是一个需要考虑的关键因素。当债券的票面利率等于市场利率时，是按其面值平价出售的。在这种情况下，投资者通过利息的形式获得了货币时间价值的公平补偿，而无须更多的资本利得来提供公平补偿。当债券的票面利率低于市场利率时，单靠债券的票面利率利息支付就不足以为投资者提供与投资其他市场所获同样水平的收益率了。所以为了能在该债券投资上获得公平的回报率，投资者需要从该债券上获得价格增值作为补偿，因此，债券必须低于面值折价出售以满足为投资者提供内在资本利得的要求。债券的合理市场价格应是目前还未付的年息票利率现值加上面值的现值。

当债券价格根据现值公式来确定时，面值的任何折扣都提供了一个预期的资本利得，这将提高低于市场利率的息票率，使之足以提供公平的总收益率。相反，若息票率高于市场利率，其自身的利息收入就会超过市场的其他项目。投资者将会以高于面值的价格购买。随着债券期限的临近，其价值将会下降，这是因为，难以再获得高于市场利率的剩余息票支付。产生的资本损失抵消了高息票支付，持有者仅获得了公平的收益率。

图 7-6 刻画了在市场利率不变的情况下，高、低两种息票债券的价格（不包括利息生息的净值）随到期日剩余时间变化的曲线。低息债券享有资本利得，而高息债券遭受资本损失。

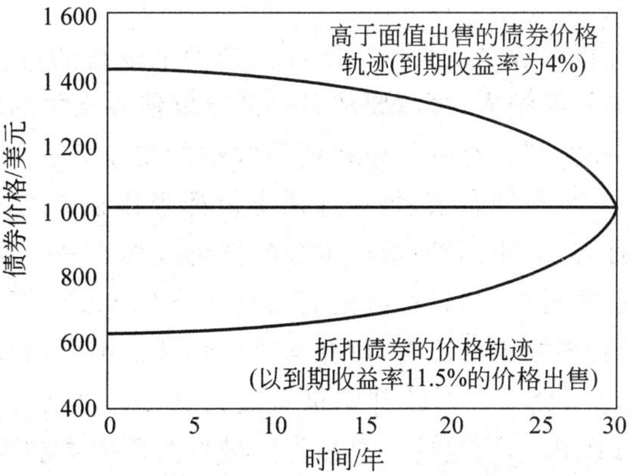

图 7-6 高、低两种息票债券的价格随到期日剩余时间的变化

这些例子说明，每种债券都提供给投资者相同的总收益率。正如在完善功能的资本

市场中期望的那样,尽管资本利得较收入的成分不同,但每一种债券的价格都被设计成能够提供相当的收益率。在税后风险调整的基础上,所有证券的收益率都应该是相当的。如果不是这样,投资者将抛售低收益证券,拉低价格,直至该债券在目前更低的价格下其总收益率与其他证券的总收益率相当。债券价格不断调整,直至在给定风险和税收调整的条件下,所有证券都公平定价,具有相当的期望收益率。

7.4.1 到期收益率和持有期回报率

当债券收益率波动时,其回报率也将如此。无法预料的市场利率的变化将导致债券回报率随机变化。债券的持有期回报率较最初出售所获得的收益来讲,可能更好,也可能更差。债券收益的增加将导致其价格的降低,这就意味着持有期回报率将低于初始收益。反之,债券收益降低将使得持有期回报率高于初始收益。

用另一种方式来思考到期收益率和持有期回报率之间的差异。到期收益率仅仅依赖于债券的息票、当前价格和到期面值。所有这些值现在都是已知的,因为很容易计算出到期收益率。如果债券能持有到到期日,则到期收益率能被解释为平均回报率。相反,持有期回报率则是整个特定投资周期的回报率,且依赖于持有期结束时的债券市场价格,而市场价格现在是未知的。持有期的债券价格会因无法预测利率的变化而变化,因此,持有期回报率极少能被准确预测出来。

7.4.2 零息债券和国库券剥离

最初发行折扣债券没有像按照面值发行的息票债券那样普遍。这些债券都是以较低的息票率发行,且以面值的折扣价格出售。零息债券是此类债券的一个极端的例子。由于零息债券没有息票,而是以价差的方式来提供全部收益,并且仅在到期日为债券持有人提供一次现金流。

美国国库券是短期利息债券。如果国库券的面值为 10 000 美元,则财政部以低于10 000美元的价格发行或出售,承诺到期后支付 10 000 美元。所以,投资者的所有回报均来自价格差。

长期零息债券的发行一般是在美国财政部的帮助下进行的,由息票票据和债券两部分构成。购买息票债券的经纪人,可以要求财政部分解债券支付的现金流,使其成为一系列独立债券,这时每一证券都具有一份原始债券收益的要求权。例如,一张 10 年期息票债券被“剥离”成为 20 份半年期息票,每一息票支付都当作独立的零息债券来对待,这些债券的到期日从 6 个月到 10 年不等,最后本金的偿付被视为另一种独立的零息债券。每一支付都按照独立的证券对待,并且都分配有自己独立的 CUSIP 号码(由统一证券鉴定程序委员会颁布)。具有该标识的证券,可在连接联邦储蓄银行及其分支机构的网络上通过 Fed wire 系统进行电子交易。财政部则仍有支付义务。实施了息票剥离的国库券程序被称为本息剥离(STRIPS),而这些零息债券则被称为国库券剥离。

随着时间的推移,零息债券的价格将会发生怎样的变化呢?在到期日,零息债券将以面值出售。而在到期之前,由于货币的时间价值,债券将以面值的折扣价格出售。随着时间的推移,价格越来越接近面值。实际上,如果利率固定不变的话,零息债券的价格将完全按照利率同步上升。为说明该特性，假设有一种 30 年期面值为 1 000 美元的零息债券，市场年利率为 10%，当前的价格为 $1\,000/(1.10)^{30}=57.31$（美元）。一年后，距到期日 29 年，如果收益率仍为 10%，此时的债券价格为 $1\,000/(1.10)^{29}=63.04$（美元），其价格比前一年增长了 10%。这是因为，现在的面值少贴了一年，所以它的价格就要增加了一年的贴现因子。

图 7-7 刻画了在年市场利率为 10%的情况下，30 年期的零息债券在到期日之前的价格轨迹。在到期日之前，债券价格的增长将以指数形式而非线性形式增长。

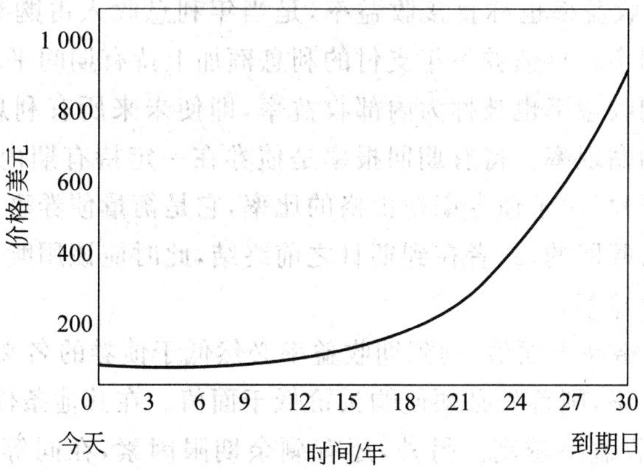

图 7-7　30 年期零息债券价格随时间变化的曲线

本章小结

本章主要介绍了债券的相关概念，包括债券的特征及收益率，并对债券的定价进行了详细的描述，最后对债券的时间价值做了一个简单介绍。

(1) 债券是以借贷协议形式发行的证券，其本身为一种债权债务凭证，其特点是把债权债务转化为有价证券，具有转让性或流通性。债券的特征主要包括偿还性、安全性、流动性、收益性。

(2) 政府债券是政府主体为筹措财政资金，以政府信用为基础向社会发行，承诺到期还本付息的一种债券凭证。政府债券又分为中央政府债券和地方政府债券。中央政府债券又称为国债。公司债券是公司按照法定程序发行的，约定在一定期限内还本付息的债权债务凭证。公司债券代表着发债的公司和投资者之间的一种债权债务关系。金融债券是指银行及非银行金融机构依照法定程序发行并约定在一定期限内还本付息的有价证券。国际债券一般分为两类：外国债券与欧洲债券。外国债券是由债券销售所在国之外的另一国的筹资者发行的债券。债券以出售国货币为单位。欧洲债券是以一国货币发行但在另一国市场出售的债券。创新型债券包括逆向浮动利率债券、资产支持债券、巨灾债券和指数债券等。

(3) 影响债券定价的因素有很多，但大致可以分为内部因素和外部因素。债券定价的内部因素主要包括期限、票面利率、提前赎回条款、税收待遇、市场性、违约风险。债券定价的外部因素包括银行利率、市场利率和其他因素。

(4) 债券定价主要有5个原理：①认为债券的价格与债券的收益率呈反向运动关系；②在给定的利率水平下，债券价格的变化直接与期限相关；③随着债券到期时间的临近，债券价格的波动幅度减小，并且是以递减的速度减小，反之，到期时间越长，债券价格的波动幅度增大，并且是以递减的速度增大；④对于同等幅度的收益率变动，收益率下降给投资者带来的利润大于收益率上升给投资者带来的损失；⑤对于给定的收益率变动的幅度，债券的票面利率与债券价格的波动幅度反向变动。

(5) 债券的当期收益率也称直接收益率，是当年利息收入占购买价格的比率。单利最终收益率是固定利率附息债券每年支付的利息额加上持有期间平均资本损益之和与购买价格的比率。到期收益率也被称为内部收益率，即使未来所有利息和本金的现值之和等于债券市场价格的贴现率。持有期回报率是债券在一定持有期内的收益(包括利息收入和资本利得或损失)相对于债券期初价格的比率，它是衡量债券事后实际收益率的准确指标。如果债券是可赎回的，或者在到期日之前终结，此时应该用赎回收益率来度量赎回条款下债券的平均收益率。

(6) 如果购买价格高出面值，则到期收益率必然低于债券的名义利率；如果想使到期收益率高于名义收益率，则首先必须使购买价低于面值。在其他条件既定的情况下，购买价压得越低，则到期收益率越高。另外，还有剩余期限因素，在同等条件下，剩余期限越短，则其到期收益率也越高。故剩余期限越短，即越接近于债券的到期日，其购买价格越接近面值，剩余期限也越长，则其购买价就越低。

(7) 当债券的票面利率等于市场利率时，是按其面值平价出售的。在这种情况下，投资者通过利息的形式获得了货币时间价值的公平补偿，而无须更多的资本利得来提供公平补偿。当债券的票面利率低于市场利率时，单靠债券的票面利率利息支付就不足以为投资者提供与投资其他市场所获同样水平的收益率了。为了能在该债券投资上获得公平的回报率，投资者需要从该债券上获得价格增值作为补偿，因此，债券必须低于面值折价出售以满足为投资者提供内在资本利得的要求。

基本概念

债券　政府债券　金融债券　公司债券　欧洲债券　贴现债券　附息债券　统一公债　单利最终收益率　到期收益率　持有期收益率　赎回收益率　债券的时间价值

本章习题

1. 简述债券的定义及种类。
2. 影响债券定价的因素有哪些？这些因素是如何影响债券价值的？
3. 简述债券定价原理。
4. 简述常见的债券收益率。

5. 什么是债券的时间价值？

6. 假定A公司发行了两种具有相同息票率和到期日的债券，一种是可赎回的，而另一种是不可赎回的，哪一种售价更高？

7. 有一种30年期、息票率为8%的债券，计算其在市场半年利率为3%时的价格。比较利率下降所造成的资本利得和当利率上升到5%时的资本损失。

8. 两种10年期债券的到期收益率目前均为7%，各自的赎回价格皆为1 100美元。其中一种的息票率为6%，另一种为8%。为简单起见，假定在债券的预期支付现值超过赎回价格时立即赎回。如果市场利率突然降至6%，那么每种债券的资本利得分别是多少？

第 8 章 利率的期限结构

利率的期限结构是证券到期收益率和到期年限之间的一种关系。对于不同的债券，由于距离债券到期日的时间不同，利率也往往不同。到期时间和到期收益率之间的关系随着时期的变化而变化。本章将着重对收益曲线及收益率的期限结构理论进行阐述。

8.1 节：收益曲线，将介绍收益率曲线的几种形态及呈现出来的特征。

8.2 节：收益曲线和远期利率，将分别介绍不确定条件下的收益曲线以及相关的远期利率。

8.3 节：利率的不确定性和远期利率，将阐述在利率不确定性的条件下投资者的选择问题。

8.4 节：利率期限结构理论，将分别介绍不同类型的期限结构理论，包括期望假说理论、流动性偏好理论以及市场分割理论。

8.1 收益曲线

任何债券的到期收益率都与固定收益证券市场的总体情况紧密相连，这个市场中所有的收益率都趋于协同变化。然而，所有债券的收益率并不总是恰好相同的。债券之间收益率的差异在某种程度上可以由各种债券具有不同的信用等级来解释。只有高质量比低质量的债券价格更高才是正常的。然而，质量并不能完全解释观察到的债券收益率的变动。

另一个能部分解释不同债券的收益率差异的是到期期限。一般规律是长期债券（有很长的到期期限的债券）倾向于比“短期”的有相同质量的债券提供更高的收益率。把描述债券到期收益率和到期期限之间关系的曲线叫作收益率曲线。

在此，可以用收益率 $Y(T)$ 表示 T 年到期的债券现在应该支付的年利率，也就是说，在时间区间 $[0,T]$ 上的平均年利率。对到期日前不支付利息的债券而言，收益率是由债券目前的价格和面值（到期价格）的比值求出的。如果 $P(0,T)$ 表示该值，则

$$P(0,T)=\mathrm{e}^{-TY(T)} \tag{8.1}$$

若表示成算术平均形式，则为

$$P(0,T)=[1+Y(n)]^{-n} \tag{8.2}$$

式(8.2)中，n 表示到期年数。

收益率曲线是在以期限长短为横坐标、以收益率为纵坐标的直角坐标系上显示出来的。一般而言，收益率曲线有三种形状：第一种是正收益率曲线（或称为上升收益率曲线），其显示的期限结构特征是短期债券收益率较低，长期债券收益率较高；第二种是反收益曲线（或下降的收益率曲线），其显示的期限结构特征是短期国债收益率较高，而长期国

债收益率较低。在这两种收益率曲线的转换过程中会出现第三种形态的收益率曲线，称为水平收益曲线，其特征是长、短期国债收益率基本相等。通常而言，上升的收益率曲线是一种正常的形态，而其他两种则是非正常的。

在图8-1中，图8-1(a)显示的是一条向上倾斜的收益曲线，表明期限越长的债券收益越高，这种曲线的形状就是正收益率曲线。图8-1(b)显示的是一条平直的收益曲线，表示不同期限的债券收益相等，这通常是正收益率曲线与反收益率曲线转化的过程中出现的暂时的现象。图8-1(c)显示的是一条向下倾斜的收益曲线，表示期限越长的债券收益越低，这种曲线形状被称为反收益率曲线。图8-1(d)显示的是拱形的收益曲线，表示对于期限相对较短的债券，收益与期限呈正向关系；期限相对较长的债券，利率与期限呈反向的关系。从历史资料来看，在经济周期的不同阶段均可以观察到这4条收益曲线。

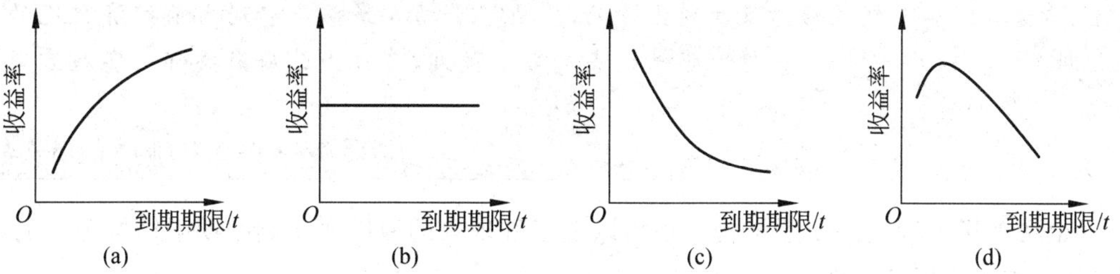

图8-1　4条收益率曲线

当然，在现实中，几乎没有风险、流动性、税收因素完全相同而只有期限不同的债券。所以，实际观测到的收益率曲线反映的往往不仅仅是期限结构。

如果收益率期限向上方倾斜，就说明长期利率大于短期利率。如果收益率曲线向下方倾斜，就说明短期利率会大于长期利率。如果收益率是水平的，就说明短期利率和长期利率相同。

在金融市场上，人们观察到的不同期限债券收益率有以下这样几个特点。

(1) 同向波动。不同期限的债券的利率往往会同向波动。也就是说，如果短期利率上升，长期利率一般也会上升。如果短期利率下降，长期利率一般也会相应下降。

(2) 如果短期利率偏低，收益率曲线更可能是向上倾斜的。如果短期利率偏高，收益率曲线可能是向下倾斜的。

(3) 多数情况下，收益率曲线都是向上倾斜的。

【8-1】　我国的债券收益率曲线

生成债券收益率曲线是债券市场为经济金融做出的主要贡献之一。债券市场在一国的金融体系中具有基础性定价作用，是一国本币金融资产的重要定价平台。从技术层面看，债券价格所对应的收益率及不同期限收益率所形成的曲线是各类金融资产定价的参照系，国债因具有无信用风险特征，国债收益率曲线的基准作用尤其突出。2007年5月，银监会发布了《关于建立银行业金融机构市场风险管理计量参考基准的通知》，将国债收益率曲线作为银行市场风险管理以及监管部门进行风险监管的计量比较基准;2009年起,财政部代理发行地方政府债券,采用了国债银行间固定利率国债收益率曲线作为发行招标的定价基准;2010年1月,按保监会要求,以中债银行间固定利率国债即期收益率曲线的3年移动平均线作为保险业保险准备金计量参考收益率曲线。

自2016年6月15日起,中国人民银行在官方网站发布中国国债及其他债券收益率曲线。上述曲线由中央国债登记结算有限责任公司编制,其中三个月期国债收益率是用于计算国际货币基金组织特别提款权(SDR)利率的人民币代表性利率。人民银行网站发布国债等债券收益率曲线,可为境内外机构和投资者了解、参与中国债券市场提供便利,提升市场主体对国债收益率曲线的关注和使用程度,夯实国债收益率曲线的基准性,为进一步深入推进利率市场化改革奠定更为坚实的基础。从宏观角度看,债券收益率曲线的形态及其变化情况,反映了市场众多参与者对当前经济状况的判断及对未来经济增长、通货膨胀等经济走势的预期,可作为政府有关部门实施宏观调控政策的重要参考指标。

资料来源:金融时报,2012-04-07.

金融市场上利率的期限结构呈现出以上三种现象的原因属于利率期限结构理论的内容,将在本章第四节介绍。

8.2 收益曲线和远期利率

针对收益率曲线为什么有时是上升的、有时是下降的以及收益率曲线的形状如何受影响等问题,本节将基于现实世界的不确定性,对收益曲线和远期利率加以说明,首先需要对即期利率加以说明。

即期利率是指在特定时点上零息债券的到期收益率。零息债券是指以贴现方式发行的,不附息票,而于到期日时按面值一次性支付本利的债券。即期利率是从当前时点分析利率得到的结果。

8.2.1 不确定下的收益率曲线

如果利率是确定的,怎样刻画不同期限债券收益率的影响因素呢?期望一个债券比另一个债券提供更高的收益率是不可能的。在一个确定的没有风险的世界中这是不可能发生的事情,所有债券都必须提供相同的收益率,否则投资者将会竞相购买那些高收益的债券直至它们的收益不再高于其他债券。

上升的收益率曲线显示短期利率明年将会比现在高。为了了解原因,来看两个2年期债券的策略。第一个策略是购买2年期到期收益率为6%的零息债券,持有到到期日。零息债券票面价值为1 000美元,折算到今天的购买价为$1\,000/1.06^2=890$美元,到期价为1 000美元。因此,两年的投资增长为$1.06^2=1.123\,6$美元。现在来看另一个2年期策略。投资相同的890美元在1年期零息债券上,其到期收益率为5%。当债券到期时,重新进行另一次1年期债券投资。1年期债券所获得的利率用r_2表示。

两个战略应当提供相同的收益——在两者必都不承担风险的情况下，2 年期的收益率必须相等：

$$890 \times 1.06^2 = 890 \times 1.05 \times (1 + r_2)$$

可得，$r_2 = 7.01\%$。所以当一年期利率提供了一个比 2 年期债券相对低的到期收益率时（5%相对于 6%），将看到它具有补偿优势：它允许你下一年重新将你的基金投入另一种也许会有更高收益率的短期债券。

为了辨别将来可能会用到的长期收益和短期收益的区别，我们将会使用如下术语。把零息债券到期收益率叫作即期利率（spot rate），意思是，相应于零息债券到期收益经过一段时期利率高于今天的利率。相反，给定时间间隔的短期利率指对在不同时间点内的间隔时间内的利率。在我们的例子中，今年的短期利率是 5%，下一年的短期利率是将会是 7.01%。

毫无疑问，2 年期即期利率是今年的短期利率和下一年短期利率的几何平均值。通过投资者的获利行为，得如下等式：

$$(1 + y_2)^2 = (1 + r_1)(1 + r_2) \tag{8.3}$$

式(8.3)告诉了我们为什么收益曲线在不同的时期内有不同的形状。当下一年的短期利率 r_2 大于这一年的短期利率 r_1 时，两个利率的平均将会大于今天的利率，所以 $y_2 > r_1$，收益曲线是向上倾斜的。如果下一年的短期利率比今年的 r_1 要低，那么收益率曲线则是向下倾斜的。因此，至少在某一部分上，收益曲线反映了对未来市场利率的估计。在下面的例子中分析并找到了每三年的短期利率。

现在来比较 3 年期策略。某人购买了 3 年期的零息债券，它的到期收益率为 7%，持有到到期日为止。另一个人购买了 2 年期零息债券，收益率为 6%，在第 3 年的时候将购买 1 年期的零息债券，短期利率为 r_3，那么投资基金在此种政策下的成长因素是：

购买并持有 3 年期零息债券＝购买 2 年期零息债券，然后再购买 1 年期债券，即

$$(1 + y_3)^3 = (1 + y_2)^2(1 + r_3) \tag{8.4}$$

这就意味着 $r_3 = 1.07^3/1.06^2 - 1 = 0.090\,28$。另外，注意到 3 年期的债券的折现因素的几何平均为

$$1.07 = [1.05 \times 1.070\,1 \times 1.090\,28]^{1/3}$$

所以可以得出结论：长期债券的收益率或即期利率反映了受市场时期干预的短期债券轨迹。

8.2.2 远期利率

在以下式子中，概括出了从零息票债券收益率中推算短期债券收益率的推断方法。它等于 n 年投资收益策略的总收益：购入并持有 n 年期零息债券类似于买入$(n-1)$年零息债券和再买入一年期债券。

$$(1 + y_n)^n = (1 + y_{n-1})^{n-1}(1 + r_n) \tag{8.5}$$

式(8.5)中，n 指的是期数，y_n 为 n 年期零息债券在第 n 期的到期收益率。假设存在收益曲线，用式(8.5)解出上一年的短期利率：

$$1+r_n=\frac{(1+y_n)^n}{(1+y_{n-1})^{n-1}} \tag{8.6}$$

式(8.6)右边分子的含义是 n 期零息债券到期的总增长因素,同理,分母的含义是 $n-1$ 期投资的总增长因素。由于前者比后者的投资期限多一年,其增长量的差别一定是将 $n-1$ 期的回报再投资一年。

当然,当未来的利率不确定时,如现实中的那样,无法推断未来“确定”的短期利率。今天无人知道将来的利率是什么,至多能设想它的预期值,并与不确定性相联系。但人们通常用式(8.6)来了解未来利率的收益率曲线情况。由于认识到未来利率的不确定性,所以人们将以这种方式推断出的利率称为远期利率而不是未来短期利率,因为它不是未来某一期间的实际利率。

如果 n 期的远期利率为 f_n,可以用式(8.7)来定义 f_n:

$$1+f_n=\frac{(1+y_n)^n}{(1+y_{n-1})^{n-1}} \tag{8.7}$$

经整理有

$$(1+y_n)^n=(1+y_{n-1})^{n-1}(1+f_n) \tag{8.8}$$

在这里,远期利率被定义为“收支相抵”的利率,它相当于一个 n 期零息债券的收益率等于$(n-1)$期零息债券在第 n 期再投资所得到的总收益。如果在 n 期的即期利率等于 f_n,投资于 n 期的选择与先投资于$(n-1)$期然后再投资于下一期的选择,结果是一样的。

8.3 利率的不确定性和远期利率

现在开始讨论远期利率不确定条件下的期限结构理论,这将是一个更为复杂的分析。我们认为,在一个确定的世界中,有相同到期的不同投资策略一定会提供相同的报酬率。例如,两个联系的一年零息票投资提供的总收益率,应该与一个等额的两年零息票投资的收益率一样。因此,在确定条件下,有

$$(1+y_2)^2=(1+r_1)(1+r_2)$$

当 r_2 未知的时候,假定今天的利率 $r_1=5\%$,下一年的期望短期收益是 $E(r_2)=6\%$。如果投资者只关心利率的期望值,那么两年零息票的到期收益可能用期望短期收益来计算:

$$(1+y_2)^2=(1+r_1)(1+r_2)=1.05\times1.06$$

两年零息债券的价格是 $1\,000/(1+y_2)^2=1\,000/(1.05\times1.06)=898.47$(美元)。

但是现在来看看希望投资一年的短期投资者。他们可以买一年期的零息债券 $1\,000/1.05=952.38$(美元),因为他们知道在今年年末无风险利率将锁定在5%,债券将会获得到期收益1 000美元。投资者也可以购买两年期零息债券,期望收益为5%:下一年,债券期限为1年,希望这一年的年利率为6%,即意味着其价格为943.40美元和持有期收益为5%。

但是两年期债券的收益率是无风险的。如果下一年的利率大于期望值,也就是说,大于6%,债券的价格低于943.40美元;相反,如果 r_2 结果小于6%,债券的价格将会超过943.40美元。为什么短期投资者购买两年期利率为5%的风险债券并不比1年期无风险

利率好呢？很清楚，投资者不应该持有两年期债券，除非它能提供一个更高的期望收益。这要求忽略风险时两年期收益的售价低于 898.47 美元。

【例 8-1】 假定许多投资者短视，因此如果价格低到 881.83 美元，他们愿意持有 2 年期的债券。在这个价格上，2 年期债券的持有期收益率为 7%（因为 943.40/881.83＝1.07）。2 年期债券的风险溢价是 2%；相比于 1 年期债券的 5%的无风险利率，它提供了 7%的期望收益率。在这个风险溢价中，投资者将由于利率的不确定性而承担更多的价格风险。

债券价格反映了风险溢价，但是远期利率为 f_2，不再等于期望短期利率 $E(r_2)$。尽管假定 $E(r_2)=6\%$，很容易确信 $f_2=8\%$。以 881.83 美元的 2 年期息票到期收益率为 6.49%，即

$$1+f_2=\frac{(1+y_2)^2}{1+y_1}=1.08$$

例 8-1 的结果（远期利率超过期望短期利率）并不使我们吃惊。定义远期利率为利率，需要在第二年忽略风险的基础上，使长期投资和短期投资都同样具有吸引力。当解释风险时，很清楚投资者将会回避长期债券，除非它能够比 1 年期债券拥有更高的期望收益。另一种说法是持有长期债券的投资者，将会要求更高的收益率。风险厌恶的投资者将会愿意长期持有长期债券，仅当短期利率少于均衡价值 f_2，因为期望收益 r_2 越低，参与长期债券的收益越高。

因此，如果许多人都是短期投资者，债券的价格，即远期利率 f_2 将大于 $E(r_2)$。远期利率与期望远期利率将包括溢价。这种流动性溢价补偿了短期投资者对于价格的确定性，在这个价格上，他们可以在年末售出长期债券。

可以设想这样一个场景，投资者认为长期债券可能比短期债券更安全。为了解其中的原因，来看一个想进行 2 年期投资的长期投资者。假定投资者可以以 890 美元的标准价格购买 1 000 美元的 2 年期零息票价债券，锁定到期成交收益率为 $y_2=6\%$。另一种选择是，投资者可以进行另外两次 1 年期投资。在这个例子中，890 美元的投资可以在两年内增长为 $890\times1.05\times(1+r_2)$，这对今天来说仍然是未知的，因为 r_2 是未知的。这种均衡的 2 年期利率是远期利率，7.01%，因为远期利率可以定义为两个投资战略的期末价格相等时的利率。

这种分期策略的期望价值是 $890\times1.05\times[1+E(r_2)]$。如果 $E(r_2)$ 等于远期利率 f_2，那么从这种分期策略中的期望价值等于已知的两年期到期债券战略的价格。

这种假定是否合理？需要再次强调，当投资者不关注分期战略的期末价值的不确定性时，以上假设才是合理的。无论何时风险都是很重要的，否则，长期投资者将不愿意参与到分期战略中来，除非期望收益超过了 2 年期债券。这个例子中的投资者要求 $(1.05)[1+E(r_2)]>(1.06)^2=(1.05)(1+f_2)$。

这就意味着，$E(r_2)$ 大于 f_2。投资者要求下一年的短期利率大于远期利率。

因此，如果投资者是长期投资者，没有人愿意持有短期债券，除非债券提供了一个可以承受利率风险的债券。在这种情形下，债券价格应该等于引起同样持有长期债券的期望价格。这将引起期货短期利率小于期望远期即期利率。

例如，假定事实上 $E(r_2)=8\%$。这种流动性溢价将会是负的，$f_2-E(r_2)=7.01\%-$

8%=−0.99%。这肯定与在第一个例子中的短期投资者所示的结果相反。很明显,远期利率是否等于短期期望利率取决于投资者是否愿意承担利率风险,同时是否愿意持有与他们的投资观点不一样的债券。

8.4 利率期限结构理论

不同收益率曲线的形成和变化揭示了不同期限债券的收益率相对水平和相互关系的变化。影响利率期限结构的因素有对未来利率变动方向的预期、债券预期收益中可能存在流动性溢价、市场效率低下或者资金从长期(或短期)市场向短期(或长期)市场流动可能存在的障碍等。利率期限结构理论正是基于这些因素而建立的。

8.4.1 期望假说理论

长期债券收益率较高的原因有两个:一是长期债券风险较大,需要较高的收益率来补偿利率风险;二是投资者预期利率会上升,因此较高的平均收益率反映了对债券后续寿命期的高利率预期。

最简单的期限结构理论即期望假说理论。这一理论认为,远期利率等于市场整体对未来短期利率的预期,即

$$f_t = E(r_t) \tag{8.9}$$

这里,f_t 为 t 到 $t+1$ 期间的远期利率;$E(r_t)$ 为预期的 t 到 $t+1$ 年期利率。如果 $E(r_t)$ 不等于 f_t,如 $E(r_t)>f_t$,投资者不愿意投资于 $t+1$ 年期债券,而倾向于投资于 t 年期债券,t 年期后债券到期,然后再进行一年期投资。这样,投资者投资于 $t+1$ 年期债券的资金减少,债券的供应大于需求,使 $t+1$ 年期债券的价格下降,收益率上升,从而导致 f_t 上升。同时,由于 t 年大量债券到期,资金供应多于需求,引起 $E(r_t)$ 迅速下降。反之,如果 $E(r_t)<f_t$,投资者将选择持有 $t+1$ 年期债券直到到期,投资者不愿意投资于 t 年期债券。这样会造成 $t+1$ 年期债券的需求大于供给,债券价格上升,收益率下降,并最终导致 f_t 下降。因此,无论哪种情形,在预期理论的假设下,市场都将达到均衡,即 $E(r_t)=f_t$。也就是说,投资者在持有 $t+1$ 年期债券一直到到期与在 t 年出售这种债券然后在下一年期进行投资得到的回报相同。

由式(8.9),可得

$$\begin{aligned}1+r_{t+1} &= [(1+r_t)^t(1+E(r_t))]^{\frac{1}{t+1}} \\ &= [(1+r_1)(1+E(r_2))\cdots(1+E(r_t))]^{\frac{1}{t+1}}\end{aligned} \tag{8.10}$$

根据式(8.10)可以说明收益率曲线的类型。为了简便,考虑年期数为2的情况。于是,

$$(1+r_2)^2 = (1+r_1)(1+E(r_2)) \tag{8.11}$$

(1) 向上倾斜的收益曲线。仍假设 $r_1=8.0\%$,$r_2=8.3\%$,那么根据预期理论,预期的即期利率等于远期利率,即 $E(r_2)=f_2=8.6\%$。当前一年期即期利率为8.3%,而1年后的一年期即期利率将上升到8.6%,因此收益曲线是向上倾斜的。而且无论是投资者持有债券到2年期限(即期利率为8.3%)还是1年后出售这个债券再以远期利率8.6%

投资，其回报相同。

(2) 平直的收益曲线。假设 $r_1=r_2=8.0\%$，那么 $E(r_2)=f_2=8.0\%$，预期的一年期即期利率和现在的即期利率相等，因而收益曲线是水平的。

(3) 向下倾斜收益曲线。假设 $r_1=8.0\%$ ，$r_2=7.0\%$，那么 $E(r_2)=f_2=6.01\%$。如果 $r_1=8.0\%$ ，$r_2=6.0\%$，那么预期的一年期即期利率将下降到4.03%。因此，收益曲线向下倾斜。

一定时期的整个利率期限结构反映了当前市场对一系列未来即期利率的预期。根据这种观点，上升的利率期限结构表明了市场参与者预期未来即期利率上升；反之，下降的利率期限结构表明市场参与者预期未来即期利率下降，平直的利率期限结构则表明市场参与者预期未来的即期利率不变。通过对未来即期利率的预期，将会影响不同的市场参与者的行为。例如，市场参与者预期未来即期利率将会上升，那么投资者将不愿购买长期债券，因为预期收益率将要上升，因此债券价格将会下降。如果投资者现在购买长期债券，将来利率上升将导致投资者遭受资本损失，从而投资者目前进行短期债券投资，当利率上升以后，再按较高的利率进行投资。

投机者根据未来利率上升的预期认为长期债券的价格将会下降。这时投机者将卖出所有的长期债券，如果允许的话，他们甚至卖空一部分长期债券，将卖出债券的收入进行短期债券投资。如果将来利率果真如所预期的一样上升，债券价格下跌，那时投机者买入债券补进头寸，从而获利。希望获得长期资金的借款人由于预期以后的借款成本将会上升，因此会选择在目前低利率的情况下借款，会降低筹资成本。

如果能够确切地预期未来的利率，那么债券的未来价格也能确定，这样任何投资期限的收益都可以确定。但是，事实并非如此。预期理论有其自身的局限性，它忽视了债券投资固有的风险，即

(1) 投资期内债券价格的不确定性

一位投资者计划进行一项5年期的投资，至少有如下三种投资选择。

方案1：投资于一张5年期债券并持有到期。

方案2：投资于一张10年期的债券，5年后卖出。

方案3：投资于一张30年期的债券，5年后卖出。

由于影响债券价格的因素很多，事实上现在不能够确定投资方案2、方案3在5年后的收益。因为10年期的债券的价格取决于5年后5年期债券的价格，30年期债券的价格取决于5年后25年期债券的价格，而且这种价格风险一般与债券的剩余期限呈正向变化。也就是说，债券的剩余期限越长，债券的价格风险越大。

(2) 再投资风险

即再投资利率的不确定性。仍然考虑一位计划进行5年期投资的投资者的如下三种投资方案。

方案1：投资于一张5年期债券，并持有到期。

方案2：投资于一张6个月期的债券，到期后，用其收入再进行一个6个月期的债券投资，如此下去，直至5年到期。

方案3：投资于一张2年期债券，到期后，再将其收入投资于一张3年期债券。和前

面的情况一样,这里投资者对于投资方案2和方案3中在5年的投资期限内的收益也是不能确定的。主要原因是,当每一次短期投资到期后,所得的本金和利息的再投资利率与预期利率一般都会存在差异,且这种差异事先无法确定。

8.4.2 流动性偏好理论

流动性偏好理论认为投资者偏好短期债券,因为短期债券比长期债券更容易变现。而且,长期投资将面临更多的风险,如利率风险、违约风险(一般地,对于相同信用等级的债券,期限越长违约率越大)等。但是在一般情况下,债券的发行者更倾向于发行长期债券。因为只要选择适当的发债时机,长期债券的风险较小,而且一旦成功发行长期债券后就不必关注未来融资的高成本风险,也不必为频繁的再融资支付更多的发行费用。为了让投资者投资长期债券,债券发行者必须给投资者以风险补偿。

假设t年和$t+1$年期的即期利率分别为r_t, r_{t+1},$t+1$年期的未来预期的即期利率为$E(r_{t+1})$。假设一投资者持有$t+1$年到期的债券,如果他在t年需要现金,准备出售该债券,这时他要考虑未来预期的即期利率$E(r_{t+1})$,即期利率r_t, r_{t+1}和远期利率f_{t+1}之间的关系。由前可得

$$(1+r_t)^t(1+f_{t+1})=(1+r_{t+1})^{t+1} \tag{8.12}$$

根据流动性偏好理论,只有在一种情况下,投资者可能持有债券到期,即$E(r_t)<f_t$,则:

$$(1+r_t)^t(1+E(r_{t+1}))<(1+r_{t+1})^{t+1} \tag{8.13}$$

这个不等式就是流动性偏好理论解释期限结构的基础。

远期利率和未来预期的即期利率之差$I_t=f_t-E(r_t)$称为流动性补偿,它是对投资者持有长期债券而承担的利率风险的补偿。

以两年为期限,

$$(1+r_1)(1+f_2)=(1+r_2)^2 \tag{8.14}$$

$$(1+r_1)(1+E(r_2))<(1+r_2)^2 \tag{8.15}$$

$$I_2=f_2-E(r_2) \tag{8.16}$$

① 当利率期限结构曲线向下倾斜时,即$r_1>r_2$,只有当$E(r_2)<r_1$时,不等式(8.15)成立。因此,仅当利率实际下降时,可以观察到向下倾斜的曲线。

② 持平的收益曲线:这时$r_1=r_2$,因此当且仅当$E(r_2)<r_1$,即仅当市场预期的即期利率下降时,一个持平的收益曲线出现。

③ 向上倾斜的收益曲线:这时$r_1<r_2$。这时预期的即期利率究竟是上升还是下降取决于利率期限结构曲线的斜率。如果曲线的斜率比较小,即r_1, r_2非常接近时,预期的即期利率可能仍然下降。

8.4.3 市场分割理论

市场分割理论认为不同的投资者和借款者受法律、偏好和不同到期期限的习惯限制。例如,商业银行为了确保资金的流动性,主要投资于短期证券;储贷银行的主要业务是房地产贷款,因而投资中期证券;而人寿保险公司可以准确估计死亡率,因而主要投资于长期证券。由于信息的高成本,投资者和借款者只能专门研究市场的一部分。此外,在已知

投资者负债的到期期限的情况下，为了防止资本损失，他们使用与负债有相同到期期限的资产套期保值。因此，投资者被限制在与其负债的到期期限相适应的某些到期期限的部分市场上。总之，不同到期期限的证券不能完全互相替代，甚至在可以得到较高回报时，投资者和借款者也不能随意离开他们所在的那部分市场而进入另一部分市场。不同到期期限的证券的利率很少或完全不影响其他到期期限的证券的利率，因此即期利率决定于每个市场部分的供需状况。

如果短期债券的需求大于供给，而长期债券的情况正好相反，供给大于需求，则在短期债券市场，资金相对充裕，收益率下降；而长期债券市场的资金相对匮乏，为了吸引长期债券投资者，债券发行者必须降低债券的价格，提高收益率。这时观察到的收益率曲线是向上倾斜的。如果短期债券和长期债券市场的情况与上述情况相反，这时观察到的收益率曲线是向下倾斜的。如果短期债券市场和长期债券市场的供需情况大致相同，这时观察到的收益率曲线是平直的。如果短期和长期债券的需求大于供给，而中期债券的供给大于需求，这时中期债券的发行成本将偏高，这时的收益率曲线便是“驼峰式”。

利率的期限结构的三种理论各有利弊。一般说来，期限结构的每日变动似乎与市场分割理论相一致，而长期的变动则趋向于符合预期理论和流动性偏好理论。自从 20 世纪 30 年代起，典型的收益曲线是向上倾斜的，正如流动性偏好理论所预测的一样。长期债券比短期债券对利率的变动更敏感，因而，长期债券风险较大，需要的补偿也较大。

有人曾对美国的国债进行了研究，结果表明，流动性补偿确实存在，而且这种补偿的大小和 1 年到期的联邦证券有关，而 1 年以上到期的债券的流动性补偿并不会递增。因此，预期的即期利率决定期限结构，而且由于流动性补偿的存在，1 年以上的流动性补偿不会增加。也就是说，投资于 1 年或 1 年以上期限的证券大体上有相同的预期回报。

8.4.4 对期限结构的说明

如果收益率曲线反映未来短期利率的期望，则它就是固定收益投资者的一个潜在有力的分析工具。一旦利用期限结构推导出经济体中其他投资者的利率期望，就可以把那些期望值作为分析的基准。例如，假如对利率将要下降的看法比其他投资者相对乐观一些，将更愿意在投资组合中加入长期债券。因此，在这一节中，将深入研究通过详细分析期限结构可以获得什么信息。遗憾的是，当收益率曲线确实反映了未来利率的期望时，它也会反映一些其他因素，如流动性的溢价等。而且，不同原因引起的利率变化预测可能具有不同的投资含义，这取决于预期利率变化是由预期通货膨胀率的变化引起还是由预期真实利率的变化引起的，而这又为恰当地说明期限结构增添了另一层复杂性。

我们已经知道，在给定条件下，1 加零息债券的到期收益率简单等同于 1 加未来短期利率的几何平均值，未来短期利率在债券有效期内起主导作用，即

$$1+y_n=[(1+r_1)(1+r_2)\cdots(1+r_n)]^{1/n} \tag{8.17}$$

当未来利率不确定时，用远期利率替代未来短期利率，得到

$$1+y_n=[(1+r_1)(1+f_2)\cdots(1+f_n)]^{1/n} \tag{8.18}$$

可见,不同到期日债券的收益率与远期利率之间存在直接关系。

首先,要弄明白是什么因素能够解释一条上升的收益率曲线。从数学上看,如果收益率曲线是上升的,f_{n+1}一定高于 y_n。也就是说,在任意到期日 n,由于下一期的远期利率比该期的到期收益率更高,故收益率曲线是上升的。这一规律是根据到期收益率是远期利率的平均值(尽管是几何平均值)得出的。

如果收益率曲线是随着到期日延长而上升,就必然会出现延长到期日,"新的"远期利率高于此前观测到的利率平均值的情况。这类似于,如果一个新的同学的考试分数提高了全班的平均分数,则该同学的分数一定超过不包括他时全班的平均分数。所以要提高到期收益率,在计算平均值时就得增加一个高于原平均值的远期利率。

假定向上倾斜的收益曲线总是高于即期或现行到期收益率的远期利率,那么,下一步要弄清楚的是什么原因引起更高的远期利率。遗憾的是,对这个问题,总是有两种答案。根据式(8.19),远期利率可能和预期的未来短期利率相关:

$$f_t=E(r_t)+I_t \tag{8.19}$$

这里,流动性溢价可能是诱使投资者持有各种到期日债券的必要条件,它与投资者的投资期限偏好无关。

顺便指出,尽管流动性溢价假说的支持者一般认为流动性溢价为正,但它不一定为正。如果大多数投资者都倾向于长期投资,流动性溢价就可能为负。

在任何情况下,式(8.19)都表明有两个原因可以使远期利率升高。一是投资者预期利率上升,即 $E(r_t)$上升,或者投资者对于持有长期债券要求一个很高的流动性溢价。尽管试图从上升的收益率曲线中推导出投资者相信利率最终会上升,但这不是一个有效的推理。

虽然未来远期利率将会上升的预期确实会导致收益率曲线上升,但反过来并不成立:上升的收益率曲线本身并不意味着更高的未来收益率预期。这正是从收益率曲线推导结论的最困难之处。可能存在的流动性溢价所产生的影响使任何试图简单地从期限结构中抽象出预期值的尝试受挫。但估计市场预期是一项关键性的工作,因为只有把自己的预期和市场价格所反映的预期相比照,才能知道自己对利率的看法是相对乐观的还是相对悲观的。

一个得出未来预期即期利率的粗略办法是假定流动性溢价固定不变。从远期利率中减去这一溢价的估值就得到了市场预期利率。而有两个原因使这一方法很少被推荐使用。第一,几乎不可能获得准确的流动性溢价估计值。通常的估计方法是将远期利率与最终实现的未来的短期利率进行比较,计算两者的平均差。然而,这两个值的偏差有可能太大,而且,由于影响实际短期利率的经济事件具有不可预测性,这种偏差也难以预测。因此,数据包含太多的噪声,以至于不能得到期望溢价的可靠估计。第二,没有理由相信流动性溢价是不变的。据资料显示,美国长期国债价格回报波动率自 1971 年以来波动剧烈,所以,可以预期不同到期日的债券的风险溢价是波动的,而且经验表明,过去的时间流动性溢价确实是波动的。而且,非常陡的收益曲线被许多市场专家解释为利率即将上升的警示信号。实际上,收益率曲线是整个经济周期的一个很好的指示器,因为当存在经济扩张预期的时候，长期利率趋于上升。如果曲线很陡，下一年度经济衰退的可能性远远低于曲线的相反形状或下降时的情况。由于这一原因，收益率曲线可用于计算先行经济指示器指数。

本章小结

(1) 收益率曲线有三种形状：第一种是正收益率曲线(或称为上升收益率曲线)，其显示的期限结构特征是短期债券收益率较低，长期债券收益率较高；第二种是反收益曲线(或下降的收益率曲线)，其显示的期限结构特征是短期国债收益率较高，而长期国债收益率较低。在这两种收益率曲线的转换过程中会出现第三种形态的收益率曲线，称为水平收益曲线，其特征是长、短期国债收益率基本相等。通常而言，上升的收益率曲线是一种正常的形态，而其他两种则是非正常的。

(2) 即期利率是指在特定时点上零息债券的到期收益率。零息债券是指以贴现方式发行的，不附息票，而于到期日时按面值一次性支付本利的债券。即期利率是从当前时点分析利率的结果。

(3) 长期债券收益率较高的原因有两个：一是长期债券风险较大，需要较高的收益率来补偿利率风险；二是投资者预期利率会上升，因此较高的平均收益率反映了对债券后续寿命期的高利率预期。

(4) 投机者根据未来利率上升的预期，认为长期债券的价格将会下降。这时投机者将卖出所有的长期债券，如果允许的话，他们甚至卖空一部分长期债券，将卖出债券的收入进行短期债券投资。如果将来利率果真如所预期的一样上升，债券价格下跌，那时投机者买入债券补进头寸，从而获利。希望获得长期资金的借款人由于预期以后的借款成本将会上升，因此会选择在目前低利率的情况下借款，以降低筹资成本。

(5) 流动性偏好理论认为投资者偏好短期债券，因为短期债券比长期债券更容易变现。而且，长期投资将面临更多的风险，如利率风险、违约风险(一般地，对于相同信用等级的债券，期限越长违约率越大) 等。但是在一般情况下，债券的发行者更倾向于发行长期债券。因为只要选择适当的发债时机，长期债券的风险较小，而且一旦成功发行长期债券后就不必关注未来融资的高成本风险，也不必为频繁的再融资支付更多的发行费用。为了让投资者投资长期债券，债券发行者必须给投资者以风险补偿。

(6) 市场分割理论认为，不同到期期限的证券不能完全互相替代，甚至在可以得到较高回报时，投资者和借款者也不能随意离开他们所在的那部分市场而进入另一部分市场。不同到期期限的证券的利率很少或完全不影响其他到期期限的证券的利率，因此即期利率决定于每个市场部分的供需状况。

基本概念

收益曲线　远期利率　即期利率　期望假说理论　流动性偏好理论　市场分割理论

本章习题

1. 收益率曲线都有哪些形状?

2. 简述利率的不确定性和远期利率的关系。

3. 简述期望假说理论的主要内容。

4. 简述流动性偏好理论的主要内容。

5. 简述市场分割理论。

6. 假设面值为1 000美元的3年期零息债券的价格是816.30美元,2年期的债券到期收益率为6%。第三年的远期利率是多少?怎样构造一个组合的1年期远期贷款,使其在$t=2$时执行,$t=3$时到期?

第 9 章

债券资产组合的管理

本章将讨论各种债券组合管理策略，并区分保守与积极策略。保守的管理者并不试图利用信息和洞察力来赢得市场，而是在现有的市场机遇中保持一种适度的风险—收益平衡。保守管理中一个特别的实例是免疫策略，其试图隔离或免除资产组合的利率风险。积极的投资策略试图获取更多的收益，而不计与之相伴的风险。债券管理中，积极的管理者可以采取两种形式：一种是利用利率预测来估计整个债券市场的动向；另一种是利用某些形式的内部市场分析来识别部分特定市场或那些价格相对有偏差的债券。

9.1 节：利率风险度量，将主要讲述利率风险及其利率敏感性。

9.2 节：久期，将介绍久期的法则，同时将对三种常见的久期，即有效久期、麦考利久期和修正久期进行介绍。

9.3 节：凸性，将界定凸性的定义，并将讲述凸性的计算及与价格波动的关系、可赎回债券的凸性以及有效凸性。

9.4 节：消极的债券组合管理策略，将介绍两种主要的消极债券组合管理策略，即负债管理策略和指数化策略。其中，负债管理策略又包括免疫策略和现金流匹配策略。

9.5 节：积极的债券组合管理策略，将介绍目前债券市场上广泛使用的互换策略、收益率曲线策略、期限分析策略和或有免疫策略。

9.1 利率风险度量

债券投资人面临多种风险，如利率风险（包括价格风险和再投资风险）、违约风险、通货膨胀风险、流动性风险、可提前赎回风险等。在我国，可流通债券绝大部分是政府债券，其他可流通债券则是金融债券和大型国企发行的债券，违约风险比较小，相对不重要。对于债券投资人而言，最重要的是利率风险，特别是利率变化导致债券价格变动的价格风险。

9.1.1 利率风险

债券价格与其收益之间存在反向关系，同时也知道利率会有大幅波动。随着利率的涨跌，债券持有人的资本会随利率的增加而减少。即便是对于有保障的息票和主要收入，如国债，这种增加或减少也使固定收入投资变得有风险。

需要记住的是，所有证券在竞争市场中都必须给投资者公正的预期收益率。当竞争性收益率为 8%的时候，若债券的息票率也为 8%，那么债券将以面值出售。但是，如果市场利率升至 9%，那么便不会有投资者以面值来购买息票率为 8%的债券，债券价格必须降到其预期收益具有竞争力水平的 9%为止。反之，若市场利率跌至 7%，那么相对于其他投资收益而言，这种息票率为 8%的债券会更有吸引力。总之，那些渴望得到收益的投资者会以高出面值的价格来购买债券直到其总收益率接近市场利率为止。

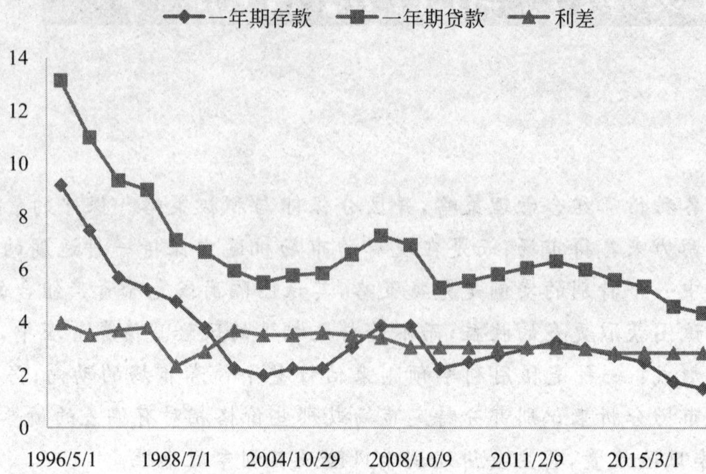

图 9-1 一年期存贷款利率及利差

从图 9-1 中可以看出，近二十年来我国存贷款利率一直比较平稳，利差一直保持在 3%～3.6%的水平。

【9-1】 利率风险案例

20 世纪 80 年代中期，美国明尼阿波利斯第一系统银行预测未来的利率水平将会下跌，于是便购买了大量的政府债券。

1986 年，利率水平如期下跌，从而该银行获得不少的账面收益。但不幸的是，1987 年和 1988 年利率水平却不断上扬，债券价格下跌，导致该行的损失高达 5 亿美元，最终不得不卖掉其总部大楼。在残酷的事实面前，西方商业银行开始越来越重视对利率风险的研究与管理。而奎克国民银行在利率风险管理方面树立了一个成功的榜样。

1983 年，奎克国民银行的总资产为 1.8 亿美元。它在所服务的市场区域内有 11 家营业处，专职的管理人员和雇员共有 295 名。1984 年年初，马休·基尔宁被聘任为该行的执行副总裁，开始着手编制给他的财务数据。

基尔宁设计了一种报表，是管理人员在制定资产负债管理决策时所使用的主要的财务报表，它是一种利率敏感性的报表。这种的报表有助于监控和理解奎克银行风险头寸的能力。报表的核心内容如下：

在资产方，银行有 2 000 万美元是对利率敏感的浮动利率型资产，其利率变动频繁，每年至少要变动一次；而 8 000 万美元的资产是固定利率型，其利率长期保持不变。

在负债方，银行有 5 000 万美元的利率敏感型负债和 5 000 万美元的固定利率负债。

基尔宁分析后认为：如果利率提高了 3 个百分点，即利率水平从 10%提高到 13%，该银行的资产收益将增加 60 万美元(3%×2 000 万美元浮动利率型资产=

60 万美元)，而其对负债的支付则增加了 150 万美元(3%×5 000 万美元浮动利率型负债=150 万美元)。这样国民银行的利润减少了 90 万美元(60 万美元－150 万美元＝－90 万美元)。反之，如果利率水平降低 3 个百分点，即从 10%降为 7%，则国民银行利润将增加 90 万美元。

基尔宁接下来分析了 1984 年当地和全国的经济前景，认为利率在未来 12 个月将会上升，且升幅将会超过 3%。为了消除利率风险，基尔宁向国民银行资产负债管理委员会做报告，建议将其 3 000 万美元的固定利率资产转换为 3 000 万美元的浮动利率型资产。奎克国民银行资产负债管理委员会同意了基尔宁的建议。

这时，有家社区银行拥有 3 000 万美元固定利率负债和 3 000 万美元浮动利率资产，愿意将其 3 000 万美元的浮动利率资产转换成 3 000 万美元的固定利率资产。于是两家银行经过磋商，很快达成了协议，并进行了资产互换。

正如基尔宁预测的，1984 年美国利率持续上升，升幅达到 4%，基尔宁的这一建议则为国民银行减少了 120 万美元的损失，他也成为奎克国民银行的明星经理。

资料来源：广东商学院案例精选.

9.1.2 利率敏感性

在市场利率中，债券价格的敏感性变化对投资者而言显然十分重要。为了了解利率风险的决定因素，可以参见图 9-2。该图表示 4 种债券价格相对于到期收益变化的变化百分比，它们有不同的息票率、初始到期收益率以及到期时间。这 4 种债券的情况表明，当收益增加时，债券价格将下降；价格曲线是凸的，这意味着收益下降对价格的影响远远大于等规模的收益增加。通过观察，可以得出以下两个特征。

① 债券价格与收益成反比，即当收益升高时，债券价格下降；当收益下降时，债券价格上升。

② 债券的到期收益升高会导致其价格变化幅度小于等规模的收益下降。

比较债券 A 和债券 B 的利率敏感性，除到期时间外，其他情况均基本相同。图 9-2 表明债券 B 比债券 A 的期限更长，对利率也更敏感。这体现出其如下另一特征。

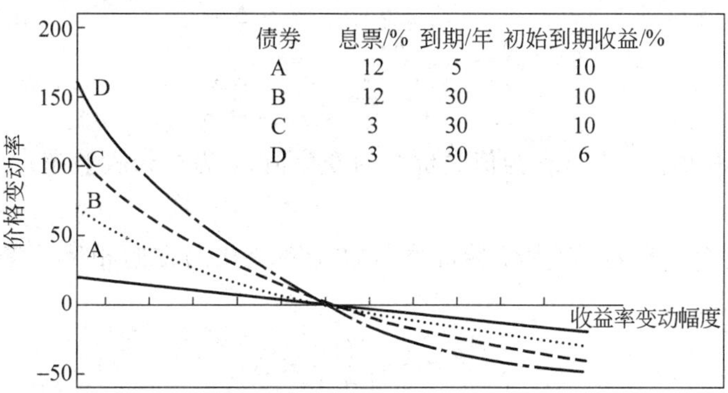

图 9-2 作为到期收益率变化的函数之债券价格的变化

③ 长期债券价格对利率变化的敏感性比短期债券更高。其实这不足为奇,例如,如果利率上涨,则说明当前的贴现率将升高,债券的价值就将下降。由于利率适用于更多种类的远期现金流,所以较高的贴现率的影响会更大。

值得注意的是,当债券 B 的期限是债券 A 的期限的 6 倍的时候,但它的利率敏感性却低于 6 倍。因为尽管利率敏感性似乎随着到期时间的增加而增加,但其与债券到期时间的增加相比并不均匀。这样,可以得出如下第 4 个特征。

④ 当到期时间增加时,债券价格对收益变化的敏感性以下降的比率增加,即利率风险与债券到期时间不对称。

债券 B 和债券 C,除息票率之外,其他情况都相同,这时表现出另一特征,即息票较低的债券对利率变化更敏感。这也体现出债券价格的以下一个普遍的特征。

⑤ 利率风险和债券息票率呈反比。低息票债券的价格比高息票债券的价格对利率的变动更敏感。

最后,债券 C 和债券 D,除了债券的到期收益之外,其他方面的情况都一样。但是,债券 C 有更高的到期收益,而且对当前的收益变化也不太敏感。这样,可以提出以下最后一个特征。

⑥ 债券价格对其收益变化的敏感性与当前出售债券的到期收益呈反比。

这 6 个特征确定了到期时间是利率风险的决定因素。但是,它们也表明到期时间本身不足以测定利率的敏感性。例如,在图 9-2 中,债券 B 和债券 C 的到期日相同,但是较高息票率的债券对利率变化却有着较低的价格敏感性。显而易见,这里不能仅靠债券到期时间来量化其利率风险。

9.2 久　期

9.2.1 久期的定义

收益率的变化会导致债券价格的变化,对于这种变化可以利用久期来衡量债券价格的收益率敏感性。久期就是价格变化的百分比除以收益率变化的百分比,即

$$D=\frac{\dfrac{\Delta p}{p}}{\dfrac{\Delta(1+y)}{1+y}}=-\frac{\dfrac{\Delta p}{p}}{\dfrac{\Delta y}{1+y}} \tag{9.1}$$

其中,p 为债券的初始价格;Δp 为债券价格的变化值;y 为初始收益率;$\Delta(1+y)$ 或 Δy 为收益率变化值。

之所以加了个负号,是因为债券价格与收益率变化的方向相反。将式(9.1)重新整理,可得如下关系式

$$\frac{\Delta p}{p}=-\frac{D}{1+y}\times\Delta y \tag{9.2}$$

因此,如果知道某个债券的久期,就可以根据式(9.2)计算出一定的收益率变化百分比导致的价格变化百分比。

9.2.2 久期的法则

债券价格对市场利率变化的敏感性受到三个方面因素的影响：到期时间、息票率和到期收益率。这些价格敏感性的决定因素对于固定收入资产组合管理来说是非常重要的，它们与久期的关系也表现出了如下一些重要的规则。

久期法则 9-1：零息债券的久期等于其到期时间。

可以看到，息票债券的期限比相同久期的零息债券要短，因为债券生命早的息票降低了到支付为止的债券权重平均时间。

久期法则 9-2：当息票票面利率较低时，如果到期不变，债券久期较长。

呈现这种规律的原因在于，票面利率越高，早期的现金流量现值就越大，占债券价格的权重就越高，使时间的加权平均值越低，即久期越短。我们知道，票面利率越低，债券价格的利率敏感性越强，而久期是对利率敏感性的度量，这与票面利率越低久期越长是一致的。

久期法则 9-3：如果息票的票面利率不变，那么债券久期通常会随着到期时间的增加而增加。债券以面值或超出面值的价格销售，久期总是随到期时间的增加而增加。

债券的到期时间越长，价格的利率敏感性会越强，从而久期就越长。但是，久期并不一定总是随着到期时间的增长而增长。对于收益率很高的某些债券，久期可能会随着到期时间的增长而缩短。而且，息票债券久期的增长速度比到期时间的增长速度要慢一些，也就是说，到期时间增长一年，久期的增长幅度小于一年。当然，对于零息债券，久期等于其到期时间，到期时间增长一年，久期也就增长一年。

久期法则 9-4：当债券到期收益率较低时，如果其他因素不变，息票债券的久期会增长。

在上面已经提到，这个特征的直觉是：较高的债券收益率不仅会降低所有债券支付的现值，同时也会较大幅度地降低远期支付的价值。所以，当有较高的到期收益时，债券总值的较高部分存在于其较早的支付，这样就降低了有效期限。

久期法则 9-5：统一公债的久期为$\frac{1+y}{y}$。

该法则表明，虽然无限期债券的到期日是无限的，但其久期却是有限的。

9.2.3 久期的计算

对于久期的计算，一般有三种计算方法：分别是：①有效久期；②麦考利久期；③修正久期。

有效久期可以应用于附有选择权的债券的利率风险衡量中，其计算方法如下。

设 p_0 是债券的初始价格，Δy 是收益率变动的绝对值，p_+ 是收益率上升一个很小幅度时债券的新价格，p_- 是收益率下降一个很小幅度时债券的新价格，Δp 是价格波动的绝对值。因此，当收益率下降时，有

$$\frac{\Delta p}{p\Delta y}=\frac{p_- - p_0}{p_0\Delta y}$$

当收益率上升时,有

$$\frac{\Delta p}{p\Delta y}=\frac{p_0-p_+}{p_0\Delta y}$$

由于价格波动具有不对称性,取两次结果的平均值作为有效久期的近似值:

$$有效久期=\frac{p_- - p_+}{2p_0\Delta y}$$

麦考利久期是最早出现的关于久期的计算方法,它基于现金流的到期时间对久期给出了近似值,并且经常在其后加上“年”作为时间单位。例如,一个5年期的零息债券,其到期日距离现在为5年,且期间没有现金流发生,因此其麦考利久期为5年,表示到期收益率变化1%,债券价格变化5%。若另一个5年期的附息债券,由于其5年期间会有现金流流入,因此其麦考利久期小于5。这与之前讲到的久期法则相一致:在其他条件不变的情况下,息票率越高,久期越小。下面,还会具体讲到麦考利久期。

修正久期从麦考利久期衍生而来,不仅考虑了现金流结构及债券到期日,而且将目前的收益率也纳入考虑因素。修正久期与麦考利久期的关系可以用如下公式表示:

$$修正久期=\frac{麦考利久期}{1+市场利率}$$

对于普通债券来说,其麦考利久期和修正久期非常接近。从这里也可以看出,修正久期所传达的信息与久期法则9-4相一致:当债券到期收益率较低时,如果其他因素不变,息票债券的久期会增长。

然而,麦考利久期和修正久期都无法应用于嵌有选择权的债券,因为它们都是以未来的现金流为基础进行计算的。

1. 麦考利久期

根据久期的定义,可以将债券价格对收益率求导。下面计算最普通的附息债券的久期,即该债券没有任何附加选择权,每期期末按照固定票面利率和面值乘积支付利息,到期还本。由前面的论述可知,该普通债券的价格和收益率的关系可以由式(9.3)表示

$$p=\sum_{t=1}^{T}\frac{\mathrm{CF}_t}{(1+y)^t} \tag{9.3}$$

其中,p为债券价格,T为期数,CF_t为每期现金流(每期利息和本金);y为债券的收益率。

在式(9.3)中求价格p对收益率y的导数,经过整理可得式(9.4):

$$\frac{\mathrm{d}p}{\mathrm{d}y}=-\frac{1}{1+y}\sum_{t=1}^{T}\frac{t\mathrm{CF}_t}{(1+y)^t} \tag{9.4}$$

将式(9.4)两边同除以p可以得到式(9.5):

$$\frac{\mathrm{d}p}{\mathrm{d}y}\times\frac{1}{p}=-\frac{1}{1+y}\left[\sum_{t=1}^{T}\frac{t\mathrm{CF}_t}{(1+y)^t}\times\frac{1}{p}\right] \tag{9.5}$$

比较式(9.2)和式(9.5)可以发现,式(9.5)右边括号内的项就是久期,衡量了债券价格对收益率的敏感性。

对于普通债券而言,久期可以通过式(9.6)计算出来:

$$D=\frac{1}{p}\times\sum_{t=1}^{T}\frac{t\mathrm{CF}_t}{(1+y)^t} \tag{9.6}$$

麦考利久期还可以表达为

$$D=\frac{\sum_{t=1}^{T}\frac{tCF_t}{(1+y)^t}}{\sum_{t=1}^{T}\frac{CF_t}{(1+y)^t}} \tag{9.7}$$

其中，t 为现金流发生的时间；CF_t 为第 t 期的现金流；y 为每期的到期收益率；T 为距到期日的期数。式(9.7)中的分母是按照到期收益率贴现的债券现金流现值，也就是债券的市场价格 p。

令

$$W_t=\frac{\frac{CF_t}{(1+y)^t}}{p}$$

其中，$p=\sum_{t=1}^{T}\frac{CF_t}{(1+y)^t}$，那么，有

$$D=\sum_{t=1}^{T}t\cdot W_t \tag{9.8}$$

W_t 是现金流时间的权重，是第 t 期现金流的现值占债券价格的比重，权重之和等于1，因为按照到期收益率贴现的现金流之和就等于债券的价格。应当注意，从式(9.8)中求出的久期是以期数为单位的，还要把它除以每年付息的次数，转化成以年为单位的久期。

美国经济学家弗雷德克·麦考利首先将式(9.6)称为久期，因此它也被称为麦考利久期。可以看出，普通债券的久期是债券现金流时间的加权平均，其权重是每次现金流现值占现金流现值总和(即债券价格)的比例。前面曾指出债券的到期时间与价格的利率敏感性具有相关性，但用到期时间长短作为价格利率敏感性大小的测量指标是不完善的，久期—债券现金流(即每期息票利息和到期本金支付)的平均到期时间才是衡量普通债券利率敏感性的准确指标。

可以说，普通债券的久期是债券的有效到期时间，它是收到每一笔支付的时间的加权平均，权重与支付的现值成比例。一般来说，除了零息债券外，债券的久期比到期时间短一些。零息债券的久期与它的到期时间相等。但是对于某些特殊债券，久期可能会比到期时间更长。要注意，久期是衡量债券价格利率敏感性的指标，某些附加选择权的债券的价格利率敏感性很大，即利率的微小变化会引起债券价格的大幅度变化，这些债券的久期有可能会超过债券本身的期限。

最后需要强调的是，从本质上来看，久期就是衡量债券价格的利率敏感性指标，而不是一种期限。因为普通债券的久期等于所有现金流到期时间的加权平均数，所以说很多人误以为久期是一种期限。对于一些特殊债券而言，久期就不等于未来现金流时间的加权平均数了。

当息票债券平价出售时，到期收益率与票面利率相等，麦考利久期公式可以进一步简化为

$$\text{平价出售的息票债券的麦考利久期}=\frac{1+y}{y}-\frac{1+y}{y(1+y)^T}$$

再来考察一种特殊情况,年金的麦考利久期。固定期限年金的麦考利久期公式可以简化为

$$\text{固定期限年金的麦考利久期} = \frac{1+y}{y} - \frac{T}{(1+y)^T - 1}$$

其中,y 为到期收益率,T 为年金的期限数。

当年金到期时间 T 趋近于无穷时,可以得到永续年金的麦考利久期计算公式:

$$\text{永续年金的麦考利久期} = \frac{1+y}{y}$$

永续年金的麦考利久期与它的到期时间差别很大。例如,到期收益率为 10%,半年付息一次的永续年金的麦考利久期为

$$\frac{1+5\%}{5\%} = 21(\text{半年})$$

即 10.5 年,而它的到期时间是无穷大的。一般来说,随着到期时间的增加,债券的麦考利久期也就逐渐趋近于到期收益率相同的永续年金的麦考利久期。

2. 资产组合的久期

资产组合也有久期,其久期是资产组合的有效平均到期时间。它的计算方法是对组合中所有资产的久期求加权平均数,权重是各种资产的市场价格占资产组合的总价值的比重。

【例 9-1】 一个债券组合由三种半年付息的债券构成,相关资料如表 9-1 所示,求债券组合的久期。

表 9-1 例 9-1 的相关资料

债券名称	面值/元	票面利率/%	到期时间/年	市场价格/元	到期收益率/年率/%
A	1 000	6	6	951.68	7
B	20 000	5.5	5	20 000.00	5.5
C	10 000	7.5	4	9 831.68	8

运用久期的简化公式,分别计算出 A、B、C 的久期。

$$D_A = 10.200\,1(\text{半年}) \quad D_A = \frac{10.200\,1}{1+3.5\%} = 9.855\,2(\text{半年}) = 4.927\,6(\text{年})$$

$$D_B = 8.877\,7(\text{半年}) \quad D_B = \frac{8.877\,7}{1+2.75\%} = 8.640\,1(\text{半年}) = 4.320\,1(\text{年})$$

$$D_C = 7.048\,4(\text{半年}) \quad D_C = \frac{7.048\,4}{1+4\%} = 6.777\,3(\text{半年}) = 3.388\,7(\text{年})$$

该债券组合的市场总价值等于 30 783.68 元,债券 A、B、C 市场价格的权重分别是 0.030 9,0.649 7,0.319 4。因此,该债券组合的久期为

$$D^* = 4.927\,6 \times 0.030\,9 + 4.320\,1 \times 0.649\,7 + 3.388\,7 \times 0.319\,4 = 4.041\,4(\text{年})$$

这表明,当组合中三种债券的年收益率都变动一个百分点时,组合的市场价值将会变动 4.041 4%。需要强调的是,这里所说的是组合中的所有债券的收益率都变动相同的幅度。

9.3 凸　　性

9.3.1 凸性的定义

价格—收益率曲线是凸状的，说明价格—收益率的关系不是线性的，相应的价格—收益率曲线不是直线而是曲线。在收益率更高时变得更加平缓，在收益率低的时候变得更加陡峭。因此，当收益率上升时，债券价格将以更小的幅度下降；当收益率降低时，债券价格将以更大的幅度增加。由于$\frac{\Delta p}{p}=-D^{*}\Delta y$，所以$D^{*}=-\left(\frac{\Delta p}{p}\right)/\Delta y$。因此，久期在数学上对应于价格收益率曲线上的一阶导数的绝对值。修正的久期与初始价格的乘积是价格收益率曲线在某点上的线性估计。如果利用久期估计收益率变化导致的价格变化，在收益率降低时会低估价格的上升，在收益率上升时则会高估价格的下降。误差等于曲线和直线之间的垂直距离。所以说，只有在收益率变化不大的情况下利用久期估计价格的变化才比较准确，如果收益率的变化较大，用久期估计价格变化就会产生较大误差。收益率变化越大，误差也就越大。

因此，在收益率变化比较大的情况下，为了更精确地估计债券价格的变化，就必须考虑价格收益率曲线的凸性性质。可以用泰勒级数的前两项更准确地计算收益率变化导致的价格的变化：

$$\mathrm{d}p=\frac{\mathrm{d}p}{\mathrm{d}y}\times\mathrm{d}y+\frac{1}{2}\times\frac{\mathrm{d}^{2}p}{\mathrm{d}y^{2}}\times(\mathrm{d}y)^{2}+\varepsilon \tag{9.9}$$

其中，ε 为误差项。

将式(9.9)两边同时除以债券价格 p，可以得到价格变化百分比的表达式：

$$\frac{\mathrm{d}p}{p}=\frac{\mathrm{d}p}{\mathrm{d}y}\times\frac{1}{p}\mathrm{d}y+\frac{1}{2}\times\frac{\mathrm{d}^{2}p}{\mathrm{d}y^{2}}\times\frac{1}{p}(\mathrm{d}y)^{2}+\frac{\varepsilon}{p} \tag{9.10}$$

如果用 C 来表示凸性，那么凸性的数学定义可以用下式表示：

$$C=\frac{\mathrm{d}^{2}p}{\mathrm{d}y^{2}}\cdot\frac{1}{p}$$

可见，凸性与价格收益率函数的二阶导数相对应。凸性与初始价格的乘积是价格收益率曲线的曲率，即

$$C\cdot p=\frac{\mathrm{d}^{2}p}{\mathrm{d}y^{2}}\cdot\frac{1}{p}$$

9.3.2 凸性的计算

为了更准确地计算债券价格的变化，需要计算债券的久期和凸性。对于普通债券而言，凸性 C 的计算公式是

$$C=\frac{1}{p\times(1+y)^{2}}\sum_{t=1}^{T}\left[\frac{\mathrm{CF}_{t}}{(1+y)^{t}}\times(t^{2}+t)\right] \tag{9.11}$$

其中，t 为现金流发生的时间；CF_t 为第 t 期的现金流；y 为每期的到期收益率；T 为距到期日的期数；p 为债券的市场价格。

该式计算出的是以期数为单位的凸性,为了转化成以年为单位的凸性,还要把它除以每年付息次数的平方值。对于零息债券,凸性的计算公式还可以进一步简化:

$$C=\frac{t^2+t}{(1+y)^2}$$

令

$$W_t=\frac{\mathrm{CF}_t}{(1+y)^t p}$$

那么,有

$$C=\frac{1}{(1+y)^2}\sum_{t=1}^{N}(t^2+t)\cdot W_t \tag{9.12}$$

从以上可以发现,凸性的计算与久期非常相似,区别在于它是 t^2+t(而不是 t)的加权平均,再除以 $(1+y)^2$,权重仍然是按照到期收益率贴现的每期现金流现值占债券市场价格的比重。应当注意的是,从式(9.12)中求出的凸性是以期数为单位的,还要把它除以每年付息次数的平方,转化成以年为单位的凸性。

【例 9-2】 求解例 9-2 中三年期债券的凸性。对于它的计算过程如表 9-2 所示。

表 9-2 例 9-2 的计算过程

时间 t/期数	现金流/元	现金流的现值/元	权 重	$t(t+1)\times$权重
1	4	3.8095	0.0401	0.0802
2	4	3.6281	0.0382	0.2292
3	4	3.4554	0.0364	0.4368
4	4	3.2908	0.0347	0.6940
5	4	3.1341	0.0330	0.9900
6	104	77.6064	0.8176	34.3392
总计		94.9243	1	36.7694

于是,半年期的凸性为

$$C=36.7694/1.05^2=33.3509$$

转化为以年为单位的凸性为

$$\text{凸性}=33.3509/2^2=8.3377$$

9.3.3 凸性与价格波动的关系

由于

$$D^*=-\frac{\mathrm{d}p}{\mathrm{d}y}\cdot\frac{1}{p}$$

$$C=\frac{\mathrm{d}^2 p}{\mathrm{d}y^2}\cdot\frac{1}{p}$$

因此,式(9.10)可以修正为久期与价格波动的关系式:

$$\frac{\Delta p}{p}=-D^*\mathrm{d}y+\frac{1}{2}\times C(\Delta y)^2+\frac{\varepsilon}{p} \tag{9.13}$$

式(9.12)右边第一项是基于修正久期对债券价格波动的近似估计。第二项是引入凸性以后对久期估计的价格波动做出的修正。当收益率变动较小时,$(\Delta y)^2$ 会相当小,式(9.13)右边第二项代表的修正值也很小,可以忽略不计,因此不考虑凸性,用久期估计出来的价格波动也较为准确。当收益率变动较大时，$(\Delta y)^2$ 就会比较大，如果不考虑基于凸性计算的修正项，仅仅根据久期估计的价格波动就会产生较大的误差。从计算普通债券的凸性公式中可以看出，凸性不可能为负值。因此，当收益率降低时，根据久期估计的价格波动会低估价格上升的幅度；当收益率升高时则会高估价格下降的幅度。凸性的修正会在一定程度上消除这种高估或者低估。当收益率上升时，正的修正项会使估计的价格下降幅度变小；当收益率下降时，正的修正项则会使估计的价格上升幅度变大。因此，考虑凸性后估计的价格波动与实际情况更为接近。

正是因为凸性是正值，所以债券的凸性越大，对投资者越有利。如果其他条件都一样，凸性越大的债券，当收益率降低时，债券价格上升的幅度就越大；当收益率升高时，债券价格下跌的幅度就越小。

9.3.4 可赎回债券的凸性

不可赎回债券的凸性是正的。但是对于可赎回债券来说，情况有所不同。当市场利率高于已发行的可赎回债券的票面利率时，发行人不会赎回低利率的债券而是按照市场利率重新发行高利率的债券。随着市场利率的降低，发行人可以从赎回债券中获得收益。如果债券的赎回价格比它的内在价值（理论价格）低，那么发行人将选择赎回债券，牺牲债券投资者的利益。图 9-3 中的两条曲线分别表示可赎回债券与不可赎回债券的价格与收益率关系。市场利率较高时，可赎回债券的价格与收益率的关系与不可赎回债券是相同的，仍然表现出正凸性。当然，两者的价格并不是完全相同的，因为这时存在市场利率下跌、债券被赎回的可能性，两者价格的差异反映了发行人赎回债券的选择权。随着市场利率的降低，可赎回债券与不可赎回债券的价格—收益率曲线之间的距离越来越远，可赎回债券的曲线逐渐变为凸性，凸性变为负值。当市场利率在一个很低的水平时，债券以赎回价格 P 被发行人赎回。以上分析说明，可赎回债券的价格收益率曲线具有一个负凸性区间，与正凸性的情况恰恰相反，负凸性意味着收益率下降时价格上升的幅度小于收益率上升时价格下降的幅度；当其他因素不变时，到期收益率越低，债券的久期反而越短，价格的利率敏感性反而越弱。

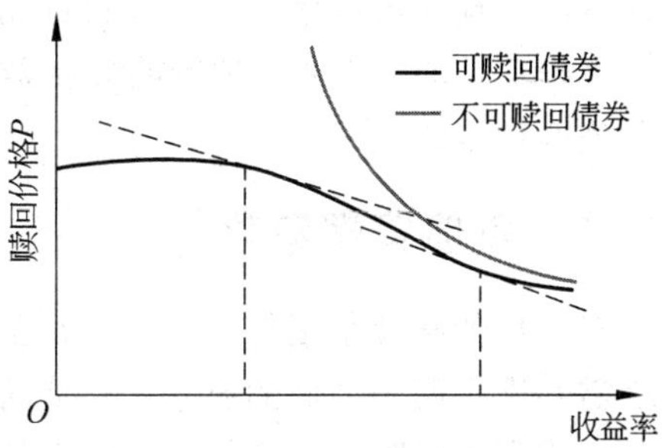

图 9-3 可赎回债券的凸性

9.3.5 有效凸性

上面提到过有效久期为$\frac{p_{-}-p_{+}}{2p_0\Delta y}$，也可以相似地得到有效凸性的表达式：

$$有效凸性=\frac{p_{-}+p_{+}-2p_0}{p_0(\Delta y)^2}$$

有效久期和有效凸性的计算公式非常有用，适用于所有金融工具的久期和凸性。对于附选择权的特殊债券，其久期和凸性无法根据普通债券的久期和凸性公式进行计算，可以根据上述公式计算其近似久期和近似凸性。当然,为了计算附选择权的特殊债券的近似久期和近似凸性,必须先计算 p_- 和 p_+,这就需要好的债券定价模型。

9.4 消极的债券组合管理策略

对于投资者,特别是对于机构投资者而言,债券投资组合管理是十分重要的。债券投资组合管理策略大体上可以分为两类:消极的债券组合投资管理策略和积极的债券投资组合管理策略。

如果债券市场是有效的,即债券的价格反映了所有的公开可得的信息,那么通过寻找错误定价的债券和预测利率走势来获得风险调整后的超额回报率就是不可能的了。在有效债券市场上最好的投资策略就是消极投资策略。消极投资策略的目的不是战胜市场,而是控制债券组合的风险,并且获得与承担的风险相适应的回报率。一般而言,消极投资策略追求的目标有三类:一是为将来发生的债务提供充足的资金;二是获得市场平均回报率,即获得与某种债券指数相同(相近)的业绩;三是在既定的流动性和风险约束条件下追求最高的预期收益率。与上述目标相适应,在债券组合管理的实践中产生了两种主要的消极投资策略:负债管理策略和指数策略。其中,负债管理策略主要包括现金流匹配和免疫两种策略。

9.4.1 负债管理策略

资产负债管理是银行、保险公司、基金等金融机构的核心业务。金融机构的负债管理至少需要满足两个方面的要求:一是满足金融机构未来偿还债务时产生的现金流支出;二是规避利率风险。免疫策略和现金流匹配是应用范围最广的两种负债管理策略,可以满足金融机构负债管理的上述两方面的要求。大体而言,免疫策略是指通过资产负债的适当组合规避资产负债的利率风险,使资产负债组合对利率风险实现免疫。

1. 免疫策略

金融机构在将来偿还债务的本金和支付利息时会产生一系列的现金流支出。因此,金融机构需要构造债券投资组合以满足将来债务还本付息的需要,这就是免疫策略。免疫策略进一步分为目标期免疫策略和多期免疫策略。

(1) 目标期免疫策略

利率风险包括价格风险和再投资风险。债券的价格与利率变化呈反向变动。当利率上升(下降)时,债券的价格便会下跌(上涨)。对于持有债券直至到期的投资者来说,到期前债券价格的变化没有什么影响;但是,对于在债券到期日前出售债券的投资者而言,如果购买债券后市场利率水平上升,那么债券的价格将下降,从而投资者将遭受资本损失,这种风险就是利率变动产生的价格风险。利率变动导致的价格风险是债券投资者面临的最主要风险。利息投资收入的多少主要取决于再投资发生时的市场利率水平。如果利率水平下降,获得的利息只能按照更低的收益率水平进行再投资,这种风险就是再投资风险。债券的持有期限越长,再投资的风险就越大;在其他条件都一样的情况下,债券的票面利率越高,债券的再投资风险也越大。

利率波动对债券价格和再投资收入的影响正好相反：当利率上升时，债券的价格将下跌，但债券的再投资收入会增加；当利率下降时，债券的价格将上涨，但债券的再投资收入将会下降。可以通过将资产负债期限进行适当的搭配，使这两种利率风险正好相互抵消，从而消除债券组合的利率风险。这正是免疫策略的基本思想。

为了理解免疫策略背后的基本思想，先来考察一种最简单的情况——目标期免疫策略，即如果某个金融机构在未来某个时期需要支付一笔确定的现金流，那么现在该金融机构应该如何构造债券组合以规避利率风险呢？

【例 9-3】 某银行发行面值为 10 000 元的定期存单，该存单期限为 5 年，年利率为 8%，按复利计算，该银行 5 年后需支付：$10\,000\times1.08^5=14\,693.28$(元)。为了保证 5 年后有足够的资金偿还该定期存单所形成的债务，该银行购买了按面值出售的 10 000 元债券，债券的年利率为 8%，6 年后到期。由计算可知，该债券的久期为 5 年。该银行 5 年后将债券销售以获得支付债券所需的资金。假设收益率曲线是水平的，并且只能平行移动。考察银行购买债券后利率变化的三种情况：一是利率始终保持在 8%的水平上；二是利率降为 7%并维持不变；三是利率上升到 9%并保持不变。以第二种情况为例来说明如何计算 5 年后债券的终值。

在第 1 年年底债券支付利息：

$$10\,000\times8\%=800(\text{元})$$

该笔现金流还可以按照 7%的年利率再投资 4 年，终值为

$$800\times1.07^4=1\,048.64(\text{元})$$

在第 2 年年底债券支付利息：

$$10\,000\times8\%=800(\text{元})$$

该笔现金流还可以按照 7%的年利率再投资 3 年，终值为

$$800\times1.07^3=980.03(\text{元})$$

以此类推，到第 5 年获得利息 800 元，同时将债券按照当时的价格销售出去。债券 5 年后的销售价格等于第 6 年发生的现金流的贴现值，即

$$\frac{10\,800}{1+7\%}=10\,093.46(\text{元})$$

将上述所有现金流在第 5 年的终值加总等于 14 694.05 元，如表 9-3 所示。

表 9-3　例 9-3 的计算过程

时间/年	现金流	$r=8\%$	$r=7\%$	$r=9\%$
1	800	1 088.39	1 048.64	1 129.27
2	800	1 007.77	980.03	1 036.02
3	800	933.12	915.92	950.48
4	800	864.00	856.00	872.00
5	800	800	800	800
利息总收入		4 693.28	4 600.59	4 787.77
5 年后债券价格	$10\,800/(1+r)$	10 000	10 093.46	9 908.26

通过表可以清楚地看到,利率从 8%降到 7%,债券的利息再投资收入减少了 92.69 元(= 4 693.28−4 600.59),但是销售价格却从 10 000 元涨到了 10 093.46 元,两者基本相互抵消。当利率从 8%上涨到 9%的时候,利息收入的增加基本被价格的降低所抵消。因此,从上例可以看出,不论利率如何变化,再投资风险和价格风险总是相互抵消,从而债券组合的利率风险被消除了。

在上例中,银行规避利率风险的机制是什么呢?首先,银行的资产和负债的现值(市场价值)相等,都是 10 000 元;其次,资产和负债的久期相等,都是 5 年。上述两个条件就能保证投资者到期有足够资金满足偿还单笔债务的需要。因此,目标期免疫策略规避利率风险的两个条件是:

① 债券组合和负债的现值相等;

② 债券组合和负债的久期相等。

(2) 多期免疫策略

养老基金和寿险公司等金融机构未来需要偿付一系列的现金流以满足养老基金受益人和投保人的需要。金融机构可以采用多期免疫策略实现对多期负债的免疫。

多期免疫策略是指不论利率如何变化,通过构建某种债券组合以满足未来一系列负债产生的现金流支出的需要。可以通过两种方法来实现多期免疫策略:一是将每次负债产生的现金流作为一个单期的负债,然后利用上述目标期免疫策略针对每次负债分别构建债券组合,令债券组合的久期和现值与各期负债的久期和现值相等;二是构建债券组合,令债券组合的久期与负债的现金流的久期加权平均值相等。例如,如果一家养老基金在 4 年、5 年和 6 年后分别需要支付三笔资金,每笔资金的现值都是 100 万元。为了对这三笔负债进行免疫,该基金既可以投资于三种债券组合,每种债券组合的现值都是 100 万元,久期分别是 4 年、5 年、6 年;也可以都投资于久期等于 5 年的债券组合,因为负债的久期加权平均数等于 5 年,其计算如下:

$$4 \times 1/3 + 5 \times 1/3 + 6 \times 1/3 = 5(\text{年})$$

后一种方法的债券组合构造和管理都相对简单,但理论研究表明,资产和负债的久期相等并不能保证完全免疫。因此,最好的多期免疫策略仍然是第一种方法。

理论研究表明,要想确保多期免疫策略成功,必须满足下列三个条件。

① 债券组合和负债的现值相等;

② 债券组合和负债的久期相等;

③ 债券组合的资产现金流时间分布范围要比负债现金流的时间分布范围更广。

(3) 净资产免疫

在免疫策略中,还有一种特殊的免疫策略——净资产免疫。净资产免疫的基本思想是:利率变化对资产和负债的市场价值都会产生影响,将资产负债进行适当搭配,使利率变化对资产和负债的影响方向相反、数额相等,相互抵消,就会消除净资产面临的利率风险。

利率变化对资产和负债产生的影响可以用下面两式表示:

$$\Delta A = \frac{-\mathrm{DUR}_A \cdot \Delta i}{1+i}$$

$$\Delta D = \frac{-\mathrm{DUR}_D \cdot \Delta i}{1+i}$$

其中

$$\Delta A=\frac{A_t-A_{t+1}}{A_t}=\text{资产市场价值变化的比率}$$

$$\mathrm{DUR}_A=\text{资产久期}$$

$$\Delta D=\text{负债市场价值变化的比率}$$

$$\mathrm{DUR}_D=\text{负债久期}$$

$$i=\text{利率}$$

利率变化对资产市场价值的影响可以用式(9.14)表示：

$$\Delta NW=-\frac{(\mathrm{DUR}_A-\mathrm{DUR}_D\cdot D)\cdot\Delta_i}{1+i}\tag{9.14}$$

如果式(9.14)中括号内的项为0，那么不论利率如何变化，净资产的市场价值都不会发生变化。净资产的市场价值对利率变化实现免疫的条件可以由式(9.15)描述：

$$\mathrm{DUR}_A\cdot A=\mathrm{DUR}_D\cdot D\tag{9.15}$$

另外，可以通过式(9.16)定义久期缺口：

$$\mathrm{DUR}_{\mathrm{gap}}=\mathrm{DUR}_A-D/A\cdot\mathrm{DUR}_D\tag{9.16}$$

其中，$\mathrm{DUR}_{\mathrm{gap}}$为久期缺口，$\mathrm{DUR}_A$为资产久期，$\mathrm{DUR}_D$为负债久期，$A$为资产的市场价值，$D$为负债的市场价值。

当利率变化时，净资产市场价值的变化量相当于总资产的百分比，即

$$\Delta NW\approx\frac{\mathrm{DUR}_{\mathrm{gap}}\cdot\Delta i}{1+i}\tag{9.17}$$

其中，ΔNW为净资产市场价值的变化占总资产的比重。

(4) 免疫策略的局限性

上述免疫策略在实际应用中也存在以下一些局限性，认识到这些局限性对于成功的债券组合管理是十分必要的。

首先，免疫策略是以久期为基础的，而久期只能近似衡量债券价格的变化，无法精确衡量利率变化导致的债券价格变化。因此，通过资产久期匹配无法完全消除利率风险。

其次，在整个目标期限内，债券组合(资产)和负债的久期会随着市场利率的变化而不断变化，并且两者的久期变化并不一致。因此，即使最初资产负债的久期是匹配的，但是随着利率的变动，资产负债的久期也不会出现不匹配，因此债券组合和负债也就无法实现免疫了。

再次，使用免疫策略存在的另一个问题是由于债券组合的久期不随着时间的流逝而线性减少。一般而言，债券的久期的减少速度慢于期限的减少速度。在目标期免疫策略中，负债(一次性到期支付)的久期又等于到期日。这样，随着时间的流逝，资产负债久期会按照不同的速度改变，从而债券组合就不再具有免疫能力了。这意味着债券资产组合需要不断地再平衡以维持资产负债久期的匹配，从而保持免疫能力。这种再平衡是通过出售手中所持有的某些债券，将它们换成另一些债券，从而使新的债券组合的久期与剩余的负债现金流的久期相一致。

免疫策略也不是完全消极的策略，它仍然需要定期调整持有债券的比例。当然，在现

实市场中,资产组合的再平衡会带来买卖资产的交易成本,所以不可能不断调整持有的证券。实际上,债券基金的管理者会在再平衡所获的更好的免疫功能和不断调整而付出的交易成本之间进行平衡,从而选择一种折中的方案。

最后,在计算久期时,假定收益率曲线是水平的,即所有支付都是按照同一贴现率计算现值,当利率发生移动时,整个收益率曲线也只能是平行移动。显然,在现实生活中这些假定太严格了,几乎不能够实现。因此,前面所讲的方法只具有理论上的可行性。为了使久期的概念一般化,金融学家做了很多的理论工作,建立了多因素的久期模型,允许收益率曲线有倾斜和扭曲的形状。但是这种多因素模型并没有显示出很好的实用性,相反,前面介绍的简化处理方法的效果最好。为此,许多金融学家声称,债券投资基金的经理如果要使用免疫策略,只需考虑本节所介绍的方法就足够了。

除了以上的主要问题外,免疫策略还存在以下两点问题。

① 众多的候选资产。由于在现实市场上存在很多债券资产供我们选择,那么债券管理者如何做出选择呢?一般而言,债券管理者应该选择这样一种组合——在这种组合中所有的债券平均期限(到期期限)都接近于约定的现金流出的平均期限。举例说明,若要求的现金流出的期限为4年,则3年和5年组合的债券就优于3年期和7年期组合的债券。

② 延期和提前赎回风险。在构建免疫资产时,都是基于这样一种认识——债券的现金流支付都是按时足额进行的,也就是说,投资管理者手中所持有的债券不会被延期或提前赎回。但是,在现实生活中债券组合中的某些债券可能被延期或提前赎回。这样一来,原有计划的久期匹配就可能会被打乱,原有的债券组合由此也就失去了免疫作用。

2. 现金流匹配

负债管理策略中还有一种策略——现金流匹配策略,可以有效解决免疫策略存在的上述问题。现金流匹配策略是指通过构造债券组合使债券组合产生的现金流与负债的现金流在时间上和金额上正好相等,这样就可以完全满足未来负债债券产生的现金流支出的需要,从而完全规避了利率风险。最简单的方法就是购买零息债券来为预期的现金流支出提供恰当的资金。例如,债券管理者需要在三年后偿还10 000元的债务,那么他可以现在购买一个面值为10 000元的三年期的零息债券,就可以完全锁定利率风险。因为不管未来三年的利率如何变化,债券管理者都能够保证到期的现金支付。如果管理者面临的负债是多期的,那么在这种情况下,管理者可以同时选择零息债券和附息债券,以使每期的现金流出相匹配。

【例9-4】 假设你是某保险公司的资金管理部的负责人。你预计公司在未来三年内的现金流支出以及三种债券的现金流模式如表9-4所示(不用考虑单位)。

表9-4 公司在未来三年内的现金流支出以及三种债券的现金流模式

	第一年年底	第二年年底	第三年年底
现金流支出	1 000	1 000	1 000
3年期附息债券1	50	50	500
2年期附息债券2	100	300	
零息债券	200		

为了满足公司未来三年的现金流支出的需要，决定利用附息债券 1、附息债券 2 以及零息债券实施多期现金流匹配策略。试问目前在上述三种债券上的投资数量各是多少？

假设投资于 3 年期附息债券、2 年期附息债券和零息债券的数量分别是 x、y、z，则

$$500x = 1\,000$$

$$50x + 300y = 1\,000$$

$$50x + 100y + 200z = 1\,000$$

求解可得，$x=2$，$y=3$，$z=3$。

因此，在 3 年期附息债券、2 年期附息债券和零息债券上的投资数量分别是 2、3 和 3。

现金流匹配策略之所以能实现免疫，是因为：首先，债券组合中的各债券都是持有至到期才出售，所以不存在债券价格波动的风险；其次，在到期之前的利息收入都用于支付当期现金流支出，而不是用于再投资，这样就消除了再投资的利率风险。所以，现金流匹配策略彻底规避了利率风险，达到了资产免疫的目的。

从上述现金匹配策略的操作可以看出，其最大的优点在于一劳永逸地消除了利率风险。一旦开始时实现了现金流的匹配，则在以后的时期内就不需要再改变手中所持有的债券组合了。从某种意义上讲，这才是彻底的消极的债券组合管理策略。不过，在现实世界中，现金流匹配的策略并没有得到广泛的运用，原因有以下两个。

首先，现金流匹配的策略有时并不容易实现。因为约定的现金流支出可能是一系列金额不等的现金支付，而且有的金融机构未来的负债期限相当长，不容易构造出与负债现金流完全匹配的债券组合。例如，养老基金是对未来退休人员进行现金支付，若要实现完全的匹配，就可能需要购买期限超过百年的债券；而这样的债券在现实世界是不存在的。由此可见，现金流匹配策略的可操作性很差，因而它很难得到广泛的运用。

其次，现金流匹配策略可调整的空间很小，一旦确定了现金流匹配的债券组合，债券组合管理人就很难调整债券组合了。而在免疫策略中，债券组合管理人的可调整余地很大，只要能满足免疫策略的前提，就有许多债券可供选择。债券组合管理人在不破坏免疫策略的前提下，可以选择那些预计价格上涨幅度最大的债券。

9.4.2 指数化策略

指数化策略是指债券管理者构造一个债券资产组合，用以模仿市场上存在的某种债券指数的业绩，由此使该债券资产组合的风险回报与相联系的债券市场指数的风险回报相当。

原则上说，由于债券市场指数构成与股票市场指数构成极为相似，指数化策略在两个市场的操作几乎相同。在股票市场上，投资者事先选定一种指数，再以此指数的成分股名单来选择购买股票，而且每种股票购买的数量与这些公司当前市值在指数中的比重成比例。债券市场的操作大体如此。但由于债券市场上指数自身的特点，又使其与股票市场有一定的区别：首先，在股票指数构成中的股票种类一般而言不会发生变化，因而投资管理者手中的股票就不会发生变化。但是在债券市场上，其指数构成中所选择的债券期限必须大于一年，故随着时间的推移，有些选入的债券到期期限会小于一年，它就会从指数中剔除，同时会有新的债券补充进来。债券管理者就会相应地改变手中所持有的债券种类，使之与指数相一致。由于随着时间的推移，不断有债券进出指数范围，因此债券管理

者就要不断买卖债券,从而使资产组合的债券结构与指数中包括的债券结构尽可能地匹配。但是,这会使指数基金管理工作很复杂,在现实生活中不可行。其次,由于构成股票指数的股票一般就有几百种,故购买的难度不大,可以按照股票指数完全复制。但是在债券市场上,由于指数中包括的债券种类一般都很多,所以要想按照市值比重购买完所有的债券难度很大。再者,股票指数所选的股票都是市场上活跃的股票,在市场上很容易进行买卖。而债券指数构成中有很多债券的流动性差(在市场上很少交易),这意味着债券投资管理者很难在市场上找到持有者进行交易。即使寻找到交易方,由于该债券很少交易,故也不容易找到一个合理的价格进行交易。

由此可见,债券指数基金进行指数化操作采用像股票指数基金那样完全复制股票指数的方法是不现实的。作为现实的替代,可采用分析方法,其操作方法如表 9-5 所示。

表 9-5 分析方法的操作方法

%

	政府债券	金融债券	公司债券	国际债券
1～5 年	7	3	0	0
5～10 年	0	10	0	10
10～15 年	13	2	15	10
15～20 年	0	10	10	0
20 年以上	5	0	0	5

首先,将债券市场上的债券按照不同的标准进行分类,表 9-5 中按到期期限(5 个阶段)和发行主体(4 类)进行分类。在现实市场上,也可以用发行者的信用等级、债券息票率等其他标准进行分类。在选定了分类标准之后,同一表格中的债券被认为是无差异的(具有相同的风险和收益率)。其次,在市场上选择一种指数,在该指数所包括的债券范围内计算每一单元格中债券市值占全部债券市值的比重(表示成百分比的形式并填入相应的表格中,假设其各种比例如表 9-5 所示)。最后,指数化债券管理者不再以市场上的指数为标准进行复制处理,而是会建立一个债券资产组合,该组合中债券所占比重与表格中每单元债券所占比重保持一致即可。例如,7%的 3 年期政府债券或者 5%的 2 年期政府债券加上 2%的 4 年期政府债券均满足第一个要求。通过这种简化的方法,虽然不能使资产组合与现实指数完全一致,但可以使构造的债券资产组合与现实指数在某些重要的特征上保持一致。这样一来,两者的收益率会大体保持匹配。这样做的最大好处在于,彻底解决了前面提出的指数化管理的三大问题,也就是使指数化策略具有了可操作性。

9.5 积极的债券组合管理策略

积极的债券管理者认为债券市场并不是那么有效的,所以明智的投资人总是能够把握机会战胜市场(获得超过市场平均收益率的超额回报)。此类投资者认为市场无效主要体现在债券定价错误和市场波动的可预测性上。基于此,债券管理者进行债券选择,力图识别定价错误的债券或对市场利率做出精确的预测,以把握市场时机进行买卖。积极的债券组合管理一般都是这两种方法的结合使用。目前,在债券市场上,债券组合管理者广泛使用的积极管理策略有互换策略、收益率曲线策略、期限分析和或有免疫策略。

9.5.1 互换策略

1. 互换策略的定义

大体而言,债券互换策略就是指将预期收益率更低的债券转换为预期收益率更高的债券。在很多情况下,债券组合管理者都可以采用互换策略:①预计利率将会发生变化,债券组合管理者可以将利率敏感性不同的债券进行互换,以获得更高的回报或减少损失;②债券组合管理者认为债券间的利差不合理,预期不同的债券的相对价格将会发生变化,用预期收益率高的债券交换预期收益率低的债券,从而获得更高的收益。当债券管理者采用互换策略的时候,认为各类债券比价关系的失衡是暂时的,因为随着时间的推移,这种失衡将会消失,各类债券的相对比价会恢复到合理的状态。当债券间相对价格从失衡恢复到均衡时,投资者就可以获得超额回报;③将收益率低的债券转换成收益率高的债券;④债券组合管理者纯粹出于税收的考虑而进行债券互换。

2. 互换策略的主要类型

(1) 替代互换

替代互换是指将债券组合中的债券转换成市场上的同质但收益率更高的债券。这里的同质债券主要是指两种债券在票面收益率、期限结构、风险等级、赎回特征等方面基本上相同。采用替代互换策略的原因在于,债券管理者认为市场对这两种债券的定价存在错误或者说这两种债券的收益率差异不合理。如果随着时间的推移,这两种债券的不合理比价关系会消失,那么这种价格的不一致必会带来获利的机会。假设有一个基金经理持有一种剩余期限为3年,面值为10 000元,息票利率为8%的债券。由于债券的现行市场价格为950元,那么这种债券的到期收益率为10%;与之相对应的是市场上的另一种债券,它有着与基金经理手中债券相同的到期日、赎回条款、信用等级,但是这种债券具有10.10%的到期收益率。显然,基金经理应该把手中的债券卖出并购回市场中的这种债券,从而赚取10个基点的收益,这就是替代互换策略。若是在有效市场上,两种同质债券应该具有相同的收益率,也就是说,后一种策略没有提供更高收益率的理由。既然如此,过高的收益率就意味着市场无效,投资者可以抓住这个机会获得超额利润。

当两种同质债券的收益率出现暂时的不一致的时候,投资者也可以通过买入价值低估(收益率高估)同时卖空价格高估(收益率低估)的债券,将来当两种债券的价格一致时,投资者就可以获得超额利润。当然,替代互换策略也适用于债券组合的互换。

需要特别注意的是,两种同质债券的收益率存在差异,很可能是两种债券的风险、流动性或凸性不一致,债券市场正确地确定了债券的价格。在这种情况下,替代互换就无法获得超额利润。

(2) 跨市场利差互换

跨市场利差互换是指利用两类市场(如国债市场与公司债券市场)的收益率差额不合理,从一个收益率低的市场转移到收益率高的市场以获得额外收益。这种策略是在对市场正常收益率差额的预测与现行市场实际收益率差额进行比较的基础上进行的。同时,债券投资者相信利差的实际值与预测值不一致只是暂时的情况,随着时间的推移,这种偏离现象会逐渐消失。先来考察一种比较简单的跨市场利率互换策略,具体操作通过举例来进行说明。

设想一个债券管理者手中持有一种公司债券,期限为25年,其到期收益率为8.3%。在同一个债券市场上,一种政府债券的期限也为25年,其到期收益率为7.2%。目前,两种债券收益率的实际差距为1.1%。在债券投资者看来,这种差距过小,他认为政府债券与所持有公司债券合理的收益率差价应为1.3%。一般是以两者的利差历史平均值作为衡量的标准,即认为一般情况下利差应该与历史平均值保持一致。假设债券管理者认为政府债券的收益率比较合理,那么公司债券的收益率就偏低。因此,债券投资管理者就可以出售手中的公司债券去购买相同金额的政府债券,这样就会提高经风险调整后的收益。债券管理者也可以卖空公司债券,当未来公司债券收益率升高后,公司债券的价格就会下降,此时投资者就可以按照更低的价格买回相同数量的公司债券偿还给债权人,结清自己在公司债券上的空头头寸,并获得相应的卖空利润。

(3) 纯追求高收益互换

采用该互换策略并不是由于发现了定价错误的债券,而是持有收益率更高的债券以获得更高的回报率。债券投资管理者根据收益率曲线的形状调整持有债券期限的长短,从而追求更高的回报率。若收益率曲线向上倾斜,投资者可以将短期债券转换成长期债券,因为长期债券的收益率更高。实质上,投资者采用纯追求高收益率互换策略是通过承担更大的利率风险来获得更高的期限报酬。只要在债券持有期内收益率曲线不发生向上位移,投资者持有长期债券就能获得更高的回报率。如果收益率曲线发生向上的位移,投资者就会遭受更大的损失。

同理,若收益率曲线向下倾斜,意味着短期债券比长期债券具有更高的收益,债券组合管理者应该把长期债券转化成短期债券以获得更高的收益。如果在债券持有期内收益率曲线没有发生向下位移,那么短期债券就能获得更高的回报率。如果收益曲线向下位移,短期债券的回报率就会小于长期债券的回报率。

(4) 税收互换

税收互换是指通过债券的互换而获得纳税方面的好处,实际上就是一种利用税收优势的互换操作。例如,西方国家规定对证券交易的收益要征收累进所得税。比如,当收益超过20万元时征收11%,20万元以下只征收7%。当债券管理者当前受益达到21万元,也就是按照11%纳税时,投资者为了减少纳税,可以采用税收互换的策略。投资者可以将手中持有的价格下跌的债券在市场上出售,从而减少其资本收益。这样一来,他纳税的税率将降为7%,反而提高了其净收益。

3. 利率预测互换策略与免疫策略的结合

通过前面关于目标期免疫策略的介绍可知,当债券管理者持有的债券组合久期与其负债久期相等时,就能彻底规避利率风险,因为这种情况下,利率波动引起的债券价格风险与再投资风险正好相互抵消。那么,当债券组合久期与负债久期不等时会出现什么情况呢?债券组合久期大于负债久期时会产生净价格效应,即利率变化对债券价格的影响将超过对利率再投资的影响。具体而言,当利率降低时,债券价格上升导致收入的增加将超过利率再投资减少的收入;当利率升高时,债券价格下跌导致收入的减少要大于再投资收入的增加；而当债券组合久期小于负债时会产生净再投资效应，即利率变化对再投资收入的影响将超过对债券价格的影响。

当债券组合久期大于负债久期时，利率变化将导致净价格效应；同理，当债券组合久期小于负债久期时，利率变化将导致净投资效应。如果将目标期免疫策略和利率预测互换策略结合起来，可以得出以下结论：如果预测利率将要下跌，债券组合管理者可以投资于久期超过负债久期的债券，当利率下跌时，投资者除了能满足届时债务偿还需要的资金外，由于净价格效应还能获得更高的回报；如果预测利率将要上升，债券组合管理者可以投资于久期短于负债久期的债券，当利率上升时，投资者由于净再投资效应也能获得更高的回报。

因此，债券组合管理者在采用利率预测互换策略时，不能只考虑债券久期的长短，还要考虑自己的投资目标或负债期限。如果预测利率下跌，投资者不仅要投资于久期更长的债券，而且债券的久期要不小于负债久期（或投资目标期限）；否则，净再投资效应将使投资者遭受损失，无法实现既定的投资目标或无法偿还债务。如果预测利率上升，投资者不仅要投资于久期更短的债券，而且债券的久期要不大于负债久期（或投资目标期限）；否则，净价格效应将使投资者遭受损失，无法实现既定的投资目标或无法偿还债务。

9.5.2 期限分析

1. 期限分析策略及其应用

期限分析是积极债券管理者经常使用的一种投资管理方法。期限分析是建立在对未来利率的预测的基础上的。投资者进行期限分析时应遵循以下几个步骤：首先，确定债券投资期并且对投资期期末的收益率曲线进行预测，同时也要对投资期内的收益率曲线的变化情况进行预测。其次，确定在该投资期内的期望总收益，并选择预期收益率最大的一种债券组合。那么，如何计算债券组合在持有期内的期望收益率呢？可以根据下式计算债券组合在持有期内的期望收益率：

$$\text{债券组合持有期内的期望收益率} = \frac{\text{预期的债券组合期末财富} - \text{债券组合期初价值}}{\text{债券组合期初价值}} \tag{9.18}$$

其中，预期的债券组合期末财富＝利息收入＋利息的利息＋债券组合期末价值。

根据对投资期期末收益率曲线的预测，债券组合管理者可以计算债券组合在投资期期末的预期价格，然后根据对投资期内的收益率曲线的变化情况计算利息的利息，再根据面值和票面利率计算投资期内的利息，将上述三部分加总就得到了预期的债券组合期末财富。

【例 9-5】 假设投资者持有一张面值为 100 元的债券，期限为 10 年，票面利率为 6%，按年支付利息。当前售价是 75.42 元，该债券的到期收益率为 10%，投资者打算持有债券的期限为 5 年。投资者现在需要预测未来 5 年持有债券的总回报。5 年后，债券的剩余期限为 5 年。该投资者预计 5 年后该债券（5 年期）的到期收益率为 9%。在这 5 年的债券持有期内，投资者所得的利息可以投资于短期债券，短期债券的预期收益率为 4.5%。

为了计算持有该债券 5 年期的总回报，该投资者进行了下面的计算。

$$5\text{ 年年末价格预测值} = \sum_{t=1}^{5} \frac{6}{(1+9\%)^t} + \frac{100}{(1+9\%)^5} = 88.33(\text{元})$$

$$5\text{年后利息总收入} = \text{利息收入} + \text{利息的利息} = \frac{6\times[(1+0.045)^5-1]}{0.045} = 32.82(\text{元})$$

$$5\text{年内的预期总回报率} = \frac{88.33+32.82-75.42}{75.42}\times 100\% = 60.63\%$$

该债券组合在未来5年内的总回报率的预期值为60.63%。在此投资期内,投资者所获得的资本利得显然取决于时间因素和收益率因素的双重影响。若5年后该债券的到期收益率不变,即仍为10%,则5年后债券价格为84.84元。由此可见,在债券价格从75.42元到88.33元的过程中,时间因素的影响为9.42元(=84.84−75.42),收益率变化因素的影响为3.49元(=88.33−84.84),利息总收入为32.82元,其中,利息收入为30元(=5×6)利息的利息收入为2.82元(=32.82−30)。在此,已经计算出了该债券在持有期的所有收入为时间因素的影响、收益率变动的影响、利息收入、利息的利息4者之和。

2. 利用收益率曲线策略

利用收益率曲线策略是期限分析方法的一种特殊形式,该策略是货币市场基金经理广泛采用的一种方法。当收益率曲线向上倾斜时,如果投资者预测收益率曲线在投资期内会波动时,就可以利用收益率曲线策略获得更高的回报率。收益率曲线向上倾斜意味着长期债券的收益率高于短期债券的收益率。随着时间的流逝,债券的到期期限也会相应缩短,由于收益率曲线保持不变,所以期限已经变短的债券的到期收益率(适当贴现率)也就降低了。由于债券价格与利率成反比,收益的下降会给债券投资者带来资本利得。下面通过图形来说明利用收益率曲线策略。假设当前的收益率曲线如图9-4所示。

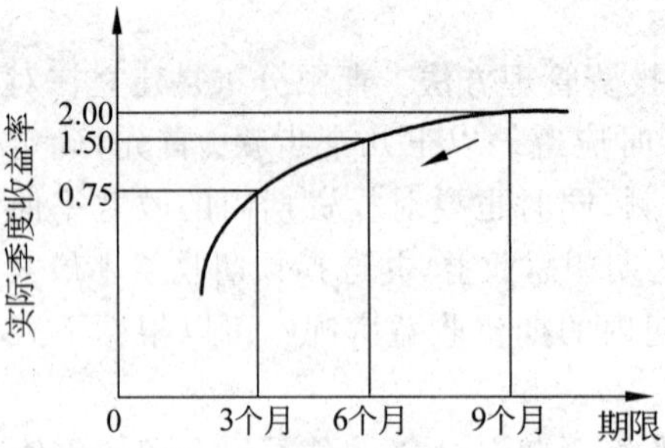

图 9-4　利用收益率曲线策略

左图的横轴代表债券的期限,单位为月,纵轴代表实际季度收益率。从图9-4中可以看出,期限为3个月、6个月、9个月的债券的实际季度收益率分别为0.75%、1.5%、2.00%。假设货币市场存在期限为9个月的债券当前的价格为94.23元。3个月后,如果该债券的期限缩短为6个月,由于收益率曲线不变,此时期限为6个月的该债券的适当贴现率则降为1.5%,3个月后债券的价格为97.07元,因此,有

$$3\text{个月持有期回报率} = \frac{97.07-94.23}{94.23}\times 100\% = 3\%$$

如果投资者购买的是期限为3个月的债券,由于3个月债券的当前价格为99.26元,3个月后的投资将者收到100元,因而3个月回报率为0.745%,远低于9个月债券的3个月持有有效期回报率3%。

因此,当收益率曲线向上倾斜并且在投资期内保持不变时,对于既定的投资期限而言,期限长的债券的预期回报率比期限短的债券的预期回报率更高,而且债券的预期持有其回报率比自身的到期收益率更高。也应注意到,利用收益率曲线的策略虽然可能给投

资者带来更高的收益，但如果债券管理者对持有期内收益率曲线预测错误，即收益率曲线在持有期内向上位移，那么该策略将会使投资者遭到损失。而根据利率期限结构的纯预期理论，收益率曲线向上倾斜本身就意味着市场预期未来的利率将会提高。另外，尽管期限长的债券能提供更高的预期回报率，但这种更高的预期回报率可能是风险报酬，因为期限长的债券流动性报酬也高。期限长的债券预期的持有期回报率高无非是因为它承担了更高的风险而已。

9.5.3 或有免疫策略

或有免疫策略介于消极策略和积极策略之间，可以说是积极的管理策略和消极管理策略的混合体。或有免疫策略的基本思想是债券组合管理者可以实施积极的组合管理策略，直至市场表现不好、债券组合可接受的最低回报率的实现受到威胁时，债券组合的管理者对债券组合实施了免疫策略。在剩余的投资期限内，债券组合的回报率被锁定在了既定的水平上。

下面举例说明或有免疫策略。假设某债券组合管理人为某家保险公司管理着 500 万元的资金，期限为 2 年。保险公司要求两年的总回报率至少为 10%，换句话说，保险公司要求两年后的资金终值至少为 550 万元。假设市场上存在一种期限为 2 年的零息债券，年收益率为 10%。该债券组合管理者可以购买价值为 454.5 万元的该零息债券，就可以保证两年后零息债券的价值为 550 万元。然而，最初的投资资金为 500 万元，比零息债券的最初投资额多出 45.5 万元。因此，该债券组合管理者不用立即采取免疫策略，而是可以采用积极的管理策略，因为他可以承受一定的损失并且能确保债券组合的终值达到 550 万元。那么，该债券组合能承受的最大损失是多少？如果在将来任一时点上的利率水平 r 来表示，T 表示剩余的投资期限，为了确保债券组合的终值为 550 万元，在任何时点上的债券组合价值都应该至少等于 550 万元在该时点上的现值，即 $\frac{550}{(1+10\%)^t}$。只要在任何时点上债券组合的价值等于 550 万元的现值，通过对债券组合实施免疫策略，在投资期末债券组合的价值就可以增加到 550 万元，同时规避了利率风险。因此，在任何时点上，550 万元的现值就成了触发点，一旦达到触发点，债券组合管理者就要对债券组合实施免疫策略。

图 9-5 表示了或有免疫策略的可能的两种结果。在图 9-5(a)中，债券组合的价值在 t 点达到触发点。在 t 点，债券组合管理者放弃了以前的积极管理策略，开始对债券组合实施免

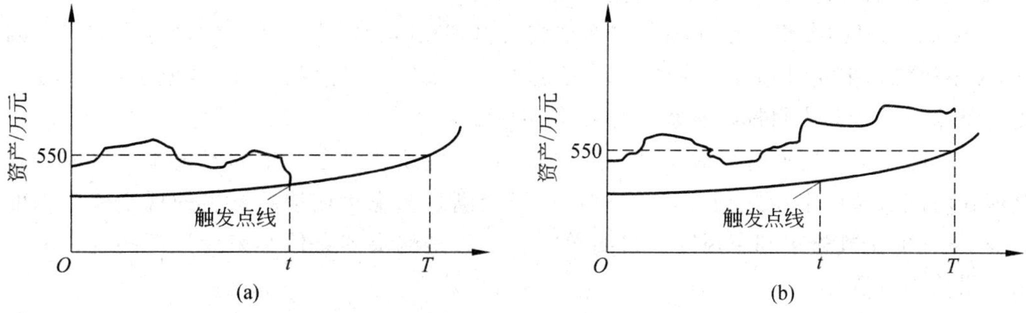

图 9-5　或有免疫策略的债券价值组合

疫策略,从 t 点到投资期末 T 点,该债券组合由于实施了免疫策略,因此按照平滑曲线达到了终值 550 万元。在图 9-5(b)中,债券组合的价值始终高于触发点,因而债券组合管理者在整个投资期限内可以始终采取积极策略,而且债券组合的终值比 550 万元高得多。

本章小结

(1) 债券投资人面临多种风险,如利率风险(包括价格风险和再投资风险)、违约风险、通货膨胀风险、流动性风险、可提前赎回风险等。在我国,可流通债券绝大部分是政府债券,其他可流通债券则是金融债券和大型国企发行的债券,违约风险比较小,相对不重要。对于债券投资人而言,最重要的是利率风险,特别是利率变化导致债券价格变动的价格风险。

(2) 债券价格对市场利率变化的敏感性受到三个方面的因素的影响:到期时间、息票率和到期收益率。这些价格敏感性的决定因素对于固定收入资产组合管理来说是非常重要的,它们与久期的关系也表现出了如下一些重要的规则。

久期法则 9-1　零息债券的久期等于其到期时间。

久期法则 9-2　当息票票面利率较低时,如果到期不变,债券久期较长。

久期法则 9-3　如果息票票面利率不变,债券久期通常会随着到期时间的增加而增加。债券以面值或超出面值的价格销售,久期总是随到期时间的增加而增加。

久期法则 9-4　当债券到期收益率较低时,如果其他因素不变,息票债券的久期会增长。

久期法则 9-5　统一公债的久期为$\frac{1+y}{y}$。

(3) 凸性与价格收益率函数的二阶导数相对应。凸性与初始价格的乘积是价格收益率曲线的曲率,即

$$C \cdot p = \frac{\mathrm{d}^2 p}{\mathrm{d}y^2} \cdot \frac{1}{p}$$

(4) 一般而言,消极投资策略追求的目标有三类:一是为将来发生的债务提供足额资金;二是获得市场平均回报率,即获得与某种债券指数相同(相近)的业绩;三是在既定的流动性和风险约束条件下追求最高的预期收益率。与上述目标相适应,在债券组合管理的实践中产生了两种主要的消极投资策略:负债管理策略和指数策略。其中,负债管理策略主要包括现金流匹配策略和免疫策略两种。

(5) 金融机构在将来偿还债务的本金和支付利息时会产生一系列的现金流支出。因此,金融机构需要构造债券投资组合以满足将来债务还本付息的需要,这就是免疫策略。免疫策略进一步分为目标期免疫策略和多期免疫策略。

(6) 现金流匹配策略是指通过构造债券组合,使债券组合产生的现金流与负债的现金流在时间和金额上正好相等,这样就可以完全满足未来负债债券产生的现金流支出的需要,从而完全规避了利率风险。最简单的方法就是购买零息债券来为预期的现金流支出提供恰当的资金。

(7) 指数化策略是指债券管理者构造一个债券资产组合,用以模仿市场上存在的某

种债券指数的业绩，由此使该债券资产组合的风险回报与相联系的债券市场指数的风险回报相当。

(8) 债券互换策略就是指将预期收益率更低的债券转换为预期收益率更高的债券。在很多情况下，债券组合管理者都可以采用互换策略：①预计利率将会发生变化，债券组合管理者可以将利率敏感性不同的债券进行互换，以获得更高的回报或减少损失；②债券组合管理者认为债券间的利差不合理，预期不同的债券的相对价格将会发生变化，用预期收益率高的债券交换预期收益率低的债券，从而获得更高的收益。

(9) 或有免疫策略介于消极策略和积极策略之间，可以说是积极的管理策略和消极管理策略的混合体。或有免疫策略的基本思想是债券组合管理者可以实施积极的组合管理策略，直至市场表现不好、债券组合可接受的最低回报率的实现受到威胁时，债券组合的管理者对债券组合实施了免疫策略。在剩余的投资期限内，债券组合的回报率被锁定在了既定的水平上。

基本概念

利率敏感性　利率风险　久期　有效久期　麦考利久期　修正久期　凸性　有效凸性　免疫策略　现金流匹配　指数化策略　互换策略　期限分析　或有免疫

本章习题

1. 简述利率敏感性的 6 个特征。

2. 简述久期的法则。

3. 凸性和价格波动之间有着怎样的关系？

4. 简述可赎回债券与不可赎回债券的凸性之间的区别。

5. 简述负债管理策略中免疫策略的局限性。

6. 简述积极的债券投资组合管理中互换策略的主要类型。

7. 一种收益率为 10%的 9 年期债券，久期为 7.194 年。如果市场收益率改变 50 个基点，则债券价格变化的百分比是多少？

8. 某种半年付息的债券，其利率为 8%，收益率为 8%，期限为 15 年，麦考利久期为 10 年。

(1) 利用上述信息计算修正久期。

(2) 解释为什么修正久期是计算债券利率敏感性的较好方法。

(3) 确定修正久期变动的方向，如果：

a. 息票率为 4%，而不是 8%。

b. 到期期限为 7 年而不是 15 年。

(4) 说明在给定利率变化的情况下，修正久期与凸性是怎样被用来估计债券价格变动的。

第四部分

股票市场投资分析

第10章 宏观经济分析及行业分析

彭博社(Bloomberg)的数据显示,截至2009年7月15日,中国的股市市值超过日本,位居全球第二。中国的GDP(国内生产总值)又在2010年超越日本从而使中国成为全球第二大经济体,居民变得越来越富有,总想让自己手中的钱保值增值。随着我国股票市场的蓬勃发展,股市就是一个很好的投资场所,所以学习股票市场的投资分析知识和技术就显得尤为重要了。从本章开始将详细介绍股票市场的投资分析技术,主要包括宏观经济分析、行业分析、股票估值模型、财务报表分析、行为金融学以及股票技术分析。本章将主要介绍宏观经济分析和行业分析。

10.1节:全球经济分析,将主要介绍全球宏观经济环境和全球宏观金融环境对本国股票市场价格的影响。

10.2节:国内宏观因素分析,将主要介绍宏观经济变量和宏观经济政策对股票市场的影响。

10.3节:经济周期,将主要介绍经济周期如何影响公司股票价格。

10.4节:行业分析,将主要介绍行业因素对公司股票的影响。

10.1 全球经济分析

要确定股票的合理价值,投资者就必须为公司未来的经营业绩和盈利水平进行预测。把诸如分析预期收益等价值决定因素的分析方法称为基本面分析(fundamental analysis),而公司未来的经营业绩和盈利水平正是基本面分析的核心所在。对于公司未来前景的预测通常采用"自上而下"的层次分析法(三步估价法)。这种分析方法从公司所在的宏观经营环境出发,主要分析国内外的经济形势及其影响因素,来确定外部经济环境对于公司所在行业的影响;然后分析行业类型和竞争程度,对公司所在行业位置进行确定;最后利用股票估值模型对公司进行综合评价,最终确定公司的合理市场价值。

所以对上市公司前景所做的"自上而下"的分析就必须首先从全球经济入手。国际宏观环境分析主要包括国际宏观经济环境分析和国际金融市场环境分析两个部分。

1. 国际宏观经济环境分析

证券市场,尤其是二级交易市场,是一个对宏观环境很敏感的市场。国际政治经济关系的细微变化都会引起证券市场上的证券交易价格的剧烈波动。

影响证券市场的国际政治关系,从影响其变动的因素来看,主要可以分为政治、经济、军事和外交关系等方面。具体来说,国家政策的调整或者改变、领导人更替、国际政治风波、国家之间发生的战事等都会引起股价的波动。例如,2011年穆迪对美国国债信用评级从AAA下调到AA级别的消息,对全球证券市场有巨大的影响。

国际经济关系对证券市场的影响,包括国际经济的增长状况、国际金融以及利率与汇率的变动、境外股市的波动、贸易关系等。国际经济环境的变化会对证券市场产生深远的影响,例如2007年爆发的美国次贷危机中,美国股市下跌了55%,与此同时,受到牵连的中国股市跌幅达到73%。如图10-1所示。

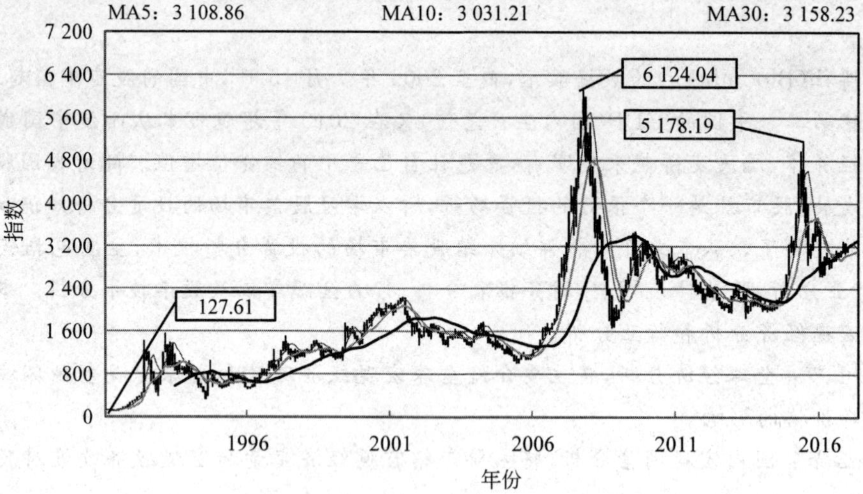

图10-1　上证综指走势(1991—2016年)

数据来源：Wind数据

随着我国经济与世界经济联系的日益紧密,国际间合作不断增强,理性的投资者就应该时刻关注国际政治经济的关系及其变化。同时分析和判断国际政治经济关系及其变化趋势对于分析国内经济形势的发展也是十分必要的。

2. 国际金融市场环境分析

国际金融市场按照业务种类可以分为货币市场、证券市场、外汇市场、黄金市场和期权期货市场。证券市场是国际金融市场中的一部分,会受到其他市场的影响。对一国国内证券市场的影响是通过国内其他金融市场的传导发生的。例如,黄金市场的低迷就会引导资金流入证券市场,引起证券市场的繁荣。

随着我国经济与世界经济的联系日益紧密,国际金融市场的动荡会通过各种渠道对我国证券市场产生影响。

(1) 金融市场通过人民币汇率预期影响我国证券市场

汇率会通过各种渠道对我国证券市场产生影响。通常来说,一国的经济越开放,证券市场的国际化程度越高,从而证券市场受汇率的影响就越大。这里所说的汇率是用单位外币来表示本币(即直接标价法)。

汇率对于进口和出口的影响是不同的。汇率上升对本国出口企业有利,但不利于进口企业。汇率上升,本币贬值,国内资本就会流出,从而使证券市场需求减少,证券价格就会下降。另外,汇率上升会抬高国内商品的价格水平,引发通货膨胀。政府为了维持汇率的稳定很可能会动用外汇储备,抛售外币,从而减少本币的流通量,引起证券市场价格下跌,直到汇率回落,恢复均衡。负面效应就是会使证券价格上升。政府还可以通过联合操作债券市场和外汇市场来达到既控制汇率的上升又不减少货币供应量的目的。

(2) 国际金融市场的动荡通过宏观层面和政策层面间接上影响我国证券市场

国际金融市场的动荡增加了我国实现宏观经济增长目标的难度，从而在宏观和政策层面上影响我国证券市场的发展。

改革开放以来，我国经济的对外依存度大大提高了，国际金融市场的动荡会直接导致我国出口增幅下降、外商直接投资下降，从而影响我国的经济增长率，失业率也会随之上升。宏观环境的恶化会导致上市公司经营业绩的下降和投资者信心的下降，最终会使证券市场行情大幅下跌。其中，国际金融环境对于外向型公司和外贸企业的影响最大，对其股价的冲击也最大。

【10-1】 2008年国际金融危机

从2007年3月14日开始，美国政府在短短的8个月内，先后出台了救助贝尔斯登法案、接管“两房”法案、援助美国国际集团法案和通过了7 000亿美元救市法案，前后涉及的资金总额高达一万多亿美元，在美国历史上绝无仅有，说明这次由次贷危机演变过来的金融危机已经演变成了严重的经济危机，而且危机还在一直扩大。

这场在华尔街生成的“金融海啸”迅速向世界波及，世界金融市场继续急剧动荡，国际经济环境日趋复杂和严峻。几乎和美国7 000亿美元救市计划同步，西方主要经济体采取降低利率等应急措施联手救市。2007年3月21日，美联储宣布将开始从货币市场基金购买商业票据，以促进短期金融市场的流动性。此外，英国、日本、法国、俄罗斯、巴西、韩国等国纷纷采取多种措施实施金融救援。美国次贷危机演变成了全球经济危机。

10.2 国内宏观因素分析

所有的公司都处在国内宏观经济这个大环境中，图10-2描述的是1992年第一季度至2016年第四季度上证综合指数年对数收益率(经平滑处理)与GDP之间的关系。从图中可以看出，上证综合指数与GDP的走势具有一定正相关性。

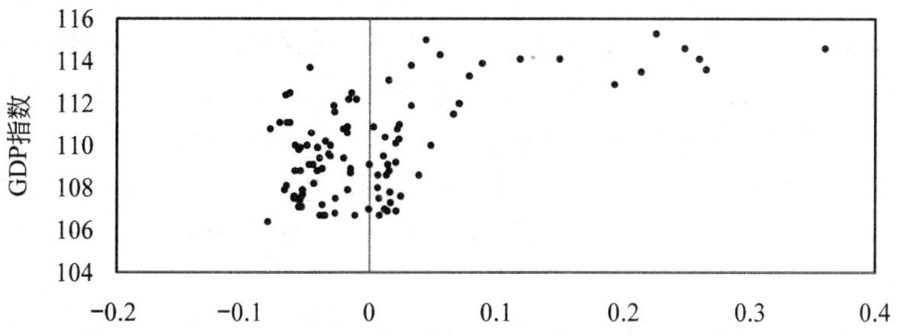

图10-2 1992Q1至2016Q4上证综合指数与GDP之间的关系

数据来源：Wind数据

分析宏观因素及环境,目的在于判断证券投资的大气候,以便准确选择适当的投资机会,确定投资种类,如决定是进行高风险投资还是低风险投资。一般认为,当经济形势较好,经济稳定增长时,可以选择高风险普通股的投资;当经济形势不利,前景暗淡时,选择安全性较高的债券投资是明智的。

10.2.1 宏观经济变量分析

1. 国内生产总值

国内生产总值(gross domestic product),即 GDP,是一个经济体在一定时期(通常为一年)生产的产品与提供的劳务的总和。快速增长的 GDP 表示该国经济正迅速扩张,经济结构趋于合理,上市公司有充足的机会来提高销售量,利润也会持续上升,从而使人们对经济形势产生良好的预期,增加了人们投资的积极性,从而促进证券市场价格上扬;相反,当经济处于非均衡状态时,可能激发各种矛盾,从而导致经济衰退,进而证券市场价格就会下降。如图 10-3 所示为我国 1992 年一季度至 2016 年一季度我国 GDP 指数的折线图。

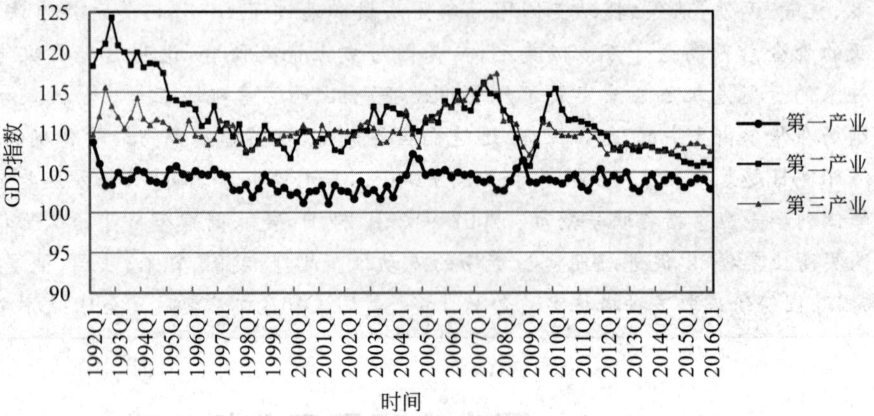

图 10-3 1992—2016 年我国 GDP 指数的折线

数据来源:国家统计局

2. 通货膨胀

通货膨胀(inflation)是指价格全面上涨的现象。通货膨胀对股市的影响表现在:高水平的通货膨胀会导致中央银行提高利率,严控信贷规模,从而导致股价下跌;通货膨胀使生产成本增加,使产品价格增加慢于成本增加的企业经营状况恶化、盈利下降以致陷入亏损,这些企业的股价将因此下降并拖累大市下跌;一部分产品价格上涨大于成本增加幅度的生产企业和相当一部分消费型商业企业会从价格上涨中获得利益,一些资本密集型企业则会从资产增值中获得利益,这部分从通货膨胀中能获得收入的公司的股价则会上升;通货膨胀不但会产生经济影响,还有可能产生社会影响,从而影响人们的心理和预期,进而对股价产生影响。

如图 10-4 所示为我国 1994 年 1 月—2016 年 12 月我国 CPI 的走势图。

3. 失业率

失业率(unemployment rate)是指正在寻找工作的劳动力占总劳动力(即包括正在工作和正积极寻找工作的劳动力)的百分比。失业率测度了经济运行中生产能力极限的运

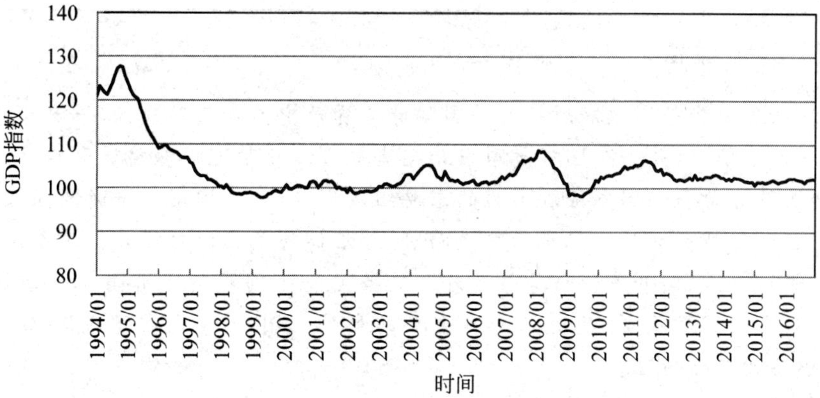

图 10-4　1994 年 1 月—2016 年 12 月我国 CPI 的走势图

数据来源：国家统计局

用程度。虽然失业率是仅与劳动力有关的数据，但从失业率可以得出与其他生产要素相关的信息，它们有助于对这个经济体生产能力进行进一步的研究。当失业率很高时，说明资源被浪费、人们收入减少，经济上的困难会进一步影响人们的情绪和生活，使大家的投资热情减少，证券市场价格下降。业内分析师还会注意工厂生产能力利用率这个指标，它是实际产出与潜在生产能力之间的比值。

4. 汇率

汇率(exchange rate)是指按照购买力平价测度的两国货币之间的比率关系。汇率对股市的影响较为复杂，可以从汇率对个股和大市两方面影响来考察。一方面，本国货币的贬值会增强本国产品的国际竞争力，从而增加出口公司的盈利额，因而股票价格会因汇率的下降而上升；而进口原料和零部件等公司的成本就会增加，盈利减少，其股价则会下跌。相反，本币升值，则出口公司的竞争力会下降，而进口公司的竞争力则会提高。

在汇率上升的情况下，由于货币升值和外汇储备的增加(流入本国资金增多)，可能会形成大量游资，从而有利于股市价格的上扬。同时汇率下跌导致进口商品和服务价格上涨，这就有可能推动通货膨胀，从而对股市形成压力。另外，汇率上升，中央银行为了维持货币汇率的稳定，可能会大量收购外币，这就会加大货币供应量，但也可能成为通货膨胀的推动力。图 10-5 显示了我国 2005 年 1 月—2016 年 12 月的汇率走势。

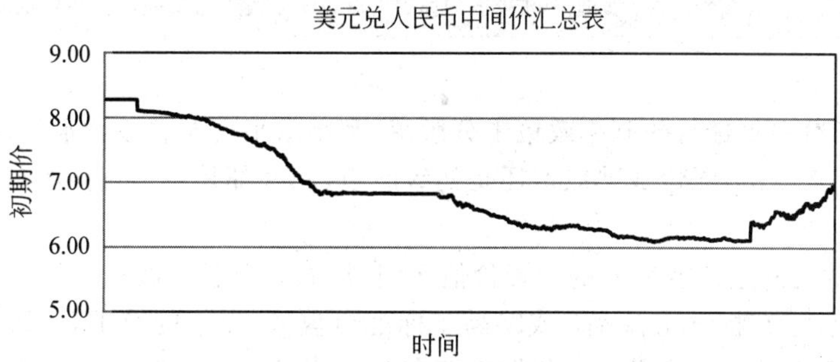

图 10-5　2005 年 1 月—2016 年 12 月的汇率走势

数据来源：Wind 数据

【10-2】 外汇储备

外汇储备是指一国政府所持有的国际储备资产中的外汇部分,即一国政府保有的以外币表示的债权,是一个国家货币当局持有并可以随时兑换外国货币的资产。狭义而言,外汇储备是一个国家经济实力的重要组成部分,是一国用于平衡国际收支、稳定汇率、偿还对外债务的外汇积累。广义而言,外汇储备是指以外汇计价的资产,包括现钞、国外银行存款、国外有价证券等。外汇储备是一个国家国际清偿力的重要组成部分,同时对平衡国际收支、稳定汇率有重要的影响。图 10-6 代表了我国 2007—2016 年外汇储备的变化情况。

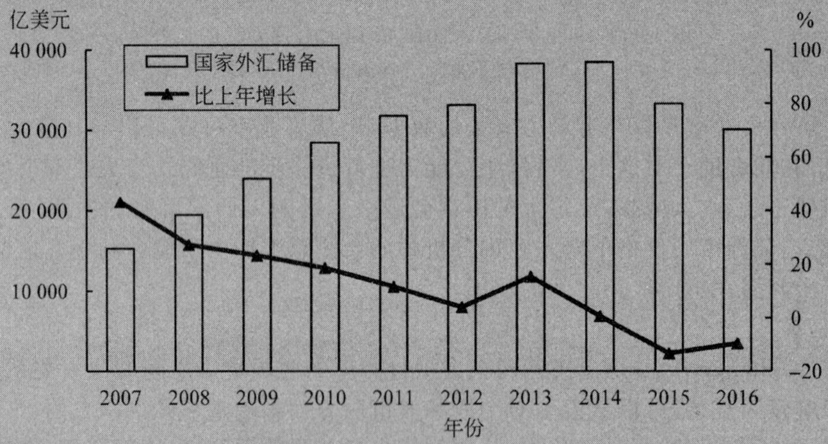

图 10-6 2007—2016 年我国外汇储备的增长趋势

数据来源:Wind 数据

巨大的外汇储备对我国的经济产生了巨大的影响:首先,外汇占款激增极大地增加了我国基础货币的投放,致使当前我国通货膨胀压力加大;其次,外汇储备的持续增长大大增加了对人民币的需求,改变了外汇与人民币之间的供求关系,使人民币升值的压力也随之不断加大,人民币升值预期不断得以强化;再次,超量外汇储备会使货币传导机制发生变化,容易导致货币政策目标的偏离;最后,我国的外汇储备资产面临缩水的风险。

资料来源:张钰.外汇储备规模偏大对我国宏观经济影响探讨.现代商贸工业,2011(6).

5. 利率

证券市场对中央银行的利率政策十分敏感,利率水平会左右股价水平,利率的升降会使证券市场应声跌涨,无论成熟股市还是初级股市,利率都是一个直接而有力地发生作用的基本因素。

① 利率的升降会改变股票的投资价值区间,从而导致股价做相应的调整。股票的价格水平即市盈率,在标准市盈率(或略高于标准市盈率)以下的范围,可认为是股票的投资价值区间,而标准市盈率等于一年期定期存款利率的倒数。利率上升或下降会使标准市盈率下降或上升,从而股票的投资价值水平也会相应下跌或上涨。

② 利率的升降会影响投资者对金融资产的选择。较高的利率会使较多的资金流入

银行或债市，从而分流股市资金，加剧股价的下跌；利率下降，资金则会流向股市。

③ 利率的升降会导致上市公司融资成本的增加或减少，进而影响盈利和股价水平。特别是与利率升降相应的金融紧缩与扩张政策，会导致社会投资的减少与增加，影响经济增长速度的慢与快，从而对股市形成长期向下的压力或向上的动力。

④ 利率作为一种宏观经济变量，调节社会总需求的大小。利率下降反映货币的供应量增加、社会总需求扩大，从而增强了投资人对经济环境趋好的心理预期，这就会增强股市的多头力量，促进股价向上攀升。

⑤ 利率还是投资者折现股票的未来收益、评估股票价值的依据。当利率水平下降时，投资者评估股票价值所用的预期收益率（折现率）也随之下降，股票价格必定会上升。如图 10-7 所示的是我国 1991 年 4 月—2015 年 10 月零存整取一年期利率的走势。

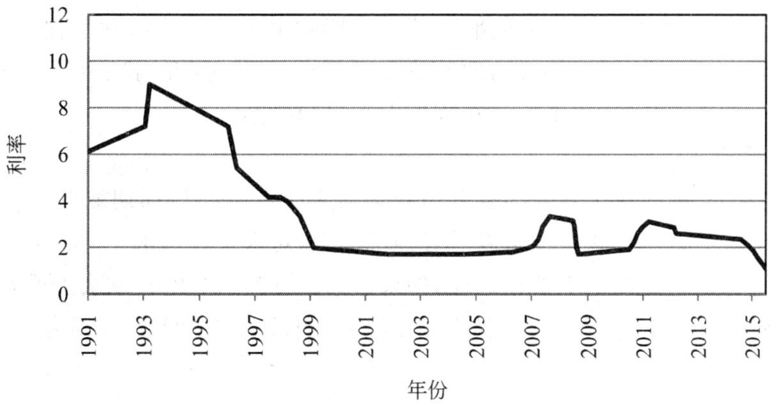

图 10-7　1991 年 4 月—2015 年 10 月零存整取一年期利率的走势

数据来源：Wind 数据

6. 预算赤字

政府的预算赤字（budget deficit）是财政支出与财政收入之间的差额。对于任何一个预算差额除了央行发行货币弥补之外更被广泛采用的方法就是通过政府举债来消除。而大量的政府举债会抬高利率，因为这样会增加经济的信贷需求。经济学家普遍认为，由于政府的特别信用地位，过量的政府举债会对私人借债及投资产生"挤出"效应，从而使利率上升，并进一步阻碍企业投资。

7. 税收调整

税收调整是政府调控宏观经济的一个重要手段，也是宏观财政政策的主要内容。税收的调整包括税率的变化和税制的改革。税率的变化主要是降低或提高税率，在经济衰退或要走向衰退时，政府常常会降低税率或向家庭和企业退税，增加家庭的可支配收入，促进家庭的消费，以增加企业的利润，从而希望增加企业的投资。在宏观经济过热，经济面临通货膨胀威胁或已进入高通货膨胀时期，政府可能采取从紧的货币政策和财政政策，提高税率，从而减少企业的投资需求。从投资者的角度来看，减税或退税有助于消费和投资的增长，促进经济的增长，从而有助于股价的上涨；而加税或提高税率会导致股价的停滞或下跌。

8. 政治因素

政治因素是指能对经济因素发生直接或间接影响的政治方面的原因。政治因素对于股价的影响较为复杂,需通过具体分析才能得出其对经济因素的影响。

① 国际形势的变化。当今世界各国间企业的关联性越来越强,国际形势的风云变幻会直接影响到企业的正常生产经营活动。随着经济全球化进程的加剧,这种影响会表现得更加明显。作为投资者,应在外交关系改善时,不失时机地购进相关跨国公司的股票,以获取因国际形势变化带来的投资收益,避免投资风险。

② 国内重大政治事件。如政治风波等会对股票产生重大影响,即对股票投资者的心理产生影响,进而间接地影响股价。再如,国内政权的转移、领袖的更替、政府的改选以及社会的安定性等均会对股价产生影响。

③ 战争因素。战争将使各国的政治和经济均不稳定,对证券市场的投资也是一种打击,会引起股市暴跌。即使没有发生战争的国家,由于经济的全球化效应,其股价的上涨也是暂时的,但是战争对不同行业的股票价格的影响又不同。比如战争促使军需工业兴盛,那么凡是与军需工业相关的公司的股票价格必然上涨。因此,投资者应适时购进军需工业及其相关工业的股票,售出容易在战争中受损的股票。

9. 心理因素

经济发展水平的另一个重要因素是消费者与生产者的心理预期取向,即对经济前景持悲观还是乐观的态度。如果消费者看好经济前景,对未来收入水平有很大的信心,那么就会更愿意进行大量的即期消费。同样,如果公司预测其产品的需求会上升,那么就会提高产品的产量和库存水平,于是,公众的信心就会影响到消费和投资的数量以及产品或劳务的总需求。

【10-3】 心理因素的巨大影响

有一个小故事,说的是一个赌博高手,十八般武艺样样精通,号称常胜将军。一天,一个外地高手向他挑战。开始,两人的赌资是铜钱,常胜将军连连得胜。后来,赌资换成了白银,两人战成平手。再后来,赌资换成了黄金,常胜将军变成了常败将军。这个小故事说明,心理因素对竞技状态和技术水平有着巨大影响。心理学上称为"目的颤抖"。常胜将军不是输在技术水平上,而是输在心理素质上。所以,在股市实战中,心理因素直接影响交易过程和盈利水平。

以上详细分析了各项宏观经济指标的变化会对股票市场产生的影响。它们对股价影响的具体效应请参看图10-8。

10.2.2 宏观经济政策分析

1. 货币政策分析

从证券投资的角度看,货币政策可以直接影响证券的市场行情。中央银行的货币政策对证券的价格有重要影响。从整体来说,宽松的货币政策将会使证券的市场价格上涨;而从紧的货币政策会使得证券的市场价格下跌。货币政策对证券市场的影响可以从以下4个方面来分析。

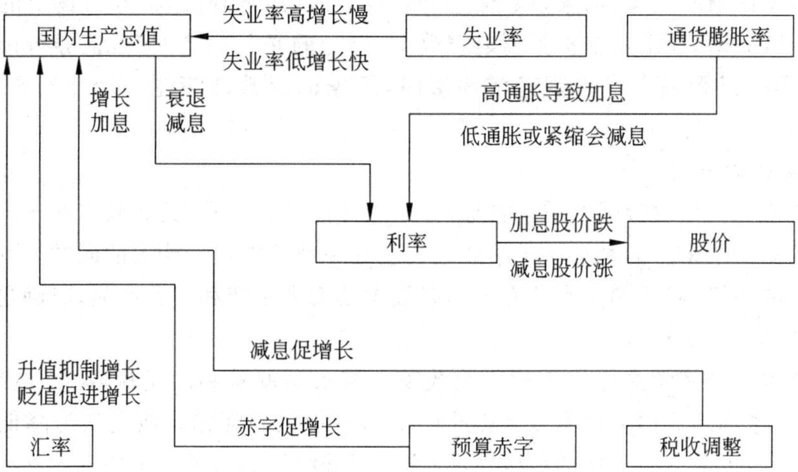

图 10-8　各种经济指标的变化对股价的影响效果

① 利率政策对于证券市场价格具有重要影响，通常证券价格对利率的变动较为敏感。

② 中央银行的微调政策对证券价格的影响具体表现如下：如果放松银根，中央银行将大量买进证券，增加社会对证券的需求，从而引起证券价格上升；如果紧缩银根，中央银行将抛出证券，使证券供给过旺，导致证券价格下跌。

③ 货币政策的综合影响。当货币供应量过多而造成通货膨胀时，人们为保值而购买证券（尤其是股票），推动证券需求上升，价格上涨；而当货币供应量不足时，人们为取得货币资金而抛售证券，使证券价格下跌。

④ 中央银行实行宽松的货币政策能为企业发展提供充足的资金，利润提升，从而实现股价上涨。

2. 财政政策分析

财政政策中最主要的部分无外乎财政收入和财政支出。财政收入主要表现为税收，占财政收入的 90%以上；财政支出，从最基本的角度分析，主要是政府开支。把握住这一收一支，也就基本上把握住了财政政策对证券市场的影响。

① 财政支出。政府开支主要用于政府购买与其他支出，它反映了政府在经济中的作用。政府开支的增减及其各种用途之间的变化，对国民经济相关部门的发展会产生重要的影响。如政府的大量军事订货与预购会促进军火及其连带工业的发展；政府的社会福利和社会救济支出对日用消费品与劳务行业产生刺激，政府对外贷款支出会推动外贸出口行业的发展等。与这些行业或部门相关的企业，就会获得长足的发展，其证券价格的上扬也会带动整个证券市场。如果政府的开支锐减，情况就会完全相反。因而，财政收支的增减对证券行市的影响也是很大的。

② 税制变动。税制的变动、税率的增减都直接关系到每个企业的生产经营成本，也就涉及企业利润，这和证券投资者的权益休戚相关。从宏观经济的角度来看，税率的调整、税制的变动，往往随着国家一定时期为经济政策、财政政策的调整。财政政策分为紧

缩型和扩张型的财政政策,当采取紧缩型财政政策时,经济降温,证券市场上的反应必是价格的大幅度回落;如果实施扩张型财政政策,伴随的必是经济回升,证券行市趋涨。由此可见,证券投资者在考察宏观经济环境时,国家的财政政策是一个不可忽视的重要因素。

3. 供给政策分析

财政政策和货币政策强调需求管理,都是引导需求的工具,其着眼点在于通过刺激产品与劳务的总需求来影响经济。供给政策一般处理经济中生产能力的问题。其目标是创造一个良好的环境,雇员和资本所有者具有最大动力去生产和改善产品,以满足需求总量的增长或产品层次的提升。

供给学派的经济学家也很重视税收政策。需求学派看到的是税收对消费需求的影响,而供给学派则注重边际税率以及由此产生的激励机制问题。他们认为降低税率会引发更多的投资,也会提高工作的积极性,因此会促进经济的增长。某些学者甚至认为税收的减少可能会刺激投资和消费,促进经济活动,提高经济活力,因为较低税率所引起的经济增长与收益增长的幅度将超过税率减少的幅度。

10.3 经济周期

经济会重复地经历扩张和紧缩的阶段,不过这些周期的时间长度和影响深度可能是各不相同的。这种经常发生的衰退和景气就被称为经济周期。经济在景气时,许多经济变量,如工业总产量、商品销售总额、国民总收入、资本借贷量、总物价水平、就业率、利率水平等几乎同时扩张。经济衰退时,这些经济变量又几乎同时收缩。图 10-9 为 1953 年以来我国 GDP 增速趋势图,从中可以看出我国经济增长具有一定的周期性。

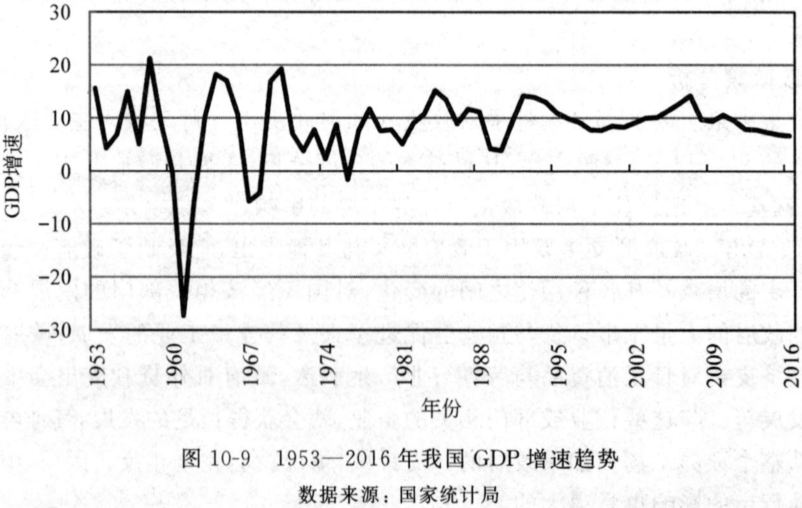

图 10-9 1953—2016 年我国 GDP 增速趋势

数据来源:国家统计局

人们一般把经济运行的周期分为三个阶段:经济的持续增长阶段为经济的繁荣阶段,也称作景气阶段;经济增长放慢,一旦连续 3 个月增长率小于 0 或出现负增长,经济就进入衰退阶段;经济停止衰退,开始有正的增长,但增长率还比较低,这时称作经济的复苏阶段；如果经济增长的比率进一步加快，一旦经济达到衰退前的最高点，经济就进入扩张时期，也称作经济的繁荣或景气阶段。每个经济周期的最低点被称作低谷(trough)，最高点被称作波峰(peak)。当经济发展处于经济周期的不同阶段时，不同行业之间可能会表现出不同的业绩。例如，在波谷的时候，由于经济马上就要从萧条走向复苏，那些对经济发展异常敏感的周期敏感型行业(cyclical industries)就会比其他行业有更好的发展前景。这些周期敏感型行业主要是指汽车、洗衣机等耐用型产品的制造行业。

与周期敏感型行业相比较，防守型行业(defensive industries)对经济周期的敏感性较小，如食品生产商和加工商、生产药品和医疗设备的厂商以及公用事业类的公司等。在不同的经济周期阶段，属于防守型行业的企业或公司生产产品的销售量和利润受经济状况的影响最小，因为其产品的市场需求弹性小。当经济进入萧条期时，这些行业就会比别的行业有更出色的业绩表现。

证券市场的风险可分为系统性风险和非系统性风险，系统性风险又称为市场风险。周期敏感型行业与防守型行业的分类非常符合上述概念。当人们对经济发展状况变得乐观时，股价会随着盈利预测的上升而上升。由于周期敏感型行业是对经济发展最敏感的行业，所以其股价就会上升得最快。因此，周期性行业中的公司股票就具有高β值。一般来说，当经济信息是利好时，该行业中的股票就会获利；如果经济信息不令人满意，那么该行业的股票就会急速下跌。与此相反，防守型公司的股票应该具有低β值，其股票的业绩受整体市场环境的影响则要相对小得多。

尽管经济周期分析对股票投资决策具有重要影响，但是经济周期的变化是不规则的。因此，如何对经济周期进行预测和判断成为投资者证券分析的重要环节。一般而言，国际经济研究机构通过构建综合指数来衡量经济周期，综合指数是根据一定目的选择特定的经济指标编制而成的。预测经济周期的制表法是基于这样一个基本前提：宏观经济的扩张时期和收缩时期是可以分辨出来的。这种方法是美国国家经济研究局(national bureau economic research，NBER)经过调查研究之后提出来的。NBER检验了众多与过去经济周期相关的经济时间序列的性态，在此基础上，根据与经济周期的关系将不同的经济序列划分为三个主要类型：领先指标(leading indicators)，指那些通常在总体经济活动到达高峰或者低谷前，先达到高峰或者低谷的经济序列；同步指标(coincident indicators)，指那些高峰或者低谷与经济周期的高峰或低谷几乎同步的经济序列；滞后指标(lagging indicators)，指那些高峰或者低谷滞后于经济周期的高峰或者低谷的经济序列。具体见表10-1。

表10-1　NBER经济周期预测指标序列

	领先(−)或者滞后(+)/月		
	高峰	低谷	所有转折点
A. 领先指标序列			
制造业平均每周工作小时数	−2	−3	−3
平均每周初次申请失业保险的人数(反向指标)	−5	−1	−3
制造业新订单，包括消费品和原材料	−2	−2	−2
地方建筑部分批准建造的私人住房单位指数	−9	−6	−7

续表

	领先(－)或者滞后(＋)/月		
	高峰	低谷	所有转折点
500种普通股票价格指数	－4	－4	－4
货币供应量	－5	－4	－5
卖方状况(未按时发出货物的公司所占比重)	－3	－4	－3
未偿付的商业贷款和消费信贷的变动情况	－4	－6	－5
利息差,即10年期国库券收益率减去联邦积极收益率	－2	0	－1.5
消费者期望指数	－4	－3	－3
B. 同步指标序列			
工资册上的非农业雇员	－2	0	0
个人收入减去转移支付	0	－1	－0.5
工业产量指数	－3	0	－0.5
制造业和商业销售额	－3	0	－0.5
C. 滞后指标序列			
以周计算的平均失业持续时间(反向指标)	＋1	＋8	＋3.5
制造业存货/销售额比率	＋2	＋3	＋3
银行收取的平均优惠利率	＋4	＋5	＋15
未偿付的商业银行和工业贷款	＋2	＋5	＋14
消费者未偿付的分期付款和个人收入比率	＋6	＋7	＋7
制造业中单位产量的劳动成本(以百分比表示)	＋8.5	＋11	＋10

资料来源：Geoffrey H. Moore, The Leading Indicator Approach—Value, Limitation and Future, the Conference Board

10.4 行业分析

在相同的宏观经济和市场背景下,不同行业的经营业绩表现是大不相同的。因此,在把握宏观经济运行的不同阶段基础上,抓住行业追随经济周期而轮动的特点,挖掘在不同阶段最具有成长性的公司,对成功投资大有益处。

行业因素(industry factor),又称产业因素,其影响范围只涉及某一特定行业或者产业中所有上市公司的股票价格。这些因素包括行业特点分析、行业生命周期分析、行业对经济敏感性分析、经济周期与行业分析、行业法令措施以及对其他影响行业价值面发生变化的因素分析。

10.4.1 行业分析的意义

行业分析的主要任务包括：解释行业本身所处的发展阶段及其在国民经济中的地位,分析影响行业发展的各种因素以及判断对行业影响的力度,预测并引导行业的未来发展趋势,判断行业投资价值,揭示行业投资风险,从而为政府部门、投资者及其他机构提供决策依据或投资依据。

行业经济是宏观经济的构成部分,行业经济活动是介于宏观经济活动和微观经济活动的经济层面,是中观经济分析的主要对象之一。宏观分析主要分析经济社会的总体状况，但没有对总体经济中各组成部分进行具体分析。宏观经济的发展水平和增长速度反映了各组成部分的平均水平和速度，但各组成部分的发展却有很大的差别，并非都和总体水平保持一致。在宏观经济运行态势良好、增长速度快、效益高的情况下，有的部门增长与总体同步，有的部门却高于或低于总体经济增长。因此投资者在进行投资对象的选择时需要进行行业分析。

行业分析是对上市公司进行分析的前提，也是连接宏观经济分析和上市公司分析的桥梁，是基本分析的重要环节。行业有自己特定的生命周期，处于不同生命周期不同发展阶段的行业，其投资价值是不一样的，在国民经济中地位不一样的行业，其投资价值也不一样，公司的价值可能因其处于不同的行业而有很大的差异。因此，行业分析是决定投资价值的重要因素。

如图 10-10 所示，我国不同行业的股息率具有很大的差别。

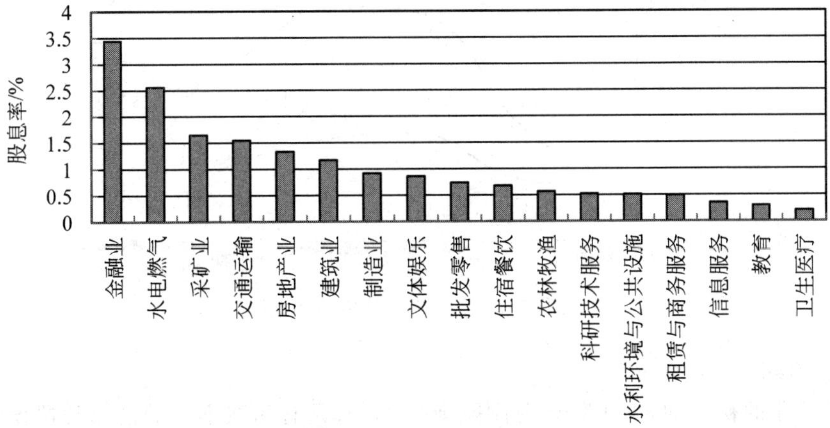

图 10-10　2016 年我国不同行业股票的收益率

数据来源：中国证券业协会网站

10.4.2　行业结构类型

市场结构分析是投资分析的一项重要内容，市场结构即市场竞争或垄断的程度。根据各行业中企业的数量、产品的属性、价格控制程度等因素，行业的市场结构基本上可分为 4 种：完全竞争、垄断竞争、寡头垄断、完全垄断。

① 完全竞争行业。主要以初级产品为主，产品附加值低、技术含量低、进入壁垒较少、企业间竞争十分激烈。对这类企业投资时风险较大，但少数企业日后可能成为该行业的霸主。选择这样的行业进行投资，可能获得较高的收益。

② 垄断竞争行业。主要以制造品为主，产品附加值和技术含量存在较大差异，少数企业在该市场中占有一定的垄断地位，应选择这样的企业进行投资。

③ 寡头垄断行业。主要以基础原材料工业、资金密集型产业和国家支柱产业为主，投资壁垒较大，企业数量较少。该行业可以分为朝阳产业和夕阳产业，应该选择朝阳产业进行投资。

④ 完全垄断行业。主要以公用事业、大型基础建设、独有技术产业为主，进入壁垒很

大,企业数量几乎唯一。这类行业又可以分为两类:一类是以公用事业、大型基础设施建设为代表、收益稳定的行业,适合稳健投资者进行投资;另一类是以高科技为主的风险较大、收益不稳定的新型产业,追求高风险、高收益的投资者可以选择这类产业进行投资。

10.4.3 行业生命周期

正如人有生命周期一样,一个行业也有自己的生命周期。同行业不同的公司业绩虽有不同,但是与该行业所处的整体发展阶段具有很大的关系。当公司处于行业上升阶段时,该行业所有公司的成长性都被看好。相反当公司处于行业衰退时,即使有些公司能够做到经营有方,但是行业内大多数公司的整体表现并不乐观。行业的生命周期一般可以分为初创期、成长期、稳定期和衰退期(见图 10-11),每一个阶段又有其不同的特点。

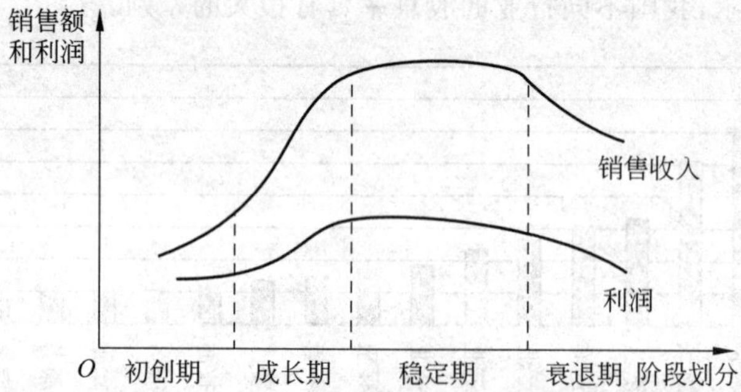

图 10-11 企业产品生命周期

1. 初创期

在新行业的初创期,由于新行业刚刚诞生不久,只有为数不多的创业公司投资于这个新兴的行业。这些创业公司财务上不但没有盈利,反而普遍亏损;同时,也面临很大的投资风险。在初创期后段,随着行业生产技术的提高、生产成本的降低和市场需求的扩大,新行业便逐步由高风险低收益的初创期转向高风险、高收益的成长期。

2. 成长期

新行业生产的产品经过广泛的宣传和顾客的试用后,逐渐以其独特性(如新用途、新设计等)赢得了大众的欢迎或偏好,市场需求开始上升,新行业也随之趋于繁荣。与市场需求的变化相适应,供给方面也出现了一系列的变化。在生产厂商与产品竞争优胜劣汰规律的作用下,市场上生产厂商的数目在大幅度下降之后开始稳定下来。由于市场需求基本饱和,产品的销售增长率减慢,迅速赚取大量利润的机会减少,整个行业开始进入稳定期。

3. 稳定期

行业的稳定期是一个相对较长的时间。在这一时期里,在竞争中生存下来的少数大厂商垄断了整个行业的市场,每个厂商都占有一定比例的市场份额,由于彼此势均力敌,市场份额比例变化的幅度较小。由于一定程度的垄断,所以行业的利润达到了很高的水平,而风险却比较稳定,新企业难以与老企业相竞争。

4. 衰退期

经过较长的稳定期后，由于新产品和大量替代品的出现，原行业的市场需求逐渐减少，产品的销量也开始下降，某些厂商开始向其他更有利可图的行业转移资金，因此该行业出现了厂商数目减少、利润下降的萧条景象。至此，整个行业便进入生命周期的最后阶段。

10.4.4 行业对经济的敏感度分析

不管是投资者还是分析师，一旦预测到了宏观经济的发展趋势，接下来就要对具体行业所处的现状及发展前景做出预测。不同行业对经济周期的敏感程度是不同的。很明显，烟草行业几乎不随经济周期的变化而变化，相反，汽车生产具有极大的波动性，且与经济景气与否高度相关。

一个公司对于经济周期的敏感性取决于三个因素：首先是销售额对经济周期的敏感性。对经济周期敏感性最低的是生活必需品行业，如食品、药物和医疗服务等行业。另外有一些行业，收入并不是决定对该行业产品需求的主要因素，也属于低敏感度行业，烟草生产商就是这一类行业的典型代表。相反，对像生产机器设备、钢铁、汽车和交通工具这一类产品的厂家来说，它们对经济的发展状况具有很大的敏感性。

其次是经营杠杆比率。它反映了企业固定成本与可变成本之间的分配比例关系。如果企业中的可变成本相对较高，那么它对经济环境的敏感性就比较低。这是因为当经济衰退时，这些公司会由于销售量的降低而削减产量，于是它的成本就降低了。而高固定成本公司的利润额对销售的敏感度要大得多，因为其成本固定不能抵消其收入的变动。因此，高固定成本的公司具有较高的经营杠杆比率，经济形势的任何细微波动都会对它们的盈利能力产生很大的影响。

最后是融资杠杆度，它是使用债务的一个反映。债务的利息支付与销售额无关，它们同样也可以看作能提高净利润敏感度的固定成本。

投资者并不会总是对经济周期低敏感性的行业情有独钟。处在高敏感性行业中的公司的股票往往具有高 β 值，其风险会更大，尽管当经济萧条时它们的下降幅度较大，但在经济复苏时它们却增长得很快。正如经常接触的问题一样，解决的关键就在于认清该投资的期望收益能否补偿该投资的风险。

10.4.5 经济周期与行业分析

经济周期的变化一般会对行业的发展产生影响，但是影响的程度不尽相同，根据经济周期与行业发展的相互关系，可将行业分为三种类型：增长型行业、周期型行业、防守型行业。

1. 增长型行业

增长型行业是指发展速度快于社会经济平均发展速度的行业。这类行业的发展一般与经济周期的变化无关，不会或很少受到经济衰退的影响，它们的快速发展主要依靠技术进步、新产品开发、提供优质服务及改善经营管理等。选择这类行业进行投资，既可享受行业快速增长的利益，又可回避经济周期波动的风险，因此备受投资者青睐。近些年来的新能源、新材料等行业就属于增长型行业。如图 10-12 所示为 2011—2015 年中国新能源汽车产量的增长趋势图,可以看出我国新能源汽车产业发展迅速。

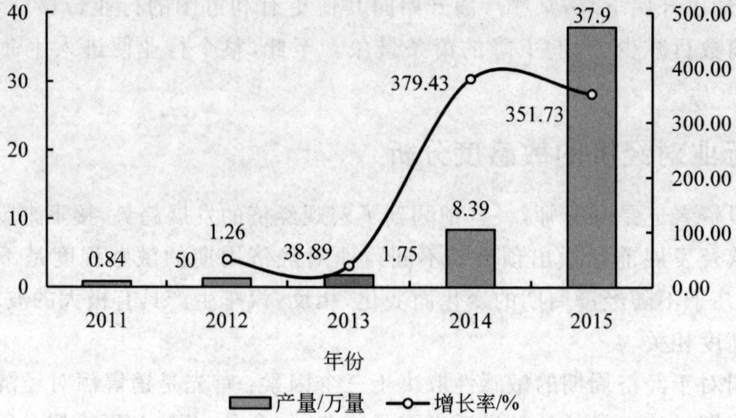

图 10-12 2011—2015 年中国新能源汽车产量的增长趋势

数据来源:中国汽车工业协会网站

2. 周期型行业

周期型行业受经济周期的影响非常大,当经济繁荣时这类行业会进行相应扩张,当经济衰退时这类行业则会进行相应收缩。建筑材料、家用电器及旅游业等都属于周期型行业。如图 10-13 所示为我国吸尘器行业的增长趋势图,可以看出该行业与经济发展具有很大的相关性,经济周期对该行业的发展具有重大的影响。

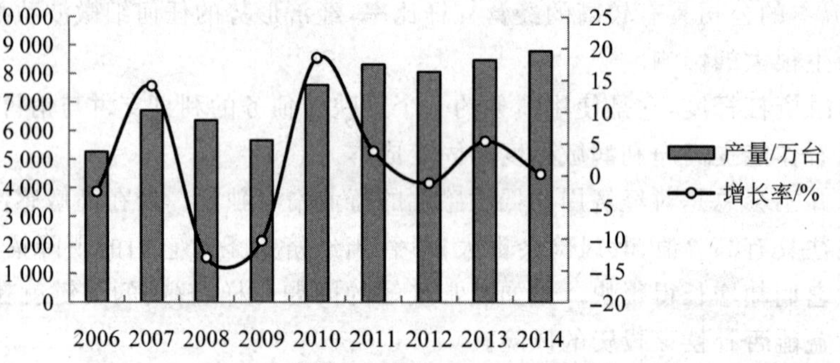

图 10-13 2006—2014 年我国吸尘器行业的增长趋势

数据来源:中国产业信息网

3. 防守型行业

防守型行业受经济周期的影响较小或不受影响。这类行业的商品主要是生活必需品或必要的公共服务,需求相对稳定,因此公司的盈利水平也相对稳定。食品业和公用事业是典型的防守型行业。

了解了经济周期与行业的关系,投资者就能顺应经济环境选择最佳的行业进行投资。当经济处于繁荣阶段时,选择周期型行业投资;当经济处于衰退阶段时,选择防守型行业投资。

10.4.6 行业法令措施

政府颁布的法令措施，有些是针对国有企业的，还有一些是针对不同行业的。这些针对特定行业的法令措施将会对该行业的上市公司股价产生重要影响。

任何一个产业政策对经济发展都有长期规划，通过采取不同的产业政策对市场经济运行进行调节，在一定时期内会重点发展某些行业，限制另一些行业。如果政府重点发展某些行业，会在税收、信贷、原材料供应等方面给予优惠或者鼓励，以扶持这些行业优先发展，这会刺激相关公司的股价上涨。相反，政府抑制某些行业的发展就会通过提高税率、增加税种、缩减信贷、限制项目审批等措施压制该行业的发展，这必然导致与这些行业有关的上市公司股价下跌。例如，2010 年为了抑制楼价的过快上涨，中央出台房屋限购措施，直接影响了房地产企业及相关行业的资金回流，严重影响了这些企业的收益，房地产企业普遍迎来“寒冬”，表现在股价上就是房地产企业股票价格的低迷。

10.4.7 来自国外的政治、经济因素以及其他因素

在全球经济一体化的背景下，来自国外的政治、经济因素对本国经济及股票市场的影响也在不断扩大。这些因素有时影响所有行业，有时只波及少数特定行业。例如，美国通过综合贸易法案对我国出口到美国的纺织品规定配额，限制过多出口，就会对我国的纺织行业以及以纺织业进出口为重要业务的贸易公司造成负面冲击。

10.4.8 影响行业发展的因素分析

行业的发展受到多种因素的影响，包括技术进步、政府的影响和社会倾向的改变及相关行业变动因素的影响。

1. 技术进步对行业的影响

目前，人类社会正处于知识经济时代，新兴学科不断涌现，同时理论科学朝实用技术的转化过程大大缩短，速度也大大加快，这直接而有力地推动了经济的迅速发展。第二次世界大战后，工业发展的一个显著特点是新技术在不断地推出新行业的同时，也在不断地淘汰旧行业。如大规模集成电路计算机代替了一般的电子计算机、通信卫星代替了海底电缆等。这些新产品在定型和大批量生产后，市场价格大幅度地下降，很快就能被消费者所使用。又如，20 世纪 90 年代以来信息技术实现了巨大突破，特别是世纪之交互联网和电子商务的发展，是一次前所未有的技术与制度创新，甚至使人们的思维方式发生了转变。新兴行业的创新特点使其能够很快地超过并代替旧行业，严重地威胁原有行业的生存。

2. 政府的影响作用

政府的影响作用是相当广泛的，其管理措施可以影响到行业的经营范围、增长速度、价格政策、利润率等许多方面。当政府决定鼓励某一行业的发展时，就会相应增加该行业的优惠贷款量，限制该行业国外产品的进口，降低该行业的所得税，相应地刺激该行业的股价上涨。相反，如果政府要限制某一行业的发展时，该行业的股票价格便会下降。政府实施管理的主要行业是公用事业、运输部门和金融部门。另外，政府除了对这些关系到国计民生的重要行业进行直接管理外，通常还制定有关的反垄断法来间接地影响其他行业。

3. 社会倾向的改变对行业的影响

现代社会的消费者和政府已经越来越强调行业应负的社会责任,越来越注意工业化给社会带来的种种影响。这种日益增强的社会意识或社会倾向已经对许多行业产生了明显的作用。20世纪90年代中期以来在公众的强烈要求下,许多西方国家,特别是产品责任法最为严格的美国,纷纷对许多行业的生产及产品做出了种种限制性规定,如美国政府要求汽车制造商加固汽车保险杆、安装乘员安全带、改善燃油系统、提高防污染系统的质量等。防止环境污染、保持生态平衡目前已成为工业化国家一个重要的社会趋势,在发展中国家也日益受到重视。

4. 相关行业变动因素的影响

相关行业变动对股价的影响表现在以下三个方面。

① 如果相关行业的产品是该行业生产的上游产品,那么相关行业的产品价格变化与该行业的生产成本直接相关。比如钢材价格上涨,可能会使生产汽车的公司股票价格下跌。

② 如果相关行业的产品是该行业产品的替代品,那么,若相关行业的产品价格上涨,就会提高对该行业产品的需求,从而使市场销售量增加,公司盈利也因此提高,股价就会上升。比如茶叶价格上升可能对经营咖啡制品的公司股票价格产生利好影响。

③ 如果相关行业的产品与该行业生产的产品是互补关系,那么相关行业的产品价格上升,将对该行业内部的公司股票价格产生不利影响。如今随着石油价格的上涨,消费者开始偏爱小型节油汽车,结果将对传统汽车制造业造成相当大的打击。

10.4.9 行业结构与业绩

一个行业的成熟过程还包括公司竞争环境的变化,其中行业结构竞争策略和盈利能力之间究竟有什么关系呢?有分析大师总结出以下5个决定因素:新竞争者进入的威胁、现有竞争者的对抗、替代品的价格压力、买方议价能力和卖方议价能力。

1. 新竞争者进入的威胁

行业的新进入者会对价格和利润造成巨大的压力,甚至当其他公司还未真正地进入这个行业时,进入者就会对价格施加压力,因为高价和利润会驱使新的竞争加入这个行业。所以进入壁垒是行业获利能力的重要决定因素。进入壁垒主要有商标权、版权、专利、垄断、已有的营销渠道和顾客关系等,这些壁垒都会对新进入者造成障碍。

2. 现有竞争者的对抗

当某一些行业存在竞争者时,由于都力图扩大各自的市场份额,于是在市场中就会出现价格战,从而降低边际利润。如果行业属于成长缓慢型的,那么这样的竞争就会更加激烈,此时扩张就意味着掠夺竞争者的市场份额。

3. 替代品的价格压力

如果一个行业存在替代品,那么就意味着它将会面临相关替代行业的竞争压力。钢铁企业就面临新型材料行业的激烈竞争。

4. 买方议价能力

如果一个购买者具有买方垄断,即购买了某一行业的绝大部分产品,那么它就会掌握很大的主动谈判权，进而压低购买价格。比如，汽车厂商可以对汽车零部件生产者施加压力，从而降低汽车零部件行业的盈利能力。

5. 卖方议价能力

如果关键投入品的供给厂商在行业中处于垄断地位，它就能对这件产品索取高价，进而从需求方谋取高额利润。例如，石油输出国组织(Organization of Petroleum Exporting Countries，OPEC)控制了世界上原油产量和出口的40%多，自从海湾战争以来，OPEC通过减少产量、提高出售价格等措施，使国际油价不断上升。

本章小结

(1) 随着世界经济一体化的推进，国际政治经济环境、国际金融环境都会通过外汇渠道影响到本国经济的发展，进而对本国股市产生影响，对于跨国公司而言，影响会更大。

(2) 国内宏观经济变量因素，如GDP、通货膨胀、利率、汇率、失业率以及宏观经济政策和供给需求政策都是影响股票价格的重要因素。所以进行宏观分析时要综合考虑各种因素对公司业绩的影响，才能得出比较准确的结论。

(3) 企业处于大的经济环境中，其股票价值必然受到宏观经济周期的影响。通过研究不同经济指标来分析宏观经济周期，可以更好地把握未来的经济走势。

(4) 每一个公司都处于一定的行业中，投资者要正确把握公司所处行业的阶段，积极投资于成长型与稳定型行业，而要谨慎投资衰退行业，才能尽可能避免付出代价。

基本概念

宏观分析　财政政策　货币政策　经济周期　先行指标　同步指标　滞后指标　营业杠杆度　行业生命周期

本章习题

1. 2008年金融危机对我国股市有何影响？
2. 货币政策是如何影响股市的？
3. 2008年以来我国实施的宽松的财政政策对于股票市场有何影响？
4. 简述经济周期与证券市场波动之间的关系。
5. 影响行业兴衰的因素都有哪些？
6. 一个公司的行业敏感性取决于哪些因素？

第 11 章 公司财务报表分析

公司的财务报表分析是投资者比较直观地了解企业的最重要渠道，财务报表分析的目的是投资者通过财务信息发现公司存在的问题或者投资机会。通过上一章的学习知道了公司所处的宏观环境对公司股票价格具有重要的影响。在本章中将重点介绍如何从财务报表中获取有价值的信息，通过这些信息可以对公司股票价值进行更加准确的估计。

11.1 节：公司基本素质分析，将主要介绍公司基本素质分析的基本内容，即公司竞争能力分析、公司盈利能力分析、公司经营管理水平分析。

11.2 节：主要财务报表，将主要介绍上市公司披露的最重要的三个报表，即利润表、资产负债表、现金流量表。

11.3 节：财务比率分析，将主要介绍反映企业不同财务状况的财务比率。

经过前面的学习基本可以把握整体宏观经济形势了，但是在经济繁荣时期，也并不是每个公司的股票都会上涨。进行公司财务报表分析的目的就是找出这些表现好的公司。如图 11-1 所示的那样，不同公司的股价变动差别很大。

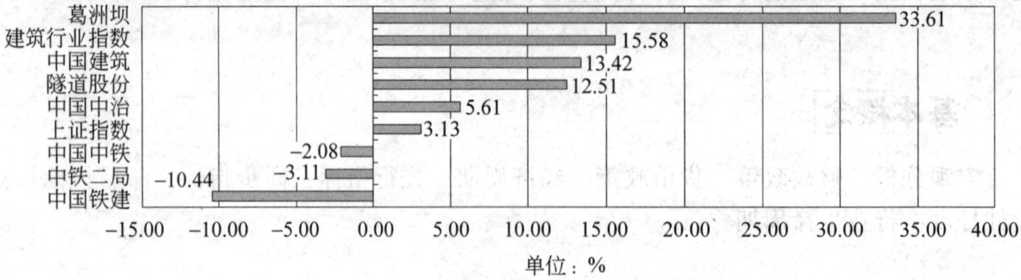

图 11-1　2016 年第三季度中国主要建筑企业的估计变动情况

数据来源：Wind 数据

11.1　公司基本素质分析

公司分析又称企业分析，是基本分析的重点。公司分析侧重对公司的竞争能力、盈利能力、经营管理能力、财务状况、经营业绩及潜在的风险进行分析，借此评估和预测证券的投资价值、价格及未来变化的趋势。同时，还要将该公司的状况与其他同类型的公司进行比较、与本行业的平均水平进行比较、与本公司的历史情况进行比较，才能得出较为客观的结论。公司的基本素质分析主要包括公司的竞争能力分析、公司的盈利能力分析和公司的经营管理水平分析三个方面。

1. 公司的竞争能力分析

公司竞争实力的强弱和公司的生存能力、盈利能力有密切关系。投资者一般都愿意投资于具有强大竞争力的公司。在激烈的市场竞争中，公司要想始终立于不败之地，取决于先进的技术水平、雄厚的资金实力、规模经营优势、优异的产品质量和服务、高效的经营管理等条件。

(1) 技术水平

对公司技术水平的评价可以分为评价技术硬件部分和评价技术软件部分。技术硬件部分包括机械设备、单机或成套设备等。软件部分包括生产工艺技术、工业产权、专利设备制造技术和经营管理技术等。软件部分作用的发挥依赖于企业所拥有的技术人才。特别是在资本技术密集型的行业，公司的技术水平的高低对决定公司在行业内的竞争力是至关重要的。如表 11-1 所示，2016 年全球各搜索引擎所占市场份额的统计情况，谷歌依靠先进的技术在搜索引擎市场的份额遥遥领先于其他公司。

表 11-1　2016 年 7—12 月全球搜索引擎市场份额变动情况

单位：%

时　间	谷歌全球	必应	雅虎全球	百度	YANDEX RU	其他
2016 年 7 月	89.39	4.25	3.44	0.73	0.51	1.68
2016 年 8 月	89.61	4.19	3.36	0.67	0.52	1.65
2016 年 9 月	90.08	4.05	3.15	0.63	0.52	1.57
2016 年 10 月	90.39	4.01	3.02	0.58	0.51	1.49
2016 年 11 月	90.19	4.13	3.04	0.56	0.58	1.50
2016 年 12 月	89.53	4.30	2.98	0.66	0.81	1.72

数据来源：StatCounter Global Stats

(2) 经营规模优势

规模经济是这样一种现象：由于企业生产规模的扩大等原因，使企业的单位成本下降，从而形成企业的长期平均成本随着产量的增加而递减的经济现象。体现企业规模的最主要的指标就是企业的销售额。销售额越大的公司，其竞争地位就越强。一般把销售额在整个行业中居前列的公司称为主导性公司，这类公司是行业发展的风向标，对行业发展起着支配作用。所以投资者应该尽可能地选择行业内的主导型公司和成长型公司进行投资，同时也要考虑销售额的增长率和稳定性。

(3) 优异的产品和服务

知名品牌往往是产品高质量的象征，也是竞争能力的体现。“可口可乐”饮料风靡全世界，其市场占有率遥遥领先。不可否认，它具有极强的市场竞争力，可以保证稳定的利润增长，投资者如果投资这些公司，一般来说可以长期获利。

另外，雄厚的资金实力、高效的经营管理也是公司竞争力的重要体现，它们在提高公司竞争能力中发挥着重要的作用。

所以，当投资者分析公司的竞争实力时，主要应该考虑以下原则：首先，应该选择在本行业中占据主导地位的大公司；其次，应该选择增长率高于行业平均增长率或者主要竞争对手的成长型公司；最后，应该选择不仅在主营业务中而且在其他业务中都具有强大竞争实力的公司。

2. 公司的盈利能力分析

公司盈利水平与盈利能力是决定其股息收入和股票价值高低的重要因素,因此也是基础分析的重点。公司盈利能力是由公司内外因素共同决定的:外部因素主要包括公司所在行业的竞争程度、新加入企业的威胁、产品生命周期和行业生命周期等。内部因素主要是从公司盈利的来源来说的。公司盈利是收入减去成本和费用后的余额,是公司生产经营状况的综合反映。因此,投资者不仅要注意分析公司过去的盈利水平,更重要的是注意分析公司的盈利能力。在分析公司盈利时要剔除影响公司利润的偶然因素和临时因素,尽可能准确地反映公司在正常年景下的盈利能力和盈利水平,以此来分析预测公司未来盈利水平的趋势。分析公司盈利主要分析毛利率、资产周转率、投资收益率、销售净利率、每股收益等指标。

3. 公司的经营管理水平分析

毋庸置疑,公司的管理水平对公司的发展与成功具有决定性的意义。企业由于管理不善而破产的例子不胜枚举。尤其在市场经济体制下,管理者与企业之间是一种委托代理关系,所以管理者更会倾向于谋求个人利益最大化,从而引发道德风险问题。对公司管理水平的评价主要考虑各层管理人员的素质和能力、公司战略制定和实施情况、企业的经营效率、人事管理效率和企业文化等。

此外,公司的潜在风险对公司也具有重大的影响。公司潜在的风险主要包括公司潜在的违约风险、流动性风险和产品质量风险等。所以,投资者需要把各方面的考察结果综合在一起,才能对公司的经营管理水平做出整体评价。

【11-1】 现代管理之父——彼得·德鲁克

彼得·德鲁克(Peter Ferdinand Drucker)(1909.11.19—2005.11.11)于1909年11月19日生于维也纳,1937年移居美国,终身以教书、著书和咨询为业。德鲁克一生共著书39本,在《哈佛商业评论》发表文章三十余篇,被誉为"现代管理学之父"。杰克·韦尔奇、比尔·盖茨等人都深受其思想的影响,被《纽约时报》赞誉为"当代最具启发性的思想家"。

德鲁克先生已出版超过30本书籍,被翻译成三十多种文字,传播至一百三十多个国家,甚至在苏联、波兰、前南斯拉夫、捷克等国也极为畅销。其中最受推崇的是他的原则概念及发明,包括将管理学开创成为一门学科、目标管理与自我控制是管理哲学、组织的目的是创造和满足顾客、企业的基本功能是行销与创新、高层管理者在企业策略中的角色、成效比效率更重要、分权化、民营化、知识工作者的兴起、以知识和资讯为基础的社会。至2004年,德鲁克先生还有新书问世。

2002年6月20日,美国总统乔治W.布什宣布彼得·德鲁克成为当年的"总统自由勋章"的获得者,这是美国公民所能获得的最高荣誉。

11.2 主要财务报表

对投资者来说，上市公司公开披露的财务报告是重要的信息来源。面对财务报告，投资者为决定是否投资，应分析企业的资产和盈利能力；为决定是否转让股份，应分析盈利状况、股价变动和发展前景；为考察经营者业绩，要分析资产盈利水平、破产风险和竞争能力；为判断公司盈利分配政策，要分析筹资状况。所以，只有通过对上市公司的财务资料、业务资料、投资项目、市场状况资料等进行全面综合分析，才能找到该公司股票的合理价位，进而通过比较市场价位与合理定价的差异而进行投资。

财务报表(financial statements)是按照财务会计准则定期编制的，将企业一定期间内的会计事项做一系列的汇总后的表，用以显示企业实际的财务状况和经营业绩的优劣。财务报表主要包括利润表、资产负债表和现金流量表三种。财务报表中的相关会计数据，有助于帮助投资者了解公司过去的运营状况。

1. 利润表

利润表(income statement)又称损益表，是公司最主要的财务报表之一，它反映公司在一段时期内(通常是1年)的盈利能力，是一种标准化的财务报表。它反映了公司在这段时间里的经营成果，即公司的收益与损耗情况。利润表是一个动态报告，它展示了本公司的损益账目，直接揭示公司获利能力的大小和潜力以及经营趋势。利润表主要由三部分构成：第一部分是营业收入；第二部分是与收入相关的生产性费用、销售费用或者其他费用；第三部分是利润。如表11-2所示，X股份有限公司2011年年度报告——合并利润表。

表 11-2 X股份公司 2011 年合并利润表

单位：万元

项　　目	本期金额	上期金额
一、主营业务收入	5 980	8 720
减：折扣与折让	50	200
主营业务收入净额	5 930	8 520
减：主营业务成本	3 028	4 190.40
主营业务税金及附加	365	676
二、主营业务利润	2 537	3 653.60
加：其他业务利润	612	815.40
减：营业费用	886	1 370
管理费用	622	1 050
财务费用	278	325
三、营业利润	1 365	1 760
加：投资收益	58	63
营业外收入	11	8.50
减：营业外支出	9	11.50
四、利润总额	1 423	1 816
减：所得税	256	556
五、净利润	1 167	1 260

利润表的结构,可用如下4个关系式来表示。

主营业务收入－主营业务成本－营业税金及附加＝主营业务利润;

主营业务利润＋其他业务利润－营业费用－管理费用－财务费用＝营业利润;

营业利润＋投资净收益＋营业外收入－营业外支出＝利润总额;

利润总额－所得税＝净利润。

根据利润表可以考核企业利润计划的完成情况,分析利润增减变动的原因,预测企业利润的发展趋势,如下所示。

① 通过利润表反映企业的收入、成本和费用,全面反映企业生产经营的收入情况和成本耗费情况,说明企业的投入产出比例关系。

② 企业的利润是各项工作的收益与耗费的集中表现,是反映企业生产经营情况的综合性指标。通过考核利润的完成情况,就能为全面考核企业生产经营计划的完成提供依据。

③ 通过分析前后期营业利润、投资净收益、营业外收支的增减变动情况,可以分析和测定企业损益的发展趋势,预测企业未来的收益能力。

2. 资产负债表

资产负债表(balance sheet)是反映公司在某一日期(往往是年末或者季末)财务状况的静态报告,反映的是公司的资产、负债(包括股东权益)之间的关系。它是根据"资产＝负债＋所有者权益"的会计等式,依照一定的分类标准和一定的次序,把企业在一定日期的资产、负债和所有者权益的项目予以适当排列,按照会计制度的要求编制而成。如表11-3所示为X股份有限公司披露的2011年合并的资产负债表。

表11-3 X股份公司2011年资产负债表

单位名称:X股份有限公司　　　　单位:万元

项　目	期末余额	期初余额
流动资产:		
货币资金及现金等价物	61 408	61 261
应收账款	5 171	3 482
存货	18 009	18 161
流动资产合计	84 588	82 850
非流动资产:		
长期投资	19 346	20 722
固定资产	28 137	28 493
无形资产及其他资产	5 582	5 760
资产总计	136 410	131 138
流动负债:		
短期借款	4 194	4 675
应付账款	54 552	53 284
应交税费	2 669	4 480
流动负债合计	61 415	62 439
非流动负债:		
长期负债	2 677	2 530
负债合计	64 092	64 969
所有者权益(或股东权益):		
实收资本(或股本)	9 242	9 242
资本公积	29 508	30 084

续表

项　　目	期末余额	期初余额
盈余公积	7 730	7 730
未分配利润	25 838	19 113
所有者权益合计	72 318	66 169
负债和所有者总计	136 410	131 138

资产负债表的资产方和负债及所有者权益方，均设置“期末余额”和“期初余额”两栏。“期初余额”栏内各项数字，根据上年度资产负债表“期末余额”栏内所列数字填列。上年决算报告经审查需要修改的，应填列经修改后的上年度资产负债表所列的“期末余额”。如果本年度资产负债表规定的各个项目的名称和内容同上年度资产负债表不相一致，应对上年度资产负债表“期末余额”各项目数字，按照本年度的规定进行调整后，填入“期初余额”栏内，以便与“期末余额”栏内所列数字相互对比，正确反映各项资产和各项负债及所有者权益的增减情况。“期末余额”栏内各项目的数字，根据账簿记录中各科目的余额分析计算填列。因为资产负债表中的项目与会计科目并不完全一致，所以对某些项目的数额必须根据会计科目的记录进行必要的分析计算和调整。

3. 现金流量表

现金流量表(statement of cash flow)是反映企业在一定会计期间现金流入和流出的会计报表。它通过会计期间营业所得现金收入减去需用现金支付的费用以后的余额来说明企业财务状况的变动。比起营运资金即流动资金净额来，现金是企业更活跃、更具有生命力的流动资源，现金的增减变动更能反映企业的财务状况和偿债能力。一般来说，金融、保险等企业编制现金流量表，更能反映企业财务状况的变动情况。如表 11-4 所示为 X 股份有限公司 2011 年合并现金流量表。

表 11-4　X 公司 2011 年现金流量表

单位名称：X 股份有限公司　　　　单位：万元

项　　目	本期金额	去年同期金额
一、经营活动产生的现金流		
销售商品、提供劳务收到的现金	194 420	148 676
收到的其他与经营活动有关的现金	1 904	6 059
经营活动现金流入小计	196 324	154 735
购买商品、接收劳务支付的现金	154 483	104 446
支付给职工以及为职工支付的现金	3 955	3 132
支付的各项税费	17 830	12 670
经营活动现金流出小计	176 268	120 237
经营活动产生的现金流量净额	19 966	34 498
二、投资活动产生的现金流量		
收回投资收到的现金	28 084	17 174
取得投资收益收到的现金	4 047	2 209
投资活动现金流入小计	32 131	19 383
构建固定资产、无形资产和其他长期资产支付的现金	4 622	2 652

续表

项　　目	本期金额	去年同期金额
支付其他与投资活动有关的现金	0.00	138 013
投资活动现金流出小计	4 622	140 665
投资活动产生的现金流量净额	27 509	121 282
三、筹资活动产生的现金流量		
吸收投资收到的现金	83 300	105 639
收到其他与筹资活动有关的现金	206 835	464 393
筹资活动现金流入小计	290 135	474 962
偿还债务支付的现金	2 246	4 067
分配股利、利润或者偿付利息支付的现金	7 256	5 492
筹资活动现金流出小计	9 502	9 559
筹资活动产生的现金流量净额	280 633	464 403

现金流量表主要由三部分构成：经营活动产生的现金流量、投资活动产生的现金流量和融资活动产生的现金流量。经营活动包括损益表中的大多数项目以及资产负债表中与盈利活动相关的项目。投资活动包括买卖资产以及与公司借出款项有关的活动。融资活动包括与公司取得资金有关的活动和与所有者权益有关的交易活动。

现金流量表中的"现金",不是现行会计科目所说的现金,它包括现金和现金等价物。前者指库存现金、银行存款和其他货币资金;后者指所有短期内具有高度流动性的投资和商业票据。通过现金流量表,管理当局、投资者、债权人及其他报表使用者可以正确评价企业的财务状况,原因有：首先,可为报表使用者提供所关心的现金流量信息,通过现金流量表,将现金流量净额同债务总额比较,可以考察企业以现金净流量偿还债务的能力;将现金净流量同企业实收资本比较,可以了解每次投资所能获得的现金净流量。其次,通过不同时期现金流量表的对比分析,可以考察企业资产流动性的变化及其变化趋势。

11.3　财务比率分析

比率分析可以用于分析比较公司之间的财务情况,也可以用于比较某一公司的各期变化情况。通过比率分析,投资者可以对不同规模、不同行业的公司情况进行比较,从而分析某一特定公司的风险和潜在的获利能力。财务比率分析主要包括盈利能力分析、偿债能力分析、营运能力分析和财务杠杆分析。

11.3.1　盈利能力分析

对一个企业进行投资,首先要观察这个企业的盈利能力如何,这是因为企业的盈利能力是获得收益的保障,也是预期企业股票价格未来走势的重要依据。分析企业盈利能力常用的指标主要包括以下几种。

1. 销售利润率

销售利润率等于利润除以总销售收入,将利润表示为总销售收入的百分比的形式。销售利润率中最重要的是销售净利润率。

$$销售总利润率 = \frac{税息前利润}{销售收入} \times 100\%$$

$$销售净利润率 = \frac{税后净利润}{销售收入} \times 100\%$$

一般来说，销售利润率反映了企业以较低的成本或较高的价格提供产品和劳务的能力。由于这是基于总销售收入而不是基于企业或权益投资者所投资的资产而计算的利润率，因此不能直接用以衡量企业的盈利能力。比如，商业企业销售利润率较低，而服务性企业的销售利润率较高，但这并不能直接用于说明二者盈利能力的高低。

2. 资产收益率

资产收益率(ROA)是衡量企业管理绩效的一个常见指标，其计算公式为

$$资产净收益率 = \frac{税后净利润}{平均总资产} \times 100\%$$

$$资产总收益率 = \frac{税息前利润}{平均总资产} \times 100\%$$

$$平均总资产 = (期初总资产 + 期末总资产)/2$$

该指标反映了企业利用所有资产创造利润的能力，该指标的值越大，说明企业利用资产创造利润的能力越强。

3. 净资产收益率

这个比率(ROE)被定义为净利润(息税后)除以平均的普通股股东权益。

$$ROE = \frac{净利润}{平均普通股股东权益} \times 100\%$$

其中，$平均普通股股东权益 = \frac{期初普通股股东权益 + 期末普通股股东权益}{2}$

该指标体现了公司股本盈利能力的大小，该指标也应该与同行业其他企业相比较，该比值越高，说明企业的盈利能力越高。

为了更好地理解 ROE，这里介绍著名的杜邦分析系统，具体内容如下：

$$ROE = \frac{净收益}{税前收益} \times \frac{税前收益}{EBIT} \times \frac{EBIT}{销售收入} \times \frac{销售收入}{资产} \times \frac{资产}{股权}$$

$$① \quad \times \quad ② \quad \times \quad ③ \quad \times \quad ④ \quad \times \quad ⑤$$

因子①是税后利润与税前利润的比率，称为税收负担比率，它的值的大小既反映了政府的税收，又反映了公司为了尽量减少其税收负担而实施的政策。

因子②是税前利润与息税前利润(EBIT)的比率，称为利息负担比率。当公司不用向债权人支付利息时，则利息负担将达到最大值 1。财务杠杆作用的程度越高，则利息负担比率越低。

因子③称为公司的营业利润率(profit margin)或者销售收益率(return on sales, ROS)，销售利润率显示每单位销售收入可获得的营业利润。

因子④是销售收入对平均总资产的比率，称为资产周转率(asset turnover, ATO)。它表明公司使用资产的效率。在这个意义上，它测度每单位资产可以生产多少销售收入。

因子⑤是平均总资产与平均普通股股东权益的比率。它是公司财务杠杆程度的测度，称为杠杆率(leverage ratio)。它等于 1+负债与平均普通股股东权益的比率。

以上这些数据在我们做分析时,还应该与该公司以往数据和所在行业其他企业的数据进行比较,才能得出更准确的结论。

由此可见,杜邦分析系统可以归纳为:

$$\text{ROE} = \text{税收负担} \times \text{利息负担} \times \text{利润率} \times \text{资产周转率} \times \text{杠杆率}$$

因为,ROA=利润率 × 资产周转率

且 复合杠杆因子=利息负担 × 杠杆率

所以,ROE=税收负担 × ROA × 复合杠杆因子

4. 经营费用比率

经营费用比率等于经营费用与销售收入之比。营销费用包括推销员费用、广告费、促销费、市场调查费、营销管理费等。在销售额一定的情况下,营销费用越低,企业的效益就越好。营销费用率分析的目的是监督营销费用的支出情况,确保其不超出年度计划。

$$\text{经营费用比率} = \frac{\text{经营费用}}{\text{销售收入}} \times 100\%$$

营销费用率反映了取得一定的销售收入所需付出的营销成本,其高低可作为反映企业营销效率的重要指标。该比率受各种随机因素的影响,上下波动,一般允许有适当的偏差,但如果波动超出正常范围就应引起注意。

5. 股利支付率

股利支付率是指现金股利占净利润的比例,它反映了公司的股利分配政策和股利支付能力,计算公式为

$$\text{股利支付率} = \frac{\text{现金股利}}{\text{净利润}} \times 100\%$$

$$\text{留存比率} = \frac{\text{留存收益}}{\text{净利润}} \times 100\%$$

$$\text{股利支付率} + \text{留存收益率} = 1$$

6. 每股净利润

每股净利润(EPS)旨在反映普通股的获利水平,是衡量上市公司盈利能力最常用的财务分析指标。其计算公式为

$$\text{每股净利润} = \frac{\text{净利润}}{\text{总股本}}$$

每股净利润指股份公司中普通股每股税后利润。该指标中的利润是利润总额扣除应缴所得税的税后利润,如果发行了优先股还要扣除优先股股利,然后除以流通股数,即发行在外的普通股平均股数。每股净利润常被用来反映企业的经营成果、衡量普通股的获利水平及投资风险,也是投资者、债权人等信息使用者据以评价企业盈利能力、预测企业成长潜力,进而做出相关经济决策的一项重要财务指标。

7. 每股净资产

每股净资产(BVEPS)是指股东权益与总股数的比率。其计算公式为

$$\text{每股净资产} = \frac{\text{净资产}}{\text{总股本}}$$

净资产是指企业的资产总额减去负债以后的净额,也叫股东权益或所有者权益,即企

业总资产中，投资者所应享有的份额。这一指标反映了每股股票所拥有的资产现值。每股净资产越高，股东拥有的资产现值就越多；每股净资产越少，股东拥有的资产现值也就越少。通常每股净资产越高越好。

8. 投资收益率

投资收益率(rate of return on investment)又称投资利润率，是指投资收益(税后)占投资成本的比率。其计算公式为

$$投资收益率 = \frac{投资收益}{投资成本} \times 100\%$$

投资收益率反映了投资的收益能力。当该比率明显低于公司净资产收益率时，说明其对外投资是失败的，应改善对外投资结构和投资项目；而当该比率远高于一般企业的净资产收益率时，则存在操纵利润的嫌疑，应进一步分析各项收益的合理性。

9. 主营业务利润率

主营业务利润率是指企业一定时期主营业务利润同主营业务收入的比率。其计算公式为

$$主营业务利润率 = \frac{主营业务利润}{主营业务收入} \times 100\%$$

主营业务利润＝主营业务收入－主营业务成本－营业税金及附加

它表明企业每单位主营业务收入能带来多少主营业务利润，反映了企业主营业务的获利能力，只有在公司主营业务突出即主营业务利润率较高的情况下，企业才能在竞争中占据优势地位。

11.3.2 偿债能力分析

短期偿债能力比率是衡量企业承担经常性财务负担(即偿还流动负债)的能力。企业若有足够的现金流量，就不会发生债务违约，可避免陷入财务困境。会计流动性反映了企业的短期偿债能力，它通常与净营运资本相联系。我们知道，流动负债是指基于自资产负债表编制之日起一年内偿还的债务，而用于偿还这些债务的基本来源就是流动资产。衡量会计流动性时最常用的指标是流动比率和速动比率。

1. 流动比率

流动比率等于流动资产除以流动负债。计算公式为

$$流动比率 = \frac{流动资产}{流动负债} \times 100\%$$

如果企业出现财务上的困难，就可能无法按时支付货款(应付账款)或需要向银行申请贷款(应付票据)展期，结果会造成流动负债比流动资产增加更快，流动比率下降。因此，流动比率下降可能是企业财务困难的第一个信号。企业一方面要计算历年的流动比率，以便于发现变化趋势；另一方面还要将本企业的流动比率与从事类似经营活动的其他企业的流动比率进行比较，以了解企业在行业中所处的水平。

2. 速动比率

速动比率等于扣除存货之后的流动资产(称速动资产)除以流动负债。这一比率又被称为酸性测试比率。

$$速动比率=\frac{速动资产}{流动负债}\times 100\%$$
$$=\frac{流动资产-存货-其他固定资产}{流动负债}\times 100\%$$

还有一种保守的速动比率,即用现金和有价证券之和除以流动负债来表示。计算公式为

$$保守速动比率=\frac{现金+有价证券}{流动负债}\times 100\%$$

速动资产是指能够快速变现的流动资产。存货是流动性最差的流动资产,企业应能够不依靠变卖存货来清偿债务,许多财务分析人员认为考察企业在这方面的能力是十分重要的。

3. 现金比率

现金比率(cash ratio)也被称为流动资产比率(liquidity ratio)或现金资产比率(cash asset ratio),它通过计算公司现金以及现金等价资产总和与当前流动负债的比率来衡量公司资产的流动性。其计算公式为

$$现金比率=\frac{现金+适销证券}{流动负债}\times 100\%$$

现金比率是速动资产扣除应收账款后的余额与流动负债的比率,最能反映企业直接偿付流动负债的能力。现金比率一般认为20%以上为好。但这一比率过高,就意味着企业流动资产未能得到合理运用,而现金类资产获利能力低,这类资产金额太高则会导致企业机会成本增加。

4. 产权比率

产权比率是负债总额与所有者权益总额的比率,是为评估资金结构合理性的一种指标。其计算公式为

$$产权比率=\frac{负债}{所有者权益}\times 100\%$$

这一比率是衡量企业长期偿债能力的指标之一。它是企业财务结构稳健与否的重要标志。该指标表明由债权人提供的和由投资者提供的资金来源的相对关系,反映了企业的基本财务结构是否稳定。产权比率越低表明企业自有资本占总资产的比重越大,从而其资产结构越合理,长期偿债能力越强。

5. 现金偿债比率

现金流量债务比是指经营现金流量与债务总额的比率。其计算公式为

$$现金偿债比=\frac{现金流量}{债务总额}\times 100\%$$

需要注意的是,由于分子的经营现金流量是时期指标,所以分母的债务总额一般用年初和年末的加权平均数。现金流量债务比率表明企业用经营现金流量偿付全部债务的能力。该比率越高,承担债务总额的能力越强。

6. 股东权益比率

股东权益比率是所有者权益同资产总额的比率,反映了企业资产中有多少是所有者

的投入。其计算公式为

$$股东权益比率 = \frac{所有者权益}{资产总额} \times 100\%$$

权益总资产率是股东权益比率的倒数，又称权益乘数，它说明企业资产总额是股东权益的多少倍。计算公式为

$$权益总资产比率 = \frac{资产总额}{所有者权益} \times 100\%$$

分析可知，股东权益比率与负债比率之和为1，两个指标从不同侧面反映了企业的长期财务状况。股东权益比率越大，负债比率就越小，企业的财务风险也越小，偿还长期债务的能力就越强。

除了上面分析的指标外，影响企业偿债能力的因素还有企业在经营活动中发生的或有负债[①]，由于被担保人没有履约而需要企业承担担保责任而发生的负债，如企业的租赁活动、企业可以动用的银行贷款指标（指银行已经批准而企业尚未办理贷款手续的银行贷款现额）等。

11.3.3 营运能力分析

营运能力比率用来衡量企业对资产的管理是否有效。企业在资产上的投资水平取决于诸多因素，拿汤圆生产公司（如科迪公司）来说，春节高峰期可以有大量的库存，而到了三月份，仍保持同样的库存就不合时宜了。那么，究竟如何衡量企业在资产上的投资水平是否合适呢？解决这个问题的一个逻辑起点就是将资产与全年的销售收入相比得出周转率，以便了解企业运用资产创造销售收入的有效程度。

1. 总资产周转率

总资产周转率等于会计期内的销售收入总额除以平均的资产总额。其计算公式如下

$$总资产周转率 = \frac{销售收入}{平均总资产} \times 100\%$$

$$平均资产总额 = (期初资产总额 + 期末资产总额)/2$$

这一比率用来表示企业对总资产的运用是否有效。若资产周转率高，说明企业能有效地运用资产创造收入；若总资产周转率低，则说明企业没有充分利用资产，因而必须提高销售额或削减部分资产。在运用这一比率说明资产的使用效果时存在的一个问题是，旧资产的会计价值低于新资产，总资产周转率可能因为旧资产的使用而偏大；另一个问题是，固定资产投资较少的企业（如零售和批发企业），较之固定资产投资较多的企业（如制造企业），其总资产周转率会更高。

2. 固定资产周转率

固定资产周转率主要用来衡量单位固定资产可以产生的销售收入，其计算公式为

---

① 或有负债（contingent liability），指过去的交易或事项形成的潜在义务，其存在需通过未来不确定事项的发生或不发生予以证实；或过去的交易或事项形成的现时义务，履行该义务不是很可能导致经济利益流出企业或该义务的金额不能可靠地计量。

$$固定资产周转率 = \frac{销售收入}{平均固定资产} \times 100\%$$

由于固定资产是一个时点上的存量,所以在计算时应选取平均固定资产。

3. 流动资产周转率

流动资产周转率是销售收入与流动资产平均余额的比率,反映的是全部流动资产的利用效率。其计算公式为

$$流动资产周转率 = \frac{销售收入}{流动资产平均余额} \times 100\%$$

$$流动资产周转天数 = \frac{360}{流动资产周转率}$$

流动资产周转率反映了企业流动资产的周转速度,是从企业全部资产中流动性最强的流动资产角度对企业资产的利用效率进行分析,以进一步揭示影响企业资产质量的主要因素。通过该指标的对比分析,可以促进企业加强内部管理,充分有效地利用流动资产,如降低成本、调动暂时闲置的货币资金用于短期投资创造收益等,还可以促进企业采取措施扩大销售,提高流动资产的综合使用效率。一般情况下,该指标越高,表明企业的流动资产周转速度越快,利用越好。

4. 应收账款周转率

应收账款周转率等于销售收入除以会计期间平均的应收账款额(净额)[①],用应收账款周转率去除一年中总的天数就得到平均收账期。

$$应收账款周转率 = \frac{销售收入}{平均应收账款} \times 100\%$$

$$平均应收账款 = (期初应收账款 + 期末应收账款)/2$$

$$平均收账期 = \frac{365}{应收账款周转率}$$

应收账款周转率和平均收账期提供了有关企业应收账款管理方面的信息。这些比率的实际意义在于它们反映了企业的信用政策,如果企业的信用政策较宽松,其应收账款额就会较高。在判断企业应收账款的账龄是否过长时,财务分析人员常用的一条经验是,应收账款的平均收账期应不超过企业信用条件所允许的付款期10天。

5. 存货周转率

存货周转率等于产品销售成本除以平均存货。因为存货是按历史成本记录的,所以必须根据产品的销售成本而不是销售收入(销售收入中含有销售毛利,与存货不相匹配)来计算。一年的天数除以存货周转率可得到存货周转天数,存货周转天数是指从存货的购买到销售所用的天数,在零售与批发商业企业,它被称作“库存周期”。其计算公式为

$$存货周转率 = \frac{销售成本}{平均存货} \times 100\%$$

$$平均的存货 = (期初存货 + 期末存货)/2$$

$$存货周转天数 = \frac{365}{存货周转率}$$

---

① 应收账款净额是指扣除潜在的坏账之后的应收账款。

存货周转率衡量了存货生产及销售的速度，它主要受产品制造技术的影响，如生产一个汽油涡轮机比生产一片面包要花更多的时间。另外，存货周转率还与产成品的耐腐蚀性有关。存货周转天数大幅度增加可能表明企业存在大量未销的产品，或企业的产品组合中生产周期较长的产品变得更多了。由于存货的估价方法对周转率的计算会有实质性的影响，所以财务分析人员应关注不同的存货估价方法以及这些方法是如何影响存货周转率的。

13.3.4 财务杠杆分析

财务杠杆与企业债务融资和权益融资的多少有关。财务杠杆可以作为一种工具来衡量企业在债务合同上违约的可能性，企业的债务越多，其不能履行债务责任的可能性就越大。换句话说，过多的债务将很可能导致企业丧失债务清偿能力，陷入财务困境。从好的方面来看，债务又是一种重要的筹资方式，并因其利息可从税前扣减而具有节税的好处。

1. 负债比率

负债比率等于总负债除以总资产。还可以用其他方法来反映企业的债务水平，如负债权益比和权益乘数(即总资产除以权益)。计算公式为

$$负债比率 = \frac{总负债}{总资产} \times 100\%$$

$$负债权益比 = \frac{总债务}{总权益} \times 100\%$$

$$权益乘数 = \frac{总资产}{总权益} \times 100\%$$

负债比率反映了债权人权益的受保护程度以及企业为将来有利的投资机会取得新资金的能力。但是，资产负债表上的负债仅仅是尚未偿付的金额，并没有根据当前的利率(有可能高于或低于债券发行时的初始利率)和风险水平加以调整。因此，负债的会计价值可能与其市场价值完全不同。此外，还有一些债务可能根本就不出现在资产负债表上，如养老金负债和租赁负债。

2. 利息保障倍数

利息保障倍数等于利润(息前税前)除以利息。这一比率着重反映了企业所赚取的利润对利息费用的偿付能力。计算公式为

$$利息保障倍数 = \frac{息税前利润}{利息费用}$$

确保利息费用的支付是企业为避免破产而必须做的，利息保障倍数直接反映了企业支付利息的能力。计算该比率时若从利润中减去折旧，在分母中加上其他财务费用(如本金支付和租赁费支付)，计算结果将更具现实意义。

只有当企业的现金不足以承受债务负担时，大量的负债才成为问题。这涉及企业未来现金的不确定性，通常认为现金流量能够预测的企业比现金流量高而不确定的企业有更好的债务清偿能力，所以在考察企业偿债能力时，有必要了解其现金流量的变动性。确定现金流量变动性的一种方法是计算现金流量的标准差。

11.3.5 企业发展能力分析

1. 可持续增长率

财务分析中一个非常重要的比率是可持续增长率,这是企业在不提高财务杠杆的情况下,仅利用内部权益所能达到的最高增长率。可持续增长的价值可按以下公式计算

$$\begin{aligned}\text{可持续增长率} &= \text{ROE} \times \text{收益留存率} \\ &= \text{销售净利润率} \times \text{总资产周转率} \times \text{权益乘数} \times \text{收益留存率}\end{aligned}$$

可持续增长率是由企业当前经营效率和财务政策决定的内在增长能力。具体来说,是指在不增发新股并保持目前经营效率和财务政策条件下,公司销售所能增长的最大比率。此处的经营效率指的是销售净利率和资产周转率,财务政策指的是股利支付率和资本结构。根据可持续增长率的公式可知,影响企业可持续增长能力的因素主要是销售利润率、总资产周转率、权益乘数和收益留存率。

2. 销售增长率

销售增长率是企业本年销售增长额同上年销售收入总额的比率。

$$\text{销售增长率} = \frac{\text{本年销售增长额}}{\text{上年销售额}} \times 100\% = \left(\frac{\text{本年销售额}}{\text{上年销售额}} - 1\right) \times 100\%$$

销售增长率是衡量企业经营状况和市场占有能力、预测企业经营业务拓展趋势的重要指标,也是企业扩张增量资本和存量资本的重要前提。该指标越大,表明其增长速度越快,企业市场前景越好。

3. 总资产增长率

总资产增长率是本年总资产增长额同年初(上年末)资产总额的比率,是从企业资产总量扩张方面衡量企业的发展能力的一个量,表明企业规模增长水平对企业发展后劲的影响。

$$\text{总资产增长率} = \frac{\text{本年总资产增长额}}{\text{年初资产总额}} \times 100\%$$

总资产增长率越高,表明企业一定时期内资产经营规模扩张的速度越快。但在分析时,需要关注资产规模扩张的质和量的关系以及企业的后续发展能力,避免盲目扩张。

4. 资本积累率

资本积累率是企业本年所有者权益增长额同年初所有者权益的比率。其计算公式为

$$\text{资本积累率} = \frac{\text{本年股东权益增长额}}{\text{年初股东权益总额}} \times 100\%$$

资本积累率是企业当年所有者权益总的增长率,反映了企业所有者权益在当年的变动水平;体现了企业资本的积累情况,是企业扩大再生产的源泉,展示了企业的发展潜力;同时它反映了投资者投入企业资本的保全性和增长性。该指标越高,表明企业的资本积累越多,企业资本保全性越强,应付风险、持续发展的能力就越大。但是如果该指标为负值,表明企业资本受到了侵蚀,所有者利益受到了损害,应予充分重视。

5. 主营业务收入增长率

主营业务收入增长率是指本期主营业务收入增长额与上期主营业务收入之间的比率。其计算公式为

$$主营业务收入增长率 = \frac{本期主营业务收入 - 上期主营业务收入}{上期主营业务收入} \times 100\%$$

主营业务收入增长率可以用来衡量公司的产品生命周期、判断公司发展所处的阶段。一般说来，如果主营业务收入增长率超过10%，说明公司产品处于成长期，将继续保持较好的增长势头，尚未面临产品更新的风险，属于成长型公司。如果主营业务收入增长率在5%～10%，说明公司产品已进入稳定期，不久将进入衰退期，需要着手开发新产品。如果该比率低于5%，说明公司产品已进入衰退期，保持市场份额已经很困难，主营业务利润开始滑坡，如果没有已开发好的新产品，将步入衰落。

11.3.6 市场价值比率

仔细地阅读资产负债表和损益表，可以得到很多信息，但是，却无法从中得到企业的市场价值。普通股股票的每股市场价格是买卖双方在股票交易时确定的。企业普通股权益的市场价值等于普通股每股市场价格乘以发行在外的股数。有时用“公平市场价值”一词来指市场价格。“公平市场价值”是指在有意愿的买者和有意愿的卖者都掌握相关信息的情况下，双方的交易金额。因此，市场价格是对企业资产真实价值的估计值。在一个有效的市场上，市场价格反映了企业的全部相关信息，这时，市场价格就揭示了企业资产的真实价值。分析企业市场价值的指标主要有市盈率、股利收益率、市净率和Q比率。

1. 市盈率

计算市盈率(P/E) 的一种方法是用当前市价除以上年普通股每股盈余。计算方法为

$$市盈率 = \frac{每股市价}{每股税后净利}$$

该指标反映了投资者对每元净利所愿意支付的价格，是估算投资回报、显示企业投资价值的重要指标。一般来说，这个比率越低越好，意味着投资者可以更低的价格获得相同的回报。但是在我国的证券市场上，这个指标越高说明该公司的增长潜力越大，公众对该股票评价也较高。但是也应该注意，在市场过热，投机气氛过浓时，这一指标可能被扭曲，不能反映公司的真实情况。

2. 股利收益率

股利收益率等于企业年度股利支付除以当前市价。计算公式为

$$股利收益率 = \frac{每股股利}{每股市价} \times 100\%$$

股利收益率与市场对企业未来前景的预期有关，有好的增长前景的企业一般股利收益率较低。

3. 市净率

市净率(price to book ratio，P/B)指的是每股股价与每股净资产的比率。计算公式为

$$市净率 = \frac{股票市场价格}{每股账面价值}$$

每股净资产是股票的账面价值，它是用成本计量的，而每股市价是这些资产的现在价值，是证券市场上交易的结果。市价高于账面价值时企业资产的质量较好，有发展潜力，

反之则资产质量差,没有发展前景。优质股票的市价都超出每股净资产许多,一般来说市净率达到 3 及以上可以树立较好的公司形象。

4. Q 比率

由诺贝尔经济学奖得主詹姆斯·托宾(James Tobin)于 1969 年提出。计算公式为

$$Q\text{比率} = \frac{\text{公司的市场价值}}{\text{资产重置成本}}$$

① 当 $Q>1$ 时,购买新生产的资本产品更有利,这会增加投资的需求。

② 当 $Q<1$ 时,购买现成的资本产品比新生成的资本产品更便宜,这样就会减少资本需求。

该指标反映的是一个企业两种不同价值估计的比值。公司的金融市场价值包括公司股票的市值和债务资本的市场价值。重置成本是指企业重新取得与其所拥有的某项资产相同或与其功能相当的资产需要支付的现金或现金等价物。

11.3.7 财务政策分析

之前已经介绍了公司财务报表分析和比率分析,通过分析财务报表可以了解公司的重要政策,从而进行投资决策。这些政策主要包括公司的资本结构政策、股利政策、营运资本政策和投资政策。

1. 资本结构政策

从资本角度而言,企业的经营或者运营活动就是融资、投资以及进行资本(包括负债和股权资本)和资产(对内和对外投资)组合的行为。具体讲,企业从融资取得资本到进行投资形成资产结构,再到资产运营及重组,从而产生利润进行再生产,并持续成长,这些就是企业经营的全过程。在企业的经营过程中如何选择恰当的财务杠杆,有效地通过发债和股票以及其他金融工具取得资本就成为公司经营的重要前提和运营选择,这实际上就是公司的资本结构决策。在此,重点关注财务杠杆以及它对公司价值的影响。这一领域最著名的定理就是由美国经济学家莫迪格利安尼和米勒于 1958 年提出的 MM 定理,如果不考虑所得税的影响,企业的总价值将不受资本结构的影响。此后,加入了所得税的因素,由此而得出的结论为:企业的资本结构将影响企业的总价值,负债经营将为公司带来税收节约效应。

MM 定理的基本假设有:资本市场是完善的;信息是充分的、完全的,不存在交易费用和成本;任何一种证券均可无限分割;公司未来平均预期营业收益用主观随机变量表示,即投资者具有一致的预期,对每一公司未来息税前收益的概率分布及期望值有相同的估计;所有债务都是无风险的。

(1) MM 的无税模型

该模型有两个基本命题:一是负债经营企业的价值等同于无负债企业的价值,当公司增加债务时,剩余权益的风险变大,权益资本的成本也随之增大,与低成本的债务带来的利益相抵消,因此,公司的价值不受资本结构的影响;二是负债企业的权益资本成本等于处于同一风险等级的无负债企业的权益资本成本再加上与其财务风险相联系的溢价,而风险溢价的多寡则视负债融资的程度而定。

(2) MM 的公司税模型

1963 年莫迪格利安尼和米勒将公司税引入 MM 定理，并在此基础上重新得出了两个命题：一是无负债公司的价值等于公司税后企业的现金流量除以公司权益资本成本，负债经营公司的价值等于同类风险的无负债公司的价值加上减税收益(税率乘以债务的价值)；二是负债经营公司的权益资本成本等于同类风险的无负债公司的权益资本成本加上风险报酬，风险报酬则取决于公司的资本结构和所得税税率。

(3) 米勒模型

1976 年，米勒用把公司所得税和个人所得税都包括在内的模型来估计负债杠杆对企业价值的影响，即所谓的"米勒模型"。米勒模型的结果表明，MM 公司税模型高估了企业负债的好处，因为个人所得税在某种程度上抵消了企业利息支付的节税利益，降低了负债企业的价值。

虽然米勒和莫迪格利安尼对融资结构理论做出了开创性的贡献，但他们的理论仍有许多缺陷，主要表现为基本假设过于苛刻，模型缺乏动态性以及没有经过实践检验，但仍具有开拓性的意义。20 世纪 70 年代以来学术界提出了对负债带来的收益和风险进行适当平衡来确定企业价值的权衡理论，相信随着研究的深入会涌现更多的资本结构理论。

2. 股利政策

股利政策主要是指目标支付政策决策，也就是确定将多少盈利以现金股利的方式分派给股东，将多少盈利留存在企业进行再投资。

股利理论的核心内容就是对股利政策与企业价值之间的相互关系进行研究。由于考虑的因素不同、分析的方法不同，出现了一些观点完全相悖的股利理论，主要有股利无关理论、"手中之鸟"理论、纳税差异理论、信号假说理论以及代理成本理论。

(1) 股利无关理论

米勒和莫迪格利安尼认为，股利政策无论对企业的股票价格还是对企业的资本成本都没有影响，这就是所谓的股利无关理论。MM 理论认为，企业价值取决于企业的基本盈利能力及其风险程度，更确切地说取决于资产的投资决策，而与如何在股利和留存收益之间进行税后利润的分摊没有关系。按照 MM 股利无关理论，无论股利支付如何变动，对股权资本成本和股票价格都不会产生任何影响。

(2) "手中之鸟"理论

在 MM 股利无关理论中，假设股东对现金股利和资本利得都没有偏好。但是戈登(Gordon)与林特纳(Lintner)等认为，这一假设并不现实。因为在一般情况下，股东更偏好于获得现金股利，而不喜欢管理层将盈利留存于企业进行再投资，在将来获得资本利得。因为获得资本利得的风险要大于获得现金股利的风险。在这种情况下，不同的股利政策会对企业价值产生不同的影响，这就是"手中之鸟"理论。按照"手中之鸟"理论，企业发放的股利越多，投资者认为投资的风险越小，所以在其他因素不变的情况下，企业的价值会因此而增加。

(3) 纳税差异理论

以上两种假说都没有考虑到投资者的实际税收环境。按照国际惯例，由于股利适用税率要高于长期资本利得适用税率。这种税率结构势必会影响股票投资者对股利的看法。对于一个普通的投资者而言,由于收到股利要按较高的税率纳税,而资本利得交的税要少许多。同时,投资者何时出售股票何时才上交资本所得税。因此,他们会偏好于获得较大数额的资本利得,而不是获得较多的现金股利。按照纳税差异理论,投资者更加偏好于资本利得。支付的股利越多,投资者需按较高的税率纳税,他们会向企业要求更高的报酬率来弥补纳税而造成的损失。因此,股利支付率越高,股东要求的报酬率越高,企业的价值就越小。

(4) 信号假说理论

根据有关的实证分析结果发现股利增加会提高公司市值,股利减少会降低公司市值。这似乎表明股票投资者更偏好于股利,企业应当尽量提高股利支付率,从而最大限度地增加股东财富。但是MM理论指出这样的结论是错误的。他们认为,企业支付超过预期水平的股利是给投资者的一种"信号",表明管理层预见到未来的前景良好。反过来,股利的削减或者低于期望水平的股利增加也是一种信号,它表明管理者对未来前景不看好。所以当这种信号通过股利政策传导给投资者时,实际上是对企业未来不同的预期影响了股票投资者的行为,而不是股利增加或减少。

(5) 代理成本理论

在股利问题研究中,为什么企业一方面发放现金股利,而另一方面又要发行新股筹措资金呢?发行新股的成本要高于留存收益进行再投资的成本,因此,从理论上讲,除非企业现在有更好的投资机会,否则管理层是不会将税后利润以股利形式分配给股东的。股利的代理成本认为由于股东很难对管理层行为进行直接的监控,管理者和普通股股东之间存在代理冲突而通过外部融资的方式则可以很好地解决这一问题。当企业对外发行股票或者债券的时候,企业就必须接受证券市场认真的审查和分析,从而很好地解决了代理冲突问题,投资者的财富就会随着企业价值的增加而增加。同时,通过发放相当于闲置现金流量的股利,可以减少管理层浪费企业资金的机会。

3. 营运资本政策

营运资本政策是以经营活动现金流量控制为核心的一系列管理活动的总称,主要内容包括现金管理、短期投资管理、短期借款管理、应收款与应付款管理等内容。现金及其流量是贯彻整个营运资本管理的一个核心概念。为了组织生产和经营管理活动,必然产生现金流出;企业向市场提供产品和劳务,将产生现金流入。如何协调现金流入和流出,力争实现最大化的净现金流量是营运资本政策的目标所在。为了达到这一目标,理财人员应该加快现金流入的速度,延缓现金流出,尽量减少闲置现金,降低与现金有关的交易和管理成本等。营运资本的管理人员根据企业的投资决策、融资决策以及其他长期规划,结合经营过程内外环境的变化制定合理的营运资本政策,将战略规划与日常财务控制操作的科学性结合在一起,这无疑将促进企业价值最大化目标的实现。

4. 投资政策

在公司理论中,投资主要是指企业的固定资产投资。资本政策管理是公司管理层对固定资产投资所进行的战略选择。通过资本政策,公司管理层放弃那些不能够增加企业价值的投资项目,而采用那些有利于企业投资价值增加的项目。一个企业能否取得发展、实现企业价值最大化的目标,从根本上取决于公司的资本政策是否科学、合理。

在资本政策选择的过程中，科学的决策程序是资本政策的关键环节。投资政策程序主要包括如下流程。第一个环节是价值判断，其中价值评价是资本政策的战略出发点，投资项目必须有利于提升公司的价值。资本政策的第二个环节就是筹资决策，因为项目投资往往需要外部资金，筹资选择是采取股权融资、发债还是银行借贷，不仅对公司未来的现金流产生影响，而且也会改变公司的资本结构，进而影响公司的价值。资本决策的第三个环节是资本成本核算，因为在企业融资过程中负债规模的变化肯定会引起股权资本成本与债务资本成本的变化，进而引起企业资本结构的变化。资本政策的最后一个环节是对资本投资项目进行效益评价，其主要方法有回收期法、会计报酬率法、净现值法、内含报酬率法以及获利指数法。目前，西方企业多使用回收期法、内含报酬率法与净现值法。

11.3.8 财务分析应该注意的问题

在实际进行投资分析时，仅仅查看上市公司年报的数据是不够的，还应该注意是否存在以下几种因素使得财务报表不能反映该公司的客观实际。

1. 会计和税收政策的变化

当企业的会计政策发生变更时，会对企业的财务状况产生较大的影响。同时，不同国家所采取的不同会计准则也会影响企业的经营业绩。例如，不同的准备金惯例、不同的无形资产摊销方式等，都应结合其所对应的会计准则加以分析。而税收政策的变化对企业的财务状况的影响则更为明显。如果税率下降，等额的税前利润会使企业有更高的税后利润。如果从生产型增值税转变为消费型增值税，则意味着增值税税基的缩小，有利于提高企业的业绩。

2. 存货的估计

存货的估计方法分为先进先出法和后进先出法。当经济处于通货膨胀或通货紧缩时，这两种方法所估计的销售成本就会有所不同，因而反映的利润也不同。

3. 折旧

采用不同的计提折旧的方法同样会对企业的财务状况产生影响。比如，分别采取直线折旧法和加速直线折旧法的两家公司甲与乙，即使它们每年都有相同的销售利润，在采用加速折旧法的前几年，乙公司的账面价值就会低于甲公司，而在以后的几年，乙公司的账面价值又会高于甲公司。

4. 通货膨胀

通货膨胀是影响财务数据可靠性的另一个重要因素，它不仅会使存货成本、折旧费用发生扭曲，还会对销售收入、实际利息费用产生影响。名义利率包括通货膨胀的溢价，通货膨胀导致贷方资本金受到侵蚀，溢价就是对侵蚀的补偿。因此，习惯上将利息支出作为对本金的补偿。因为通货膨胀对前面已经讨论过的存货与折旧的报告价值的影响刚好相反，所以具体分析时要注意调整。

5. 收益品质

由于很多公司会选择一些会计方法使他们的财务报表更好看些，因此就会产生可比性的问题，而真实收益是公司在不损害其生产能力下可支付给股东的持续现金流。所以通常需要评估公司收益品质。公司收益品质的因素主要有坏账准备金、非重复性项目、股票期权、收入确认、表外资产和负债等。

【11-2】 价值投资：本杰明·格雷厄姆与沃伦·巴菲特

本杰明·格雷厄姆作为一代宗师，他的金融分析学说和思想在投资领域产生了极为巨大的震动，影响了几乎三代重要的投资者，如今活跃在华尔街的数十位上亿的投资管理人都自称为格雷厄姆的信徒，他享有"华尔街教父"的美誉。

在其名著《有价证券分析》中，他提出了以下一些对后来几代人影响深远的思想。

①格雷厄姆统一和明确了"投资"的定义，区分了投资与投机。格雷厄姆在《证券分析》一书中，他提出了自己的定义："投资是一种通过认真分析研究，有望保本并能获得满意收益的行为。不满足这些条件的行为就被称为投机。"②提出了普通股投资的数量分析方法，解决了投资者的迫切问题，使投资者可以正确判断一只股票的价值，以便决定对一只股票的投资取舍。③格雷厄姆根据自己的多年研究分析，提出了股票投资的三种方法：横断法、预期法和安全边际法。

巴菲特于1950年考入哥伦比亚大学商学院，拜师于著名投资学理论学家本杰明·格雷厄姆。巴菲特是全球著名的投资商，生于美国内布拉斯加州的奥马哈市。在2008年的《福布斯》排行榜上财富超过比尔·盖茨，成为世界首富。

本章小结

(1) 公司的基本分析主要包括竞争能力、盈利能力、管理能力等，通过把这些影响公司业绩的基本因素指标与公司历史水平和行业平均水平相比较，来更好地把握公司的整体状况。

(2) 对于投资者而言获取公司基本情况的最主要渠道就是公司的三大报表，即损益表、资产负债表、现金流量表。通过这三个报表的分析就可以摸清公司的整体状况了。

(3) 通过ROA、ROE、销售利润率、经营费用率、股利支付率等来分析公司的盈利能力，其中比较有名的是杜邦财务控制系统，即对ROE进行分解来综合分析公司的运营情况。

(4) 流动比率、速动比率对于一个企业的短期偿债能力至关重要，通过对这两项的分析，再和行业平均水平相比较，就可以很清楚地知道这个公司会不会陷入财务困境了。

(5) 与公司运营能力相关的指标主要有总资产周转率、固定资产周转率、存货周转率、应收账款周转率，分析时还应该考虑平均周转期。

(6) 财务杠杆分析可以了解企业经营风格和运用债务的能力，主要指标有负债比率、利息保障倍数。当然，一般情况下财务杠杆越小，公司经营越稳健，公司破产的可能性就越小；但是，当遇到好的机会时，也会制约公司的发展。

(7) 市盈率、股利收益率、市净率以及 Q 比率等这些市场价值比率中，分析师一般把低比率值作为股票成交的条件。

(8) 使用公司财务报表数据的主要问题就是数据的可比性问题。公司采用何种方法计算收入和费用会对公司的盈利产生很大的影响。因此在比较不同公司财务指标之前，需要按照统一的标准来调整会计收益和财务比率。

主要概念

资产负债表　损益表　现金流量表　销售利润率　资产收益率　净资产收益率　杜邦分析系统　股利支付率　流动比率　速动比率　总资产周转率　应收账款周转率　存货周转率　负债比率　利息保障倍数　市盈率　市净率　Q 比率

本章习题

1. 公司的竞争力主要体现在哪些方面？
2. 财务报表分析主要包括哪些内容？分别反映了哪些问题？
3. 杜邦分析方法如何分解净资产收益率(ROE)？
4. 计算上海汽车股份有限公司的负债比率、净资产收益率、流动比率、速动比率、应收账款周转率、存货周转率、利息保障倍数、市盈率、市净率、Q 比率。
5. 分析股利政策对于企业价值的影响。
6. 进行财务分析，应该注意哪些问题？

第 12 章 股票估值模型

投资者会经常问这样的问题：市场上哪只股票被低估了？被低估了多少？这是每一个进入股市中的人都会问的问题。面对数以万计的股票，看着红红绿绿的各种数字和符号，刚进入股市的人估计都会不知所措。本章主要阐述了股市分析师发现错估证券的方法，他们通过当前和未来的盈利能力的信息来评估公司真实的市场价值。

12.1 节：股利贴现模型，将通过股利贴现模型来计算出股票的内在价值，从而找出被低估的股票，发现投资价值。

12.2 节：自由现金流估价法，将介绍如何利用自由现金流估价法估计股票的价值。

12.3 节：超额收益贴现模型，将主要介绍经济附加值估值模型和剩余收益估值模型。

12.4 节：相对价值法，将介绍一些相对比率来比较目标公司和同行业其他公司，从而对目标公司进行估值。

12.5 节：股票投资配置策略及其实际应用，将主要介绍一些股票投资配置策略和实际运用。

基本面分析的目的是辨别那些对于“真实价值”而言被错误定价的股票，而这些“真实”价值可以通过分析一些可以得到的财务数据推导出。通过公司或者证券交易所网站，可以很轻松地找到该公司的财务报表和行业平均发展水平，进而计算出不同比率，再同行业平均水平相比较，可以很容易地判断该公司的整体发展水平以及股价是否被高估或者低估。

股票投资者期望获得包括现金股利和资本利得或损失在内的收益，因此最常见的估值模型都是以此为根据的。本章中将首先介绍一些常用的股票估值模型，主要包括股息贴现模型、自由现金流估价法、超额收益贴现模型、相对价值法等，然后介绍一些股票配置策略。

12.1 股息贴现模型

与债券的估值一样，股票价格也是由一系列未来现金流量的现值决定的。股票的现金流量由股利现金流量和资本利得两部分构成。假设持股期无限，即投资者买入股票后永不卖出，这样，也就不会产生资本利得，股利是投资者在正常条件下投资股票所能获得的唯一现金流，则可以建立股价模型对普通股进行估值，这就是著名的股利贴现模型(dividend discount model, DDM)。这一模型最早由 J. B. Williams & M. J. Gordon (1938)提出，实际上是将收入资本化法运用到权益证券的价值分析之中。

该模型的股票价值表达式为未来所有股利的贴现值：

$$D=\frac{D_1}{(1+r)}+\frac{D_2}{(1+r)^2}+\cdots+\frac{D_t}{(1+r)^t}=\sum_{t=1}^{\infty}\frac{D_t}{(1+r)^t} \tag{12.1}$$

式(12.1)中 D 代表普通股的内在价值;D_t 代表普通股第 t 期支付的股息或红利;r 是贴现率,又称资本化率。贴现率是预期现金流量风险的函数,风险越大,现金流的贴现率越大;风险越小,则现金流的贴现率越小。

根据对股利增长率的不同假定,股利贴现模型主要分为零增长的股息贴现模型、固定增长的股息贴现模型、三阶段股息贴现模型、多元增长条件下的股利增长模型。接下来会按照从简单到复杂模型的顺序对各个模型进行展开介绍。

12.1.1 零增长的股息贴现模型

式(12.1)在对股票进行估价时作用并不大,因为它需要对于未来无限期的股息进行预测。为了让股利贴现模型更具有使用价值,给出了一些简化的假设条件。最简单的做法就是假设股息的增长率为0。这就是零增长的股利贴现模型。

零增长的股利贴现模型(zero-growth model)是假定股利固定不变,即股利增长率为零。零增长模型不仅适用于普通股的价值分析,也适用于优先股和统一公债的价值评估。在零增长条件下,$D_0=D_1=D_2=\cdots=D_\infty$,或表达为 $g_t=0$,将这一条件代入式(12.1)可得

$$D=\sum_{t=1}^{\infty}\frac{D_t}{(1+r)^t}=D_0\sum_{t=1}^{\infty}\frac{1}{(1+r)^t} \tag{12.2}$$

当 $r>0$ 时,可以将式(12.2)化简为

$$D=\frac{D_0}{r} \tag{12.3}$$

【例 12-1】 优先股和股息贴现模型的案例

由于优先股每期收到相同的股息,所以优先股可以利用零增长贴现模型来估价。例如,甲公司发行优先股,约定每期支付固定股利1元,贴现率是10%,则优先股的内在价值为

$$V=\frac{D_0}{r}=\frac{1}{0.1}=10(\text{元})$$

12.1.2 固定增长的股利贴现模型

固定增长的股利贴现模型(constant-growth model)又称 Gordon(1962)模型,假设股利增长速度为常数 g。

$$g_t=\frac{D_t-D_{t-1}}{D_{t-1}}=g$$

根据 Gordon 模型的前提条件,贴现率大于股利增长率①,即 $r>g$,则存在

$$D=\sum_{t=1}^{\infty}\frac{D_t}{(1+r)^t}=\frac{D_0(1+g)}{(1+r)}+\frac{D_0(1+g)^2}{(1+r)^2}+\cdots+\frac{D_0(1+g)^\infty}{(1+r)^\infty}$$

---

① 当贴现率小于常数的股利增长率时,式(12.1)决定的股票内在价值将趋于无穷大。事实上,任何股票的内在价值都不可能无限制地增长。

$$=D_0\left[\frac{(1+g)}{(1+r)}+\frac{(1+g)^2}{(1+r)^2}+\cdots+\frac{(1+g)^\infty}{(1+r)^\infty}\right]$$

$$=D_0\frac{1+g}{r-g}=\frac{D_1}{r-g} \tag{12.4}$$

式(12.4)是固定增长模型的函数表达式,式中 D_0,D_1 分别为期初和第一期支付的股利。在这个公式中,如果股利增长等于零时,那么固定增长模型就变成了零增长模型。因此零增长模型是固定增长模型的一种特殊形式。

【例 12-2】 固定增长的股利贴现模型的案例

A 公司刚分派它的年股利为每股 3 元,预期股利将以每年 8%的增长率永久增长。A 公司股票的 β 值为 1.01,无风险收益率为 6%,市场风险溢价为 8%,那么该公司的内在价值是多少?如果你认为这个公司股票风险应该更大些,如 β 值为 1.25,那么该如何评价 A 公司的内在价值?

因为刚分派每股 3 元的现金股利,而股利的增长率是 8%,那么预期年底股利应是

3 元×1.08=3.24(元)

而市场资本化利率为 6%+1×8%=14%

则股票价格为

$$V=54(\text{元})$$

如果该公司的股票被认为是更具风险的,那么它的价值一定更低。用更高的 β 值计算的资本市场化率是 6%+1.25×8%=16%,那么该股票的价值为

$$V=40.5(\text{元})$$

固定股利增长的股利贴现模型仅在 $r>g$ 时是正确的。如果预期股利永远以一个比 r 快的速度增长,股票的价值将会变为无穷大。如果通过分析得出一个比 r 更大的 g 的估计值,那么从长远来看,这个增长率是不可持续的。

固定股利增长模型具有丰富的内涵,首先,固定股利增长模型在以下情况下股票的价值将增大。

(1) 每股预期的股息更多。

(2) 市场资本化率 r 更低。

(3) 预期股利增长率更高。

其次,固定增长模型的另一内涵是,预期股票价格与股息的增长速度是相同的。

$$P_1=\frac{D_2}{r-g}=\frac{D_1(1+g)}{r-g}=\frac{D_1}{r-g}(1+g)$$

$$=P_0(1+g) \tag{12.5}$$

所以,股息贴现模型暗示了在股息增长率固定的情况下,每年价格的增长率都不会等于固定增长率 g。对于市场价格等于内在价值($V_0=P_0$)的股票,预期持有期收益率就将等于

$$E(r)=\text{股息收益率}+\text{资本利得率}$$

$$=\frac{D_1}{P_0}+\frac{P_1-P_0}{P_0}=\frac{D_1}{P_0}+g \tag{12.6}$$

式(12.6)提供了一种推断市场资本化率的方法,因为如果股票按内在价值出售,那么

$E(r)=r$，则意味着 $r=\frac{D_1}{P_0}+g$。通过观察可以得到股息收益率$\frac{D_1}{P_0}$和估计股息增长率，就可以计算出 r 了。这个等式也被称为现金流贴现(DCF)公式。

【例 12-3】 固定股利增长模型的案例

假设 A 公司赢得一个重要合同，这份合同能使 A 公司在不减少来自 4 元预期现金股息的情况下，将股利增长率从 5%提高到 6%。这样股价将发生什么变化呢？股票的预期收益率将发生什么变化呢？$r=0.12$，$P_0=60$，合同签订前股票的预期收益率为 12%。

很显然，股价应该随着合同的利好消息的出现而上涨。股价将从原来的 60 元上涨到公布消息后的

$$\frac{D_1}{r-g}=\frac{4}{0.12-0.06}=66.67(\text{元})$$

所以持有该公司股票的人将获益颇丰。

另外，在新股价下，股票的预期收益仍然为 12%，和新合同宣布前一样。即

$$E(r)=\frac{D_1}{P_0}+g=\frac{4}{66.67}+0.06=0.12 \text{ 即 } 12\%$$

当然该结果也是有意义的，一旦合同的利好消息在股价上体现，那么期望收益率就与股票风险始终保持一致了。由于股票的风险未改变，所以期望收益率同样不会改变。

12.1.3 三阶段股利增长模型

由 N. Molodovsky 等(1965)提出的三阶段股利增长模型(three-stage-growth model)是将股利增长划分为三个不同的阶段：在第一阶段(期限为 A)，股利增长率为一个常数 g。在第二阶段(期限为 $A+1$ 到 B)，股利增长呈线性变化，即从 g_a 变化到 g_b(g_b 是第三阶段的股利增长率)，如果 $g_a>g_b$，则表示第一阶段为一个递减的股利增长率；相反，则表示一个递增的股利增长率。第三阶段，股利又表现为常数 g_b，该增长率通常用来估计公司长期的正常增长率，如图 12-1 所示。

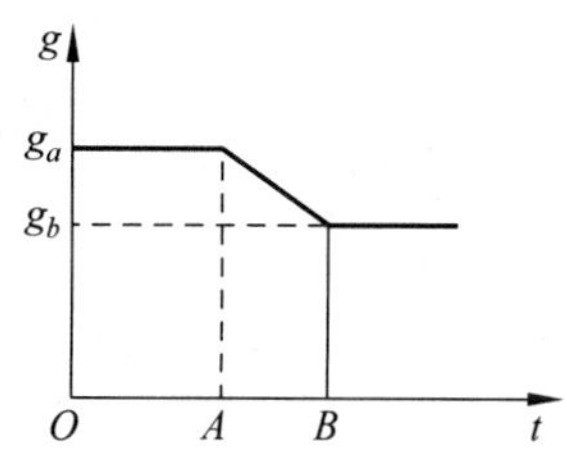

图 12-1 三阶段股利增长模型

在图 12-1 中，在股利增长转折时期(包括第 2 阶段和 A)内的任何时点上的股利增长率 g_t，都可以用公式(12.7)表示。

$$g_t=g_a-(g_a-g_b)\frac{t-A}{B-A},\quad g_a-g_b>0 \tag{12.7}$$

在满足三阶段增长模型的假设条件下，如果已知 g_a，g_b，A，B 和期初的股利增长率 D_0，就可以根据公式(12.7)计算出各期的股利；然后，根据贴现率计算出股票的内在价值。三阶段股利增长模型公式如下：

$$D=D_0\sum_{t=1}^{A}\left(\frac{1+g_a}{1+r}\right)^t+B\sum_{t=A+1}^{B}\left[\frac{D_{t-1}(1+g_t)}{(1+r)^t}\right]+\frac{D_B(1+g_b)}{(1+r)^B(r-g_b)} \tag{12.8}$$

三阶段增长模型正是将股票内在价值表达为股利在三阶段增长之和。式(12.8)右边的三项分别对应股利增长的三个阶段。

【12-1】 基于三阶段增长模型的 H 模型

H 模型假设：公司股利的初始增长率为一个常数 g_a，在股利递减或递增的过程中，在 H 点上所显示的股利增长率正好是初始增长率与所要达到的市场平均水平的中间值。当 $g_a > g_b$，即使在达到 $2H$ 点之前，股利的增长率递减；但在 $2H$ 点之后，股利增长率就达到了公司所预期的正常增长率水平 g_b(见图 12-2)。图 12-3 形象地反映了三阶段增长模型和 H 模型的关系。

在图 12-3 中，当 $t=H$，$g_H=(g_a+g_b)/2$。在满足上述假设条件下，Fuller 和 Hsia 证明了 H 模型的股票内在价值的计算公式，该模型用公式表达如下：

$$D=\frac{D_0}{r-g_b}[(1+g_b)+H(g_a-g_b)] \tag{12.9}$$

将式(12.9)展开，可以得到

$$D=\frac{D_0}{r-g_b}(1+g_b)+\frac{D_0H}{r-g_b}(g_a-g_b)$$

公式右边第 1 项为基于长期正常的股利增长率的现金流贴现值；公式右边第 2 项为超额收益率 g_a 所带来的现金流贴现值(价值溢价)，这部分价值和 H 成正比例关系。

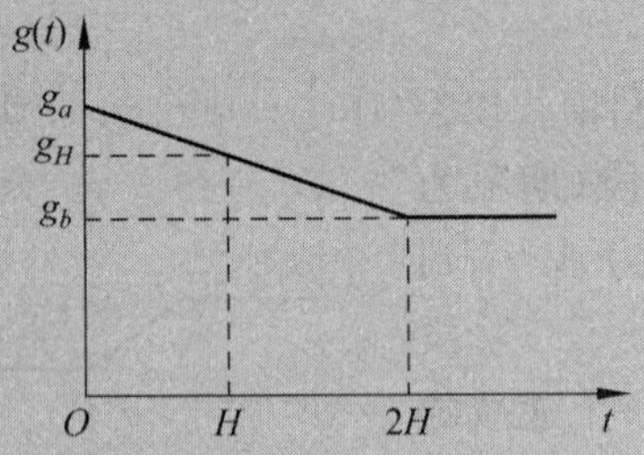

图 12-2 H 模型

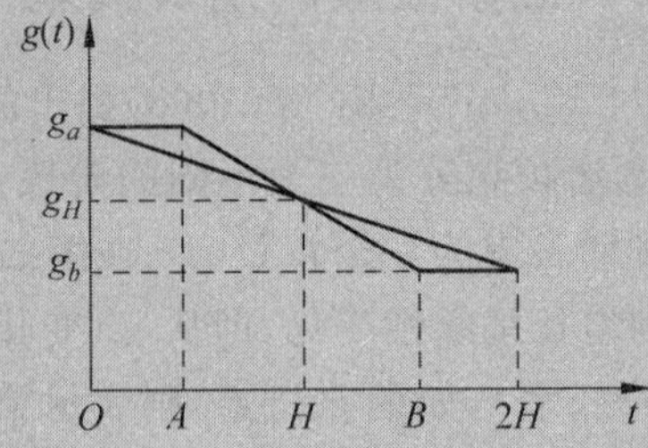

图 12-3 H 模型和三阶段增长模型的关系

12.1.4 多元增长条件下的股利增长模型

零增长股利贴现模型、固定股利增长模型和三阶段增长模型基本都基于简化的假设条件。考虑到公司的生命周期，在不同阶段的股息分派特点大相径庭。早期，公司有广阔的高盈利的再投资机会，股息支付率低，相应的增长非常快；在中期，公司扩张，具有一定的规模和市场占有率时，股利增长由最初的高速增长逐渐递减；后期，公司处于成熟阶段，生产能力已经满足市场需求了，此时竞争者也已经进入市场了，再发现好的投资机会很困难，所以在此阶段公司通常选择提高股利支付率的政策，但是股利会因今后投资机会的减少而增长缓慢。为了能更好地评估公司的价值，尤其是具有暂时高增长率的公司的价值，评估时多采用多元股利增长模型(multiple-growth model)。多元股利增长模型假定在某一时点 T 之前鼓励增长率不确定，但是在 T 之后股利增长率变为一个常数 g。多元股利增长模型的计算公式如下：

$$D=\sum_{t=1}^{T}\frac{D_t}{(1+r)^t}+\frac{D_{T+1}}{(1+r)^T(r-g)} \tag{12.10}$$

【12-2】 当前股息减少，公司股价一定会下降吗？

假设有两家公司甲公司和乙公司，未来一年的预期每股收益都是5元，市场的资本化率 $r=12.5\%$。这时甲公司发现一个投资的股权收益为15%的项目，而乙没有。这时，如果两家公司都把盈利当作股息派发，以保持5元的永续股息流。这时两家公司价值都将是 $D_1/r=5/0.125=40$ 元/股。但是甲公司可以把自己盈利的一部分（如60%，称为再投资率）投入高收益的项目中以期望在未来获取更多的盈利，因此甲公司股息将只能是5元×40%=2元。此时，甲公司的股价会下降吗？下面可以通过计算获得甲公司的实际股价。

$$\text{甲公司股利增长率为：}g=\frac{\text{再投资收益}}{\text{账面价值}}=\frac{\text{再投资收益}}{\text{整个收益}}\times\frac{\text{整个收益}}{\text{账面价值}}$$

$$=b\times\text{股权收益率}=0.6\times0.15=0.09$$

假设股价等于其内在价值，则股价为

$$P_0=\frac{D_1}{r-g}=\frac{2}{0.125-0.09}=57.14(\text{元})$$

此时股价高于全部派发股利的情况。这说明计划投资提供了一个必要收益率更高的预期收益率，这些投资收益的净现值为正，从而提升了公司的价值。这一净现值被称为增长机会现值(present value of growth opportunities)，即PVGO。

所以公司股价就可以表达为

股价＝无增长每股价值＋增长机会的现值

$$P_0=\frac{D_1}{r}+\text{PVGO}$$

在实际中，经常会发现公司股息的减少总是伴随着股价的急剧下降，这和分析的不一定矛盾：股息减少一般被认为是公司发展前景的不利消息，所以企业的新信息才是引起股价下降的真正原因，而非股利的减少。

12.2 自由现金流估价方法

图12-4描述的是一个公司现金分配的过程。从这里可以看出不同投资者对企业现金流的要求顺序不同，营运现金流主要用来满足营运资本的需要，这部分资金主要是企业用来扩大再生产的；企业自由现金流一个重要的作用是用来偿还企业负债所必须偿还的利息，这部分现金流满足了债权人的需求；对于股权自由现金流当然是归属于股东的资产，这部分是股东投入公司中的资金；最后对于剩余收益的处理要么公司用于再投资进行扩大再生产，要么作为红利发放给股东。弄清楚了企业将会产生的各种现金流，那么就可以把这些所有的现金流进行贴现再求和，从而得到公司的价值。这就是利用自由现金流

来对公司进行估价的基本思想。

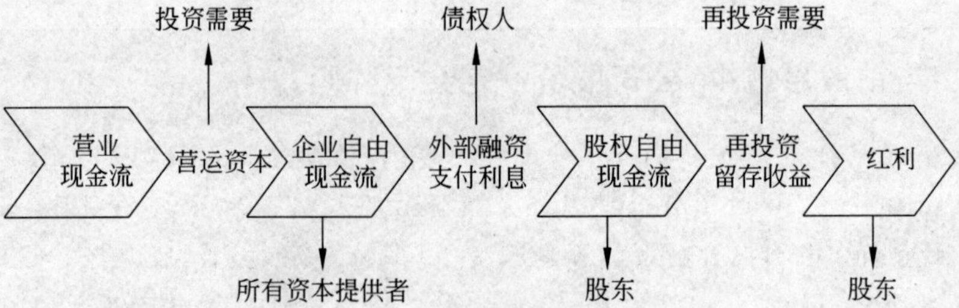

图 12-4 公司现金分配过程

自由现金流既是除去资本支出后的公司或者股东获得的现金流。该方法特别适合于那些无须支付股息的公司,因为在这种情况下股息贴现模型无法应用。自由现金流估价法适合于任何公司并且能提供股利贴现模型所不能得到的信息。该方法的基本原理是一项资产的价值等于该资产预期在未来所产生的全部现金流的现值总和。公司内在价值表达式为

$$V=\sum_{t=1}^{n}\frac{CF_t}{(1+r)^t} \tag{12.11}$$

根据增长模型模式的不同,自由现金流贴现模型有很多形式,如稳定增长模型、两阶段模型、H 模型、三阶段模型和 N 阶段模型等。根据需要,本文主要介绍 FCFE 和 FCFF 的基本原理。

12.2.1 公司自由现金流估价方法

公司自由现金流(free cash flow of firm,FCFF)是指公司支付了所有的营运费用和进行了必需的固定资产与营运资产投资后可以向所有的投资者分派的税后现金流。它运用加权平均资本成本对公司自由现金流进行贴现来获得公司的价值,然后减去那时的债务来得到权益的价值。其计算公式为

$$\text{FCFF}=\text{EBIT}(1-t_c)+\text{折旧}-\text{资本性支出}-\text{NWC 追加额} \tag{12.12}$$

式(12.12)中,EBIT=息税前利润;t_c=税率;NWC=净营运资本。

FCFF 贴现模型认为,公司的价值等于公司预期现金流按公司的资本成本进行折现,将预期的未来自由现金流用加权平均资本成本折现到当前价值来假设公司价值,然后减去债券的价值进而得到股权的价值。其计算公式为

$$V=\sum_{t=1}^{n}\frac{\text{FCFF}_t}{(1+\text{WACC})^t}+\frac{P_n}{(1+\text{WACC})^n} \tag{12.13}$$

式(12.13)中,$P_n=\dfrac{\text{FCFF}_{t+1}}{\text{WACC}-g}$,加权平均资本成本(WACC)为债务资本价值与股本价值之和。其计算公式为

$$\text{WACC}=\frac{V_e}{V}K_e+\frac{V_d}{V}K_d \tag{12.14}$$

式(12.14)中总资产价值 V=股权资本价值 V_e+债务资本价值 V_d;

公司资本股权价值＝公司总价值 V－净债务；

股权资本的权重＝$\frac{V_e}{V}$＝(总股本×股价)/V；

债务资本的权重＝$\frac{V_d}{V}$；

债务资本成本 K_d＝债务息税前成本×(1－有效税率)；

股权资本成本 $K_e=r_f+\beta(r_m-r_f)$。

由于自由现金流估价法的依据是公司的价值等于一段时间预期的自由现金流和公司的终极价值的现值，因为企业往往具有比较稳定的现金流，所以比较适合采用这种方法。

【例 12-4】 参数 WACC 的估计——以中信证券为例

本例以我国沪市上市公司中信证券(600030)为例来说明如何计算加权平均资本成本(WACC)。根据 WACC 的计算公式，WACC 包括公司股权价值和债务资本价值两部分，所以分两步来计算 WACC。具体计算过程如下。

1. 计算公司的股本成本 K_e

股本成本的计算公式为

$$K_e = \text{无风险利率} + \text{股票风险溢价}$$

在中国证券市场上，假定无风险收益率为 3.07%，市场预期回报率为 17.67%，同时中信证券的 β 系数为 1.36，则股权成本 K_e 为

$$K_e = 3.07\% + 1.36 \times (17.67\% - 3.07\%) = 22.92\%$$

2. 计算公司的债务成本 K_d

$$K_d = [(\mathrm{SD/TD}) \cdot (\mathrm{TN} \cdot \mathrm{AF}) + (\mathrm{LD/TD}) \cdot (\mathrm{TB} \cdot \mathrm{AF})] \times (1 - \mathrm{TR})$$

其中：SD 为短期债务；LD 为长期债务；TD 为总债务；AF 为债务调整系数，一般根据公司信用等级确定，越低的信用评级则要求越高的系数；TN 为短期利率，一般用短期国债收益率表示；TB 为长期利率；TR 为有效利率。

根据 2007 年中信证券的财务报表可得，该公司的短期债务 SD 为 57 023 万元，长期债务 LD 为 195 000 万元，则总债务 TD 为 252 023 万元，短期债务/总债务为 0.23，长期债务/总债务为 0.77。假定短期市场利率和长期利率分别为 2.25%和 3.07%，则公司的税前债务总成本等于(短期债券利率×短期债务/总债务)与(长期债券利率×长期债务/总债务)之和，即 0.52%＋2.36%＝2.88%。假定该公司有效税率为 31.94%，债务调整系数为 1.38，则税后的债务成本为 K_d 为(1－有效税率)×税前债务总成本×债务调整系数＝2.70%。

3. 计算 WACC 的值

根据公司股本和股价可得公司市值为 29 595 090 万元，公司总债务 TD 为 252 023 万元，则公司资本结构中债务资本权重为 0.84%。股权资本权重为 99.16%。同时，由于按前两步计算的股本成本 K_e 和债务成本 K_d 分别为 22.92%和 2.70%，代入式(12.14)：

$$\mathrm{WACC} = \frac{V_e}{V}K_e + \frac{V_d}{V}K_d = 22.75\%$$

12.2.2 股权资本自由现金流估价模型

股权自由现金流(free cash flow of equity，FCFE)是在公司扣除投资、营运资金和负

债融资成本之后可以被股东利用的现金流,它是公司支付所有营运的费用、再投资支出、所得税和净债务支付(即利息、本金支付减去发行债务的净额)后可分配给公司股东的剩余现金流。FCFE 的计算公式为

FCFE=净收益+折旧-资本性支出-营运资本追加额-债务本金偿还+新发行债务

FCFE 折现股价模型的基本原理是将预期的未来股权活动现金流用相应的股权要求回报率折现到当前价值来计算公司股票价值。其计算公式为

$$V=\sum_{t=1}^{n}\frac{\text{FCFE}_t}{(1+K_e)^t}+\frac{P_n}{(1+k_e)^n} \tag{12.15}$$

式(12.15)中:$P_n=\dfrac{\text{FCFE}_{n+1}}{k_e-g}$,$V$ 为公司价值法;FCFE 为第 t 期的现金流;K_e 是根据 CAPM 计算的股权成本。

FCFE 有永续稳定增长模型、两阶段增长模型和三阶段模型等,其中永续增长模型最适用于分析增长率接近于整个经济体系增长水平的公司;两阶段 FCFE 模型最适用于分析行业处于高增长阶段并且将保持一定时期高增长的公司,如用于专利技术的公司等。

FCFF 和 FCFE 之间具有紧密的联系:FCFE 的计算涉及税后利息费用、新发行或者重置债务(如资本费用减去新发行债务获得的收入)。用公式表示为

$$\text{FCFE}=\text{FCFF}-\text{利息费用}\times(1-t_c)+\text{新增债务} \tag{12.16}$$

与股息贴现模型一样,自由现金流贴现模型也运用一个最终价值来避免把无限期的现金流相加。最终价值可以简单地等于永续稳定增长自由现金流的现值或者根据 EBIT、账面价值、收益或自由现金流得到。

当然,和其他模型一样,自由现金流贴现模型也有自己的优缺点,如下所示。

(1) 采用的方法以资产的基本面为基础,较少受市场情绪和投资者自身感觉的影响,从而使计算的结果更合理。

(2) 这个模型本身比其他估值方法需要更多的输入值和信息,工作量比较大,而且数据不易获取;同时,这些输入的数值和获得的信息,不仅有噪声(并且不容易被估计),而且容易被操纵。例如,通过高估现金流和低估贴现率,公司能够取得一个较高的估价;风险投资者可以通过过低估计公司的现金流从而以较低的价格购买企业;风险投资者可以通过高估现金流或者低估折现率得到更高的 IPO 价格等。

12.3 超额收益贴现模型

12.3.1 经济附加值估值模型

经济附加值指标(economic value added,EVA)源于企业绩效考核的目的,EVA 这一概念最早是由斯特恩—斯图尔特(Stern Stewart)管理咨询公司提出推广的,被许多世界著名大公司(如可口可乐)所采用。《财富》杂志称 EVA 为"当今最炙手可热的财务理念",在西方企业界引起了很大反响。以至于"只要一家公司宣布采用 EVA 模型,就将看到他们的股价在仅仅一周的时间里增长了 30%",EVA 成为创造价值的法宝。

经济附加值指标等于公司税后净营业利润减去全部资本成本(股权成本和债务成本)

后的净值。其计算公式为

$$\text{EVA} = \text{NOPAT} - \text{资本成本} \tag{12.17}$$

式(12.17)中：EVA为经济附加值；NOPAT为税后净营业利润；资本成本等于WACC乘以实际投入资本总额；WACC为加权平均的资本成本。式(12.17)也可以表示为

$$\text{EVA} = (\text{ROIC} - \text{WACC}) \times \text{实际资本投入} \tag{12.18}$$

式(12.18)中，ROIC为资本收益率，即投资资本回报率，为税息前收入减去投入成本。

如果计算的EVA为正，说明企业在经营过程中创造财富；否则就是在毁灭财富。

EVA之所以成为当今投资银行股票估值的重要工具，在很大程度上是因为应用市盈率指标进行估值定价太简单，容易产生误解，缺乏现金流的概念，尤其对于亏损的公司以及IT行业很难运用。经济附加值指标克服了传统业绩衡量指标的缺陷(股东价值和市场价值不一致问题)，比较准确地反映了上市公司在一定时内为股东创造的价值。

【例12-5】 EVA估值——以中信证券为例

根据EVA的计算公式，需要分三步计算。

1. 计算税后营业净利润NOPAT

根据2007年公司财务报表，公司营业净收入(营业利润)为2 000 555万元，营业税为502 420万元，则税后经营业利润NOPAT为1 498 135万元。

2. 计算资本支出

先计算投资总额：

投资总额＝短期债务＋应付利息＋应付税＋应付红利＋养老金(退休债务)＋长期债务＋少数股东权益＋递延所得税＋普通股＋资本公积金＋优先股＋其他

根据上述公式计算可得该年度公司投资总额：6 225 785万元。而资本支出为

$$\text{资本支出} = \text{投资总额} \times \text{WACC}$$

通过例12-4可知中信证券的WACC值为22.75%，这样资本支出就等于：

$$6\,225\,785 \times 22.75\% = 1\,416\,314\ (\text{万元})$$

3. 计算经济附加值EVA

根据计算公式，EVA＝NOPAT－资本成本＝1 498 135－1 416 314＝81 821(万元)

12.3.2 剩余收益估值模型

剩余收益估值模型(residual income model，RIM)又称EBO模型，最早是由爱德华兹和贝尔(Edwards & Bell)于1961年提出来的，1995年美国学者奥尔森(Ohlson)对这个方法进行了系统的阐述，建立了公司权益价值与会计变量之间的关系，使该方法重新获得理论界的重视，并成为近年来财务学界、会计学界最热门的研究主题之一。

剩余价值收益是指公司的净利润与股东所要求的报酬之差。剩余收益的基本观点认为，企业只有赚取了超过股东要求的报酬的净利润，才算是获得了正的剩余收益；如果只能获得相当于股东要求的报酬的利润，仅仅是实现了正常收益，即

$$\text{RI}_{t+1} = \text{NI}_{t+1} - r\text{BV}_t \tag{12.19}$$

式(12.19)中，RI_{t+1}代表$t+1$期的收益；账面价值NI_{t+1}代表t期的企业净收益；BV_t

是企业第 t 期权益的账面价值,即净资产;r 是投资者要求的必要回报率,即股东权益资金成本。剩余收益需要进行资本成本的调整从而反映会计上未加确认但事实上存在的权益资本的机会成本。

剩余收益估值模型使用公司权益的账面价值和预期剩余收益的现值来表示股票的内在价值。在考虑货币时间价值以及投资者所要求的风险报酬的情况下,将企业预期剩余收益按照一定的贴现率进行贴现以后加上当前权益价值就是股票的内在价值。

剩余收益估值模型认为,股票的内在价值应等于股东权益账面净值(BV)与未来预期净资产收益率(ROE)扣除股东权益资本成本(r)后剩余收益的折现之和,即

$$企业价值 = 所有者权益账面价值 + 未来各年剩余收益的折现之和$$

剩余收益是从会计(或者调整后的会计收益)中扣除所有资本成本后的余额。其计算公式为

$$PV_0 = BV_0 + \sum RI_t \times (1+r)^{-d_t} \tag{12.20}$$

式(12.20)中 d_t 为第 t 期的股利。

又因为企业净收益　$NI_{t+1} = ROE_{t+1} \times BV_t$

ROE_{t+1} 代表 $t+1$ 期的净资产报酬率。所以上述模型可以表示为

$$PV_0 = BV_0 + \sum (ROE_t - r) \times BV_{t-1} \times (1+r)^{-d_t} \tag{12.21}$$

而资产净报酬率 ROE,可以根据杜邦分析体系再分解为资产报酬率、销售净利润率、权益乘数等。所有这些参数都可以从企业财务报表中得到。必要报酬率则可以通过 CAPM 模型或者 APT 模型计算得到。

RIM 的提出在很大程度上弥补了传统股利贴现模型的缺陷,如股利折现模型需要正确地预期股票的未来股利分配,然而该模型并没有告诉我们决定股利预期的基本因素,也就没有说明现行会计信息在股票定价中的作用,而 RIM 则提供了一个将财务报表的会计数字和股票内在价值联系起来的分析框架,从而指导投资者利用会计信息进行股票内在的价值分析,同时虽然现金流贴现模型能够较好地计算股票内在价值与现金流之间的价值相关性,但是大量实证表明,会计盈余比现金流量具有更好的持续性和预测能力。由于投资者对于股票定价运用的多是账面净资产和盈余信息,而不是现金股利,投资者更关心资产的未来的每股盈余,而不是每股股利;此外,预测盈余比预测股利或者现金流量的可能性和准确性更高,因此 RIM 的使用性更强。当然,RIM 也有自身的缺陷,即该模型的股权价值是根据账面净资产和经营性会计收益决定的,没有考虑股权价值的成长性、资本结构对股权价值的影响。

12.4　相对价值法

内在价值模型都是在估计增长率和相对贴现率的基础上对股票内在价值进行的估计。相对价值模型则是应用一些相对比率将目标与具有相同或者相近行业特征、财务特征、股本规模或经营管理风格的上市公司进行比较来对公司股票进行估值。而这些相对比率是影响股票价值和内在价值的重要变量,包括收益、现金流、账面价值和销售额等。本节将主要介绍三个相对比率:市盈率(P/E)、市净率(P/B)、市价/现金流比率(P/CF)。

12.4.1 市盈率模型

对于我国的股票持有者来说，投资者应得到的回报是公司的净收益。因此，投资者估价的另一个方法就是估计自己愿意为每一单位的预期收益(通常以 1 年的预期收益表示)支付的金额。假如投资者愿意支付 20 倍的预期收益，那么他们估计每股收益为 0.5 元的股票在下一年的价值就是 10 元。这样投资者就可以计算出当前的收益倍数(earnings multiplier)，这就是市盈率(price to earnings ratio，P/E)。计算公式为

$$\mathrm{P/E} = \frac{\text{市场价格}}{\text{预期年收益}} \tag{12.22}$$

市盈率是投资回报的一种度量标准，即股票投资者根据当前或预期的收益水平收回其投资所需要计算的年数。当前市盈率的高低，表明投资者对该股票未来价值的主要看法。但是投资者必须将该公司的 P/E 比率同整个市场、该公司所属行业以及其他类似公司股票的 P/E 进行比较，来决定自己是否认同当前该公司 P/E 的水平。换句话说，如果该公司市盈率偏高，则可以判断该公司股票价格被高估了；反之，如果该公司的市盈率偏低，则可以判断该公司股票价格被低估了。

通过上面的介绍已经感觉到市盈率对于投资者来说太重要了，那么是什么因素决定市盈率的高低呢？在回答这一问题时，可以从股利贴现模型中推导出影响市盈率的因素。如用 P_0 表示模型的估计价格，则

固定股利支付模型公式为

$$P_0 = \frac{D_1}{r-g} \tag{12.23}$$

股息就是那些未被公司用于投资的盈利：$D_1 = E_1(1-b$①$)$，另外 $g=\mathrm{ROE}\cdot b$。所以代入式(12.23)得到

$$P_0 = \frac{E_1(1+b)}{r-\mathrm{ROE}\cdot b} \tag{12.24}$$

则市盈率为

$$\frac{P_0}{E_1} = \frac{(1+b)}{r-\mathrm{ROE}\cdot b} \tag{12.25}$$

从式(12.25)中，可以得到如下结论：

① 市盈率随着股权收益率的增长而增长。这是因为股权收益率高的项目会带来增长机会。

② 当股权收益率超过 r 时，市盈率会随着 b 的增长而增加。这是因为当公司有好的投资机会时，会将更多的盈利用于再投资，从而获得更高的回报，则在市场上表现为更高的市盈率。

---

① 由固定增长模型可知，收益(等于股权收益率×账面价值)将与公司账面价值增长率相同。公司新的净投资，账面价值增长率等于再投资盈利/账面价值。所以

$$g=\frac{\text{再投资收益}}{\text{账面价值}}=\frac{\text{再投资收益}}{\text{整个收益}}\times\frac{\text{整个收益}}{\text{账面价值}}=b\times\text{股权收益率}$$

③ 当股权收益率低于必要收益率 r 时,公司价值会随着再投资的增长而下降,因为此时的投资是不理智的选择。

④ 当股权收益率等于必要收益率 r 时,公司就拥有了平均收益率“盈亏平衡”的投资机会。此时,投资者对于公司是否将盈利进行再投资或者投入其他具有相同市场资本化率的地方并不介意,所以在这种情况下,股价不受再投资率的影响。

概括来说就是:再投资率越高,增长率就越高。而高再投资率并不意味着高市盈率,仅当公司投资的预期收益率比资本市场化率更高时,该再投资率才会增加市盈率。否则,高再投资率会损害投资者的利益。

由于市盈率指标表示股票价格和每股收益率的比率,可直接应用于不同收益水平的价格比较,既简单又实用,因而成为投资者进行权益证券估值使用最广泛的指标之一。但是,市盈率估值模型也有自己的缺陷,主要表现在以下几个方面。

① 市盈率模型无法给出公司盈利的预计增长方式和增长趋势。

② 市盈率模型不能比较公司的盈利能力和具有相同风险—收益关系的投资项目的优劣。

③ 市盈率模型不能区分具有相同市盈率的公司。

④ 由于市盈率的分母是会计收益,所以在某种程度上会受到会计准则的影响,如存货和折旧的估价方法不一样,对盈利的影响也是非常大的,尤其是在通货膨胀时期。

⑤ 在预计盈利时,投资者常常会忽略一些费用,如重组费用、股票期权成本或者资产在持续经营过程中会贬值等,虽说忽略这些费用可以使公司的盈利更清晰,但是这些费用是需要考虑的。

⑥ 投资者在预计正常的市盈率时,隐含的假设是盈利是以固定的速度上升,实际上公司报表中的盈利会随着商业周期的进程而围绕某个趋势上下剧烈波动。

针对市盈率指标的一些缺陷,最近几年流行的市盈率增长因子(PEG)是对 P/E 静态性缺陷的重要补充。PEG 是市盈率除以公司盈利年增长率的商。用估计盈利增长率除市盈率可以测算公司成长的速度,这就是著名的预期市盈率增长因子(prospective PEG)。市盈率增长因子越低,表示公司未来发展潜力越大,公司的潜在价值也就越高。

12.4.2 市净率模型

账面价值(book value)是衡量公司净资产的重要会计指标。法玛和弗伦奇及其以后的学者的研究都证实了这样一个事实:市价和账面价值的比率对于衡量公司的价值非常重要。市价/账面价值就是市净率。其计算公式为

$$\text{市净率} = \frac{\text{每股市价}}{\text{每股净资产}}$$

也就是

$$\mathrm{P/B} = \frac{P_t}{\mathrm{BV}_{t+1}} \tag{12.26}$$

式(12.26)中:BV_{t+1} 是公司每股账面价值的年末估计值。

相对于市盈率模型而言,市净率在运用中具有以下很多优点。

① 每股净资产通常是一个累计的正值，因此市净率也适用于经营暂时陷入困难的企业以及有破产风险的公司。

② 统计学证明每股净资产数值普遍要比每股收益稳定得多。

③ 对于包含大量现金的公司，市净率是更为理想的比较估值指标。

通过以上分析可以看出市净率模型尤其适用于公司股本的市场价值完全取决于有形账面值的行业，如银行、房地产等，而对于只有很少固定成本的服务性公司，市净率模型就不太实用了。同时，市净率指标也存在其他一些缺陷。市净率指标有时会产生误导作用，如由于受到会计计量的局限，商誉、人力资源等对于企业而言非常重要的资产没有确认入账；当公司资产负债表存在显著差异时，作为相对值的市盈率指标对信息使用者就会产生误导作用了。

12.4.3 市价/现金流比率

通常情况下，公司的现金流最不容易被操纵，而盈利水平容易被操纵，所以市价/现金流比率(P/CF)越来越多地被投资者所采用。同时，在信用评价中有“现金为王”的法则，可见现金流在估值中的关键作用。其计算公式为

$$P/\mathrm{CF}=\frac{P_t}{\mathrm{CF}_{t+1}} \tag{12.27}$$

式(12.27)中：P_t 是 t 期股票的价格；CF_{t+1}公司在 $t+1$ 期的预期每股现金流。

影响市价/现金流的因素与影响 P/E 的因素相同，即这些变量应该是所采用的现金流变量的预期增长率和由于现金流序列的不确定或者波动性所带来的股票的风险。这里的现金流通常是扣除利息、税款、折旧和摊销之前的收益(EBIT)，但是具体采用哪种现金流会随着公司和行业的性质不同以及哪种现金流对行业绩效的计量方便而变化(如营运现金流或自由现金流)。同时，合适的 P/CF 比率还会受到公司资本结构的影响。

12.4.4 相对价值法的优缺点

相对价值法能被广泛运用，一定有能被投资者接受的优点。这些优点主要有相对价值法比较简单、直观，能够很容易地被投资者理解和运用；能够反映市场整体的感觉和投资情绪；证券投资本身就是在比较的基础上进行的，所以相对价值法能够帮助投资者更好地发现更具有投资价值的股票。但是，也有缺陷，主要是：如果证券市场整体上价格被高估或者低估，那么相对价值法将失灵；运用相对价值法时隐含了一些假定条件(如 P/E 当中的 EPS)，如果假定不正确，那么就会得出错误的结论；不同公司会计差异和对会计的调节会对相对估值指标产生重要影响。

12.5 股票投资配置策略及其实际应用

前面已经了解了股票估值模型和财务报表分析的基本方法，只知道这些还是不够的，因为投资者在股票市场上往往不只持有一种股票而是采取不同的配置策略，在众多的投资对象中选择最佳的投资品种。投资配置逐渐演变成不同的资产配置类型，这些类型可以依据

不同的分类标准分为不同的种类。例如,按照股票的增长或者收益导向可划分为增长类和非增长类资产,非增长类资产中按不同资产对经济周期的敏感度不同又可细分为周期类、稳定类和能源类资产;按照资产成长或者收益特征可以划分为成长型或价值型资产;按照资产规模划分可以分为大市值资产和小市值资产等。本节将详细介绍权益类资产的配置问题。

12.5.1 行业配置

在第10章股票市场宏观分析中,强调了经济周期对公司价值具有重要影响。基于同样的原因,这里在分析权益资产配置过程中,也有必要强调投资者需要有效识别经济周期,针对不同权益证券对经济周期的敏感性差异进行资产动态配置。

1. 经济周期对类别资产收益的影响

金融市场环境条件的变化会引起资产收益的差别,而经济周期的变迁决定了股票、债券和现金等不同资产形式相对收益率的变化。所以,投资者在进行资产配置决策前,有必要首先对宏观经济周期的演变趋势进行正确识别,并据此对各种资产相对收益的变化进行科学预测,从而才有可能进行正确的资产配置决策。

如图12-5所示是宏观经济周期的变化和主要资产类型(股票、债券和现金)的相关性表现。表12-1列出了1970—1995年美国经济增长周期不同极端类别资产的收益率差异。

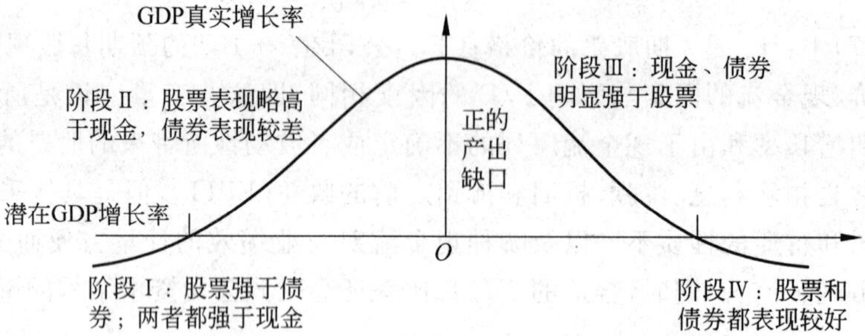

图12-5 经济周期与固定资产回报率

表12-1 美国经济周期不同阶段的资产收益率

%

	1970年第一季度至1995年第二季度			
	阶段Ⅰ	阶段Ⅱ	阶段Ⅲ	阶段Ⅳ
美国平均组合	10.8	6.0	3.8	19.9(6.3)
S&P500	11.4	8.1	1.0	22.5(8.0)
政府债券	9.9	2.8	8.0	16.1(6.6)
小盘股	18.2	9.2	−7.4	29.6(13.3)
全球股票资产	11.2	13.0	−2.6(10.2)	22.6(8.9)
商品	6.3	23.6	19.9(10.8)	−3.76(7.3)
现金	5.6	6.5	8.25(0.4)	8.1(0.7)

资料来源:Strong,Steve,and Putsch Melanie. Asset Returns and the Economic Environment. Commodity Research, Sep. 11,1995. New York: Goldman Sachs & Co

结合图 12-4，对 GDP 增长率所处的不同阶段的主要资产的收益状况进行分析。

第一阶段，即在 T_1 期之前，宏观经济处于复苏阶段，股票略强于债券，两者都强于现金。这是因为这一阶段处于经济增长的第一阶段，经济处于谷底并向持续非通胀的增长轨迹上发展。由于宏观经济的复苏，社会投资的边际收益不断增加，投资需求和耐用消费品的持续增长会推动经济回暖。与此相对应的是周期类股票收入大幅增长，股票市场表现较好。同时在这一阶段，尽管经济增长明显超过社会生产能力，但是通货膨胀仍然在可控制的范围内，货币政策环境较为宽松，使得债券的表现相对良好。同时，由于宽松的货币政策，也使现金收益率比较低。

第二阶段，即 T_1 至 T_2 期，宏观经济处于上升阶段，股票略胜于现金，由于利率仍处于上升阶段，故债券收益率偏低。

第三阶段，即 T_2 期至 T_3 期，宏观经济发生转折，经济增长率下降，现金、债券收益率明显强于股票。

第四阶段，即 T_3 期之后，宏观经济处于经济周期底部，股票和债券的表现都较好，但是利率偏低，现金资产收益率偏低。

【12-3】 美林投资钟

美林在超过 30 年的数据统计分析中，发现了投资时钟。根据经济增长和通胀状况，美林的投资时钟将经济周期划分为 4 个不同的阶段。在每个阶段，图中标识的资产类和行业的表现倾向超过大势（市场走势），而处于对立位置的资产类及行业的收益会低过大势（市场走势），如图 12-6 所示。

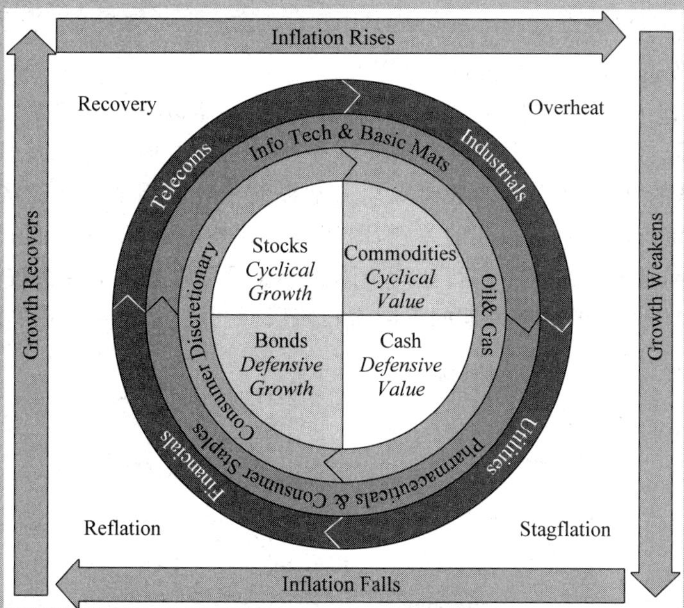

图 12-6 美林投资钟

经典的繁荣—萧条周期从左下角开始,沿顺时针方向循环;债券、股票、大宗商品和现金组合的表现依次超过大势(市场走势),但往往并没有这么简单,有时候,时钟会逆时针移动或跳过一个阶段。从投资时钟上看,一个经典的繁荣-萧条周期始于左下方,沿顺时针方向循环。把投资时钟画为圆圈的一个优点是:可以分别考虑增长率和通胀率变动的影响。经济增长率指向南北方向,通胀率指向东西方向。当经济受到海外因素影响或受到冲击时,如"9·11"事件,投资时钟不再简单地按照顺时针方向变换阶段,投资时钟的这种画法可以帮助我们预测市场的变动。

投资时钟可以帮助我们制定行业投资战略:

(1) 周期性:当经济增长加快(北),股票和大宗商品表现好。周期性行业,如高科技股或钢铁股表现超过大市。当经济增长放缓(南),债券、现金及防守性投资组合表现超过大市。

(2) 持续期:当通胀率下降(西),折现率下降,金融资产表现好。投资者购买久期长的成长型股票,当通胀率上升(东),实体资产,如大宗商品和现金表现好。估值波动小而且久期短的价值型股票表现超过大市。

(3) 与标的资产相关:一些行业的表现与标的资产的价格走势相关联。保险类股票和投资银行类股票往往对债券或股权价格敏感,在衰退或复苏阶段中表现得好。矿业股对金属价格敏感,在过热阶段中表现得好。石油与天然气股对石油价格敏感,在滞胀阶段中表现超过大势。

投资时钟对资产类和行业板块的投资也是有意义的,可以用来做配对交易。例如,在经济过热阶段,应该做多大宗商品和工业股,位于对立面的是衰退阶段,所以应该同时做空债券和金融股。

2. 增长类投资与非增长类投资

图12-7描述了经济周期与股票市场周期之间的关系以及某种股票表现相对于市场整体表现的关系。从图12-7中可以看出经济周期对股票市场具有很大的影响,同时,股市也是宏观经济的"晴雨表",因为股市周期通常提前于经济周期。在经济周期的不同阶段,不同类别的资产收益具有很大的差别,即使是在权益内部,不同行业的收益增长率也存在显著的差异,从而决定了不同行业的不同股票在投资收益率上存在较大差异。因此,投资者要根据经济所处的经济周期的不同增长阶段,对其权益类资产在不同行业、不同部

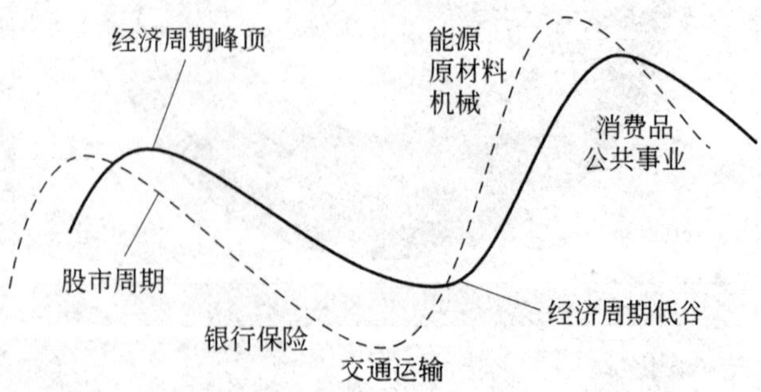

图12-7 经济周期与行业周期:最佳投资点的选择

门间进行配置并进行适时动态调整，以增强投资组合的收益能力，同时降低投资组合的风险。投资者可以根据不同经济阶段上各个行业相对于整个市场的价格表现，同时根据周期一般提前经济周期的规律，寻找最佳投资点，并根据不同资产的特性进行资产动态调整与配置。

在权益市场上，最常见的分类方法就是分为增长类股票投资和非增长类股票投资（见表 12-2）。增长类股票与非增长类股票的增长和收益导向存在明显的不同，增长类股票投资一般具有较高的持续增长率和较低的红利收益率，非增长类投资一般有较低的增长率和相对较高的红利收益率。而在非增长类股票中，根据不同行业对经济周期的敏感度不同又可细分为周期类、稳定类和能源类股票。接下来将详细说明各类股票的特征。

表 12-2　按主要部门划分行业

增长类	非增长类		
	周期类	稳定类	能源类
传媒	钢材	食品饮料	石油
网络	机械	商业（零售连锁业）	煤炭
电子信息	有色金属	公共事业	天然气
软件	原材料	电信	太阳能
旅游	建筑	金融	风能
酒店娱乐	化工	医药	核能
新材料	纺织		
	电器设备		

（1）增长类

增长类公司主要处于行业周期成长阶段的新兴公司，它们一般受经济周期的影响较小，盈利增长速度一般预计要超过一般的公司。因此，这类公司一般将大量的盈利投入可盈利的投资项目中。管理层希望借此提高公司的价值。因此，这类公司不会支付太多股利，而是将大部分收益留存，更有甚者有的公司从不支付任何股利，这样的公司有时被戏称为“铁公鸡”。

（2）周期类

这些公司一般受经济周期的影响较大，对 GDP 增长很敏感。这类公司在经济衰退期盈利比一般公司下降得快，而在经济发展期间盈利比一般公司上升得更快。如表 12-2 中给出的原材料、机械、化工等行业。

（3）稳定类

这些公司受经济周期的影响比一般公司要小。这类行业吸引投资者的地方应该是其在抵御经济衰退时会表现出超强的优势。因而，稳定类股票有时称为防御型股票（defensive stock）。它们的 β 值一般比较低，对宏观经济变化具有一定的免疫能力。无论经济处于上升阶段还是下降阶段，防御型行业通常都具有相对景气的发展状态。稳定行业中的公司往往会把大部分的税后净利润作为股利分配给股东，投资这类股票表现出较强的收益特性，公司分红派息率一般超过银行同期存款利率，这类股票有时被称为收益型股票（income stock）。

如图12-8所示,从防御型组合(选用了华夏回报基金002001)与上证指数的对比分析中(基期均记为100)可以看出,防御型收益组合在衰退期的收益要明显好于整体市场收益。

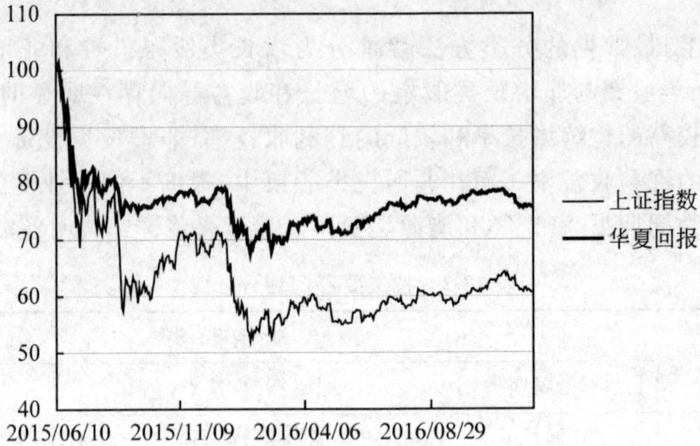

图12-8　防御型组合(华夏回报002001)与上证指数走势对比

数据来源:Wind数据

(4) 能源类

能源公司为生产商和消费者提供能源。这些公司对经济增长的敏感度相对较高,其盈利受经济周期的影响较大,但是能源类公司相对于整体市场的表现与能源价格直接相关,因此,可以从增加的需求或较高的能源价格中获益。

针对以上不同权益资产的风格特点,投资者可以根据经济周期特征和资本市场环境实施类别轮换动态配置战略。为了证明动态积极配置策略的意义,Farell(1975)曾假设某基金在1970年12月31日全部投资于增长类股票,然后在1971年6月30日全部转换成能源类股票,最后在1973年6月30日转换为周期类股票。1970年12月31日—1974年6月30日,在实施类别转换战略的整个过程中,这项投资的全部回报率为97%。而同一时期,标准普尔500种股票指数的回报率只有4%,因此这项战略获得了93%的净收益。

12.5.2　价值型投资和成长型投资

20世纪90年代,投资管理领域出现了一个重要的理论就是创造了基于价值型和成长型投资类型的投资组合策略。价值型和成长型投资的不同点在于两种投资类型对公司绩效的认识不同。在此,运用市盈率指标来说明二者的差别。

$$市盈率(P/E) = 每股价格 / 每股收益$$

其中,每股收益(EPS)既可以用当前的绩效,也可以用未来的预期绩效来计量。某只股票是否会被加入投资组合,关键在于投资经理对公司当前绩效和未来绩效的权衡上。

具体来说就是,价值型投资者将:

① 关注每股价格(即市盈率的分子部分),并通过一些比较分析方法确信某只股票价值很“便宜”。

② 并不太关心当前的收益率或者影响收益率增长的基本因素。

③ 经常隐含地假设当该股票的市盈率低于正常水平时常会对其价格进行“纠正”。

而成长型投资者将：

① 关注每股收益(即市盈率中的分母部分)及其经济决定因素。

② 积极寻找未来每股收益将会迅速增长的公司。

③ 经常隐含地假设市盈率在近期不变，这意味着如果预期的收益率增长得到实现，那么股票价格将会上涨。

从以上分析中可以看出，价值型投资者重点关注股票的价格，预期市场对价格的纠错调整和公司可能的基本面改善。相反，成长型投资者重点关注公司未来的状况，而较少关注股票的价格。

虽然价值型投资和成长型投资在概念上很容易区分，但是在实际投资中对各种股票类型进行区分却是一件非常困难的事情。为此，证券分析师经常使用可以得到的财务指标，如市盈率、市价/账面价值比率、股利收益率和每股收益增长率等对持有的每只股票和投资组合进行界定。如图 12-9 所示是一种按照类型和市场资本总额对公司进行分类的一种方法。

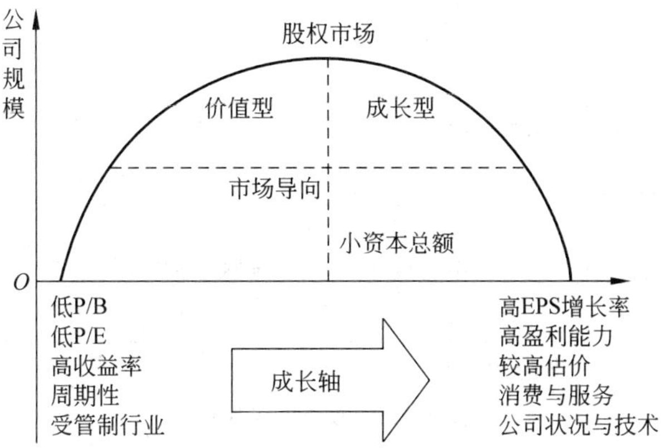

图 12-9　按照类型和市场资本总额对公司进行分类

在这里，将价值型股票定义为相对便宜(如较低的市价/账面机制比率、较高的收益率)和成长机会适中的股票(如公共事业、受管制行业)，而成长型公司市盈率较高，股价相对昂贵但具有巨大盈利潜力(如高科技类公司)。

12.5.3　大盘股和小盘股投资

按照公司规模分类，权益资产可以划分为大市值的大盘股与小市值的小盘股。根据长期的观察可知，在长期中小盘股的整体收益率要高于大盘股的收益率，但是小市值公司的业绩波动性要比大市值公司的波动性大很多，而且大市值公司的股票收益率相对比较稳定。如表 12-3 所示在 1963—1993 年美国纽约股市的小市值公司股票的波动率远远大于大市值股票。

表 12-3 大市值和小市值公司股票的业绩表现(1963—1993 年)

%

阶　段	小市值股票的回报率	大市值股票回报率
1963—1968	30.9	12.2
1969—1974	−13.6	−3.4
1975—1983	35.3	15.7
1984—1990	2.6	2.6
1991—1993	29.2	15.6

如前所述,由于股票价值型或成长型特征与公司规模密切相关,因此在投资实践中可以将股票价值或成长型特征与公司规模结合起来,按照公司的不同特征进行组合搭配,就可以改进不同投资者投资目标的风险状况。图 12-10 描述了一个简单的投资类矩阵。

这个由规模(大盘股、小盘股)和价值—成长型特征构成的投资类矩阵,被用来对投资者的投资策略进行分类。在这一投资类型矩阵中,投资者可以根据投资偏好对投资类型进行筛选,若投资者偏好大盘蓝筹股,则可以选择第二象限内的股票进行投资;若偏好小盘成长型公司,则就可以选择第四象限内的股票。但是不同资产的风格也不相同,如标准普尔 500 指数属于大盘"混合型"(即介于价值型和成长型之间)的资产,上证 50ETF 则是大盘"价值型"资产。

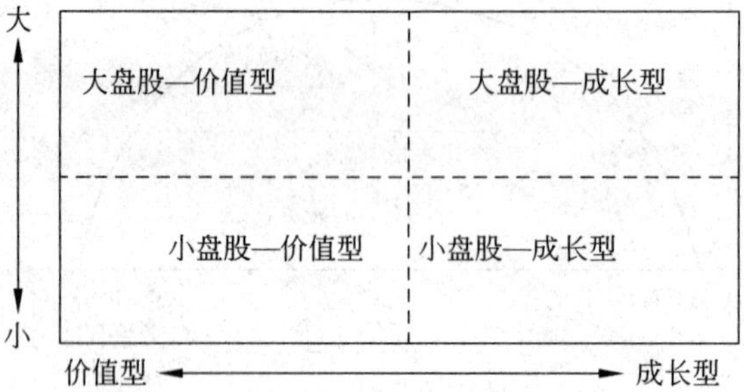

图 12-10 投资类型矩阵

本章小结

(1) 在进行股票投资时,区分内在价值和市场价格是很重要的。常常将股票的内在价值与市场价格相比较,从而判断股票是被低估还是被高估了。

(2) 在计算股票内在价值的时候,股票贴现模型是最常用也是最简单的方法。它包括零增长股息贴现模型、固定增长的股息贴现模型、三阶段股利增长模型、多元条件下的股利增长模型等。

(3) 另外一种比较常用的估计股票价值的方法是自由现金流贴现法,它通过把公司未来所能产生的所有现金流进行贴现求和得到股票的内在价值。

(4) 超额收益贴现模型是刚刚流行不久的一种股价估值方法,主要包括经济附加值模型和剩余收益模型,在最近二三十年中获得了很大重视和好评。

(5) 通过将一些相对比率指标与本公司或者相近公司的相应指标进行对比，从而发现具有投资价值的公司，这就是相对价值法的主要思想。主要包括市盈率指标模型、市净率模型和市价/现金比率模型。

(6) 选好了股票之后，要进行投资组合配置策略才能尽可能地增加收益，降低风险。投资组合配置主要考虑行业内配置、价值型和成长型的选择以及在大盘股和小盘股之间进行配置。

基本概念

股利贴现模型(DDM)　公司自由现金流贴现模型　股权资本自由现金流贴现模型　加权平均资本成本　市盈率　市净率　经济附加值模型　剩余收益模型

本章习题

1. 权益证券估值内在价值估值方法都有哪些？这些估值方法具体有何特点？
2. 如何从企业现金流分配的角度理解现金流贴现模型的不同？
3. 如何计算公司的 WACC？试选择我国 A 股市场一家上市公司进行计算。
4. 如何理解及经济附加值模型？试选择我国 A 股市场一家上市公司进行计算。
5. 市盈率模型与市净率模型有何不同？
6. 如何根据周期变化进行资产配置？
7. 价值型投资策略和增长型投资策略有何不同？

第13章 行为金融学与股票投资技术分析

前面刚学过有效市场假说，它有两个重要前提：市场价格完全反映了投资者所知道的全部信息，积极投资策略难以战胜消极投资策略。但不幸的是在现实生活中，找到一种合适的方法来度量证券的内在价值是相当困难的，同时也很难检验出证券价格与其内在价值是否相匹配。一些有关异象检验的文献发现几种投资策略（如动量投资策略、价值投资策略等）可以提供超额收益，但是这些异象受到一系列的质疑。其中，行为金融学说以独特的视角解释了这些异象，并为证券投资的技术分析方法提供了一些理论支撑。接下来本章将讲述技术分析的主要理论与方法以及技术指标。

13.1 节：行为评论，将主要介绍行为金融学的一些基本知识、证券市场中的非理性行为及其对证券价格的影响。

13.2 节：技术分析的主要理论与方法，将主要介绍一些最常用的证券投资的技术分析理论与方法。

13.3 节：技术指标，将主要介绍技术分析中涉及的一些技术指标，通过这些指标也可以发现一些投资机会。

13.1 行为评论

行为金融（behavioral finance）就是将心理学尤其是行为科学的理论融入金融学之中。它从微观个体的行为以及产生这种行为的心理等动因来解释、研究和预测金融市场的发展。这一研究视角通过分析金融市场主体在市场行为中的偏差和反常来寻求不同市场主体在不同环境下的经营理念及决策行为特征，力求建立一种能正确反映市场主体实际决策行为和市场运行状况的描述性模型。

【13-1】 行为金融的发展历史

早在半个世纪前，爱德华就将决策的制定引入了心理学的研究领域，并勾画出了未来研究的蓝图。但认知心理学的理论研究直到卡内曼和屠夫斯基发表他们在判断和决策课题上的研究成果才取得巨大的突破。

但是，20 世纪 80 年代对金融市场的大量实证研究发现了许多现代金融学无法解释的异象（anomalies），为了解释这些异象，一些金融学家将认知心理学的研究成果应用于对投资者的行为分析，至 20 世纪 90 年代这个领域形成了最具活力的行为金融学派。1999 年克拉克奖得主马修（Matthew · Rabin）、2002 年诺贝尔奖得主丹尼尔 · 卡尼曼（Daniel · Kahneman）和弗农 · 史密斯（Vernon · Smith）都是这个领域的代表人物，为这个领域的基础理论做出了重要贡献。将这些奖项授予这个领域的专家也说明了主流经济学对这个蓬勃发展的领域的肯定，更促进了这个学科的进一步发展。国外将这一领域称为 Behavioral Finance，国内大多数的文献和专著将其称为“行为金融学”。

行为金融学的成立有两个条件。第一个前提条件是传统金融理论忽略了现实人的决策方式以及个体间的差别。越来越多的经济学家将非理性分为两类：第一类是投资者通常不会正确地处理信息，因此产生了对未来收益率概率分布的错误推断；第二类是即使给定概率分布，投资者的决策也会往往不一致或者是非系统最优的。第二个前提条件是虽然敏锐的套利者会利用价格偏离其价值的机会进行套利，但是这些套利在现实生活中是受限制的，因此没有足够的动力使价格恢复到其内在价值。这一前提意味着如果一致认可价格等于其价值，那么就没有套利机会了，反过来说就不一定正确，即使行为金融学家关于限制套利的观点是正确的，那么不存在套利机会也不一定意味着市场是有效的。接下来将就其成立的前提条件进行详细的讨论。

13.1.1 信息处理

错误的信息能力将导致投资者错误地估计事件或者相关收益率的真实概率分布，下面将讨论一些主要的偏差，包括预测错误、过度自信、保守主义、样本大小的忽视和代表性。

1. 预测错误

国外一些学者的一系列试验表明，在做预测时，相对于先前的信条而言，人们过于关注近期的经验，而且在信息不确定的情况下容易做出极端的预测（有时又称为记忆偏差）。还有一些著名学者认为市盈率效应（P/E）可以通过极端的收益期望来解释。此种观点认为，当预测公司未来收益高时（可能是近期表现比较好），那么相对于公司的客观前景而言，预测值就会过高。股票价格的乐观会引起较高的初始市盈率以及当投资者意识到这个错误之后随之而来的较差的业绩。所以，高市盈率公司往往不是好的投资对象。

2. 过度自信

一般来说，人们通常会高估自己的信念和预测，而低估自己的认识偏差。一次对证券市场投资者的调查显示，超过 90%的投资者认为自己的投资水平高于平均水平。这种过度自信的行为也许可以解释为什么积极投资比消极投资更流行——这本身就是违背有效市场假说的异常现象。与高估自己的投资能力相反的是 90%的投资者的投资收益率比较低，甚至亏损。

3. 保守主义

保守主义偏好意味着投资者对最近出现的事件反应太慢（太保守）。这意味着投资者可能最初对公司的消息反应不充分，所以价格只能逐渐充分反映新信息。这样的反映偏差将会增强股市的动量效应。

【13-2】 动量效应简介

动量效应(momentum effect)一般又称"惯性效应"。动量效应是由Jegadeesh和Titman(1993)提出的,是指股票的收益率有延续原来的运动方向的趋势,即过去一段时间收益率较高的股票在未来获得的收益率仍会高于过去收益率较低的股票。基于股票动量效应,投资者可以通过买入过去收益率高的股票、卖出过去收益率低的股票获利,这种利用股价动量效应构造的投资策略称为动量投资策略。

动量效应在股票市场上存在的历史很长,越来越多的学者开始探寻动量效应的成因以及它是否有违有效市场假说。一些学者从行为金融学的角度对动量效应做出了解释,Barberis,Shleiffer,Vishny(1998)认为保守性偏差导致投资者对新信息的反应不足,使得股价在短期表现出惯性,但以偏概全倾向导致投资者对新信息的反应过度,结果导致股价出现反转。Daniel,Hirshleifer,Subrahmanyam(1998)的解释则是利用了人的过度自信和自归因偏差。Hongand Stein(1999)基于投资者交互作用机制对动量效应进行解释。HS模型强调了投资者的异质性,把交易者分为信息观察者和动量交易者两类,私人信息在信息观察者之间是逐步扩散的。得到结论:信息扩散慢的股票的动量效应或反转效应高于信息扩散快的股票,因此,公司规模小,换手率低的股票具有更高的动量收益或者反转收益。但是,随后Leeand,Swaminathan(2000)等的研究发现高换手率的股票动量效应收益更为明显,HS模型的结论受到质疑。Balsara,LinZheng等(2006)将疾病传播模型的思想引入HS模型中,认为信息扩散程度同时受到两个因素的制约:信息传播速度和信息吸收程度。信息传播速度是一个客观指标,与换手率、波动性等有关。信息吸收程度则表示信息的有用性或可靠性,取决于一些主观因素。

假设动量效应的确是由投资者的异质性以及信息在投资者间的不断扩散所致,信息扩散程度一定与动量效应密切相关,信息扩散程度越大,动量效应就会消失得越快。显然,信息扩散程度直接影响了动量效应的存在期限和动量收益的大小,影响信息扩散的因素有:①知情交易者的比例;②信息传播速度;③信息吸收程度。

4. 样本大小的忽视和代表性

代表性观点认为人们通常不考虑样本的大小,理所当然地认为小样本恰如大样本一样总能够代表总体,因而过快地推出基于小样本的模式,并将这种表象用于推断过远的未来。这就很容易解释为什么这种方式会导致过度反应或反应不足的异常现象。短期的较好收益报告或者短期内股票的较高收益会导致投资者修正他们对未来价值表现的估计,于是就产生了推动价格上涨的购买力压力。最终,当出现价格与内在价值的差距变大时,市场才纠正其初始的错误。经常会看到一种有趣的现象,近期内市场业绩较好的股票在股票公告日前后几天内业绩会发生逆转,这说明,投资者会在知道其初始判断过于极端后及时地纠正其判断。

13.1.2 行为偏差

前文分析了导致信息处理出现偏差的原因，信息偏差的出现导致投资者的非理性和股市的异象。有研究指出，即使信息处理是完美的，个人利用信息决策也不是完全理性的。这些行为偏差在很大程度上会影响投资者分析风险—收益问题所采用的框架。因而，这会影响其对风险—收益的权衡。

1. 框架偏差

人们的决策总是受到框定选择的方式的影响。例如，对于风险存在的可能收益，人们可能拒绝这种冒险，但如果能够对风险造成的潜在损失加以描述，人们可能就会接受。换言之，对于存在风险的收益，如果风险不确定，人们是风险厌恶的；而对于确定的损失，人们普遍是风险偏好者。所以分析框架的不同导致了不同的态度。

2. 心理账户

心理账户就是人们在消费决策时把过去的投入和现在的付出加在一起作为总成本来衡量决策的后果。这种把金钱分门别类地分账管理和进行预算的心理过程就是"心理账户"的估价过程。例如，在人们心里，会把辛苦赚来的钱和意外获得的钱放入不同的账户内。正常人不会拿自己辛苦赚取的10万元去赌场，不过如果是买彩票中的10万元，去赌场的可能性就高多了。

心理账户可以很好地解释股票价值的走势。"赌场资金效应"表明赢钱的赌徒更愿意接受新的赌局。他们认为自己是在用"赢钱账户"，即用的是娱乐场所赢来的钱，而不是拿自己的钱来赌博，于是他们更愿意冒险。与之相类似，当股市走高时，人们会把投资视为从"资本利得账户"中获得资金，变得更加容忍风险，以更低的贴现率来贴现未来的现金流，这样就进一步推动了股票价格上涨。

3. 逃避后悔

心理学家发现，若做出糟糕的决策时，决策越超乎寻常，决策者越后悔。例如，与投资一个未知新股票相比，投资者因买入大盘蓝筹股的资产组合下跌而遭受的损失所带来的痛苦要相对较小。蓝筹股带来的任何损失通常会被归结于坏运气而不是决策的失误，所以由此带来的后悔程度也相对较低。

4. 期望理论

期望理论修正了标准金融理论中对理性风险厌恶型投资者的分析性描述。传统理论对风险厌恶者的描述是财富越多，满意度和效用就越高，但是存在边际递减（随着个人财富的增加，曲线是趋于平缓的），这种情况下引起了风险厌恶，所得100元的效用增加要低于损失100元的效用减少。因此，投资者会拒绝不提供风险溢价的风险性期望收入。

13.1.3 套利的限制

如果理性套利者能够利用行为投资者的失误，那么行为偏差就不会对股票定价产生影响了。因为，一旦价格偏高，理性投资者的利润追逐者将通过交易重新建立恰当的价格。然而，行为金融的倡导者认为，实际上有一些因素限制了从错误定价中获利的能力。这些因素主要有以下几个方面。

(1) 基本风险

假设一只股票定价过低,购买这只股票就意味着有获利机会。但是购买它并不是无风险的,因为市场定价过低可能会使情况变得更糟。虽然价格最终会收敛到其内在价值,但是这一过程可能在跌破投资者的底线后才可能出现,这样投资者就可能在市场对其不利时为减少损失而出售其资本。这些发生在寻找明显获利机会中的基本风险会限制投资者的交易活动。

(2) 实施成本

利用定价过高来获利实现起来特别困难。卖空一种证券是要付出成本的;卖空也有可能在没有事先通知的情况下,不得不归还借入的债券,造成卖空期限的不确定;一些诸如养老基金或互助基金的机构投资者不可以卖空;这些都限制了使价格回到公平价格的套利活动的能力。

(3) 模型风险

人们通常不得不担忧的是表面的获利机会是名不副实的。也许在利用一个有缺陷的模型来评估证券,而证券价格实际上是正确的。错误的定价使持有头寸成为一个好的赌局,但它仍然是有风险的,这又降低了其受欢迎的程度。

在金融市场上如果价格违背了"一价法则",那么就存在套利机会,但是由于存在套利限制,所以"一价法则"在很多情况下是不适用的,如公司合并依据利润分成比率确定公平价格、股票分拆上市、封闭式基金等,这些情况往往由于受到套利限制,利用"一价法则"进行套利就会遭到损失。

13.1.4 泡沫与行为经济学

上证综合指数从 2006 开始,出现了一年多的疯狂上涨时期,这期间明显是泡沫现象。到 2008 年上证综合指数下跌了 75%,这些现象正好切合行为学派所倡导的观点,股票市场是一个被投资者的非理性情绪驱动的市场。尤其是随着我国股市的上涨,投资者越来越相信他们的投资潜力(过度自信偏差)并逐渐将短期模式推广到长远的未来。另外,泡沫一旦破灭,就更难以辨别:在发展期,泡沫不是很明显以致价格出现非理性飙涨。

【13-3】 股票市场泡沫

2000 年,标准普尔 500 公司支付股息共计 15 460 万美元。如果指数贴现率是 9.2%,期望股息增长率是 8%,根据固定增长率股息折现模型,这些股份的价值为

$$股份价值=\frac{股息}{贴现率-增长率}=\frac{15\,460}{0.092-0.08}=1\,288\,300(万美元)$$

这与当时公司的实际总价值十分接近。但是这种估计对投入价值相当敏感,即使是对其前景的微小重估也会导致价格的重大反转。假定期望股息增长率跌至 7.4%,指数的价值将会下降到

$$股份价值=\frac{股息}{贴现率-增长率}=\frac{15\,460}{0.092-0.074}=858\,900(万美元)$$

这也正是互联网泡沫破灭之后,标准普尔 500 下跌的股份价值。

13.1.5 对行为科学批评的评价

投资者关心是否存在套利机会，而有效市场异象的行为并没有告诉我们如何利用非理性行为。对投资者而言，问题在于能否从错误定价中攫取赚钱的机会，行为金融学对这方面的研究几乎是一片空白。但是，正如上面所强调的，有效市场假定最重要的意义在于证券市场价格是引导实物资本配置的有效工具。一旦价格被扭曲，市场资本就会发出误导经济资源配置的信号。在这一重要方面，不论投资策略的含义如何，对有效市场假设的行为批判肯定是非常重要的。

金融经济学家就行为批评的影响力展开了激烈的讨论。许多人认为行为学方法过于松散，缺乏理论体系，结果导致任何异常现象都可以通过从一系列行为偏差中选择出来的非理性组合来解释。由于很容易对任何异象做出"逆转设计"，所以这些评论家们更愿意看到用统一的行为理论来解释一系列行为异象。

更基本的是，其他金融学家不相信行为异象是对有效市场的一种有效反驳。法玛认为一种异常现象的非理性与另一种异常现象的非理性是不相容的，就像许多文献支持了长期纠正（与过度反应一致），而另有许多文献却证明了非常规收益可持续下去（与反应一致）。此外，许多结果的统计显著性不能满足要求。在计算长期收益时，用以比较收益的基准出现微小的偏差将会累积成为巨大的非常规收益。因而，许多研究结果对基准的微小偏差是很敏感的，法玛认为方法上的微小变化似乎也会对结论产生巨大的影响。

但是行为金融学仍处于探索阶段。它对投资者的完全理性的批评是被普遍认同的，但是在影响资产定价的有限理性程度方面仍有争议，可能对行为方法完全认同仍为时过早，具体而言，行为模型将成为标准金融分析工具中的一部分。

【13-4】 两大经济学家对于市场的争论

40 年以来，经济学家法玛和泰勒就市场在反映股票潜在价格方面是否有效进行了激烈的争辩。法玛先生的思想促进了 20 世纪 80 年代自由市场的发展，产生了 100 亿美元的市场指数基金产业，而泰勒先生的理论显示出了政策制定在引导市场价格上和个人投资者上的重要作用。

行为经济学家却认为，投资者频繁的非理性会导致市场的不完美，他们认为这种行为会导致市场崩溃，而且为理性的投资者创造了机会，他们找到了看起来与有效市场理论不符的微小差异。希勒，一位耶鲁大学的经济学家，认为有效市场假定犯了一个很大的错误：市场是不可预测的并不意味着市场是有效的。法玛先生反驳，反过来，行为金融也犯了同样的错误：个人投资者是非理性的这一事实并不能说明市场是无效的。

现在泰勒的观点已经渗入了主流思想。2002 年，丹尼尔·卡尼曼因为其在行为金融方面的研究而获得了诺贝尔经济学奖。虽然坚持和维护有效市场假定已经变得越来越困难，但是他也承认"市场是不容易被打败的，大多数人都不能做到"。

13.2 技术分析的主要理论与方法

每一个参与到证券市场中的投资者都是为了获利，但是，即使是在同一个时间、同一个交易市场里，投资者们也是喜忧参半的。这是为什么呢？原因肯定是多方面的，而个人对证券市场未来发展趋势的判断相对于其他个人投资者来说无疑是最关键的。从某种程度上说，涉足证券市场的投资者都应该具备一定的技术分析功底，以便增强自身对未来证券市场走势的预测能力，降低损失的可能性。目前我国证券市场上使用的主要技术分析方法都是从国外引入的，下面主要以股票市场为例，将各种技术分析理论方法予以系统的介绍。

如图 13-1 所示，运用技术分析方法判断上证指数的未来发展走势是非常有效的。

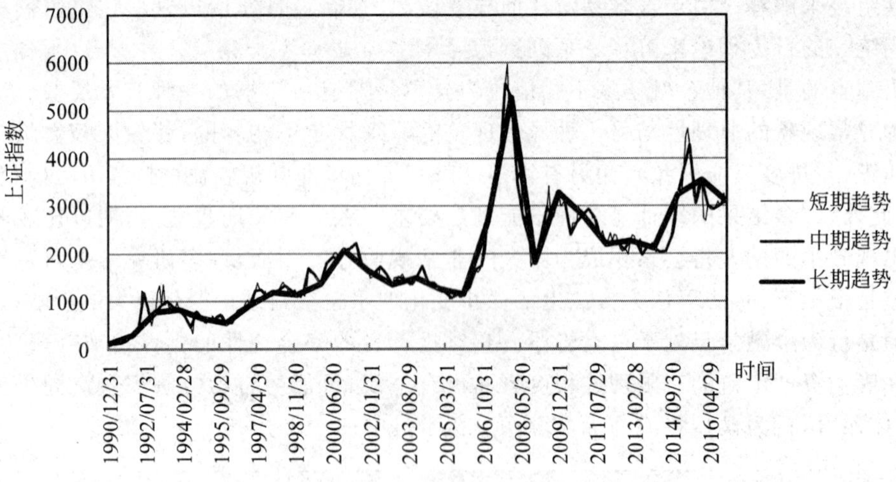

图 13-1 上证指数趋势划分(1990 年 12 月 31—2016 年 12 月 30 日)

数据来源：Wind 数据

13.2.1 技术分析概述

1. 技术分析的含义

所谓技术分析，是指通过分析证券市场的市场行为，对证券未来的价格变化趋势进行预测的研究行为。其特点是：通过对证券市场过去和现在行为的特征，应用数学和逻辑的方法，归纳和总结出证券价格运行的一些典型规律，并据此预测证券市场未来的价格变化趋势。技术分析一般不探究证券价格变化的质因，只分析价格变化的表象。技术分析者也认为证券价格是由供求关系决定的，其基本观点是：所有证券的实际供需量及其背后起引导作用的种种因素，包括证券市场上每个人对未来的希望、担心、恐惧等，都集中反映在证券的价格和交易量上。通过研究和判断证券价格与交易量，就可以对证券价格的未来走势进行预测，从而实现理性投资。技术分析的精髓就是总结经验、寻找规律，然后进一步运用这些规律。

2. 技术分析的要素及其之间的关系

在证券市场中，技术分析的要素主要包括成交量、成交价格、时间背景和价格运行的空间，这就是通常所说的价、量、时、空。这4个要素之间是相互联系、相互依存的，它们之间存在密切的联系，投资者在进行技术分析的过程中，必须要将它们联系起来进行分析。

（1）价与量是市场行为的最基本的表现

成交价格和成交量之间的关系是众多关系中最重要的一种。过去和现在的成交价格和成交量反映了大部分的市场行为，在一定时点上的价格和成交量反映的是买卖双方在这个时点上共同的市场行为，是双方暂时的均衡点。随着时间的变化，均衡会不断地发生变化，这就是价量之间的关系。一般来讲，价格上涨的时候是需要成交量配合的，说明市场对价格上涨的认同度高，买方实力强劲，能够推动价格上涨；下跌时一般成交量要萎缩，但是也不是绝对的。

（2）时间与空间的关系

时间是指完成某个过程所经过的时间的长短，空间指价格升降的幅度。时间所反映的是股价变换的周而复始的规律，体现市场能量释放的过程长短，而空间则是市场潜在能量大小的量度。时间多与循环周期理论有关，反映的是市场的价格起伏的内在规律和事物发展的周而复始的特征，体现了市场能量由小变大再由大变小的过程。空间反映的是每次市场变动程度的大小，也体现了市场潜在的上升或下降的能量大小。上升或下降的幅度越大，潜在的能量越大；相反，上升或下降的幅度越小，潜在的能量也就越小。

（3）成交量与价格趋势的关系

一般而言，价格上涨，成交量温和放大，被视为量价配合理想，如果成交量异常放大，则表明价格的持续上涨动能不强，甚至是主力拉高出货。如果是价格下跌，成交量缩小，一般被视为正常的回调，如果在下跌初期成交量放大，表明有资金离场，如果价格持续下跌很多以后成交量放大，表明有抄底资金介入或大资金吸纳速度加快，价格的下跌空间将受到遏制。当然市场低迷时，价格可能一直在缩量的情况下下跌。

（4）时间、空间与价格趋势的关系

时间、空间与价格走势的关系，可从投资的短线和长线角度分析。对于短线投资者而言，可能对周期性变化规律关注得少，更关注的是短期内，证券价格上升或下降的空间有多大；而相对于中长线投资者而言，空间与时间在证券价格表现上的关系就显得格外重要了。一般来说，时间长，证券价格波动空间大，对今后价格的趋势的影响和预测作用也大；时间短，波动空间小，对今后价格走势的影响和预测作用也小。价量之间的关系如图13-2所示。

3. 技术分析的三大假设

技术分析是以统计科学的方法根据过去循环的轨迹来探索未来股票价格变动的趋势，技术分析作为一种投资分析工具，是以一定的假设条件为前提的。

（1）市场行为包括一切信息，这是进行技术分析的基础。市场价格的变化是影响股票价格的所有信息的集合体，一切的影响因素最终都要体现为价格变化。

（2）价格沿趋势运动，这是进行技术分析最根本、最核心的因素。一般说来，一段时间内股票价格一直是持续上涨或下跌，那么，今后一段时间内，如果不出意外，股票价格也会按这一方向继续上涨或下跌，没有理由改变这一既定的运动方向。“顺势而为”是股票市场中的一条名言，如果没有掉头的内部和外部因素，没有必要逆大势而为。

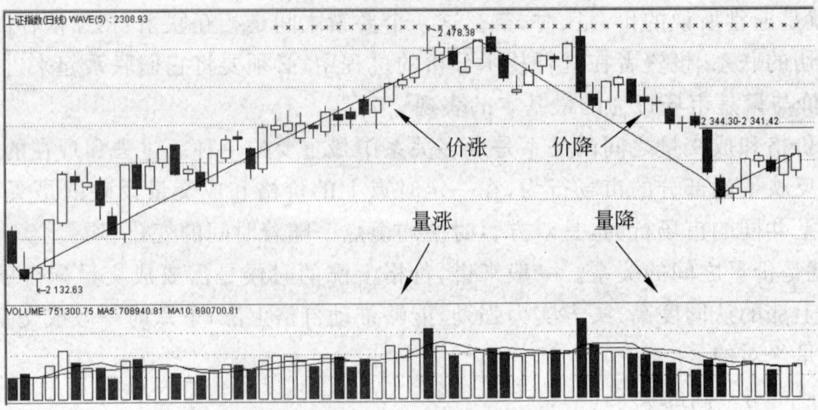

图 13-2　价量之间的关系

(3) 历史会重演,这是人们的心理因素。股票市场中进行具体买卖的是人,由人决定最终的操作行为。人不是机器,必然要受到人类心理学中某些理论的制约。一个人在某一场合得到某种结果,那么,下一次碰到相同或相似的场合,这个人就认为会得到相同的结果。

4. 技术分析的三大假设的合理性分析

技术分析的假设是否合理是技术分析方法是否可靠的关键。那么进一步分析技术分析的三个假设,它们是否是合理的呢?

(1) 假设一有其合理性的一面

因为影响证券价格的变动有很多方面的因素,包括宏观面、政策面、市场面、资金面、心理面等,但任何一个因素对证券市场的影响最终都必然体现在证券价格的变动上。但是也应该看到,在这一假设的前提基础上,投资者在市场上获得的信息是公开的,且所有投资者所获得的信息都是一致的,即市场是有效的。因为市场的有效性,加上投资者对市场信息的反馈及时准确,使得证券价格能够完全将市场信息加以消化,最终体现在证券价格上。但是市场行为反映的信息只体现在股票价格的变动之中,同原始的信息毕竟有差异,损失信息是必然的。正因为如此,在进行技术分析的同时,还应该适当进行一些基本分析和别的方面的分析,以弥补其不足。

(2) 第二个理论假设结论在趋势论者看来是天经地义、完全可信的

因为投资人之所以要卖掉手中的股票,是因为他认为目前的价格已经到顶,马上将往下跌,或者即使上涨,涨的幅度也有限,不会太多了。他的这种悲观的观点是不会立刻改变的。但是,随机漫步论者认为证券价格的形成是随机的,其价格变动并无趋势可言,当证券市场受到外来冲击时,这种预期就会发生变化,使得未来价格的变化表现出无规律的现象。

(3) 第三个假设看似合理,且在一定程度上也反映了证券投资市场上的真实情形

因为股票市场的某个市场行为留在投资人头脑中的阴影和快乐是会永远影响股票投资人的。在进行技术分析时,一旦遇到与过去某一时期相同或相似的情况,应该与过去的结果比较。过去的结果是已知的,这个已知的结果应该是现在对未来做预测的参考。但是,股票市场的市场行为是千变万化的,不可能有完全相同的情况重复出现,差异总是或多或少存在。

5. 技术分析法的分类

由于侧重点和观测角度不同,技术分析的具体研究方式也就不同。无数前人的研究

成果组成了今天看到的技术分析方法。按照目前市场上流行的说法，技术分析大致可以分为以下 6 类：技术指标、支撑压力、形态、K 线、波浪理论、循环周期。

(1) 技术指标

收集市场各个方面的数据，用给定的数学公式进行计算，得到体现股票市场某个内在实质的数字，这个数字叫作技术指标值。技术指标值的数值大小和前后各个数值之间的相互关系直接反映了股票市场所处的状态，能为我们的操作行为提供有益的建议。目前，世界上用在证券市场上的技术指标至少有上千种，如相对强弱指标（RSI）、随机指标（KD）、方向指标（DMI）、MACD、OBV、心理线、乖离率等，而且新指标还在大量地涌现。

(2) 支撑与压力

在由价格数据所绘制的图表中，按照一定的方式和原则画出一些直线，然后根据这些直线的情况推测股票价格未来有可能停顿的位置。支撑线和压力线向后延伸的位置对价格的波动起到了一定的制约作用，就是起支撑和压力的作用。比较著名的支撑压力线有趋势线、黄金分割线等。

(3) 形态

这就是根据价格在一段时间内所走过的轨迹预测股票价格未来趋势的方法。价格走过的轨迹是市场行为的重要部分，是证券市场对一段时间内各种信息消化之后的具体体现。在价格轨迹中，可以推测股票市场处于一个什么样的大环境中，并对今后的行为给予一定的指导。比较著名的形态理论主要有双顶（M 头）、双底（W 底）、头肩顶、头肩底等多种。

(4) K 线

这里的 K 线不只是局限于 K 线，而是一类表现价格的技术的图表，而以 K 线最为著名。本书只介绍 K 线的相关理论。K 线理论侧重于研究若干交易单位的 K 线组合情况，推测市场中多空双方力量的对比。K 线图是各种技术分析中最重要的图表。在不断总结经验中，投资者发现了一些有指导作用的投资组合，而且新的方法还在被不断发现。

(5) 波浪理论

该理论得名于柯林斯（J. Collins）的专著《波浪理论》（*Wave Theory*）。然而，波浪理论的奠基人是艾略特（Ralph Nelson Elliott）。波浪理论把价值的上下波动和不同时期的持续上涨下降看成与波浪的上下起伏一样。简单来说就是，上升是 5 浪，下降是 3 浪。数清楚了各个浪就能准确预见到未来的股票价格走势。波浪理论与其他技术分析方法的最大区别就是能提前很长时间预见顶和底。又由于大浪套小浪，浪中有浪，在数浪时，极易发生偏差，所以波浪理论又是公认的最难掌握的技术分析方法。

(6) 循环周期理论

该理论认为，价格的高点与低点的出现在时间上存在一定的规律性。价格的上升与下降和事物的兴衰一样具有一定的规律性。如果掌握了价格高低出现时间上的规律性，对实际买卖是有一定的好处的。

以上 6 类分析方法是经过市场的实际考验，没有被淘汰而留下的精华。尽管考虑的方式不同，但是目的都是一样的，彼此并不冲突，在使用中可以相互借鉴。

6. 技术分析方法的优点及其局限性

(1) 技术分析主要的优点

技术分析可以提前反映价格趋势变化，具有领先优势；对投资者确定入市时机有积极作用;技术分析适用范围比较灵活和广泛;技术分析可以反映市场心理和情绪;技术分析简单、客观、包容性强,是基本分析的有效补充。

(2) 技术分析方法的局限性

在证券投资实践中,技术分析确实有其实用的一面,但也有无能为力的一面。每一种技术分析方法只注重证券市场的某一个方面,从特殊角度进行研究,而证券市场是瞬息万变的,各种可能出现的偶然因素也会使技术分析方法束手无策。所以运用技术分析应该注意以下几个方面的问题。

① 技术分析应与基本分析相结合。对于不成熟的证券市场,市场突发消息比较频繁,人为操纵的因素较大,所以仅仅依靠过去和现在的数据图表预测未来是不足的。但是不能因为技术分析在突发事件到来时预测受到干扰就否定其功效。任何一种方法都有其适用范围,不能因为某种场合不适用,就将失败归因于方法本身。所以成功的关键在于不能机械地使用技术分析,除了在实践中不断修正技术分析方法之外,还必须结合基本分析的结果。

② 用多个而不是一个技术分析方法同时进行判断。没有完美的技术分析方法,所以投资者需要全面考虑各种技术分析方法对未来的预测,综合这些方法得到的结果,最终得出一个合理的多空双方力量对比的描述。如果使用多种分析方法得到同一结论,那么这一结论的可靠性就比较高。为了减少失误,需要掌握尽量多的技术分析方法。

③ 过去的结论要不断地修正,并经过实践验证后才能放心使用。研究股票的各种方法都是在特殊条件下得到自己的结论的,随着环境的变化,这些曾经成功的结论用到自己身上就可能失败。所以研究和吸取别人的经验都是为了不断地使技术分析方法更准确、更适用和更有效。

④ 对技术分析的期望不要超过技术分析力所能及的范围。技术分析方法也有自己的不足和盲点,如果不了解各种技术分析方法的优缺点,一味依靠一种技术分析方法,那将是一件很可怕的事情。在使用技术分析时要充分认清它的不足,不能超过技术分析的范围。

⑤ 技术分析是一种工具,要靠人去使用,所以决定因素是人。在运用技术分析时,很大程度上依赖于使用者个人的选择。例如,技术指标中参数的选择、支撑线中直线画法的选择、波浪理论中的波的画法,都有人为的主观因素。个人的偏好和习惯会影响这些选择,当然也会影响技术分析的结果。

13.2.2 道氏理论

1. 道氏理论的基本思想

道氏理论是技术分析的鼻祖,道氏理论之前的技术分析是不成体系的。道氏理论的创始人是美国人查尔斯·道(Charles H. Dow),为了反映市场总体的趋势,创立了著名的道琼斯平均指数。他在《华尔街日报》上发表的有关股票市场的文章经过后人整理成为今天看到的道氏理论。

2. 道氏理论的主要原理

道氏理论的原理有很多,这里主要介绍其中的几个最为重要的原理。

(1) 市场平均价格指数可以解释和反映市场的大部分行为。所有可能影响供求关系的因素都必由平均市场价格来表现,这是道氏理论对市场的最大贡献,世界上所有的证券交易所都有自己的价格指数,指数的计算方法大同小异,目的都是反映整体的情况。

(2) 市场主要三种波动趋势。道氏理论认为，虽然市场上价格的起伏形态各异，但最终可以划分为三种：基本趋势、次要趋势和短暂趋势。

基本趋势(primary trend，长期趋势、主要趋势、大趋势)的特点是持续数个月至数年，广泛或全面性上升或下降的变动情况，总的升降幅度会超过 20%。

中期趋势(secondary trend，次要趋势、次级趋势)的特点是持续数个星期至数个月，基本趋势中的调整，它与长期趋势的方向可能相同，具有一定牵制作用，中期调整后市场将恢复原来的趋势。盘局可以替代中期趋势。

短期趋势(minor trend，暂短趋势、小趋势)的特点是持续数天至数个星期，次级趋势中的短线波动，三个或三个以上短期趋势组成一个次级趋势。短期趋势是三种趋势中唯一可被人为操纵的趋势。图 13-3 描述的就是三种趋势的具体形态。

图 13-3 股票价格的三种趋势(上证综指)

(3) 成交量在确定趋势中起到了很重要的作用。趋势的反转点是进行投资的关键，成交量所提供的信息有助于我们做出正确的判断。

(4) 收盘价是最重要的价格。道氏理论认为，所有股票中的价格，收盘价是最重要的。

3. 道氏理论的局限性

道氏理论只是理论上的叙述，可操作性比较差，原因在于道氏理论的结论落后于市场，信号太滞后。道氏理论对于随时随地都发生的小波动无能为力，它只能对大形势的判断有作用。如图 13-4 所示，运用道氏理论只能抓住上升趋势中的中间部分。此外，道氏理论已经存在近一百年了，对于今天来说，很多内容都已经过时了，不再适用，需要更新。但是在道氏理论之后出现了许多新的技术分析方法，在一定程度上弥补了道氏理论的不足。

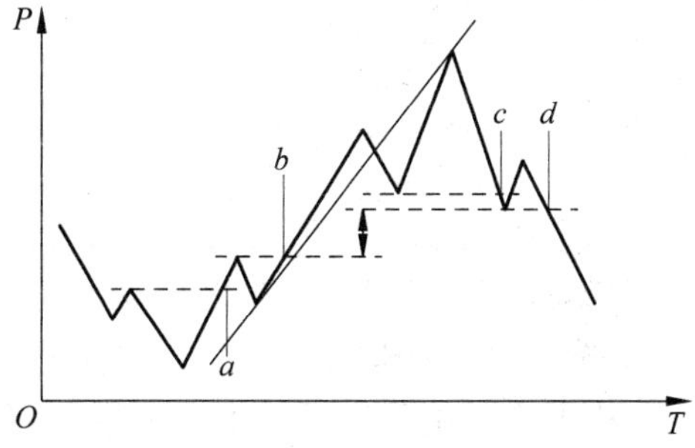

图 13-4 道氏理论只能抓住上升的中间部分

13.2.3 K 线理论

【13-5】 K 线理论描述

《日本的蜡烛图技术》这样写道:

"假定蜡烛图技术是一柄削铁如泥的宝剑,使用它的人往往能够最早地捕捉到市场趋势变化的信号,获取最大利润。那么反过来,佩带这把宝剑的人一定要是精通武艺的名将,不然,宝剑恐怕会先伤了主人。"

K 线又称日本线或蜡烛线,最初是在日本古代的米市上用于表示米价每日涨跌所使用的图示方法,经人引用至股票市场,效果良好。经过上百年的运用和改进,K 线理论已日渐丰富和完善,成为技术分析的重要方法,本章主要介绍其中较为常用的内容。

K 线就是用图形来表示买方和卖方力量增减和转变的过程;K 线理论则专门用来研究 K 线的形状和组合。一条 K 线记录的是某种股票一天的价格变动情况,将每天的 K 线按时间顺序排列在一起,就可表示这种股票在一段时间(如每周、每月)内的价格变动情况。

1. K 线的画法和基本形状

K 线是一条柱状的线条,由影线和实体两部分组成。在实体上方的影线叫上影线,在实体下方的影线叫下影线。实体又分阳线和阴线两种,其中阳线又称红(阳)线,阴线又称黑(阴)线。一条 K 线可体现一种股票一天内的 4 个价格:开盘价、最高价、最低价和收盘价。开盘价和收盘价之间的价位用长方形实体表示,如果开盘价低于收盘价,则实体为阳线(见图 13-5);反之,如果开盘价高于收盘价,则实体为阴线(见图 13-6)。一天当中股票的最高价用上影线来表示,最低价用下影线来表示。

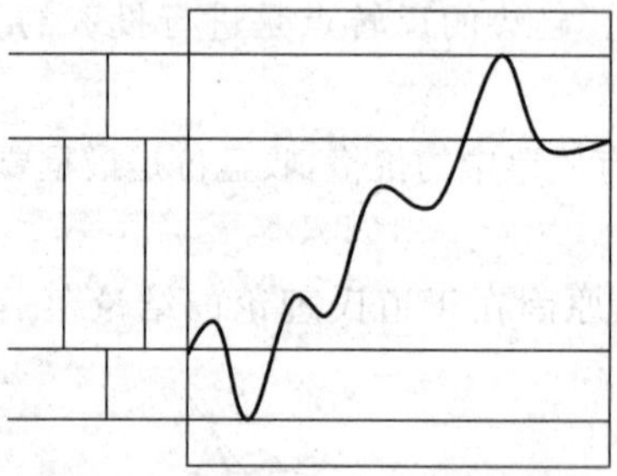

图 13-5 阳线

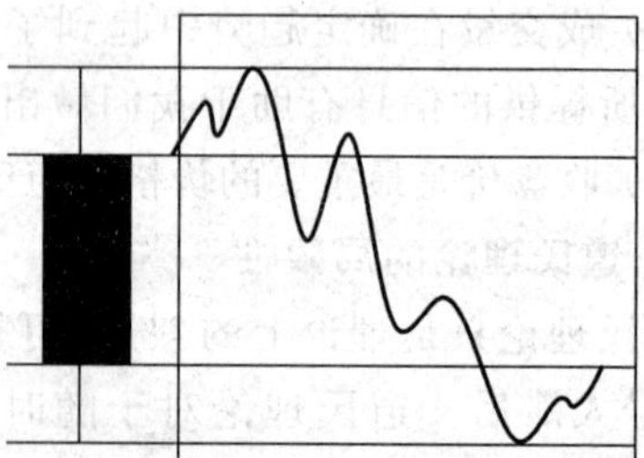

图 13-6 阴线

一根 K 线记录的是某只股票一天的价格变动情况,将每天的 K 线按时间顺序排列在一起,就组成了这只股票上市以来每天的价格变动情况,叫作日 K 线图。同理可以得到周 K 线图、月 K 线图等。

价格的变动主要体现在 4 个价格上,分别是开盘价、最高价、最低价、收盘价。在这 4 个价格中,收盘价最重要。平时谈论得最多的股票价格往往也就是收盘价。传统意义上的开盘价是第一笔成交的价格,有一定的弊端。目前我国股市采用集合竞价的方式产生开盘价，从某种程度上克服了这些弊端。最高价和最低价是交易过程中出现的最高价格和最低价格。两个价格如果相差悬殊，说明当时股市交易活跃，买卖双方争夺激烈。但是，最高价和最低价也容易被故意做市而脱离实际。收盘价是多空双方经过一段时间的争斗最终达成的共识，是供需双方最后的暂时平衡点，具有指明价格的功能。

在实际运用中，除了图 13-5 和图 13-6 之外，K 线还有十多种形态，如图 13-7 所示。

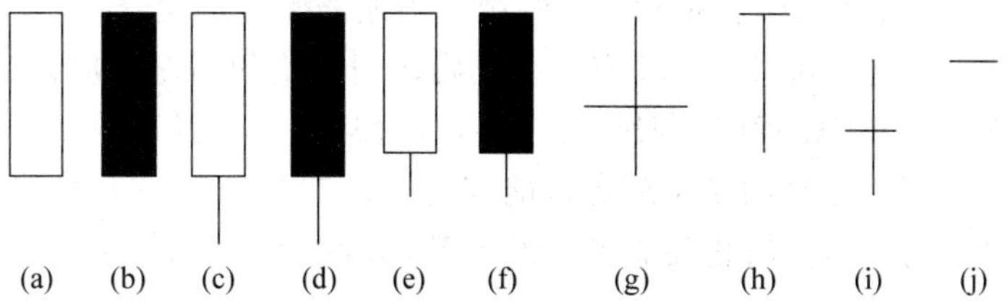

图 13-7　其余 10 种 K 线图

K 线组合可以是单根的也可以是多根的，很少有超过 5 根或者 6 根的组合。这些组合形态主要包括希望之星、黄昏之星、十字星、射击之星和倒锤线、鲸吞形和孕育形、强弩之末等。当这些组合出现时，一般都会出现买卖的良好时机。

2. 应用 K 线理论应遵循的原则

① K 线分析要与 K 线或 K 线组合中股价所处的相对位置相结合。同样的 K 线在股价的高位区与低位区出现，发出的信号可能完全相反，这一点在前面的 K 线分析中已做过具体说明。

② K 线分析一定要与股价趋势相结合。无论进行单个 K 线分析还是 K 线组合分析，都应服从于股价趋势。

③ K 线分析一定要与股价所处阶段相结合。此处所谓阶段即大资金的吃、洗、出三大阶段，同样的 K 线或 K 线组合在三个阶段会有不同的含义。

④ K 线分析一定要注意成交量这一重要的参数。

当然，在实际运用中，上述强调的 4 个方面并不是孤立的，而是相辅相成的。在 K 线分析中，切忌因单日 K 线太过突出而将前几日的走势忽略。例如带量阳线，如果突然放巨量拔地而起，事先没有任何征兆，这种走势恐难持久，多半是因板块效应而带起的，其后必跌；而在上升趋势初成之际，陡然的阴线距资金成本非常近，一般多为洗盘行为，此时扑面而来的阴线并不可怕。

3. 应用 K 线理论的注意事项

注意运用 K 线来描述市场具有很强的视觉效果，是最能表现市场行为的图表之一。尽管如此，一些常见的 K 线组合形态只是根据经验总结了一些典型的形状，没有严格的科学逻辑。在应用 K 线的时候要记住以下几点。

① 无论是一根或者多根 K 线，都是对多空双方争斗做出的一个直观描述，由它们的组合得到的结论都是相对的，不是绝对的。对具体进行股票买卖而言，结论只是起一种建议作用，并不是说股票价格将一定朝某一方向变动，而是说朝这个方向变动的可能性比较大。

② K 线的错误率比较高，市场的变动是复杂的，而实际的市场情况可能与我们的判

断有一定的距离。运用K线的一个重要原则是尽量使用根数多的K线组合的结论,将新的K线加进来重新进行分析判断。通常情况下,多根K线组合得到的结果不大容易与事实相反。

③ K线分析方法也必须与其他方法结合使用才会更有效一些。

④ 组合形态只是总结经验的产物,实际生活中,完全满足所介绍的K线组合形态的情况是不多见的。因此还要学会根据实际情况适当地修改组合理论。

⑤ 在用K线组合得到结论后,还有一个正确运用结论的问题。应该注意的是,K线判断出的结果并不能预测较远时间股价的走势,有时甚至只能说明下一个交易日的前一个小时,这段时间过后,原来的结论就有可能没用了。正因如此,在使用K线组合预测行情时,要重视K线的作用,同时也要看到它的不足,不要夸大它的作用。

13.2.4 切线理论

技术分析的理论基础之一就是"股价是沿着趋势移动的"。要"顺势而为,而不逆势而动"已经成为投资者的共识。这里的"势"就是大趋势。成功的投资者就是成功地把握股市长期趋势的结果。切线理论就是一种帮助投资者识别大趋势较为实用的方法。

1. 趋势分析

所谓趋势就是股票价格的波动方向,也即市场的运动方向。通常情况,趋势并不是简单地上升或下降,而是有很多的曲折和反复,因而股价曲线是一条曲折蜿蜒的折线,每个折点处就形成一个峰或谷,由这些峰和谷的相对高度可以看出趋势的方向。股票价格变动的趋势是有时间层次的,长期的涨势中可能包含短期的下跌或盘整,而短期的上涨或下跌趋势中又是由大量短暂的上下波动组成的。因此,趋势不是一个绝对的概念,而是相对于时间长短而言的。

首先对趋势做出划分的是Charles H. Dow,他认为股价变动趋势依据时间长短可划分为三个层次:主要趋势、次要趋势和短暂趋势。由于前面已经介绍过三种趋势,这里就不再赘述。趋势的方向主要分三种:上升方向、下降方向和水平方向。如果图形中每个后面的峰和谷都高于前面的峰和谷,则就是上升趋势;如果图形中每个后面的峰和谷都比前面的峰和谷要低,则就是下降趋势。如果图形中后面的峰和谷与前面的峰和谷相比,没有明显的高低之分,几乎呈现水平延伸,这时的趋势是水平方向。

2. 支撑线和压力线

(1) 支撑线和压力线的含义

支撑线(support line)又称抵抗线,起阻止股价继续下跌的作用。当股价下跌到某个价位附近时,股价停止下跌,甚至可能回升,这个起着阻止股价继续下跌的价位就是支撑线所在的位置。压力线(resistance line)又称阻力线,压力线起阻止股价继续上升的作用。当股价上涨到某价位附近时,股价会停止上涨,甚至回落,这个起着阻止或暂时阻止股价继续上升的价位就是压力线所在的位置。

投资者还可以从三个方面来对支撑线和压力线进行确认:一是股价在这个区域停留时间的长短;二是股票在这个区域伴随的累计成交量的大小;三是股价目前距这个支撑区域或压力区域的时间长短。很显然,股价停留的时间越长,伴随的成交量越大,离现在越近，则这个支撑或压力对当前影响就越大，如图 13-8 所示。

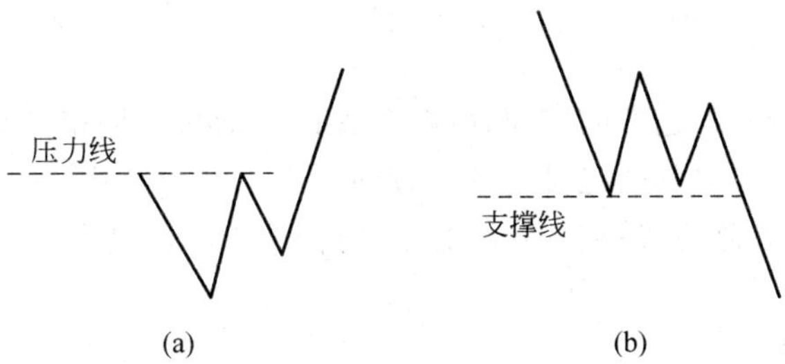

图 13-8　支撑线和压力线

(2) 支撑线和压力线的理论依据

在某一价位之所以形成对股价运动的支撑和压力，主要是由投资者的筹码分布、持有成本以及投资者的心理因素所决定的。

一个市场里无外乎三种类型投资者：多头、空头和旁观者。旁观者又可分为持股者和持币者。假设股价在一个支撑区域待了一段后开始向上移动，在此支撑区买入股票的多头们很肯定地认为自己对了，并对自己没有多买些而感到后悔。在支撑区卖出股票的空头们这时也认识到自己弄错了，他们希望股价再跌回卖出区域时，将原来卖出的股票补回来。而旁观者中的持股者的心情和多头相似，持币者的心情同空头相似。无论是这 4 种人中的哪一种，都有买入股票成为多头的愿望。正是由于这 4 种人决定要在下一个买入的时机买入，所以才使股价稍一回落就会受到大家的关心，他们会或早或晚地进入股市买入股票，这就使价格根本还未下降到原来的支撑位置时，就又被推上去了。在该支撑区发生的交易越多，就说明越多的股票投资者在这个支撑区有切身利益，这个支撑区就越发重要。同样，股价在一个支撑区域待了一段时间后向下运动时就会出现一个压力作用。

(3) 支撑线和压力线的互相转化

在一个主要的上升或下降趋势中，如果哪个支撑位置的重要价格水平被足够大的市场力量击穿，或者哪个重要的阻力区域被多方向上突破，那么这个位置在以后的行情中则成为相反的角色。换句话说，支撑线被击穿后，则变为压力线；压力线被突破后，则变为支撑线，见图 13-9 所示。

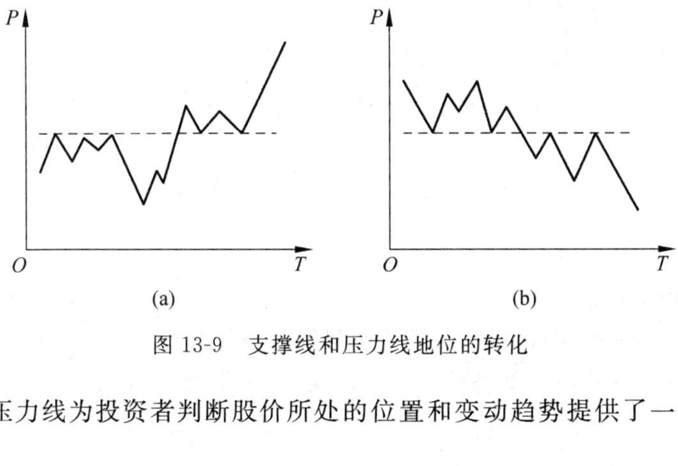

图 13-9　支撑线和压力线地位的转化

支撑线和压力线为投资者判断股价所处的位置和变动趋势提供了一个参照物，使投资者对股票买卖操作时机的选择更具有理性。

3. 趋势线

(1) 趋势线的含义

趋势线是描述价格的趋势的直线,由趋势线的方向可以明确地看出股价的趋势。由趋势线的被突破情况可以判断趋势的发展方向。在上升趋势中,将两个上升的低点连成一条直线,就得到上升趋势线;在下降趋势中,将两个下降的高点连成一条直线,就得到下降趋势线。

(2) 趋势线的画法

画出的趋势线是否具有使用的价值,以其预测股市是否具有很高的准确性?这需要对趋势线进行筛选、验证和确认:必须确实有趋势存在。也就是说,在上升趋势中,首先,要确认出两个依次上升的低点;在下降趋势中,必须确认两个依次下降的高点,才能确认趋势的存在,连接两个点的直线才有可能成为趋势线。其次,画出直线后,还需要第三个点的验证才能确认这条趋势线是有效的。最后,所画出的直线被触及的次数越多,其作为趋势线的有效性越被得到确认,用它进行预测就越准确有效。

(3) 趋势线的作用

趋势线对于分析市场股票价格的运动方向能提供很重要的帮助,上升趋势线起支撑作用,下降趋势线起压力作用。其具体作用主要体现在以下几个方面。

① 对股价今后的变动起约束作用。使股价总保持在这条趋势线的上方(上升趋势线)或下方(下降趋势线)。实际上,就是起支撑和压力作用。

② 确定转势。趋势线被突破后,就说明股价下一步的趋势将要反向。越重要越有效的趋势线被突破,其转势的信号越强烈。

③ 突破趋势后角色相互转换。被突破后的趋势线原来所起的支撑或压力作用,现在将相互变更角色,即原来是支撑线的,现在将起阻力作用,原来是压力线的现在将起支撑作用。见图 13-10 所示。

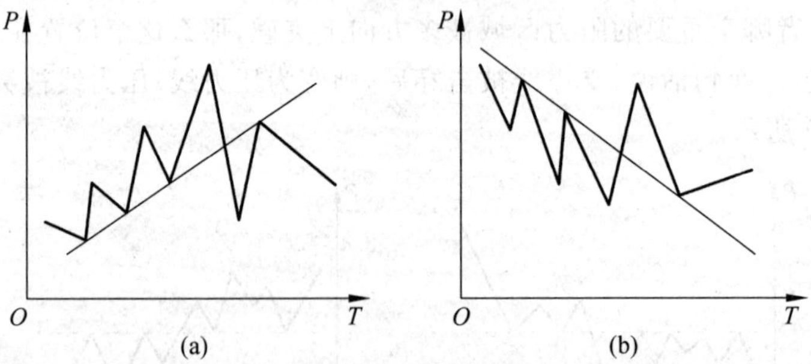

图 13-10 趋势线被突破后起相反的作用

4. 轨道线

(1) 轨道线的含义

轨道线又称通道线或管道线,是基于趋势线的一种分析方法。在得到了趋势线后,通过第一个峰或谷可以做出这条趋势线的平行线,这条平行线就是轨道线。两条平行线组成一组轨道，这就是常说的上升和下降通道，如图 13-11 所示。

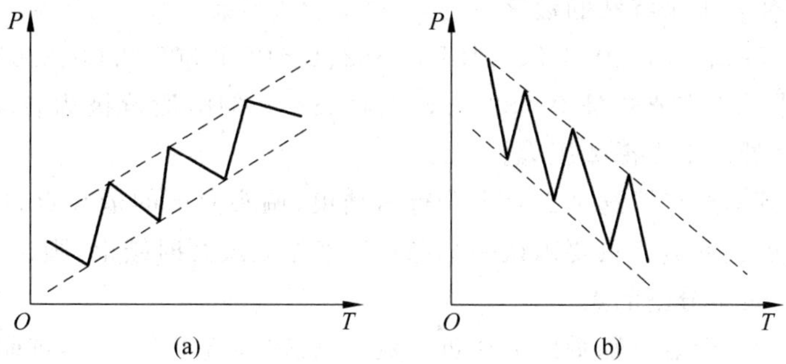

图 13-11　轨道线

(2) 轨道线的作用

① 限制股价的变动范围。一个轨道一旦得到确认，那么价格将在这个通道里变动。

② 突破轨道线是趋势加速的开始。即原来的趋势线的斜率将会增加，趋势线的方向将会更加陡峭。轨道线被触及的次数越多，延续的时间越长其被认可程度和其重要性就越高，如图 13-13 所示。

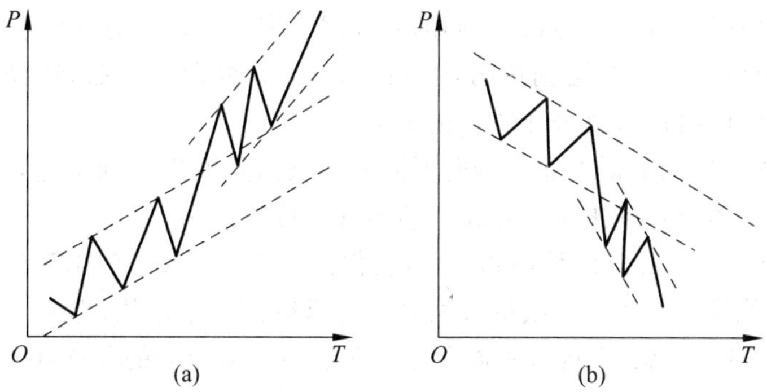

图 13-12　轨道的加速

③ 趋势转向的警报。如果在一次波动中未触及轨道线，离得很远就开始掉头，这往往是趋势将要改变的信号。说明，市场已经没有力量继续维持原有的上升和下降的规模了。

轨道线和趋势线是相互合作的一对。很显然，先有趋势线，后有轨道线。趋势线比轨道线重要得多。趋势线可以独立存在，而轨道线则不能。

5. 黄金分割线和百分比线

(1) 黄金分割线

黄金分割是一种古老的数学方法。关于它的各种神奇的作用和魔力，数学上至今还没有明确的解释，只是发现它屡屡在实际中发挥出意想不到的作用。“黄金分割率”是一种十分神奇的数字，用它来对股市行情进行预测分析，不仅能够较为准确地预测出股指或股价上涨或下跌的幅度，而且还能够测定股指或股价上涨过程中的各个阻力位和下跌过程中的各个支撑位。

黄金分割的画法：

第一步，记住若干个特殊的数字：

0.191、0.382、0.618、0.809、1.191、1.382、1.618、1.809、2.00、2.618、4.236

这些数字中最为重要的是 0.382、0.618、1.382、1.618，股价极为容易在这 4 个数产生的黄金分割线处产生支撑和压力。

第二步，找到一个点。这个点是上升行情结束、调头向下的最高点，或者是下降行情结束、调头向上的最低点。只要确认一个趋势已经结束或暂时结束，则这个趋势的转折点就可以作为进行黄金分割的点。

第三步，是用这个点分别乘以上述黄金数字，就得到若干个价格，进而得到水平直线，这就是黄金分割线。证券价格容易在黄金分割线处起到压力或支撑作用。

例如，某证券上涨的极点是 10 元，并开始掉头向下。投资者就可以利用黄金分割方法计算价格的支撑位，即

8.09＝10×0.809　　6.18＝10×0.618　　5.00＝10×0.500

3.82＝10×0.382　　1.91＝10×0.191

其中，6.18 元、5.00 元和 3.82 元的可能性最大，如图 13-14 所示。

(2) 百分比线

百分比线考虑问题的出发点是人们的心理因素和一些整数的分界点。当股价持续向上，涨到一定程度时，肯定会遇到压力，遇到压力后，就要向下回撤，回撤的位置很重要。黄金分割提供了几个价位，百分比线也提供了几个价位。

以这次上涨开始的最低点和开始向下回撤的最高点两者之间的差，分别乘上几个特别的百分比数，就可以得到未来支撑位可能出现的位置。

设高点是 1。这些百分比数一共 9 个，它们是 0.125、0.25、0.375、0.5、0.625、0.75、0.33、0.67。按照计算黄金分割线的方法同样可以得到 9 个价位，即 0.125、0.25、0.375、0.5、0.625、0.75、0.33、0.67 将这些数字标注在图中画出相应的价格线就是百分比线，如图 13-15 所示。

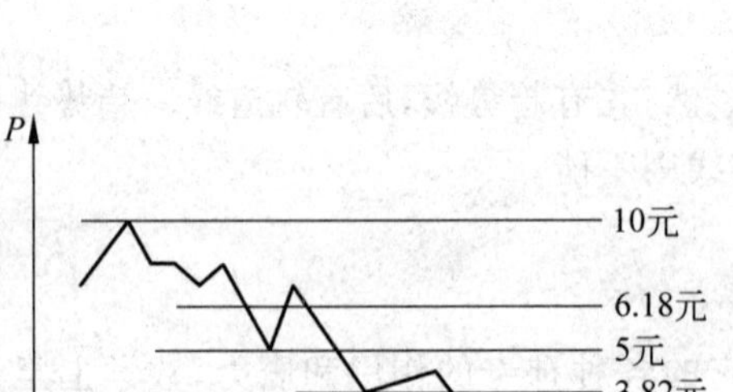

图 13-13　作为支撑点的黄金分割线

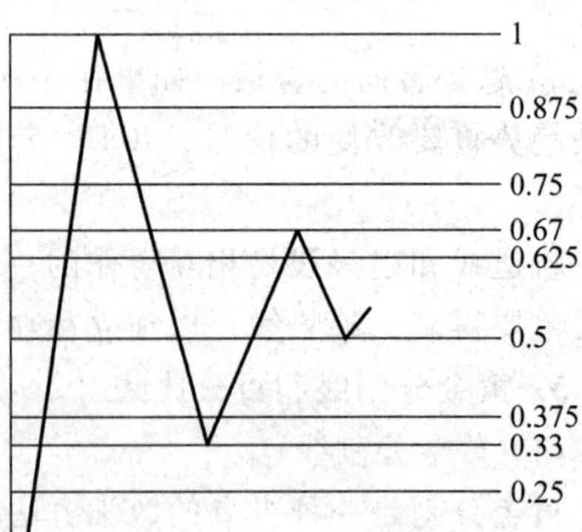

图 13-14　百分比示意图

这里的百分比线中，0.67 和 0.33 这两条线最为重要。在很大程度上，回撤是人们的一种心理倾向。如果没有回落到以下，就好像没有彻底回落；如果已经回落了，人们自然会认为已经完全回落，因为传统的定胜负的方法是三打二胜利。就是常说的二分法。

上面所列的 9 个特殊的数字都可以用百分比表示。之所以用上面的分数表示，是为了突出整数的习惯。这 10 个数字中有些很接近。对于下降行情中的向上反弹，百分比线同样也适用。其方法与上升情况完全相同。

6. 扇形原理、速度线和甘氏线

运用这三种支撑压力线的共同点是先找到一点（通常是上升的终点或者下降的低点），然后以此点为基础，向后画出很多条射线（直线）。这些直线就是未来极有可能成为支撑和压力的直线。

(1) 扇形原理

扇形线与趋势线有很紧密的联系，类似于趋势线的调整。扇形线丰富了趋势线的内容，明确给出了趋势反转（不是短期趋势）的信号。

扇形原理（fan principle）依据的是三次突破原则。在上升趋势中，先以两个低点画出上升趋势线 1 后（见图 13-15），如果价格回落，跌破了先前的上升趋势线，则以新出现的低点与原来的第一个低点相连接，画出第二条上升趋势线 2。接下来，如果第二条上升趋势线又被向下突破，则同前面一样，用新的低点与最初的低点连接起来，画出第三条上升趋势线 3。依次变得越来越平缓的这三条直线形如张开的扇子，扇形线由此而得名。下降趋势的扇形线与上升趋势扇形线的做法类似，反向行之而已。图中连续画出的三条直线一旦都被突破，它们的支撑和压力角色就会相互转换，这一点符合支撑线和压力线的普遍规律。

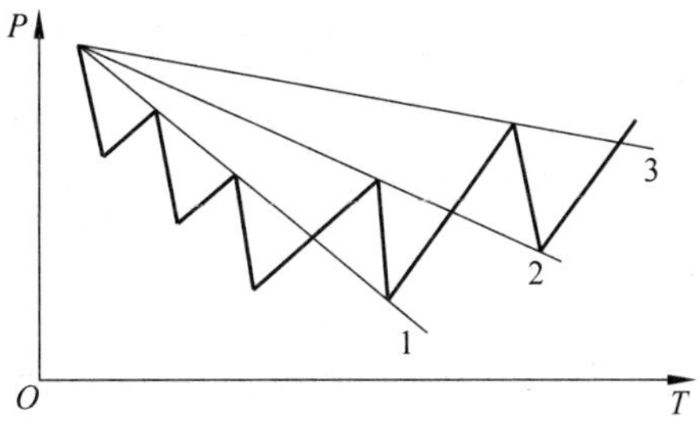

图 13-15　扇形原理示意图

在实际应用中，扇形线的使用并不方便。一方面，画这些趋势线本身就比较麻烦；另一方面，画出 3 条趋势线后，并不能保证趋势反转，因为所画的趋势线是否合理还是个问题。通常要画三条趋势线才会出现反转。此外，等到第三次突破后，价格往往已经下降或上升了很多，已经不是最好交易价格了，甚至也不是次好的价格。这给投资者的使用造成了麻烦。所以在对技术分析方法了解不够深入的情况下，建议不使用扇形线。

(2) 速度线

同扇形原理考虑的问题一样，速度线（speed line）也是用以判断趋势是否将要反转。速度线具有一些百分比线的思想。它是将每个上升或下降的幅度分成三等份进行处理，速度线因此又称为三分法。

速度线的做法如下。首先要找到一个上升或下降过程的最高点和最低点（这一点同百分比线相同）；然后，将高点和低点的垂直距离分成三等份；然后连接高点（在下降趋势中）和 0.33 分界点及高点和 0.67 分界点，或连接低点（在上升趋势中）和 0.33 分界点及低点和 0.67 分界点，得到的两条直线就是速度线（见图 13-16）。

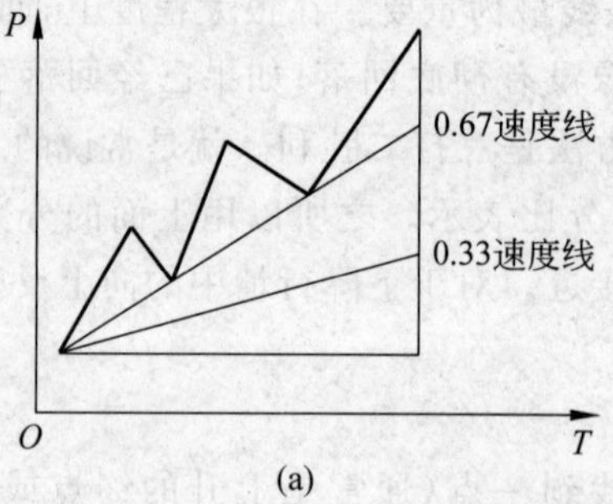

图 13-16 速度线

其基本的思想是：在上升趋势的调整之中，如果向下折返的程度突破了位于上方0.67的速度线，则股价将试探下方的0.33速度线。如果0.33速度线被突破，则股价将一泻而下，预示这一轮上升的结束，也就是转势；在下降趋势的调整中，如果向上反弹的程度突破了位于下方的0.67速度线，则股价将试探上方的0.33速度线。如果0.33速度线被突破，则股价将一路上行，标志这一轮下降的结束，股价进入上升趋势。

最后需要注意的是与别的切线不同，速度线有可能随时变动，一旦有了新高或新低，则速度线将随之发生变动，尤其是新高和新低离原来的高点和低点相距很近时，更是如此，原来的速度线可以说一点用也没有。另外，速度线一经突破，其原来的支撑线和压力线的作用将相互变换位置，这也是符合支撑线和压力线的一般规律的。

(3) 甘氏线

甘氏线(gann line)分上升甘氏线和下降甘氏线两种，是由 William D. Gann 创立的一套独特的理论。Gann 是一位具有传奇色彩的股票技术分析大师。甘氏线就是他将百分比原理和几何角度原理结合起来的产物。

甘氏线的画法是首先找到一个点，然后以此点为中心将各条直线直接画到图上即可。被选择的点同大多数别的选点方法一样，一定是显著的高点和低点，如果刚被选中的点马上被创新的高点和低点取代，则甘氏线的选择也随之变更。如果被选到的点是高点，则应画下降甘氏线，这些线将在未来起支撑和压力作用。如果被选到的点是低点，则应画上升甘氏线，这些线将在未来起支撑和压力作用，如图 13-17 所示。

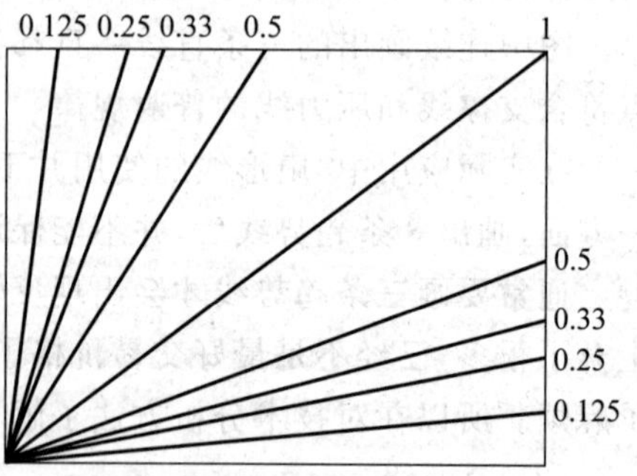

图 13-17 甘氏线

7. 使用切线理论应该注意的问题

① 切线方法为我们提供了很多价格移动可能存在的支撑线和压力线。这些支撑线和压力线对进行行情判断有很重要的作用。但是，应该明确的是，支撑线和压力线有突破和不突破两种可能。在实际应用中会产生一些令人困惑的现象，往往要等到价格已经离开了很远的时候才能够肯定突破成功和突破失败。

② 用各种方法得到的切线提供了支撑线和压力线的位置，这些价格的位置仅仅是一

些进行参考的价格，不能把它们当成万能的工具而完全依赖它们。证券市场中影响价格波动的因素有很多，支撑线和压力线仅仅是多方面因素中的一个，多个方面同时考虑才能提高正确的概率。

13.2.5　形态理论

股价运行形态与前面刚介绍过的K线理论和切线理论具有紧密的联系。形态分析的主要意义体现在：分析股价运行的中长期特征；观察市场中多空双方力量的对比；预测价格运行的未来方向。股票价格的运行方向完全取决于多空双方力量的对比，而形态理论正是通过研究股价所走过的轨迹分析和挖掘出曲线告诉我们的一些多空双方力量的对比结果，进而指导我们的行动。

1．股票价格运动规律及两种基本的形态

（1）根据多空双方力量对比可能发生的变化，可以知道股价的移动应该遵循这样的规律：

① 股价应在多空双方取得平衡的位置上下来回波动；

② 原有的平衡被打破后，股价将寻找新的平衡位置。可以用下面的表示方法具体描述股价移动的规律：持续整理，保持平衡→打破平衡→新的平衡→再打破平衡→再寻找新的平衡……股价的移动就是按这一规律循环往复，不断地进行的。股市中的胜利者往往是在原来的平衡快要被打破之前或者是在被打破的过程采取行动而获得收益的。原平衡已经被打破，新的平衡已经找到，这时才开始行动，就已经晚了。

（2）股价的移动主要是保持平衡的持续整理和打破平衡的突破这两种过程。把股价曲线的形态分成两个大的类型：持续整理形态和反转突破形态。前者保持平衡，后者打破平衡。股票价格的两种形态可以用图13-18来表示。

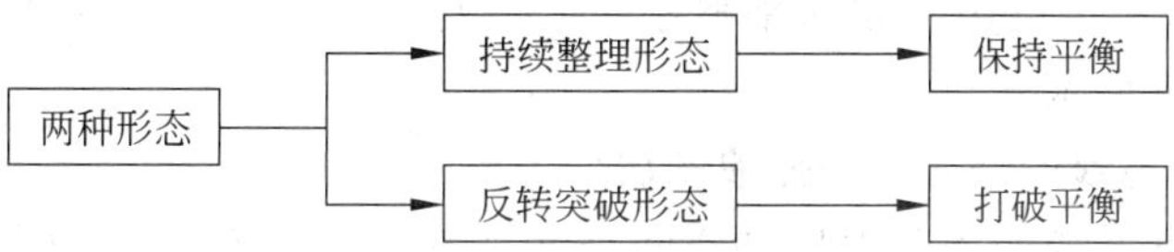

图13-18　股票价格形态

这两种形态每种又包括许多具体的形态，主要有反转突破形态[包括双重顶(底)、三重顶(底)、头肩型和圆弧形]、三角形态(对称三角形、上升三角形和下降三角形)、矩形、菱形、楔形、旗形、喇叭形、V形反转等形态。

2．应用形态理论应该注意的问题

在技术理论中，形态理论是较早出现的，相对比较成熟。尽管如此，在实际应用中也需要注意以下三方面问题：①如果站在不同的角度，对同一形态可能产生不同的解释，如头肩顶是公认的反转形态，但是从更大的范围来看，它可能是一个中途的持续状态；②在进行实际操作时，形态理论要求形态完全明朗后才行动，由此得到的利益不充分，从某种意义上讲，有损失机会之嫌；③出现的实际市场中的形态是千姿百态的，其中的大多数无法归入以上所介绍的形态中，或者很难进行归类。

13.2.6 波浪理论

1. 波浪理论的概念

波浪理论又称艾略特波浪理论,是技术分析大师艾略特(R. N. Elliott)于20世纪30年代所发明的一种价格趋势分析工具。它是一套完全靠观察得来的规律,可用以分析股市指数、价格的走势,它也是世界股市分析上运用最多,而又最难以了解和精通的分析工具。1978年,柯林斯发表了波浪理论(wave theory),使该理论广为流传。

艾略特认为,不管是股票还是商品价格的波动,都与大自然的潮汐、波浪一样,一浪跟着一浪,周而复始,具有相当程度的规律性,展现出周期循环的特点,任何波动均有迹可循。因此,投资者可以根据这些规律性的波动预测价格未来的走势,在买卖策略上实施使用。

2. 波浪理论的主要特点

① 股价指数的上升和下跌将会交替进行。

② 推动浪和调整浪是价格波动的两个最基本形态,而推动浪(即与大市走向一致的波浪)可以再分割成5个小浪,一般用第1浪、第2浪、第3浪、第4浪、第5浪来表示,调整浪也可以划分成3个小浪,通常用a浪、b浪、c浪表示。

③ 在上述8个波浪(5上3落)完毕之后,一个循环即告完成,走势将入下一个8波浪循环。

④ 时间的长短不会改变波浪的形态,因为市场仍会依照其基本形态发展。波浪可以拉长,也可以缩短,但其基本形态永恒不变。

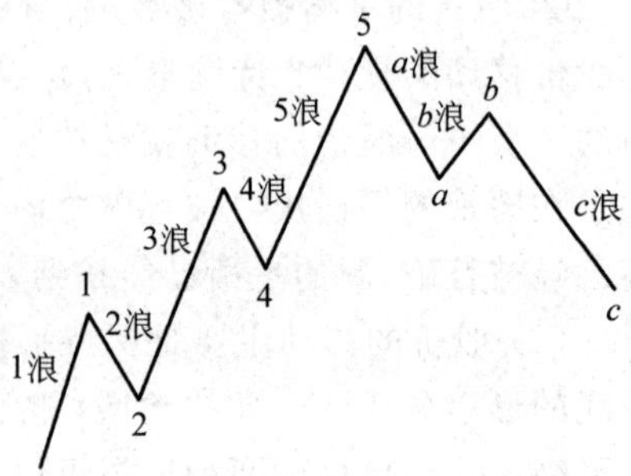

图13-19 波浪理论的结构图

总之,波浪理论可以用一句话来概括,即“8浪循环”,如图13-19所示。

3. 浪的合并与浪的细分——波浪的层次

波浪理论考虑价格形态的时间和空间跨度是不受限制的,而且必然会遇到将大浪分成很多小浪和将许多小浪合并成大浪的问题,这就需要对浪所处的层次进行分析。

图13-20中同一级的两个波浪可以分成次一级的8个小波浪,而这8个小波浪又可以同样方式分出更次一级的34个波浪。也就是说,波动理论中认为任何一级的任何一个波浪均可分为次一级的波浪,反过来也构成上一级的波浪。因此,可以说,图13-20可以表示两个波浪或8个波浪或34个波浪,只不过特指某一级而已。

最高层次是L到[1]的第一个大浪和[1]到[2]的第二个大浪,共两浪。这两个大浪组合在一起可以分为(1)、(2)、(3)、(4)、(5)、(a)、(b)、(c)8个浪,这是第二层;第二层次的大浪又可以分为1、2、3、4、5、a、b、c的第三层小浪,一共34个浪。

4. 斐波那契数列与波浪的数目

斐波那契数列是以13世纪意大利数学家命名的神奇的数列。该数列的生成规则是每一项都等于其前面相邻两项的和。例如,1,2,3,5,8,13,21,34,55,89,144,233,377,610,987,1597,……直至无限。

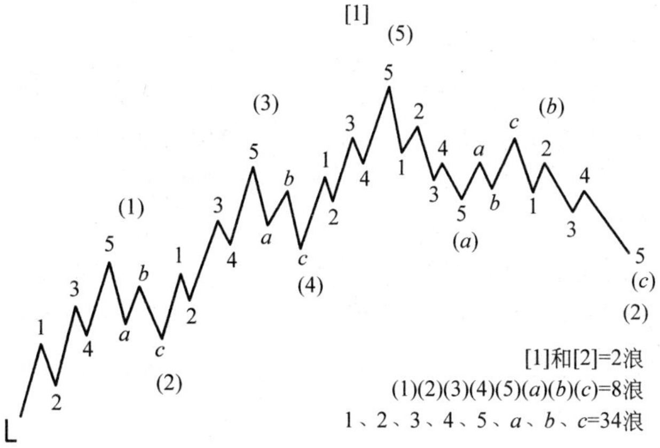

图 13-20 波浪理论的细分

它是波浪理论形成的基础。从图 13-20 可以看到，第一大浪由 5 浪组成，同时又由更小的 21 浪组成，第二大浪由三浪组成，同时又由更小的 13 浪组成。第一大浪、第二大浪为 2 浪，分别由 8 个浪组成，同时又是由 34 个更小的浪组成。如果将最高层次的浪相加，还可以看到比 34 大的斐波那契数列中的数字。

5. 波浪理论的缺陷

① 波浪理论家对现象的看法并不统一。每一个波浪理论家，包括艾略特本人，很多时候都会受一个问题的困扰，就是一个浪是否已经完成而开始了另外一个浪呢？差之毫厘，失之千里，看错的后果可能会十分严重。

② 甚至怎样才算是一个完整的浪也无明确定义，在股票市场的升跌次数绝大多数不按五升三跌这个机械的模式出现。但波浪理论家却曲解说有些升跌不应该计算入浪里面。数浪(wave count)完全是随意主观的。

③ 波浪理论有所谓的伸展浪(extension waves)，有时 5 个浪可以伸展成 9 个浪。但在什么时候或者在什么准则之下波浪可以伸展呢？艾略特却没有明言，使数浪这回事需要自己去想。

④ 波浪理论的浪中有浪，可以无限伸延，亦即是升势时可以无限上升，都是在上升浪之中，一个巨型浪可能持续几百年都可以。下跌浪也可以跌到无影无踪都仍然是在下跌浪。所以，波浪理论也有其局限性，还需要借助其他方法综合判断。

⑤ 波浪理论不能运用于个股的选择上。

13.2.7 其他技术分析方法

1. 随机漫步理论

物理学中的布朗运动，是指分子漫无目的的无规律运动。随机漫步理论是布朗运动的延伸，该理论认为，证券的价格是随机的，价格在下一步是没有规律可循的。

在证券市场中价格受多方面因素的影响，一件很不起眼的事情也可能对证券市场造成影响。从较长时间的价格走势图可以看出，价格上下起伏的机会差不多是均等的。从这个意义上讲，在一个特定的时间内，可以认为价格的波动方向是随机的。因此随机漫步理论有一定的道理。

2. 循环周期理论

事物的发展有一个从小到大和从盛到衰的过程,这种循环往复的发展规律在证券市场中也是存在的。循环周期理论认为,无论是何种程度的和何种规模的价格波动,都不会朝一个方向永远走下去,在时间上有一定的规律性。可以选择低点出现时买入,在高点时卖出退出市场。

时间因素是进行技术分析时所要考虑的要点之一。循环周期理论考虑的重点是价格波动的时间因素,可以为进行具体的实践提供帮助。在具体使用的时候,有很多确定周期的方法,周期的时间跨度也有长有短,计算周期的方法有等时间跨度、特殊数字跨度、农历节气和节假日等。

3. 相反理论

相反理论认为,当大多数投资者看法一致时,极有可能是错误的。该理论指出,与大多数投资者的行动一致,是不可能发大财的。

相反理论基于这样的一个理由:证券市场本身并不创造新的价值,手中的证券没有出现增值,甚至可以说是贬值了(交易成本)。所有投资者拥有的证券的总值是固定的,不可能出现多数人获利的情况。如果行动和大家一致,是不可能获得大的收益的。要想获得大的收益,必须与大多数人的行为不一致。在市场火爆、人头攒动的时候退出,在市场冷清、门可罗雀的时候进去,是相反理论在操作上的具体体现。该理论只是指出大众一致行动时肯定不会获得大的收益,但并不说与大众行动相反时就一定能获利。

【13-6】 投资大师索罗斯及其反射理论

索罗斯1969年创立量子基金,在其后的26年不断发展壮大的过程中,为股东赚回了近35%的年均收益率。这都要归功于索罗斯独特的金融理论——反射理论。反射理论指的是投资者与金融市场的互动关系,投资者根据自己获得的资讯和对市场的认知形成对市场的预期,并付诸投资行动,这种行动改变了市场原有的发展方向,就会反射出一种新的市场形态,从而形成新的资讯,让投资者产生新的投资信念,并继续改变金融市场的走向。就是靠着这个理论,成就了索罗斯"金融大鳄"的称号。

13.3 技术指标

技术指标是技术分析中极为重要的分支,全世界各种各样的技术指标有千种以上。技术指标已深入每一个股票投资者的心里,真正要进行股票操作的人都有一套自己惯用的技术指标体系。这个体系经过长期的检验,会给我们以极大的帮助。

13.3.1 技术指标概述

技术指标是按一定的数学方法对行情数据进行处理所得到的结果，即数值，不同的数学处理方法会产生不同的技术指标。每一个技术指标都是以一个特定的方式对市场进行观察，通过一定的数学公式产生技术指标数值。技术指标反映了市场某一方面深层次的内涵，而仅仅通过原始数据是很难看出这些内涵的。技术指标将一些对市场的定性认识进行定量分析后，可以使得具体操作的精确度提高。

在技术指标分析的应用中，主要有如下法则：①指标的背离；②指标的交叉；③指标的高位和低位；④指标的徘徊；⑤指标的转折；⑥指标的盲点。

其中，指标的背离是指指标的走向与股价走向不一致；指标的交叉是指指标中的两条线发生了相交现象，常说的金叉和死叉就属这类情况；指标的高位和低位是指指标进入超买区和超卖区；指标的徘徊是指指标处在进退都可的状态，没有对未来方向明确的判断；指标的转折是指指标的图形发生了掉头，这种掉头有时是一个趋势的结束和另一个趋势的开始；指标的盲点是指指标无能为力的情况。

应用指标分析应该注意的问题：

① 每种工具都有自己的适应范围和适用环境。有些工具有时效果很差，有时效果就很好。人们在使用技术指标时，不能盲目地相信，也不能一概否认。

② 每种指标都有自己的盲点，指标也有失效的时候。在实际中应该不断地总结，并找到盲点所在。这对在技术指标的使用上少犯错误是很有益处的。

③ 每个指标在预测大势方面也有能力大小和准确程度的区别。通常使用的手法是以四五个技术指标为主，其他指标为辅。但是，随着实战效果的好坏，这几个指标应该不断地进行变更。

技术指标主要有市场趋势指标、市场动量指标、市场大盘指标、市场人气指标。接下来将对这些指标进行逐一详细的介绍。

13.3.2 市场趋势指标

1. 移动平均线

(1) MA 的含义

移动平均线(MA)是连续若干天的价格的算术平均数。天数就是 MA 的参数。其计算公式为：N 日移动平均线$=N$ 日收市价之和$/N$。

例如，如果选择参数是 5，要计算今天的 MA，就把包括今天在内的最近 5 天的收盘价相加再除以 5，就得到今天的 5 日移动平均线的值，用符号 MA(5)表示。如果选择其他时间作为交易的时间单位，就可以得到其他形式的 MA，如 10 日移动平均线、周移动平均线、月移动平均线等。

(2) MA 的特征

采用移动平均线进行技术分析要注意该指标有以下几个特征：一是移动平均线能够表示股价的波动趋势，并追随这个趋势，不轻易改变；二是移动平均线的行动往往过于迟缓，掉头速度落后于大趋势；三是由于移动平均线是平滑地显示股价运行方向，所以减小了短期振荡对判断趋势方向的干扰;四是当股价突破了移动平均线时,股价将沿原有突破方向继续突破;五是移动平均线对股价具有支撑或阻力作用。

(3) MA 的应用

MA 参数的作用是加强 MA 的上述特性,参数选择越大,上述特征就越重。例如,5 日线和10 日线的助涨助跌的力度是不同的。MA 通常同时使用不同的参数,包括短期、中期和长期三类 MA,这里的长、中、短是相对的,因人而异。

通过移动平均线进行投资决策,最经典的 MA 方法是葛兰碧法则,该法则主要有 8 个方面的规定,人们通常称为葛蓝碧 8 大法则,具体内容为:

① 平均线从下降逐渐转为盘整或上升,而股价从平均线下方突破平均线,为买进信号。

② 股价虽然跌破平均线,但又立刻回升到平均线上,此时平均线仍然持续上升,为买进信号。

③ 股价趋势在平均线上,股价下跌并未跌破平均线且立刻反转上升,为买进信号。

④ 股价突然暴跌,跌破平均线,并且远离平均线,则有可能反弹上升,为买进信号。

⑤ 股价从上升逐渐转为盘整或下跌,跌破平均线,为卖出信号。

⑥ 股价虽然向上突破平均线,但又立刻回跌至平均线下,此时平均线仍然持续下降,为卖出信号。

⑦ 股价趋势在平均线下,股价上升并未突破平均线且立刻反转下跌,为卖出信号。

⑧ 股价突然暴涨,突破平均线,并远离平均线,且有可能反弹回来,为卖出信号。

(4) MA 的优缺点

采用移动平均线进行技术分析及投资分析,投资者可以直观有效地决定介入时机,但是它也同其他技术指标一样存在缺陷。综合来说它具有以下优缺点。

移动平均线的优点:

首先,这一技术指标适用广泛,构造简便,它的参数易于检验,所以被绝大部分顺应趋势的操作人士所运用;其次,移动平均线可观察股价总的走势,不考虑股价的偶然变动,可自动选择出入市的时机;最后,平均线能显示“出入货”的信号,将风险水平降低。

移动平均线的缺点:

① 移动平均线变动缓慢,不易把握股价趋势的高峰与低谷。

② 在价格波动幅度不大的牛市期间,平均线位于价格之中,出现上下交错型的买卖信号,使分析者无法做出定论。

③ 平均线的日数没有统一的标准和规定,常根据股市的特性、不同发展阶段以及分析者的思维定性各有不同,投资者在拟定计算移动平均线的时间参数前就必须先清楚了解自己的投资目标。若是短线投资者,一般应选用 10 天移动平均线,中线投资者应选用 90 天移动平均线,长期投资者则应选用 250 天移动平均线。很多投资者选用 250 天移动平均线,判断现时市场是牛市或熊市,即若股价在 250 天移动平均线之下,则是熊市;相反,若股价在 250 天移动平均线之上,则是牛市。

④ 移动平均线在行情调整时发出的买卖信号无法给出充足的依据,一般还要靠其他技术指标的辅助。

【13-7】 黄金交叉与死亡交叉

黄金交叉是指原本呈现空头排列之短、中、长期平均线，长期的技术平均线下降趋势逐渐变缓，而短期的技术平均线自底部向上翻升突破了中、长期平均线，进而带动中、长期平均线同步翻转上升的情况。黄金交叉预示着股价将上涨：5 日均线上穿 10 日均线形成交叉，10 日均线再上穿 30 日均线形成交叉，底部出现三角形，如图 13-21 所示。

在股市的下跌行情中，较短期的移动平均线从上方向下突破与较长期的移动平均线发生的交叉现象称为死亡交叉。如 5 日线、10 日均线由上往下穿越 30 日均线，形成 30 日均线在上，5 日线、10 日均线在下时，就是“死亡交叉”，如图 13-22 所示。“死亡交叉”预示空头市场将来临，股市将下跌，此时是出场的最佳时机。

无论是黄金交叉还是死亡交叉，都是一个买卖的进出信号。在个股走势的分析中，可以把握进出的时机，在指数走势的分析中，又可以判断牛熊的态势。这两种交叉在长期应用中准确率比较高。

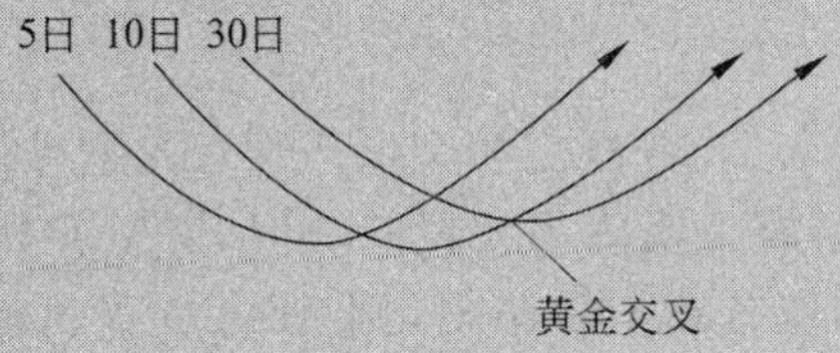

图 13-21 黄金交叉

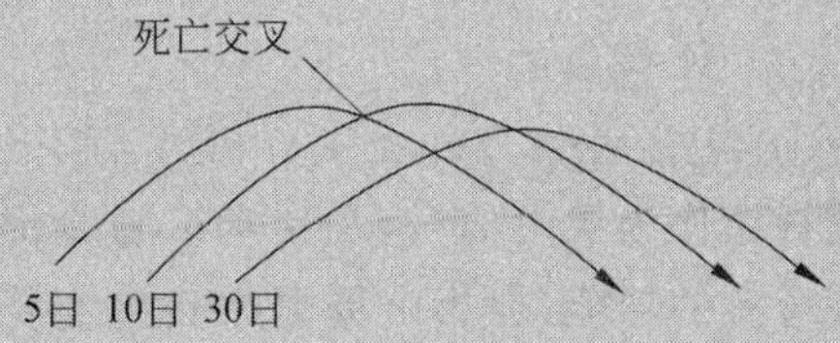

图 13-22 死亡交叉

2. 平滑异同移动平均线

MACD 的英文名称为 Moving Average Convergence and Divergence，翻译过来就是平滑异同移动平均线，它是指两条指数平滑线之差，计算公式较复杂。

(1) MACD 的计算

MACD 由正负差(difference, DIF)和异同平均数(difference exponential average, DEA)两部分组成，DIF 是核心，DEA 是辅助。DIF 是快速指数平滑线与慢速指数平滑线之差，快速和慢速的区别在于进行指数平滑所采用的参数，参数小为快速，参数大为慢速。

指数平滑线 EMA 的计算采用递推的方法，其公式为

$$\text{今日 EMA} = a \times \text{今日收盘价} + (1-a) \times \text{前一交易日的 EMA}$$

其中，$a>0$ 是计算平滑线的参数，a 的选择不同，可以得到不同速度的 EMA。此外，第一个 EMA 等于第一天的收盘价。下面以常用的参数 12 和 26 为例。

如果取 $a=2/(12+1)$，就得到快速指数平滑线 EMA(12)的计算公式。

如果取 $a=2/(26+1)$，就得到慢速指数平滑线 EMA(26)的计算公式。

DIF 是两条指数平滑线之差，计算公式为

$$\text{DIF} = \text{EMA}(12) - \text{EMA}(26)$$

虽然单独用 DIF 也能进行行情预测，但为了使信号更可靠，可引入另一个指标 DEA。DEA 是连续数日的 DIF 数值的算术平均。DEA 有自己的参数，即计算 DIF 的算术平均

的天数,对 DIF 进行移动平均的处理是为了消除某些因素的影响。

与 MA 相比,MACD 除掉了 MA 信号出现频繁的问题,使发出信号的限制增加,假信号出现的概率降低,其信号比 MA 更有把握。另外,对于外来价格上升和下降的幅度,MACD 不能给予有帮助的建议。

(2) MACD 的运用

① 当 DIF 与 DEA 均为正值亦即在中轴线上时,大势属多头市场,DIF 向上突破 DEA,应作买入信号。若 DIF 向下跌破 DEA 应只可作回档,暂时获利了结。反之,当 DIF 与 DEA 均为负值时,即在 0 轴线以下时,大势属空头市场,DIF 向下跌破 DEA,可作卖出信号。若 DIF 向上突破 DEA 只可作买入信号。

② 背离走势适用在 MACD 的图形上,当 MACD 图形与 K 线图趋势线发生背离时亦为反转信号。

③ MACD 无法预知高价及低价。盘局时,失误率较高,但如配合 RSI 及 KD 线则可以解决此缺点。

④ 运用柱形图的变化可提早做买或做卖,免得失去一段行情,但注意有时亦会因贪小而失大。

(3) MACD 的评价

① 当用 MACD 作技术分析时,运用 DIF 线与 DEA 线之相交形态及直线棒高低点与背离现象作为买卖信号,尤其当市场股价走势呈较为明确的波段趋势时,MACD 则可发挥其应有的功能,但当市场呈牛皮盘整格局,即股价不上不下时,则 MACD 买卖信号不明显。

② 当用 MACD 做分析时,亦可运用其他技术分析指标如短期 KD 图形作为辅助工具,而且也可对买卖信号做双重的确认。

13.3.3 市场动量指标

1. 相对强弱指标

相对强弱指标(RSI),RSI 的英文是 Relative Strength Index,是怀尔德(Wilder)于 1978 年首先提出来的。RSI 以一特定的时期内股价的变动情况推测价格未来的变动方向,并根据股价涨跌幅度指示市场的强弱。

(1) RSI 的计算公式

先介绍 RSI 的参数,然后再讲 RSI 的计算。参数是天数,即考虑的时期的长度,一般的有 5 日、9 日、14 日等。下面以 14 日为例来具体介绍 RSI(14)的计算方法,其余参数的计算方法与此相同。

先找到包括当天在内的连续 14 天的收盘价,用每一天的收盘价减去上一天的收盘价,会得到 14 个数字。这 14 个数字中有正(比上一天高)有负(比上一天低)。

$$A = 14 \text{ 个数字中正数之和}$$
$$B = 14 \text{ 个数字中负数之和} \times (-1)$$

其中 A 和 B 都是正数。这样,就可以算出 RSI(14):

$$\mathrm{RSI}(14) = A/(A+B)$$

(2) RSI 的构造原理

从数学上看，A 表示 14 天中股价向上波动的大小；B 表示向下波动的大小；$A+B$ 表示股价总的波动大小。RSI 的值介于 0～100。RSI 实际上是表示向上波动的幅度占总的波动的百分比，如果占的比例大则为强市，否则就为弱市。

(3) RSI 应用法则

① 不同参数的两条或多条 RSI 曲线的联合使用。同 MA 一样，天数越多的 RSI 考虑的时间范围越大，结论越可靠，但反应速度慢，这是无法避免的。参数小的 RSI 称为短期 RSI；参数大的称为长期 RSI。这样，两条不同参数的 RSI 曲线的联合使用法则可以完全照搬 MA 中的两条 MA 线的使用法则。即若短期 RSI＞长期 RSI，则属多头市场；若短期 RSI＜长期 RSI，则属空头市场。当然，这两条法则只是参考，不能完全照此操作。

② 根据 RSI 取值的大小判断行情。按照表 13-1 的做法，将 0～100 分成 4 个行动区域，表中对强弱分界线的划分是比较粗略的，根据具体情况，可做适当调整。应该考虑的因素有 RSI 的参数和股票本身的波动性。

表 13-1　RSI 取值区域

80～100	极强	卖出
50～80	强	买入
20～50	弱	卖出
0～20	极弱	买入

③ 考虑 RSI 与价格的背离。RSI 是可以利用背离进行操作的。RSI 处于高位，并形成一峰比一峰低，相反地，股价却是一峰比一峰高，称为顶背离。股价这一涨是最后的衰竭动作(如果出现跳空就是最后缺口)，这是比较强烈的卖出信号，与这种情况相反的是底背离。股价在低位形成两个依次上升的谷底，而股价还在下降，这是最后一跌或者说是接近最后一跌，是可以开始建仓的信号。

④ 从 RSI 的曲线形状上判断。当 RSI 在较高或较低的位置形成头肩形或多重顶底，是采取行动的信号。需记住，这些形态一定要出现在较高位置和较低位置，离 50%越远越好，越远结论越可信，出错的可能就越小。

⑤ 考虑 RSI 的极值。当 RSI 处在极高和极低位时，可以不考虑别的因素而单方面采取行动。比如说上证指数的 RSI 如果达到了 93%以上，则必须出货；RSI 如果低于 5%则一定要买进。当然，这里的 93%和 5%是可能变化的，它与 RSI 的参数有关，与选择的股票有关。

2. 威廉指标

(1) 威廉指标(WMS)及其计算公式

威廉指标(WMS)是由拉里·威廉(Larry Williams)于 1973 年首创的，最初用于期货市场。WMS 表示市场处于超买还是超卖状态。其计算公式为

$$\mathrm{WMS}(n)=(C-L_n)/(H_n-L_n)\times 100 \tag{13.1}$$

式(13.1)中：C 为当天的收盘价；H_n 和 L_n 为最近 n 日内(包括当日)出现的最高价

和最低价。由公式可知,WMS 有一个参数,那就是选择的日数 N。

WMS 指标表示的含义是当天的收盘价在过去的一段日子的全部价格范围内所处的相对位置。如果 WMS 的值比较大,则当天的价格处在相对较高的位置,要提防回落;如果 WMS 的值较小,则说明当天的价格处在相对较低的位置,要提防反弹;如果 WMS 取值居中,在 50%左右,则当天的价格上下的可能性都有。

(2) WMS 的应用法则

① 从 WMS 的绝对值方面考虑。公式(13.1)中,WMS 的取值介于 0～100%,以 50%为中轴将其分为上下两个区域。当 WMS 高于 80%,即处于超买状态,行情即将见顶,应当考虑卖出;当 WMS 低于 20%,即处于超卖状态,应当考虑买入。这里 80%和 20%只是一个经验数字,不是绝对的。不同的情况产生不同的买进线和抛出线,要根据具体情况,在实战中不断摸索。有一点应该说明,在上证市场,买进线普遍比 20%要低,卖出线普遍比 80%要高。

② 从 WMS 的曲线形状考虑。这里介绍背离原则以及撞顶和触底次数原则。在 WMS 进入高位后,一般要回头,如果这时股价还继续上升,这就产生背离,是出货的信号;在 WMS 进入低位后,一般要反弹,如果这时股价还继续下降,这就产生背离,是买进的信号;WMS 连续几次撞顶(触底),局部形成双重或多重顶(底),则是出货(进货)的信号。

3. 随机指标

(1) 随机指标的概念

KDJ 指标的中文名称是随机指标,它通过对当天收盘价格在过去的一段时间全部价格范围内所处的相对位置进行指数平滑来反映价格的变动趋势,从而对以后的价格变动进行预测。

(2) 随机指标的计算公式

KDJ 指标就是 K 指标、D 指标和 J 指标的合称。计算 KDJ 指标需要用到 WMS 指标。具体计算公式如下:

$$\text{当日 } K \text{ 值} = (1-a) \times \text{前一日 } K \text{ 值} + a \times \text{当日的 WMS}$$

$$\text{当日 } D \text{ 值} = (1-a) \times \text{前一日 } D \text{ 值} + a \times \text{当日的 } K \text{ 值}$$

a 一般取值为 1/3;K、D 初始值为 50

$$J = 3D - 2K, \text{即 } J = D + 2(D-K)$$

可见 J 是 D 加上一个修正值。在实际应用中,J 值用得比较少。

(3) KDJ 指标的应用法则

① 根据 KD 的取值。KD 的取值范围都是 0～100,将其划分为几个区域:超买区、超卖区、徘徊区。按一般的划分法,80 以上为超买区,20 以下为超卖区,其余为徘徊区。

② 根据 KD 指标曲线的形态。操作时可按形态学方面的原则进行。

③ 根据 KD 指标的交叉。K 与 D 的交叉有死亡交叉和黄金交叉,K 上穿 D 是金叉,为买入信号,但是确定黄金交叉还需要其他条件。比如,黄金交叉出现的位置应该比较低,在超卖区的位置,越低越好。相反,K 自上向下击穿 D 为死亡交叉,也有类似的结果。

④ 根据KD指标的背离。当KD处在高位并形成两个依次向下的峰时，而此时价格还在上涨，这叫顶背离，是卖出的信号。当KD处于低位并形成一底比一底高时，而价格还在继续下跌，就构成底背离，是买入信号。

⑤ J 指标取值超过100和低于0，都是价格的非正常区域。大于100为超买，小于0为超卖。

4. 能量潮指标

(1) OBV的含义

OBV的英文全称是On Balance Volume，中文名称直译是平衡交易量。OBV是由Granville于20世纪60年代发明并广泛流传的。可以利用OBV验证当前股价走势的可靠性，并可以依OBV得到趋势可能反转的信号，对于预测未来是很有用的。比起单独使用成交量来，OBV比成交量看得更清楚。

(2) OBV的计算公式

OBV的计算公式很简单，首先假设已经知道了上一个交易日的OBV(初始值为0)，就可以根据今天的成交量以及今天的收盘价与上个交易日的收盘价的大小比较计算出今天的OBV。数学公式如下：

$$\text{今日 OBV} = \text{昨日 OBV} + \text{sgn} \times \text{今日成交量}$$

其中sgn是符号的意思，sgn可能是+1，也可能是−1，这由下式决定：

如果今收盘价>昨收盘价，则sgn=+1；

如果今收盘价<昨收盘价，则sgn=−1。

成交量指的是成交的股票的手数，不是成交金额，有些书上没有明确指明这两个概念，但是在这里做出了明确的区别。

(3) OBV的构造原理

OBV的构造的基本原理是根据潮涨潮落的原理。可以把股市比喻成一个潮水的涨落过程。如果多方力量大，则向上的潮水大，中途回落的潮水小。衡量潮水大小的标准是成交量。成交量大，则潮水的力量就大；成交量小，潮水的力量就小。

每一天的成交量可以理解成潮水，但这股潮水是向上还是向下，是保持原来的大方向，还是中途回落，这些问题就由当天的收盘价与昨天的收盘价的大小比较而决定。

如果今收盘价>昨收盘价，则这一潮属于多方的潮水；

如果今收盘价<昨收盘价，则这一潮属于空方的潮水。

潮涨和潮落反映了多空双方力量对比的变化和最终决定大潮将趋向何处。这就是OBV的基本原理，也是OBV又叫能量潮的原因。

(4) OBV的应用法则和注意事项

① OBV不能单独使用，必须与股价曲线结合，才能发挥作用。

② OBV的最初值是不重要的，因为仅仅关心最近日子的OBV曲线的相对走势，而且OBV的取值的绝对数字是没有用处的。这一点也是广大技术分析者应该注意的地方。

③ OBV曲线的上升和下降对进一步确认当前股价的趋势有着很重要的作用。股价上升(或下降)，而OBV也相应地上升(或下降)，则可以更确认当前的上升(或下降)趋

势;股价上升(或下降),但 OBV 并未相应地上升(或下降),则对目前的上升(或下降)趋势的认可程度就要大打折扣了,这就是背离现象。OBV 已经提前告诉我们趋势的后劲不足,有反转的可能。

④ 对其他技术指标适用的形态学和切线理论的内容也同样适用于 OBV 曲线。

⑤ 在股价进入盘整区后,OBV 曲线会率先显露出脱离盘整的信号,向上或向下突破。

13.3.4 市场大盘指数

一般说来,在一个股票市场中上市交易的股票有很多,每一天交易之后,上升和下降的情况各不相同。为了反映总体的升降趋势,产生了综合指数,如道—琼斯指数、标准普尔指数、上证指数等。每种综合指数都是用一定计算方法计算出来的,力图准确而全面地反映整个市场的上升和下降的情况。但是,综合指数也有不尽如人意的时候,有时反映股市的实际情况会有偏差。这部分将介绍的三个技术指标,从某个角度上讲,能够弥补综合指数的不足,提前发出信号。

1. 腾落指数

ADL (advance decline line),中文名称为腾落指数,其实就是上升下降曲线的意思。ADL 是分析趋势的,它利用简单的加减法计算每天股票上涨家数和下降家数的累积结果,对大势的未来进行预测。

(1) ADL 的计算公式

ADL 的计算采用递推方式。假设已经知道了上一个交易日的 ADL 的值,然后,计算今天 ADL 值。如果今天所有股票中上涨的共有 NA 家,下降的共有 ND 家,不涨不跌的为 M 家,这里的涨跌的判断标准是以今日收盘价与上一日收盘价相比较。这样今天的 ADL 值为:

$$今日\ ADL = 昨日\ ADL + NA - ND$$

(2) ADL 的应用法则

值得注意的是 ADL 只看相对走势,不看取值的大小,而且 ADL 只适用于大盘,不能对个股提出有益的帮助,此外,ADL 不能单独使用,要与价格曲线联合使用。

① 如果 ADL 与价格指数同步上升(下降),则可以验证大盘的上升(下降)趋势,短期内反转的可能性不大。

② 如果 ADL 连续上涨(下跌)了几天,而价格指数却向相反方向运动了几天,这是背离现象,是买进(卖出)信号,至少有短线机会存在。

③ 在股指进入高位(低位)时,ADL 却没有同步行动,而是开始走平或下降(上升),这是趋势进入尾声的信号。这也是背离现象。

2. 涨跌比

ADR(advance-decline ratio),ADR 中文名称为涨跌比,其实就是上升下降比。由于与 ADL 有一定的联系,ADR 又称为回归式腾落指数。ADR 是由股票的上涨家数和下降家数的比值组成的,推断股票市场多空双方力量的对比,进而判断出股票市场的实际情况。

(1) ADR 的计算公式

ADR 的基本思想是观察股票上涨家数与下降家数的比率，以看出股市目前所处的大环境，进而判断出股票市场的实际情况。其计算公式为

$$\text{ADR}(n)=P_1/P_2$$

其中，P_1 表示 n 日内每天上涨家数之和；P_2 表示 n 日内每天下跌家数之和；n 表示选择的天数，是 ADR 的参数。

选择几天的股票上涨和下降家数的总和，而不是一天的上涨和下降家数的总和，目的是避免某一天的特殊表现而导致误判。参数选择没有一定的规则，完全由人为控制。目前，比较流行的是选择参数为 10，即以 10 日作为选择日数。

ADR 的图形是以 1 为中心来回波动且波动幅度的大小以 ADR 的取值为准。影响取值的因素主要是公式中分子和分母的取值。参数选择得越小，ADR 上下波动的幅度越大，曲线的起伏就越大。参数选得越大，ADR 波动的幅度越小，曲线上下就越平稳。

(2) ADR 的运用法则

① 依据 ADR 的取值看大势。ADR 的取值范围是 0 以上。从理论上讲，ADR 的取值可以取得很大，但实际情况中 ADR＞3 都很困难。ADR 的取值可以把大势分成几个区域。ADR 取值在 0.5～1.5 是 ADR 处在常态的状况，多空双方谁也不占大的优势，这个区域是 ADR 取值较多的区间。在极端特殊的情况下，主要是在外在消息引起股市暴涨暴跌的情况下，ADR 的常态状况的上下限可以扩大一些，上限可以达 1.9，下限可以到 0.4。超过了 ADR 的常态状况的上下限，就是非常态状况。ADR 进入非常态状况就是采取行动的信号，因为这表示上涨或下跌的势头过于强了，有些不合理，股价将要回头。

② ADR 要与综合指数相配合。ADR 上升(下降)而综合指数同步上升(或下降)，短期内反转的可能性不大(被称为普涨市场)；ADR 上升(下降)而综合指数向反方向移动，则短期内会有反弹(回落)，这是一种背离现象。

③ 从 ADR 曲线的形态上看大势。ADR 从低向高超过 0.5，并在 0.5 上下来回移动几次，就是空头进入末期的信号。ADR 从高向低下降到 0.75 之下，是短期反弹的信号。ADR 先下降到常态状况的下限，但不久就上升并接近常态状况的上限，则说明是多头市场已具有足够的力量将综合指数向上拉升一个台阶。

④ 不同的参数上下限也不同。ADR 的常态状况的上下限的取值是可能变化的，与选择的参数有关。不同的参数上下限也不同，一般来说，参数越大，上下限离 1 越近；参数越小，上下限离 1 越远。ADR 以 1 作为多空双方的分界线。

3. 超买超卖指标

OBOS(over bought over sold)的中文名称是超买超卖指标，也是运用上涨和下跌的股票家数的差距对大势进行分析的技术指标。与 ADR 相比 OBOS 更直观，计算更简便。

(1) OBOS 的计算公式

OBOS 是用一段时间内上涨和下跌的股票的家数的差来反映当前股市多空双方力量的对比和强弱。OBOS 计算公式为

$$\text{OBOS}(n)=\sum\text{NA}-\sum\text{ND}$$

其中，NA 是 n 日每日上涨的股票家数总和；ND 是 n 日内每日下跌的股票家数总和；

n 是 OBOS 的参数。

(2) OBOS 的应用法则

① 当市场处于盘整时期时,OBOS 的取值应该在 0 的上下来回摆动。当市场处在多头市场时,OBOS 应该是正数,并且距离 0 较远。同样,当市场处在空头市场时,OBOS 应该是负数,并且距离 0 较远。距离 0 越远,则力量越大,势头越强劲。具体 OBOS 大于或小于多少(即使多方或空方占绝对优势),这个问题是不好回答的,这一点是 OBOS 不如 ADR 的地方。同一般的规则一样,强过头了或弱过头了就会走向反面,所以,当 OBOS 过分得大或过分得小时,都是采取行动的信号。

② 当 OBOS 的走势与股价指数背离时,也是采取行动的信号,大势可能反转。这是背离现象。

③ 如果 OBOS 仍在高位(低位)形成 M 头(W 底)则就是卖出(买入)的信号。连接高点或低点的切线也能帮助我们看清 OBOS 的趋势,进一步验证是否与股价指数的走势发生背离。

④ OBOS 比 ADR 的计算更加简单,意义更加直观易懂,所以使用 OBOS 的时候较多,使用 ADR 的时候就少些。但应以 OBOS 为主,以 ADR 为辅,放弃 ADR 是不对的。

⑤ OBOS 只是针对综合指数的技术指标,对个股的选择没有任何指导意义。

13.3.5 市场人气指数

人气是影响市场价格的重要因素,市场上每次的大起大落多体现在人气的旺盛或冷清上。如果消息不能影响人气,那么不能影响市场价格。

1. 乖离率

(1) BIAS 的含义

乖离率(BIAS)是描述股价与股价移动平均线的相对距离的指标。其功能主要是通过测算股价在波动过程中与移动平均线出现偏离的程度,从而得出股价在剧烈波动时因偏离移动平均趋势而造成可能的回档或反弹,以及股价在正常波动范围内移动而形成继续原有势的可信度。BIAS 指的是相对距离。

乖离率的测试原理是建立在:如果股价偏离移动平均线太远,不管股价在移动平均线上或下,都有可能趋向平均线的这一条原理上。而乖离率则表示为股价偏离移动均线的百分比值。

(2) BIAS 的计算公式

$$N\text{ 日乖离率} = (\text{当日收盘价} - N\text{ 日移动平均价}) / N\text{ 日移动平均价}$$

式中:分子为收盘价与移动平均价的绝对距离,可正可负,除以分母后,就是相对距离。

BIAS 的公式中含有参数的项只有一个,即 MA。这样,MA 的参数就是 BIAS 的参数,也就是说,参数就是天数。参数大小的选择首先影响 MA,其次影响 BIAS。一般说来,参数选得越大,则允许股价远离 MA 的程度就越大。

(3) BIAS 的构建原理

BIAS 的原理是离得太远了就该回头,因为股价天生就有向心的趋向,这主要是由人们的心理因素造成的。另外,经济学中价格与需求的关系也是产生这种向心作用的原因。

股价低，需求就大，供不应求，股价就会上升；反之，股价高，需求就小，供过于求，股价就会下降，最后达到平衡，平衡位置就为中心。

(4) BIAS 的应用法则

① BIAS 的取值大小。找到一个正数或负数，只要 BIAS 一超过这个正数或者负数就应该考虑卖出或者买入。这个正数或负数就是采取行动与沉默的分界线。应该说明的是这条分界线与三个因素有关：BIAS 选择的参数的大小；选择的具体股票的活跃程度；不同的时期，分界线的高低也可能不同。参数越大，分界线就越高；股票越活跃，分界线也就越高。

在分界线选择数值的选取上应注意，这里仅仅是参考，应该根据具体情况对它们进行适当的调整。下面仅举一例：

BIAS(5)＞3.5%，BIAS(10)＞5%，BIAS(20)＞8%以及 BIAS(60)＞10%是卖出时机；

BIAS(5)＜−3%，BIAS(10)＜−4.5%，BIAS(20)＜−7%和 BIAS(60)＜−10%是买入时机。

② 考虑 BIAS 曲线的形状。BIAS 形成从上到下的两个或多个下降的峰，而此时价格还在继续上升，这是抛出的信号；BIAS 形成从下到上的两个或多个上升的谷，而此时价格还在继续下跌，则这是买入的信号，这时属于指标的背离。

③ 两条 BIAS 相交的情况。从两条 BIAS 线结合的方面考虑。当短期 BIAS 在高位下穿长期 BIAS 时，是卖出信号；在低位，短期 BIAS 上穿长期 BIAS 时是买入信号。

2. 心理线

PSY(psychological line)主要是从股票投资者的买卖趋向的心理因素方面，从人气和升降比率入手，对乐观与悲观进行了描述，对多空双方的力量对比进行了探索。

(1) PSY 的计算公式

$$\mathrm{PSY}(N) = A/N \times 100\%$$

式中：N 为天数，是 PSY 的参数；A 为在这 N 天之中股价上涨的天数。

例如，$N=10$，10 天之中有 3 天上涨，7 天下跌，则 $A=3$，PSY(10)＝30。这里的上涨和下跌的判断是以收盘价为准，今天的收盘价如果比上一天的收盘价高，则今天就定为上涨天；比上一天的低，则今天就定为下降天。

(2) PSY 的构造原理

PSY 是指近一段时间内上升的天数所占的比例。上涨是多方的力量，下跌是空方的力量，则 PSY 以 50 为中心，50 以上是多方市场，50 以下是空方市场。PSY 的参数的选择是人为的，没有硬性规定。为了便于计算，一般选择参数为 10。参数选得越大，PSY 的取值范围越集中，越平稳；参数选得越小，PSY 的取值范围就越大。

(3) PSY 的应用法则

① 在盘整局面，RSY 的取值应该在以 50 为中心的附近，下限一般定为 25 和 75。RSY 取值在 25～75 说明多空双方基本趋于平衡状态。如果 RSY 的取值超出了这个平衡状态，就是超买超卖，就应该注意准备采取行动了。

② RSY 的取值如果过高或过低，都是行动信号。一般说来，如果 RSY＜10 或 RSY＞90 这两种极端低和极端高的局面出现，就可以不考虑别的因素而单独采取买入和卖出

行动。

③ 当 RSY 的取值第一次进入采取行动的区域时,要等到第二次出现行动信号。几乎每次行动都要求 PSY 进入高位或低位两次才能真正称得上是安全的。

④ PSY 的曲线如果在低位或高位出现大的 W 底或 M 头是买入或卖出的行动信号。

⑤ RSY 一般最好同股价曲线相配合使用,这样更能从股价的变动中了解超买或超卖的情形。

本章小结

(1) 本章第一部分首先分析了行为金融学对于证券市场异象的解释,从而也为接下来的技术分析奠定了一定的基础。

(2) 本章第二部分介绍了技术分析的多种方法,详细说明了人们的使用过程和分析的侧重点。对于这些技术分析方法的使用过程中的局限性,也进行了一定程度的说明。

(3) 本章第三部分介绍了技术指标的相关内容,详细介绍了技术指标的定义和基本的使用技术。同时,还对多种技术指标给出了详细的计算公式和使用法则,并对这些技术指标的构造原理进行了部分说明。

基本概念

技术分析　指标法　切线法　形态法　K 线法　波浪理论　道式理论　相反理论　循环周期理论　指数平滑异同平均线(MACD)指标　相对强弱势(RSI)指标　岛形反转　趋势　缺口　移动平均线　葛兰威尔法则　威廉指标　随机指标 KDJ　相对强弱指标 RSI　能量潮指标 OBV　乖离率 BIAS　市场大盘指标

本章习题

1. 如何理解技术分析的三大假设?
2. 技术分析具有哪些原则?在应用过程中应注意哪些问题?
3. 运用 K 线理论应该注意哪些问题?
4. 道氏理论的主要思想是什么?
5. 应用技术分析的法则有哪些?
6. 移动平均线的作用是什么?
7. 何谓技术指标与价格的背离?应该如何使用?

第五部分

金融衍生市场投资分析

第 14 章 期权合约投资分析

标准化的期权合约交易始于 1973 年芝加哥期权交易所(CBOE)的看涨期权交易。这些合约的成功推出,排挤了原先股票期权的场外交易。期权合约现在多个交易所交易。标的资产有股票、股票指数、外汇、农产品、贵金属与利率期货等。而且,近年来随着为客户量身定制期权交易的膨胀,场外市场也在惊人地恢复。作为修正资产组合特征的通行的有效方法,期权已经成为资产组合专家必须了解的基本工具。本章将对期权的定义、价值和交易策略等进行详细介绍。

14.1 节:期权合约,将介绍期权的产生与发展,期权合约的含义、特点和要素,期权合约的常见类型以及期权合约的盈亏分布。

14.2 节:期权价值,将介绍内在价值与时间价值、期权价格的界限、影响期权价值的因素、标的资产价格的波动率以及标的资产的收益。

14.3 节:期权策略,将介绍卖出抛补的看涨期权、买进保护性的看跌期权、对敲策略、期权价差以及双限期权。

14.4 节:期权定价,将介绍二项式期权定价模型以及 Black-Scholes 期权定价模型及其发展。

14.5 节:类似期权的证券,将介绍可赎回债券、可转换证券、认股权证。

14.6 节:新型期权,将介绍亚洲期权、屏障期权、回顾期权。

14.1 期权合约

14.1.1 期权的产生与发展

早在公元前 3500 年,古罗马人和腓尼基人在商品交易合同中就已经使用了与期权相类似的条款。不过,有史料记载的最早的期权交易是由古希腊哲学家萨勒斯进行的。萨勒斯运用占星术对星象进行了研究,预测来年橄榄的收成会很好,因此,他与农户协商,预订了来年春天以特定价格使用榨油机的权利。正如他预料,橄榄果真实现丰收,榨油机供不应求,萨勒斯行使了自己的权利,然后再以更高的价格将这种权利转卖出去,从中获取到可观的收入。

17 世纪的荷兰郁金香事件,就是由于人们疯狂炒作郁金香球茎的期权而引发的。在 17 世纪的荷兰,郁金香更是贵族社会身份的象征,荷兰上至王公贵族,下到平民百姓,开始变卖他们的财产炒作郁金香和郁金香球茎,导致郁金香价格暴涨,批发商普遍出售远期交割的郁金香以获取利润,并从郁金香种植者那里购买期权。而当郁金香的需求扩大到世界范围时,又出现了交易郁金香球茎期权的二级市场。随后荷兰经济开始衰退,郁金香的价格暴跌。由于当时并无任何机制用以保障合约双方的权益,违约现象大量发生,于是引发了 1636 年荷兰的郁金香泡沫。

18 世纪至 19 世纪时,在工业革命和运输贸易的刺激下,欧洲和美国相继出现了有组织的场外期权交易,标的物以农产品为主。在英国以证券为标的物的期权交易一度被宣布为非法,但即使如此,期权交易也从未停止过。

进入 20 世纪,美国股票市场还没有被纳入监管之中,期权交易的声誉因为投机者的滥用更为不佳。1929 年的股灾发生以后,美国证券交易委员会建议国会取缔期权交易。在激烈的辩论后,国会认为期权交易方式仍有经济价值,但必须加强监管。

1973 年 4 月 26 日,期权市场发生了历史性的变化,一个以股票为标的物的期权交易所——芝加哥期权交易所(CBOE)成立,这堪称是期权发展史上划时代意义的事件,标志着现代意义上的期权市场的诞生。

14.1.2 期权合约的含义、特点和要素

1. 期权的含义

期权(options),又称选择权,是指赋予期权购买者在规定期限内按双方约定的价格(简称协议价格,striking price 或执行价格,exercise price)购买或出售一定数量的某种金融资产(称为标的资产,underlying financial assets)的权利的合同。

2. 期权的特点

期权交易的最大特点是买卖双方权利、义务、收益和风险均不对等,主要表现在:

① 权利不对等。合约中约定的买入或卖出标的物的选择权归属买方。期权买方向卖方支付一定数额的期权费后,便取得了在约定的期限内以约定价格向卖方购买或出售一定数量标的物的权利。

② 义务不对等。卖方负有必须履约的义务,即卖方获得期权费后,即负有向期权买方出售标的物或购买标的物的义务,当买方要求执行期权时,卖方必须履约。

③ 收益和风险不对等。当标的物市场价格向有利于买方的方向变动时,买方可能获得巨大收益,卖方则会遭受巨大损失;而当标的物的市场价格向不利于买方的方向变动时,买方可以放弃期权,买方的最大损失也是卖方的最大收益等于权利金。所以,在期权交易中,买方的最大损失为权利金,潜在收益巨大;卖方的最大收益为权利金,潜在损失巨大。

④ 保证金缴纳情况不同。由于卖方面临较大风险,因而必须缴纳保证金作为履约担保;而买方的最大风险限于已经支付的期权费,所以无须缴纳保证金。

⑤ 独特的非线性损益结构。期权交易的非线性盈亏状态与期货交易线性的盈亏状态有本质的区别。

3. 期权合约的要素

从上面关于期权的定义中可以看出,期权合约的要素有以下几类。

① 期权的买方:期权的买方(purchaser of an option)就是购买期权的一方,即支付费用从而获得权利的一方,也称期权的多头(long position)。

② 期权的卖方:期权的卖方(writer of an option)就是出售期权的一方,即获得费用因而承担着在规定时间内履行该期权合约义务的一方,也称期权的空头(short position)。

③ 执行价格：执行价格(exercise price)又称协议价格(striking price)，是指期权合约所规定的、期权卖方在行使权利时所实际执行的价格。这一价格一旦确定，则在期权有效期内，无论期权标的物的市场价格上升到什么程度或下降到什么程度，只要期权买方要求执行期权，期权卖方就必须以执行价格履行义务。

在金融期权交易中，交易所内交易的合约的执行价格是由交易所根据标的资产的价格变化趋势确定的；场外交易的执行价格则由交易双方商定。

④ 期权费：期权费(option premium)是指期权买方为获取期权合约所赋予的权利而向期权卖方支付的费用。这一费用一旦支付，则不管期权购买者是否执行期权均不予退回。它是期权合约中唯一的变量，大小取决于期权合约的性质、到期月份和执行价格等。对于卖方而言，它是期权的报酬；对于买方而言，它是买入期权所遭受损失的最高限度。期权费是交易双方在交易所内竞价形成的。

在金融期权交易中，期权费的决定是一个既重要又复杂的问题。因此，区分期权费和执行价格是十分重要的。执行价格指的是期权合约中的标的资产的价格；而期权费是期权合约的价格，更确切地说，是期权合约所赋予的权利的价格。

⑤ 通知日：当期权买方要求履行标的物的交割时，它必须在预定的交货和提运日之前的某一天通知卖方，以便让卖方做好准备，这一天就是通知日(notice day)。

⑥ 到期日：到期日(expiration date)指期权合约必须履行的时间，它是期权合约的终点。

14.1.3 期权合约的常见类型

金融期权的分类标准有很多，按不同的标准可以划分为不同的类型。

1. 按期权购买者的权利划分

按期权购买者的权利划分，期权可分为看涨期权(call options)和看跌期权(put options)。

① 看涨期权是指赋予期权的购买者在预先规定的时间以执行价格从期权出售者手中买入一定数量的金融工具的权利的合约，又称买入期权。为取得这种买的权利，期权购买者需要在购买期权时支付给期权出售者一定的期权费。因为它是人们预期某种标的资产的未来价格上涨时购买的期权，所以被称为看涨期权。

② 看跌期权是指期权购买者拥有一种权利，在预先规定的时间以执行价格向期权出售者卖出规定的金融工具，又称卖出期权。为取得这种卖的权利，期权购买者需要在购买期权时支付给期权出售者一定的期权费。因为它是人们预期某种标的资产的未来价格下跌时购买的期权，所以被称为看跌期权。

2. 按期权购买者执行期权的时限划分

按期权购买者执行期权的时限划分，期权可分为欧式期权(european options)和美式期权(american options)。

① 欧式期权是指期权的购买者只有在期权到期日才能执行期权(即行使买进或卖出标的资产的权利)，既不能提前也不能推迟。若提前，期权出售者可以拒绝履约；若推迟，期权将被作废。

② 美式期权则允许期权购买者在期权到期前的任何时间执行期权。美式期权的购买者既可以在期权到期日这一天行使期权,也可以在期权到期日之前的任何一个营业日执行期权。当然,超过到期日,美式期权也同样作废。

不难看出,对期权购买者来说,美式期权比欧式期权更为有利。因为买进这种期权后,它可以在期权有效期内根据市场价格的变化和自己的实际需要比较灵活而主动地选择履约时间。相反,对期权出售者来说,美式期权比欧式期权使他承担着更大的风险,它必须随时为履约做好准备。因此,在其他情况一定时,美式期权的期权费通常要比欧式期权的期权费要高一些。同时,也正是由于上述原因,美式期权与欧式期权在定价方法上也有着很大的不同。

从上面的分析可以看出,所谓的"欧式期权"和"美式期权"实际上并没有任何地理位置上的含义,而只是对期权购买者执行期权的时间有着不同的约定。因此,即使在欧洲国家的金融期权市场上也同样交易着美式期权;在美国的金融期权市场上也同样交易着欧式期权。世界范围内,在交易所进行交易的多数期权均为美式期权;而在大部分场外交易中采用的则是欧式期权。

3. 按执行价格与标的资产市场价格的关系划分

按执行价格与标的资产市场价格的关系划分,期权可以分为实值期权(in-the money options)、平价期权(at-the-money options)和虚值期权(out-of-the-money options)。

实值期权是指如果期权立即被执行,买方具有正的现金流;平价期权是指买方此时的现金流为零;而虚值期权是指买方此时具有负的现金流。三者与看涨期权和看跌期权的对应关系如表 14-1 所示。

表 14-1 期权价值与看涨期权和看跌期权的关系

	看涨期权	看跌期权
实值期权	市场价格 > 执行价格	市场价格 < 执行价格
平价期权	市场价格 = 执行价格	市场价格 = 执行价格
虚值期权	市场价格 < 执行价格	市场价格 > 执行价格

实值、平价和虚值期权描述的是期权在有效期内的某个时点上的状态,随着时间的变化,同一期权的状态也会不断变化。有时是实值期权,有时是平价期权,有时又变成虚值期权。

4. 根据标的资产的性质划分

根据标的资产的性质划分,期权可以分为现货期权(spots options)和期货期权(futures options)。

期权合约标的物是买方行权时从卖方手中买入或出售给卖方的资产。标的物可以是现货商品,也可以是期货合约;可以是实物资产,也可以是金融资产。

① 标的物为现货商品的期权被称为现货期权。现货期权又有金融现货期权和商品现货期权之分。金融现货期权的标的物是金融现货资产;商品现货期权的标的物是实物现货资产。

② 标的物为期货合约的期权被称为期货期权。期货期权又有金融期货期权和商品

期货期权之分。金融期货期权的标的物是金融期货合约；商品期货期权的标的物是实物商品期货合约。在芝加哥商业交易所集团上市的金融期货合约和商品期货合约，几乎都推出了相应的期权合约。

5. 按交易场所划分

按交易场所划分，期权可以分为场内期权和场外期权。

① 场外期权(over-the-counter-options, OTC options)是指在非集中性的交易场所交易的非标准化期权，也称店头市场期权或柜台期权。

② 场内期权也称交易所期权，是指由交易所设计并在交易所集中交易的标准化期权。场内交易采用标准化和集中交易，再加上结算机构提供了交易双方可靠的履约保证，有利于市场流动性的提高。

与场内期权相比，场外期权具有如下特点。

① 合约非标准化。交易所期权合约是标准化的，场外期权合约是非标准化的。

② 交易品种多样、形式灵活、规模巨大。由于场外交易双方可以直接商谈，期权品种、交易形式和交易规模等均可以按照交易者的需求进行定制，所以场外期权更能够满足投资者的个性化需求，场外期权交易也促进了新的复杂产品的诞生和交易。场外期权交易更为活跃、交易规模更大、交易形式更为多样化和复杂化。

③ 交易对手机构化。场外期权交易多在机构投资者之间进行，对于一般法人和机构投资者，其交易对手多为经验丰富的投资银行、商业银行等专业金融机构，期权合约的内容、交易方式等均由经验丰富的交易对手设计。

④ 流动性风险和信用风险大。交易所期权随时可以转让，结算机构可以保证卖方履约，而场外期权交易以上两点都无法保证。所以，场外交易具有较高的流动性风险和信用风险。

14.1.4 期权合约的盈亏分布

前面讲到，期权与远期合约以及期货合约的不同之处是它的损益的不对称性。下面就来具体地分析一下期权合约的盈亏分布，它们对于分析期权的价值是很重要的。

1. 看涨期权的盈亏分布

由于期权买卖双方是零和博弈(zero-sum games)，买者的盈亏和卖者的亏盈恰好相反，如图 14-1 所示。从图中可以看出，看涨期权买者的亏损是有限的，其最大亏损额为期权价格，而盈利则可能是无限的；相反，看涨期权卖者的盈利是有限的，其最大盈利为期权价格，而亏损可能是无限的。期权的买者以较小的期权价格作为代价换取较大盈利的可能性；而期权卖者则为赚取期权费而冒着大量亏损的风险。

2. 看跌期权的盈亏分布

同样推理，看跌期权的卖者的盈利和买者的亏损都是有限的。从图 14-2 中可以看出，当标的资产的价格跌至盈亏平衡点(等于执行价格减去期权费)以下时，看跌期权买者的最大盈利是执行价格减去期权费后再乘以每份期权合约所包含的标的资产的数量，此时标的资产的价格为零。如果标的资产的价格高于执行价格，看跌期权买者就会亏损，其最大亏损是期权费总额，如图 14-2(a)所示。看跌期权卖者的盈亏状况则与买者刚好相

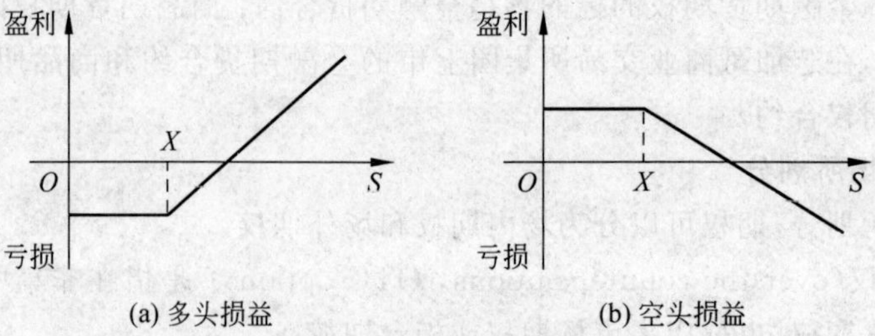

图 14-1 看涨期权的盈亏分布

反,即看跌期权卖者的盈利是有限的期权费,亏损也是有限的,其最大限度为协议价格减去期权价格后再乘以每份期权合约所包括的标的资产的数量,如图 14-2(b)所示。

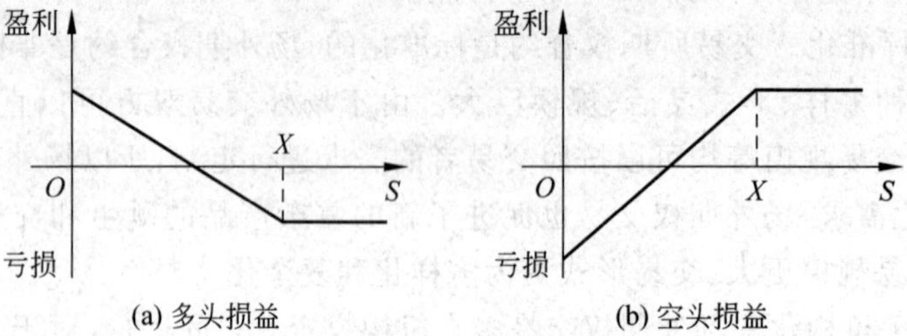

图 14-2 看跌期权的盈亏分布

下面给出到期日期权损益状态。在计算时,不包括初始期权成本。如果以 X 表示执行价格,S_T 代表标的资产的到期日价格,则:

欧式看涨期权多头的损益为 $\max(S_T-X,0)$;

欧式看涨期权空头的损益为 $\min(X-S_T,0)$;

欧式看跌期权多头的损益为 $\max(X-S_T,0)$;

欧式看跌期权空头的损益为 $\min(S_T-X,0)$。

14.2 期权价值

14.2.1 内在价值与时间价值

期权价值可以分为两部分:内在价值(intrinsic value)和时间价值(time value)。一份期权合约的价值等于其内在价值与时间价值之和。

1. 期权的内在价值

期权的内在价值是指多方行使期权时可以获得的收益的现值,它通常指标的资产的市场价格与执行价格之间的关系。下面直接给出内在价值的汇总表而省略了证明,见表 14-2。

表 14-2 期权的内在价值

			内在价值
欧式期权	看涨期权	无收益资产	$S-Xe^{-r(T-t)}$
		有收益资产	$S-D-Xe^{-r(T-t)}$
	看跌期权	无收益资产	$Xe^{-r(T-t)}-S$
		有收益资产	$Xe^{-r(T-t)}-S+D$
美式期权	看涨期权	无收益资产	$S-Xe^{-r(T-t)}$
		有收益资产	$S-D-Xe^{-r(T-t)}$
	看跌期权	无收益资产	$X-S$
		有收益资产	$X-S+D$

其中，S 表示标的资产的当前市价，X 表示执行价格，r 是无风险利率水平，$T-t$ 表示到期时间，D 表示在期权有效期内标的资产现金收益的现值。

当标的资产的市场价格低于执行价格时，期权多方是不会行使期权的，因此期权的内在价值应大于等于 0。

2. 期权的时间价值

然而，在到期日之前，期权的价值应该超出其内在价值，其差额是时间价值。通常，时间价值是指在期权有效期内标的资产价格波动为期权持有者带来收益的可能性所隐含的价值。一个极端的例子是：当股票价格等于或低于执行价格时，期权没有正的内在价值；此时的期权价格反映的是在期权到期日之前资产价格存在上涨到执行价格以上的可能性。显然，标的资产价格的波动率越高，期权的时间价值就越大。

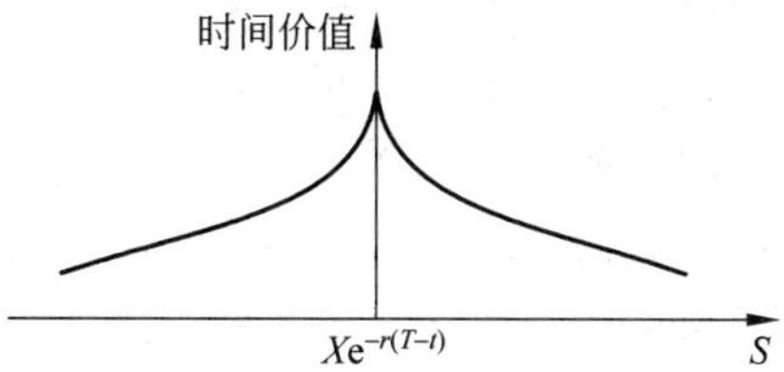

图 14-3 无收益资产看涨期权时间价值与 $S-Xe^{-r(T-t)}$ 的关系

此外，期权的时间价值还受期权内在价值的影响。如无收益资产看涨期权，当 $S=Xe^{-r(T-t)}$ 时，期权的时间价值最大。当 $S-Xe^{-r(T-t)}$ 的绝对值增大时，期权的时间价值是递减的，如图 14-3 所示。

同样地，还可以得出如下结论：有收益资产看涨期权的时间价值在 $S=D+Xe^{-r(T-t)}$ 点最大，而无收益资产欧式看跌期权的时间价值在 $S=Xe^{-r(T-t)}$ 点最大，有收益资产欧式看跌期权的时间价值在 $S=Xe^{-r(T-t)}-D$ 点最大，无收益资产美式看跌期权的时间价值在 $S=X$ 点最大，有收益资产美式看跌期权的时间价值在 $S=X-D$ 点最大。

14.2.2 期权价格的界限

为了推导出期权定价的精确公式，先得找出期权价格的上、下限。期权价格的上限和下限是期权在到期日之前的期权价格的波动区间。

1. 期权价格的上限

令 S 表示标的资产的现价;X 表示期权的执行价格;T 表示期权的到期时间;t 表示现在的时间;S_T 表示在 T 时刻标的资产的价格;r 表示无风险利率;C 表示购买一单位标的资产的美式看涨期权的价格;P 表示出售一单位标的资产的美式看跌期权的价格;c 表示购买一单位标的资产的欧式看涨期权的价格;p 表示出售一单位标的资产的欧式看跌期权的价格。

看涨期权的持有者有权以某一确定的价格购买一单位标的资产,因此期权的价格不可能超过标的资产的价格,标的资产的价格就是期权价格的上限:$c \leqslant S$ 和 $C \leqslant S$ 。如果 $C > S$ 或 $C > S$,则套利者通过购买标的资产并卖出看涨期权可以轻易地获得无风险收益。

看跌期权的持有者有权以 X 的价格出售一单位的标的资产,由于标的资产的价格不可能小于零,所以期权的价格不会超过 X :$p \leqslant X$ 或 $P \leqslant X$。同样地,如果不存在上述关系,套利者通过购买标的资产并且出售看跌期权则可获得无风险收益。而对于欧式看跌期权来说,合约只能在到期日执行,在 T 时刻,期权的价格不超过 X,因此期权的现值不会超过 X 的现值:$p \leqslant Xe^{-r(T-t)}$。

2. 期权价格的下限

当 $c < S - Xe^{-r(T-t)}$ 时,套利者可以购买欧式看涨期权,卖出标的资产,流入的现金为 $S - c$,大于 $Xe^{-r(T-t)}$,将这笔资金用于无风险利率的投资,在期权到期日可以获得超过 X 的现金流入。如果标的资产的价格高于 X,则执行期权,买入标的资产将原先的标的资产空头平仓;如果标的资产的价格低于 X,则可从市场上直接购买标的资产进行平仓,并可获得更大的收益。由此可见,当 $c < S - Xe^{-r(T-t)}$ 时,存在无风险的套利机会,所以欧式看涨期权的价格下限为 $S - Xe^{-r(T-t)}$。

同样地,当 $p < Xe^{-r(T-t)} - S$ 时,在期初借入 $S + p$ 的资金,用于购买欧式看跌期权和标的资产,在到期日卖出标的资产进行平仓,从而获得无风险的收益。因此欧式看跌期权的价格下限为 $Xe^{-r(T-t)} - S$ 。对于美式看跌期权而言,由于有可能提前执行,更严格的条件是:$P \geqslant X - S$ 。

应当注意的是倘若标的资产在期权有效期内支付红利,由于红利使标的资产的价格降低,从而使看涨期权的价格降低,看跌期权的价格上升,其影响的幅度为红利的现值,设其为 D,于是上面的结论调整为:

欧式看涨期权价格的下限是:$c > S - D - Xe^{-r(T-t)}$;

欧式看跌期权价格的下限是:$p > D - S + Xe^{-r(T-t)}$。

14.2.3 影响期权价值的因素

影响期权价值的因素主要有以下几类。

1. 标的资产的市场价格与期权的执行价格

由于看涨期权在执行时,其收益等于标的资产的市场价格与执行价格之差。因此,标的资产的价格越高、执行价格越低,看涨期权的价格就越高。

对于看跌期权而言,由于执行时其收益等于执行价格与标的资产市场价格的差额,因此,标的资产的价格越低,执行价格越高,看跌期权的价格就越高。

2. 期权的有效期

对于美式期权而言，由于它可以在有效期内的任何时间执行，有效期越长，多头获利机会就越大，而且有效期长的期权包含了有效期短的期权的所有执行机会，因此有效期越长，期权价格越高。

对于欧式期权而言，由于它只能在期末执行，有效期长的期权不一定包含有效期短的期权的所有执行机会。这就使欧式期权的有效期与期权价格之间的关系显得较为复杂。但在一般情况下(即剔除标的资产支付大量收益这一特殊情况)，由于有效期越长，标的资产的风险就越大，空头亏损的风险也越大，因此即使是欧式期权，有效期越长，其期权价格也越高，即期权的边际时间价值(marginal time value)为正值。还应注意到，随着时间的延长，期权时间价值的增幅是递减的。换句话说，对于到期日确定的期权来说，在其他条件不变时，随着时间的流逝，其时间价值的减少是递增的。这意味着，当时间流逝同样长度，期限长的期权的时间价值的减少幅度将小于期限短的期权的时间价值的减少幅度。

还注意到，如上已经一再展示的，期权的时间价值取决于标的资产和期权执行价格之间差额的绝对值。当差额为 0 时，期权的时间价值最大。当差额的绝对值增大时，期权的时间价值是递减的。

3. 无风险利率水平

对买方而言，期权购买者只需要支付期权费购买期权，从而其余资金可以无风险利率进行投资。故当无风险利率上升时，看涨期权的价格随之升高。对卖方而言，期权出售者直到期权多头行权才能卖出标的资产收回资金。故当无风险利率升高时，卖方资金机会成本变高，从而看跌期权的价格随之降低。当无风险利率下降时，无风险利率对看涨期权和看跌期权的作用相反。

14.2.4 标的资产价格的波动率

简单地说，标的资产价格的波动率是用来衡量标的资产未来价格变动不确定性的指标，一般以百分比表示。由于期权多头的最大亏损额仅限于期权价格，而最大盈利额则取决于执行期权时标的资产市场价格与执行价格的差额，因此波动率越大，对期权多头越有利，期权价格也应越高。

常用的波动率有两种：历史波动率(historical volatility)及隐含波动率(implied volatility)。历史波动率是以标的资产(如期货合约)的历史价格数据为基础计算的收益率年度化的标准差，是对历史价格波动情况的反映。然而，由于股价波动难以预测，利用历史波动率进行预测一般都不能保证准确。隐含波动率则是指市场上交易中的期权价格蕴含的波动率。它是将期权市场上某一期权合约的期权费及其他几个参数输入期权定价模型倒向计算而来的，反映的是市场对价格波动率的看法。

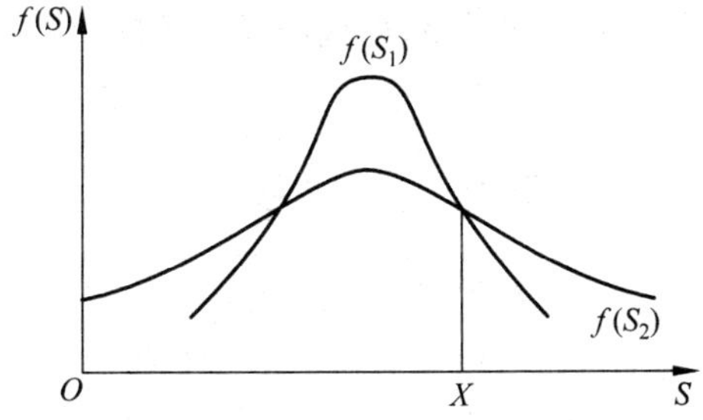

图 14-4　资产价格的对数正态分布

图 14-4 中横轴代表标的资产的价格，纵

轴代表价格的概率密度。X 为执行价格，$f(S_1)$，$f(S_2)$ 为标的资产价格的密度函数，对应于不同的波动率。对于看涨期权而言，只有当 $S>X$ 时，期权的价值才为正。显然，当标的资产的价格分布由 $f(S_1)$ 变为 $f(S_2)$ 时，$S>X$ 的可能性增大，因此看涨期权的价值相应增大。同理，对看跌期权的分析亦然。

14.2.5 标的资产的收益

由于标的资产的分红付息等将减少标的资产的价格，而执行价格并未进行相应的调整，因此在期权有效期内标的资产产生收益将使看涨期权价格下降，而使看跌期权价格上升。

在表 14-3 中，将各种因素对期权价值的影响做了一个汇总。

表 14-3 影响期权价值的因素及其作用方向

影响因素	作用方向	
	看涨期权	看跌期权
资产的市场价格	↑	↓
执行价格	↓	↑
有效期	↑	↑
资产价格的波动	↑	↑
无风险利率	↑	↓
资产的收益	↓	↑

由以上分析可知，决定和影响期权价格的因素有很多，而且各因素对期权价格的影响也很复杂。特别是某些因素在不同时间和不同的条件下，对期权价格的影响也各不相同。另外，从以上分析中可以看到，各因素对期权价格的影响，既有方向的不同，又有程度的不同。于是，在同时影响期权价格的各因素间，既有互补关系的，又有抵消关系的。可见，期权价格的决定是异常复杂的。

14.3 期权策略

证券投资风险分为系统性风险和非系统性风险。对于非系统性风险，投资者可以通过分散化投资进行消除，而对系统性风险则是无法依靠组合投资进行降低的。针对证券投资的系统性风险，期权的投资策略可以用来有效地降低风险和增加投资回报。常用的与期权相关的投资策略包括以下几种。

14.3.1 卖出抛补的看涨期权

抛补的看涨期权(covered call)的头寸是指投资者买进股票的同时卖出相同标的的看涨期权。这种头寸被称为“抛补的”是因为投资者将来交割股票的义务正好被手中所持有的股票所抵消。相反，假定没有股票而卖出股票则称作“买裸期权”(naked option writing)。如表 14-4 所示，抛补的看涨期权的到期价值等于股票价值减去期权价值。

采取这一期权策略，投资者按照期权执行价格 X 出售手中的股票。如果同时出售以该股票为标的资产的看涨期权，那么投资者可以获得一笔期权费。当股票价格升至 X 时，股票会随期权的执行而售出。尽管这样操作会失去股票价格进一步上升的收益，但投资者毕竟得到了期权费作为补偿，并确保股票按照原先设定的价格卖出(图 14-5)。

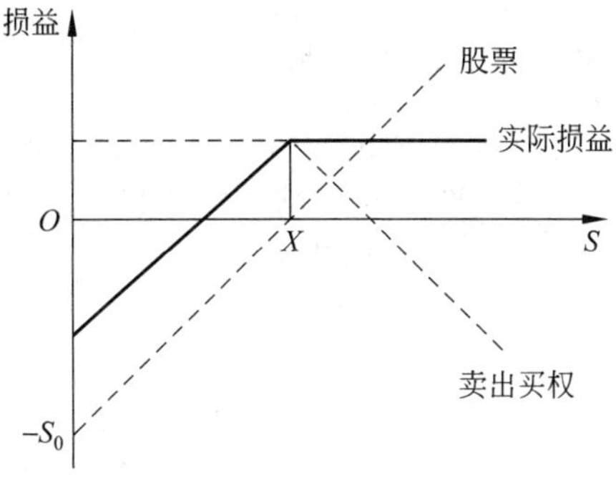

图 14-5　抛补的看涨期权的到期价值

表 14-4　抛补的看涨期权的到期价值

	$S_T \leqslant X$	$S_T > X$
股票的收益	S_T	S_T
+看涨期权的收益	-0	$-(S_T - X)$
=总计	S_T	X

14.3.2　买进保护性的看跌期权

从对卖出抛补的看涨期权的分析中可以看出，选择这种策略可使投资者在股票下跌时得到保护，但当股价大涨时却要卖出股票，从而失去可以获利的投资机会。在此，介绍另一种投资策略，即买进保护性的看跌期权(protective put)。它是指投资者在买入股票的同时也买入看跌期权，该期权为股票提供一个有保证的出售价格。如果投资者选择这种战略，不但可以在股价下跌时得到保护，而且在股价上涨时可以获利无限。

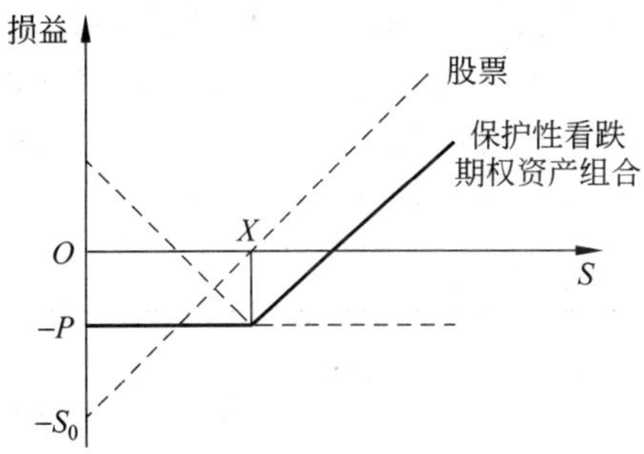

图 14-6　保护性看跌期权与股票投资

买看跌期权以保护既存的股票头寸，或者在买股票的同时买进看跌期权，能够为克服市场的不稳定性提供所需要的保险。图 14-6 表明，保护性看跌期权提供了防止股价下跌的保证，有效阻止了投资损失。因此，它是一种资产组合保险(portfolio insurance)。

表 14-5 显示了这种投资组合在到期时的总价值：不管股价如何变化，投资者能够在到期时得到一笔等于期权执行价格的收益，因为当股票价格低于执行价格时，投资者有权以执行价格出售该股票。

表 14-5　保护性看跌期权的到期价值

	$S_T \leqslant X$	$S_T > X$
股票收益	S_T	S_T
+看跌期权的收益	$X - S_T$	0
=总计	X	S_T

14.3.3 对敲策略

所谓对敲策略(straddles)就是同时买进或出售具有相同执行价格、到期日期的同一股票的看涨期权和看跌期权。同时买进称为多头对敲(long straddle);同时出售称为空头对敲(short straddle)。两者的损益曲线分别如图 14-7 和图 14-8 所示。

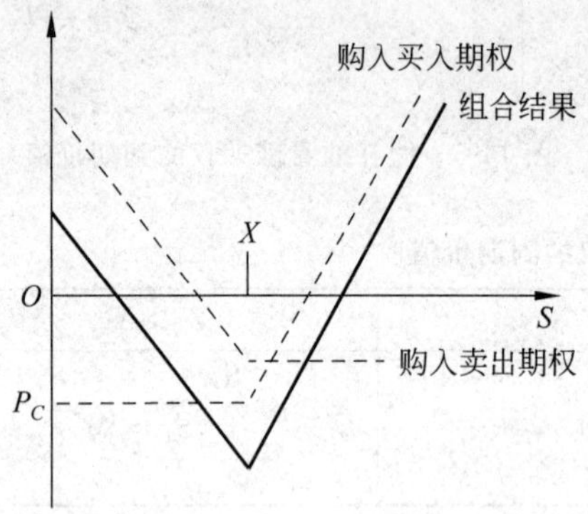

图 14-7 多头对敲(long straddle)损益图

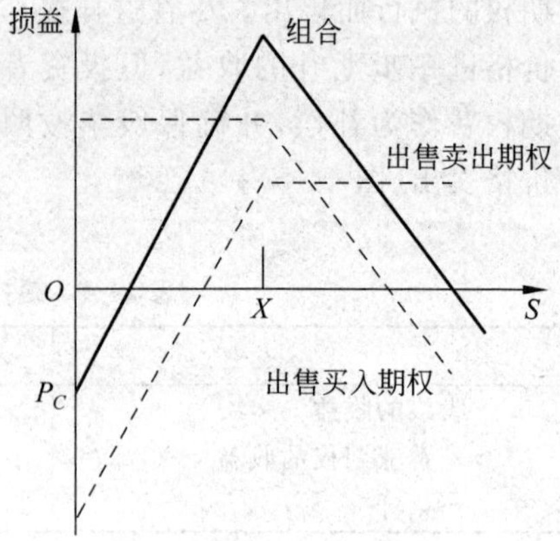

图 14-8 空头对敲(short straddle)损益图

从对敲策略的损益图可以看出,当投资者预期股票价格出现较大波动时,采用多头对敲策略可获得收益。这种策略对于预期股价将大幅升降但不知向哪个方向运动的投资者而言,是十分有用的。例如,假设你认为一场会影响公司命运的官司即将了结,而市场对此尚未了解。

若该案的判决对公司有利,则股价就会翻番;若不利,股价可能将为原先的一半。在这种情况下,不管官司的结果如何,多头的对敲都是很好的策略,因为股价无论上升还是下降都会使得期权价值增加。然而,当股票价格没有什么变化,即 $S_T=X$,则看涨期权和看跌期权的都是毫无价值地失效了,投资者就损失了购买期权的支出。针对这种情况,即当投资者预期股票价格没有较大变化时,可以采取空头对敲获得利润。

多头对敲的到期价值如表 14-6 所示。

表 14-6 多头对敲的到期价值

	$S_T<X$	$S_T\geqslant X$
看涨期权的收益	0	S_T-X
+看跌期权的收益	$X-S_T$	0
=总计	$X-S_T$	S_T-X

14.4 期权定价

14.4.1 二项式期权定价模型

二项式期权定价模型(binomial option pricing model,BOPM),是对期权进行估价相对简单且行之有效的方法,它是通过统计中的二项分布(假定只有两种可能结果)而推算出来的。

BOPM 建立的基础假设主要有：

① 市场为无摩擦的完美市场(perfect market)，即市场投资没有交易成本。这意味着不支付税负、没有买卖价差(bid-ask spread)、没有经纪商佣金(brokerage commission)、信息对称等。

② 投资者是价格的接受者，投资者的交易行为不能显著地影响价格。

③ 允许以无风险利率借入和贷出资金。

④ 允许完全使用卖空所得款项。

⑤ 未来股票的价格将是两种可能值中的一种。

下面，可以分 6 个步骤对看涨期权的二项式期权定价模型进行分析。

第一步，未来股价可能的运动形态。假定某种股票的价格从目前的价格水平 S_0 变化的最终结果只存在两种可能：S_u 和 S_d。S_u 表示上涨的价格，S_d 表示下跌的价格。为便于分析，设定 $S_u=S_0 \cdot u$，$S_d=S_0 \cdot d$，其中 u 和 d 固定。假定 $d<1+r<u$①，则未来股价的运动形态可表达为

$$S_0\begin{cases} S_u = S_0 \cdot u \\ S_d = S_0 \cdot d \end{cases}$$

第二步，期权的价格分布。由第一步，可以计算出看涨期权在到期日时的价值。

看涨期权的价格分布为

$$c_0\begin{cases} \max\ (0, S_u - X) = c_u \\ \max\ (0, S_d - X) = c_d \end{cases}$$

第三步，构建对冲投资组合(表 14-7)。通过抛出看涨期权来抵消股票投资的风险，即构建一个包含一个看涨期权和一只股票的组合。根据这一组合可以得到一组确切的未来现金流量，因此这一组合是一个对冲投资组合(hedge portfolio)。首先卖出一个看涨期权，其结果是在当期 0 时刻收到相当于期权价格($+c_0$)的正值现金流，但要求在到期日支付期权值为 $-c_u$ 或 $-c_d$。然后购入一定数量的股票(h_c 将在第四步中确定)。

表 14-7　对冲组合的现金流

交易策略	当期(0 时刻)	到期日(T 时刻)	
		$S_T=S_u$	$S_T=S_d$
卖出一个看涨期权	$+c_0$	$-c_u$	$-c_d$
买入 h_c 股票	$-h_cS_0$	$+h_cS_u$	$+h_cS_d$
净现金流	$c_o-h_cS_0$	$h_cS_u-c_u$	$h_cS_d-c_d$

第四步，确定对冲比。h_c 为卖出看涨期权后所必须购买的股票数量，以此对冲未来的投资风险。由于该组合为无风险组合，故在到期日 T 时刻股价上升时的现金流必然等于股价下降时的现金流，于是存在

$$h_c \cdot S_u - c_u = h_c \cdot S_d - c_d \tag{14.1}$$

① 如果 $d>1+r$，则股票收益率恒高于无风险收益率，这种情况下每个人都将以 r 借入资金然后投资于股票，以获取套利利润；若 $u<1+r$，则股票收益率恒低于无风险收益率，这种情况下每个人都将卖空股票，以 r 借出资金，以获取套利利润。

由此可以解出

$$h_c: h_c = \frac{c_u - c_d}{S_u - S_d} \tag{14.2}$$

第五步,根据无风险套利原则解出看涨期权的价格。由无套利定价原则可知,投资组合在期初的现金流在期末只能获得无风险收益,否则套利者必然会进行套利活动使组合价格重新达到均衡。故根据表14-7,期初0时刻的现金流为 $c_0 - h_c \cdot s_0$,期末 T 时刻的现金流为 $h_c \cdot s_u - c_u$ 或 $h_c \cdot s_d - c_d$,用无风险利率 r 对期末现金流进行贴现得

$$c_0 - h_c S_0 = \frac{h_c S_u - c_u}{1+r} \tag{14.3}$$

再将该投资组合对冲比 h_c^* 代入式(14.3),从而可将二项式期权定价模型的一般形式表达为

$$c_0 = h_c^* S_0 + \frac{c_d - h_c^* S_d}{1+r} \tag{14.4}$$

第六步,将单期扩展为多期。如果将当期0时刻到 T 时刻分成无限个时间间隔,并允许股票价格在每一个价格时间中以很小的幅度上下波动,那么随之产生的期权定价模型就是著名的Black-Scholes期权定价模型。

14.4.2 Black-Scholes 期权定价模型及其发展

1. 看涨期权的定价公式

自从期权交易产生以来,尤其是股票期权交易产生以来,人们就一直致力于对期权定价问题的探讨。但在1973年以前,这种探讨始终没有得出令人满意的结果,其中一个最难解决的问题是无法适当地描述期权标的资产的价格波动性及其对期权价格的影响。1973年,美国芝加哥大学教授费雪·布莱克和麦伦·斯科尔斯发表了《期权定价和公司负债》一文,提出了有史以来的第一个期权定价模型,即布莱克—斯科尔期权定价模型(Black-Scholes options pricing model,BSOPM),在学术界和实务界引起了强烈的反响。

Black-Scholes期权定价模型于1973年首次在《政治经济杂志》(*Journal of Political Economy*)发表。与此同时,默顿(Merton)也发现了同样的公式及许多其他有关期权的有用结论,并将论文几乎同时在不同刊物上发表。所以,期权定价模型亦可称为布莱克—斯科尔斯—默顿定价模型。在此,重点介绍Black-Scholes期权定价模型。

【14-1】

麦伦·斯科尔斯(Myron Scholes,图中左侧,1941.7.1—)是一位美国经济学家,主要的成就是与费雪·布莱克(Fischer Black)发展出计算金融衍生工具的布莱克—斯科尔斯模型,并因此获得1997年的诺贝尔经济学奖。布莱克—斯科尔斯模型提供人们计算选择权价值的基本概念,并且成为全球金融市场的标准模型。

费雪·布莱克(Fischer Black,图中右侧,1938.1.11～1995.8.30)是美国经济学家,布莱克—斯科尔斯模型的提出者之一。费雪·布莱克是位充满传奇色彩的人物。他从没受过正式的金融和经济学训练,却在几年之内创立了现代金融学的基础。他能轻易地获得芝加哥大学和MIT的终身教授头衔,也能自如地放弃,再次投身于金融衍生产品的革命大潮中。他频繁地在象牙塔和华尔街之间穿梭、游弋,给那些以为理论和实践是两个截然不同世界的人出了大大的难题。在他因病去世一年后,诺贝尔将经济学奖颁给了参与创建模型的两位学者麦伦·斯科尔斯和罗伯特·默顿,遗憾的是布莱克终未获此毕生殊荣。

罗伯特·C.默顿 (RobertC. Merton)1944 年生于美国纽约,由于他对布莱克—斯科尔斯公式所依赖的假设条件做了进一步减弱,在许多方面对其做了推广,因而获得1997 年诺贝尔经济学奖。2005 年 4 月他的著作《连续时间金融》正式推出,使得国内的读者再一次把关注和探究的目光投向这位被保罗·萨缪尔森称为"站在一群巨人肩膀上"的人物身上。

Black-Scholes 期权定价模型有以下 5 个重要的假设。

① 金融资产收益率服从对数正态分布。

② 在期权有效期内,无风险利率和金融资产收益率变量是恒定的。

③ 市场无摩擦,即不存在税收和交易成本。

④ 金融资产在期权有效期内无红利及其他所得(该假设后被放弃)。

⑤ 该期权是欧式期权,即在期权到期前不可执行。

Black-Scholes 公式是基于期权可以完全消除股票投资组合的市场风险的原理而导出的。布莱克和斯科尔斯假设: 在没有佣金费用的条件下,为了达到利用期权的收益(或损失)冲抵股票损失(或收益)的目的,就必须经常地对套期保值头寸的期权与股票的比率进行调整。由于这一头寸理论上是没有风险的,可以期望套期保值可以获得无风险利率的收益,这一点与推导资本资产定价模型(CAPM)时的假设有些类似。如果无风险套期保值应获得无风险利率的收益,就可推知: 套期保值的回报率等于短期的无风险利率时,期权的期权费就是期权的公允价值。如果期权的价格高于或低于其公允价值,无风险的套期保值头寸就将获得不同于无风险利率的回报。因为这与均衡概念不相符,可以期望期权的价格将会经过调整而逐渐趋向公允价值。

利用这一概念,布莱克—斯科尔斯推导出了一个确定期权价格的明确公式,即

$$c = SN(d_1) - Xe^{-r(T-t)}N(d_2) \tag{14.5}$$

$$d_1 = \frac{\ln(S/X) + (r + \frac{1}{2}\sigma^2)(T-t)}{\sigma\sqrt{T-t}}$$

$$d_2 = \frac{\ln(S/X) + (r - \frac{1}{2}\sigma^2)(T-t)}{\sigma\sqrt{T-t}} = d_1 - \sigma\sqrt{T-t}$$

式中: $N(d_1)$,$N(d_2)$为正态分布的累积函数,可通过查表求出。其中,$N(d_1)$称为虚

拟概率(pseudo-probability),它表示的是根据期权再溢价的程度调整之后到期时期权再溢价的概率;$N(d_2)$ 是到期时期权再溢价的实际概率。S 为现在股票的价格。X 为执行价格。r 表示连续复利的年度无风险利率。σ 为连续复利的以年计算的股票收益率的标准差。T 为期权到期日,则 $T-t$ 为距离到期日的时间。

这样,期权的价值就可以表示为购买股票的预期收益和到期时支付的执行价格的现值两者之差。由此可见,对于一份看涨期权而言,只有在执行时得到的股票价值高于所支付的执行价格,这份期权才是有价值的。

从期权定价的公式可以看出,看涨期权的价值主要取决于 5 个变量:股票价格 S 、期权的执行价格 X 、期权的到期时间 T 、无风险利率 r 和股票的价格波动率 σ。当上述一个变量改变,而其他变量不变时,看涨期权的价值呈现如下特征。

① 标的股票的价格 S 越高,看涨期权的价值也就越高。

② 期权执行价格 X 越高,看涨期权的价值越低。

③ 期权的到期时间 T 越长,看涨期权的价值越高。

④ 无风险利率 r 越高,看涨期权的价值越高。

⑤ 标的股票的价格波动率 σ 越大,看涨期权的价值越高。

2. Black-Scholes 期权定价模型参数估计

如果观察期权定价所需的 5 个变量:S、X、T、r、σ,发现前面 4 个很容易获得。第 5 个变量却不那么清楚,即对应资产的变动率或称波动率(volatility)。

通常,有两种方法可以对波动率进行估计,即历史波动率(historical volatility)和隐含波动率(implied volatility)。确定波动率的第一种方法是历史波动率,它是指某段预先给定时间区间上实际市场价格的标准差。

历史波动率可用收益率标准差计算:

$$\sigma = \sqrt{\frac{1}{n}\sum_{t=1}^{n}(R_t - \overline{R})^2} \tag{14.6}$$

式中,R 为收益率的连续复利值。

另一种方法是估计股票收益率的隐含波动率。隐含波动率是指市场对于标的证券未来波动的估计值,隐含在权证价格的变动中。通常期权在实值或虚值状态时,隐含波动率会比平价状态时高,离履约价越远,隐含波动率会越高,形成所谓的微笑曲线(smile curve)。

由于隐含波动率直接与现在的市场价格相联系(通过 Black-Scholes 定价公式),一些分析家认为它与从历史数据中得到波动率相比更好。隐含波动率经常是前瞻的,因为它基于现在的价格,而现在的价格可能包含未来的预期。

3. 看涨期权与看跌期权的平价关系(put-call parity)

Black-Scholes 模型是看涨期权的定价公式,根据看涨期权与看跌期权的平价关系理论可以推导出看跌期权的定价公式。该理论是汉斯·斯托(Hans Stoll)提出的。其核心思想是看跌期权的价格、看涨期权的价格、标的资产的价值以及无风险利率形成一个相互关联的证券复合物。如果知道了其中 3 种资产的价值,就能得到第四种资产的价值。理解期权平价理论对于掌握 Black-Scholes 模型的含义大有裨益。

以如表 14-8 所示的看涨期权与看跌期权的平价套利组合为例。当存在一个无风险的套利机会时，套利活动就出现了。如果不论未来股价如何，某项投资的头寸总为零，那么该投资的初始成本也应为零。表 14-8 中的情形为欧式期权和不分红的股票，投资者可以买入股票和一份看跌期权，同时卖空一份看涨期权以便构造一个投资组合，从而使其头寸为零。并且无论未来股价如何变化，在期权到期时，该投资组合的头寸总是为零。

表 14-8　看涨期权与看跌期权的平价关系套利表

行　　为	现　金　流	期权到期时的股价	
		$S_T<X$ 时的价值	$S_T>X$ 时的价值
卖空看涨期权	$+C$	0	$X-S_T$
+买进股票	$-S_0$	S_T	S_T
+买进看跌期权	$-P$	$X-S_T$	0
+借入资金	$X/(1+r)^T$	$-X$	$-X$
=总计	$C-P-S_0+[X/(1+r)^T]$	0	0

表中，C 为看涨期权费，P 为看跌期权费，S_0 是当前的股价，S_T 为期权到期时的股价，X 为执行价格，r 为无风险利率，T 为距离期权到期的时间。

假设某投资者借钱进行投资，买入股票和一份看跌期权，同时卖出一份看涨期权，而且两份期权都是实值期权。投资者将会持有该头寸直到到期。这样就会造成一个理论上完美的套期保值，而且银行也愿意以无风险利率进行贷款（理论上）。套利的利润应该等于 0，所以根据无风险套利原则，投资组合在期末的现金流为 0 时，则在期初这个组合的合理价格也应该为 0，从而有

$$C-P-S_0+[X/(1+r)^T]=0 \tag{14.7}$$

前面已经给出了所有变量的定义；另外，S 表示股票的价值。这样就得到了看涨期权/看跌期权的平价关系（仅对欧式期权严格成立）。看涨期权/看跌期权的平价模型可表示为

$$C-P=S-\frac{X}{(1+r)^T} \tag{14.8}$$

14.5　类似期权的证券

许多金融工具或协议都具有或明或暗地将选择权给一方或多方的特点。如果想正确地评价并运用这些证券，就必须先理解这些嵌入期权(embedded option)的性质。

14.5.1　可赎回债券

大部分公司发行债券时都带有赎回条款，即发行方在将来某时间可以以约定的赎回价格将债券从持有人手中买回。赎回条款实际上是给发行人的看涨期权，执行价格即约定的赎回价格。可赎回债券实质上是发行者出售给投资者的普通债券（没有期权特点，如

可赎回、可转换等的债券)与同时投资者出售给发行者的看涨期权的组合。

当然公司必须为它所拥有的这种隐式看涨期权付出代价,所以,在同样的息票利率下,可赎回债券比普通债券的价格低,并且希望这个价差等于期权价格。如果可赎回债券是平价发行,那么其息票利率必须高于普通债券,高息票是对投资者的补偿,因为发行公司拥有看涨期权。为使新债券能够平价发行,息票率是经过认真选择的。

图 14-9 描述了这种类似期权的证券。横轴表示与可赎回债券的其他条款相同的普通债券的价值,45°虚线表示普通债券的价值,实线表示可赎回债券的价值,点线表示公司所拥有的看涨期权的价值。由于公司拥有赎回期权的选择权,所以可赎回债券的潜在的资本利得是有限的。

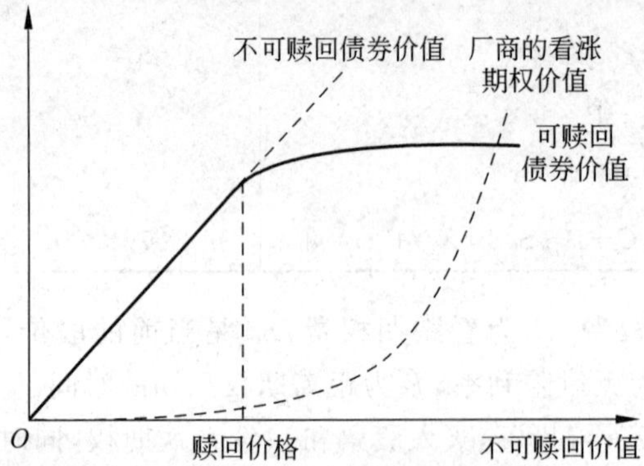

图 14-9 可赎回债券价值与普通债券价值的比较

隐含在可赎回债券里的期权实际比一般看涨期权更复杂,因为它通常是在经过一段期权保护期后,才可以执行,且债券的赎回价格随时间是变化的。与交易所内交易的期权不同,可赎回债券的这些特点定义在最初的债券契约中,而且也取决于发行公司自身的需要与对市场的把握。

14.5.2 可转换证券

可转换债券或可转换优先股都是其持有者(而非发行公司)拥有期权。不管证券的市场价值如何,可转换证券的持有者有权将债券或优先股按照约定比例换为普通股。债券的转换价值(conversion value)等于即刻转换所获得的股票的价值。很明显,债券的售价应至少等于转换价值。否则,就可以买入债券,立刻转换,而获得净利。这种情况不会持续,因为所有投资者都这样做,最终债券会升值。

普通债券价值是不能转换为股票的债券的价值。可转换债券的售价必须大于普通债券价值,因为可转换这一特点是有价值的。实际上可转换债券是一个普通债券与一个看涨期权的组合。于是,可转换债券的市场价值有两个底价限制:转换价值与普通债券价值。

14.5.3 认股权证

认股权证(warrant)实际上是公司发行的看涨期权,它与看涨期权的一个重要区别在于认股权证的执行需要公司发行新股,这就增加了公司的股票数。而看涨期权的执行只需要卖方交割已经发行的股票，公司的总股数不变。与看涨期权的另一个不同在于，当认股权证的持有者以执行价格购买股票时会为公司带来现金流。这些不同点使得具有相同条款的认股权证与看涨期权具有不同的价值。

与可转换债券类似，认股权证的条款可以根据公司的需要而定。同样与可转换债券相似，当发生股票分割与支付红利时，执行价格与认股权证的数目也要做调整，从而使认股权证不受其影响。

认股权证常与其他证券结合在一起发行。例如，债券常常附带认股权证一起发行，当然，认股权证也常常单独发行，称为独立认股权证。一旦执行，认股权证与可转换证券就创造了增加公司股票总数的机会，显然会影响公司的以每股计的财务统计数据，所以公司年报中必须提供假如所有可转换证券与认股权证都被执行时的每股收益，这被称为完全稀释的每股收益。

14.6 新型期权

期权市场获得了巨大的成功，正是期权交易才使种种投资组合成为可能，投资者对此有清楚的估价，市场交易量之大也反映了这一点。成功诱发模仿，近年来目睹了期权工具领域的巨大创新。部分创新发生在客户化期权市场，这使场外市场交易非常活跃。很多这种期权甚至在几年前看起来还不可思议，因此被称为新型期权(exotic options)。在本节中，将从中挑选一些有趣的期权来介绍。

14.6.1 亚洲期权

亚洲期权的收益取决于标的资产在至少是期权部分有效期内的平均价格。例如，一个亚洲期权的收益等于在过去三个月中股票的平均价格减去执行价格(如果这个值为正，否则便为零)。有些公司会对这种期权感兴趣，如公司相对其利润进行套期保值，而利润又取决于某段时间的商品的平均价格。

14.6.2 屏障期权

屏障期权的收益不仅取决于期权到期时标的资产的价格，还取决于资产价格是否达到了特定的值，达到了特定的“屏障”。例如，被击跨期权(down-and-out option)就是一种当股价降至一定水平就自动失效的屏障期权。同样，被击跨期权只有在期权的有效期内股价下降到特定值至少一次时才会有收益。这种期权也被称作敲出(knock-out)与敲进(knock-in)期权。

14.6.3 回顾期权

回顾期权(look back)的收益取决于期权有效期内标的资产所达到的最大或最小值。例如，回顾期权的收益等于期权有效期内股价的最高值减去执行价格，而不是收盘价减去执行价格。这种期权实际上是一种完美的市场计时器，回顾看涨期权持有者的收益等于以 X 买入资产，而在有效期内的最高价将其卖出的收益。

本章小结

(1) 期权是指赋予期权购买者在规定期限内按双方约定的价格购买或出售一定数量的某种金融资产的权利的合同。

(2) 期权合约的要素：期权的买方、期权的卖方、执行价格、期权费、通知日、到期日。

(3) 看涨期权是指赋予期权的购买者在预先规定的时间以执行价格从期权出售者手中买入一定数量的金融工具的权利的合约，又称买入期权。看跌期权是指期权购买者拥有一种权利，在预先规定的时间以执行价格向期权出售者卖出规定的金融工具，又称卖出期权。

(4) 欧式期权是指期权的购买者只有在期权到期日才能执行期权。美式期权则允许期权购买者在期权到期前的任何时间执行期权。

(5) 实值期权是指如果期权立即被执行，买方具有正的现金流；平价期权是指买方此时的现金流为零；而虚值期权是指买方此时具有负的现金流。

(6) 标的物为现货商品的期权被称为现货期权。标的物为期货合约的期权被称为期货期权。

(7) 场外期权(over-the-counter-options. OTC options)是指在非集中性的交易场所交易的非标准化期权，也称为店头市场期权或柜台期权。场内期权也称为交易所期权，是指由交易所设计并在交易所集中交易的标准化期权。

(8) 期权的内在价值是指多方行使期权时可以获得的收益的现值，它通常指标的资产的市场价格与执行价格之间的关系。在到期日之前，期权的价值应该超出其内在价值，其差额是时间价值。

(9) 影响期权价值的因素：标的资产的市场价格与期权的执行价格、期权的有效期、无风险利率水平。

(10) 针对证券投资的系统性风险，期权的投资策略可以用来有效地降低风险和增加投资回报。常用的与期权相关的投资策略包括卖出抛补的看涨期权、买进保护性的看跌期权、对敲策略、期权价差、双限期权。

(11) 期权定价方法：二项式期权定价模型、Black-Scholes 期权定价模型。

(12) 看涨期权/看跌期权平价关系(仅对欧式期权严格成立)：$C-P=S-X/(1+r)^T$。

(13) 新型期权：亚洲期权、屏障期权和回顾期权。

基本概念

期权　执行价格　看涨期权　看跌期权　欧式期权　美式期权　实值期权　虚值期权　平价期权　权证　认购权证　认估权证　备兑权证　内在价值　时间价值　二项式期权定价模型　Black-Scholes 期权定价模型　看涨期权/看跌期权的平价关系　德尔塔　伽马　可转换公司债　认股权证　抛补的看涨期权　保护性的看跌期权　对敲策略

本章习题

1. 简述期权的分类。
2. 简述看涨期权和看跌期权的盈亏分布。
3. 简述期权价值的影响因素。
4. 简述无收益资产欧式看涨期权与看跌期权的平价关系。
5. 简述期权的投资策略。
6. 简述布莱克—斯科尔斯模型的假设条件。
7. 简述类似期权的证券。
8. 简述新型期权。

第15章 远期合约与期货合约

期货合约与远期合约规定在将来确定的时间购买或出售某项资产,这一点与期权相同,关键的不同在于,期权的持有者不一定行使购买的权利,在当交易无利可图的时候,他肯定不会行权。而期货或远期合约则必须完成事先约定的交易。远期合约并不是一项投资,因为严格地讲,投资是以资金交换资产,而远期仅仅是现在对将来交易的一种承诺。本章将对远期和期货的定义、交易规则和定价等进行详细介绍。

15.1节:远期合约分析,将介绍远期合约的定义、远期合约的定价及远期合约的价值。

15.2节:期货合约,将介绍期货市场的形成和发展、期货市场的功能与作用、期货交易的类型及期货合约要素。

15.3节:期货市场交易规则,主要介绍期货交易所制定的相关制度与规则。

15.4节:期货价格的决定,将介绍无套利定价原理、外汇期货定价、股票指数期货定价及利率期货定价。

15.1 远期合约分析

15.1.1 远期合约概述

一般认为,远期交易萌芽于欧洲。早在古希腊和古罗马时期,欧洲就出现了中央交易场所和大宗易货交易,形成了按照既定时间和场所开展的交易活动。在此基础上,签订远期合同的雏形就产生了。在农产品收获以前,商人往往先向农民预购农产品,等收获以后,农民再交付产品,这就是国外原始的远期交易。中国的远期交易同样源远流长,早在春秋时期,中国商人的鼻祖陶朱公范蠡就开展了远期交易。

随着交通运输条件的改善和现代城市的兴起,远期交易逐步发展成为集中的市场交易。英国的商品交换发育较早,国际贸易也比较发达。公元1215年,英国的大宪章正式规定允许外国商人到英国参加季节性的交易会,商人可以随时把货物运进或运出英国,从此开启了英国的国际贸易之门。在交易过程中,出现了商人提前购买在途货物的做法。具体过程是:交易双方先签订一份买卖合同,列明货物的品种、数量、价格等,预交一笔订金,待货物运到时再交收全部货款和货物,这时交易才告完成。随着这种交易方式的进一步发展,买卖双方为了转移价格波动所带来的风险,谋取更大的收益,往往在货物运到之前将合同转售,这就使交易进一步复杂化。后来,来自荷兰、法国、意大利和西班牙等国的商人还组成了一个公会,对会员买卖的合同提供公证和担保。

远期合约是为规避现货交易风险的需要而产生的。相对于原始社会自给自足的状态而言，现货交易是人类的一大进步。通过交易，双方均可获得好处。但现货交易的最大缺点在于无法规避价格风险。一个农场主的命运完全掌握在他的农作物收割时农作物现货市场价格手中。如果在播种时就能确定农作物收割时卖出的价格，农场主就可安心致力于农作物的生产了。远期合约正是适应这种需要而产生的。

远期合约(forward contracts)是指交易双方约定在未来的某一确定时间按确定的价格买卖一定数量的某种资产的合约。这种资产可以是商品，如大豆和石油等；也可以是金融工具，如外汇和利率等。在合约中规定在将来买入标的物的一方称为多方(long position)，而在未来卖出标的物的一方称为空方(short position)。合约中规定的未来买卖标的物的价格称为交割价格(delivery price)。如果信息是对称的，而且合约双方对未来的预期相同，那么合约双方所选择的交割价格应使合约的价值在合约签署时等于零，即交割价格对双方是同等有利的。这意味着双方无须成本就可签署合约，从而进入远期合约的多头或空头状态。

远期合约是非标准化的合约，即它不在交易所交易，而是在金融机构之间或金融机构与客户之间通过谈判后签署的。已有的远期合约也可以在场外市场交易。

在签署远期合约之前，双方可以就交割地点、交割时间、交割价格、合约规模和标的物的品质等细节进行谈判，以便尽量满足双方的需要。因此远期合约与15.2节将要介绍的期货合约相比，灵活性较大。这是远期合约的主要优点。

但远期合约的缺点同样明显。首先，由于远期合约没有固定的、集中的交易场所，不利于信息交流和传播，不利于形成统一的市场价格，市场效率较低；其次，由于每份远期合约千差万别，这就给远期合约的流通造成较大不便，因此远期合约的流动性较差；最后，远期合约的履行没有保证，当价格变动对一方有利时，另一方有可能无力或无诚意履行合约，因此远期合约的违约风险较高。

15.1.2 远期合约的定价

远期价格(forward price)是市场为今天交易的一个远期合约制定的价格，它使得远期合约的当前价值为零。最普通的远期价格是远期利率和远期汇率。这个远期价格显然是理论价格，它与远期合约在实际交易中形成的实际价格(即双方签约时要确定的交割价格)并不一定相等。但是，一旦理论价格与实际价格不相等，就会出现套利(arbitrage)机会。若交割价格高于远期价格，套利者就可以通过买入标的资产现货、卖出远期并等待交割来获取无风险利润，从而促使现货价格上升、交割价格下降，直至套利机会消失；若交割价格低于远期价格，套利者就可以通过卖空标的资产现货、买入远期来获取无风险利润，从而促使现货价格下降，交割价格上升，直至套利机会消失。而此时，远期价格等于实际价格。

由于远期价格是今天签署的远期合约规定的在将来特定时间交割单位基础资产的交割价格，这样就存在与远期合约相关的价格或价值，即交割价格 F_0、远期价格 F 和当前价值 f。远期价格 F 是这样决定的：在期初，由于签署远期合约是没有任何货币支付的，因此当前价值 $f=0$，从而此时远期价格等于合约的交割价格，即 $F=K$。初始时间过后，当

前价值 f 会随远期价格的改变而变化,这种变化实际上取决于标的资产的现货价格、市场利率和其他因素的变化。

下面将研究当时间 $t=0$ 时签署,时间 T 时交割一种资产的远期合约的远期价格 F 的定价问题。为确定远期价格 F,首先做如下假设。

① 没有交易成本。

② 标的资产是任意可分的。

③ 标的资产的储存是没有成本的。

④ 标的资产是可以卖空的。

若标的资产当前的现货价格(时间 $t=0$)为 S,理论上的远期价格(到期日为 T)是

$$F = S/d(0,T) \tag{15.1}$$

其中,$d(0,T)$为时间 0 和 T 之间的贴现因子。

下面给出该公式简要的说明。先假设 $F>S/d(0,T)$ 。构造如下组合:在现在时间 $t=0$ 借入现金 S,在现货市场上以价格 S 购买 1 单位标的资产,然后在远期市场持有 1 单位的空头头寸。这个组合的总成本为零。在时间 T 时交割该资产收到现金 F,并且偿还贷款 $S/d(0,T)$。结果,以零的净投资获得一个正收益 $F-S/d(0,T)>0$。交易的细节见表 15-1。

表 15-1 $F>S/d(0,T)$时的套利策略

$t=0$	初始成本	最终收入
借入 S 美元	$-S$	$-S/d(0,T)$
买入 1 单位资产	S	0
卖空一个远期	0	F
合　计	0	$F-S/d(0,T)$

若 $F<S/d(0,T)$,可以构造一个相反的组合:在现在时间 $t=0$ 卖空 1 单位标的资产,在时间 0 和 T 之间借出收益 S,并在远期市场持有 1 个单位的多头。这个套利组合在时间 $t=0$ 时的净现金流量为零。在时间 T 时,从贷款中收到 $S/d(0,T)$,支付现金 F 获得 1 单位资产,最后归还这 1 单位标的资产给贷款者。最终的盈利为 $S/d(0,T)-F>0$。交易的细节见表 15-2。

表 15-2 $F<S/d(0,T)$时的套利策略

$t=0$	初始成本	最终收入
借出 S 美元	S	$S/d(0,T)$
卖空 1 单位资产	$-S$	0
买入一个远期	0	$-F$
合　计	0	$S/d(0,T)-F$

因为两个不等式都导致了套利机会的出现,而在定价合理的市场上套利机会是不存在的,所以等式必然成立。

现货价格 S 和远期价格 F 的关系如图 15-1 所示。现货价格从 S_0 开始随机地发生

变化，最后变成 S_T。但时间 $t=0$ 时的远期价格是用当前的现货价格以现行利率向前推算出来的。

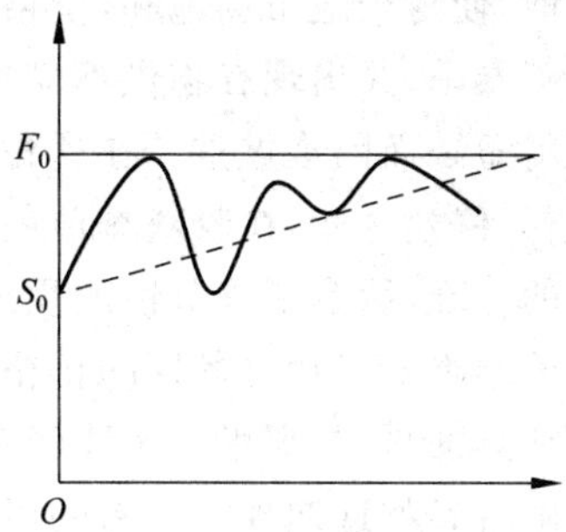

图 15-1　现货价格和远期价格的关系

15.1.3　远期合约的价值

区分远期价格和远期价值(value of a forward contract)是很重要的。一般而言，价格总是围绕着价值波动的，但远期价格跟远期价值却相差甚远。因为远期价值是指远期合约本身的价值，它是由交割价格和远期价格的差异确定的。在合约签署时，交割价格等于远期价格，此时远期合约价值为零。但随着时间的推移，远期价格会随着标的物的现货价格的改变而改变，而原有合约的交割价格不可能改变，因此原有合约的价值就不再为零。它可能为正，也可能为负。远期合约的价值每天都可能发生变化。

假定远期合约是过去签署的，交割价格是 F_0。对同一交割时间的远期合约，现在时间 t 的远期价格是 F_t。那么，要决定的原来的远期合约的当前价值——远期价值 f_t 如下给出。

假定将来时间 T 交割的远期合约的交割价格为 F_0，当前的交割价格为 F_t，S_0 为当前标的资产的现货价格。这个远期合约的价值为

$$f_t = (F_t - F_0)d(t,T) = F_t d(t,T) - S_0 \tag{15.2}$$

式中，$d(t,T)$为时间 t 和 T 之间的无风险贴现因子。

为证明远期合约的价值等式，在此考虑构造时间 t 时的如下组合：时间 T 到期，交割价格为 F_t 的 1 个单位远期合约的多头，交割价格为 F_0 的 1 个单位远期合约的空头。这个组合的最初的现金流是 f_t，时间 T 时的最终现金流为 $F_t - F_0$。由于多头和空头的交割要求相互抵消了，因此这是一个完全确定的现金流。这个组合的现值为 $f_t + (F_0 - F_t)d(t,T)$，并且它一定等于零。因此，得到 $f_t = (F_t - F_0)d(t,T)$。

15.2　期货合约

15.2.1　期货市场的形成和发展

1. 期货市场的形成

期货交易萌芽于远期现货交易。从历史发展看，交易方式的长期演进，尤其是远期现货交易的集中化和组织化，为期货交易的产生和期货市场的形成奠定了基础。

较为规范化的期货市场在 19 世纪中期产生于美国芝加哥。19 世纪三四十年代，芝加哥作为连接中西部产粮区与东部消费市场的粮食集散地，已经发展成为当时全美最大的谷物集散中心。随着农业的发展，农产品交易量越来越大，同时由于农产品生产的季节性特征、交通不便和仓储能力不足，农产品的供求矛盾日益突出。具体表现为：每当收获季节，农场主将谷物运到芝加哥，谷物在短期内集中上市，交通运输条件难以保证谷物及

时疏散,使得当地市场饱和,价格一跌再跌,加之仓库不足,致使生产者遭受很大损失。到了来年春季,又出现谷物供不应求和价格飞涨的现象,使得消费者深受其苦,粮食加工商因原料短缺而困难重重。在这种情况下,储运经销应运而生。当地经销商在交通要道设立商行,修建仓库,在收获季节向农场主收购谷物,来年春季再运到芝加哥出售。当地经销商的出现,缓解了季节性的供求矛盾和价格的剧烈波动,稳定了粮食生产。但是,当地经销商面临着谷物过冬期间价格波动的风险。为了规避风险,当地经销商在购进谷物后就前往芝加哥,与那里的谷物经销商和加工商签订来年交货的远期合同。

随着谷物远期现货交易的不断发展,1848 年,82 位美国商人在芝加哥发起组建了世界上第一家较为规范化的期货交易所——芝加哥期货交易所(CBOT,又称芝加哥谷物交易所)。交易所成立之初,采用远期合同交易的方式。交易的参与者主要是生产商、经销商和加工商,其特点是实买实卖,交易者利用交易所来寻找交易对手,在交易所缔结远期合同,待合同期满,双方进行实物交割,以商品货币交换了结交易。当时的交易所对供求双方来说,主要起稳定产销、规避季节性价格波动风险等作用。

随着交易量的增加和交易品种的增多,合同转卖的情况越来越普遍。为了进一步规范交易,芝加哥期货交易所于 1865 年推出了标准化合约,取代了原先使用的远期合同。同年,该交易所又实行了保证金制度(又称按金制度),以消除交易双方由于不能按期履约而产生的诸多矛盾。1882 年,交易所允许以对冲合约的方式结束交易,而不必交割实物。

一些非谷物商看到转手谷物合同能够盈利,便进入交易所,按照"贱买贵卖"的商业原则买卖谷物合同,赚取一买一卖之间的差价,这部分人就是投机商。为了更有效地进行交易,专门联系买卖双方成交的经纪业务日益兴隆,发展成为经纪行。为了处理日益复杂的结算业务,专门从事结算业务的结算所也应运而生。

随着这些交易规则和制度的不断健全和完善,交易方式和市场形态发生了质的飞跃。标准化合约、保证金制度、对冲机制和统一结算的实施,标志着现代期货市场的确立。

2. 期货市场的相关范畴

期货合约是由期货交易所统一制定的,规定在将来某一特定的时间和地点交割一定数量标的物的标准化合约。期货合约的标的物通常是实物商品和金融产品。标的物为实物商品的期货合约称作商品期货,标的物为金融产品的期货合约称作金融期货。

期货市场是进行期货交易的场所,它由远期现货市场衍生而来,是与现货市场相对应的组织化和规范化程度更高的市场形态。广义的期货市场包括期货交易所、期货结算机构、期货经纪公司和期货交易(投资)者,狭义的期货市场一般指期货交易所。期货市场也是期货交易中各种经济关系的总和。

3. 期货品种的扩大

期货交易品种经历了由商品期货(农产品期货—金属期货—能源化工期货)到金融期货(外汇期货—利率期货—股票指数期货—股票期货)的发展历程。

15.2.2 期货市场的功能

期货市场自产生以来,之所以不断发展壮大并成为现代市场体系中不可或缺的重要组成部分，就是因为期货市场具有难以替代的功能和作用。正确认识期货市场的功能，以进一步加深对期货市场的理解。

规避风险和价格发现是期货市场的两大基本功能。

1. 规避风险功能

规避风险功能是指期货市场能够规避现货价格波动的风险。这是期货市场的参与者通过套期保值交易实现的。从事套期保值交易的期货市场参与者包括生产商、加工商和贸易商等。

2. 价格发现功能

价格发现功能是指期货市场能够预期未来现货价格的变动，发现未来的现货价格。期货价格可以作为未来某一时期现货价格变动趋势的"晴雨表"。价格发现不是期货市场所特有的，但期货市场比其他市场具有更高的价格发现效率。

15.2.3 期货交易的类型

根据交易者交易目的不同，将期货交易行为分为三类：套期保值、套利和投机。下面，将分别介绍这三种期货交易。

1. 期货的套期保值

期货的套期保值(futures hedging)是指企业通过持有与其现货市场头寸相反的期货合约，或将期货合约作为其现货市场未来要进行的交易的替代物，以期对冲价格风险的方式。企业通过套期保值，可以降低价格风险对企业经营活动的影响，实现稳健经营。

2. 期货投机

期货投机(futures speculation)是指交易者通过预测期货合约未来价格的变化，以在期货市场上获取价差收益为目的的期货交易行为。期货交易具有保证金的杠杆机制、双向交易和对冲机制、当日无负债的结算机制、强行平仓制度，使得期货投机具有高收益、高风险的特征。

3. 期货套利

期货套利是指利用相关市场或相关合约之间的价差变化，在相关市场或相关合约上进行交易方向相反的交易，以期价差发生有利变化时同时将持有头寸平仓而获利的交易行为。通常，套利被视为投机交易中的一种特殊的交易方式。

15.2.4 期货合约要素

期货市场的迅猛发展和期货合约新产品的创造是息息相关的。在创造一项新的期货合约时，交易所详细规定了合约的确切条款。这主要包括期货品种、交易单位、最小变动单位、每日价格最大波动限制和最后交易日等一系列内容。

1. 期货品种

期货品种是指具有期货商品性能，并经过批准允许进入交易所进行期货买卖的品种，通常分为商品期货和金融期货两种。

2. 交易单位

交易单位(trading unit)，也称合约规模(contract size)，是指在期货交易所交易的每一份期货合约所规定的交易数量。在交易时,只能以交易单位的整数倍进行买卖。确定期货合约交易单位的大小,主要应当考虑合约商品的市场规模、交易者的资金规模、期货交易所会员结构以及该商品现货交易习惯等因素。一般来说,某种商品的市场规模较大,交易者的资金规模较大,则该合约的交易单位就可以设计得大一些。

3. 最小变动单位

最小变动单位(minimum price change)是指在期货交易所公开竞价过程中,某一商品报价单位在每一次报价时所允许的最小价格变动量。有了最小变动单位的规定,竞价双方就都有了标准,在相同的价位上就可以成交。最小变动单位乘以交易单位,就是该合约的最小变动值。在期货交易中,每次报价必须是其合约规定的最小变动单位的整数倍。期货合约最小变动单位的确定,取决于该合约商品的种类、性质、市场价格波动情况和商业规范等。

4. 每日价格最大波动限制

每日价格最大波动限制(daily price limit),也称为每日涨跌停板制度,即期货合约在一个交易日中的交易价格波动不得高于规定的涨跌幅度(limit up)或者低于规定的涨跌幅度(limit down),超过该涨跌幅度的报价将被视为无效,不能成交。涨跌停板一般是以合约上一交易日的结算价为基准确定的。该条款的规定在于防止价格波动幅度过大造成交易者重大损失。但同时阻碍了价格迅速移向新的均衡水平,从经济效率上讲,它由于阻止了市场及时恢复均衡,限制了价格发现功能的实现。涨跌停板的确定,主要取决于该种商品现货市场价格波动的频繁程度和波幅的大小。一般来说,商品的价格波动越频繁、越剧烈,该商品合约的每日停板就应设置得大一些,反之则小一些。

5. 合约月份

合约月份(contract months)是指期货合约到期交收实物的月份。期货的合约月份由期货交易所规定,期货交易者可自由选择不同合约月份的期货合约。在金融期货中,除少数合约有特殊规定外,绝大多数合约的交割月份都定为每年的3月、6月、9月和12月。商品期货合约月份的确定,一般由其生产、使用和消费等特点决定。此外,合约月份的确定还受该合约商品的储藏、保管、流通、运输方式和特点等的影响。

6. 交易时间

期货合约的交易时间(trading hours)是固定的。每个交易所对交易时间都有严格的规定,不同的交易所可以规定不同的交易时间。一般每周营业日5天,周六、周日即为国家法定节假日休息。一般每个交易日分为两盘,即上午盘和下午盘。各交易品种的交易时间也可以不同,由交易所安排。

7. 最后交易日

最后交易日(last trading day)是指期货合约在合约月份中可以进行交易的最后一个交易日。在期货交易中,绝大多数成交的合约都是通过对冲交易结清的,如果过了最后交易日仍未做对冲,那就必须进行实物交割或现金结算。根据不同期货合约商品的生产、消费和交易特点,期货交易所确定其不同的最后交易日。

8. 交割等级

交割等级是指由交易所统一规定的、准许上市交易的合约商品的质量等级。在进行期货交易时，交易双方无须对商品的质量等级进行协商，发生实物交割时按期货合约规定的标准质量等级进行交割。交易所在制定合约商品的等级时，常常采用国内或国际贸易中最通用和交易量较大的标准品的质量等级作为标准交割等级。

一般来说，为了保证期货交易顺利进行，许多期货交易所都允许在实物交割时，实际交割的商品的质量等级与合约规定的标准交割等级有所差别。替代品的质量等级和品种一般也由期货交易所规定。交货人用交易所认可的替代品代替标准品进行实物交割时，收货人不能拒收。用替代品进行实物交割时，价格需要升水或贴水。

9. 其他交割条款

其他交割条款是指由交易所规定的各种期货合约因到期未做对冲平仓而进行实际交割的各项条款，包括交割日、交割方式和交割地点等。表 15-3 是一个标准的期货交割条款。

表 15-3 上海期货交易所黄金期货合约

交易品种	黄　金	交割日期	最后交易日后连续 5 个工作日
交易单位	1000 克/手	交割品级	金含量不小于 99.95%的国产金锭及经交易所认可的伦敦金银市场协会(LBMA)认定的合格供货商或精炼厂生产的标准金锭
报价单位	元(人民币)/克	交割地点	交易所指定交割金库
最小变动价位	0.01 元/克	最低交易保证金	合约价值的 7%
每日价格最大波动限制	不超过上一交易日结算价的±5%	交易手续费	不高于成交金额的万分之二(含风险准备金)
合约交割月份	1～12 月	交割方式	实物交割
交易时间	每周一至周五(北京时间，法定节假日除外)上午：9:00—11:30，下午：1:30—3:00	交易代码	AU
最后交易日	合约交割月份的 15 日(遇法定假日顺延)	上市交易所	上海期货交易所

15.3 期货市场交易规则

为了维护期货交易的“公开、公平、公正”原则与期货市场的高效运行，对期货市场实施有效的风险管理，期货交易所制定了相关制度与规则。

本节重点介绍保证金制度、当日无负债结算制度、涨跌停板制度、持仓限额及大户报告制度、强行平仓制度、风险警示制度、信息披露制度、交割等基本制度。

1. 保证金制度

保证金(margin)制度，就是指在期货交易中，任何交易者必须按照其所买卖期货合约价值的一定比例缴纳资金，这个比例通常为 5%～10%，作为履行期货合约的保证，然后才能参与期货合约的买卖。保证金制度是期货市场风险管理的重要手段。

(1) 在国际期货市场上,保证金制度的实施一般有如下特点:

① 对交易者的保证金要求与其面临的风险相对应。一般来说,交易者面临的风险越大,对其要求的保证金也越多。如在美国期货市场,对投机者要求的保证金要大于对套期保值者和套利者要求的保证金。

② 交易所根据合约特点设定最低保证金标准,并可根据市场风险状况等调节保证金水平。如价格波动越大的合约,其投资者交易面临的风险也越大,设定的最低保证金标准也越高;当投机过度时,交易所可提高保证金,增大交易者入市成本,抑制投机行为,控制市场风险。

③ 保证金的收取是分级进行的。一般而言,交易所或结算机构只向其会员收取保证金,作为会员的期货公司则向其客户收取保证金,两者分别称为会员保证金和客户保证金。保证金的分级收取与管理,对于期货市场的风险分层次分担与管理具有重要意义。

(2) 我国期货交易保证金制度的特点

我国期货交易的保证金制度除了采用国际通行的一些做法外,在施行中,还形成了自身的特点。

我国交易所对商品期货交易保证金比率的规定呈现如下特点。

① 对期货合约上市运行的不同阶段规定不同的交易保证金比率。一般来说,距交割月份越近,交易者面临到期交割的可能性就越大,为了防止实物交割中可能出现的违约风险,促使不愿进行实物交割的交易者尽快平仓了结,交易保证金比率随着交割临近而提高。

② 随着合约持仓量的增大,交易所将逐步提高该合约交易保证金比例。一般来说,随着合约持仓量增加,尤其是持仓合约所代表的期货商品的数量远远超过相关商品现货数量时,往往表明期货市场投机交易过多,蕴含较大的风险。因此,随着合约持仓量的增大,交易所将逐步提高该合约的交易保证金比例,以控制市场风险。

③ 当某期货合约出现连续涨跌停板的情况时,交易保证金比率相应提高。

④ 当某品种某月份合约按结算价计算的价格变化,连续若干个交易日的累积涨跌幅达到一定程度时,交易所有权根据市场情况,对部分或全部会员的单边或双边、同比例或不同比例提高交易保证金,限制部分会员或全部会员出金,暂停部分会员或全部会员开新仓,调整涨跌停板幅度,限期平仓,强行平仓等一种或多种措施,以控制风险。

⑤ 当某期货合约交易出现异常情况时,交易所可按规定的程序调整交易保证金的比例。

2. 当日无负债结算制度

当日无负债结算制度是指在每个交易日结束后,由期货结算机构对期货交易保证金账户当天的盈亏状况进行结算,并根据结算结果进行资金划转。当交易发生亏损,进而导致保证金账户资金不足时,则要求必须在结算机构规定的时间内向账户中追加保证金,以做到"当日无负债"。当日无负债结算制度的实施为及时调整账户资金、控制风险提供了依据,对于控制期货市场风险、维护期货市场的正常运行具有重要作用。当日无负债制度的实施呈现如下特点。

① 对所有账户的交易及头寸按不同品种、不同月份的合约分别进行结算，在此基础上汇总，使每一交易账户的盈亏都能得到及时的、具体的、真实的反映。

② 在对交易盈亏进行结算时，不仅对平仓头寸的盈亏进行结算，而且对未平仓合约产生的浮动盈亏也进行结算。

③ 对交易头寸所占用的保证金进行逐日结算。

④ 当日无负债结算制度是通过期货交易分级结算体系实施的。由交易所(结算所)对会员进行结算，期货公司根据期货交易所(结算所)的结算结果对客户进行结算。期货交易所会员(客户)的保证金不足时，会被要求及时追加保证金或者自行平仓；否则，其合约将会被强行平仓。

3. 涨跌停板制度

(1) 涨跌停板制度的内涵

涨跌停板制度又称每日价格最大波动限制制度，即指期货合约在一个交易日中的交易价格波动不得高于或者低于规定的涨跌幅度，超过该涨跌幅度的报价将被视为无效报价，不能成交。

涨跌停板制度的实施，能够有效地减缓、抑制一些突发性事件和过度投机行为冲击期货价格造成的狂涨暴跌，减小交易当日的价格波动幅度，会员和客户的当日损失也被控制在相对较小的范围内。涨跌停板制度能够锁定会员和客户每一交易日所持有合约的最大盈亏，为保证金制度和当日结算无负债制度的实施创造了有利条件，因为向会员和客户收取的保证金数额只要大于在涨跌幅度内可能发生的亏损金额，就能够保证当日期货价格波动达到涨停板或跌停板时也不会出现透支情况。

(2) 我国期货涨跌停板制度的特点

在我国期货市场上，每日价格最大波动限制设定为合约上一交易日结算价的一定百分比。一般而言，对期货价格波动幅度较大的品种及合约，设定的涨跌停板幅度也相应大些。

交易所可以根据市场风险状况进行调整。对涨跌停板的调整，一般具有以下特点：

① 新上市的品种和新上市的期货合约，其涨跌停板幅度一般为合约规定涨跌停板幅度的2倍或3倍。如合约有成交则于下一交易日恢复到合约规定的涨跌停板幅度；如合约无成交，则下一交易日继续执行前一交易日涨跌停板幅度。

② 在某一期货合约的交易过程中，当合约价格同方向连续涨跌停板、遇国家法定长假或交易所认为市场风险明显变化时，交易所可以根据市场风险调整其涨跌停板幅度。

③ 对同时适用交易所规定的两种或两种以上涨跌停板情形的，其涨跌停板按照规定涨跌停板中的最高值确定。

4. 持仓限额及大户报告制度

(1) 持仓限额及大户报告制度的内涵及特点

持仓限额制度(position limits) 是指交易所规定会员或客户可以持有的、按单边计算的某一合约投机头寸的最大数额。大户报告制度是指当交易所会员或客户某品种某合约持仓达到交易所规定的持仓报告标准时，会员或客户应向交易所报告。

通过实施持仓限额及大户报告制度,可以使交易所对持仓量较大的会员或客户进行重点监控,了解其持仓动向、意图,有效防范操纵市场价格的行为;同时,也可以防范期货市场风险过度集中于少数投资者。

在国际期货市场,持仓限额及大户报告制度的实施呈现如下特点。

① 交易所可以根据不同期货品种及合约的具体情况和市场风险状况制定和调整持仓限额和持仓报告标准。

② 通常来说,一般月份合约的持仓限额及大户报告标准高;临近交割时,持仓限额及持仓报告标准低。

③ 持仓限额通常只针对一般投机头寸,套期保值头寸、风险管理头寸及套利头寸可以向交易所申请豁免。

(2) 我国期货持仓限额及大户报告制度的特点

我国大连商品交易所、郑州商品交易所和上海期货交易所,对持仓限额及大户报告标准的设定一般有如下规定。

① 交易所可以根据不同期货品种的具体情况,分别确定每一品种每一月份的限仓数额及大户报告标准。

② 当会员或客户某品种持仓合约的投机头寸达到交易所对其规定的投机头寸持仓限量80%以上(含本数)时,会员或客户应向交易所报告其资金情况、头寸情况等,客户需通过期货公司会员报告。

③ 市场总持仓量不同,适用的持仓限额及持仓报告标准不同。当某合约市场总持仓量大时,持仓限额及持仓报告标准设置得高一些;反之,当某合约市场总持仓量小时,持仓限额及持仓报告标准也低一些。

④ 一般按照各合约在交易全过程中所处的不同时期,分别确定不同的限仓数额。如一般月份合约的持仓限额及持仓报告标准设置得高;临近交割时,持仓限额及持仓报告标准设置得低。

⑤ 期货公司会员、非期货公司会员、一般客户分别适用不同的持仓限额及大户报告标准。

在具体实施中,我国还有如下规定:采用限制会员持仓和限制客户持仓相结合的办法,控制市场风险;各交易所对套期保值交易头寸实行审批制,其持仓不受限制,而在中国金融期货交易所,套期保值和套利交易的持仓均不受限制;同一客户在不同期货公司会员处开仓交易,其在某一合约的持仓合计不得超出该客户的持仓限额;会员、客户持仓达到或者超过持仓限额的,不得同方向开仓交易。

5. 强行平仓制度

(1) 强行平仓制度的内涵

强行平仓是指按照有关规定对会员或客户的持仓实行平仓的一种强制措施,其目的是控制期货交易风险。强行平仓分为两种情况:一是交易所对会员持仓实行的强行平仓;二是期货公司对其客户持仓实行的强行平仓。

强行平仓制度适用的情形一般包括:

① 因账户交易保证金不足而实行强行平仓。这是最常见的情形。当价格发生不利

变动，当日结算后出现保证金账户资金不足以维持现有头寸的情况，而会员（客户）又未能按照期货交易所（期货公司）通知及时追加保证金或者主动减仓，且市场行情仍朝其持仓不利的方向发展时，期货交易所（期货公司）强行平掉会员（客户）部分或者全部头寸，将所得资金填补保证金缺口。强行平仓制度的实施，有利于避免账户损失扩大。通过控制个别账户的风险有力地防止风险扩散是一种行之有效的风险控制措施。

② 因会员（客户）违反持仓限额制度而实行强行平仓，即超过了规定的持仓限额，且并未在期货交易所（期货公司）规定的期限自行减仓，其超出持仓限额的部分头寸将会被强行平仓。强行平仓成为持仓限额制度的有力补充。

（2）我国期货强行平仓制度的规定

我国期货交易所规定，当会员、客户出现下列情形之一时，交易所有权对其持仓进行强行平仓。

① 会员结算准备金余额小于零，并未能在规定时限内补足的。

② 客户、从事自营业务的交易会员持仓量超出其限仓规定。

③ 因违规受到交易所强行平仓处罚的。

④ 根据交易所的紧急措施应予强行平仓的。

⑤ 其他应予强行平仓的。

6. 信息披露制度

信息披露制度是指期货交易所按有关规定公布期货交易有关信息的制度。

我国《期货交易管理条例》规定，期货交易所应当及时公布上市品种合约的成交量、成交价、持仓量、最高价与最低价、开盘价与收盘价和其他应当公布的即时行情，并保证即时行情的真实、准确。期货交易所不得发布价格预测信息。未经期货交易所许可，任何单位和个人不得发布期货交易即时行情。

《期货交易所管理办法》规定，期货交易所应当以适当方式发布下列信息：①即时行情；②持仓量、成交量排名情况；③期货交易所交易规则及其实施细则规定的其他信息。期货交易涉及商品实物交割的，期货交易所还应当发布标准仓单数量和可用库容情况。期货交易所应当编制交易情况周报表、月报表和年报表，并及时公布。期货交易所对期货交易、结算、交割资料的保存期限应当不少于 20 年。

7. 交割

对冲是平仓方式的一种，另一种方式是进行交割（delivery）。交割分为实物交割和现金结算两种形式。如果合约在到期日没有对冲，则一般是交割实物商品的，如小麦或一笔外汇等。有些金融期货合约的标的资产不方便或不可能进行有形交割，只能以现金结算，如股票指数期货，其标的物是股票指数。交割股票指数中的每只股票是不现实的，于是合约要求以现金结算，其金额等于合约到期当天股票指数达到的相应价格。多头方在每日盯市结算汇总后得到的总损益为 S_T-F_0。S_T是到期日股票指数的价值；F_0是最初的期货价格。现金结算很大程度上模拟了实物交割，只是空头方收到期货价格的同时，交割的是等于资产值的现金而非资产本身。

15.4 期货价格的决定

15.4.1 无套利定价原理

套利是在某项金融资产的交易过程中,交易者可以在不需要期初投资支出的情况下获取无风险报酬。若同一资产在两个不同的市场上的价格不同,即市场对该金融资产的定价不合理,则市场上众多套利者可通过低买高卖进行套利活动,从而使市场价格由于套利行为做出调整,直至套利机会消失,资产价格重新回到均衡状态。这就是无套利定价(no arbitrage pricing)的基本思想。

具体地说,在市场供求正常的情况下,期货价格 F_T 应等于标的资产的现货价格 S_0 与至交割时产生的持有成本 S_0C 的和(即期货定价的持有成本模型),即 $F_t=S_0(1+C)$,否则市场上会出现套利机会。假如 $F_t>S_0(1+C)$,市场会发生怎样的情况呢?通过表 15-4的操作,套利者可在不影响其期初和期末现金流状况下赚得无风险利润。

同理,当 $F_T<S_0(1+C)$ 时,套利者会卖空现货,并将卖空所得到的收入按无风险利率贷出,与此同时,在期货市场上做多,即买入该种基础资产的期货合约,并将期货合约一直保持至到期日。因此,在资产定价错误、价格联系失常以及市场缺乏有效性的情况下,也可以根据套利活动使其价格达到均衡,见表 15-4。

表 15-4 $F_T>S_0(1+C)$时的套利策略

	套利者的资产组合	现金流动状况
交易日	按 F_T 出售期货合约	0
	按无风险利率借入资金	$+S_0$
	购买期货合约的基础资产	$-S_0$
	净现金流动	0
到期日	期货合约逐日盯市的累计损益	$+F_T-S_T$
	履行期货合约规定的交割义务	$+S_T$
	归还本金	$-S_0$
	基础资产的持有成本	$-S_0\times C$
	净现金流动	$F_T-S_0\times(1+C)$
	无风险套利利润	$F_T-S_0\times(1+C)$

15.4.2 外汇期货定价

外汇期货(foreign exchange futures),是指交易双方约定在未来特定的时期进行外汇交割,并限定了标准币种、数量、交割月份及交割地点的标准化合约。外汇期货也被称为外币期货(foreign currency futures)或货币期货(currency futures),用来回避汇率风险。它是金融期货中最早出现的品种。自 1972 年 5 月芝加哥商业交易所(Chicago mercantile exchange,CME)的国际货币市场(international monetary market,IMM)分步推出第一张外汇期货合约以来,随着国际贸易的发展和世界经济一体化进程的加快,外汇期货交易一直在期货市场上占据着重要的地位。

不同的交易所推出的外汇期货合约内容大致相同。目前，交易量较大的外汇期货合约是由芝加哥商业期货交易所国际货币市场分部、新加坡国际金融交易所和伦敦国际金融期货交易所推出的，其中国际货币市场分部交易的外汇期货合约占了全球90%以上的交易量。

外汇期货定价是利用无套利定价思想，根据远期定价公式得出汇率期货的定价：

$$F(t,T) = Y(t)e^{r_f(T-t)} = [S(t)e^{-r_f^1(T-t)}]e^{r_f^2(T-t)} \tag{15.3}$$

式中：$F(t,T)$为汇率远期/期货价格；$Y(t)$为t时刻标的资产价值；r_f^1为本币无风险利率；r_f^2表示外币无风险利率；$S(t)$为即期汇率价格；T为到期时间。

如2008年11月26日，1美元兑人民币的汇率价格为6.827，即1元人民币兑换0.146 5美元。中、美两国的无风险利率分别为3%和2%。半年期的人民币兑美元的期货如何计算？

根据上述假设，由于中国的无风险利率r_f^{CN}为3%，美元的风险利率r_f^{US}为2%，则在任何时间段dt，1元人民币就相当支付$r_f^{CN}S(t)dt$的美元“红利”，于是，到期日T时刻的1元人民币，对应时刻t，只相当于$\exp(-r_f^{CN}(T-t))$元人民币。因此，若要求到期日T时刻的1元人民币的远期/期货，在时刻t的标的资产同样不是$S(t)=0.146\,5$美元/人民币，而应是$e^{-r_f^{CN}(T-t)}S(t)$。

这样，根据远期定价公式，给出汇率期货的定价：

$$\begin{aligned} F(t,T) &= Y(t)e^{r_f(T-t)} = [S(t)e^{-r_f^{CN}(T-t)}]e^{r_f^{US}(T-t)} \\ &= [0.146\,5\text{ 美元 / 人民币} \times e^{-0.03\times0.5}]e^{-0.02\times0.5} \\ &= 0.142\,9\text{ 美元 / 人民币} \end{aligned} \tag{15.4}$$

即半年后的2009年5月26日，人民币兑美元汇率为1/0.142 9=6.998。当然，上述外汇期货的这种定价公式隐含着一系列条件：F_T与S_0同为间接标价法；货币期货的价格F_T货币远期合约的价格是一致的；期货市场为完全市场，即无直接交易费用、无借贷利率差异、无现货市场卖空限制。

15.4.3 股票指数期货定价

股票指数期货(stock index futures，以下简称股指期货)是一种以股票价格指数作为标的物的金融期货合约。与其他期货合约相比，股票指数期货合约有如下特点。

(1) 股票指数期货合约是以股票指数为基础的金融期货

长期以来，市场上没有出现单种股票的期货交易，这是因为单种股票不能满足期货交易上市的条件。而且，利用它也难以回避股市波动的系统性风险。而股票指数由于是众多股票价格平均水平的转化形式，在很大程度上可以作为代表脱票资产的相对指标。股票指数上升或下降表示股票资本增多或减少，这样，股票指数就具备了称为金融期货的条件。利用股票指数期货合约交易可以消除股市波动所带来的系统性风险。

(2) 股票指数期货合约所代表的指数必须是具有代表性的权威性指数

目前，由期货交易所开发成功的所有股票期货合约都是以权威的股票指数为基础的。如芝加哥商业交易所的S&P500指数期货合约就是以标准普尔公司公布的500种股票指数为基础的。权威性股票指数的基本特点就是具有客观反映股票市场行情的总体代表性和影响广泛性。这一点保证了股票期货市场具有较强的流动性和广泛的参与性,是股票指数期货合约成功的先决条件。

(3) 股票指数期货合约的价格是以股票指数的"点"来表示的

世界上所有的股票指数都是以点数表示的,而股票指数的点数也是该指数的期货合约的价格。如 S&P500 指数 6 月份为 260 点,这 260 点也是 6 月份的股票指数合约的价格。以指数点乘以一个确定的金额数值就是合约的金额。

(4) 股票指数期货合约是现金结算的期货合约

股票指数期货合约之所以采用现金结算,主要由两个方面的原因:①股票指数是一种特殊的股票资产,其变化非常频繁,而且是众多股票价格的平价值的相对指标,如果采用实物交割,势必涉及烦琐的计算和实物交割等极为麻烦的手续;②股票指数期货合约的交易者并不愿意交收该股指所代表的实际股票,他们的目的在于保值和投机,而采用现金结算,既简单快捷,又节省费用。

股票指数期货推出的目的在于向市场中的投资者提供一种有效的风险规避工具,防止由于整个股票市场的剧烈涨跌给组合投资者造成较大的损失,同时也给市场中敢于承担风险的投资者提供一种可获得风险收益的金融工具。

股票指数期货的定价同样应使得市场不存在套利的机会,从而使套利者通过套利形成的财富的现金价值与没有进行套利活动时形成的财富的现金价值完全相等,即套利不能影响他的期初和期末的现金流量状况。

如表 15-5 所示,2008 年 11 月 19 日,DJIA 指数(道琼斯工业平均指数)收盘为 7 997.28 点。求 1 个月到期的 DJIA 期货理论价格。

从 Bloomberg 数据表可知:无风险利率为 $r_f=2.17$;距离交割日 31 天;1 个月的 DJIA 成分股股利为 26.14。

表 15-5 DJIA 期货公平价值分析

INDU	标的现价	期货价格	理论价格	公平价值	价差(基点)	上限	下限
	7 997.28	8 031.00	7 986.1	−11.17	33.72	−3.39	−18.95
无风险利率:2.17%		到期时间:12/22/2008		股息:26.14		股息收益:3.80%	
远期利率:8.66%		到期天数:31 天		总股息百分比:100%			

数据来源:Bloomberg

为推导指数期货的无套利定价过程,考虑以下无风险投资策略。

① 在 t 时刻以年利率 r 借入 $P(t)\times M$ 的现金,其中 $P(t)$ 表示当前的股票指数点数,M 为合约乘子,r_f 为无风险利率。

② 用借入资金 $P(t)\times M$ 复制与指数一样的证券组合;

③卖出一份期货合约,T 日到期,假定其价格为 $F(t,T)$。

构建对冲组合的现金流入如表 15-6 所示。

表 15-6 DJIA 期货对冲组合的现金流

	期初现金流	期末现金流
(1) 借入现金 (2) 买入价值 7 997.28×5 成分股组合 (3) 卖出一份期货合约	7 997.28×5 −7 997.28×5	−7 997.28×5×(1+0.021 7×31/360)=−40 061 股票价值 $P(t)$×5+红利 26.14×5 −[$P(t)-F(t,T)$]×5
合　　计	0	−40 061+$P(t)$×5+26.14×5 −[$P(t)-F(t,T)$]×5=0

注：5 为合约乘子，即指数每 1 点为 5 美元。按合约乘数大小不同，CBOT 开办的道指期货产品体系包括小型道指期货($5)、中型道指期货($10)和大型道指期货($25)三个品种。

根据表 15-6 对冲组合的现金流情况，由无套利原则可以得到期末现金流应该等于期初现金流，即

$$-40\,061+P(t)\times 5+26.14\times 5-[P(t)-F(t,T)]\times 5=0$$

经整理可得

$$F(t,T)=7\,997.28\times(1+0.021\,7\times 31/360)-26.14=7\,986.1 \qquad (15.5)$$

式(15.5)表明，当前股票指数期货价格应该等于当前现货指数到交割日的价值(按无风险借贷利率)再减去期间股票发放的红利。

在期货合约定价中，为描述方便，假设资金的利率以复利计算，记在 t 时刻的 1 元钱到了 T 时刻变为 $e^{r(T-t)}$。考虑到这期间的现金红利情况，在 t 到 T 时刻是一个现金流过程，未到期之前的红利则都是以复利计息，这样到期末总的现金红利记为 D。这样，按照前面的无套利定价的思路，考虑期初的零现金流到了期末现金流也应为零，可得到当前时刻的指数期货合约定价公式：

$$F(t,T)=P(t)e^{r(T-t)}-D \qquad (15.6)$$

在实际运用式(15.6)时，由于股利发放金额和时机都难以确定，就采取一种近似方法来计算 D：假定上市公司的股利是在期初发放的，股利收益率 d 等于上一年指数期货合约相应的标的物成分股发放的现金股利之和/上一年指数样本股日平均总市值之和，这样可得到近似调整但计算方便的指数期货合约理论定价模型：

$$F(t,T)=P(t)e^{(r-d)(T-t)} \qquad (15.7)$$

式中，d 为持有期内股指的成分股票的红利现金流近似成连续的收益率值。

15.4.4 利率期货定价

利率期货(interest rate futures)是继外汇期货之后产生的又一个金融期货类别，指标的资产价格依赖于利率水平的期货合约，如债券期货、短期利率期货和欧洲美元期货。它可以回避由利率波动所引起的证券价格变动的风险。短期利率期货大多以银行同业拆借 3 月期利率为标的物，中长期利率期货大多以 5 年期以上长期债券为标的物。利率期货是当今世界上成交量最大的金融衍生工具，在国际金融市场中具有重要的地位与作用。

1. 短期利率期货定价

短期利率期货合约以短期债券为基础资产，一般采用现金结算。与远期利率相似，短期利率期货的价格与人们对未来利率的预期有关，确切地说是与到期日的利率预期有关。

因此短期利率期货合约的定价基础是远期隐含收益率(implied forward rate,IFR)。当期货合约的利率水平与远期收益率不相等时,交易者就会在市场上进行大量的套利交易,这样就使得期货市场的利率水平和隐含远期收益率一致,从而形成利率期货合约的价格水平。

例如,假定现在是2008年7月份,从7月到11月的4个月期短期利率为4%,从7月到2009年2月的7个月短期利率为5%。若短期国债到2009年2月到期的面值为100元,则现在购买11月份的3个月短期国债利率的价格应如何计算?

在此,令 $T_1-t=4$ 个月,即4/12年;$T-t=7$ 个月,即7/12年。$r_f=5\%$ 是7月到明年2月的7个月期的短期利率;$r_f=4\%$ 是7月到11月的4个月期的短期利率。

短期债券为折现证券,以此作标的物类似以不分红股票作标的物。由此,标的证券在 t 时刻的价值为

$$Y(t)=S(t)=FV\times e^{-r_f(T-t)}=100\times e^{-0.05\times 7/12}=97.13(\text{元})$$

然后,再利用远期定价公式得出:

$$T(t,T)=Y(t)\times r_f(T-t)=97.13\times e^{0.04\times 4/12}=97.13\times 1.0134=98.42(\text{元})$$

2. 中长期利率期货定价

中长期利率期货以1年以上的中长期债券为基础资产,可用债券现货交割,价格也以基础资产的价格表示。关于中长期利率期货定价,有必要先补充两个极为重要的概念:最便宜可交割债券(cheapest-to-deliver bonds,CTD)和转换因子(conversion factors,CF)。在长期国债交易中,为避免投机者操纵债券期货市场价格(买进债券期货合约和合约标的债券的大部分,使得空头方在交割日不得不平仓或买入标的债券),现货市场存在多种可供期货合约的空方选择的可交割债券。如芝加哥商业交易所规定,在长期国债期货的交割中,空方可选择期限长于15年且在15年内不可赎回的任何息票利率的债券以用于交割。这样,一般卖方都会选择一种最经济的债券进行交割,这种债券被称为最便宜可交割债券。

但在现货市场上各种可交割债券息票率不同,期限不同,交易价格也各不相同,为使期货价格能与诸多合格的可交割现货比较,因此芝加哥商业交易所规定交割的标准券、其他债券均按一定比例折算成标准券,这个比例被称为转换因子。其实质是将面值100美元的各种可交割债券在其剩余期限内的现金流,用6%(2000年3月之前为8%)的标准年息票利率(每半年计复利一次)折现到交割月第一天的价值,再扣掉该债券累计利息后的余额。

转换因子计算方法很多,这次只介绍最直观的一种。设CF为转换因子;i 表示年息票利率;S 为该债券在剩余期限内的付息次数(每半年一次),则当 S 为偶数时,存在:

$$\text{CF}=\sum_{t=1}^{s}\frac{i/2}{(1+i/2)^t}+\frac{1}{(1+i/2)^s}=\sum_{t=1}^{s}\frac{0.03}{(1+0.03)^t}+\frac{1}{(1+0.03)^s}\quad(15.8)$$

当 S 为奇数时,存在:

$$\text{CF}=\frac{1}{(1+i/2)^{1/2}}\left[\sum_{t=1}^{s}\frac{i/2}{(1+i/2)^t}+\frac{1}{(1+i/2)^s}+\frac{i}{2}\right]-\frac{1}{2}\times\frac{i}{2}$$

$$=\frac{1}{(1+0.03)^{1/2}}\left[\sum_{t=1}^{s}\frac{0.03}{(1+0.03)^t}+\frac{1}{(1+0.03)^s}+0.03\right]-0.015\quad(15.9)$$

一般而言，实际息票利率高于标准息票利率的可交割债券，其转换因子将大于1，且剩余期限越短，越接近于1；而实际息票利率低于标准息票利率的可交割债券，其转换因子将小于1，其剩余期限越长，越接近于1。

中长期利率期货的定价是以持有成本为基础的，在此重点介绍利率期货的持有成本模型。由于中长期政府债券是可以储存的期货商品，交易者可以选择不同的交割月份进行实物交割。因此，中长期国债期货的理论价格应该等于调整后的现货价格加上持有成本，用公式表达如下：

$$F_T = S_0 + C \tag{15.10}$$

式中：F_T 为理论上的期货价格；S_0 为用于交割的现货价格，它是将任何可交割债券的价格除以其转换因子得到的数值；C 为持有成本。

持有成本 C 用公式表达为

$$C = \frac{1}{\mathrm{CF}}\left[(P+A)\left(r\times\frac{T}{360}\right)-100\times Y\times\frac{T}{360}\right] \tag{15.11}$$

式中：P 为最便宜可交割债券的价格；A 表示从最近一次付息日到购买现货债券日之间的应计利息；r 表示无风险利率；T 表示从购买现货债券到期货合约结算日的天数；Y 表示所购买现货债券的息票年利息。

【15-1】 尼克·里森——贪婪的另一个名字

尼克·里森是巴林银行驻新加坡的经理，时年28岁，在巴林银行工作时表现出在证券交易上的能力，深得上司欣赏，1992年被派往新加坡任期货交割主管，不久兼任交易主管。一人身兼交易主管和交割主管两职的本身，使银行内部的相互制约组织功能丧失。里森为了获得个人的红利所得和提高自己在银行内部的地位，采用了开设虚假账户挪用客户资金、伪造虚假授权文件等手法，隐瞒交易亏损并持续投入错误赌注。

在1994年，里森进行日经—225股票指数期权套利交易，同时卖出日经指数期货的看涨期权和看跌期权，到1994年年底，里森表面上获利甚丰，巴林银行利润比去年上升了8倍。1995年，里森继续做日经指数期权套利，交易组合头寸的上下盈亏平衡点为18 500和195 00之间。1995年1月17日，神户大地震后，日经指数大跌。1月23日，日经指数跌到17 800点以下，为了挽救败局，里森大量买进日经指数期货，同时卖出日本债券和利率期货，企图影响价格走势，但终因无力回天，到2月23日，里森共买进70亿美元的日经指数期货、200亿美元的债券和利率期货，经结算共亏损10亿美元。里森于当日潜逃，在德国机场被捕。2月24日是巴林银行的红利结算日，里森已在铁窗之中。2月26日，由于未能筹集到足够的款项，具有233年历史的巴林银行宣布倒闭，被荷兰银行购买。1995年，新加坡法院判处里森有期徒刑6年半。

本章小结

(1) 远期合约(forward contracts)是指交易双方约定在未来的某一确定时间按确定价格买卖一定数量的某种资产的合约。

(2) 远期价格跟远期价值相差甚远。因为远期价值是指远期合约本身的价值,它是由交割价格和远期价格的差异确定的。

(3) 期货合约是由期货交易所统一制定的、规定在将来某一特定的时间和地点交割一定数量标的物的标准化合约。

(4) 期货交易品种经历了由商品期货(农产品期货—金属期货—能源化工期货)到金融期货(外汇期货—利率期货—股票指数期货—股票期货)的发展历程。

(5) 根据交易者交易目的不同,将期货交易行为分为三类:套期保值、套利和投机。期货的套期保值(futures hedging)是指企业通过持有与其现货市场头寸相反的期货合约,或将期货合约作为其现货市场未来要进行的交易的替代物,以期对冲价格风险的方式。期货投机(futures speculation)是指交易者通过预测期货合约未来价格的变化,以在期货市场上获取价差收益为目的的期货交易行为。期货套利是指利用相关市场或相关合约之间的价差变化,在相关市场或相关合约上进行交易方向相反的交易,以期价差发生有利变化时同时将持有头寸平仓而获利的交易行为。

(6) 期货合约要素:期货品种、交易单位、最小变动单位、每日价格最大波动限制、合约月份、交易时间、最后交易日、交割等级、其他交割条款。

(7) 期货市场交易规则:保证金(margin)制度、当日无负债结算制度、涨跌停板制度、持仓限额及大户报告制度、强行平仓制度、交割等。

(8) 外汇期货是指交易双方约定在未来特定的时期进行外汇交割,并限定了标准币种、数量、交割月份计较个地点的标准化合约。

(9) 股票指数期货合约是以股票指数为基础的金融期货。

(10) 股票指数期货合约有如下特点:股票指数期货合约是以股票指数为基础的金融期货;股票指数期货合约所代表的指数必须是具有代表性的权威性指数;股票指数期货合约的价格是以股票指数的“点”来表示的;股票指数期货合约是现金结算的期货合约。

(11) 利率期货指标的资产价格依赖于利率水平的期货合约,如债券期货、短期利率期货和欧洲美元期货。

基本概念

远期合约　交割价格　远期价格　远期价值　期货合约　期货价格　保证金　平仓　信息披露　外汇期货　股指期货　利率期货　最便宜交割债券　转换因子

本章习题

1. 简述远期合约的含义和优缺点。

2. 远期价格和远期价值的差异。

3. 远期合约的价值如何确定?

4. 解释最便宜可交割债券的含义及其作用。

5. 中长期利率期货定价和短期利率期货定价有何不同?

6. 为什么个人投资者购买期货而不购买期货的标的资产?

7. 你的分析结果使你相信股市会大幅上扬,但市场对这一情况并不了解。你会怎样做?

8. 请思考一位资产组合经理应该怎样使用金融期货来规避下列情况下的风险。

a. 有一个相对流动性较差的并准备出售的债券大头寸。

b. 从自己持有的一种国债获得一大笔收益,并想将该国债售出,但却想将这笔收益延迟到下个纳税年度。

c. 将在下个月收到自己的年终奖金,想将它投资于长期公司债券。他认为现在出售的公司债券的收益相当吸引人,但很担心此后几周内债券的价格可能会上升。

9. 现在是元月份,现行利率为5%,7月份基金期货价格为346.30元,而12月份期货价格为360.00元。是否存在套利机会?如果存在,该怎样操作?

10. 作为公司的财务主管,将为三个月后的偿债基金购入100万元的债券。你相信利率很快会下跌,因此想提前为公司购入偿债基金债券(现在正折价出售)。不幸的是,你必须征得董事会的同意,而审批过程至少需要两个月。你会在期货市场上采取什么措施以规避可能实际买入债券前的任何债券收益和价格的不利变动?为什么?只需给出定性的回答。

第 16 章 期货与互换实务

第 15 章对期货市场的运作与期货定价的原理做了基本介绍。本章将进一步研究期货市场的定价和风险管理。现在占交易量绝大部分的金融期货增长速度很快，所以本章将重点研究这类金融期货合约。对于一个完整的资产组合而言，套期保值并不是寻求理想的风险回报组合，而是一种抵消特定风险因素的技术。本章将研究几种套期保值的应用方式，使用多样化的合约形式来阐述其应用的一般性原则。同时，还将展示对冲基金如何运用套期保值策略在获利机会上规避风险。

16.1 节：外汇期货，将介绍外汇期货及其产生和发展、外汇期货交易。

16.2 节：股指期货，将介绍股指期货、沪深 300 股指期货的基本制度规则及股指期货交易。

16.3 节：利率期货，将介绍利率期货及其产生与发展和利率期货交易。

16.4 节：对冲与对冲基金，将介绍对冲基金。

16.5 节：互换，将举例说明互换和货币互换。

16.1 外汇期货

16.1.1 外汇期货及其产生和发展

1. 外汇期货的概念

外汇期货(foreign exchange futures)是以货币为标的物的期货合约。在外汇期货市场买卖外汇期货合约的交易，称为外汇期货交易。

2. 外汇期货的产生和发展

外汇期货是金融期货中最早出现的品种。1972 年 5 月 16 日芝加哥商业交易所的国际货币市场分部(IMM)推出外汇期货合约，标志着外汇期货的诞生。

外汇期货是随着固定汇率制的瓦解和浮动汇率制的出现而产生的。1944 年，第二次世界大战即将结束，西方主要工业化国家在美国的布雷顿森林召开了会议，创建了国际货币基金组织。根据布雷顿森林协议，每 1 美元币值相当于 1/35 金衡盎司黄金含量，并规定各国的中央银行将本国的货币汇率与美元含金量挂钩，将汇率波动范围限制在上下各 1%之内，这就是所谓的固定汇率制。20 世纪 60 年代，随着美国经济实力相对下降、国际收支逆差日益增大以及欧洲经济得到恢复和实力相对增强，固定汇率制度开始发生动摇。原联邦德国等欧洲先进工业国家积累了大量的美元外汇，由于害怕美国无法兑现自由兑换的承诺，纷纷向美国挤兑黄金，造成美国黄金储备急剧减少。为挽救此局面，美国政府不得不于 1971 年 8 月 15 日宣布实行“新经济政策”，停止其对外国政府和中央银行履行美元兑黄金的义务。该年年底，“十国集团”在美国签订“史密森协定”，宣布美元对黄金贬值7.89%，且汇率波动范围限制扩大到2.25%。但是，此举仍无法阻挡美元危机的继续发生与进一步加剧。1973年2月，美国政府不得不宣布美元再一次贬值10%，引发各国政府的不满，纷纷宣布其货币与美元脱钩。布雷顿森林体系就此崩溃，浮动汇率制从此取代了固定汇率制。

芝加哥商业交易所一直关注着货币市场，意识到一旦布雷顿森林体系瓦解，浮动汇率制必将给期货市场带来新的机遇。为此，董事长梅拉梅德在1971年专程拜访了诺贝尔经济学奖得主弗里德曼博士。弗里德曼博士非常赞同当布雷顿森林体系瓦解时推出外汇期货，并于当年12月写了《货币需要期货市场》，极大地鼓舞了芝加哥商业交易所开设外汇期货的决心和信心。芝加哥商业交易所随即着手组建国际货币市场分部，并于1972年5月16日正式推出英镑、加元、德国马克、日元、瑞士法郎、墨西哥比索及意大利里拉7种外汇期货合约交易。IMM推出的外汇期货，可谓适逢其时，随后产生的经济动荡以及布雷顿森林体系的正式崩溃使外汇期货在市场上很快站稳了脚跟。

16.1.2 外汇期货交易

外汇期货交易一般可分为外汇期货套期保值交易、外汇期货投机和套利交易。

1. 外汇期货套期保值交易

为了规避外汇风险，可进行外汇期货套期保值交易。外汇期货套期保值是指在期货市场和现汇市场上做币种相同、数量相等、方向相反的交易，即在现汇市场上买进或卖出外汇的同时，又在期货市场上卖出或买进金额大致相当的期货合约，通过在即期外汇市场和外汇期货市场上建立盈亏冲抵机制而使其价值大致保持不变，实现保值。外汇期货套期保值具体可分为卖出套期保值和买入套期保值两类。

(1) 外汇期货卖出套期保值

外汇期货卖出套期保值，又称外汇期货空头套期保值，是指在现汇市场上处于多头地位的人，为防止汇率下跌的风险，在外汇期货市场上卖出期货合约。适合做外汇期货卖出套期保值的情形主要包括：①持有外汇资产者，担心未来货币贬值；②出口商和从事国际业务的银行预计未来某一时间将会得到一笔外汇，为了避免外汇汇率下跌造成损失。

【例16-1】 某美国投资者发现欧元的利率高于美元利率，于是决定购买50万欧元以获高息，计划投资3个月，但又担心在这期间欧元对美元贬值。为避免欧元汇价贬值的风险，该投资者利用芝加哥商业交易所外汇期货市场进行空头套期保值，每手欧元期货合约为12.5万欧元，具体操作过程见表16-1。

表16-1 外汇期货空头套期保值

时 间	即期市场	期货市场
3月1日	当日欧元即期汇率为EUR/USD=1.3432(表示1欧元兑1.3432美元)，购买50万欧元，付出67.16万美元	卖出4手6月到期的欧元期货合约，成交价格为EUR/USD=1.3450(表示1欧元兑1.3450美元)

续表

时 间	即期市场	期货市场
6月1日	当日欧元即期汇率为 EUR/USD＝1.212 0(表示 1 欧元兑 1.212 0 美元),出售 50 万欧元,得到 60.6 万美元	买入 4 手 6 月到期的欧元期货合约对冲平仓,成交价格为 EUR/USD＝1.210 1(表示 1 欧元兑 1.210 1 美元),与 3 月 1 日的卖出价格比,期货合约下跌 1 349 个点,即 1.345 0－1.210 1＝0.134 9,每个点的合约价值为 12.5 美元,4 手合约共获利:12.5×4×1 349＝6.745
	损失 6.56 万美元	获利 6.745 万美元

从表 16-1 中可以看出,该投资者投资 50 万欧元,因欧元汇价下跌而在即期外汇市场上损失 6.56 万美元,但由于他同时在外汇期货市场上做了套期保值交易,期货市场获利 6.745 万美元,使得即期市场的损失可以从期货市场的获利中得到弥补。当然,若欧元汇价在这期间上涨,该投资者在即期市场的获利也将被期货市场的损失所抵消。由此可见,无论汇价在此期间如何变动,外汇期货市场的套期保值的操作实质上是为现货外汇资产"锁定汇价",消除或减少其受汇价上下波动的影响。

(2) 外汇期货买入套期保值

外汇期货买入套期保值,又称外汇期货多头套期保值,是指在现汇市场处于空头地位的人,为防止汇率上升带来的风险,在期货市场上买进外汇期货合约。适合做外汇期货买入套期保值的情形主要包括:①外汇短期负债者担心未来货币升值;②国际贸易中的进口商担心付汇时外汇汇率上升造成损失。

2. 外汇期货投机和套利交易

(1) 外汇期货投机交易

外汇期货投机交易是指通过买卖外汇期货合约,从外汇期货价格的变动中获利并同时承担风险的交易行为。投机者根据对外汇期货价格走势的预测,购买或出售一定数量的某一交割月份的外汇期货合约,有意识地使自己处于外汇风险之中。一旦外汇期货价格的走势与自己的预测一致,则出售或购买以上合约进行对冲,可从中赚取买卖差价。如果外汇期货价格的走势与自己的预测相反,投机者则要承担相应的风险损失。外汇期货投机交易可分为空头投机交易和多头投机交易两种类型。

① 空头投机交易。空头投机交易是指投机者预测外汇期货价格将要下跌,从而先卖后买,希望高价卖出,低价买入对冲的交易行为。

② 多头投机交易。多头投机交易是指投机者预测外汇期货价格将要上升,从而先买后卖,希望低价买入,高价卖出对冲的交易行为。

(2) 外汇期货套利交易

外汇期货套利交易是指交易者同时买进和卖出两种相关的外汇期货合约,此后一段时间再将其手中合约同时对冲,从两种合约相对的价格变动中获利的交易行为。外汇期货套利形式与商品期货套利形式大致相同,可分为跨市场套利、跨币种套利和跨月套利三种类型。

① 跨市场套利。跨市场套利是指交易者根据对同一外汇期货合约在不同交易所的

价格走势的预测，在一个交易所买入一种外汇期货合约，同时在另一个交易所卖出同种外汇期货合约，从而进行套利交易。

进行跨市场套利的经验法则是：

a. 两个市场都进入牛市，A 市场的涨幅高于 B 市场，则在 A 市场买入，在 B 市场卖出。

b. 两个市场都进入牛市，A 市场的涨幅低于 B 市场，则在 A 市场卖出，在 B 市场买入。

c. 两个市场都进入熊市，A 市场的跌幅高于 B 市场，则在 A 市场卖出，在 B 市场买入。

d. 两个市场都进入熊市，A 市场的跌幅低于 B 市场，则在 A 市场买入，在 B 市场卖出。

② 跨币种套利。跨币种套利是交易者根据对交割月份相同而币种不同的期货合约在某一交易所的价格走势的预测，买进某一币种的期货合约，同时卖出另一币种相同交割月份的期货合约，从而进行套利交易。

进行跨币种套利的经验法则是：

a. 预期 A 货币对美元贬值，B 货币对美元升值，则卖出 A 货币期货合约，买入 B 货币期货合约。

b. 预期 A 货币对美元升值，B 货币对美元贬值，则买入 A 货币期货合约，卖出 B 货币期货合约。

c. 预期 A、B 两种货币都对美元贬值，但 A 货币的贬值速度比 B 货币快，则卖出 A 货币期货合约，买入 B 货币期货合约。

d. 预期 A、B 两种货币都对美元升值，但 A 货币的升值速度比 B 货币快，则买入 A 货币期货合约，卖出 B 货币期货合约。

e. 预期 A 货币对美元汇率不变，B 货币对美元升值，则卖出 A 货币期货合约，买入 B 货币期货合约。若 B 货币对美元贬值，则相反。

f. 预期 B 货币对美元汇率不变，A 货币对美元升值，则买入 A 货币期货合约，卖出 B 货期货合约。若 A 货币对美元贬值，则相反。

③ 跨月套利。跨月套利是指交易者根据对币种相同而交割月份不同的期货合约在某一交易所的价格走势的预测，买进某一交割月份的期货合约，同时卖出另一交割月份的同种期货合约，从而进行套利交易。

进行跨月套利的经验法则是：

a. 如果较远月份的合约价格升水，并且两国利率差将下降，则买入较近月份的期货合约，卖出较远月份的期货合约。

b. 如果较远月份的合约价格升水，并且两国利率差将上升，则买入较远月份的期货合约，卖出较近月份的期货合约。

c. 如果较远月份的合约价格贴水，并且两国利率差将下降，则买入较远月份的期货合约，卖出较近月份的期货合约。

d. 如果较远月份的合约价格贴水，并且两国利率差将上升，则买入较近月份的期货合约，卖出较远月份的期货合约。

综上所述,外汇期货市场的存在为许多经济主体提供了一个规避汇率风险的场所。外汇期货交易虽然不可能完全消除进行各种贸易和金融交易的全部风险,但至少规避了大部分风险,增加了经济主体在经营上的稳定性。同时,外汇期货交易因合约条款的标准化而具有很好的市场流动性,交易手续简便,费用低廉,且只需付少量保证金即可达到规避风险的目的,节约了资金成本。

16.2 股指期货

16.2.1 股指期货

股指期货(stock index futures)的全称是股票价格指数期货(也可简称为股价指数期货、期指)。它是指以股价指数为标的物的标准化期货合约,双方约定在未来的某个特定日期,可以按照事先确定的股价指数的大小,进行标的指数的买卖。股指期货交易的标的物是股票价格指数。自 1982 年 2 月美国堪萨斯期货交易所上市价值线综合平均指数期货交易以来,股指期货日益受到各类投资者的重视,交易规模迅速扩大,交易品种不断增加。目前,股指期货交易已成为金融期货,也是所有期货交易品种中的第一大品种。

16.2.2 沪深 300 股指期货的基本制度规则

1. 沪深 300 股指期货合约

沪深 300 股指期货合约具体条款与其他品种相似(表 16-2)。

表 16-2 沪深 300 股指期货合约文本

合约标的	沪深 300 指数
合约乘数	每点 300 元
报价单位	指数点
最小变动价位	0.2 点
合约月份	当月、下月及随后两个季月
交易时间	上午 9:15—11:30,下午 13:00—15:15
最后交易日交易时间	上午 9:15—11:30,下午 13:00—15:00
每日价格最大波动限制	上一个交易日结算的+10%
最低交易保证金	合约价值的 12%
最后交易日	合约到期月份的第 3 个周五,遇法定节假日顺延
交割日期	同最后交易日
手续费	手续费标准为成交金额的万分之零点五
交割方式	现金交割
交易代码	IF
上市交易所	中国金融期货交易所

2. 沪深 300 股指期货交易规则

(1) 持仓限额制度

设置持仓限额的目的是防止少数资金实力雄厚者凭借掌握超量持仓操纵及影响市

场。有些交易所为了及早发现与监控大户的动向，还设置了大户持仓申报制度。

沪深300股指期货的持仓限额是指中国金融期货交易所规定的会员或者客户对某一合约单边持仓的最大数量。同一客户在不同会员处开仓交易，其在某一合约单边持仓合计不得超出该客户的持仓限额。会员和客户的股指期货合约持仓限额具体规定为：进行投机交易的客户号某一合约单边持仓限额为100手；某一合约结算后单边总持仓量超过10万手的，结算会员下一交易日该合约单边持仓量不得超过该合约单边总持仓量的25%；进行套期保值交易和套利交易的客户号的持仓按照交易所有关规定执行，不受该持仓限额限制。会员、客户持仓达到或者超过持仓限额的，不得同方向开仓交易。批准套期保值额度申请的投资者不受100手的单边持仓限制。

(2) 交易指令

沪深300股指期货的交易指令分为市价指令、限价指令及中国金融期货交易所规定的其他指令。交易指令每次最小下单数量为1手，市价指令每次最大下单数量为50手，限价指令每次最大下单数量为100手。

(3) 每日结算价

在股指期货交易中，大多数交易所采用当天期货交易的收盘价作为当天的结算价，美国芝加哥商业交易所的S&P500期指合约与中国香港的恒生指数期货合约交易都采用此法。也有一些交易所不采用此法，如西班牙股票衍生品交易所的IBEX-35期指合约规定为收市时最高买价和最低卖价的算术平均值。沪深300股指期货当日结算价是某一期货合约最后一小时成交价格按照成交量的加权平均价。计算结果保留至小数点后一位。最后一小时因系统故障等原因导致交易中断的，扣除中断时间后向前取满一小时视为最后一小时。合约最后一小时无成交的，以前一小时成交价格按照成交量的加权平均价作为当日结算价。该时段仍无成交的，则再往前推一小时，以此类推。合约当日最后一笔成交距开盘时间不足一小时的，则取全天成交量的加权平均价作为当日结算价。合约当日无成交的，当日结算价计算公式为：当日结算价＝该合约上一交易日结算价＋基准合约当日结算价－基准合约上一交易日结算价，其中，基准合约为当日有成交的离交割月最近的合约。合约为新上市合约的，取其挂盘基准价为上一交易日结算价。基准合约为当日交割合约的，取其交割结算价为基准合约当日结算价。根据本公式计算出的当日结算价超出合约涨跌停板价格的，取涨跌停板价格作为当日结算价。采用上述方法仍无法确定当日结算价或者计算出的结算价明显不合理的，交易所有权决定当日结算价。

(4) 交割方式与交割结算价

股指期货合约的交割普遍采用现金交割方式，即按照交割结算价计算持仓者的盈亏，按此进行资金的划拨，了结所有未平仓合约。股指期货的交割结算价通常是依据现货指数来确定的，这样可以有效地保证期指与现指的到期趋向。

交割结算价的选取在不同交易所存在差异，如美国芝加哥商业交易所的S&P500指数期货的交割结算价是以最后结算日(即周五上午)现指特别开盘报价(special opening quotation，SOQ)为交割结算价；中国香港的恒生指数期货采取最后交易日现指每5分钟报价的平均值整数为交割结算价。

沪深300股指期货合约的相关规定是:股指期货合约采用现金交割方式;股指期货合约最后交易日收市后,交易所以交割结算价为基准,划付持仓双方的盈亏,了结所有未平仓合约。沪深300股指期货的交割结算价为最后交易日标的指数最后两小时的算术平均价。计算结果保留至小数点后两位。交易所有权根据市场情况对股指期货的交割结算价进行调整。

(5) 股指期货投资者适当性制度

沪深300股指期货市场实行股指期货投资者适当性制度。该制度按照“把适当的产品销售给适当的投资者”的原则,从资金实力、投资经历、知识测试等方面对投资者进行了限制性的规定,从而规避了中小投资者因盲目参与而遭受较大损失的可能。股指期货投资者适当性制度主要包含以下要点:①自然人申请开户时保证金账户可用资金余额不低于人民币50万元;②具备股指期货基础知识,开户测试不低于80分;③具有累计10个交易日、20笔以上的股指期货仿真交易成交记录,或者最近三年内具有10笔以上的商品期货交易成交记录。

对于一般法人投资者申请开户除具有以上三点要求外,还应该具备:①净资产不低于人民币100万元;②具有相应的决策机制和操作流程;决策机制主要包括决策的主体与决策程序,操作流程应当明确业务环节、岗位职责以及相应的制衡机制。

16.2.3 股指期货交易

1. 股指期货套期保值交易

(1) β系数与最佳套期保值比率

股指期货套期保值是同时在股指期货市场和股票市场进行反方向的操作,最终达到规避系统性风险的目的。

股指期货与商品期货在套期保值操作中有一个很大的差别,即在商品期货中,期货合约交易的对象与现货交易中的对象是一致的,如100吨大豆,对应着10张期货合约(每张合约10吨)。然而,在股指期货中,只有买卖指数基金或严格按照指数的构成买卖“一篮子”股票,才能做到完全对应。事实上,对绝大多数的股市投资者而言,并不总是按照指数成分股来构建股票组合的。要有效地对投资者的股票组合进行保值,需要确定一个合理买卖股指期货合约的数量,这需要引入β系数这一概念。

第一,单个股票的β系数。假定某股票的收益率(R_i)和指数的收益率(R_m)有表16-3中的关系。

表16-3 某股票收益率和指数收益率对应表

股票收益率(R_i)/%	10	3	15	9	3
指数收益率(R_m)/%	4	2	8	6	0

可以通过如下的散点图(图 16-1)来观察它们之间的关系,并用一条直线来拟合它们。

估算出直线方程如下:

$$\hat{R}_i = \alpha + \beta R_m$$

其中,α 和 β 是直线方程的系数,上述问题就转化为如何确定最佳的 α 和 β 了。由于 $\hat{R}_i$ 只是用来代替 R_i 的理论值的,所以两者之间的平均偏差越小越好,即 $\sum(R_i - \hat{R}_i)^2$ 最小。

这样,就得到拟合直线 $R_i = 2 + 1.5R_m$。

β 系数 1.5 是该直线的斜率,它表示了该股收益率的增减幅度是指数收益率同方向增减幅度的 1.5 倍,如指数收益率增加 3%,该股票收益率增加 4.5%;指数收益率减少 2%,则该股票收益率减少 3%。如果 β 系数等于 1,则表明股票收益率的增减幅度与指数收益率的增减幅度保持一致。显然,当 β 系数大于 1 时,说明股票的波动或风险程度高于以指数衡量的整个市场;而当 β 系数小于 1 时,说明股票的波动或风险程度低于以指数衡量的整个市场。

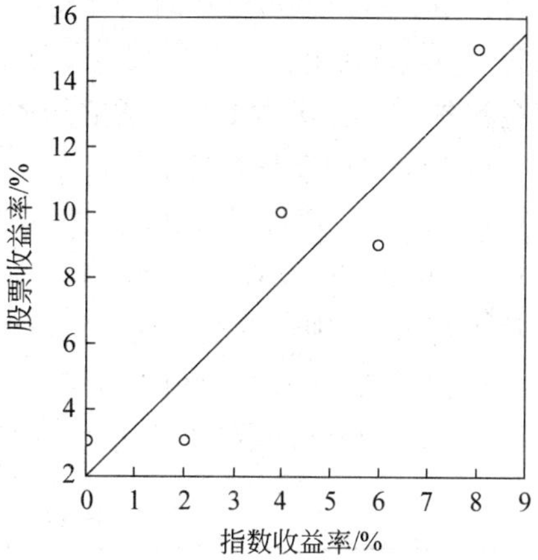

图 16-1　某股票收益率和指数收益率的散点图和拟合直线

第二,股票组合的 β 系数。当投资者拥有一个股票组合时,就要计算这个组合的 β 系数。假定一个组合 P 由 n 个股票组成,第 i 个股票的资金比例为 $X_i(X_1 + X_2 + \cdots + X_n = 1)$;$\beta_i$ 为第 i 个股票的 β 系数。则有 $\beta = X_1\beta_1 + X_2\beta_2 + \cdots + X_n\beta_n$。注意,$\beta$ 系数是根据历史资料统计而得到的,在应用中,通常就用历史的 β 系数来代表未来的 β 系数。股票组合的 β 系数比单个股票的 β 系数可靠性要高,这一点对于预测应用的效果来说也是同样的。在实际应用中,也有一些使用者为了提高预测能力,还对 β 系数做进一步的修改与调整。

第三,股指期货套期保值合约数量的确定。有了 β 系数,就可以计算出要冲抵现货市场中股票组合的风险所需要买入或卖出的股指期货合约的数量了:

买卖期货合约数=现货总价值/(期货指数点×每点乘数)×β 系数

其中,公式中的"期货指数点×每点乘数"实际上就是一张期货合约的价值。从公式中不难看出:当现货总价值和期货合约的价值已定下来后,所需买卖的期货合约数就与 β 系数的大小有关,β 系数越大,所需的期货合约数就越多;反之,则越少。

(2) 股指期货卖出套期保值

卖出套期保值是指交易者为了回避股票市场价格下跌的风险,通过在股指期货市场卖出股票指数的操作,而在股票市场和股指期货市场上建立盈亏冲抵机制。进行卖出套期保值的情形主要是:投资者持有股票组合,担心股市大盘下跌而影响股票组合的收益。

【例 16-2】 国内某证券投资基金在某年 9 月 2 日时,其收益率已达到 26%,鉴于后市不太明朗,下跌的可能性很大,为了保持这一业绩到 12 月,决定利用沪深 300 股指期货实行保值。假定其股票组合的现值为 2.24 亿元，并且其股票组合与沪深 300 指数的 β 系数为 0.9。假定 9 月 2 日的现货指数为 5 400 点，而 12 月到期的期货合约为 5 650 点。该基金首先要计算卖出多少期货合约才能使 2.24 亿元的股票组合得到有效保护。

应该卖出的期货合约数＝224 000 000 /(5 650×300)×0.9≈119(张)

12 月 2 日，现货指数跌到 4 200 点，而期货指数跌到 4 290 点(现货指数跌 1 200 点，跌幅约为 22.22%，期货指数跌 1 360 点，跌幅大致为 24%)，这时该基金买进 119 张期货合约进行平仓，则该基金的损益情况为：股票组合市值缩水 22.22%×0.9＝20%，市值减少为 1.792 亿元，减少市值 0.448 亿元；期货合约上赢得 119×1 360×300＝0.485 5 亿元，两者基本相等，实现了避险的目的(表 16-4)。

表 16-4　股指期货卖出套期保值

日　期	现货市场	期货市场
9 月 2 日	股票总值 2.24 亿元，沪深 300 现指为 5 400 点	卖出 119 张 12 月到期的沪深 300 股指期货合约，期指为 5 650 点，合约总值为 119×5 650×300＝2.017 05 亿元
12 月 2 日	沪深 300 现指跌至 4 200 点，该基金持有的股票价值缩水为 1.792 亿元	买进 119 张 12 月到期的深沪 300 股指期货合约平仓，期指为 4 290 点，合约总值为 119 × 4 290 × 300 ＝ 1.531 53 亿元
损益	－0.448 亿元	0.485 52 亿元

如果到了 12 月 2 日，股票指数和股指期货合约价格都上涨了，结果便是期货市场出现亏损，但股票组合升值，盈亏相抵之后，基本上仍能实现当初的愿望，即保持以往的收益率业绩。

(3) 股指期货买入套期保值

买入套期保值是指交易者为了回避股票市场价格上涨的风险，通过在股指期货市场买入股票指数的操作，在股票市场和股指期货市场上建立盈亏冲抵机制。进行买入套期保值的情形主要是：投资者在未来计划持有股票组合，担心股市大盘上涨而使购买股票组合成本上升。

2. 股指期货投机与套利交易

(1) 股指期货投机策略

股指期货市场的投机交易是指交易者根据对股票价格指数和股指期货合约价格的变动趋势做出预测，通过看涨时买进股指期货合约，看跌时卖出股指期货合约而获取价差收益的交易行为。由于股指期货的标的是股票指数，其反映的信息面较为广泛，因此交易者应做好对各种经济信息的研究，综合研判股指期货的价格走势。

一般而言，分析股指期货价格走势有两种方法：基本面分析方法和技术面分析方法。基本面分析方法重在分析对股指期货价格变动产生影响的基本面因素，这些因素包括国内外政治因素、经济因素、社会因素、政策因素等多个方面，通过分析基本面因素的变动对股指可能产生的影响来预测和判断股指未来变动方向。技术面分析方法重在分析行情的历史走势，寄希望通过分析当前价和量的关系，再根据历史行情走势来预测和判断股指未来变动方向。通常情况下，股指期货的成交量、持仓量和价格的关系见表 16-5。

表 16-5　股指期货量价关系

价格	交易量	持仓量	市场趋势
上涨	增加	上升	坚挺:新开仓增加,多头占优
上涨	减少	上升	疲软:新开仓增加,空头占优
下跌	增加	下降	疲软:平仓增加,空头买入平仓占优,主动性多仓不大
下跌	减少	下降	坚挺:平仓增加,多头卖出平仓占优,主动性多仓不大
上涨	不活跃	上升	坚挺:多头占优的情况下平仓减小
上涨	增加	上升	疲软:空头占优的情况下平仓减小
下跌	不活跃	下降	空头被逼平仓——空头可能在高位回补
下跌	增加	下降	多头被逼平仓——多头可能在低位回补

基本面分析方法和技术面分析方法各有优劣,一般在进行投机交易时需要将两种方法有机结合,以提高判断的准确率。

(2) 股指期货期现套利

股指期货合约交易在交割时采用现货指数,这一规定不但具有强制期货指数最终收敛于现货指数的作用,而且也会使得在正常交易期间,期货指数与现货指数维持一定的动态联系。在各种因素影响下,期货指数起伏不定,经常会与现货指数产生偏离,但是当这种偏离越出一定的范围时,就会产生套利机会。交易者可以利用这种套利机会从事套利交易,获取无风险利润。

(3) 股指期货跨期套利

跨期套利是在同一交易所同一期货品种不同交割月份期货合约间的套利。同一般的跨期套利相同,它是利用不同月份的股指期货合约的价差关系买进(卖出)某一月份的股指期货的同时卖出(买进)另一月份的股指期货合约,并在未来某个时间同时将两个头寸平仓了结的交易行为。

股指期货一般都有两个以上合约,其中交割期离当前较近的称为近期合约,交割月离当前较远的称为远期合约。当远期合约价格大于近期合约价格时,称为正常市场或正向市场。近期合约价格大于远期合约价格时,称为逆转市场或反向市场。

在正常市场中,远期合约与近期合约之间的价差主要受到持有成本的影响。股指期货的持有成本相对低于商品期货,而且可能收到的股利在一定程度上可以降低股指期货的持有成本。当实际价差高于或低于正常价差时,就存在获利的机会。如假定 3 月和 2 月沪深 300 股指期货的正常价差为 100 点,当 3 月和 2 月沪深 300 股指期货的实际价差为 200 点,明显高于 100 点的水平,此时可通过买入低价合约、同时卖出高价合约的做法进行套利,可以获取稳定利润。当然,价差随着这种活动而逐渐减少,直至归于正常价差。

在逆转市场上,两者的价格差没有限制,取决于近期供给相对于需求的短缺程度,以及购买者愿意花费多大代价换取近期合约。根据以上关系,再结合具体的市场行情及对市况发展趋势的分析预测,就可以判断不同交割月份合约价格差的关系是否正常。如果不正常,无论价差过大还是过小,投资者都可以相机采取套利交易,待价格关系恢复正常时间时对冲了结以获取套利利润。

16.3 利率期货

16.3.1 利率期货及其产生与发展

1. 利率期货合约

利率期货合约(interest rate futures)是指以利率类金融工具为标的物的期货合约。利率期货合约的买卖称为利率期货交易。投资者可以利用利率期货管理和对冲利率波动所引起的风险。

根据利率期货合约标的期限的不同,利率期货分为短期利率期货和中长期利率期货两类。

短期利率期货合约的标的物主要有利率、短期政府债券、存单等,期限不超过1年。如3个月欧元银行间拆放利率、3个月英镑利率、28天期(墨西哥比索)银行间利率、3个月欧洲美元存单、13周美国国债(T-Bills)等。

中长期利率期货合约的标的物主要为各国政府发行的中长期债券,期限在1年以上。如2年期、3年期、5年期、10年期的美国中期国债(T-Notes),美国长期国债(T-Bonds),德国国债(Euro-Schatz, Euro-Bobl, Euro-Bund),英国国债(Gilts),等等。

2. 利率期货的产生和发展

在布雷顿森林体系下,全球主要工业国家均以凯恩斯主义为指导思想,为刺激消费需求和投资需求的增加而推行低利率政策。一旦市场利率出现上升趋势,就采取扩大货币供应量的方法来降低利率,将利率稳定下来。到了20世纪70年代,利率管制政策的负面效应日渐显露出来。严重的经济滞胀局面以及布雷顿森林体系的解体,各国经济政策纷纷被迫改弦更张,弗里德曼的货币主义理论被各国政府所青睐。与放弃固定汇率制一样,控制利率、稳定利率不再是金融政策的目标,而是转向以控制货币供应量为主。利率逐渐成为政府着意用来调控经济、干预汇率的一个政策工具。利率管制政策的放松或取消使得市场利率波动日益频繁,利率风险成为各类经济体,尤其是金融机构所面临的主要风险。在这种背景下,利率期货应运而生。

1975年10月20日,芝加哥期货交易所(CBOT)推出了历史上第一张利率期货合约——政府国民抵押协会(Government National Mortgage Association, GNMA)抵押凭证(collateralized depository receipt, CDR)期货合约。政府国民抵押协会抵押凭证是美国住房和城市发展部批准的银行或金融机构以房屋抵押方式发行的一种房屋抵押债券,平均期限12年,最长期限可达30年,当时是一种流动性较好的信用工具。政府国民抵押协会抵押凭证期货合约交易推出后,很快取得成功,随后一系列利率期货品种相继推出。1976年1月,芝加哥商业交易所(CME)国际货币市场分部(IMM)推出了13周的美国国债期货交易;1977年8月,芝加哥期货交易所推出了美国长期国债期货交易;1981年7月,芝加哥商业交易所国际货币市场分部(IMM)、芝加哥期货交易所同时推出可转让定期存单(CDs)期货交易;1981年12月,IMM推出3个月欧洲美元期货交易。其中,芝加哥商业交易所的欧洲美元期货在美国市场首度引入了现金交割制度(此前澳大利亚悉尼期货交易所已于1980年推出了现金交割的美元期货)。

16.3.2 利率期货交易

1. 利率期货套期保值

利用利率期货进行套期保值规避的是市场利率变动为投资者带来的风险。利率期货套期保值策略分为卖出套期保值和买入套期保值两大类。利率期货卖出套期保值者最初在期货市场上卖出利率期货合约,目的是对冲市场利率上升为其带来的风险;利率期货买入套期保值者最初在期货市场买入利率期货合约,目的是对冲市场利率下降为其带来的风险。

(1) 利率期货卖出套期保值

利率期货卖出套期保值是通过期货市场开仓卖出利率期货合约,以期在现货和期货两个市场建立盈亏冲抵机制,规避市场利率上升的风险。其适用的情形主要有:①持有固定收益债券,担心利率上升,其债券价格下跌或者收益率相对下降;②利用债券融资的筹资人,担心利率上升,导致融资成本上升;③资金的借方,担心利率上升,导致借入成本增加。

【例 16-3】 5月3日,市场贷款利率为2.75%。根据经营需要,某公司预计在8月份要借入3个月期的2 000万美元资金。因担心利率上升,借款成本增加,该公司在芝加哥商业交易所(CME)以98.300的价格卖出20张9月份到期的欧洲美元期货合约;8月3日,因利率上升,9月份合约价跌到96.000,该公司以此价格平仓20张9月份合约,同时以5%的利率借入2 000万美元。具体操作过程见表16-6。

表 16-6 利率期货卖出套期保值案例

日 期	现 货 市 场	期 货 市 场
5月3日	市场贷款利率为2.75%,如借入2 000万美元,3个月的利息成本为2 000×2.75%×3/12=13.75万美元	卖出20张芝加哥商业交易所的9月份到期的欧洲美元期货合约,成交价为98.300
8月3日	借入2 000万美元,借款利率为5%,3个月利息成本为2 000×5%×3/12=25万美元	买入平仓20张9月份到期的欧洲美元期货合约,成交价为96.000
损益	多支付利息13.75−25=−11.25美元	盈利20×(98.300−96.000)×100×25=11.5万美元

经过3个月,市场利率由2.75%上升为5%,使得该公司的借款利息成本为25万美元,与5月初相比增加了11.25万美元。但由于该公司利用欧洲美元期货做了卖出套期保值,在期货市场上盈利11.5万美元,其实际借款利息成本为25−11.5=13.5万美元,实际借款利率为:

$$(13.5/2\,000)\times 12/3\times 100\% = 2.7\%$$

通过套期保值,该公司避免了利率上升带来的损失,将其8月份的借款成本仍然锁定在5月初的水平。

当然,如果到了8月份,市场利率没有上升,反而下降,则该公司在期货市场上会有亏损,但此时借款成本也会下降,其实际借款成本仍然能够锁定在5月初的水平。

(2) 利率期货买入套期保值

利率期货买入套期保值是通过期货市场开仓买入利率期货合约,以期在现货和期货两个市场建立盈亏冲抵机制,规避市场利率下降的风险。其适用的情形主要有:①计划买入固定收益债券,担心利率下降,导致债券价格上升;②承担按固定利率计息的借款人,担心利率下降,导致资金成本相对增加;③资金的贷方,担心利率下降,导致贷款利率和收益下降。

【例 16-4】 3 月 15 日,某欧洲财务公司预计于 6 月 10 日收到 10 000 000 欧元,该公司打算将其投资于 3 个月期的定期存款,当时存款利率为 2.65%。该公司担心未来利率会下跌,于是利用纽约泛欧交易所集团伦敦国际金融交易所的 Euribor 期货合约进行买入套期保值交易,其操作过程见表 16-7。

表 16-7 利率期货多头套期保值案例

日 期	现货市场	期货市场
3 月 15 日	预期于 6 月 10 日收到 10 000 000 欧元,打算将其转为 3 个月期的定期存款,当时的存款利率为 2.65%	以 97.40 的价格买进 10 张 9 月份到期的 3 个月欧元利率(Euribor)期货合约
6 月 10 日	存款利率跌到 1.75%,收 10 000 000 欧元,以此利率存入银行	以 98.29 的价格卖出平仓 10 张 9 月份到期的 3 个月欧元利率(Euribor)期货合约
损益	损失 10 000 000×(1.75%－2.65%)×3/12＝－22 500 欧元	盈利(98.29－97.40)×100×25×10＝22 250 欧元

从该公司的套期保值过程可以看出,由于存款利率下跌,公司减少了利息收入 22 500 欧元。但由于事先在期货市场上卖出了利率期货,平仓获利 22 250 欧元。基本上可以弥补现货市场上的损失。如从收益率来看,该公司实际所得的利息收入为:

$$10\,000\,000\times1.75\%\times3/12=43\,750(\text{欧元})$$

加上期货市场所得的盈利,则其存款总收益为:

$$43\,750+22\,250=66\,000(\text{欧元})$$

因而,其存款利率相当于

$$(66\,000\div10\,000\,000)/3\times12\times100\%=2.64\%$$

实际存款利率与建立套期保值头寸初期利率(2.65%)非常接近,实现了风险对冲的目的。

当然,如果到了 6 月 10 日,利率不跌反升,这时该公司虽然在期货市场亏损了,但在现货市场上得到了更多的利息,其实际存款利率仍将维持在 2.65%左右。

2. 利率期货投机和套利

利率期货投机就是通过买卖利率期货合约,从利率期货价格变动中博取风险收益的交易行为。

利率期货套利交易是指投资者同时买进和卖出数量相当的两个或两个以上相关的利率期货合约,期待合约间价差向自已有利的方向变动,择机将其持仓同时平仓获利,从价差变动中博取风险收益的交易行为。

(1) 利率期货投机

若投机者预期未来利率水平将下降,利率期货价格将上涨,便可买入期货合约,期待利率期货价格上涨后平仓获利;若投机者预期未来利率水平将上升,利率期货价格将下跌,则可卖出期货合约,期待利率期货价格下跌后平仓获利。

(2) 利率期货套利

利率期货套利交易是利用相关利率期货合约间价差变动来进行的。在利率期货交易中,跨市场套利机会一般很少,跨期套利和跨品种套利机会相对较多。当然。下面介绍简要利率期货跨期套利和跨品种套利。

① 利率期货跨期套利。在利率期货交易中,当同一市场、同一品种、不同交割月份合约间存在着过大或过小的价差关系时,就存在着跨期套利的潜在机会。近期、远期利率期货合约间价差套利分为利率期货牛市套利、利率期货熊市套利和利率期货蝶式套利三种。

② 利率期货跨品种套利。在利率期货交易中,当同一市场、相同交割月份、不同品种合约间存在着过大或过小的价差关系时,就存在着跨品种套利的潜在机会。相同交割月份的利率期货合约在合约运行期间,影响因素基本一致,套利收益稳定性会更高。利率期货跨品种套利交易根据套利合约标的不同,主要分为短期利率期货和中长期利率期货合约间套利两大类。

16.4 对冲与对冲基金

对冲基金源于20世纪50年代的美国,当时的操作宗旨在于利用期货、期权等金融衍生产品以及对相关联的不同股票进行买空卖空、风险对冲的操作技巧,在一定程度上可规避和化解投资风险。

对冲基金传统的对冲操作包括:①在购买股票的同时买进看跌期权(put option);②先选定某类行情看涨行业,然后在买入优质股的同时做空劣质股。早期的对冲基金可以说是一种基于避险保值的保守投资策略的基金管理形式。

经过数十年演变,随着大量金融衍生工具(derivatives)的出现,对冲基金已经失去了"对冲"的内涵,成为一种全新投资模式的代名词,即基于最新的投资理论和复杂的金融市场操作技巧,充分利用各种金融衍生产品的杠杆效用,承担高风险、追求高收益的投资模式。

对冲基金的特点:①筹资方式的私募性,一般是合伙人制;②投资活动的复杂性,利用各种衍生工具如期货、期权、掉期等,采用各种手段卖空/买空等;③投资的高杠杆性,利用银行信用,在原始资金量的基础上几倍甚至几十倍地扩大投资基金;④操作的隐蔽性和灵活性,没有明确投资目标,利用一切可操作的金融工具和组合,以最大限度获利。

对冲基金类似于共同基金,汇聚投资人的资金并按照投资比例分配投资收益。但是依据《1904年投资公司法》美国证券与交易委员会监管共同基金,对冲基金通过这种典型组织形式像有限合伙制可以避免风险,仅仅只对机构投资者和满足于最小化收益或财富标准的较为老练的投资者开放。尽管美国证券与交易委员会忽视了对冲基金近几年的小幅增长,较共同基金而言对冲基金在投资策略方面包括:如空头、财务杠杆及衍生工具的运用等,更为自由灵活。针对定价错误的各种证券,灵活地运用衍生工具或空头策略是实施市场中性策略投资的关键。

以下将阐述被美国长期资本管理公司(LTCM)广泛应用的市场中性策略。LTCM新发行的30年期美国长期国债较久期相当的29年期国债一般以更高的价格(更低的收益率)出售。这收益率差的假定是新发行国债具有较好流动性的贴水。由于在流动性方面需求相对较弱,LTCM因此做多29年期美国长期国债而卖空30年期的美国长期国债。当两种债券收益率趋于收敛,利率消失时可以平仓获利,这就是对冲或市场中性。因此,30年期新发行国债不再因流动性最好而价格偏高。

值得注意的是,不论利率如何变化,这种投资策略都将产生利润。只要30年期国债表现落后于29年期国债,当流动性贴水消除,多空头寸则会盈利。市场中性或对冲头寸是以对冲基金而得名的一种投资策略。事实上,LTCM的这种投资策略是收敛性套利(convergence arbitrage)的例证。收敛性套利是指在特定时日两种证券的价格相差无几,即收敛一致(介于股票和股票期货之间的指数套利是收敛性套利最好的例证。操作时若收敛日期不确定,则可以肯定当前新发行的国库券在下一期30年期国库券发行时会失去其原有的地位,所以这仍不失为收敛性套利的范例)。

与多空仓策略较相关的是可转债套利(convertible bond arbitrage),它在对冲基金领域表现较为突出。可转债可以表述为直接债券加上标的股票的看涨期权,此例中市场中性表现为债券头寸被相反的股票头寸抵消。如如果可转债的转换价格不确定,基金将买入可转债,而当股票价格下降时卖空股票以抵消可转债的敞口风险。可转债的对冲比率决定于其内生的看涨期权delta(Δ)。

尽管被对冲后的头寸表现为市场中性,但需要强调的是市场中性策略并不是无风险的套利策略。确切地说,应视为单一业务(pure plays),在两只证券之间对它们的错误定价进行下注,对冲掉外在的风险(如市场敞口风险)。但它们只是估计预测因此也会出现错误。如2005年5月,数家对冲基金认为通用汽车的债务被低估因而直接或间接地通过信用违约互换购入其债券。为了对抗通用汽车的状况急剧恶化,它们购买通用的看跌期权对冲其风险,这样当通用股票价格下跌时投资组合的收益仍将保持上涨。然而,出乎意料的是当通用债券一落千丈时,在科克莱恩(Kirk Kerkorian)发表言论声称他准备以每股31美元的价格增持通用股份,同时通用汽车的股票价格上涨。对冲基金既面临债券价格下跌导致的头寸损失又面临因为股票价格上涨而导致看跌期权头寸上的损失。

相同的情况,LTCM在30年期与29年期国债的投资策略在数年间运作良好,然而俄国1998年宣布无限期推迟即将到期的债务偿还使得LTCM开始雪崩式的溃败,大量的投资者涌向趋于安全性考虑的30年期国债,结果拉开了30年国债价格和29年国债的价格差。本以为稳操胜券的赌注(收敛性套利的价格收敛)由于价格发散继而产生巨额亏损。尽管国债的利差最终趋于收敛,但那也是几个星期以后的事情。短短时间LTCM由于利差的扩大而导致投资亏损巨大。最终的利差收敛对LTCM为时已晚,巨额的亏损使它濒临破产的边缘。

大多数的对冲基金具有杠杆效应。相对错误定价的投资机会并不多,多空策略的对冲都是很小的波动。对冲基金对应其赌注呈倍数增加。当期赌注获利时收益倍数放大,而当赌注亏损时损失也倍数放大。总而言之,基金波动幅度较大时,对冲基金才是值得推荐的。

从事多空或对冲策略的"典型"对冲基金,运用衍生工具和空头头寸投资的能力较从事方向性策略(directional strategy)的众多基金而言更加自由。这就意味着基金根本是在下赌注,就像汇率变动、并购的结果使投资的业绩并不确定。尽管它们以对冲命名,但大多数情况下基金风险并不对冲。

16.5 互　　换

互换(swap)是指当事人按照商定的条件,在约定的时期内,交换不同金融工具的一系列现金流(支付款项或收入款项)的合约。互换包括利率互换和货币互换。

互换市场是衍生品市场的重要组成部分,目前互换市场规模已超过 100 万亿美元。将以一个简单的利率互换例子和货币互换例子阐述互换机制如何运作。

【例 16-5】 利率互换

2004 年 3 月 5 日,Intel 和微软公司签订了三年期互换合约。微软同意按名义本金 1 亿美元、年利率 5%支付利息给 Intel,而 Intel 则按相同本金,6 个月期 LIBOR 支付利息给微软,假设协议规定每 6 个月交换一次。

微软的现金流情况如表 16-8 所示。

表 16-8　微软的现金流情况

日　　期	LIBOR 年利率/%	浮动现金流	固定现金流	微软应收
Mar 5, 2004	4.20			
Sept 5,2004	4.80	+2.10	−2.50	−0.40
Mar 5, 2005	5.30	+2.40	−2.50	−0.10
Sept 5,2005	5.50	+2.65	−2.50	+0.15
Mar 5, 2006	5.60	+2.75	−2.50	+0.25
Sept 5,2006	5.90	+2.80	−2.50	+0.30
Mar 5, 2007	6.40	+2.95	−2.50	+0.45

利率互换中,只交换利息,本金只用于计算支付的利息,本金本身并不发生交换。这种性质的本金称为名义本金。

【例 16-6】 货币互换

IBM 与英国石油在 2004 年 2 月 1 日签订了 3 年期货币互换协议,假设 IBM 以英镑支付 11%的固定利率,从英国石油收到以美元支付 8%的固定利率,利息支付每年进行一次,本金金额分别为 1 000 万英镑和 1 500 万美元。

货币互换的过程为:互换开始时,IBM 支付 1 500 万美元给英国石油,从英国石油获得 1 000 万英镑;在第一年年末,IBM 收到 120 万美元利息(1500 万美元的 8%),支付 110 万英镑(1 000 万英镑的 11%),第二年年末同样进行;在第三年年末,不仅利息交换,本金同样再交换回来。

货币交换中 IBM 的现金流如表 16-9 所示。

表 16-9 货币交换中 IBM 的现金流

日　期	美元现金流/百万美元	英镑现金流/百万英镑
2004 年 2 月 1 日	−15.00	+10.00
2005 年 2 月 1 日	+1.20	−1.10
2006 年 2 月 1 日	+1.20	−1.10
2007 年 2 月 1 日	+1.20	−1.10
2007 年 2 月 1 日	+15.00	−10.00

本章小结

(1) 外汇期货交易一般可分为外汇期货套期保值交易、外汇期货投机和套利交易。外汇期货套期保值是指在期货市场和现汇市场上做币种相同、数量相等、方向相反的交易,即在现汇市场上买进或卖出外汇的同时,又在期货市场上卖出或买进金额大致相当的期货合约,通过在即期外汇市场和外汇期货市场上建立盈亏冲抵机制而使其价值大致保持不变,实现保值。外汇期货投机交易是指通过买卖外汇期货合约,从外汇期货价格的变动中获利并同时承担风险的交易行为。外汇期货套利交易是指交易者同时买进和卖出两种相关的外汇期货合约,此后一段时间再将其手中合约同时对冲,从两种合约相对的价格变动中获利的交易行为。

(2) 沪深 300 股指期货的基本制度规则:持仓限额制度、交易指令、每日结算价、交割方式与交割结算价、股指期货投资者适当性制度。

(3) 股指期货卖出套期保值是指交易者为了回避股票市场价格下跌的风险,通过在股指期货市场卖出股票指数的操作,而在股票市场和股指期货市场上建立盈亏冲抵机制。股指期货买入套期保值是指交易者为了回避股票市场价格上涨的风险,通过在股指期货市场买入股票指数的操作,在股票市场和股指期货市场上建立盈亏冲抵机制。

(4) 股指期货市场的投机交易是指交易者根据对股票价格指数和股指期货合约价格的变动趋势做出预测,通过看涨时买进股指期货合约,看跌时卖出股指期货合约而获取价差收益的交易行为。

(5) 股指期货合约实际价格恰好等于股指期货理论价格的情况比较少,多数情况下股指期货合约实际价格与股指期货理论价格总是存在偏离。当前者高于后者时,称为期价高估;当前者低于后者时,称为期价低估。

(6) 利率期货合约(interest rate futures)是指以利率类金融工具为标的物的期货合约。利用利率期货进行套期保值规避的是市场利率变动为投资者带来的风险。

(7) 利率期货套期保值策略分为卖出套期保值和买入套期保值两大类。

(8) 利率期货投机就是通过买卖利率期货合约,从利率期货价格变动中博取风险收益的交易行为。

(9) 利率期货套利交易是指投资者同时买进和卖出数量相当的两个或两个以上相关

的利率期货合约，期待合约间价差向自己有利方向变动，择机将其持仓同时平仓获利，从价差变动中博取风险收益的交易行为。

(10) 许多对冲基金预期两只以上的股票被相对错误定价时会使用对冲策略建立市场中性投资。这些投资策略综合使用多头、空头头寸或大量的衍生工具以对冲市场敞口风险。它们不是套期保值策略，而是一种特殊的获取利润机会的单一业务。其他对冲基金运用衍生工具进行直接下注，这些未做套期保值的投资头寸是基于特殊市场领域的业绩预期产生的。

(11) 互换，就是把一系列现金流进行交换。互换可以视为远期合约的资产组合，每次互换都可以视为一个单独的远期协议。不过，与每次交换都单独定价不同，互换制定一个"远期价格"用于所有的交换。因此，互换的价格应该是由每次单独定价交换计算得到的远期价格的平均值。

基本概念

外汇期货　外汇期货套期保值　利率期货　股指期货　股指期货跨期套利　利率期货投机

本章习题

1. 考虑标准普尔 500 指期合约，6 个月后到期。利率为每 6 个月 3%，红利在未来 6 个月后价值预期为 10 美元。指数现行水平为 950 点，假定可以卖空标准普尔指数。

a. 假定市场的期望收益率为每 6 个月 6%，6 个月后预期的指数水平是多少？

b. 理论上标准普尔 500 6 个月期货合约的无套利定价是多少？

c. 假定期货价格为 948 点，是否有套利机会？如果有，怎样套利？

2. 假定标准普尔 500 股指价值为 900 点。

a. 如果每份期货合约与折现经纪人交易的成本为 25 美元，期货合约控制的每一美元股票的交易成本是多少？

b. 如果纽约证券交易所的上市股票平均价为 40 美元，则期货合约每一股典型股票的交易成本是多少？

c. 对于小投资者而言，每股直接交易成本为每股 30 美分，期货市场的交易成本是它的多少倍？

3. 假定一年期某一股指资产组合的期货价格为 812 点，股指现价为 800 点。一年期无风险利率为 3%，每 800 元该市场指数资产组合在年终可分得 10 美元红利。

a. 这一合约错误定价的比例是多少？

b. 构建一零净投资的套利资产组合，并证明可以锁定无风险盈利等于期货的错误定价偏离值。

c. 现在假定(对小投资者也成立)如果按市场指数卖空股票，卖空的收益由经纪人代为保管,你不能从基金获得任何利息收入。是否仍有套利机会(假定你并未拥有指数所含的股票)? 为什么?

d. 根据卖空规则,有关股票—期货价格关系的无套利界限是多少? 即给定股指为800点,要使得套利机会不存在,期货价格的最高和最低界限是多少?

4. 考虑标准普尔500指数6月份交割的期货市场数据。距现在6个月,标准普尔500指数为900点,6月份到期的期货合约 $F_0=901$ 点。

a. 如果即期利率为每半年2.2%,指数平均红利率为每半年1.2%,需要获得股票卖空收入中的多大部分才能获得套利盈利?

b. 假定实际上可以获得卖空收入的90%,要使套利机会不存在,期货合约价格下限是多少? 实际期货价格可下降多少就达到无套利边界? 构建合理的套利策略,并计算盈利。

5. 你管理的资产组合价值450万美元,现在全都投资于股票。你相信自己具有非凡的市场实际预测能力,并且认为市场正处于短期下跌趋势的边缘。你会将自己的资产组合暂时转化为国库券,但却不想增加贴现的交易成本或构建新的股票头寸。相反,你决定暂时用标准普尔500指数来轧平原股票头寸。

a. 你是买入还是卖出合约? 为什么?

b. 如果你的股权投资是投资于一市场指数基金,你应持有多少份合约? 已知标准普尔500指数的现值为900点,合约乘数为250美元。

c. 如果你的资产组合的贝塔值为0.6,你对a的答案有什么变化?

6. 假定你的客户说:“我投资于日本股票但是想在一段时间内消除我在该市场上的风险,我是否可以方便且无成本地卖出股票,又可以在我的预期变化时再买回?”

a. 简述一套期策略,就可以为投资于日本股票的当地市场风险与货币风险套期保值。

b. 简述为什么你在a中提出的套期策略不能完全有效。

7. 假定瑞士法郎的即期价格为65美分兑换1瑞士法郎,一年期期货价格为68美分兑换1瑞士法郎,是美国的利率高还是瑞士的利率高?

8. a. 英镑的现价为1.60美元兑换1英镑,如果一年期政府债券的利率在美国为4%,而在英国为8%,英镑为期一年的远期价格应是多少?

b. 如果远期价格高出了a中的答案,投资者应怎样进行无风险套利? 给出数字实例。

9. 如果黄金现价为每盎司350美元,无风险利率为10%,存储与保险成本为0,黄金的为期一年的远期价格应为多少? 使用套利工具来证明你的结论。举出数字实例证明如果远期价格超过了其价值上限,可以进行怎样的无风险套利。

10. 假定玉米的价格是有风险的,其贝塔值为0.5,每月存储成本为0.03美元,现价为2.75美元,三个月后的价格预计为2.94美元。如果市场预期收益率为每月1.8%,无风险利率为每月1%,你会囤积玉米三个月吗?

第六部分

应用投资组合管理

第17章 投资基金理论与实务

证券投资基金是通过发售基金份额，将众多投资者的资金集中起来，形成独立财产，由基金托管人托管，基金管理人管理，以投资组合的方式进行证券投资的一种利益共享、风险共担的集合投资方式。本章将对证券投资基金的定义、类型、发展概况和作用进行介绍。

17.1节：证券投资基金概述，将介绍证券投资基金的概念和特点、基金的参与主体以及基金的种类。

17.2节：证券投资基金理论，将分别介绍公司型和信托型基金的治理结构以及我国基金治理结构存在的缺陷。

17.3节：证券投资基金实务，将介绍基金的运行过程、估值与定价、费用成本、收益组成与收益分配。

17.1 证券投资基金概述

投资基金(securities investment funds)在西方国家早已发展成为一种重要的投融资手段，并在当代得到了进一步发展。在我国，随着改革中金融市场的发展，也在20世纪80年代末出现了投资基金的形式，并从20世纪90年代以后得到了较快的发展。这不仅支持了我国的经济建设和改革开放事业，而且也为广大投资者提供了一种新型的金融投资选择，活跃了金融市场，丰富了金融市场的内容，促进了金融市场的发展和完善。

17.1.1 证券投资基金的特点和功能

证券投资基金是通过发售基金份额，将众多投资者的资金集中起来，形成独立财产，由基金托管人托管，基金管理人管理，以投资组合的方式进行证券投资的一种利益共享、风险共担的集合投资方式。

【17-1】 各国对基金的称谓

世界上不同国家和地区对证券投资基金的称谓有所不同。美国的基金统称为投资公司或共同基金，证券投资基金在英国和中国香港特别行政区被称为单位信托基金，在欧洲一些国家被称为集合投资基金或集合投资计划，在日本和中国台湾地区则被称为证券投资信托基金。

证券投资基金是通过发行基金证券集中投资者的资金，由基金管理公司进行专业化管理和经营，以资产的保值增值为根本目的，从事股票、债券等金融工具投资，投资者按投资比例分享其收益并承担风险的一种制度。视各国的具体情况不同，证券投资基金的投资对象可以是资本市场上的股票和债券、货币市场上的短期票据和银行同业拆借,也可以是金融期货、期权交易、黄金、不动产等。

上市交易的股票、债券是证券投资基金的投资范围之一,这就是基金与股票、债券的核心联系。

基金与股票、债券的区别主要体现在:①性质不同,股票、债券是融资工具,其集资主要投向实业,是一种直接投资方式,而证券投资基金是信托工具,其集资主要投向有价证券,是一种间接投资方式;②反映的权利关系不同,股票反映的是所有权关系,债券反映的是债权债务关系,而证券投资基金反映的是信托契约关系;③风险与收益不同,债券的利率是事先规定的,无论借款者的经营业绩如何,债券到期时借款者必须还本付息,因此,投资者面临的风险较小,相应的收益较低,股票的收益则因股份公司的经营状况不同而不同,因此投资者面临较大的风险,相应的收益也较高,而证券投资基金则由社会闲散资金组成,由投资公司的专业人员集中管理、分散投资,从而减少了投资风险,所以,证券投资基金的风险低于股票投资而高于债券投资,相应的收益低于股票投资,而高于债券投资。

作为一种进行特定投资活动的基金,一种与股票、债券既有联系又有区别的特殊金融产品,证券投资基金具有规模效益、分散风险、专家管理的特点。

1. 规模效益

基金是这样一种投资方式,它将零散的资金巧妙地汇集起来,交给专业机构投资于各种金融工具,以谋求资产的增值。基金对投资的最低限额要求不高,投资者可以根据自己的经济能力决定购买数量。因此,基金可以最广泛地吸收社会闲散资金,形成规模巨大的投资资金。在参与证券投资时就享有大额投资在降低成本上的相对优势,从而获得规模效益的好处。

【17-2】 证券投资基金的发展历程

1868年,英国成立“海外及殖民地政府信托基金”,在英国《泰晤士报》刊登招募说明书,公开向社会公众发售认股凭证,投资于美国、俄国、埃及等国的17种政府债券。该基金与股票类似,不能退股,亦不能将基金份额兑现,认购者的权益仅限于分红和派息两项。因其在许多方面为现代基金的产生奠定了基础,金融史学家将之视为证券投资基金的雏形。

20世纪以后,世界基金业发展的大舞台转移到美国。1924年3月21日,“马萨诸塞投资信托基金”在美国波士顿成立,成为世界上第一只公司型开放式基金。20世纪80年代,证券投资基金在世界范围内得到普及发展,基金业的快速发展已成为一种国际形象。

2. 分散风险

在投资活动中,风险和收益总是共存的,因此,“不要把鸡蛋放在同一个篮子里”,这是证券投资的箴言。但是,要实现投资资产的专业化,需要一定的资金实力,对小额投资者而言,由于资金有限,很难做到这一点,而基金则可以帮助中小投资者解决这个问题。证券投资基金通过汇集众多中小投资者的小额资金,形成雄厚的资金实力,在法律规定的投资范围内进行科学的组合,分散投资于多种证券,实现资产组合多样化,从而降低风险,提高收益。

3. 专家管理

基金实现专家管理制度，这些专业管理人员都经过专业训练，具有丰富的证券投资和其他项目投资经验。他们运用先进的技术手段分析各种信息资料，能对金融市场上各种品种的价格变动趋势做出比较正确的预测，最大限度地避免投资决策的失误，提高投资成功率。对于那些没有时间，或者对市场不太熟悉，没有能力专门研究投资决策的中小投资者来说，投资于基金，实际上就可以获得专家们在市场信息、投资经验、金融知识和操作技术等方面所拥有的优势，从而尽可能地避免盲目投资带来的失败。

17.1.2 证券投资基金的参与主体

在基金市场上，存在许多不同的参与主体。依据所承担的职责与作用的不同，可以将基金市场的参与主体分为基金当事人、基金市场服务机构、监管和自律机构三大类。

1. 基金当事人

我国的证券投资基金依据基金合同设立，基金份额持有人、基金管理人与基金托管人是基金的当事人，简称基金当事人。

(1) 基金份额持有人

基金份额持有人即基金投资者，是基金的出资人、基金资产的所有者和基金投资回报的受益人。

(2) 基金管理人

基金管理人是基金产品的募集者和管理者，其最主要职责就是按照基金合同的约定，负责基金资产的投资运作，在有效控制风险的基础上为基金投资者争取最大的投资收益。基金管理人在基金运作中具有核心作用。在我国，基金管理人只能由依法设立的基金管理公司担任。在具体的基金投资运作中，通常是基金经理在市场上选择合适的股票、债券和其他有价证券来构建证券组合。

(3) 基金托管人

为了保证基金资产的安全，《证券投资基金法》规定，基金资产必须由独立于基金管理人的基金托管人保管，从而使得基金托管人成为基金的当事人之一。基金托管人的职责主要体现在基金资产保管、基金资金清算、会计复核以及对基金投资运作的监督等方面。在我国，基金托管人只能由依法设立并取得基金托管资格的商业银行担任。

2. 基金市场服务机构

基金管理人、基金托管人既是基金的当事人，又是基金的主要服务机构。除基金管理人与基金托管人外，基金市场上还有许多面向基金提供各类服务的其他机构。这些机构主要包括基金销售机构、注册登记机构、律师事务所、会计师事务所、基金投资咨询公司、基金评级公司等。

3. 监管和自律机构

为了保护基金投资者的利益，世界上不同国家和地区都对基金活动进行严格的监督管理。基金监管机构通过依法行使审批或核准权，依法办理基金备案，对基金管理人、基金托管人以及其他从事基金活动的中介机构进行监督管理，对违法违规行为进行查处，因此其在基金的运作过程中起着重要的作用。

17.1.3 证券投资基金的种类

构成基金的要素有多种,因此可以依据组织形式、能否赎回、投资目标、投资范围 4 个标准对基金进行分类。此外,将不能按这 4 个标准进行分类的"特殊"的证券投资基金归纳、整理为"其他类别"。

1. 根据组织形式的不同,可以将基金分为信托型基金、公司型基金

信托型基金(truse funds)(原为契约型)是在一定的信托契约的基础上组织起来的代理投资行为。信托型基金起源于英国,目前英国及英联邦国家的基金大多数是这种类型。日本、韩国、东南亚地区设立的基金类型也大多属信托型,我国的基金目前全部是信托型基金。信托型基金由三方当事人组成,即委托人、受托人和受益人。

在信托型基金下,委托人按照契约运用信托财产进行投资,受托人按照契约负责保管信托财产,受益人按照契约享受投资收益。

公司型基金(corporation funds)是依据《公司法》而组建的,专门进行证券投资,以盈利为目的的股份有限公司。美国的投资基金大多数是公司型基金,又称投资公司。公司型基金由一些银行、证券公司、信托公司等机构作为基金发起人,设定基金的类型,对外发行股份,发起人常通过持有一定比例的股份来控制投资公司。因此,在公司创立大会后,原发起人往往以公司董事的身份参与公司管理。

信托型基金和公司型基金的区别。

① 两者主体资格不同。公司型基金其主体为投资公司,具有法人资格;而信托型基金无法人资格。

② 两者发行的证券种类不同。公司型基金发行的是投资公司的股份,是代表着公司资产所有权的凭证;而信托型基金发行的是基金受益凭证,是有权享有收益的凭证。

③ 投资者地位不同。在公司型基金中,投资者以公司股东的身份出现,有权享有股东的一切收益;而在信托型基金中,投资者以基金收益人的身份出现,有收益分配权,却无权参与基金事务的经营管理。

④ 基金运作的依据不同。在信托资产的运作上,公司型基金依据的是公司章程的有关条款,而信托型基金则依据签订的信托契约。

2. 按照能否赎回划分,可以将基金分为封闭式基金、开放式基金

开放式基金(open-ended funds)是指基金份额不固定,基金份额可以在基金合同约定的时间和场所进行申购或者赎回的一种基金运作方式。基金管理者可以根据投资的需要或投资者的需要追加发行,投资者也可以根据自己的需要,要求发行机构回购股份或受益凭证,回购价格是基金净资产加一定手续费。目前,美国和日本大多数基金都是属于开放式的。我国的第一只开放式基金——华安创新基金在 2001 年 9 月开始认购、设立。开放式基金的发行规模随投资者的需求经常变动,如果基金经营有道,则基金的规模就会迅速扩大;反之,基金规模则日益缩小。为预防出现投资者潜在的集中性变现要求所造成的挤兑,开放式基金总会拿出基金总资产中一定比例(美国为 10%)的现金作为准备金。

封闭式基金(close-ended funds)是指基金份额在基金合同期限内固定不变,基金份额可以在依法设立的证券交易所交易，但基金份额持有人不得申请赎回的一种基金运作方式。封闭式基金发行总额是固定的，发行机构也不回购已发行在外的股份或受益凭证。为方便投资者变现，此类基金都可以上市交易，交易价格由市场供需水平决定。

开放式基金和封闭式基金的区别主要包括以下5个方面。

① 基金发行份额不同。开放式基金发行规模不受限制，其发行在外的基金份额随着基金的业绩、投资者需求的变动而变动；封闭式基金的发行份额受基金规模的限制，在基金存续期间是固定不变的。

② 基金期限不同。开放式基金一般是无期限的，而封闭式基金一般有一个固定的存续期。我国《证券投资基金法》规定，封闭式基金的存续期应在5年以上。目前，我国封闭式基金的存续期大多为15年左右。

③ 交易场所不同。封闭式基金在募集完成后，基金份额在证券交易所上市交易，投资者在交易所按照市价买卖，交易在投资者之间完成。开放式基金的份额不固定，投资者可以按照基金管理人确定的时间和地点向基金管理人或其销售代理人提出申购、赎回申请，交易在投资者与基金管理人之间完成。

④ 价格形成方式不同。封闭式基金的交易价格主要受二级市场供求关系的影响；开放式基金的买卖价格以基金份额净值为基础，不受市场供求关系的影响。

⑤ 激励约束机制与投资策略不同。即使封闭式基金表现良好，其扩展能力也受到较大的限制。如果表现不好，由于投资者无法赎回投资，基金经理通常也不会在经营和流动性管理上面临直接的压力。与此不同，如果开放式基金的业绩表现好，通常会吸引新的投资，基金管理人的管理费收入也会随之增加；如果基金表现差，开放式基金则会面临来自投资者要求赎回投资的压力。因此，与封闭式基金相比，开放式基金向基金管理人提供更好的激励约束机制。

但从另一个方面看，由于开放式基金的投资操作常常会受到不可预测的资金流入、流出影响与干扰，因此，必须高度重视基金资产的流动性。相对而言，由于封闭式基金份额固定，没有赎回压力，基金投资管理人员完全可以根据预先设定的投资计划进行长期投资和全额投资，并将基金资产投资于流动性相对较弱的证券上，这在一定程度上有利于基金长期业绩的提高。

3. 根据投资目标的不同，可以将基金分为收入型基金、成长型基金、平衡型基金、新兴成长基金和指数基金等

所谓“投资目标”，就是指投资者投资于证券投资基金所要达到或者所要追求的目的，实际上是“在风险与收益之间的一种权衡”。

收入型基金(income funds)是指以追求稳定的经常性收入为基本目标的基金，主要以大盘蓝筹股、公司债、政府债券等稳定收益证券为投资对象。主要特点是成长性不高，强调投资组合多元化以分散风险，投资策略也比较稳健。

成长型基金(growth funds)是指以追求资本增值为基本目标，较少考虑当期收入的基金，主要以具有良好增长潜力的股票为投资对象。因此其投资对象主要是市场中有较大升值潜力的小公司股票，有的也投资于一些新兴的但目前经营还比较困难的行业股票。成长型基金的获利能力较强，但本金损失的风险亦相对较高。

平衡型基金(balanced funds)是一种收入与成长性并重的投资基金。该基金的设立是为满足一些既需要定期收入,同时又希望本金能不断增值的投资者。因此,平衡型基金的投资策略是投资一定比例的资金于普通股,以取得长期资本的增值;同时也投资一定比例的资金在债券等债务凭证上,以获得稳定收入来满足基金持有者的需求。但其投资策略较成长型和收入型基金更为保守,因此,其资本损失的风险程度相对更低,其成长的潜力亦相对不高。

新兴成长基金(emerging growth funds)又称小型公司基金,这种基金追求的是资本的成长而不是当期收入,其主要投资对象是新兴产业中具有成长潜力的小公司或高成长潜力行业中的中小公司。一般情况下,这类基金的成长潜力巨大但风险水平也相对较高,比较适合风险承受能力较强的投资者。

指数基金(index funds)是 20 世纪 70 年代才出现的新的基金品种,它是通过建立和编制近似或等同于证券市场中某种价格指数权数比例的投资组合,以期获得与市场平均收益相接近的投资回报的基金。多数情况下,指数基金的收益水平与当期市场的平均收益水平保持一致,且投资风险通过分散投资也得到了较大程度的降低,因此比较适合稳健型的投资者。

4. 依据投资范围的不同,可以将基金分为股票基金、债券基金、货币市场基金、混合基金等

股票基金(equity funds)是指以股票为主要投资对象的基金。股票基金在各类基金中历史最为悠久,也是各国(地区)广泛采用的一种基金类型。根据中国证监会对基金类别的分类标准,基金资产 80%以上投资于股票的为股票基金。

债券基金(bond funds)主要以债券为投资对象。根据中国证监会对基金类别的分类标准,基金资产 80%以上投资于债券的为债券基金。

货币市场基金(money market funds)以货币市场工具为投资对象。根据中国证监会对基金类别的分类标准,仅投资于货币市场工具的为货币市场基金。

混合基金(hybrid funds)同时以股票、债券等为投资对象,以期通过在不同资产类别上的投资实现收益与风险之间的平衡。根据中国证监会对基金类别的分类标准,投资于股票、债券和货币市场工具,但股票投资和债券投资的比例不符合股票基金、债券基金规定的为混合基金。

5. 特殊类型基金

系列基金(series funds)又称为伞形基金,是指多个基金共用一个基金合同,子基金独立运作,子基金之间可以进行相互转换的一种基金结构形式。伞形基金不是一个很具体的基金,它是一个基金集合,如果下面的子基金消失了,那么伞形基金也就不存在了。

基金中的基金(fund of funds)是指以其他证券投资基金为投资对象的基金,其投资组合由其他基金组成。我国目前尚无此类基金存在。

保本基金(guaranteed funds)是指通过采用投资组合保险技术,保证投资者在投资到期时至少能够获得投资本金或一定回报的证券投资基金。保本基金的投资目标是在锁定下跌风险的同时力争有机会获得潜在的高回报。目前,我国已有多只保本基金。

对冲基金(hedge funds)也叫私募基金,是私人投资者聚集资产后交由基金经理去投资的工具。对冲基金通常采用私人合伙制，因而能够规避监管。它通常对持有人的资产要求很高，因此，只对部分投资者开放。很多对冲基金要求投资者同意一开始就锁定，比如几年内不得赎回投资。这样的锁定可以使对冲基金投资于流动性不强的资产而不必担心应对赎回的需求。而且，因为对冲基金受到的管制少，它们的基金经理可以执行如大量使用衍生工具、卖空和财务杠杆等投资策略，而这些策略往往是共同基金的经理们不允许采用的。对冲基金一般具有较高的风险，同时也易有较高的收益。

【17-3】 长期资本管理公司的陨落

美国长期资本管理公司成立于1994年2月，总部设在离纽约市不远的格林尼治，是一家主要从事定息债务工具套利活动的对冲基金。自创立以来，LTMC一直保持骄人的业绩，公司的交易策略是"市场中性套利"即买入被低估的有价证券，卖出被高估的有价证券。

LTMC将金融市场的历史资料、相关理论学术报告及研究资料和市场信息有机地结合在一起，通过计算机进行大量数据的处理，形成一套较为完整的电脑数学自动投资系统模型，建立起庞大的债券及衍生产品的投资组合，进行投资套利活动，LTMC凭借这个优势，在市场上一路高歌。但是LTMC的数学模型，由于建立在历史数据的基础上，在数据的统计过程中，一些概率很小的事件常常被忽略掉，因此，埋下了隐患——一旦这个小概率事件发生，其投资系统将产生难以预料的后果。

1998年，金融危机降临亚洲金融市场，LTMC模型认为发展中国家债券和美国政府债券之间利率相差过大，LTMC预测的结果是发展中国家债券利率将逐渐恢复稳定，二者之间的差距会缩小。同年8月，小概率事件真的发生了，由于国际石油价格下滑，俄罗斯国内经济不断恶化，俄政府宣布卢布贬值，停止国债交易，投资者纷纷从发展中市场退出，转而持有美国、德国等风险小、质量高的债券品种。由于LTMC做错了方向，所以到了破产的边缘。9月23日，美林、摩根出资收购接管了LTMC。

交易型开放式指数基金(exchange trraded funds，ETF)，通常又被称为交易所交易基金，是一种在交易所上市交易的、基金份额可变的一种开放式基金。一般ETF基金采用被动式投资策略跟踪某一标的市场指数，因此具有指数基金的特点。ETF基金综合和了开放式基金与封闭式基金的优点，投资者既可以向基金管理商透过一篮子股票申购或赎回基金份额，同时又可以像封闭式基金一样在证券市场上按市场价格买卖ETF份额。

【17-4】 ETF的发展沿革

1990年，加拿大多伦多证券交易所(TSE)推出了世界上第一只ETF——指数参与份额(TIPs)。1993年，美国的第一只ETF——标准普尔存托凭证(SPDRs)诞生，其后，ETF在美国开始获得迅速发展。根据美国投资公司协会的统计，截至2007年年末，美国共有629只ETF产品，资产总值达到6 084亿美元。ETF已成为美国基金市场上成长速度最快的基金品种之一。我国第一只ETF是成立于2004年年底的上证50ETF。2012年4月我国推出了两只沪深300ETF,这是中国市场推出的重量级交易型开放式指数基金,这两只基金的推出对标的相同的沪深300股指期货来说意义巨大,它们彻底改变了沪深300股指期货缺少对应现货工具的现象。截至2015年末我国共有124只ETF,资产规模为2684.83亿元。

上市开放式基金(listed open-ended funds, LOF)是一种既可以在场外市场进行基金份额申购赎回,又可以在交易所(场内市场)进行基金份额交易和基金份额申购或赎回的开放式基金,它是我国对证券投资基金的一种本土化创新。LOF结合了银行等代销机构和交易所交易网络二者的销售优势,为开放式基金销售开辟了新的渠道。LOF通过场外市场与场内市场获得的基金份额分别被注册登记在场外系统与场内系统,但基金份额可以通过跨系统转托管(即跨系统转登记)实现在场外市场与场内市场的转换。LOF获准交易后,投资者既可以通过银行等场外销售渠道申购和赎回基金份额,也可以在挂牌的交易所买卖该基金或进行基金份额的申购与赎回。

QDII基金(qualified domestic institutional investors)是指在一国境内设立,经该国有关部门批准从事境外证券市场的股票、债券等有价证券投资的基金。它为国内投资者参与国际市场投资提供了便利。2007年我国推出了首批QDII基金。至2015年年末,我国QDⅡ基金已有101只,资产总规模达662.53亿元。

我国证券投资基金的分类如表17-1所示。

表17-1 中国证券投资基金分类

产品类型	2016年产品数量(2016-11-30)	2015年产品数量(2015-11-30)	2016年规模(亿元)	2015年规模(亿元)
股票基金	651	577	7 525.33	7 580.48
债券基金	732	450	13 996.68	5 734.66
混合基金	1 615	1 140	19 784.66	21 529.41
QDII	114	98	1 079.44	605.45
货币基金	268	211	39 091.42	34 825.56
封闭型基金	277	160	5 924.54	1 764.95
汇总	3 657	2 636	87 402.07	72 040.51

数据来源:中国证券投资基金业协会

17.2 证券投资基金理论

证券投资基金理论就是指证券投资基金的治理结构。证券投资基金的治理结构,是指证券投资基金的管理人、托管人、持有人及其他利益相关主体之间的相互关系,是协调证券投资基金各个相关利益主体之间经济关系的一系列制度安排。根据基金组织制度的不同,基金治理结构可以划分为公司型基金的治理结构和信托型基金的治理结构。合理的证券投资基金治理结构是保护投资者利益的重要环节,而对投资者利益的保护是证券投资基金能够快速、健康、可持续发展的关键性保障。

17.2.1 公司型开放式基金

公司型基金(即美国的共同基金)的治理结构是一种在美国比较流行的基金治理结构。

1. 基金股东

所有投资者出资购买的是公司的股份,并获得公司股东的地位,在基金中股东可以参加董事会,并享有一定的选举权。

2. 基金董事会

投资基金的董事会由关联董事和独立董事组成,对股东负责,负责决定公司的营业目标,制定达标的政策和战略,并控制管理目标的实施、监督基金各项运作,包括批准与基金管理公司及其他有关服务机构订立的合同。

3. 各专业服务机构

基金所有的运作一般由发起人及其关联人或与基金有合约的其他单位执行。为共同基金提供服务的机构主要包括基金管理公司、行政管理机构和托管银行。基金管理公司负责根据基金募资说明书中规定的投资目标和政策管理基金资产,法律规定基金投资管理人必须将客户的利益放在第一位,它在避免关联交易等方面负有法定的义务。行政管理机构负责基金的会计服务、帮助建立和执行监督程序和内部控制制度。它们经常也承担向有关部门提供报告的责任。托管银行负责持有基金资产以保护基金持有人的利益,证券交易委员会要求共同基金保管人将他们所保管的资产组合证券与保管人自身的其余资产分别独立保管,保管人一般不得动用基金的现金和证券。过户代理人负责处理基金申购和赎回,进行股东账户的记录及股东账户状况的电话和信件查询。独立会计师负责审核基金的有关财务会计报表。

美国共同基金由发起人根据公司法组织设立,并设立董事会,董事会作为投资者利益的权威代表,掌管基金运作的一些重要业务,并通过招标竞争等措施选择合作伙伴,与上述各金融专业服务机构签订有关合同。

17.2.2 信托型开放式基金的代理结构

信托型基金起源于英国,目前英国和我国香港特别行政区的多数基金是根据信托法设立的信托式投资信托基金,而我国的基金则是根据《证券投资基金法》设立的,其基本结构基本相同。信托式基金有三方:投资者、受托人(托管人)和管理人。

1. 管理人

在我国,管理人称为基金管理公司,它是基金的发起人,它在募资说明书中会将基金的发行条件、投资的方向、可能的风险、收益的分配、管理费用的收取等有关的内容逐一列明。投资者将根据募资说明书的内容决定是否投资于该基金,一旦投资者投资于该基金,募资说明书的内容就成为投资者与管理公司之间的投资契约。基金一旦成立,管理公司将负责根据契约的规定进行投资盈利的活动。管理公司可以定期获得一定比例的管理费用。基金管理人负责基金的设立、募集、资产运用、售后服务和收益分配等事务。基金管理人还负责与托管人、会计师事务所、律师事务所等相关利益主体联系,组织相关经营活动。

2. 受托人

由于投资者作为个人无法监督管理公司的行为,因而在组织结构中设置有受托人,它通常由银行来担当,作为基金资产的名义持有人,负责保护投资者的利益。它的责任包括监督管理公司的投资行为、观察管理公司是否遵守契约和有关的政策法规、控制基金资产并负责基金的交易和收益的分配。信托人可以定期获得规定数额的信托费用。

3. 投资者

基金份额持有人就是证券投资基金的实际出资者和投资者,是证券投资基金的真正拥有者。基金份额持有人大会是信托型基金的最高权力机构,是基金份额持有人行使其权利的载体和方式。基金份额持有人大会决定关系持有人利益的重大事项,如终止基金、与其他基金合并、修改基金契约、更换基金管理人、更换基金托管人和召集人认为需要提交基金份额持有人大会讨论的其他事项。

应该说,公司式基金与契约式基金的治理结构大同小异,都是主要有三方,其中一独立方代表投资者监督基金公司的运作。在契约式基金中独立方为信托人,在公司式基金中独立方为独立董事。

17.2.3 我国基金治理结构的缺陷

从我国证券投资基金的实际运作情况看,信托型基金在保护基金份额持有人合法权益方面是不充分的,并且效率相对较低。我国证券投资基金治理结构的缺陷主要表现在基金份额持有人、托管人和管理人三个方面。

基金份额持有人难以切实行使监督权力,其监督权名存实亡。信托型证券投资基金虽然是独立财产,但是其没有法人资格,证券份额持有人在将其资产委托给基金管理人后,就不能直接干预基金管理人对基金资产的运作和管理了,因而监督制约权只能通过出席基金份额持有人大会来行使。而在信托型投资基金治理中,基金份额持有人大会虽然是基金份额持有人表达意愿和行使监督权力的主要机构,但是《中华人民共和国证券投资基金法》规定证券份额持有人大会由基金管理人召集,或者在更换基金管理人及基金管理人无法行使召集权的情况下,由基金托管人召集。这种监督程序的设计,必然妨碍基金份额持有人监督权力的行使。加之基金份额持有人人数众多,彼此高度分散,意见很难统一,又没有一个真正能够代表或反映他们共同意见的机构,很难建立一个行之有效的监督机制去及时解决问题。特别值得一提的是,基金份额持有人对基金管理人的监督是事后的、有限的,带有极大的滞后性、虚弱性,以致基金份额持有人大会往往流于形式。

基金托管人对基金管理人监督的独立性较差。基金托管人对基金管理人的监督和约束不尽如人意,其主要原因有以下三点。

(1) 基金托管人的定位尴尬

从目前的情况看,基金管理人通常是基金的发起人,因而有权决定基金托管人选任,并且经中国证监会和中国人民银行批准后,有权撤换托管人。换言之,基金管理人往往决定着基金托管人的去留。因而基金托管人必然受到基金管理人的掣肘。

(2) 基金托管人的利益束缚

基金托管业务目前已经成为商业银行一项中间业务和利润增长点,现在商业银行是按基金资产净值的0.25%的费率逐日计提托管费，2000年5家托管银行从三十多只基金中共提取的托管费超过2亿元，面对如此高的经济利益，基金托管人当然不会冒很高的监督成本和风险去尽监督职能，只要管好清算、交割就万事大吉了。托管人作为一家独立的营利性单位，侧重于托管基金资产带来的收益，而对保护投资者的合法权益容易忽视。在利益驱动下，其对基金管理人的监督也容易流于形式。

(3) 基金托管人的权利限制

基金托管人虽然管辖基金资产，但是其对该资产的具体投资运作无权干涉，只是听从基金管理人的指示进行辅助性管理活动。在实际操作过程中，基金托管人只能从表面上判断基金管理人的投资运作是否守法合规，只要基金管理人的自主交易行为符合清算规则和组合比例限制，基金托管人就无法发表意见。至于自主交易行为的背后有什么黑幕，基金托管人实在无能为力进行监督。

在实际运作中，很容易产生基于基金管理人的道德风险。由于基金管理人是基金资产的实际控制者和决策者，在上述两个监督和约束环节明显弱化的条件下，基金管理人就可能不规范地使用资产、滥用职权，基金组织结构中的一系列监督与制衡机制就难以发挥效力，从而引发职业道德风险，其具体包括以下三点。

(1) 信息不对称产生的道德风险

信托型基金的投资人与管理人是典型的委托人与代理人的关系。投资者作为委托人在购买证券份额之后，对于基金的运作就缺乏完全的信息，而基金管理人则享有与基金资产有关的详细信息。信息上的不对称使投资人处于不利地位，投资人无法观察管理人的行为或虽可以观察但成本太高，只能观察到结果及基金的业绩，但基金的业绩是由多方面的因素决定的，管理人可以将自身的失误或故意行为归咎于其他影响业绩的因素以逃脱责任。

(2) 隐藏行动产生的道德风险

管理人的费用收入虽然有一部分与基金业绩挂钩，但管理人的业绩与投资人的利益存在不一致，管理人全力经营基金会给自身带来成本，但收益却大部分归投资人所有，因此管理人没有足够的动力去尽力为投资人服务。这就是信息经济学上的隐藏行动的道德风险。

(3) 隐藏知识产生的道德风险

基金管理人并非通过竞争性遴选机制选择而是一种自然的选择，因此可能造成投资人选择劣质基金管理人管理基金资产，这会给投资人带来风险，因此这也是管理人道德风险产生的根源。

要克服或纠正信托型基金治理结构的缺陷十分困难，根据我国证券投资基金的实际情况，积极借鉴美国共同基金治理结构的成功经验，按照"新基金新办法，老基金老办法；逐步过渡，稳步推进"的原则，对我国证券投资基金的治理结构进行改革和发展，即对于新设立的证券投资基金应该尽量选择公司型基金的治理结构，在条件成熟时逐步将现有的信托型基金调整为公司型基金。

17.3 证券投资基金实务

证券投资基金的实务是指与基金相关的运行过程和日常活动。运行过程主要包括募集和设立、交易、运作、信息披露及基金合同的变更、终止与基金财产清算。日常活动主要包括估值与定价、费用成本、收益组成与收益分配以及业绩评估。

1. 证券投资基金的估值与定价

估值和定价两者之间存在着非常紧密的联系:前者是基础,后者是目的,只有对证券投资基金的价值做出尽量准确的评价,才能相对公允地确定价格。

对基金的估值实质是对基金净资产的估值,因为无论是开放式基金还是封闭式基金,定价基础均是基金资产净值。证券投资基金的净资产是指在某一时点上每单位基金实际代表的价值。它是基金的资产值扣除了各项应支付的费用后,再除以该基金单位的总数所得到的单位价值。基金资产的计算公式如下:

证券投资基金资产总值=所持证券市值总额+现金+银行存款+应收利息收入

目前,我国所有封闭式基金均按平均价估值,开放式基金则是按照收盘价估值。其他各国和地区对基金的估值方法也不尽相同:美国规定以收盘价估价;英国规定投资应以市场中间价估值。确定了证券投资基金在估算日的资产总额后,需要对其资产净值总额和单位基金净资产进一步进行计算。

$$\begin{matrix}\text{证券投资基金}\\\text{资产净值总额}\end{matrix}=\begin{matrix}\text{证券投资基金}\\\text{资产总额}\end{matrix}-\begin{matrix}\text{证券投资基金}\\\text{负债总额}\end{matrix}$$

2. 单位净值

证券投资基金负债总额是指证券投资基金应付给基金管理人的管理费用和基金托管人的托管费等应付费用和其他负债。通过证券投资基金资产净值总额可以计算出单位基金净资产值(NAV)。投资者购买基金份额,资产索偿权即所购份额的比例。每一份额的价值被称为单位基金净资产值(net asset value,NAV)。单位净值等于资产减去负债,基于每一份额可以表示如下:

单位资产净值=(资产市值-负债)/全部份额

【例 17-1】 单位净值

分析一只管理着价值 1.2 亿美元证券投资组合的共同基金,假设该基金欠其投资顾问 400 万美元,欠租金、应付工资及各项杂费 100 万美元,基金发行在外的股份为 500 万单位,则

$$\text{单位净值}=\frac{12\,000\text{ 万美元}-500\text{ 万美元}}{500\text{ 万份}}=23\text{ 美元/份}$$

表 17-2 是中国基金网上给出的开放式基金行情表的一部分,按照增长率降序排列基金。基金名称后的前三列分别显示基金在上一期的单位净值、本期的单位净值和增长率。

通常基金的价格与净值之间存在一定的差异,那么是什么因素引起了这种差异呢?下面将从证券投资基金的运作方式角度着手,对开放式基金和封闭式基金分别进行讨论。

表 17-2 开放式基金行情表

基金代码	基金简称	上期净值 (2016-12-30)	本期净值 (2017-1-06)	增长率%
630011	华商主题精选组合	1.724 0	1.819 0	5.510 4
000800	华商未来主体组合	1.104 0	1.164 0	5.434 8
000654	华商新锐产业组合	1.360 0	1.428 0	5.000 0
001838	国投瑞银国家安全混合	0.914 0	0.958 0	4.814 0
000408	民生加银城镇化混合	1.289 0	1.346 0	4.422 0
630005	华商动态阿尔法	2.269 0	2.365 0	4.230 9
164402	前海开源中航军空	0.873 3	0.910 0	4.198 9
290011	泰信中小盘精选混合	1.756 0	1.8270	4.043 3
002199	前海开源中证军工指数 C	0.822 0	0.855 0	4.014 6
000596	前海开源中证军工指数 A	1.602 0	1.666 0	3.995 0

数据来源：中国基金网

1. 封闭式基金定价

按买卖标的具体形式划分，封闭式基金的价格主要包括面值、净值和市价三种。这三种价格通常出现在证券投资基金存续过程中的三个不同阶段。

第一阶段——封闭式基金的发行阶段。发行价格一般为证券投资基金的面值，即平价发行(我国证券投资基金发行价格一般按照 1.01/基金单位的价格发行，其中 0.01 元为发行费用)。面值是指基金的账面价值(book value)。

第二阶段——封闭式基金发行期满后至其正式上市日之前。这时证券投资基金的价格是按基金净资产计算。净值可以看作基金证券的实际价值(economic value)，主要由基金本身内在的表现即资产和收益等的状况来决定的。

第三阶段——封闭式基金上市交易后，即交易阶段。这时证券投资基金价格是由交易双方在证券交易市场上通过公开竞价的方式来确定的，即按市价买卖。市价主要受供求关系影响，如某基金面值 1 元，净值 1.10 元，市价可能是 1.50 元或 0.90 元。

2. 开放式基金定价

由于开放式基金的发行总额不固定，投资者可随时在基金承销机构处购入或赎回基金份额。证券投资基金的承销机构，根据估值日的每份基金净资产来计算基金的赎回价和认购价，以此进行每天的基金交易，因此开放式基金的交易价格代表着每份基金的动态内在价值。

开放式基金的承销机构以单位净资产为计价基础每天公开报出两种价格，即认购价(卖出价)和赎回价(买入价)，这与外汇报价是一样的。投资者需要注意的是，买入价/卖出价均是针对证券投资基金管理公司的，卖出价是证券投资基金管理公司卖出基金单位的价格，也就是投资者的买入价(申购价)；同理，买入价是证券投资基金管理公司买入基金单位的价格，也就是投资者的赎回价。

【17-5】 基金的价格公布

在美国为了鼓励人们购买基金，有些基金是没有前收费的，但为了鼓励人们长期持有，往往采取后收费。美国绝大多数的共同基金通过证券交易商协会公布价格。为使基金股份价格得以在第二天早晨的报纸上公布,基金必须在东部时间下午五点半之前将价格信息发给证券交易商协会,证券交易商协会收到价格后,再转发给有关的机构客户和媒体。客户还可以从基金的网站或自动电话查询服务处得到基金的价格。在中国,人们可以通过报纸、网站、电话等途径及时获得基金的价格。

通常情况下,卖出价里包括销售机构的佣金。销售机构的佣金在卖出基金单位时收取,称为前收费(front load);也可以在投资者赎回时收取,称为后收费(backward load)。无论是前收费还是后收费,销售机构只能收取一次。关于证券投资基金份额持有人是缴纳前收费还是后收费,这取决于所在基金承销机构的相关规定。其计算公式为:

认购价=单位净资产价值+前收费

赎回价=单位净资产价值-后收费

【例 17-2】 假如某投资者在 T 日赎回 10 000 份基金份额,持有期限半年,对应赎回费率为 0.5%,该日基金份额净值为 1.250 元,则其获得的赎回金额为:

赎回总金额=10 000×1.250=12 500.00(元)

赎回费用=12 500.00×0.5%=62.5(元)

赎回金额=12 500.00-62.5=12 437.50(元)

3. 证券投资基金的费用结构

个人投资者选择共同基金时不仅要考虑基金所宣称的投资策略与历史业绩,还应考虑基金的管理费用和其他费用,主要包括购买费用、售出费用、运营费用等。

购买费用是当购买基金股份时所支付的佣金或销售费用。这些费用先用于支付给销售基金的经纪人,一般不超过 8.5%,但实际上很少高于 6%。低费用基金的前端费用最高达基金投资额的 3%,无费用的基金无须支付销售的购买费用。这些费用显著降低了投资额。

【例 17-3】 以每只 1 000 美元购买基金,若支付 6%的购买费用,其销售费用就是 60 美元。基金投资额就只剩 940 美元了。需要获得 6.4%的累计净投资收益率(60/940=0.064)才能达到盈亏平衡。

售出费用即售出基金份额时发生的赎回或"撤出"的费用。基金一般将赎回费率设定为 0.5%~1%,其目的是为了减少投资者频繁赎回基金,以保持基金资产的稳定。在当前基金业竞争加剧的情况下,收取这项费用的投资公司已越来越少。

运营费用是指基金在管理资产组合时所发生的成本,包括支付给基金经理的管理费用和咨询费用。这些费用通常表示为所管理资产总额的一个百分比,约在 0.2%~2%之间。份额持有人不会收到这些运作费用的明细账单,但这种费用从基金资产中按期扣除,因此份额持有人通过资产组合的减少可知道这些费用的支付。

证券投资基金的收益。证券投资基金的投资收益率由单位净值的增减与收入分配(如股利),或资本利得分配之和与投资期初的单位净值之比来测度。如果用 NAV_0 和 NAV_1 分别表示期初和期末的单位净值,则:

$$收益率 = \frac{NAV_1 - NAV_0 + 收入与资本利得分配值}{NAV_0}$$

【例 17-4】 假设某个基金月初的单位净值为 20 美元，收入分配为 0.15 美元，资本利得为 0.05 美元，月末的单位净值为 20.10 美元，则本月的收益为：

$$收益率 = \frac{20.10 - 20.00 + 0.15 + 0.05}{20.00} = 0.015 或 1.5\%$$

以上的收益率的计算忽略了佣金，如基金的购买费用。

另外，基金收益率还受基金的运营费用的影响，因为这些费用会定期从资产组合中扣除，净资产价值因而会降低。因此基金的收益率等于标的资产组合的总收益率减去总费用率。

【例 17-5】 考察一只年初资产为 1 亿美元的基金，发行份额 1 000 万份，该基金投资于无任何收入但价值增长 10%的股票资产组合，费用率为 1%。那么投资于该基金的收益率为多少？

期初单位净值等于 1 亿美元/1 000 万份＝10 美元/份。在忽略费用的情况下，按价值增长 10%计算，基金的资产将增长到 1.1 亿美元，单位净值将增至 11 美元/份。然而，该基金的费用率为 1%。因此需要从基金中扣除 100 万美元支付各种费用，剩余的资产组合的价值只有 1.09 亿美元了，并且单位净值现在等于 10.9 美元/份。因此该项基金的收益率只有 9%，它等于资产组合的总收益率减去总费用率。

【17-6】 国际著名评级机构

1975 年，美国证券交易委员会 SEC 认可惠誉国际、标准普尔、穆迪为全国认定的评级组织或称 NRSRO。

惠誉国际(Fitch)是全球三大国际评级机构之一，是唯一的欧资国际评级机构，总部设在纽约和伦敦。惠誉国际业务范围包括金融机构、企业、国家、地方政府和结构融资评级。迄今惠誉国际已完成 1 600 多家银行及其他金融机构评级，1 000 多家企业评级及 1 400 个地方政府评级，以及全球 78%的结构融资和 70 个国家的主权评级。其评级结果得到各国监管机构和债券投资者的认可。

标准普尔公司(Standard & Poor's)是一家全球金融市场信息供应商，提供信用评级、指数服务、投资研究、风险评估和数据服务。标准普尔全球 1200 指数涉及 31 个市场的证券，约涵盖了全球资本市场份额的 70%。目前标准普尔在 23 个国家拥有大约 8 500 名雇员，公司总部位于美国纽约。

穆迪(Moody)主要指的是穆迪的投资等级或穆迪的投资服务公司，总部位于纽约的曼哈顿，最初由 John Moody 在 1900 年创立，是美国评级业务的先驱。目前，穆迪在全球有 800 名分析专家，1 700 多名助理分析员，在 17 个国家设有机构，股票在纽约证券交易所上市交易(代码 MCO)。

主要针对基金的评级机构晨星(Morningstar)由现任董事长乔·曼斯威托(Joe Mansueto)于 1984 年在美国创立。旨在为投资者提供专业的财经资讯、基金及股票的分析和评级，以及方便、实用、功能卓著的分析应用软件工具，是目前美国最主要的投资研究机构之一和国际基金评级的权威机构。

表 17-3　成本对投资绩效的影响

累计收益/美元			
	基金 A	基金 B	基金 C
初始投资	10 000	10 000	10 000
5 年	17 234	16 474	15 502
10 年	29 699	27 141	26 123
15 年	51 183	44 713	44 018
20 年	88 206	73 662	74 173

费用会对基金绩效产生很大的影响。表 17-3 为某投资者的投资情况，其期初投资为 10 000 美元，而且可以投资于三只基金，这三只基金的费前年投资收益率均为 12%，但费用结构各不相同。表 17-3 显示了每只基金在不同时间跨度下的累计收益，基金 A 的总运营费率为 0.5%，无购买费用，这样可以代表低成本基金的发起者。基金 B 也没有购买费用但存在 1%的运营管理费和 0.5%的其他费用，这是典型的基金管理股权基金的费用水平。最后，基金 C 有 1%的运营管理费，但在购买基金和进行股息再投资时需付 8%的购买费用，假设各种基金的股息收益率均为 5%。通过观察表 17-3 可知，低成本基金 A 具有高收益的优势，而且投资期越长，这种差异就越明显。

4. 证券投资基金的业绩评估

对个人投资者而言，证券投资基金的优势之一就是可以委托投资专家管理其投资组合。投资者通过资产配置决策来保证对于全部投资组合整体特征的控制：每个投资者自己选择投资组合于债券基金、股票基金和货币市场基金等的比例，但是把各类投资中的具体证券选择决策委托给相应的基金经理。基金份额持有人希望这些投资组合经理能够获得比他们自己更好的投资绩效。

证券投资基金业的投资记录是什么？这个看起来很直接的问题却很难回答，因为绩效需要一个标准来评价。显然，不能将股票型基金的投资绩效和货币市场上的收益率进行比较，因为这两个市场风险的巨大差异导致其各年绩效和平均绩效都大相径庭，因此可以预期股票基金的绩效会优于货币市场基金绩效(平均而言)，以补偿投资者在股票市场上承担的额外风险。那么怎样才能确定证券投资基金投资组合经理是否取得了与其所承担的既定风险水平相称的绩效呢，换言之评价投资绩效的正确标准应当是什么？

正确度量投资组合风险并以这些度量指标为基准来选择证券是一项非常艰巨的任务。本书将在第 18 章详细探讨合理度量投资组合风险以及权衡风险和收益的问题。

本章小结

本章系统地介绍了证券投资基金的相关概念、分类以及功能，希望读者能深入理解证券投资基金理论和熟悉证券投资基金实务操作。

(1) 证券投资基金是通过发售基金份额，将众多投资者的资金集中起来，形成独立财产，由基金托管人托管，基金管理人管理，以投资组合的方式进行证券投资的一种利益共享、风险共担的集合投资方式。

(2) 基金与股票、债券的联系和区别主要体现在：①性质不同；②反映的权利关系不同；③风险与收益不同。

(3) 构成基金的要素有多种，根据组织形式的不同，可以将基金分为信托型基金、公司型基金；按照能否赎回划分，可以将基金分为封闭式基金、开放式基金；根据投资目标的不同，可以将基金分为收入型基金、成长型基金、平衡型基金、新兴成长基金和指数基金等；依据投资范围的不同，可以将基金分为股票基金、债券基金、货币市场基金、混合基金等；特殊类型基金包括系列基金、基金中的基金、保本基金和对冲基金。

(4) 证券投资基金的实务是指与基金相关的运行过程和日常活动。运行过程主要包括募集和设立、交易、运作、信息披露及基金合同的变更、终止与基金财产清算。日常活动主要包括估值与定价、费用成本、收益组成与收益分配以及业绩评估。

基本概念

证券投资基金　基金管理人　基金托管人　信托型基金　公司型基金　开放式基金　封闭式基金　收入型基金　成长型基金　平衡型基金　货币市场基金　对冲基金　证券投资基金的治理结构　单位基金净资产值

本章习题

1. 证券投资基金是什么？它与股票、债券等其他金融产品有什么区别？
2. 证券投资基金有何特点？
3. 信托型基金和公司型基金有何区别？
4. 开放式基金和封闭式基金有何区别？
5. 我国证券投资基金治理结构存在着哪些缺陷？
6. 某开放式基金单位净值为 12.50 欧元，购买费用 6%，其发行价格为多少？
7. 甲基金的投资组合构成如表 17-4 所示：

表 17-4　甲基金的投资组合构成

股票	股份	股价/美元	股票	股份	股价/美元
A	200 000	35	C	400 000	20
B	300 000	40	D	600 000	25

该基金目前无其他借入资金，但其投资组合的应记管理费用总额为 30 000 美元，发行在外总份额为 400 万份，则该基金的单位净值为多少？

8. 就上题的甲基金，若本年内投资组合经理将 D 股票全部卖出，并以每股 50 美元的价格买入 200 000 股 E 股票，以每股 25 美元的价格买入 200 000 股 F 股票，则该投资组合的换手率为多少？

9. 假设年初以每份 20 美元的价格购入 1 000 份国际基金，应付 4%的购买费用率，当年基金投资的证券价值上涨了 12%，基金的费用率为 1.2%。假如年末卖出基金，则收益率为多少？

第 18 章 投资组合业绩评价

基金经理通过构建资产组合对基金的资产进行管理。因此，合理有效地衡量投资组合业绩不仅有益而且必要。投资业绩衡量是投资管理过程中最后的一个阶段，同时也是必不可少的一个过程。投资者通常都期望管理者能够取得尽可能高的收益，但问题是，如何分辨管理者是真正的实力雄厚还是靠承担高风险后获得的高收益，还是只是因为幸运？本章主要介绍如何通过有效的度量方法来衡量资产组合的业绩。

18.1 节：传统业绩评价理论，将介绍常用的评价投资组合业绩的指标，以及常用的业绩度量方法。

18.2 节：对冲基金的业绩度量，以评估积极投资组合绩效的方法对对冲基金的业绩进行评估。

18.3 节：市场时机，将解决何时在市场指数基金和安全资产之间转移资金的问题，以及市场时机的不同评估方法。

18.4 节：类型分析，将通过资产组合在国库券、债券和股票之间配置上的差别来解释基金的业绩评价。

18.5 节：业绩贡献程序，将分析资产配置策略、市场中行业的选择和具体股票选择问题。

18.6 节：业绩评价体系实务，将介绍晨星评级体系和基金管理公司评价方法。

18.1 传统业绩评价理论

对资产组合进行业绩评价的第一步，就是计算出一段时间内基金的回报率。最简单的评价方法就是平均收益率法。但是更现实的情况是，基金在投资期会发生各项现金的流入和流出，因此有必要在计算回报率中进行时间加权或者现金加权，以便对回报率做出调整。如果在考虑回报率的同时兼顾风险控制，则要用风险来调整收益。

18.1.1 平均收益率

第 17 章曾经讲过收益率的概念，即对比投资期的期初和期末所得到的总的样本投资期计算得出的收益率。而在现实中，通常用日收益率、周收益率、月收益率、季收益率和年收益率等指标来确定收益率。

【18-1】 我国社保基金的收益率

根据 2016 年 3 月 25 日全国社会保障基金理事会第五届理事大会第三次会议披露数据显示，2015 年底，社保基金会管理的基金资产总额达到 19 139.76 亿元，基金权益 17 968.05 亿元。2015 年，社保基金投资收益总额 2 287.04 亿元，收益率达到 15.14%。

2015 年，国际国内宏观经济和资本市场形势错综复杂。通过合理配置境内股票、增加固定收益产品投资、强化现金管理等措施，较好把握了市场趋势和投资时机，特别是抓住了上半年境内股市系统性上涨带来的机遇，为基金保值增值奠定了基础。数据显示，2015 年基金投资已实现收益 2 239.04 亿元，实现收益率 16.52%，交易类资产当期公允价值变动额为 55.57 亿元，全年基金投资收益 2 294.61 亿元，投资收益率 15.19%。

相关数据显示，自 2011 年至 2015 年，社保基金历年投资收益率分别为 0.85%、7.01%、6.20%、11.69%、15.19%。

资料来源：http://www.ssf.gov.cn/

在前文进行资产组合的讨论时，知道平均收益率可划分为算术平均收益率和几何平均收益率。主要的思想为，预测未来的情形时设定一组相关情形和相应投资结果（收益率），对每种情形设置一个概率值计算出它们的风险溢价（收益）和标准差（风险）。

1. 算术平均收益率

如果有 n 个观察事件，取收益率 $p(s)$ 的概率为 $1/n$，则可以从样本收益率的算术平均数中得到期望收益率 $E(r)$：

$$E(r)=\sum_{s=1}^{n}p(s)r(s)=\frac{1}{n}\sum_{s=1}^{n}r(s)=\text{收益率的算术平均数}$$

2. 几何平均收益率（时间加权收益率）

我们注意到，算术平均值其实是期望收益率的有偏估计。关于整个样本期间内的投资组合的实际表现，必须结合时间序列的角度来进行分析。若样本期间的收益绩效可以用年持有期收益率来衡量，这种方法使用的是时间序列中每期实际投资的最终贴现值。定义平均收益率为 g，每期实际投资的收益率为 r_n，则有

$$\text{最终价值}=(1+r_1)(1+r_2)\cdots(1+r_n)$$
$$(1+g)^n=\text{最终价值}$$
$$g=\text{最终价值}^{1/n}-1$$

在式中，$1+g$ 是时间序列的毛利率 $1+r$ 的几何平均数，g 揭示了投资的最终价值。

最初的投资者也称 g 为时间加权的几何平均数，它强调了在平均过程中每个以往的收益为等权重的。

【例 18-1】 两种收益率的对比。

从 2011 年至 2015 年，某资产组合的回报率分别为－0.118 9、－0.221 0、0.286 9、0.108 8 和 0.049 1。试计算其在 2001 年至 2005 年的算术平均收益率和几何平均收益率，并进行比较。

$$\text{算术平均值}=\frac{-0.1189-0.2210+0.2869+0.1088+0.0491}{5}$$
$$=0.0210$$

$$\text{几何平均值}=\sqrt[5]{(1-0.1189)(1-0.2210)(1+0.2869)(1+0.1088)(1+0.0491)}-1$$
$$=0.0054$$

对比结果会发现,几何平均值(0.54%)显著小于算数平均值(2.10%)。这种差异主要是由于投资组合的最终贴现值为正或负的算术效应引起的。

例如,2012 年和 2013 年的收益分别是 −0.221 0 和 0.286 9。这两年的算术平均值是 3.295%。但是,如果在 2012 年年初投资 100 元,2012 年年末也许只能得到 77.90 元。要弥补这个亏损,2013 年需要赚 21.10 元,这将得到一个相对收益巨大的数值 28.37%(22.10/77.90)。为什么只是弥补亏损,这个数值就会比 2012 年损失的 22.10% 大这么多呢？这是由于以 2013 年的数值为基准,这个基准明显小于 100 元,较小的基准就意味着它将产生较大的收益率。而观察两年的综合收益率(几何平均)只有 0.12%,明显小于算术平均值 3.295%。

收益率的波动越大,几何平均值和算术平均值之间的差异就越大,说明样本期内的综合收益率和年平均收益率的差异也就越大。如果收益率服从正态分布,这种差异可以确切地等于方差的一半,也就是

$$几何平均值 = 算术平均值 - \sigma^2/2$$

3. 现金加权收益率

如果将投资问题视为现金流贴现问题,设 r 为收益率,它能使最初投资带来的所有的现金流的现值等于期初投资。这种方式在一些比较复杂的例子中更适用。

18.1.2 风险调整收益率

仅仅计算出投资组合的平均收益是不够的,还必须根据风险来调整收益。只有这样,收益之间的比较才有意义。在根据投资组合的风险来调整收益的各种方法中,最简单和普遍的方法是同类型的投资基金进行收益率的相互比较。例如,高收益债券组合归为一类,增长类股票资产亦被归为一类等。然后可以在每类中确定每个基金的平均收益(一般是时间加权收益),并根据各基金对比情况给出一个在其所在类别中百分比的排序。例如,在由 100 个基金组成的大类里,第 9 名的管理人排序为 90%,它表示在本评估期内其业绩比 90%的竞争者要好。

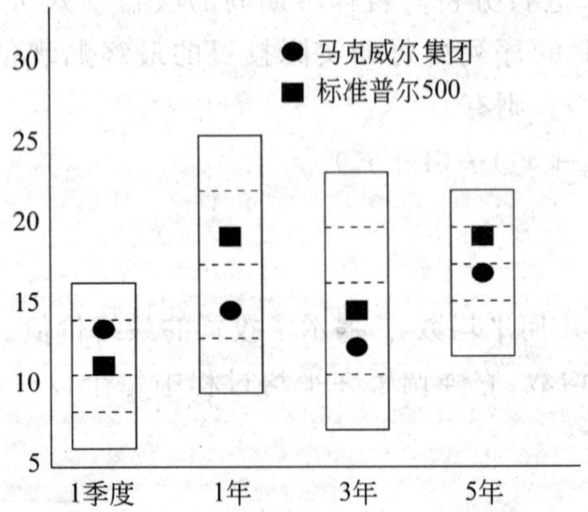

图 18-1 四个评估期间的业绩排名图

这些排名通常制成图来公布,如图 18-1 所示。该图总结了 1 季度、1 年、3 年、5 年这 4 个评估期间的业绩排名。图中的上下线分别位于 5% 和 95% 的管理人的收益率。中间的三条线分别是位于第 75%、50%(中位线)和 25% 的管理人。圆形代表某一特定基金的平均收益率,方块则代表市场基准指数的收益率,如标准普尔 500。从圆形在格子中的位置就很容易看出该基金的经营业绩对比情况。

在业绩评估中,与其他同种投资形式基金的业绩比较是第一步。然而,这些排名并不可靠。例如,在资本市场中某个管理人更关注高 β 值的股票。类似地,在固定收益证券的

情况下，久期却因管理人的不同而各异。这些都表明寻求更精确的风险调整方式是相当有必要的。

两种考虑风险的业绩评价方法同时出现了，它们是均值—方差比值标准和资本资产定价模型(CAPM)。

杰克·特雷诺、威廉·夏普和迈克尔·詹森立即认识到了CAPM在评估经营业绩上的特殊意义，随即学者们研究出了一批业绩评估方法，涌现出了大量对共同基金业绩评估的研究成果。之后不久，市场上又出现了一些代理，他们为投资组合管理人提供评级服务，并收取固定回报，这种趋势已日渐明朗。

以下是一些经风险调整的业绩测度指标。

(1) 夏普比率，是用资产组合的长期平均超额收益除以该时期的标准差，它测度了对总波动性权衡的回报，又称为收益与变异性比率。

$$\text{夏普比率(SR)} = \frac{\mathrm{r}_p - r_f}{\sigma_p}$$

(2) 特雷诺比率，与夏普比率类似，特雷诺比率给出了单位风险的超额收益，但它用的是系统风险而不是全部风险。

$$\text{特雷诺比率(TR)} = \frac{\mathrm{r}_p - r_f}{\beta_p}$$

特雷诺比率和夏普比率共同存在的缺陷是，它们只是提供了相对的业绩排名，而不是绝对的排名，比如夏普比率指标只表明了风险调整后的组合收益是否在市场基准收益之上，但不能确定这种超额收益在统计上的显著性。

(3) 詹森指数(组合α值)，是建立在CAPM测算基础上的投资组合的平均收益，它用到的是投资组合的β值和平均市场收益，其结果即为投资组合的α值。

一个正的显著的α值代表了基金经理较好的市场预测能力，或者较好的证券选择能力，或者同时具备上述两者能力使得所评价的基金高于平均业绩的程度。在基金间比较，詹森指数越大越好。具体公式如下：

$$\alpha_p = \bar{r}_p - [\bar{r}_f + \beta_p(r_M - \bar{r}_f)]$$

(4) 信息比率(也称估价比率)，这种方法用投资组合的α值除以其非系统风险，它测算的是每单位非系统风险带来的非常规收益，前者是指在原则上可以通过持有市场上全部投资组合而完全分散掉的那一部分风险。

$$\mathrm{IR} = \frac{\alpha_p}{\sigma(\mathrm{e}_p)}$$

18.1.3 业绩的其他测度指标

M^2 测度指标，是由莫迪格利安尼(Franco Modigliani & Leah Modigliani)祖孙两人同时提出的，因此被称为M^2指标。这一指标实质是经改进的夏普比率，目的是让投资者在考虑基金原始业绩的倾向的同时注意基金业绩中的风险因素，从而帮助投资者选取真正业绩最佳的基金。M^2测度指标对风险的测度也采用了基金所承担的总风险σ_M，其计算公式为

$$M^2 = R_P^* - R_M$$

$$R_P^* = E(R_P^*) - r_f = S_P\sigma_M$$

$$R_M = E(r_M) - r_f$$

这个是将所有待评价的资产组合的风险调整到市场评价水平,称为风险调整绩效。M^2 方法实际上就是等价风险组合的方法,等价风险组合是指所有由该投资组合 i 和无风险资产构成的新组合,从而使这一投资组合的总风险等于市场基准组合的总风险。然后测定并比较它们在相同风险下的收益率。例如,投资基金 X 原来的标准差是市场指数的 1.5 倍,那么经调整的资产组合应包括 2/3 的基金 X 和 1/3 的无风险资产。

把经过调整的资产组合称为 X^*,那么它与市场组合就有了相同的标准差(如果投资基金 X 的标准差低于市场指数的标准差,调整方法可以是卖空国库券,然后投资于 X)。因为 X^* 和市场指数的标准差是相同的,于是只要通过比较它们之间的收益率就可以考察其业绩。M^2 测度指标如下:

$$M^2 = r_{X^*} - r_M$$

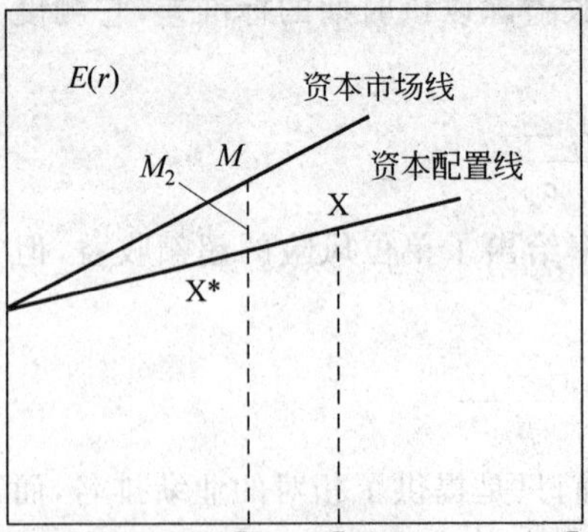

图 18-2 M^2 指标的图形表达

图 18-2 给出了 M^2 指标的一个图形表述。当把 X 与国库券通过适当的比例混合时,就可以沿着 X 的资金配置线向下移动,直到调整后投资组合的标准差与市场指数的标准差相等。这时 X^* 和市场指数的垂直距离(也就是它们期望收益率的距离),就是 M^2 指标。从图 18-2 中可看出,当投资基金 X 资本配置线的斜率小于资本市场线的斜率时,X 的 M^2 指标就会低于市场,此时它的夏普比率指标也小于市场指数。

基于 VaR 的风险调整收益法,是风险调整的收益 RAROC 与金融风险价值 VaR 相结合的一种风险收益测度指标。其中,所谓风险价值 VaR(value at risk),是指资产价值中暴露于风险中的部分,比较正规的定义是:给定时间间隔和一定的置信水平,在正常的市场条件下,某资产或投资组合的最大可能损失值。基于 VaR 的风险调整收益(RAROC)的计算公式为

$$\text{RAROC} = \frac{(R_P - R_f)}{\text{VaR}}$$

18.2 对冲基金的业绩度量

对冲基金(hedge fund)起源于 20 世纪 50 年代初的美国。当时的操作宗旨在于利用期货、期权等金融衍生产品以及对相关联的不同股票进行空买空卖、风险对冲的操作技巧,在一定程度上可规避和化解投资风险。经过几十年的演变,对冲基金已成为一种新的投资模式的代名词。即基于最新的投资理论和极其复杂的金融市场操作技巧,充分利用各种金融衍生产品的杠杆效用,承担高风险、追求高收益的投资模式。

在对冲基金中，常用的战略有以下几种。

① 可转换套利：套利保值投资的办法之一。通常为买入可转换债券，再按一定比例卖空对应普通股。采用这种方法可以营造一个宽松的资金环境，如果可转换债券出现溢价则投资者将可获益。

② 垃圾债券：本基金所投资的证券公司(股票或债务)是一个已经破产或面临破产的公司。这些证券是出资人以便宜的价格买来的。

【18-2】 对冲基金的发展历程

1949 年世界上诞生了第一个有限合作制的琼斯对冲基金。虽然对冲基金在 20 世纪 50 年代就已经出现，但是它在接下来的 30 年间并未引起人们的太多关注，直到 20 世纪 80 年代，随着金融自由化的发展，对冲基金才有了更广阔的投资机会，从此进入了快速发展的阶段。20 世纪 90 年代，世界通货膨胀的威胁逐渐减少，同时金融工具日趋成熟和多样化，对冲基金进入了蓬勃发展的阶段。据英国《经济学人》的统计，从 1990 年到 2000 年，3 000 多个新的对冲基金在美国和英国出现。2002 年后，对冲基金的收益率有所下降，但对冲基金的规模依然不小，在过去的 15 年间，全球对冲基金的资产管理规模从 4 000 亿美元发展到当前的 2.25 万亿美元(Eurekahedge 数据)，大型对冲基金数量也增长了 5 倍，而其他渠道的估算则认为目前对冲基金行业正管理着超过 3 万亿美元的资产，其中近一半的公司位于北美，另外，欧洲及中东、俄罗斯加起来约占 35%，亚洲地区占 12%。

资料来源：http://futures.hexun.com/2016-11-21/186984492.html

③ 市场中性：通常是一个长期/短期策略——在长期和短期的市场投资同等数量的资金。它通过购买被低估的证券和减持被高估的证券企图“中和”市场风险。

④ 市场时机：预期应该进出市场的时机。根据市场及经济前景将资产配置投资在股票、债券和现金之间。

⑤ 卖空：基金经理发现确实已经被高估的证券并“卖空”或出售这些公司的股票。这些公司的股票预期会下跌，管理者借取股票来卖出——希望能在一个较低的价格将它们购买回来。这样的管理者通过借来股票销售。这些投资组合除了常常看到使用杠杆作用还会产生快速投资组合周转。

在对对冲基金进行业绩度量时，先要把对冲基金作为一个积极的投资组合，力求击败处于被动的指数投资组合。把股票组合作为投资者的投资组合的基准组成部分，在其中可以考虑加入对冲基金寻找附加的 α，因为对冲市场风险的能力是指其市场在获取 α 时不需要一个相应的投资者的最终资产配置。根据积极投资组合的权重设计，可以建立对冲基金的权重：

$$w_H = \frac{w_H^0}{1+(1-\beta_H)w_H^0} \tag{18.1}$$

$$w_H^0 = \frac{\dfrac{\alpha_H}{\sigma^2(e_H)}}{\dfrac{E(R_M)}{\sigma_M^2}}$$

由式(18.1)可知,对冲基金是与基准市场的最优组合,根据式(18.2)要提高夏普测度将取决于它的信息比率 $\alpha_H/\sigma(e_H)$。

$$S_P^2 = S_M^2 + \left[\frac{\alpha_H}{\sigma(e_H)}\right]^2 \tag{18.2}$$

式(18.2)说明,对冲基金的适当的业绩评估指标是其信息比率(IR)。

18.3 市场时机

从纯粹的角度说,市场时机解决的是何时在市场指数基金和安全资产之间转移资金的问题。这里所说的安全资产是指国库券或货币市场基金,决策依据也就是市场作为整体是否要优于安全资产的业绩。那么当市场表现不错时,将如何考虑资金的部分转移呢?

18.3.1 择时能力

为简单起见,假如一位投资者只持有市场指数基金和国库券两种证券。如果两者之间的比例是一定的,比如说市场指数基金占 0.6,那么投资组合的 β 值也是一定的,并且其证券特征线就应该是一条斜率为 0.6 的直线,如图 18-3(a)所示。但是如果投资者能看准时机,在市场表现不错时把资金调入市场指数基金,那么原来的证券特征线就会如图 18-3(b)所示。该线向上弯曲的原因是,如果投资者能够预测牛市和熊市,那么他在市场上升时就加大市场指数基金的权重,于是当 r_M 升高时,证券特征线的斜率也随着增大,这正如图 18-3(b)所示的曲线。

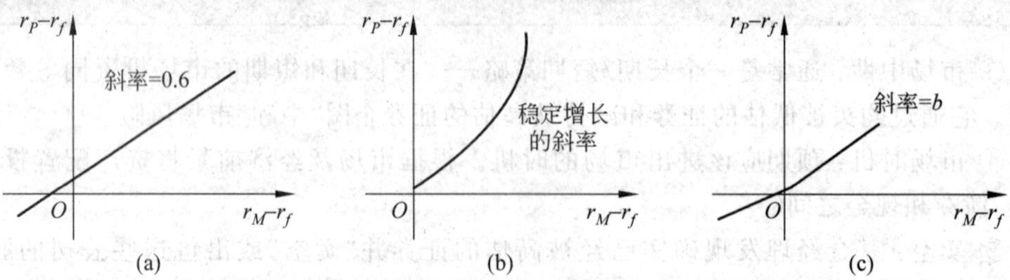

图 18-3 投资组合的特征线

T-M 模型:特雷诺和梅热首先提出,如果在一般线性单指数模型中加入一个平方项,那么就能用来估计这条曲线的方程:

$$r_p - r_f = a + b(r_M - r_f) + c(r_M - r_f)^2 + e_p \tag{18.3}$$

其中,r_p 为投资组合收益;a、b、c 为回归分析后所得的系数。如果 c 是正的,就能说明市场时机确实存在,因为最后一项能够使得特征线在 $r_M - r_f$ 较大时相应变陡。特雷诺和梅热利用式(18.3)对一些共同基金的数据进行估计,但几乎没有找到任何投资者把握市场时机的证据。

H-M 模型:亨里克森和默顿提出了另一种相似的但更简单的方法。他们假设投资者组合的 β 只取两个值:当市场走好时 β 取较大值,当市场萎靡时 β 取较小值。在这个假设下,投资组合的特征线就应如图 18-3(c)所示,这条线的回归方程形式为

$$r_P - r_f = a + b(r_M - r_f) + c(r_M - r_f)D + e_p$$

式中，D 是一个虚变量，当 $r_M > r_f$ 时 $D=1$，否则 $D=0$。于是投资组合的 β 值在熊市市场就为 b，在牛市时就变成 $b+c$。同样，如果回归得到正的 c 值，那就说明有市场时机存在。

亨里克森利用上面的等式对 1968—1980 年的 116 家共同基金进行了回归检验。发现尽管其显著性水平没有达到 5%的一般要求，但 c 的平均值却是负的（−0.07）。11 家共同基金具有显著的 c 正值。而同时 8 家具有显著的 c 负值。从总体来看，62%的基金把握市场时机的能力是负的。因此，这些结果对投资者把握市场时机能力没有提出多少有利的证据。

C-L 模型：在 1984 年，Chang 和 Lewellen（1984）在 H-M 模型的基础上进行进一步的变形和改进，提出了 C-L 模型。其所建立的回归模型为

$$r_p - r_f = a + b\min(0, r_M - r_f) + c\max(r_M, r_f) + e_p$$

其中，b 为熊市时的 β，c 为牛市时的 β，通过 $c-b$ 的验定，可以判定基金经理的择时能力，如果 $c-b>0$，表示基金经理具备择时能力。

18.3.2 将市场时机视为看涨期权的评估方法

评估市场时机能力的关键是要认识到理想的远见相当于持有股票组合的看涨期权。在理想时机下，无论是 100%投资在安全资产还是股票组合中，都将会提供更高的回报。回报率不会低于无风险的利率，见图 18-4。

把信息的价值作为期权，假设现在市场指数是在 S_0，该指数的看涨期权的执行价格为 $X=S_0(1+r_f)$。如果在今后一段时间内市场优于债券，S_T 将会超过 X，否则将会少于 X。这个期权投资组合的回报以及 S_0 美元投资在债券的回报如表 18-1 所示。

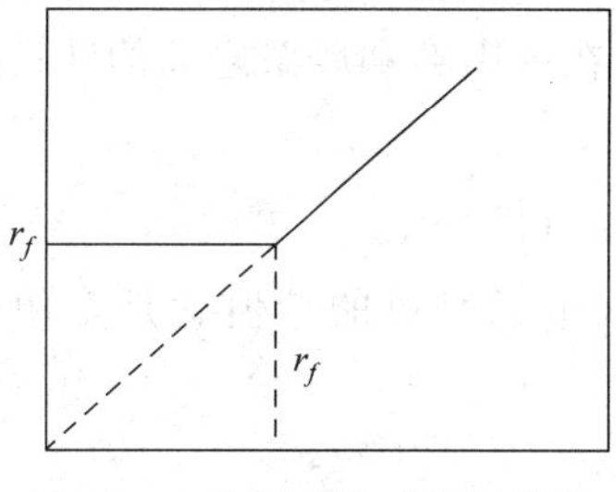

图 18-4 理想时机下的回报率

表 18-1 两种组合的回报对比

	$S_T<X$	$S_T \geqslant X$
债券	$S_0(1+r_f)$	$S_0(1+r_f)$
期权	0	S_T-X
总计	$S_0(1+r_f)$	S_T

当市场看跌（即市场回报低于无风险利率）时，组合得到无风险回报；当市场非常看好时，获得市场回报并出售债券。这种组合就是理想的市场时机。

拥有业绩预测能力就等于持有市场上的看涨期权。在任何特定时期，当无风险利率已知时可以利用期权定价模式，得到 1 美元的市场理想时机的能力的潜力贡献。这贡献将构成一个理想时机可以向投资者为他的服务收取合理费用。理想时机的价值替代说明不太理想的时机也可以赋予其相对的价值。

对 1 美元的股票组合理想时机看涨期权的执行价格是国库券投资的最终价值。使用连续复利就是 $1\times e^{rT}$ 美元。当使用布莱克—斯科尔斯公式计算看涨期权价值时，公式简化为：

$$\text{MV}(\text{不完全时}) = C = 2N(\sigma_M \sqrt{T}) - 1$$

T 为时间单位,此处取一年。理想时机的价值取决于预测的频率和对股票或国库券一致正确的选择。如果时机在每月可以做出正确的选择而不是每一年,其预测的价值将大幅增加。随着理想预测频率无限增加,服务的价值也会无限增加。

18.3.3 不理想预测的价值

在现实生活中,大多数管理人并不是理想的预测者。很明显,如果管理者大部分的时间都是对的,那么这一资产组合将达到非常优异的业绩表现。但是,此处的"大部分时间"不能仅仅意味着该管理人的正确次数的百分比。例如在天气预报中,如果总是预测没有雨,可能正确率在90%。但是这种战略的高成功率并不代表预测能力。

同样,市场预测能力的合适度量不是正确预测整体比例。如果市场是三天里有两天是上升的,预报员总能提前预测市场,其中2/3的成功率不是预报能力的衡量。因此,需要正确预测牛市($r_M > r_f$)和熊市($r_M < r_f$)的比例。

如果设正确预测牛市和熊市的比例为 P_1 和 P_2,则 $P = P_1 + P_2 - 1$ 是时机能力的正确衡量。例如,一名预报员总是正确估计 $P_1 = P_2 = 1$,将表明其能力为1(100%)。一名分析师总是错误预测牛市($P_1 = 0$),而正确地"预测"了所有的熊市($P_2 = 1$),最终其时机能力 $P = P_1 + P_2 - 1 = 0$。

市场时机的精度即正确估计牛市和熊市的概率可以从预测和现实的数据进行评估。默顿认为当时机不理想时如果以统计值 $P = P_1 + P_2 - 1$ 衡量整体精度,就需要对其进行修正,那么此时一个不理想的市场时机的价值为

$$\text{MV}(\text{不完全时}) = P \times C = (P_1 + P_2 - 1)[2N(\sigma_M \sqrt{T})] \tag{18.4}$$

在实际操作中,通常不会把一种资产完全转化为另一种资产。尤其是在知道预测并非完全准确时,通常会为这种转化设置转换权重。例如,在国库券和股票之间的转换权重为 ω。在这种情况下,式(18.4)可以概括为

$$\text{MV}(\text{不完全时}) = \omega \times P \times C = \omega(P_1 + P_2 - 1)[2N(\sigma_M \sqrt{T})]$$

例如,如果转换权重 $\omega = 0.50$(50%的投资组合),该市场时机的价值就是全额转移 $\omega = 1.0$价值的一半。

18.4 类型分析

类型分析是由诺贝尔奖得主威廉·夏普提出的。夏普的想法是把基金的收益根据某个范围资产类型的指数来回归,则每个指数的回归系数就可以测度该类型隐含的配置额。因为基金不可以空头,所以回归系数必须是0或者是正的,并且加和后是100%,从而可以表示一个完整的资产配置。而回归后的 R^2 可以测度由类型决定的资产配置所引起的收益波动率的百分比,而其余收益波动可能是由于在资产类型权重中的安全性选择或按周期变化的市场时机。

为了解释夏普方法,对富达麦哲伦基金(Fidelity Magellan's fund)在5年期间(1986

年 10 月—1991 年 9 月)的月收益进行研究,如表 18-2 所示。分析中有 7 种资产类型(6 种由股票指数代表,1 种由国库券代表),其中只有 3 个指数的回归系数是正的(大盘股、中盘股和高市盈率即增长型股票)。仅这些类型的投资组合就可以解释 97.5%的麦哲伦基金收益波动。换句话说,上述三种类型的投资组合构成了一个跟踪组合,其权重列于表 18-2,该组合能解释绝大多数麦哲伦每月的业绩的波动。可以总结为基金的收益可以只用三种类型的投资组合来解释。

表 18-2　富达麦哲伦基金中的 7 种资产类型及回归系数

投资组合类型	回归系数	投资组合类型	回归系数
国库券	0	中 P/E	0
小盘	0	低 P/E(价值)	0
中盘	35	总计	100
大盘	61	$R^2$2	97.5
高 P/E(增长)	5		

收益性波动中不能被资产配置所解释的部分归因于资产类型范围内的安全性选择和按周期变化的市场时机。对于麦哲伦基金来说,这部分就是 1−97.5%=2.5%。这样的结果在基金业绩中常常降低了安全性选择和时机的重要性,但这样的结论在此回归过程中忽略了 α 值的作用。对于麦哲伦,每月的 α 值是 32 个基点,导致 5 年期累计非常规收益超过的 19.19%。

另一种常用的评价方式就是基于资本资产定价的证券市场线(SML),这种方法只使用一个大盘指数的比较组合,而类型分析则更自由地组合了更专门的指标构造了一个追踪组合。比较这两种方法,麦哲伦资产特征线(SCL)由纽约证券交易所、美国证券交易所和纳斯达克市场组成的市场指数超额回报进行其超额回报的回归。麦哲伦 β 估计值是 1.11,回归的 R^2 为 0.99。回归的 α 值每月只有 25 个基点,反映在这期间的累计非常规收益为 15.19%。

为什么 6 个股票指数相对类型回归只有一个因素(市场指数)有较高的 R^2 回归?答案是类型分析对回归系数有额外的限制:它要求为正并且加和后是 1.0。这种完全的代表性可能不符合随着时间推移不断变化实际的投资组合权重。所以,怎样的代表性能更好估计这个时期的麦哲伦业绩呢?这里没有明确的答案。相对理论上所说的被动组合即大盘指数,SML 基准是一个较好的业绩代表。另外,类型分析揭示了认为最密切跟踪基金的活动的策略和相对这一策略的业绩评估。如果该策略显示,由类型分析方法与基金招募说明书所示的类型是一致的(很罕见),则相对这一策略的业绩是该基金成功的正确测度。

在类型分析的实际操作中,可以用 Excel 来进行计算。该策略是对许多类型组合的基金回报率做回归分析(表 18-2)。类型投资组合是代表了资产配置的另一类型的被动(指数)基金。假设你选择三种类型投资组合,标记为 1～3,那么你的类型回归系数是 α(测量业绩的截距项),以及三个斜率系数(各类型指数对应一个系数)。斜率测度揭示了服从被动式投资组合类型的基金业绩灵敏度。应用求解器做类型分析,从任意系数(例如,可以设定 $\alpha=0$,并设定每个 $\beta=1/3$)。使用这些计算类型回归的时间序列残值:

$$e(t)=R(t)-[\alpha-\beta_1R_1(t)-\beta_2R_2(t)-\beta_3R_3(t)] \tag{18.5}$$

$R(t)=$ 被测度基金 t 时刻的超额回报

$R_i(t)=$ 第 i 个类型投资组合的超额回报($i=1,2,3$)

$\alpha=$ 在整个样本时期基金的异常业绩

$\beta_i=$ 第 i 个类型投资组合中基金的 β 值

根据式(18.5)可以计算回归方程时间序列的残值。现在对每个残值进行平方并求和,即使用最小二乘估计法(OLS)。同时,还可以优化 4 个制约因素:3 个 β 值必须是非负的,它们的和为 1.0。计算工具会得出这三个系数以及该基金独特的估计,以截距项 α 作为超额收益的衡量。

【18-3】 晨星公司经风险调整后的评级

晨星公司经风险调整后的基金评级(MRAR)是最广泛使用的一种基金业绩测度标准。晨星的五星级是成千上万得到其服务的基金经理人的梦想。

晨星公司计算了大量类似于,但不完全等同于在本章所讨论的标准均方差测度的经风险测度的经风险调整的基金业绩指标。最著名的工作就是晨星的星级评级。每个基金放入一个同等级别的一组内,在此基础上做比较。考虑组别的基础是各个基金投资的范围(比如国际投资型基金、增长与价值型基金、固定收入型基金等),同时还考虑证券组合的特点,比如平均账面价值、市盈率或市场资本化。

同类型的基金经过风险调整后的业绩以及星级根据表 18-3 进行评定:

表 18-3 经风险调整后的业绩及星级

百分比/%	星级	百分比/%	星级
0～10	1	67.5～90	4
10～32.5	2	90～100	5
32.5～67.5	3		

晨星的 MRAR 方法产生结果与建立在均方差基础上的夏普比率类似但不等同。计算公式:

$$\text{月度回报率 TR}=\left\{\frac{N_e}{N_b}\prod_{i=1}^{n}\left(1+\frac{D_i}{N_i}\right)\right\}-1$$

其中:N_e 代表当月月末基金单位净值;

N_b 表示上月末基金单位净值;

D_i 为计算期间的第 i 次单位现金分红;

N_i 为第 i 次分红所对应的再投资所依照的基金单位净值。

风险调整后的收益

$$\text{MRAR}(\gamma)=\begin{cases}\left[\dfrac{1}{T}\sum\limits_{t=1}^{T}(1+r_{Gt})^{-\gamma}\right]^{-\frac{12}{\gamma}}-1, & \gamma>1,\quad \gamma\neq 0\\ \left[\prod\limits_{t=1}^{T}(1+r_{Gt})\right]^{\frac{12}{\gamma}}-1, & \gamma=0\end{cases}$$

其中：$r_{Gt}=\frac{1+TR_t}{1+R_{bt}}-1$ 为第 t 月的几何超额收益率；

R_{bt} 为第 t 月的无风险资产收益率，通常取一年期国库券利率。

如果纯粹按表现来评级而不考虑风险调整，则可依据 MRAR(0)。如果评级方法对风险给予较多的惩罚，则要求 $\gamma>0$。通常的公募基金中取 $\gamma=2$。则最终的收益可以分解成两部分：一部分为收益部分，即 MRAR(0)；另一部分为风险部分，即 MRAR(0)－MRAR(2)。

18.5 业绩贡献程序

投资组合管理人一般既做出关于资产配置的方向性决定，必要时也在同一资产类别中选择具体的证券配置。研究业绩贡献，其目的就是把总的业绩分解为一个个的组成部分，每个组成部分都代表了一个特定的投资组合选择能力水平。

先从最广泛的资产配置选择说起，然后再进一步分析投资组合选择中较细致的具体内容。在这种概念下，积极管理的投资组合与消极的市场基准投资组合(如市场指数基金)有了新的不同。前者是由一系列决策所提供的贡献来组成，这些决策是在投资组合的不同构成时期做出的，而后者却并不如此。例如，一个通常的贡献分析系统把业绩分解为三个要素：①广义的资产配置选择，如股权、固定收益债券和货币市场工具之间的选择；②各市场中行业的选择；③行业中具体股票的选择。

贡献分析法着重解释投资组合 P 与另一个市场基准投资组合 B，称其为预定标准之间的收益差别。假设投资组合 P 与投资组合 B 共包括了几类资产，其中包括股票、债券、国库券等。在每一类中存在着确定的市场基准指数投资组合。例如，标准普尔 500 是股票的市场基准。投资组合 B 中各类资产的权重是固定的，于是它的收益率为

$$r_{\mathrm{B}}=\sum_{i=1}^{n}\omega_{\mathrm{B}i}r_{\mathrm{B}i}$$

其中，$\omega_{\mathrm{B}i}$ 为投资组合 B 中第 i 类资产的权重；$r_{\mathrm{B}i}$ 为评估期中第 i 类资产类市场基准投资组合的收益率。根据预测，投资组合 P 的管理人选择权重为 $\omega_{\mathrm{P}i}$ 的第 i 类资产；在每类中管理人也根据证券分析做出了持有不同证券的选择，它们在评估期内的收益总和为 $r_{\mathrm{P}i}$，于是 P 的收益率为：

$$r_{\mathrm{P}}=\sum_{i=1}^{n}\omega_{\mathrm{P}i}r_{\mathrm{P}i}$$

它与投资组合 B 收益率的差距就是

$$r_{\mathrm{P}}-r_{\mathrm{B}}=\sum_{i=1}^{n}\omega_{\mathrm{P}i}r_{\mathrm{P}i}-\sum_{i=1}^{n}\omega_{\mathrm{B}i}r_{\mathrm{B}i}=\sum_{i=1}^{n}(\omega_{\mathrm{P}i}r_{\mathrm{P}i}-\omega_{\mathrm{B}i}r_{\mathrm{B}i}) \tag{18.6}$$

式(18.6)中的每一项都能重新展开，从而使每项分解为资产配置贡献和该类中的证券选择决策贡献，并以此来确定它们对整体业绩水平的贡献。把每一项分为如表 18-4 所示，注意每类中来自于资产配置的贡献与来自于证券选择的贡献之和实质上就是每一类

资产对整体业绩的总贡献。

表 18-4 每项分解为资产配置贡献和该类中的证券选择决策贡献

资产配置的贡献	$(\omega_{Pi}-\omega_{Bi})r_{Bi}$	=第 i 类资产总的贡献	$\omega_{Pi}r_{Pi}-\omega_{Bi}r_{Bi}$
+证券选择的贡献	$\omega_{Pi}(r_{Pi}-r_{Bi})$		

第一项之所以能测度资产配置的效应,是因为它是各类资产实际权重与市场基准权重之间的差然后再乘以该资产类的指数收益率;第二项之所以能测度证券选择的效应,是因为它是某一资产类中实际组合的超额收益率与市场基准收益率之差然后再乘以实际资产组合中该类资产的权重。由这两项构成了该类资产的总业绩。图 18-5 是关于整体业绩如何分解为证券选择和资产配置的简单图解。解释这种方法,可以考虑对一个假想投资组合进行具体分解。如果该投资组合只投资于股票证券和货币市场,其当月收益率为 5.34%。

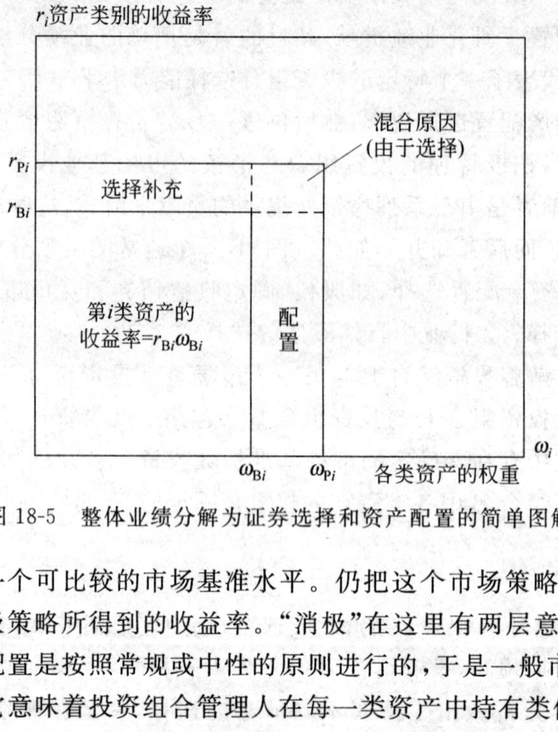

图 18-5 整体业绩分解为证券选择和资产配置的简单图解

第一步是建立一个可比较的市场基准水平。仍把这个市场策略称为预定标准,它是投资者完全采取消极策略所得到的收益率。"消极"在这里有两层意思。第一,它指资金在各类资产之间的配置是按照常规或中性的原则进行的,于是一般市场配置就是一种消极投资策略;第二,它意味着投资组合管理人在每一类资产中持有类似指数基金的投资组合,比如股权市场中持有标准普尔 500 指数基金。在这种情况下,作为业绩基准的消极投资策略,既是资产配置的基准,又是证券选择的基准。任何一种以消极投资基准的偏离都可以归结为资产配置发生了变化(对市场资产中性配置的偏离)或者是证券选择发生了变化(对资产类别中消极指数的偏离)。

在表 18-5 中,中性权重分别为股权 60%、债券 30%、现金(货币市场工具)10%,因此"预定标准"的投资组合就由每种指数按照 60/30/10 的权重组成,其收益率为 3.97%。被评估投资组合的业绩都是正的,即其真实收益率减去预定标准的收益率:5.34%-3.97%=1.37%。接下来需要对 1.37%的收益率进行分解,并把它们归因于各个独立的决策。

表 18-5　投资组合业绩

组　合	预定标准的业绩与超额收益	
	基准权重	月指数收益
股权(标准普尔 500)	0.60	5.81%
债券(雷曼兄弟指数)	0.30	1.45%
现金(货币市场工具)	0.10	0.48%
预定标准=(0.60×5.81)+(0.30×1.45)+(0.10×0.48)=3.97%		
管理投资组合的收益　5.34%		
-预定标准的投资组合的收益率　3.97%		
=管理投资组合的超额收益率　1.37%		

18.5.1　资产配置决策

为把管理人关于资产配置的效应独立出来，考察一个假想的投资组合，它由权重为70/7/23的三种指数基金组成。它的收益率反映了从60/30/10的基准权重转移到现在权重所引起的收益变化效应，而不是由积极投资管理人在每个市场中积极选择证券所带来的效应。

由于管理人会对具有良好表现的市场增加权重，而减少表现不好市场的份额，上述假想投资组合的业绩要优于预定标准。因此，总业绩中属于资产配置的贡献就等于三个市场中超额权重与其相应指数收益率之积的总和。

表18-6(a)表明在总额收益的137个基本点中，成功的资产配置贡献了31个基本点。因此部分优良业绩应归功于此，即当月的股权市场投资权重。

表 18-6　对业绩的贡献

(a) 资产配置对业绩的贡献

市　场	(1)	(2)	(3)	(4)	(5)=(3)×(4)
	在市场中的实际权重	在市场中的基准权重	超额权重	市场收益率/%	对业绩的贡献率/%
股权	0.70	0.60	0.10	5.81	0.5810
固定收益	0.07	0.30	-0.23	1.45	-0.3335
现金	0.23	0.10	0.13	0.48	0.0624
资产配置的贡献					0.3099

(b) 证券选择对业绩的贡献

市　场	(1)	(2)	(3)	(4)	(5)=(3)×(4)
	投资组合业绩	指数业绩	超额业绩	投资组合权重	对业绩的贡献率(%)
固定收益	1.89	1.45	0.44	0.07	0.03
资产配置贡献					1.06

18.5.2 部门与证券选择决策

如果业绩中有0.31%应归功于各资产市场间的成功配置(表18-6(a)),那么剩下的1.06%就应归因于在每一市场中的部门及证券选择。表18-6(b)列出了该资产组合中股权部分所实现的收益率为7.28%(而标准普尔指数500的收益率为5.81%),固定收益证券的收益率为1.89%(而雷曼兄弟指数收益率为1.45%)。把股票市场和债券市场中的超额收益率乘以各自的投资比例,两项之和总计1.06%。这就是部门及证券选择对业绩的贡献。

表18-7通过记录股权市场每一部门的数据而得到了股权市场中优异业绩的具体来源。前3栏是该投资组合与标准普尔500在股权市场上各部门的配置及两者之间的差异,第4栏列出了每部门的收益率。第5栏为每部门中两者之间的差异与部门收益率的乘积,它们分别代表每一部门对其在股权市场上出色业绩所做出的贡献。由于仅部门一项就为投资组合中股权超额收益提供了1.29%的收益率,并且表18-6(b)中第3列显示投资组合中股权部分的收益率比标准普尔500大1.47%,于是可以通过简单的相减得出部门内证券选择对投资组合中股权业绩所做出的贡献为0.18%(1.47%—1.29%)。

表18-7 股权市场的分部门选择

市场	月开始时权重/%				
	(1)	(2)	(3)	(4)	(5)=(3)×(4)
	投资组合	标准普尔500	权重差/%	部门收益率/%	部门配置的贡献
基本材料	1.96	8.3	−6.34	6.9	−0.4375
工商服务	7.84	4.1	3.74	7.0	0.2618
资本品	1.87	7.8	−5.93	4.1	−0.2431
周期性消费品	8.47	12.5	−4.03	8.8	−0.3546
非周期性消费品	40.37	20.4	19.97	10.0	1.9970
信用敏感品	24.01	21.8	2.21	5.0	0.1105
能源	13.53	14.2	−0.67	2.6	−0.0174
技术	1.95	10.9	−8.95	0.3	−0.0269
总计					1.2898

18.6 业绩评价体系实务

目前,国内外许多评级机构都分别创造出了一套独特的评价基金的方法。通常的侧重方面为基金本身和基金管理者。不同的评级机构都有不同的评价方法和评价体系,在美国乃至世界都举足轻重的两家基金评级机构分别为晨星公司和标普Micropal公司,另外,惠誉国际、理柏、穆迪等评级机构也都对基金建立了一套评级体系,在中国,许多的基金管理公司和评级机构也建立了自己的指标体系和评级体系。在这里将着重介绍晨星的方法，因为这些方法更加常用。

成立于1984年的晨星公司（Morning Star Inc.）是美国著名的基金评级公司，它的评级结果对基金投资具有举足轻重的作用。晨星主要定位于为基金投资者提供服务方面，它主要侧重于对基金业绩量化指标的评价，即对基金的历史业绩进行风险调整，最终确定其评级结果，而不是注重在对基金管理公司的评价上。这一点与标普Micropal公司不同，标普Micropal公司力图将对基金管理公司本身的评价，融入对基金表现的综合评价，它除了对基金进行分析评价外，还会对被评价的基金管理公司进行评级。

晨星基金评级体系主要包括以下6大方面：业绩表现（performance）、风险分析（risk analysis）、晨星风险调整评级（morning star risk-adjusted rating）、现代投资理论指标（MPT statistics）、投资风格分析（investment style）和其他项目。

晨星公司基金评级系统采用星级评级制（1～5星）。根据基金过去的月收益数据，晨星公司给出该基金过去1年、3年、5年和10年的评级（至少拥有过去36个月收益数据的基金才能进入晨星的评级系统）。并根据过去不同时期的评级，综合计算出该基金的总星级评级（overall star rating）。简单来讲，晨星公司需要对基金的收益和风险分别评级，而后计算收益评级和风险评级的差额，并根据差额的大小把基金评定在5个不同的星级中。

晨星公司对共同基金所做的典型评级，主要包括以下几项内容。

1. 业绩表现

需要对基金各年份季度的收益率情况以及全年的收益率情况比较，此外还针对基金的买卖可能发生的费用、税收进行矫正，与各种市场指数进行比较，与同类型基金进行比较并排名等。

2. 风险分析

晨星公司对风险的衡量采用自己特有的相对风险分析方法，具体做法是：

① 将基金每月净值增长率减去90天国库券收益率，得到基金每月相对于国库券的超额收益率，然后对考察期间数值为负的超额收益率求取平均值，即R1。该指标称为基金的下行风险指标（downside risk）或称平均亏损指标（mean shortfall）。

② 对所有同类基金进行相同的处理，求取所有同类基金的下行风险指标的平均值，即R2。

③ 将单个基金的下行风险指标除以同类基金下行风险指标的平均值，即R1/R2，得到单个基金的相对风险指标，即R3。如果该指标高于1.00，这表明该基金的风险比同类基金风险高，低于1.00则相反。

④ 对单个基金的相对风险指标与同类其他基金进行比较，并得出百分位排名R4。

⑤ 对市场上所有的基金进行相同的处理，可以得到单个基金相对于所有的基金的相对风险指标排名R5。

3. 晨星风险调整评级（MRAR）

在18.4节中曾经介绍过晨星的MRAR方法的具体操作方法，最终通过MRAR指标的百分比排名，将基金划分为5个星级，如表18-8所示。

表 18-8 晨星的 5 星级评级

星 级	MRAR 所处百分比区间/%	收益在同类比较	风险在同类比较
★★★★★	1～10	最高或高	最低或低
★★★★	10～32.5	中高	中低
★★★	32.5～67.5	中	中
★★	67.5～90	中低	中高
★	90～100	最低或低	最高或高

4. 投资风格分析

晨星风格分析常用的分析方法为晨星风格箱法,具体思路如下。

① 划分股票规模即大盘、中盘和小盘。

② 在规模分类的基础上,对于大盘、中盘和小盘股,分别衡量其中各股票的价值得分和成长得分;再将成长得分减去价值得分,得到股票的价值—成长得分,从而界定股票的风格。

③ 根据股票风格界定基金的投资风格。

最终得出的风格共有 9 类,形成投资风格箱,如表 18-9 所示。

表 18-9 投资风格箱

规模＼风格	价值型	平衡型	成长型
大盘	1	2	3
中盘	4	5	6
小盘	7	8	9

针对管理公司的评价:基金管理公司的核心竞争力是服务客户的能力,从开发产品到管理资产,从提供信息到维护客户,基金管理公司的所有活动都是为了体现这一原则。因此评价基金管理公司通常从两个方面进行讨论,即投资和研究、营销和服务。

考察投资管理能力方面的指标有:

① 资产管理规模。通常指基金管理公司的有效资产管理规模。通常认为管理规模越大,则管理公司的市场占有率更高,与其所管理的基金业绩呈正相关。

② 资产管理经验。按照公司旗下首只基金设立时间的早晚进行评估。封闭式基金通常取其上市时间作为标准。通常认为有经验的管理公司更加稳定和可靠。

③ 管理基金数量。通常按照旗下基金数量的多少进行评估,通常认为数量越多,则容易形成基金“家族”效应,有利于基金的资金流入和管理。

④ 产品创新速度。这一指标通常按照推出新产品的平均时间进行评估。创新速度越快,说明基金管理公司的研发能力越强。

⑤ 产品线。按照基金管理公司旗下股票型、混合型、指数型、债券型、货币市场基金、QDII 等产品的完善程度进行评估。通常认为,种类越完善,说明基金管理公司的管理能力和综合实力越强。

⑥ 业绩比较基准偏离度。这一指标用来衡量基金管理公司旗下的股票型基金偏离

基准市场回报率的程度。在样本期内，基金管理公司旗下的股票型基金的加权业绩比较基准偏离度的计算公式为

$$\mathrm{TD}=\sum_{i=1}^{m}v_{ki}\times\frac{1}{n}\sum_{j=1}^{n}\mid R_i[j]-R_{M,i}[j]\mid$$

其中，$R_i[j]$ 为第 j 期基金管理公司旗下第 i 只股票型基金的月度收益率；$R_{M,\mathrm{i}}(j)$ 为第 j 期市场基准收益率，n 为考察期总月份数。

营销和服务能力方面的指标有：

① 规模增长率。按照基金管理公司年度规模增长率进行评价。

② 信息服务质量。

③ 投资于营销的费用。

另外，在评价管理公司时，还应考虑公司的稳定性，例如股权变动、高管变动、基金经理变动及合法合规情况等。

本章小结

本章介绍了证券市场基金的评价指标和方法，从不同的角度对基金业绩进行了评价。

(1) 正确的业绩评估取决于投资组合的性质和作用。传统的业绩评估指标有夏普比率、特雷诺比率和詹森指数，之后又产生了信息比率和 M^2 测度。

(2) 在业绩评估过程中，评估者需要把样本观测值中归因于运气的那部分效应去掉。

(3) 在对对冲基金进行评价时，信息比率更有效。

(4) 积极投资策略下的投资组合具有不定的均值和方差，这使得评估工作变得更加困难。一个典型的例子就是投资组合管理者会把握投资时机，从而使投资组合的 β 值引起变化。

(5) 是否成功把握市场时机的一个简单检验方法就是利用推广的证券特征线去估计参数，该方程在一般指数模型之上加一个二次项。另一种评估市场时机的方法是基于嵌入在它们业绩中的隐看涨期权。

(6) 对基金进行类型分析应使用多重回归模型，在模型中，因子是组合的资产类型，如国库券、债券、股票等。类型组合上基金收益的回归产生了残差，它代表股票选择的增加值。这些残差可用于估计基金的业绩，以利于与相同类型的基金相比较。

(7) 基金所实现的业绩贡献一般可分解为资产配置、部门选择和证券选择三个来源。

基本概念

算术平均收益率　时间加权收益率　夏普比率　特雷诺比率　詹森指数　信息比率　M^2 测度　VaR　垃圾债券　H-M 模型　C-L 模型　消极策略　下行风险　业绩比较基准偏离度

本章习题

1. 设 A 公司在每年的 12 月 31 日支付 2 元的股息,某投资者在 1 月 1 日以每股 20 元的价格购入 2 股股票。一年后,即次年的 1 月 1 日他以 22 元每股的价格出售了其中一股,又过了一年,他以 19 元每股的价格出售了另一股。分别计算这两年投资的现金加权收益率及时间加权收益率。

2. 简述算术平均收益率和几何平均收益率的对比。

3. 试描述业绩的 M^2 测度。

4. 如何将市场时机转化为看涨期权?

5. 试论述 H-M 模型和 C-L 模型。

6. 贡献分析系统由哪些部分组成?

7. 晨星基金分析方法中的 MRAR 具体是如何得出的?

8. 在对基金管理公司进行评价时应考虑哪些方面和指标?

参考文献

[1] Alexander, Sydney. Price movements in speculative markets: trends or random walks [J]. Industrial Management Review, 1961, 2,7-26.

[2] Banz,Rolf W. The relationship between returns and market value of common stocks[J]. Journal of Financial Economics, 1981, 9, 3-18.

[3] Black F,Jenson M C, Scholes M. The capital asset pricing model: some empirical tests[M]. Studies In Theory of Capital Markets,New York: Praeger, 1972.

[4] Black F, M. Scholes. The pricing of options and corporate liabilities[J]. The Journal of Political Economy,1973,81,637-654.

[5] Brennan M, Solanki R. Optimal portfolio insurance[J]. Journal of Financial and Quantitative Analysis, 1981, 16,279-300.

[6] Brinson G P, Brinsinger, Gilbert L Beebower. Determinants of portfolio performance ii: an update [J]. Financial Analysts Journals, 1991, 47,40-48.

[7] Chen N F,Roll R, Ross S. Economic forces and the stock market, unpublished manuscript,New Heaven[M], Conn: Yale University, 1983.

[8] Daniel K,D Hirshleifer, A Subrahmanyam. Investor psychology and security market under and overreaction[J]. Journal of Finance, 1998, 53,1839-1885.

[9] Fama E. The behavior of stock market prices[J]. Journal of Business, 1965, 38,34-105.

[10] Fama E, Fisher L,Jensen M, Roll R. The adjustment of stock prices to new information[J]. International Economic Review, 1969, 10,1-21.

[11] Gordon M J. The investment, financing and valuation of corporation [M]. Irwin, Homewood,1962.

[12] Jack L Treynor. How to rate management investment funds. Harvard Business Review, 1966, 43.

[13] Jack L Treynor, Kay Mazuy. Can mutual funds outguess the market? Harvard Business Review, 1966, 43.

[14] James C. Raroc based capital budgeting and performance evaluation: a case study of bank capital allocation[M]. Working Paper,Wharton Financial Institutions Center.

[15] Levy R. On the short-term stationary of beta coefficients[J]. Financial Analysts Journal, 1971, 55-62.

[16] Lucas,Robert. Asset prices in an exchange economy[J]. Econometrica, 1978, 46,1429-1445.

[17] Markwitz H M. Portfolio selection[J],Journal of Finance, 1952, 7,77-91.

[18] Michael C Jensen. The performance of mutual fund period 1945-1964. Journal of Finance, 1968.

[19] ROY D Henriksson, R C Merton. On market timing and investment performance. Ⅱ. statistical procedures for evaluating forcast skills. Journal of Business, 1981, 54.

[20] Seyhum H N, Overreaction or fundamentals: some lessons from insiders' response to the market crash of 1987[J]. Journal of Finance, 1990, 5,1363-1388.

[21] Sharpe W. Capital asset prices: a theory of market equilibrium under conditions of risk[J]. Journal of Finance, 1964, 19,425-442.

[22] Shiller, Robert. The volatility of long-term interest rates and expectations models of the term structure[J]. Journal of political economy, 1979, 87,1190-1219.

[23] Shleifer A, R Vishny. The limits of arbitrage[J]. Journal of Finance, 1997, 52,35-55.

[24] tobin J. Liquidity preference as behavior towards risk[J]. Review of Economic Studies, 1958, 252,65-85.

[25] Treynor J L. How to rate management investment funds[J]. Harvard Business Review, 1965, 43,63-75.

[26] William F Sharpe. Mutual fund performance. Journal of Business, 1966, 39.

[27] William G, Roger D. Following the pied piper: do individual returns herd around the market? [J]. Financial Analysts Journal, 1995, 4,31-37.

[28] 安德瑞·施莱佛.并非有效的市场——行为金融学导论[M].北京:中国人民大学出版社,2003.

[29] 布赖恩·克特尔.金融经济学[M].北京:中国金融出版社,2005.

[30] 曹凤岐.证券投资学[M].第2版.北京:北京大学出版社,2000.

[31] 陈春生,孙小兰.证券投资学[M].西安:陕西人民出版社,2005.

[32] 陈信华,叶龙森.金融衍生品——天使抑或恶魔[M].上海:上海财经大学出版社,2007.

[33] 陈雨露,汪昌云.金融学文献通论[M].北京:中国人民大学出版社,2006.

[34] 戴维·G.卢恩伯格.投资科学[M].北京:中国人民大学出版社,2005.

[35] 丁志国,等.金融学[M].北京:机械工业出版社,2011.

[36] 丁忠明.证券投资学[M].北京:中国金融出版社,2006.

[37] 董正信.证券投资学[M].石家庄:河北人民出版社,2005.

[38] 弗兰克·K.赖利,基思·C.布朗.投资分析与组合管理[M].第5版.北京:中信出版社,2004.

[39] 汉姆·列维.投资学[M].北京:北京大学出版社,2004.

[40] 黄达.金融学[M].第2版.北京:中国人民大学出版社,2009.

[41] 姜波克.国际金融新编[M].第4版.上海:复旦大学出版社,2010.

[42] 克尼厄姆.向格雷厄姆学思考,向巴菲特学投资[M].北京:中国财政经济出版社,2005.

[43] 李扬,王国刚.资本市场导论[M].北京:经济管理出版社,2003.

[44] 林森木.中国固定资产投资透析[M].北京:中国发展出版社,1993.

[45] 刘德红,等.证券投资学[M].北京:清华大学出版社,2002.

[46] 刘红忠.投资学[M].北京:高等教育出版社,2003.

[47] 刘树成,沈沛.中国资本市场前沿[M].北京:社会科学文献出版社,2000.

[48] 罗伯特·豪根.现代投资理论[M].第5版.北京:北京大学出版社,2005.

[49] 任淮秀.证券投资学[M].北京:高等教育出版社,2003.

[50] 斯蒂芬·A.罗斯.公司理财[M].第6版.北京:机械工业出版社,2004.

[51] 王霞.证券投资基金评价研究//深圳证券交易所综合研究所研究报告(2001)[R].北京:经济科学出版社,2002.

[52] 威廉·F.夏普,等.投资学[M].第5版.北京:中国人民大学出版社,1998.

[53] 吴冲锋,等.金融工程学[M].北京:高等教育出版社,2005.

[54] 吴晓求.证券投资学[M].北京:中国人民大学出版社,2004.

[55] 吴晓求.资本市场解释[M].北京:中国金融出版社,2002.

[56] 小詹姆斯·L.法雷尔,等.投资组合管理理论及应用[M].第2版.北京:机械工业出版社,2000.

[57] 谢百三.金融市场学[M].北京:北京大学出版社,2004.

[58] 杨朝军，等.现代证券金融前沿与中国实证[M]. 上海：上海交通大学出版社，2004.
[59] 杨文进，等.投资学[M]. 北京：清华大学出版社，2004.
[60] 叶汇.投资结构与效益研究[M].北京：中国统计出版社，2008.
[61] 约翰·赫尔.期权、期货和其他衍生产品[M]. 第3版. 北京：华夏出版社，2000.
[62] 张效梅，等.证券投资学[M].长春：吉林大学出版社，2006.
[63] 张亦春，等.金融市场学[M]. 第3版. 北京：高等教育出版社，2008.
[64] 张元萍.金融衍生工具教程[M]. 北京：首都经济贸易大学出版社，2007.
[65] 张中华.投资学[M]. 北京：高等教育出版社，2009.
[66] 张宗新.金融计量学[M]. 北京：中国金融出版社，2008.
[67] 张宗新.投资学[M]. 上海：复旦大学出版社，2011.
[68] 赵昌文，俞乔.投资学[M]. 北京：清华大学出版社，2007.
[69] 赵胜民.衍生金融工具定价[M]. 北京：中国财政经济出版社，2008.
[70] 郑振龙.金融工程[M]. 北京：高等教育出版社，2003.
[71] 中国期货业协会.期货市场教程[M]. 北京：中国财政经济出版社，2011.
[72] 中国证券业协会.证券市场基础知识[M]. 北京：中国财政经济出版社，2009.
[73] 中国证券业协会.证券投资分析[M]. 北京：中国财政经济出版社，2009.
[74] 中国证券业协会.证券投资基金[M]. 北京：中国财政经济出版社，2009.
[75] 朱宝宪.投资学[M]. 北京：清华大学出版社，2002.
[76] 朱元.证券投资学原理[M]. 上海：立信会计出版社，1992.
[77] 兹维·博迪，等.投资学[M]. 第7版. 北京：机械工业出版社，2009.

术 语 表

abnormal return　非常规收益　不能单从市场运动规律中预测的股票收益。累积非常规收益是围绕信息的公告或发布的一段时间总的非常规收益(率)。

accounting earnings　会计收益　企业在利润表中报告的收益。

active portfolio　积极投资组合　在特雷纳—布莱克模型中,由非零 α 值股票混合成的投资组合,这种投资组合最终会与消极的市场指数投资组合相混合。

adjusted alphas　调整 α　预测调整的 α,用来说明分析师估计的统计意义上的不精确。

alpha　α　一种证券具有的超过由一个均衡模型例如 CAPM 或 ATP 模型预测的非常规收益率。

american depository receipts(ADR)　美国存托凭证　在国内交易的代表着对外国股票份额要求权的证券。

american option　美式期权　美式期权在到期日前包括到期日都可以随时要求执行的期权,相比之下,欧式期权只可以在到期日执行期权。

announcement date　公告日　向公众发布与一特定公司有关的特别消息的日子。在事件研究中,研究者用于评价股息事件的经济影响。

annual percentage rate(APR)　年百分比利率　年单利率不是复利率。

appraisal ratio　估价比率　分析者进行预测时使用的信号—噪音比率,即 α 与残值标准差的比率。

asked price　卖出价　交易商卖出证券的价格。

asset allocation decision　资产配置决策　在诸如股票、债券等多种类型可投资资产中分配资金的决策。

at the money　两平期权　在执行期权时,其行权价格等于或极为接近期权资产的现时价格。

auction market　拍卖市场　所有的交易者聚在一个地方买卖一种资产的市场,如纽约证券交易所。

bank discount yield　银行贴现收益率　假设每年 360 天,以单利按证券的票面值计算而不是按某特定价格计算的每一美元投资的年利息率。

bank's acceptance　银行承兑汇票　由出票人开立的一种远期汇票,以银行为付款人,在未来某一约定的日期,支付给持票人一定数量的金额。

baseline forecasts　基线预测　假设市场是均衡时预测的股票收益率,在均衡状态时股票价格反映了所有可得信息。

basis risk　基差风险　由期货价格与现货价格之间差额的不确定变化带来的风险。

benchmark error　基准误差　用一个不适当的替代来反映真实市场的投资组合。

benchmark portfolio　基准组合　管理者参照的投资组合。

beta　β　证券系统风险的测度,它反映了市场行情波动时证券收益的趋势。

bid-asked spread　买卖价差　交易商的卖方报价与买方报价之差。

bid price　买入价　交易商报出的愿意购买一种证券的价格。

binomial model　二项式模型　一种预测期权价值的模型,其基础是假定在一任意短的时期内股票价格的变化只有两种可能。

bock sale　大宗买卖　超过 10 000 股股票的交易。

block transaction　大宗交易　至少买卖 10 000 股股票的大量交易,经纪人或"大宗证券公司"常常直接寻找大的交易者,而不是通过股票交易所进行交易。

bogey　基准收益　对投资经理进行业绩评估所参考的投资组合的收益。

bond equivalent yield　债券等值收益率　用年百分率方法计算的债券收益率,以区别有效年收益率。

bond indenture　债券契约　债券发行人与债券持有人之间的借债合同。

bond reconstitution　债券重构　组合国库券本息去再造国库券初始现金流。

bond stripping　息票分离　出售债券的现金流(利息或本金)作为单独的零息证券。

book-to-market effect　账面—市值比效应　具有较高 B/M 率的股票将产生非常规收益的趋势。

breadth　市场阔度　个股的价格波动能够反映广泛市场波动的程度。

bull CD, bear CD　牛存单,熊存单　牛存单将向持有人支付特定市场指数收益增长额的一个特定百分比,它保证提供一个最低收益率;熊存单将向持有人支付特定市场指数收益下降额的一个特定百分比。

bullish, bearish　牛市,熊市　描述投资者对市场心态的词汇,牛市意味着乐观的心态,熊市意味着悲观的心态,也称为牛市与熊市。

bundling, unbundling　组合,拆分　一种创造证券的趋势,或者通过把初始证券与衍生证券组合在一起的方式,或者把一种资产的收益拆开的方式。

calendar spread　日历价差　购买一个期权的同时出售一个不同到期日的期权。

call protection　赎回保护期　指最初的间隔期,在此期限内可赎回债券的发行人不得赎回债券。

capital allocation decision　资本配置决策　投资基金在无风险资产与风险投资组合之间的配置决策。

capital allocation line(CAL)　资本配置线　表明风险资产和无风险资产之间的各种可行的风险—收益组合的图形。

capital market line(CML)　资本市场线　由根据市场指数组合的资产构成的资本配置线。

cash/bond selection　现金/债券选择　在短期现金等价物和长期债券之间做出的资产配置决策。

cash equivalents　现金等价物　短期货币市场证券。

cash flow matching　现金流匹配　在债券组合的收益现金流和债务支出之间进行的期限安排匹配,是一种免除期限风险的形式。

cash settlement　现金结算　一些期货合约条款要求除了现货交割来履行其合约责任(如农产品期货),还根据资产价值以现金形式进行结算。

certainty equivalent rate　确定等价收益率　风险投资组合提供相同效用的确定性收益率。

clearinghouse　清算所　交易所建立的促进证券交易转让的机构。对于期权与期货合约来说,清算所可能会起到两个交易者之间的中间人的作用。

closed-end(mutual)fund　封闭式(共同)基金　其股份是通过经纪人以市场价格进行交易的基金,基金不承诺以资产净值赎回的义务,其市场价格可以不同于其资产净值。

collar　双限期权　一种把投资组合的价值锁定在两个边界之内的期权策略。

collateral　担保品　为某种可能有风险的债券做抵押的特定资产,抵押债券是用财产担保的债券,担保信托债券是用其他证券担保的债券,而设备契约债券是用设备担保的债券。

collateralized mortgage obligation(CMO)　担保抵押债务　一种抵押转递债券,把根据约定的规则得到的本金作为标的抵押的现金流分别付给债券的持有人。

commission broker　佣金经纪人　在交易所大厅中执行其他会员交易指令的经纪人。

common stock　普通股　由公众拥有的公司发行的代表一定所有权份额的权益证券,普通股的股东有投票权,可以依据他的所有权比率获得股息。

confidence index　信心指数　高等级公司债券收益与中级公司债券收益之比。

constant-growth model　固定增长模型　假定股息是以不变比率增长的一种股息贴现模型。

contango theory　期货溢价理论　期货价格高于未来预期现货价格的情形。

contigent claim　或有债权　其价值直接取决于某些标的资产的价值。

contingent immunization　或有免疫　如果需要保证有一最低限度的可接收的收益,在不允许采用积极管理的情况下所采用的依据积极与消极相混合的管理策略,这样形成的组合可以消除风险。

convergence arbitrage　趋同套利　在性质相当证券的价格发生偏离时交易，期望价格回归到恰当关系时就能获利。

convergence property　收敛性　期货价格与现货价格一致的特性。

convexity　凸性　债券的价格—收益率曲线的曲率性质。

corporate bonds　公司债券　由私人公司发行的长期债务，其典型方式是半年付息一次，到期时按债券的面值还本。

cost-of-carry relationship　持仓成本关系　参见 spot-future-parity theorem。

country selection　国家选择　一种积极的国际管理类型，它测度了由于投资于世界上表现更好的股票市场所获得业绩的贡献。

covered call　抛补看涨期权　某种股票的多头与基于该股的看涨期权空头的投资组合。

covered interest arbitrage relationship　抛补利息套利关系　参见 interest rate parity theorem。

credit enhancement　信用增强　通过购买大保险公司的金融担保来增加资金信用。

credit risk　信用风险　即违约风险，是指证券发行者因倒闭或其他原因不能履行约定，从而给投资者带来的风险。

cross hedge　交叉套期　用一种资产的期货合约为另一种商品套期保值。

currency swap　货币互换　将一种货币的本金和固定利息与另一种货币的等价本金和固定利息进行交换。

current yield　当期收益率　债券的年利息除以债券价格所得到的收益率，它不同于到期收益率。

cyclical industries　周期敏感型行业　对宏观经济状况的敏感性较大的行业。

day order　当日委托指令　在当前交易日收盘前有效的买卖委托指令。

day'receivables　日应收款　参见 average collection period。

dealer market　交易商市场　交易者专门从事为自己的账户买卖特定资产的市场，例如场外交易市场。

debenture or unsecured bond　信用债券、无担保债券　没有特定抵押品的债券。

debt securities　债务证券　一种债务，也叫固定收益证券。

dedication strategy　贡献策略　指多期现金流匹配的策略。

default premium　违约溢价　允许给购买有违约风险公司债券的持有人一定差额以补偿债券的内在风险。

defensive industries　防御型行业　对宏观经济状况的敏感性较小的行业。

degree of operating leverage　经营杠杆系数　销售额变化1%所引起的利润率变化。

derivative asset　衍生资产　证券提供的收益多少取决于另一资产的价值，如商品价格、债券和股票价格，或市场指数价值，如期货和期权。

detachable warrant　可分割认股权证　认股权证的持有者可以按约定的价格购买一给定数量的股票，可分离的认股权证可从最初伴随其发行(通常是债券)的债券中剥离出来单独交易的认股权证。

directional strategies　方向性策略　认为市场价格会按照一特定方向运行(和市场处于中性相反)。

discount bonds　折现债券　发行时以低于面值的价格销售的债券。

diversifiable risk　可分散风险　风险可分为公司特定风险或者非市场风险。不可分散风险是系统风险或市场风险。

dividend discount model (DDM)　股息贴现模型　通过计算所有的预期未来股息的现值来估计公司价值的模型。

dividend payout ratio　股息支付率　股息和盈利的比率。

dividend yield　股息收益率　根据支付的股息来确定的收益百分比。

doubling option　双重期权　偿债基金条款中规定允许两次(买入和卖出)以偿债基金的看涨期权价格

购买所要求数量。

dual funds　双重基金　按收入型和股票型分别出售的基金。

duration　久期　是债券的平均有效期的一个测度，它被定义为到每一债券距离到期的时间加权平均值，其权重与支付的现值成比例。

dynamic hedging　动态套期保值　当市场条件变化时，不断地更新套期保值的头寸。

earning management　盈余管理　灵活运用会计规则以改进公司报表上的盈利能力。

earning retention ratio　收益留存率　再投资率。

economic value added(EVA)　经济增加值　资产收益率与资产成本之差乘以投入公司的资本，它度量了公司收益超过其机会成本的货币价值。

effective annual rate(EAR)　有效年利率　用复利而不是单利的年利率。

effective annual yield　有效年收益率　用复利计算方法得出的证券年利息率。

effective duration　有效久期　市场利率水平发生变化后引起的债券价格变化的百分率。

efficient diversification　有效分散化　现代投资组合理论的组织原则，它主张任何厌恶风险的投资者在任何组合风险下都应寻求最高的期望收益。

efficient frontier of risky assets　风险资产的有效边界　位于全部最小方差组合上的最小方差边界部分。

elasticity(of an option)　(期权)弹性　股票价值每变动1%而带来期权价值变动的百分比。

equity　股权，权益　公司所有权，边际账户的净值。

equivalent taxable yield　应税等值收益率　应税债券的税前收益规定税后收益等于免税市政债券的收益。

european options　欧式期权　欧式期权的购买者只能在期权到期日才能执行期权。

exercise or strike price　执行价格或行权价格　期权合约中所约定的购买或出售一项资产的价格。

expectations hypothesis (of interest rates)　(利率的)预期假定　是关于远期利率是未来预期利率的无偏估计的理论。

expected return-beta relationship　期望收益—贝塔关系　CAPM模型含有证券风险溢价(预期超额收益)程度与β值成比例关系。

factor beta　因子贝塔　证券收益对系统因素变化的敏感度，也称因子载荷、因素敏感度。

factor model　因素模型　一种将影响证券收益率因素分解为共同影响和特定公司影响的方法。

factor portfolio　纯因子组合　一种完全分散化的证券组合，其中一个因素的β值为1，而其他因素的β值都为零。

fair game　公平博弈　投资者期望风险补偿为零。

FIFO　先进先出法　存货计价的一种会计方法。

filter rule　过滤原则　根据目前价格变动情况做出股票买卖决定的原则。

first-pass regression　一阶回归　估计证券或证券组合β值的时间序列回归。

fixed-charge coverage ratio　固定费用偿付比率　收益对所有固定现金债务的比率，所有固定现金债务包括租赁和偿债基金的支付。

fixed-income security　固定收益证券　在一定期限内支付特定现金流的证券，如债券。

flat tax　统一税　所有收入水平采用相同税率。

flight to quality　品质补偿　指的是在不确定的经济条件下投资者要求较高的违约溢价的趋势。

floating-rate bond　浮动利率债券　一种利率会随特定市场比率定期变化的债券。

forced conversion　强制转换　当企业指导债券持有人将执行其拥有的转换期权时，企业行使权力赎回可转换债券。

foreign exchange futures　外汇期货　又称货币期货，是指协约双方同意在未来某一时期，根据约定汇率，买卖一定标准数量的某种外汇的标准化协议。

foreign exchange market　外汇市场　一个银行与经纪人构成的信息网，它允许客户运用远期合约以现行的汇率买卖未来的各种货币。

forward contract　远期合约　要求未来以已约定的价格交割资产的协议，也可参见期货合约。

forward interest rate　远期利率　未来时期的利率，它等于较短期债券采用滚动策略所获得的长期债券总收益，它可以从债券的期限结构中推出。

fourth market　四级市场　不通过经纪商而直接进行挂牌证券交易的市场。

framing　框定　对选择的描述会影响决策，如不确定性是基于低基准的潜在收益还是基于高基准值的损失。

fully diluted earnings per share　充分稀释的每股收益　假设所有流通在外的可转换债券和认股权证都执行后的每股收益。

fundamental risk　基本风险　即便资产被错误定价也没有套利机会的一种风险，因为当价格回归内在的价值前错误定价全社会普遍存在。

futures contract　期货合约　交易双方在未来特定的时间以约定的价格买卖一种资产的协议，期货合约的多头方承担购买的义务，期货合约的空头方承担出售的义务。期货不同于远期的地方在于它的标准化，在交易所交易、需要缴纳保证金和逐日结算(每日盯市)。

futures option　期货期权　以期货价格等于规定的执行价格为基础的执行特定的期货合约的权利。

gamma　γ　期权价格函数曲线(如标的资产价值函数)。

hedge fund　对冲基金　一种私募基金，面向机构和资金充裕的投资者，不受 SEC 监管，追逐比共同基金投机性更强的投资策略。

hedge ratio (for an option)　(期权的)套期保值率　要求套期保值股票的数量与持有一份期权的价格风险之比，也称为期权的德尔塔。

hedging　套期保值　投资于一种资产以减少投资组合的总风险。

hedging demands　套期需求　证券对特别来源的消费风险的套期需求，其动力并非来自通常的均方差分散化的要求。

holding-period return　持有其收益　在给定期限内的收益率。

homogenous expectations　同质期望　假设所有的投资者都使用相同的期望收益和协方差矩阵进行证券分析。

horizon analysis　水平分析　预测各种持有期和投资的实际复合收益率。

illiquidity　非流动性　难以在合理的价位出售资产。

illiquidity premium　非流动溢价　弥补流动性限制的额外期望收益。

immunization　免疫　资产与债务的久期匹配的策略，以期净财富不受利率变动的影响。

implied volatility　隐含的波动率　与期权的市场价值一致的股票收益标准差。

in the money　实值期权　指执行期权时该期权有利可图，而期权价外状态指执行期权时无利可图。

income fund　收入型基金　为投资者从投资中提供自由的本期收益的共同基金。

index arbitrage　指数套利　通过利用实际期货价格与理论平价的差别获利的一种投资策略。

index fund　指数基金　按市场指数如标准普尔 500 指数的股票的构成比例持有股票的共同基金。

index option　指数期　建立在一种市场指数基础上的看涨或看跌期权。

industry life cycle　行业生命周期　公司从生长到衰退所经过的各个阶段。

information ratio　信息比率　α 值与可分散风险标准差的比值。

initial public offerings IPO　首次公开发行　由以前私人拥有的公司第一次向公众发行股票。

input list　输入列表　决定最优风险证券组合所必需的参数列表，这些参数包括期望收益、方差和协方差。

interest coverage ratio, or times interest earned　利息保障比率或盈利对利息的倍数比率　一个财务测度(利息支出/息税前收益)。

interest rate parity theorem　利率平价理论　说明完全有效市场上即期汇率和远期汇率之间关系的理论。

interest rate swap　利率互换　指双方同意在未来的一定期限内，根据同种货币的同样的名义本金交换现金流，其中的一方的现金流根据浮动利率计算，而另一方的现金流根据固定利率计算。

intermarket spread swap　市场间差价互换　证券市场的一部分工具与另一部分工具的利差进行互换，如国债市场部分与公司债券市场部分。

intrinsic value　内在价值　期权合约本身所具有的价值，即期权的买方如果立即执行该期权所能获得的收益。

investment　投资　用现在的资源期望获得未来更多的资源。

investment banker　投资银行　专门从事向公众出售新证券的公司，典型的方式承销发行。

investment company　投资公司　为投资者管理基金的公司，一个投资公司可以管理多个共同基金。

investment-grade bond　投资级债券　信用评级在 BBB 或 Baa 级及以上的债券，更低级的债券被认为是投机级债券或称为垃圾债券。

Jensen' measure　詹森测度　投资的 α 值。

law of one price　一价法则　相同的证券或证券组合应该价格相同，否则会发生套利。

leading economic indictators　先行经济指标　在经济中预先上升或下降的经济序列。

limit order　限价指令　特定价格的指令，一旦市场达到这个价格，投资者就买卖证券。

liquidation value　清算价值　公司在变卖资产还清债务后的净值。

liquidity preference theory　流动性偏好理论　远期利率超过未来期望利率的理论。

long position hedge　多头套期　通过采取多头期货头寸降低未来的购买成本，以防止资产价格的变化。

macaulay duration　麦考利久期　债券以支付现值为权重的有效到期时间，等于到每次支付时的加权平均时间。

maintenance, or variation margin　维持保证金或可变保证金　一个规定值，低于它就会要求交易者追加保证金。

margin　保证金　从经纪商处借款购买证券，现行最大额度的保证金比率为 50%。

market capitalization rate　市场资本化率　企业贴现现金流时市场认可的贴现率。

market model　市场模型　指数模型的另一个版本，它把不确定收益划分为系统和非系统两部分。

market-neutral bet　市场中性赌局　某个市场价格的赌博或组合，敞口在广泛市场波动的风险对冲了。

market or systematic risk, firm-specific risk　市场或系统风险、公司特有风险　市场风险是由共同的宏观经济因素带来的，公司特有风险反映的是独立于市场风险的个别公司特有的风险。

market order　市场委托指令　按现行市场价格马上执行的买卖指令。

market price of risk　风险的市场价格　投资者需要承担风险的外部收益或风险溢价的一个测度。

market segmentation or preferred habitat theory　市场细分理论或优先置产理论　期限不同的债券在互不相同的市场上交易而且价格互不影响。

market timer　市场择机者　对整个市场变动进行投机，而不是投机于单个具体证券的投资者。

market timing　市场择时　如果预测一个市场的表现将比国库券的表现更好，增加该市场投资的资产配置。

market to market　盯市　负责对期货头寸每日结算。

market-value-weighted index　市值加权指数　一种证券指数，计算时运用的是指数所包含的每种证券收益的加权平均方法，权重与现行的市值成比例。

maximum daily fluctuation　每日最高波动幅度　又称涨跌停板幅度，是指交易所规定的在一个交易日内期货价格的最高涨跌幅度限制。

membership or seat on an exchange　交易所的会员或席位　交易所的位置是有限的，拥有这种位置的交易商可以为自己的账户或作为代理人为他人的账户进行交易。

mental accounting　心理账户　人在心理上把资产分为独立的账户，而不是将它们看成整个组合的部分。

minimum-variance frontier　最小方差边界　给定期望收益下的最小可能方差的证券组合曲线。

minimum-variance portfolio　最小方差投资组合　最小方差的风险资产所组成的证券组合。

modern portfolio theory(MPT)　现代投资组合理论　建立在风险和收益权衡与有效分散化基础上的理性组合选择的分析与评估原则。

modified duration　修正久期　麦考利久期除以(1+到期收益)，测度债券对利率的敏感程度。

momentum effect　动量效应　某一时期中业绩差的股票与业绩好的股票在随后的时间持续这种业绩表现。

money market mutual funds　货币市场互助基金　相对较新的金融机构，既有共同基金的特征，也在一定程度上发挥着存款机构的功能。

money market　货币市场　包括短期、高流动性及相对风险较低的债券工具。

mortgage-backed security　抵押担保证券　持有人有权从一组抵押组合或这样一组抵押组合所担保的债券中获得现金流的证券。也称为转手证券，因为款项由最初抵押发起人转给抵押证券的购买者的。

multifactor CAPM　多因素 CAPM 模型　在基本的 CAPM 基础上考虑外部市场套期需求发展出的 CAPM 模式。

multifactor models　多因素模型　体现收益受几种系统性因素影响的证券收益模型。

municipal bond　市政债券　由地方政府发行的免税债券，一般筹资用于建设项目。一般责任债券由发行者的一般税收能力担保，收益债券由发行筹资建设的项目或发行的机构担保。

mutual fund　共同基金　一个积聚和管理投资者资金的机构。

mutual fund theorem　共同基金原理　由资本资产定价模型发展而来，认为投资者应该选择把全部风险证券组合投资于市场—指数共同基金。

naked option writing　买裸期权　签发没有对冲股票头寸的期权。

neglected-firm effect　被忽略公司效应　投资于不为人注意公司的股票获得非常规收益的效应。

negotiable certificates of deposit　可转让定期存单　与传统的定期存单不同，可转让定期存单的存单面额固定，且额度比较大，一般在 10 万美元以上。

net asset value(NAV)　资产净值　以资产减去负债计算出每股价值。

nonsystematic risk　非系统风险　可以由分散化消除的非市场或公司特有风险因素，也称为独特风险或可分散风险。系统风险是由整个经济的共同作用导致的风险。

normal backwardation theory　现货溢价理论　期货价格低于预期的现货价格的理论。

notional principal　名义本金　用来计算互换款项的本金数额。

on the run　新发行债券　新近发行的债券，以面值或接近面值的价格出售。

on-the-run yield curve　新发行债券收益曲线　按面值发行的债券其到期收益与到期期限的关系。

open-end (mutual) fund　开放式(共同)基金　以资产净值(NAV)发行或赎回投资份额的共同基金。

open(good-till-canceled)order　待执行(撤销前有效)指令　6 个月有效的买卖指令，除非在此前指令被撤销。

open interest　未平仓合约数　未清偿期货合约数量。

optimal risky portfolio　最优风险组合　投资者最优的风险投资组合，组合中既有风险资产，也有安全资产。

option elasticity　期权弹性　期权的标的证券价值增长 1%。期权价值增长的百分比。

option period　权利期间　指期权剩余的有效时间，即期权成交日至期权到期日的时间。

original issue discount bond　最初发行折扣债券　在面值基础上折价发行的有较低利息票利率的债券。

out of the money　虚值期权　它指的是执行不会获利的期权，而期权价内实值状态描述的是实施就会获利的期权。

over the counter，OTC　场外交易市场　场外交易市场没有集中统一的交易制度和场所。

passive management　消极管理　根据反映整个市场的指数购买完全分散的投资组合，并不试图寻求错误定价的证券。

passive portfolio　消极投资组合　市场指数投资组合。

pass-through security　转递证券　打包出售的一组贷款（例如住宅抵押贷款），转手证券的持有人可以收到由借款人支付的所有本金和利息。

peak　高峰　从扩张的顶点转向紧缩的转折点。

P/E effect　市盈率效应　市盈率低的股票较市盈率高的股票能获得更高的平均收益。

plowback ratio　盈余再投资率　公司盈余不是作为股利，用于再投资商业的部分，数值上等于 1 减去股息支付率。

political risk　政治风险　国家对财产的剥夺、税收政策的变化、外汇管制及其他经济环境的变化给投资者造成的风险。

portfolio insurance　投资组合保险　运用期权和动态套期保值策略为投资者提供保护，以保持获得较高收益的潜能。

portfolio management　投资组合管理　根据投资者的偏好与需要拥有证券组合，对此进行管理并评估它的业绩。

portfolio opportunity set　投资组合机会集合　可以由给定的一组资产构成所有投资组合的期望收益—标准差组合。

preferred habitat theory　优先置产理论　投资人对特定期限有偏好，只有当风险溢价充分大，投资者才会愿意转换非所偏好期限的证券。

preferred stock　优先股　公司中没有投票权的股票，但它可以得到固定的股息。

premium　期权费，溢价　一个期权的购买价。

premium bonds　溢价债券　债券以高于面值的价格出售。

present value of growth opportunities（PVGO）　增长机会价值　公司未来投资的净现值。

price value of a basis point　基点价值　由于资产到期收益率 1 个基点的变化带来的固定收益资产价值的变化。

price-earnings multiple　价格收益乘数　参见 price-earnings ratio。

primary market　一级市场　向公众公开发行新证券的市场。

primitive security，derivative security　原生证券、衍生证券　原生证券是由证券发行人负责支付的金融工具，如股票或债券；衍生证券是在原生证券的收益基础上产生的，它的收益不取决于发行者的情况，而是与其他资产价格相关。

program trade　程序交易　在计算机的帮助下完成全部投资组合的买卖指令的撮合，常常可以达到指数套利的目的。

prospectus　募股说明书　一种包括要发行证券价格的经修订的最终记录册。

protective covenant 保护性条款 一个要求担保、偿债基金、股息政策等内容的特别条款,设计该条款的目的是保护债券持有人的利益。

protective put 保护性看跌期权 购买股票的同时拥有一个股票的看跌期权,以保证持有人资产价格不会跌到看跌期权的执行价格以下。

proxy 投票委托书 一种有权以股东名义投票的委托书。

proxy sale 代销 指承销商代理发行人发行股票,在承销期满时将未出售的股票全部退还给发行人的承销方式。

prudent investor rule 谨慎投资人法则 投资管理人的行为必须按照假设的谨慎投资人的行为原则进行。

pseudo-American call option value 伪美式看涨期权价值 假设期权被持有到期时所得到的最大化价值,和假设期权恰好在分红日前行权的期权价值。

public offering,private placement 公开发行、私募 公开发行指债券在初级市场向公众出售;私募指债券直接销售给有限的机构投资者。

pure play 纯赌局 定位于某种察觉到的错误定价的资源,而对冲其他对价格的影响。

pure yield pickup swap 纯收益一高收益债券互换 转向高收益债券。

put bond 可卖回债券 债券的持有者可以选择或者在到期前的指定时期以面值进行兑现,或者延至若干年后。

put/call ratio 卖出/买入比率 一种股票未清算的看跌期权与看涨期权的比率。

put-call parity theorem 看跌一看涨期权平价定理 反映看跌一看涨价格之间适当关系的等式。违背平价会带来的套利机会。

put option 看跌期权 有权在到期日或到期日之前以约定的执行价格出售资产。

quick ratio 速动比率 排除存货后与流动比率类似的一种流动性的测度。

random walk 随机漫步 股票价格变化是随机的,不可预测的。

rate anticipation swap 利率预期互换 根据利率的预测而做的互换。

real assets,financial assets 实物资产、金融资产 实物资产指用于生产商品与商品提供服务的土地、建筑与装备;金融资产是对实物资产收益的要求权,如证券。

realized compound yield 实现复利收益率 假设支付的利息以已有的市场利率再投资,直到债券到期所得的全部利息。

registered bond 记名债券 发行者根据债券登记的所有者支付利息,与不记名债券不同,后者只支付利息给债券的持有者,不记录债券拥有人的姓名。

reinvestment rate risk 再投资率风险 再投资定息证券未来累计收益的不确定性。

REIT 不动产投资信托 类似于封闭式共同基金,它投资于不动产或以不动产为担保借贷,或者以这样的投资为基础发行股份。

remainderman 余额受益人 当信托基金解散时得到本金的人。

representative bias 代表性偏差 人们似乎把小样本的资料或信息作为大样本来广泛普遍的资料或信息,所以根据资讯来做判断,从而迅速做出推论。

repurchase agreement (repos) 回购协议 出售政府债券的同时承诺以略高价格再购回债券的协议,它是短期的,通常是隔夜的;反向回购是购买一个债券的同时承诺在未来约定时间以约定的价格再售出的协议。

residual claim 剩余索偿权 在公司倒闭或破产时股东在公司资产索取次序中排在最后。

residual income 剩余收入 参见 economic value added (EVA)。

residual 残值 不能由解释变量(市场指数收益)解释的部分股票收益,它测度了在特定时期公司特有事件的影响。

resistance level　阻力水平　通常认为股票指数很难达到其上的价格水平。

return on assets(ROA)　资产收益率　盈利能力比率,息税前收益除以总资产。

return on equity(ROE)　股权收益率　净利润除以权益的会计比率。

return on sales(ROS),or profit margin　销售收益率或利润率　销售1美元所得利润(息税前收益除以销售收入)。

reversal effect　反向效应　某一时期业绩差的股票和业绩好的股票在随后的时期向反方向变化的趋势。

reversing trade　反向交易　平仓现有期货头寸,进行相反方向的期货头寸交易。

reward-to-variability ratio　报酬—风险比率　组合风险溢价对投资组合标准差的比率。

reward-to-volatility　报酬—波动性比率　超额收益对投资组合标准差的比率。

riding the yield curve　滑动收益曲线　因预计作为收益的资本利得随着债券的到期不断下降而购买长期债券。

risk-free arbitrage　无风险套利　指投资银行在两个或者两个以上不同的市场中,以不同的价格进行同一种证券的交易。

risk-free asset　无风险资产　有确定收益率的资产,短期国库券常认为是这样的资产。

risk-return trade-off　风险—收益权衡　如果投资者愿意冒更大的风险,就能得到更大的预期收益回报。

risky asset　风险资产　收益率不确定的资产。

seasoned new issue　多次发行　已发行的上市公司再发行股票。

secondary market　二级市场　在股票交易所或场外交易市场买卖已有证券。

second-pass regression　二阶回归　投资组合收益对β值的横截回归,估计的斜率为期限内承担系统风险的回报的测度。

security characteristic line　证券特征线　证券超过无风险利率作为市场超额收益函数的图形。

security market line 证券市场线 表示CAPM模型中期望收益—贝塔关系的图形。

security selection decision　证券选择决策　把特定的证券选入投资组合中。

separation property　资产分割　投资组合选择问题可以分成两个工作:第一,最优风险投资组合的决定,这是一个纯技术性的;第二,根据个人的偏好,资本风险投资组合与无风险资产中的分配。

Sharpe measure　夏普测度　报酬—波动性比率,证券组合的超额收益率与标准差的比率。

shelf registration　上架登记　　在销售证券前两年就先在证券交易委员会登记注册。

short position or hedge　空头头寸或套期　为保护已持有资产的价值在期货市场中做短期空头合约。

simple rate of return　简单收益率　该收益率不考虑分红再投资的时间价值的影响。

single-index model　单指数模型　一种研究股票收益的模型,它把影响股票收益的因素分解为由市场指数的收益所测度的系统因素和公司特有因素。

single-stock futures　单一股票期货　期货合约是单个股票而不是一个指数。

sinking fund　偿债基金　一种偿债安排,允许债券发行人提前购回一定比率的债券,购回方式可以是在公开市场上,也可以是按照偿债基金条款所约定的赎回价格赎回。

skip-day settlement　越日清算　计算收益的常规方法,如短期国库券的销售要到两天后按照交易时的市场价格清算。

small-firm effect　小公司效应　投资于小公司股票获得超常的收益。

special purpose vehicle SPV　特殊目的机构　是专门为资产证券化设立的一个特殊实体,负责确保资产的"真实出售",以实现被证券化和原始权益人其他资产之间的风险隔离。

specialist 特定经纪商 在一些交易所负责一种或几种股票交易的交易商,通过个人交易来保证市场的“公平与有序”。

speculation 投机 从事有风险的投资,目的是获得进行无风险投资更高的收益(获得风险溢价)。

speculative-grade bond 投机级债券 信用等级根据穆迪的评级等级处于 Ba 或以下,根据标准普尔的评级等级处于 BB 或以下或未评级的债券。

spot-futures parity theorem, or cost-of-carry relationship 现货—期货平价理论,持仓成本关系 描述现货与期货价格间的正确理论关系,违背了平价关系会带有套利机会。

spot rate 即期利率 适用于一些给定期限现金流贴现的现行利率。

spread (futures) (期货)买卖价差 建立在同种标的物上,持有一个期限多头期货合约和持有不同期限的空头期货合约。

spread (options) 期权价差 同一种标的物但执行价格或到期日不同的两个或多个看涨期权或看跌期权组合。货币价差是不同执行价格的价差,时间价差是有不同到期日的价差。

squeeze 轧空 持有足够多的期货多头合约,而标的商品的供给不能满足多头需要的情况;踏空描述了相反的情况;空头头寸持有人威胁要求交割变得昂贵的储藏商品。

stock index futures 股票指数期货 是协议双方同意在将来某一时期按约定的价格买卖股票指数的标准化合约。

stock selection 股票选择 一种积极的投资组合管理技术,它关注有优势的特定股票的挑选,而不是按照市场指数的样本配置选择。

stock spilt 股票拆分 指公司发行给定数量的股票以交换股东持有的股票,拆股可能有两种情况,增加或减少已发行的股数,反向拆细分会减少现有股票数量。

stop-loss order 止损指令 如果股票价格跌到某一规定的水平以下就执行的出售股票指令。

straddle 对敲 同时买卖相同资产的看涨期权与看跌期权,两者的执行价格与到期日都相同,交易的目的是从预期的波动性中获利。

straight bond 普通债券 不像可赎回债券或可转换债券持有期权特点的债券。

street name 转让记名 描述经纪人代表客户持有的,以公司名义注册的证券。

strip,strap 底部条式组合,底部带式组合 对敲的变形。同一股票的两份看跌期权和一份看涨期权的叠加成为反叠做期权;同一股票的两份看涨期权和一份看跌期权称为叠做期权,在两种情况下都有相同的执行价格和到期日。

stripped of coupons 息票分离债券 有些投资银行出售由付息票的国债作担保的有权一次性支付的“综合”零息票债券。

subordination clause 次级条款 在债券契约中限制发行者未来借款额的条款,这是通过债券现有持有人对企业资产有优先要求权来实现的。在优先次序的债务偿付之前,不得对次级或初级债券进行偿付。

substution swap 替代互换 以一种更有吸引力价格的债券去交换另一种性质相类似的债券。

supply shock 供给冲击 一种影响经济生产能力或成本的事件。

support level 支持水平 是一个价格水平,假定股票或股票指数一旦低于它就难于进一步下降。

swaption 互换期权 基于利率互换的期权。

systematic risk 系统风险 对于整个经济都起作用的风险因素,如不可分散风险。参见市场风险。

tender offer 招标收购股权 外部投资者以确定的价格向公司的股东购买其股票的形式,购买价格通常大大高于市场价格,使投资者收集到足够多的股票以达到控制公司的目的。

term premiums 期限溢价 长期债券收益率超出短期债券收益率的部分。

third market 三级市场 在场外交易市场挂牌交易的证券。

time interest earned 获利额对利息的倍数 利润对利息费用的比率。

time value (of an option) （期权的）时间价值 由于期权未到期而带来的选择权的价值，不要与货币的现值或时间价值相混。

time-weighted return 时间加权收益率 投资于不同持有期的平均收益。

Tobin'q 托宾 q 值 公司价值与重置成本的比率。

tracking error 跟踪误差 特殊组合与设计追踪该组合的参考证券组合的收益差。

tracking portfolio 跟踪证券足组合 所构造的证券组合，其收益与系统风险有最高的相关性。

trading mechanism 竞价交易机制 在竞价交易中，交易双方直接交易或者将委托指令通过证券经纪商传输到交易市场，由交易市场中心以买卖双向价格进行撮合，达成交易。

treasury bill 短期国库券 短期、高流动性的政府债券，以折价的形式发行，到期可获得面值。

treasury bond or note 中长期国债 联邦政府的债务，每半年支付一次利息，以面值或接近面值的价格发行。

Treynor' measure 特雷诺测度 超额收益与 β 值的比率。

trin statistic 广量交易指标统计量 下降股票平均交易量与上升股票平均交易量，用于技术分析。

underwriting，underwriting syndicate 承销、承销辛迪加 承销者（投资银行）从发行公司手中购买证券，然后再销售出去，投资银行辛迪加通常是一个牵头的银行组织。

unit investment trust 单位投资信托 货币投资于投资组合，其基金的期限是固定的。单位信托的股份可以被称为可赎回的信托凭证，出售价格包含一超过资产价值的溢价。

uptick ，or zero-plus tick 上点交易或零正点交易 导致股票价格上升的交易，或在股票价格上升后保持不变时的交易。

value at risk 风险价值 衡量下偏风险，是指在一定的持有期和给定的置信水平下，发生极端不利价格变化事件时造成的损失。

volatility risk 波动性风险 由于对标的资产的不可预见波动所面临的期权投资组合价值的风险。

warrant 认股权证 有企业发行的用来购买该企业股票的期权。

workout period 市场疲软期 临时失调的收益关系的调整期。

writing a call 签售看涨期权 出售看涨期权。

zero-beta portfolio 零贝塔投资组合 与所选择有效投资组合不相关投资组合的最小方差。

zero-investment portfolio 零投资组合 零净值的投资组合，内容为买入一些证券，同时做这些证券的空头，通常在套利策略中运用。

12b-1fees 12b-1 费用 共同基金为支付营销和分销成本而收取的年度费用。

time value (of an option) [illegible]

time-weighted return [illegible]

Tobin's q [illegible]

tracking error [illegible]

tracking portfolio [illegible]

trading mechanism [illegible]交易

treasury bill [illegible]

treasury bond or note [illegible]

Treynor measure [illegible]

trin statistic [illegible]用于技术分析

underwriting, underwriting syndicate [illegible]

unit investment trust [illegible]

uptick, or zero-plus tick [illegible]

value stock [illegible]

volatility risk [illegible]

warrant [illegible]

workout period [illegible]

writing a call [illegible]

zero-beta portfolio [illegible]

zero-investment portfolio [illegible]

zero-coupon bond [illegible]

教师服务

感谢您选用清华大学出版社的教材！为了更好地服务教学，我们为授课教师提供本书的教学辅助资源，以及本学科重点教材信息。请您扫码获取。

教辅获取

本书教辅资源，授课教师扫码获取

样书赠送

财政与金融类重点教材，教师扫码获取样书

清华大学出版社

E-mail: tupfuwu@163.com
电话：010-83470332 / 83470142
地址：北京市海淀区双清路学研大厦 B 座 509

网址：http://www.tup.com.cn/
传真：8610-83470107
邮编：100084